# L'Europe en camping-car

Ont contribué à la réalisation de ce guide :
**sous la direction de Philippe Orain**

• **Édition** : Hélène Payelle, L'Adé

• **Rédaction** : Catherine Brett, Béatrice Brillion, Michel Chaput, Fabienne Darmostoupe, Serge Guillot, Adriana Malgahaes, Andra-Florentina Ostafi, Florence Piquot, Irina Racaru, Tony de Souza, Nicolas Thibaut

• **Cartographie** : Évelyne Girard, Thierry Lemasson, Iulia-Elena Fontanine

• **Couverture et maquette intérieure** : Jean-Luc Cannet et Hélène Payelle

• **Régie publicitaire et partenariats** :
business-solutions@tp.michelin.com
Le contenu pages de publicité insérées dans ce guide n'engage que la responsabilité des annonceurs

• **Contacts** :
Michelin - Guides Touristiques
27 cours de l'île Seguin,
92105 Boulogne-Billancourt cedex

• **Remerciements** : Maria Gaspar (iconographie)


**Parution 2017**

**Votre avis nous intéresse**

Vous souhaitez donner votre avis sur nos publications
ou nous faire part de vos expériences ?
Adressez-nous votre courriel à l'adresse suivante :
tourisme@tp.michelin.com
Nous vous en remercions par avance.

# SOMMAIRE

## LES ROUTES DU SUD

# SOMMAIRE

# SOMMAIRE

# FIAT DUCATO CAMPER
# PLUS QUE LA LIBERTÉ

## VOYAGEZ EN TOUTE CONFIANCE

Seul Fiat Ducato est conçu dès l'origine, jusque dans les moindres détails, pour devenir une base pour Camping-cars. Choisi par les plus importants constructeurs européens, il vous offre la liberté d'aller où bon vous semble depuis 35 ans. Et aujourd'hui plus que jamais ; avec les 4 nouvelles motorisations Euro 6 de cylindrée 2,3 L 130, 150 et 180 Multijet$_2$, disponibles avec boîte robotisée Comfort-Matic, et le nouveau 2,0 L 115 Multijet$_2$ à 6 vitesses exclusivement pour Fourgons aménagés, vous pouvez choisir le moteur et la transmission les plus appropriés à l'utilisation de votre Camping-car, conduire mieux et vous amuser encore plus. Avec Fiat Ducato et les services exclusifs Fiat Professional pour camping-caristes, vous voyagez en toute sérénité. C'est pour cela que Fiat Ducato vous offre plus que la liberté !

f | www.fiatcamper.com

# Vos destinations

Carte d'identité
du pays

## Portugal

## À savoir sur la route…

**Nom local :** Portugal
**Capitale :** Lisbonne
**Superficie :** 92 072 km²
**Population :** 10,43 millions d'habitants
**Monnaie :** Euro

### Documents obligatoires

- Permis de conduire rose de l'UE
- Permis de conduire international (recommandé seulement)
- Certificat d'immatriculation ou certificat de location
- Plaque d'identification nationale
- Justificatif d'assurance (carte verte)
- Passeport (recommandé seulement)
- Procuration en cas d'utilisation du véhicule appartenant à un tiers (recommandée seulement)

### Limitations de vitesses

- En agglomérations urbaines : 50 km/h
- Sur routes : 90 km/h
- Sur autoroutes : 120 km/h
Ces vitesses limites sont réduites par temps de pluie

### Fangio !

Une grande prudence est recommandée car les Portugais roulent à vive allure. Attention aux enfants qui gambadent dans les rues et aux habitants dans les rues le soir qui rendent la circulation difficile.

### Réglementations

- Taux maximum d'alcool toléré dans le sang : 0,49 g
- Siège enfant, rehausseur ou système de retenue adapté et homologué obligatoire jusqu'à 12 ans ou 1,50 m
- Âge minimum du conducteur : 18 ans
- Port de la ceinture de sécurité obligatoire à l'avant et à l'arrière
- Allumage des feux de croisement obligatoire (jour et nuit) pour les deux-roues toute l'année
- Pneus cloutés interdits
- ... de présignalisation obligatoire
- ... ours recommandée
- ... atoire

### Pour téléphoner

**Au Portugal :**
composez le 00 351 + numéro du correspondant.
Il faut composer l'intégralité du numéro, avec l'indicatif régional, soit 9 chiffres où que vous soyez.

**Sur place :**
Téléphone incendie et ambulance : 112
Téléphone police : 110

Conseils ou interdictions
propres au pays

## Lexique

### Mots usuels

Oui **Sim** / Non **Não** / Bonjour **Bom dia** / Bonsoir **Boa noite** / Salut **Olá** / Au revoir **Adeus** / S'il vous plaît **Por favor** / Merci (beaucoup) **(muito) Obrigado/a (h/f)** / Excusez-moi **Desculpe** / D'accord **Tudo bem** / Santé ! **Saúde !** / Manger **Comer** / Boire **Beber** / Toilettes **Casa de banho** / Restaurant **Restaurante** / Office de tourisme **Posto de turismo** / Argent **Dinheiro**

### Premiers contacts

Je voudrais… **Eu queria…** / Parlez-vous français ? **Você fala francês ?** / Je ne comprends pas **Eu não entendo** / Pouvez-vous m'aider ? **Você poderia me ajudar ?** / Combien ça coûte ? **Quanto custa ?** / L'addition, SVP ? **A conta, por favor** / Je cherche… **Eu procuro…** / C'est trop cher **É muito caro**

### Directions & transports

Où se trouve… ? **Onde fica… ?** / À droite **À direita** / À gauche **À esquerda** / Tout droit **Em frente** / Près de **Perto de** / Entrée **Entrada** / Sortie **Saída** / Route **Estrada** / Rue **Rua** / Autoroute **Auto-estrada** / Ville **Cidade** / Village **Aldeia** / Station-service **Posto de gasolina** / Essence **Gasolina** / GPL **Gás** / Diesel **Gasóleo**

### Urgences

Au secours ! **Socorro !** / C'est une urgence **É uma emergência** / Hôpital **Hospital** / Médecin **Médico** / Pharmacie **Farmácia** / Police **Polícia**

51

Lexique de
conversation

# Les itinéraires en camping-car

**Pays traversé**

**Numéro du circuit**

**Ville de départ
Durée
Kilométrage**

## PORTUGAL

## Circuit 13

## L'Algarve et la vallée du Guadiana

Des plages de sable doré, des falaises vertigineuses percées de grottes, des villages et des ports tout blancs qui somnolent sous un soleil omniprésent… tel est l'Algarve, si l'on fait abstraction des excès du tourisme de masse. Il ne tient qu'à vous de privilégier les petites cités en retrait du littoral dont les jardins embaument l'oranger, le figuier et l'amandier.

➲ **Départ : Odeceixe**
➲ **7 jours - 650 km**

**Un découpage par journée**

### Jour 1

Du beau village immaculé d'**Odeceixe**, longez la côte et hasardez-vous de temps à autre sur les petites routes en cul-de-sac qui mènent aux plages ou aux falaises. Vous traverserez ainsi des paysages sauvages et déserts alternant pâturages irlandais et garrigue. Si vous vous baignez, prenez garde aux courants parfois violents. Vous passez par **Aljezur**, **Arrifana** dont le port se niche au pied d'une falaise et **Vila do Bispo**, avant **Sagres** et la **pointe de Sagres** qui marque l'un des plus beaux sites du Portugal. Le cap est occupé par une forteresse qui fut très endommagée par le tremblement de terre de 1755. Elle a été récemment restaurée. Prenez le temps d'y marcher un peu avant d'aller au **Cap Saint-Vincent** (Cabo de São Vicente) un peu plus à l'ouest, un somptueux belvédère sur la falaise où vous pourrez attendre le soleil couchant.

### Jour 2

Passez voir le petit port de **Burgau** avant de gagner **Lagos**, une cité tranquille bordée de criques et qui dans son centre déroule un lacis de rues piétonnes, animées de commerces et de restaurants. Explorez le ... Ponta de Piedade avec s...

rouges déchiquetées où se nichent des grottes marines. Tout près, **Portimão** est la station balnéaire la plus fréquentée de l'Algarve. Tapi au fond de sa baie naturelle, ce port de pêche et de commerce animé est également une cité industrielle, spécialisée dans la construction navale et la conserverie de thons et de sardines. Victime du succès de sa très belle plage, la ville est défigurée par les constructions modernes. Réservez vos balades au site de **Praia da Rocha** puis montez dans la Serra de **Monchique** qui offre quelques beaux panoramas (montez au Pico da Foia) et un peu de fraîcheur.

### Jour 3

De retour vers la côte, arrêtez-vous à **Silves** qui a conservé son authenticité avec ses rues pavées et pentues. Vous visiterez sa cathédrale et son château aux murailles de grès rouges surplombant la ville blanche. Passez par le **cap de Carvoeiro** puis descendez sur **Albufeira**. Le vieux village est loin d'avoir perdu son âme. Prenez les chemins de traverse : non seulement vous éviterez la foule de touristes qui se presse dans les restaurants du centre, mais vous découvrirez les charmantes ruelles, intactes et désertes, de l'ancien village de pêcheurs.

### Jour 4

En ... ant la côte, vous passez par **São ... lle église. À quelques ... le point le plus

**Les points intéressants du parcours : patrimoine, musée, artisanat, gastronomie, nature**

méridional du Portugal. Séparée de l'océan par une lagune, la ville semble trop loin des plages pour retenir les touristes. La capitale de l'Algarve, cité étonnamment tranquille, constitue pourtant une halte agréable. Sa vieille ville devient la nuit un véritable décor de théâtre où il fait bon flâner. Dans la journée, vous pourrez choisir entre les plages du cordon littoral, accessibles en bateau, ou les collines de la Serra do Caldeirão. L'arrière-pays ne manque pas de charme avec ses paysages plantés de figuiers, d'amandiers et d'orangers : accordez-vous plusieurs pauses pour découvrir les jardins du palais d'Estói, et les **ruines de Milreu**, ou encore **São Brás de Alportel** habillée de maisons blanches surmontées de leurs cheminées typiques.

### Jour 5

Quelques jolis sites et plages ponctuent le littoral jusqu'à **Tavira** dont le patrimoine préservé ravira les touristes à la recherche d'un peu de calme et de beauté. La ville est une invitation à ralentir le pas pour découvrir çà et là les maisons blanches aux portes ornées de moucharabiehs, héritage des Maures, les typiques cheminées de l'Algarve et, surtout, les gracieuses toitures à quatre pans retroussés, dites « de tesouro ». Ne manquez pas le jardin du château (accès libre). Plus loin, **Cacela Velha** offre un beau point de vue sur la lagune où mouillent des petits bateaux de pêcheurs.

# Les adresses pour chaque itinéraire

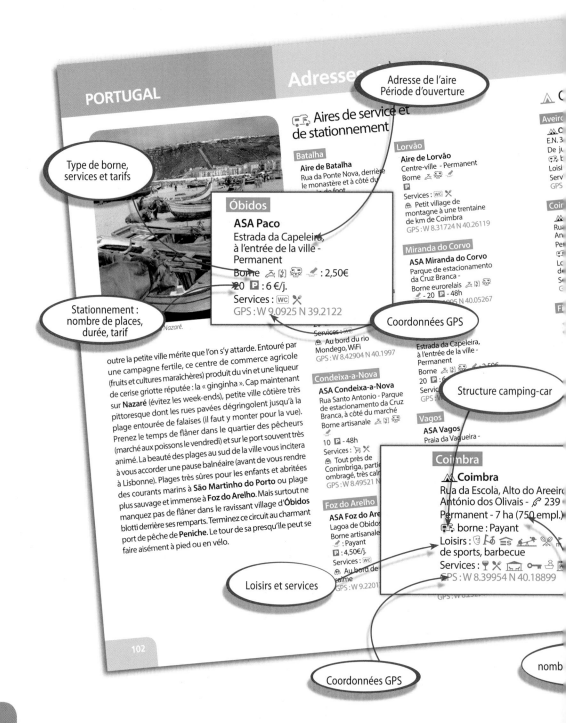

PORTUGAL

Adresse de l'aire
Période d'ouverture

🚐 Aires de service et de stationnement

Type de borne, services et tarifs

**Batalha**

**Aire de Batalha**
Rua da Ponte Nova, derrière le monastère et à côté du

**Óbidos**

**ASA Paco**
Estrada da Capeleira, à l'entrée de la ville - Permanent
Borne 🚿 ⚡ 🚽 💧 : 2,50€
20 🅿 : 6 €/j.
Services : wc ✕
GPS : W 9.0925 N 39.2122

Stationnement : nombre de places, durée, tarif

*Nazaré.*

**Lorvão**

**Aire de Lorvão**
Centre-ville - Permanent
Borne 🚿 🚽
🅿
Services : wc ✕
🏠 Petit village de montagne à une trentaine de km de Coimbra
GPS : W 8.31724 N 40.26119

**Miranda do Corvo**

**ASA Miranda do Corvo**
Parque de estacionamento da Cruz Branca -
Borne eurorelais 🚿 🚽
💧 - 20 🅿 - 48h
GPS : W ...5 N 40.05267

Coordonnées GPS

Aveiro
🏠
E.N. 3...
De ju...
🚐 b...
Loisi...
Serv...
GPS...

Coir...
🏠
Rua...
An...
Pe...
🚐 ...
Lc...
de...
Se...
G...

Fi...

outre la petite ville mérite que l'on s'y attarde. Entouré par une campagne fertile, ce centre de commerce agricole (fruits et cultures maraîchères) produit du vin et une liqueur de cerise griotte réputée : la « ginginha ». Cap maintenant sur **Nazaré** (évitez les week-ends), petite ville côtière très pittoresque dont les rues pavées dégringolent jusqu'à la plage entourée de falaises (il faut y monter pour la vue). Prenez le temps de flâner dans le quartier des pêcheurs (marché aux poissons le vendredi) et sur le port souvent très animé. La beauté des plages au sud de la ville vous incitera à vous accorder une pause balnéaire (avant de vous rendre à Lisbonne). Plages très sûres pour les enfants et abritées des courants marins à **São Martinho do Porto** ou plage plus sauvage et immense à **Foz do Arelho**. Mais surtout ne manquez pas de flâner dans le ravissant village d'**Óbidos** blotti derrière ses remparts. Terminez ce circuit au charmant port de pêche de **Peniche**. Le tour de sa presqu'île peut se faire aisément à pied ou en vélo.

🏠 Au bord du rio Mondego, WiFi
GPS : W 8.42904 N 40.1997

**Condeixa-a-Nova**

**ASA Condeixa-a-Nova**
Rua Santo Antonio - Parque de estacionamento da Cruz Branca, à côté du marché
Borne artisanale 🚿 🚽

10 🅿 - 48h
Services : 🚰 ✕
🏠 Tout près de Conimbriga, parti... ombragé, très cal...
GPS : W 8.49521 N

**Foz do Arelho**

**ASA Foz do Are...**
Lagoa de Obidos
Borne artisanale
💧 : Payant
🅿 : 4,50€/j.
Services : wc
🏠 Au bord de ...me
GPS : W 9.2201

Estrada da Capeleira, à l'entrée de la ville - Permanent
Borne 🚿 🚽 ...
20 🅿 : ...
Servi...
GPS : ...

**Vagos**

**ASA Vagos**
Praia da Vagueira -

**Coimbra**

🏠 **Coimbra**
Rua da Escola, Alto do Areeiro, António dos Olivais - ☎ 239 ...
Permanent - 7 ha (750 empl.)
🚐 borne : Payant
Loisirs : 🎣 ⛳ 🏓 🏊 🎾 🚴 ...
de sports, barbecue
Services : 🚰 ✕ 🏪 ⚙ 🛒 🗑 ...
GPS : W 8.39954 N 40.18899

Structure camping-car

Loisirs et services

Coordonnées GPS

nomb...

Une sélection
de restaurants, de loisirs,
de produits du terroir
et d'artisanat

## Adresses circuit 11

### 😊 Les bonnes adresses de Bib

Carte avec tracé
de l'itinéraire et
positionnement des aires
et campings

#### Coimbra

**Café Santa Cruz**
*Praça 8 de Maio - ☎ 239 83 36 17 -
www.cafesantacruz.com - été :
8h-2h ; hiver : 8h-0h - fermé dim.* On
se doit de faire une halte dans ce
café magnifique, véritable institution
de Coimbra. Il fait littéralement
partie de l'église Santa Cruz puisqu'il
occupe une ancienne chapelle : on
prend son café sous de superbes
voûtes nervurées, installé dans
des sièges en cuir patiné et clouté,
tandis qu'un vieux ventilateur brasse
tranquillement l'air. Soirées jazz et
fado.

#### Nazaré

**✕ À Tasquinha**
*R. Adrião Batalha, 54 ☎ 262 551 945 -
www.atasquinha.comyr.com - fermé
lun. en hiver - 12/20 €.* Touristes de
passage et inconditionnels attendent
patiemment dans la rue : ce petit
restaurant qui ne désemplit jamais
sert une bonne cuisine familiale sur de
grandes tables rustiques. Surtout des
poissons et des fruits de mer.

#### Tomar

**✕ Restaurante Beira-Rio**
*R. Alexandre Herculano, 1-3 -
☎ 249 31 28 06 - fermé lun.* Une vieille
adresse fréquentée par les habitants.
Cuisine traditionnelle à déguster face à
l'îlot verdoyant et à sa roue de moulin
tournant sans fin. Soupe de haricots
verts, morue à la crème, agneau rôti,
poulet au porto et brochette de lotte.

#### Viseu

**✕ Muralha** [...]
*Adro da Sé -
muralhad[...]
19h30-23h[...]
pied de l'é[...]
une salle [...]
donnant [...]
Sé, vous [...]
savoure [...]
grillée, [...]
braisé, [...]
Assez [...]*

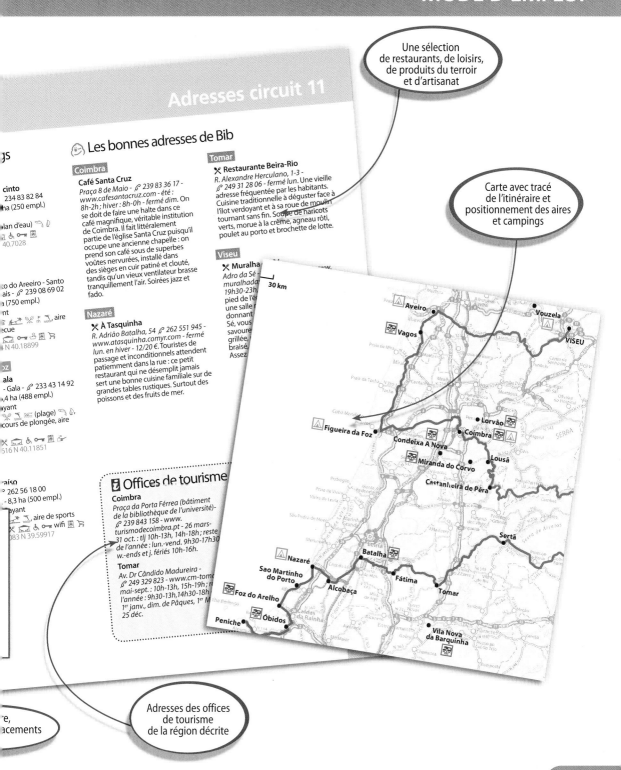

### ℹ️ Offices de tourisme

**Coimbra**
*Praça da Porta Férrea (bâtiment
de la bibliothèque de l'université)-
☎ 239 843 158 - www.
turismodecoimbra.pt - 26 mars-
31 oct. : tlj 10h-13h, 14h-18h ; reste
de l'année : lun.-vend. 9h30-17h30,
w.-ends et j. fériés 10h-16h.*

**Tomar**
*Av. Dr Cândido Madureira -
☎ 249 329 823 - www.cm-tom[...]
mai-sept. : 10h-13h, 15h-19h ; r[...]
l'année : 9h30-13h,14h30-18h [...]
1er janv., dim. de Pâques, 1er M[...]
25 déc.*

Adresses des offices
de tourisme
de la région décrite

# LES SYMBOLES

## Campings

### Catégories *Categories Kategorien*

🏕️…🏕️ Camping, de très confortable jusqu'à simple mais convenable
*Camping from very comfortable to simple but suitable*
*Komfortabel bis einfach, aber ordentlich*

### Agrément *Peaceful setting Besonders schöne Lage*

🏕️…🏕️ Camping très agréable pour le cadre, la qualité et la variété des services proposés
*Particularly pleasant setting, quality and range of services available*
*Landschaftlich schöne Lage, gutes und vielfältiges Serviceangebot*

### Services pour camping-car *Facilities for campervans Dienstleistungen für Wohnmobil*

🚐 Borne pour camping-car
*Point for campervans*
*Versorgungsanschluss für Wohnmobil*

🏕️ Formule Stop accueil camping-car FFCC
*Special price for camper on the site*
*Sonderpreis für Wohnmobil auf dem Campingplatz*

🅴 Emplacement aménagé pour camping-cars
*Sites equipped for campervans*
*Stellplätze für Wohnmobil*

### Tarif en € *Charges in € Preise in €*

**Redevance journalière** *Daily charge Tagespreise*

🧍5 € Par personne
*Per person*
*Pro Person*

🚗2 € Pour le véhicule
*Per vehicle*
*Pro Fahrzeug*

🅴 6 € Pour l'emplacement
*Per pitch*
*Platzgebühr*

⚡ 6,50 € Pour l'électricité (nombre d'ampères)
(4A) *For electricity (by number of amperes)*
*Stromverbrauch (Anzahl der Ampere)*

**Redevance forfaitaire** *Rates included Pauschalgebühren*

🧍🧍 🚗 Emplacement pour 2 personnes véhicule et électricité compris
🅴 25 € *Pitch for 2 persons including vehicle and electricity*
⚡ (10A) *Stellplatz für 2 Personen, Fahrzeug und Strom inklusiv*

### Loisirs *Recreational facilities Freizeitmöglichkeiten*

🛝 Jeux pour enfants
*Playground*
*Kinderspielplatz*

🎭 Animations diverses
*Miscellaneous activities*
*Diverse Freizeitangebote*

♨️ Sauna
*Sauna*
*Sauna*

🏊 Baignade
*Bathing allowed*
*Baden erlaubt*

🛝 Toboggan aquatique
*Water slide*
*Wasserrutschbahn*

👥 Club pour enfants
*Children's club*
*Kinderfreizeitklub*

🚴 Salle de remise en forme
*Fitness room*
*Fitnessraum*

🎾 🎾 Tennis découvert – couvert
*Tennis courts open air – covered*
*Tennisplatz – Hallentennisplatz*

🏊 🏊 Piscine découverte – couverte
*Open air – covered swimming pool*
*Freibad – Hallenbad*

⛵ 🛶 Sports nautiques – Canoë/Kayak
*Water sports – Canoe/Cajak*
*Wassersport – Kanu/Kajak*

Pêche
*Fishing*
*Angeln*

Location de vélos
*Cycle hire*
*Fahrradverleih*

Mini-golf
*Mini golf*
*Minigolfplatz*

Centre équestre
*Riding*
*Reitzentrum*

## Services *Facilities Dienstleistungen*

Présence d'un gardien pouvant être contacté 24h/24 – De jour seulement
*A warden can be contacted 24h/24 – Day security only*
*Eine Aufsichtsperson kann Tag und Nacht bei Bedarf erreicht werden – Nur tagsüber bewacht*

Salle de réunion, de séjour
*Common room*
*Gemeinschaftsraum, Aufenthaltsraum*

Supermarché – Magasin d'alimentation
*Supermarket – Food shop*
*Supermarkt – Lebensmitteldeschäft*

Bar (licence III ou IV)
*Bar (serving alcohol)*
*Bar mit Alkoholausschank*

Installations chauffées
*Heated facilities*
*Beheizte sanitäre Anlagen*

Branchements individuels : Eau – Évacuation
*Each bay is equipped with water – drainage*
*Individuelle Anschlüsse : Wasser – Abwasser*

Lave-linge
*Washing machines*
*Waschmaschinen*

Plats cuisinés à emporter
*Take away meals*
*Fertiggerichte zum Mitnehmen*

Restaurant, snack
*Restaurant, snack-bar*
*Restaurant, Snack-Bar*

Salle de bains pour bébés
*Baby changing facilities*
*Wickelraum*

Installations sanitaires accessibles aux handicapés
*Sanitary installations for the desabled*
*Sanitäre Einrichtungen für Körperbehinderte*

# Aires de service pour camping-cars

## Services pour camping-cars *Facilities for camper vans Dienstleistungen für Wohnmobile*

Eau potable
*Drinking water*
*Trinkwasser*

Vidange eaux grises
*Waste water change*
*Grauwasserentleerung*

30 P : 18 €/j. Nombre de stationnement et prix - durée maximale
- 24h *Number of parks and rates - maximal time*
*Anzahl von den Parkplätzen und Preis - maximale Zeit*

Électricité
*Electricity*
*Stromanschluss*

Vidange eaux noires (cassettes)
*Mobil toilet disposal*
*Entsorgung Mobiltoilette*

## Services de proximité *Facilities in close proximity Dienstleistungen in der Nähe*

WC Public
*Public toilets*
*Öffentliche Toiletten*

Restaurant
*Restaurant*
*Restaurant*

Wifi

Laverie
*Laundry – washing machines*
*Waschmaschinen*

Commerce
*Food shop*
*Lebensmittelgeschäft*

## Les vérifications

Avant de partir, vous devez bien vérifier l'état de votre camping-car.
C'est une question de sécurité et de confort. Quelques conseils en forme de check-list !

### Le porteur

#### ☑ Les pneus

Ils sont un des organes de sécurité essentiels de votre véhicule. Vous devez régulièrement leur porter toute votre attention et en particulier lorsque vous préparez votre véhicule avant de partir.

Le pneumatique doit tout d'abord être adapté à votre véhicule. Il existe des gammes spécifiques destinées aux campings cars avec un marquage CP sur le flanc du pneumatique.

Avant de partir, contrôlez le bon état des pneumatiques, leur usure, et vérifiez la pression. Il est par ailleurs recommandé de faire vérifier leur état tous les ans pour les pneumatiques de plus de 5 ans après la date de fabrication qui pourra vous être indiquée par un spécialiste, et de changer les pneumatiques d'un âge supérieur à 10 ans. En cas de changement de deux pneumatiques, il est recommandé de faire monter les pneumatiques neufs à l'arrière du véhicule. Dans tous les cas, la pression recommandée est de 5,5 bars sur l'essieu moteur, pression mesurée à froid, quelle que soit la charge du véhicule en respectant le PTAC.

Sur l'essieu avant, conformez-vous aux préconisations de gonflage du constructeur indiquées sur le véhicule le plus souvent dans la porte conducteur.

☞ *Pour ces pressions, des valves métalliques sont impératives.*

#### ☑ Sont également à contrôler

- le niveau d'huile
- le liquide des freins
- le frein à main
- le liquide du lave-glaces
- les balais d'essuie-glace
- les serrures
- la batterie
- les phares
- les clignotants

☞ *Pour plus de sécurité, une partie de ces contrôles (comme celui des plaquettes de freins) peut être faite par votre garagiste.*

☞ *Penser à se munir d'un kit d'ampoules de rechange.*

☞ *En cas de panne, vous devez disposer d'un gilet et d'un triangle de signalisation. Pensez-y !*

# Partez libre en camping-car, nous veillons sur vous !

**Une assistance unique pour les particuliers et les professionnels**
**A partir de 1,92 € / semaine***

L'assurance d'être écouté, informé, rassuré et aidé par un technicien 24h/24 et 7j/7 en France, en Europe et dans le monde entier. Une assistance sur le porteur, la cellule et tous les équipements de votre camping-car.

Aide Châssis
Equipements
Information

Camping-car

# Dépannage
## Assistance
### Tranquillité
#### Cellule

*Sur base d'un contrat Performance de 2 ans.

Nos partenaires

Renseignez-vous

**www.starmobilservices.com**
*(Souscription en quelques clic sur le site)*

info@starmobilservices.com

France : +33 (0)3 29 39 62 80     Benelux : +32 (0)2 385 43 68

## Star Mobil Services
ASSISTANCE AUX CAMPING-CARS
ASSISTANCE MOTORHOME BIJSTAND

Avec vous partout, avec vous toujours.

# Les vérifications

## La cellule

### ☑ Circuit d'eau

**Eau propre :** rincer et faire le plein.
**Eaux usées :** verser un produit de nettoyage et de désinfection. Pour éviter les mauvaises odeurs, préférer les produits du commerce ou le vinaigre plutôt que l'eau javellisée.

### ☑ Électricité

Faire fonctionner tous les postes électriques du véhicule. Si vous avez des panneaux solaires, vérifiez qu'ils sont propres. Leur efficacité en dépend.

### ☑ Extincteur

S'assurer que la date de validité de l'extincteur n'est pas dépassée.

### ☑ Fermeture

Contrôler la fermeture des ouvrants (lanterneaux, baies, portillons, portes et placards). Vérifier qu'il n'y a pas de fuite aux portes, lanterneaux et baies vitrées.

### ☑ Gaz

Vérifier le contenu des bouteilles de gaz (surtout en période hivernale) et le fonctionnement de tous les appareils à gaz. Avant le départ, fermer l'arrivée générale du gaz.

☞ *Les tuyaux à gaz doivent être changés régulièrement. Vérifier la date de péremption.*

### ☑ Hiver

Si vous partez en hiver, assurez-vous de la qualité du liquide dans le circuit de refroidissement ainsi que celle de l'huile moteur qui doit être adaptée aux températures hivernales.
Vérifiez l'état de la batterie.
Contrôlez le bon fonctionnement du chauffage et de tous les accessoires participant à la bonne visibilité. Ne pas oublier de prendre les chaînes et apprendre à les mettre en place avant le départ ! Penser également à emporter des plaques de « désenlisement » et une pelle.

### ☑ Surcharge

Les camping-cars sont limités en charge utile. Le **poids total** du camping-car chargé (PTAC) ne doit pas dépasser **3,5 t** (sauf pour les véhicules classés poids lourds). Il est notifié dans les documents de bord et à l'extérieur sur la porte du conducteur. Une surcharge du véhicule ou une mauvaise répartition des charges sont susceptibles de mettre en jeu la sécurité des usagers. Pour information, une pression de 5,5 bars sur l'essieu arrière moteur correspond à une charge maximale par pneu de 1 120 kg pour un pneumatique Michelin Agilis Camping 225/70R15 CP. Une situation de sous-gonflage peut être dangereuse : par exemple, une sous-pression de 0,5 bar pour un Michelin Agilis Camping 225/70R15 CP équivaut à une surcharge de 100 kg environ.

☞ *Le PTAC correspond au poids à vide plus la charge utile.*

### ☑ GPS

Un système de navigation embarqué vous sera utile pour trouver nos adresses d'aires et de campings. Nous donnons leurs coordonnées en degré décimal (DD). Vérifiez que votre GPS est bien basé sur le même système de notation. Si ce n'est pas le cas, contacter votre revendeur pour qu'il vous indique comment convertir nos données.

### ☑ Dans vos bagages

Pensez à emporter un nécessaire à pharmacie et une trousse de secours aux premiers soins d'urgence ! Si vous voyagez avec un **animal domestique**, n'oubliez pas son **carnet de santé**. Il vous sera demandé dans les campings.

### ☑ Juste avant le départ

Ne pas oublier de rentrer le **marche-pied** (si vous n'avez pas de système d'alerte sonore). Rabattre les **antennes** (TV, parabole).

# Le meilleur du service

**masters**
Neuf / Occasion

**masters**
Garantie

**masters**
Accessoires

**masters**
Atelier

**masters**
Services

→ Toutes les plus grandes marques de camping-cars et caravanes : **un large choix de véhicules neufs ou occasions exposés en permanence sur le réseau**

→ **Une extension de garantie jusqu'à 5 ans** sur les véhicules neufs ou occasions

→ **+ 5000 références en permanence** dans les magasins d'accessoires :
  - des promotions régulières
  - les nombreux avantages de la carte de fidélité

→ **Des ateliers de carrosserie et montage professionnels,** agréés par les plus grandes compagnies d'assurance (Masters Assurances, COVEA FLEET, GMF, MAAF, MMA…)

## Des services pour sa clientèle

→ **Financements personnalisés** jusqu'à 156 mois

→ **Assurance tous risques sans franchise** (sauf bris de glace)

→ **Abonnement France Passion offert** la première année (Plus de 1900 étapes privilégiées de stationnement )

→ *Masters Infos :* magazine spécialisé sur le monde du véhicule de loisirs

**On ne regrette jamais une visite chez les Masters !**

*Réseau*

**masters**
*véhicules de loisirs*

**1er**
réseau de distributeurs de camping-cars

www.masters-france.com

**18** BOURGES - **INTER SERVICES LOISIRS** - Tél. 02 48 24 31 40  **22** SAINT-BRIEUC - **ESPACE CAMPING-CARS** - Tél. 02 96 34 69 78 **29** QUIMPER - **QUIMPER CAMPING-CARS** - Tél. 02 98 59 65 38 **38** GRENOBLE - **EXPO CLAVEL** - Tél. 04 76 35 32 41 **45** ORLÉANS Est - **CARAVANES 2000** - Tél. 02 38 55 15 24 **45** MONTARGIS - **MONTARGIS CARAVANES** - Tél. 02 38 94 90 36 **56** LORIENT - **QUEVEN CAMPING-CARS** - Tél. 02 97 05 12 44 **62** LENS - **CAMPING-CARS SERVICE 62** - Tél. 03 21 28 50 50 **69** LYON - **EURO SERVICE** - Tél. 04 78 90 57 22 **74** ANNECY - **CURIOZ LOISIRS** - Tél. 04 50 68 78 65 **80** AMIENS - **BROUSSE LOISIRS** - Tél. 03 22 54 13 14 **88** REMIREMONT - **SPORT ET CARAVANING** - Tél. 03 29 62 13 94

# Louer un camping-car à l'étranger

Louer un camping-car dans un pays étranger peut être une bonne solution, économique, pratique et… écologique. Pas besoin de parcourir des milliers de kilomètres sur la route pour vous rendre sur le lieu de vos vacances. Vous pouvez arriver en avion ou en train sur votre destination et embarquer dans votre camping-car que vous aurez auparavant réservé.

## Formalités

Pour louer un camping-car à l'étranger, les formalités sont généralement les mêmes qu'en France : Vous devez fournir :

☑ Un permis de conduire à votre nom en cours de validité depuis plus d'un an

☑ Une carte d'identité ou un passeport valide

☑ Une carte bancaire internationale

L'âge minimum requis pour effectuer une location varie selon les pays entre 21 ans et 25 ans (avec 1 an de permis). Certains loueurs demandent des frais supplémentaires pour les jeunes conducteurs de moins de 25 ans.

## Conseils

### Tarifs

La location varie en fonction du pays et du type de véhicule choisi. Comptez par exemple entre 1 000 et 1 500 €, en fonction de la saison, pour une location de 10 jours en Espagne pour 4 personnes. Le kilométrage est souvent illimité et les assurances sont comprises.

### Attention aux options

Comparez bien les tarifs, les options proposées et les assurances.
Certaines prestations sont des options : chaise enfant, GPS, tables et chaises de camping, climatisation, vélo, kit équipement (vaisselle, draps…).

### Assurances

Les assurances obligatoires, les assurances dommages et vols sont généralement incluses dans les tarifs proposés par les loueurs.
Vérifiez au dos de votre carte verte les pays pour lesquels vous êtes assurés.

## Sites Internet

**www.campingcar-online.com**
☏ 01 40 71 10 20. Partenaire d'Avis car-Away Camping-Car pour la location de camping-car à l'étranger. Possibilité de louer un camping-car en Italie, Sardaigne, Espagne, Portugal, Écosse, Irlande, Angleterre, Suède, Norvège, Finlande, Grèce. Un site très documenté contenant de multiples informations sur votre location.
**location-camping-car.cooldrive.fr**
☏ 09 72 12 34 50. Site de location de camping-cars dans la plupart des pays d'Europe.

Autres sites :
**www.motorhomerent.fr**
**www.mcrent.fr**

# Le Guide Vert MICHELIN
## emmène les curieux plus loin !

# Traverser les mers en ferry

## Réservation

### Description du camping-car

Soyez bien vigilant lors de la réservation de votre traversée. La notion de camping-car varie selon les compagnies (taille et longueur). Décrivez bien votre véhicule car les compagnies peuvent refuser votre embarcation, faute de place, si vous vous êtes trompé dans votre déclaration.

Signalez tous les objets susceptibles de prendre de la place (vélos accrochés au camping-car, galerie de toit, etc.).

### Soute ou open-deck ?

Certaines compagnies proposent deux solutions pour votre traversée.

**Camping-car en soute** : vous passerez la nuit dans une cabine.

**Camping-car en open-deck** : le camping-car se trouve sur le pont. Vous pouvez dormir dans votre véhicule et économiser ainsi le prix d'une cabine.

## Précaution

Attention au fonctionnement du réfrigérateur de votre véhicule : les bouteilles de gaz doivent être fermées pendant la traversée. Les compagnies maritimes fournissent une alimentation électrique (prévoir une rallonge assez longue pour le raccordement aux bornes à 230 V) ou donnent la possibilité de louer des réfrigérateurs à bord.

## Agences et compagnies

### Agences maritimes

Certaines agences maritimes spécialisées dans les camping-cars peuvent effectuer vos réservations :

**Euro-mer** : www.euromer.com ; Méditerranée.

**Viamare** : www.viamare.fr ; Méditerranée et Europe du Nord.

### Compagnies

Vous pouvez également réserver directement auprès des compagnies :

www.anek.gr
www.brittany-ferries.fr
www.carontetourist.it
www.mobylines.fr
www.jadrolinija.hr
www.poferries.fr
www.tallinksilja.com/fr
www.vikingline.fi

## Traversées

Les circuits décrits dans ce guide prévoient parfois des traversées en ferry.

**Italie-Sardaigne** : de Livourne à Olbia, avec Moby Lines *(voir circuit 19, p. 132)*.

**Italie-Sicile** : de Calabre à Messine, avec Caronte *(voir circuit 21 p. 140)*.

**Îles croates** : de Drvenik à l'île de Hvar, avec Jadrolinija *(voir circuit 25, p. 156)*.

**Îles grecques** : de Igoumenista à Corfou, plusieurs compagnies à réserver *via* l'agence Euromer *(voir circuit 27, p. 164)*.

**Grèce continentale-Crète** : du Pirée à Héraklion, avec Anek Line *via* l'agence Euromer *(voir circuit 29, p. 172)*.

**France-Grande-Bretagne** : de Calais à Douvres, avec P&O Ferries, ou de Roscoff à Plymouth, avec Brittany Ferries *(voir circuit 30, p. 178)*.

**Grande-Bretagne-Irlande** : de Liverpool à Dublin, avec P&O Ferries *(voir circuit 37, p. 206)*.

**Finlande-Estonie** : de Helsinki à Tallinn, avec Tallink Silja et Viking Line *(voir circuit 50, p. 258)*.

# Bien conduire

Conduire un camping-car n'est pas difficile. Tout titulaire du permis auto a la possibilité de le faire. Toutefois intégraux, capucines et autres profilés présentent des particularités dont vous devez tenir compte.

## On s'attache !

Les passagers doivent impérativement boucler leur ceinture de sécurité, qu'ils voyagent dans la cabine ou en cellule (si celle-ci en est équipée). De même, les effets personnels et les vivres doivent être rangés, pendant le voyage, dans des placards fermés.

## Une bonne marge de distance

L'inertie au freinage demeure plus importante avec un camping-car que sur une voiture, en raison du poids en mouvement, et ce malgré les systèmes de freinage sophistiqués actuels.

Préservez ainsi toujours une marge de distance confortable par rapport aux véhicules qui vous précèdent.

☞ *Lors de la descente des cols, utilisez au maximum votre frein moteur.*

## Surveiller le gabarit

Pensez aux autres véhicules : afin que la largeur de votre camping-car ne les gêne pas, tenez bien votre droite.

Sur les routes de campagne, soyez vigilant au moment où vous croisez tracteurs, cars et autres camions. Vous devez ralentir et vous déporter encore plus sur la droite. Vigilance accrue lorsque vous doublez un cycliste !

Gardez en tête la **hauteur** du véhicule. Le mieux est encore de noter les dimensions de votre véhicule et son PTAC sur un papier fixé sur le tableau de bord. En **montagne**, pensez aux routes à encorbellement, surtout si vous roulez en capucine. Les véhicules les plus imposants risquent en effet d'accrocher les parois. Mais rassurez-vous ! Nos circuits ont pris en compte ce risque.

En ville, des mésaventures du même type peuvent se produire avec certains **balcons en encorbellement.** Sur l'autoroute, méfiez-vous des **barrières de péage**. Certains couloirs réservés aux voitures sont parfois équipés de barres de hauteur.

Attention également aux **branches basses des arbres**.

Au moment de doubler et de se rabattre, vous devez bien avoir en tête la **longueur** de votre camping-car. Certains véhicules ayant un porte-à-faux important peuvent rencontrer des difficultés lors des manœuvres de stationnement et d'accès sur les ferries ou les bacs.

## Contrer les appels d'air

Si vous conduisez une grande capucine ou un intégral, pour éviter les appels d'air générés en dépassement, vous devez compenser par un léger mouvement du volant en sens inverse.

## Circuler en ville

La circulation en ville (et village) nécessite une grande prudence. Soyez attentif aux barres de hauteur qui limitent parfois les accès. Et avant de pénétrer dans le vieux quartier de telle cité médiévale aux ruelles étroites, prenez vos précautions.

## Évaluer le terrain

Lorsque vous sortez des routes aménagées, vous devez ne pas sous-estimer le poids de votre camping-car et évaluer la praticabilité du terrain.

Sur un camping-car, l'essentiel du poids se trouvant concentré vers la partie arrière, mieux vaut, pour éviter le patinage des roues, faire une reconnaissance à pied.

*Aire de stationnement à Cognac, France.*

# Le stationnement

Le stationnement des camping-cars est régi par le code de la circulation routière, le code de l'urbanisme et le code des collectivités territoriales.
Vous devez connaître et respecter leurs règles.

### Stationnement sur la voie publique

En ville, garez-vous sur les parkings extérieurs au centre-ville ou sur les parkings réservés aux camping-cars, en faisant attention de ne pas empiéter sur d'autres places, ni sur la voie publique.

☞ *Si la sécurité ou l'ordre public l'exigent, les maires sont en droit de prescrire des mesures plus rigoureuses en matière de stationnement*

### Stationnement sur le domaine privé

Si vous voulez stationner sur une propriété privée, vous devez en demander l'autorisation aux propriétaires.
Il est interdit de stationner sur les rivages de la mer, dans des sites classés ou inscrits et leur proximité, dans un rayon de moins de 200 m d'un point d'eau capté pour la consommation, dans les bois, forêts, parcs classés comme espaces boisés à conserver.

*Aire de service dans le camping de Ceska Brana, en République Tchèque.*

T. Mueller / imagebroker / age fotostock

# Les structures d'accueil adaptées

### Aires de service

Leur première vocation est de proposer ces services :
- La vidange des eaux grises (eaux ménagères)
- La vidange des eaux noires (WC chimiques)
- L'alimentation en eau potable
- Le dépôt des ordures
Et accessoirement : l'approvisionnement en électricité.
En plus de ces services, l'aire peut proposer un stationnement.
L'eau et les vidanges peuvent être fournies par l'intermédiaire d'une borne artisanale ou d'une borne de type industriel : Flot bleu, Raclet, Eurorelais, etc.
La gratuité de l'aire de service dépend en grande partie de l'activité touristique de la région. Il faut donc s'attendre à payer pour le stationnement et/ou les services.
Ces prix, indiqués dans nos adresses, varient entre 3 et 15 € pour les services, et entre 5 et 25 € pour le stationnement.

☞ *Il est interdit de vidanger des WC chimiques dans un réseau de tout-à-l'égout.*

### Aires de stationnement

Il s'agit de lieux publics autorisés pour le stationnement, situés ou non, à proximité d'une aire de service. Le stationnement peut être limité dans le temps à certains endroits (24h/48h). Il peut être gratuit ou payant.
L'aménagement de ces aires peut aller du plus sommaire à très confortable (aménagement de loisirs, grands espaces).

☞ *Occuper l'espace de stationnement sur la voie publique avec des chaises, des tables ou tout autre équipement personnel est interdit.*

### Campings

Tous les camping-cars peuvent stationner dans un camping, mais tous les campings ne sont pas encore équipés de structures spécifiques, même si leur nombre est en forte augmentation.
À l'étranger, certains campings proposent des formules adaptées aux camping-caristes à l'image de la formule française Stop Accueil Camping-Car FFCC comme le « Quick Stop » au Danemark.

### Les initiatives personnelles

Certains agriculteurs, éleveurs, vignerons, fermes-auberges ou châtelains par exemple, vous invitent à stationner gratuitement sur leur propriété pendant une nuit, et à découvrir leurs produits et leur savoir-faire.
Cette formule d'accueil existe en France, en Italie et en Allemagne.

# Ma route des vacances

## 18 cartes des Régions de France

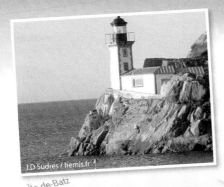

J.D Sudres / hemis.fr

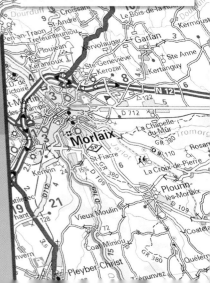

512 REGIONAL France    INDÉCHIRABLE 512

MICHELIN

Bretagne

*Dans les fjords de Norvège.*
A. Lindhjem/age fotostock

# Allemagne

*Village en Forêt-Noire.*

# À savoir sur la route…

**Nom local :** Bundesrepublik Deutschland
**Capitale :** Berlin
**Superficie :** 357 121 km²
**Population :** 82,1 millions d'habitants
**Monnaie :** Euro

## Documents obligatoires

- Permis de conduire rose de l'UE ou permis de conduire international (recommandé seulement)
- Certificat d'immatriculation du véhicule (carte grise) ou certificat de location
- Plaque d'identification nationale
- Justificatif d'assurance (carte verte)
- Passeport français (recommandé seulement) ou carte d'identité en cours de validité
- Procuration en cas d'utilisation du véhicule appartenant à un tiers
- Il est conseillé aux voyageurs d'être munis d'une Carte européenne ou du certificat provisoire de remplacement que l'on obtient auprès de sa Caisse d'assurance maladie
- L'accès au centre-ville de certaines villes comme Berlin n'est possible qu'avec l'écopastille verte

## Réglementations

- Siège enfant, rehausseur ou système de retenue adapté et homologué obligatoire jusqu'à 12 ans et 1,50 m
- Âge minimum du conducteur : 16 ans (permis spécial avec accompagnateur autorisé)
- Taux maximum d'alcool toléré dans le sang : 0, 5 g
- Phares allumés de jour par pluie, neige ou brouillard
- Port de la ceinture de sécurité obligatoire à l'avant et à l'arrière
- Pneus cloutés interdits
- Triangle de présignalisation obligatoire

- Trousse de premiers secours obligatoire
- Gilet réfléchissant : obligatoire pour les camping-cars dont le poids excède 3,5 t

## Limitations de vitesses

- En agglomérations urbaines : 50 km/h
- Sur routes : 100 km/h. Sur les autoroutes, il n'y a pas de limitation mais il est conseillé de ne pas rouler à plus de 130 km/h. Attention à la « conduite en accordéon » ; des accrochages surviennent car des portions limitées à 80 ou 100 km/h succèdent parfois et brutalement à des portions non limitées

## Pour téléphoner

**En Allemagne :**
composez le : 00 + 49 + indicatif urbain sans le 0 initial + numéro du correspondant.
**Sur place :**
Téléphone incendie et ambulance : 112
Téléphone police : 110

## Lexique

Se reporter au lexique de l'Autriche page ci-contre.

# À savoir sur la route…

## Documents obligatoires

- Permis de conduire rose de l'UE
- Permis de conduire international (recommandé seulement)
- Certificat d'immatriculation du véhicule ou certificat de location
- Plaque d'identification nationale
- Justificatif d'assurance (carte verte)
- Passeport (recommandé seulement)
- Procuration en cas d'utilisation du véhicule appartenant à un tiers

## Réglementations

- Triangle de présignalisation obligatoire
- Trousse de premiers secours obligatoire
- Extincteur recommandé
- Gilet de sécurité fluorescent obligatoire
- Taux maximum d'alcool toléré dans le sang : 0, 5 g
- Siège enfant, rehausseur ou système de retenue adapté et homologué obligatoire jusqu'à 14 ans ou 1,50 m
- Âge minimum du conducteur : 18 ans
- Port de la ceinture de sécurité obligatoire à l'avant et à l'arrière
- Pneus cloutés admis avec réglementation d'octobre à mai ;
- Vitesse limite pour un véhicule équipé de pneus cloutés (80 km/h)
- Signe « pneus cloutés » obligatoire sur la vitre arrière

**Nom local :** Republik Österreich
**Capitale :** Vienne
**Superficie :** 83 879 km$^2$
**Population :** 8,7 millions d'habitants
**Monnaie :** Euro

## Limitations de vitesses

- En agglomérations urbaines : 50 km/h
- Sur routes : 100 km/h
- Sur autoroutes : 130 km/h

Ces vitesses limites sont réduites par temps de pluie

## Vignette

Pour circuler sur les autoroutes, il est obligatoire d'apposer une vignette « autoroute » sur le pare-brise. Elle est disponible dans les bureaux de poste et certains bureaux de tabac ainsi qu'aux postes frontières.

## Pour téléphoner

**En Autriche :**
composez le 00 43 + indicatif de la ville sans le 0 initial + numéro du correspondant.
**Sur place :**
Téléphone incendie et ambulance : 112
Téléphone police : 110

# Lexique

## Mots usuels

Oui **Ja** / Non **Nein** / Bonjour (le matin) **Guten Morgen** / Bonjour **Guten Tag** / Au revoir **Auf Wiedersehen** / Bonsoir **Guten Abend** / Combien ? **Wieviel ?** / Comment ? **Wie ?** / S'il vous plaît **Bitte** / Merci **Danke** / Excusez-moi **Entschuldigung** / Restaurant **Gasthaus** / Santé ! **Prost !**

## Directions & transports

Où se trouve ? **Wo ist ?** / droite **Rechts** / gauche **Links** / Tout droit **Geradeaus** / Près de **Nahe** / Entrée **Eingang** / Sortie **Ausgang** / Route, rue **Straße** / Autoroute **Autobahn** / Station-service **Tankstelle** / Essence **Benzin**

## Premiers contacts

Je ne comprends pas **Ich verstehe nicht** / Je voudrais… **Ich möchte…** / L'addition SVP **Die Rechnung bitte** / Pouvez-vous m'aider ? **Können Sie mir bitte helfen ?** / Parlez-vous français ? **Sprechen Sie Französisch ?**

## Urgences

Pharmacie **Apotheke** / Médecin **Arz** / Hôpital **Krankenhaus** / C'est une urgence **Das ist ein Notfall**

*Carlos S. Pereyra/age fotostock*

*Festival international de Cerfs-Volants à Ostende.*

# À savoir sur la route…

## Documents obligatoires

- Permis de conduire rose de l'UE
- Permis de conduire international (recommandé seulement)
- Certificat d'immatriculation du véhicule ou certificat de location
- Plaque d'identification nationale
- Justificatif d'assurance (carte verte)
- Passeport (recommandé seulement)
- Procuration en cas d'utilisation du véhicule appartenant à un tiers

## Réglementations

- Taux maximum d'alcool toléré dans le sang : 0,5 g
- Siège enfant, rehausseur ou système de retenue adapté et homologué obligatoire jusqu'à moins d'1,35 m
- Âge minimum du conducteur : 18 ans
- Port de la ceinture de sécurité obligatoire à l'avant et à l'arrière
- Allumage des feux de croisement obligatoire (jour et nuit) pour les deux-roues toute l'année
- Pneus cloutés admis avec réglementation du 1er novembre au 31 mars
- Triangle de présignalisation obligatoire
- Trousse de premiers secours obligatoire
- Extincteur obligatoire
- Gilet de sécurité fluorescent obligatoire

**Nom local :** België / Belgique
**Capitale :** Bruxelles
**Superficie :** 30 527 km²
**Population :** 11,3 millions d'habitants
**Monnaie :** Euro

## Limitations de vitesses

- En agglomérations urbaines : 50 km/h
- Sur routes : 90 km/h
- Sur routes à chaussées séparées : 120 km/h
- Sur autoroutes : 120 km/h

Ces vitesses limites sont réduites par temps de pluie

## Infos

- Interdiction de rester en stationnement plus de 24h consécutives sur la voie publique.
- Les autoroutes sont gratuites. Elles ne disposent que de très peu d'aires de repos.

## Pour téléphoner

**En Belgique :**
composez le 00 + 32 + numéro du correspondant.
**Sur place :**
Téléphone incendie et ambulance : 112
Téléphone police : 110

## Lexique

Voir le lexique (flamand) p. 48.

# Croatie

## À savoir sur la route…

### Documents obligatoires

- Permis de conduire rose de l'UE (recommandé seulement)
- Permis de conduire international
- Certificat d'immatriculation du véhicule ou certificat de location
- Plaque d'identification nationale
- Justificatif d'assurance (carte verte)
- Carte d'identité ou passeport
- Procuration en cas d'utilisation du véhicule appartenant à un tiers
- Il est conseillé de se renseigner auprès des Automobile Clubs pour les détails sur les réglementations locales

### Réglementations

- Taux maximum d'alcool toléré dans le sang : 0 g (loi remise en cause en juin 2008)
- Âge minimum des enfants admis à l'avant : 12 ans
- Siège enfant, rehausseur ou système de retenue adapté et homologué obligatoire jusqu'à 5 ans
- Port de la ceinture de sécurité obligatoire à l'avant et à l'arrière
- Allumage des feux de croisement obligatoire (jour et nuit) toute l'année
- Pneus cloutés interdits
- Triangle de présignalisation obligatoire
- Trousse de premiers secours obligatoire
- Extincteur recommandé
- Jeu d'ampoules de rechange obligatoire
- Gilet de sécurité fluorescent obligatoire

### Limitations de vitesses

- En agglomérations urbaines : 50 km/h
- Sur routes : 90 km/h
- Sur routes à chaussées séparées : 110 km/h
- Sur autoroutes : 130 km/h

Ces vitesses limites sont réduites par temps de pluie

### Interdictions

Le camping « sauvage » est interdit. Les camping-cars doivent obligatoirement séjourner chaque nuit sur un terrain de camping. La police croate fait formellement respecter cette règle (les amendes peuvent varier de 1 000 à 7 500 kunas).

### Pour téléphoner

**En Croatie :**
composez le 00 + 385 + indicatif régional sans le 0 initial + numéro du correspondant.
**Sur place :**
SAMU : 94
Téléphone police : 92 ; pompiers : 93
Pour un dépannage : 987

## Lexique

### Mots usuels

Oui **Da** / Non **Ne** / Bonjour **Dobar dan** ou **Dobro jutro** / Bonsoir **Dobra večer** / Salut **Bog** / Au revoir **Do viđenja** / S'il vous plaît **Molim** / Merci (beaucoup) **Hvala (lijepo)** / Excusez-moi **Oprostite** ou **Ispričavam se** / Santé ! **Živjeli !** ou **Na zdravlje !** / Manger **Jesti** / Boire **Piti** / Toilettes **Nužnik** ou **Zahod**

### Directions & transports

À droite **Desno** / À gauche **Lijevo** / Entrée **Ulaz** / Sortie **Izlaz** / Autoroute **Autocesta** / Route **Cesta** / Ville **Grad** / Station-service **Benzinska stanica** / Essence **Benzin**

### Premiers contacts

Je voudrais… **Htio / Htjela** (h/f) **bih…** / Où se trouve… ? **Gdje se nalazi ?** / Parlez-vous français ? **Govorite li francuski ?** / Je ne comprends pas **Ne razumijem** / Pouvez-vous m'aider ? **Možete li pomoć mene ?** / Combien ça coûte ? **Koliko košta ?**

### Urgences

Au secours ! **U pomoć !** / Hôpital **Bolnica** / Police **Policija**

# Danemark

## À savoir sur la route…

### Documents obligatoires

- Permis de conduire rose de l'UE
- Permis de conduire international (recommandé seulement)
- Certificat d'immatriculation du véhicule ou certificat de location
- Plaque d'identification nationale
- Justificatif d'assurance (carte verte)
- Passeport (recommandé seulement)
- Procuration en cas d'utilisation du véhicule appartenant à un tiers

### Réglementations

- Taux maximum d'alcool toléré dans le sang : 0,5 g
- Siège enfant, rehausseur ou système de retenue adapté et homologué obligatoire jusqu'à 3 ans et 1,35 m
- Âge minimum du conducteur : 18 ans
- Port de la ceinture de sécurité obligatoire à l'avant et à l'arrière
- Deux-roues : port du casque obligatoire pour le conducteur et le passager
- Allumage des feux de croisement obligatoire (jour et nuit) toute l'année
- Pneus cloutés admis avec réglementation du 1er novembre au 15 avril
- Triangle de présignalisation obligatoire
- Trousse de premiers secours recommandée
- Extincteur recommandé
- Gilet de sécurité fluorescent recommandé

**Nom local :** Danmark
**Capitale :** Copenhague
**Superficie :** 43 098 km²
**Population :** 5,7 millions d'habitants
**Monnaie :** Couronne danoise (1 € = 7,44 DKK )

### Limitations de vitesses

- En agglomérations urbaines : 50 km/h
- Sur routes : 80 km/h
- Sur autoroutes : 130 km/h

Ces vitesses limites sont réduites par temps de pluie

### Attention, vélo !

Une attention toute particulière doit être portée aux nombreux cyclistes en agglomération. Ils sont prioritaires aux intersections.

### Pour téléphoner

**Au Danemark :**
composez le 00 + 45 + numéro du correspondant.
**Sur place :**
Téléphone incendie et ambulance : 112
Téléphone police : 110

## Lexique

### Mots usuels

Oui **Ja** / Non **Nej** / Bonjour **Goddag** / Bonsoir **Godaften** / Salut **Hej** / Au revoir **Farvel** / S'il vous plaît **Vær så god** / Merci (beaucoup) **(mange) Tak** / Excusez-moi **Undskyld** / Santé ! **Skål !**/ Manger **Spise** / Boire **Drikke** / Toilettes **Toalett**

### Directions & transports

À droite **Til højre** / À gauche **Til venstre** / Entrée **Indgang** / Sortie **Udgang** / Autoroute **Motorvej** / Route **Vej** / Ville **By** / Station-service **Tankstation** / Essence **Benzin**

### Premiers contacts

Je voudrais… **Jeg ville ønske…** /
Je ne comprends pas **Jeg forstår ikke** /
Combien ça coûte ? **Hvor meget koster det ?**

### Urgences

Au secours ! **Hjælp !** / Hôpital **Sygehus** / Police **Politi**

*Au bord du canal à Copenhague.*
G. Lenz / imagebroker / age fotostock

# Espagne

## À savoir sur la route…

### Documents obligatoires

- Permis de conduire rose de l'UE
- Permis de conduire international (recommandé seulement)
- Certificat d'immatriculation du véhicule ou certificat de location
- Plaque d'identification nationale
- Justificatif d'assurance (carte verte)
- Passeport (recommandé seulement)
- Procuration en cas d'utilisation du véhicule appartenant à un tiers

### Réglementations

- Taux maximum d'alcool toléré dans le sang : 0,5 g
- Siège enfant, rehausseur ou système de retenue adapté et homologué obligatoire jusqu'à 12 ans et 1,50 m
- Âge minimum du conducteur : 18 ans
- Port de la ceinture de sécurité obligatoire à l'avant et à l'arrière
- Allumage des feux de croisement obligatoire (jour et nuit) pour les deux-roues toute l'année
- Pneus cloutés admis avec réglementation toute l'année, sur routes enneigées
- Deux triangles de présignalisation obligatoires (1 seul triangle pour les véhicules étrangers)
- Trousse de premiers secours recommandée
- Extincteur recommandé

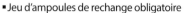

**Nom local :** España
**Capitale :** Madrid
**Superficie :** 505 962 km$^2$
**Population :** 46,4 millions d'habitants
**Monnaie :** Euro

- Jeu d'ampoules de rechange obligatoire
- Gilet de sécurité fluorescent obligatoire

### Limitations de vitesses

- En agglomérations urbaines : 50 km/h
- Sur routes : 90 km/h
- Sur autoroutes : 120 km/h

Ces vitesses limites sont réduites par temps de pluie

### Portables

L'usage d'un téléphone portable (y compris l'oreillette) est interdit au volant.

### Pour téléphoner

**En Espagne :**
composez le 00 + 34 + numéro du correspondant à 9 chiffres.
**Sur place :**
Téléphone incendie et ambulance : 112
Téléphone police : 110

## Lexique

### Mots usuels

Oui **Sí** / Non **No** / Bonjour **Buenos días** / Bonsoir **Buenas tardes** ou **noches** / Salut **Hola** / Au revoir **Hasta luego** /
S'il vous plaît **Por favor** / Merci (beaucoup) **(muchas) Gracias** /
Excusez-moi **Perdone** / D'accord **De acuerdo** / Santé ! **¡Salud !** / Manger **Comer** / Boire **Beber** / Toilettes **Los servicios** /
Restaurant **Restaurante** / Office de tourisme **Oficina de turismo** /
Argent **Dinero**

### Directions & transports

Où se trouve… ? **¿Dónde está… ?** / À droite **A la derecha** /
À gauche **A la izquierda** / Tout droit **Todo recto** / Près de **Cerca de** /
Entrée **Entrada** / Sortie **Salida** / Route **Carretera** / Rue **Calle** /
Autoroute **Autopista** / Ville **Ciudad** / Village **Pueblo** /
Station-service **Gasolinera** / Essence **Gasolina**

### Premiers contacts

Je voudrais… **Quiero…** / Parlez-vous français ? **¿Habla francés ?** /
Je ne comprends pas **No entiendo** /
Pouvez-vous m'aider ? **¿Me puede ayudar ?** /
Combien ça coûte ? **¿Cuánto cuesta ?** /
L'addition, SVP ? **La cuenta, por favor** / Je cherche… **Busco…**

### Urgences

Au secours ! **¡Socorro !** / C'est une urgence **Es una emergencia** /
Hôpital **Hospital** / Médecin **Médico** / Pharmacie **Farmacia** /
Police **Policía**

# À savoir sur la route…

## Documents obligatoires

- Permis de conduire rose de l'UE
- Permis de conduire international (recommandé seulement)
- Certificat d'immatriculation du véhicule ou certificat de location
- Plaque d'identification nationale
- Justificatif d'assurance (carte verte)
- Passeport (recommandé seulement)
- Procuration en cas d'utilisation du véhicule appartenant à un tiers

## Réglementations

- Taux maximum d'alcool toléré dans le sang : 0 g
- Siège enfant, rehausseur ou système de retenue adapté et homologué obligatoire jusqu'à 12 ans
- Âge minimum du conducteur : 18 ans
- Port de la ceinture de sécurité obligatoire à l'avant et à l'arrière
- Allumage des feux de croisement obligatoire (jour et nuit) toute l'année
- Pneus cloutés admis avec réglementation du 16 octobre au 15 avril
- Vitesse limite pour un véhicule équipé de pneus cloutés : 90 km/h
- Triangle de présignalisation obligatoire
- Trousse de premiers secours obligatoire
- Extincteur obligatoire
- Gilet de sécurité fluorescent recommandé

**Nom local :** Eesti Vabariik
**Capitale :** Tallinn
**Superficie :** 45 227 km$^2$
**Population :** 1,3 million d'habitants
**Monnaie :** Euro

## Limitations de vitesses

- En agglomérations urbaines : 50 km/h
- Sur routes : 90 km/h
- Sur autoroutes : 110 km/h

Ces vitesses limites sont réduites par temps de pluie

## Voyages

Un voyage par route prend 2 à 3 jours en passant par la Suède (avec traversée de nuit par bateau entre Stockholm et Tallinn) et près de 3 jours *via* la Lituanie et la Pologne.

## Pour téléphoner

**En Estonie :**
composez le 00 + 372 + numéro du correspondant.
**Sur place :**
Téléphone incendie et ambulance : 112
Téléphone police : 110

# Lexique

## Mots usuels

Oui **Jah** / Non **Ei** / Bonjour **Tere päevast** / Bonsoir **Tere õhtust** / Salut **Tere** / Au revoir **Head aega** / S'il vous plaît **Palun** / Merci (beaucoup) **(väga) Tänan** / Excusez-moi **Vabandust** / Santé ! **Terviseks !**/ Manger **Sööma** / Boire **Jooma** / Toilettes **Peldik**

## Directions & transports

À droite **Paremal** / À gauche **Vasakul** / Entrée **Esik** / Sortie **Väljapääs** / Autoroute **Maantee** / Route **Tee** / Ville **Linn** / Station-service **Bensiinijaam** / Essence **Benslin**

## Premiers contacts

Je voudrais… **Ma võtan…** / Où se trouve… ? **Kus on ?** / Parlez-vous français ? **Kas te räägite prantsuse keelt ?** / Je ne comprends pas **Ma ei saa aru** / Pouvez-vous m'aider ? **Kas te saaksite mind aidata ?** / Combien ça coûte ? **Palju see maksab ?**

## Urgences

Au secours ! **Appi !** / Hôpital **Haigla** / Police **Politsei**

# Finlande

## À savoir sur la route…

### Documents obligatoires

- Permis de conduire rose de l'UE
- Permis de conduire international (recommandé seulement)
- Certificat d'immatriculation du véhicule ou certificat de location
- Plaque d'identification nationale
- Justificatif d'assurance (carte verte)
- Passeport (recommandé seulement)
- Procuration en cas d'utilisation du véhicule appartenant à un tiers
- Il est conseillé de se renseigner auprès des Automobile Clubs pour les détails sur les réglementations locales

### Réglementations

- Taux maximum d'alcool toléré dans le sang : 0,5 g/l
- Âge minimum des enfants admis à l'avant : 3 ans
- Âge minimum du conducteur : 18 ans
- Port de la ceinture de sécurité obligatoire à l'avant et à l'arrière
- Feux de croisement obligatoires de jour comme de nuit
- Pneus cloutés admis avec réglementation de décembre à mars
- Triangle de présignalisation obligatoire
- Trousse de premiers secours recommandée
- Extincteur recommandé
- Gilet de sécurité fluorescent recommandé

**Nom local :** Suomen tasavalta
**Capitale :** Helsinki
**Superficie :** 338 144 km$^2$
**Population :** 5,5 millions d'habitants
**Monnaie :** Euro

### Limitations de vitesses

- En agglomérations urbaines : 50 km/h
- Sur routes : 80 km/h
- Sur autoroutes : 120 km/h en été, 100 km/h en hiver
La vitesse est limitée à 80 km/h pour les camping-cars

### Contrôles

Les limitations de vitesse sont fréquemment contrôlées par des radars fixes ou volants.

### Pour téléphoner

**En Finlande :**
composez le 00 + 358 + numéro du correspondant sans le 0 initial.
**Sur place :**
Téléphone incendie, ambulance, police :112

---

## Lexique

### Mots usuels

Oui **Kyllä** / Non **Ei** / Bonjour **Hyvää Päivää** / Bonsoir **Hyvää Iltaa** / Salut **Hei** / Au revoir **Goodbye** / S'il vous plaît **Olkaa Hyvä** / Merci **Kiitos** ou **Paljon Kiitoksia**/ Excusez-moi **Anteeksi** / D'accord **Okei** ou **Kannatetaan** / Santé ! **Kippis !** / Manger **Syödä** / Boire **Juoda** / Toilettes **WC** / Restaurant **Ravintola** / Office de tourisme **Matkailutoimisto** / Argent **Raha**

### Directions & transports

Où se trouve… ? **Missä on … ?** / À droite **Oikealle** / À gauche **Vasemmalle**/ Tout droit **Suorassa** / Près de **Lähellä** / Entrée **Pääsy** ou **Sisäänkäytävä** / Sortie **Ulosajotie** / Route **Tie** / Rue **Katu** / Autoroute **Moottoritie** / Ville **Kaupunki** / Village **Kylä** / Station-service **Bentsiiniasema** / Essence **Bentsiini** / GPL **LPG** / Diesel **Dieseli**

### Premiers contacts

Je voudrais… **Haluaisin…** /
Parlez-vous français ? **Puhutko ranskaa ?** /
Je ne comprends pas **En ymmärrä** /
Pouvez-vous m'aider ? **Voitteko auttaa minua ?** /
Combien ça coûte ? **Paljonko se maksaa ?** /
L'addition, SVP ? **Saisinko laskun, kiitos ?**/ Je cherche… **Etsin…**

### Urgences

Police **Poliisi** / Pharmacie **Apteekki** /
Hôpital **Sairaala** / Médecin **Lääkäri**

J. Larrea/age fotostock

*Piments d'Espelette sur la façade d'une maison du Pays basque.*

# À savoir sur la route…

**Nom local :** France
**Capitale :** Paris
**Superficie :** 543 965 km²
**Population :** 66,6 millions d'habitants
**Monnaie :** Euro

## Documents obligatoires

- Permis de conduire rose de l'UE
- Permis de conduire international (recommandé seulement)
- Certificat d'immatriculation du véhicule ou certificat de location
- Plaque d'identification nationale
- Justificatif d'assurance (carte verte)
- Passeport (recommandé seulement)
- Procuration en cas d'utilisation du véhicule appartenant à un tiers

## Réglementations

- Taux maximum d'alcool toléré dans le sang : 0,5 g
- Âge minimum des enfants admis à l'avant : 10 ans
- Siège enfant, rehausseur ou système de retenue adapté et homologué obligatoire jusqu'à 10 ans
- Port de la ceinture de sécurité obligatoire à l'avant et à l'arrière
- Allumage des feux de croisement obligatoire (jour et nuit) toute l'année
- Pneus cloutés admis avec réglementation de mi-novembre à fin mars. Vitesse limite pour un véhicule équipé de pneus cloutés : 90 km/h. Signe « pneus cloutés » obligatoire sur la vitre arrière

- Triangle de présignalisation obligatoire
- Trousse de premiers secours et extincteur recommandés
- Gilet de sécurité fluorescent obligatoire
- Éthylotest obligatoire

## Limitations de vitesses

- En agglomérations urbaines : 50 km/h
- Sur routes : 90 km/h
- Sur routes à chaussées séparées : 110 km/h
- Sur autoroutes : 130 km/h

Ces vitesses limites sont réduites par temps de pluie

## Urgences

Téléphone incendie et ambulance : 112
Téléphone police : 110

# Grande-Bretagne

## À savoir sur la route…

**Nom local :** Great Britain
**Capitale :** Londres
**Superficie :** 244 820 km²
**Population :** 63,3 millions d'habitants
**Monnaie :** livre sterling (1 € = 0,87 £)

### Documents obligatoires

- Permis de conduire rose de l'UE
- Permis de conduire international (recommandé seulement)
- Certificat d'immatriculation du véhicule ou certificat de location
- Plaque d'identification nationale
- Justificatif d'assurance (carte verte)
- Passeport (recommandé seulement)
- Procuration en cas d'utilisation du véhicule appartenant à un tiers

### Réglementations

- Conduite à gauche
- Taux maximum d'alcool toléré dans le sang : 0,8 g
- Siège enfant, rehausseur ou système de retenue adapté et homologué obligatoire jusqu'à 12 ans ou 1,35 m
- Âge minimum du conducteur : 17 ans
- Port de la ceinture de sécurité obligatoire à l'avant et à l'arrière
- Pneus cloutés admis avec réglementation toute l'année sur routes enneigées
- Triangle de présignalisation recommandé
- Trousse de premiers secours recommandée
- Extincteur recommandé
- Gilet de sécurité fluorescent recommandé

### Limitations de vitesses

- En agglomérations urbaines : 30 miles (48 km/h)
- Sur routes : 60 miles (97 km/h)
- Sur routes à chaussées séparées : 70 miles (112 km/h)
- Sur autoroutes : 70 miles (112 km/h)

Ces vitesses limites sont réduites par temps de pluie

### Rouler à gauche

Les réflexes ont tendance à reprendre le dessus. Aussi faites attention lorsque vous abordez et sortez d'un rond-point. Vous le prendrez dans le sens des aiguilles d'une montre, par la gauche et vous resterez plutôt sur la voie extérieure.

### Pour téléphoner

**En Grande-Bretagne :**
composez le 00 + 44 + indicatif de la localité sans le 0 initial + numéro du correspondant.
**Sur place :**
Téléphone incendie et ambulance : 112
Téléphone police : 110

## Lexique

### Mots usuels

Oui **Yes** / Non **No** / Bonjour **Good morning** / Bonsoir **Good evening** / Salut **Hi** / Au revoir **Goodbye** / S'il vous plaît **Please** / Merci (beaucoup) **Thank you (very much)** / Excusez-moi **Excuse me** / D'accord **OK** ou **Fine** / Santé ! **Cheers !** / Manger **To eat** / Boire **To drink** / Toilettes **Toilets** / Restaurant **Restaurant** / Office de tourisme **Tourist office** / Argent **Money**

### Directions & transports

Où se trouve… ? **Where is… ?** / À droite **To the right** / À gauche **To the left** / Tout droit **Straight ahead** / Près de **Close to** ou **Near** / Entrée **Entrance** / Sortie **Exit** / Route **Road** / Rue **Street** / Autoroute **Motorway** / Ville **City** ou **Town** / Village **Village** / Station-service **Petrol station** / Essence **Petrol** / GPL **LPG** /

### Premiers contacts

Je voudrais… **I would like…** / Parlez-vous français ? **Do you speak french ?** / Je ne comprends pas **I don't understand** / Pouvez-vous m'aider ? **Could you help me ?** / Combien ça coûte ? **How much does it cost ?** / L'addition, SVP ? **Can I have the bill, please ?** / Je cherche… **I'm looking for…** / C'est trop cher **That's too expensive**

### Urgences

Au secours ! **Help !** / C'est une urgence **It's an emergency** / Hôpital **Hospital** / Médecin **Doctor** / Pharmacie **Chemist** / Police **Police**

*Taxi sur Picadilly Street, à Londres.*
G. Azumendi / age fotostock

# À savoir sur la route…

## Documents obligatoires

- Permis de conduire rose de l'UE
- Permis de conduire international (recommandé seulement)
- Certificat d'immatriculation du véhicule ou certificat de location
- Plaque d'identification nationale
- Justificatif d'assurance (carte verte)
- Passeport (recommandé seulement)
- Procuration en cas d'utilisation du véhicule appartenant à un tiers
- Il est conseillé de se renseigner auprès des Automobile Clubs pour les détails sur les réglementations locales

## Réglementations

- Taux maximum d'alcool toléré dans le sang : 0,5 g/l
- Âge minimum des enfants admis à l'avant : 12 ans
- Âge minimum du conducteur : 18 ans
- Port de la ceinture de sécurité obligatoire à l'avant et à l'arrière
- Pneus cloutés admis sans réglementation
- Triangle de présignalisation obligatoire
- Trousse de premiers secours obligatoire
- Extincteur obligatoire
- Gilet de sécurité fluorescent recommandé

**Nom local :** Ellinikí Dimokratía
**Capitale :** Athènes
**Superficie :** 131 957 km²
**Population :** 10,8 millions d'habitants
**Monnaie :** Euro

## Limitations de vitesses

- En agglomérations urbaines : 50 km/h
- Sur routes : 90 km/h
- Sur autoroutes : 120 km/h

Ces vitesses limites sont réduites par temps de pluie

## À droite

Méfiez-vous, il est commun en Grèce d'être doublé par la droite !

## Pour téléphoner

**En Grèce :**
composez le 00 + 30 + numéro du correspondant.`
**Sur place :**
Téléphones incendie : 199 et ambulance : 166
Téléphone police : 100

# Lexique

## Mots usuels

Oui **Nai** / Non **Ohi** / Bonjour **Kalimera** / Bonsoir **Kalispera** /
Salut **Yamass** / Au revoir **Antio** ou **Geia sas** / S'il vous plaît **Parakalo** /
Merci **Efkaristo** / Excusez-moi **Signomi** / D'accord **Entáxei** / Où **Poú**

## Directions & transports

À droite **Dexiá** / À gauche **Aristerá** / Entrée **Issodos** / Sortie **Exodos** /
Route **Dromo** / Ville **Horio** / Station-service **Venzinadiko** /
Essence **Venziní**

## Premiers contacts

Où se trouve… ? **Pou inai… ?** /
Parlez-vous français ? **Milate gallika ?** /
Je ne comprends pas **Den katalavéno** /
Combien ça coûte ? **Posso kani ?** / Combien de temps **Pósi óra**

## Urgences

Police **Astinomia** / Pharmacie **To farmakeío** /
Hôpital **To nosokomeío** / Médecin **O giatrós**

# À savoir sur la route…

**Nom local :** Magyar Köztársaság
**Capitale :** Budapest
**Superficie :** 93 030 km$^2$
**Population :** 9,8 millions d'habitants
**Monnaie :** Forint hongrois (1 € = 308,45 HUF )

## Documents obligatoires

- Permis de conduire rose de l'UE
- Permis de conduire international (recommandé seulement)
- Certificat d'immatriculation du véhicule ou certificat de location
- Plaque d'identification nationale
- Justificatif d'assurance (carte verte)
- Passeport (recommandé seulement)
- Procuration en cas d'utilisation du véhicule appartenant à un tiers

## Réglementations

- Vignette autoroutière, en vente auprès des bureaux de poste, des bureaux de douane, ainsi que des garages et stations-service. Montant annuel : 37200 HUF
- Taux maximum d'alcool toléré dans le sang : 0 g
- Âge minimum des enfants admis à l'avant : 12 ans
- Siège enfant, rehausseur ou système de retenue adapté et homologué obligatoire jusqu'à 12 ans ou 1,50 m
- Âge minimum du conducteur : 17 ans
- Port de la ceinture de sécurité obligatoire à l'avant et à l'arrière
- Allumage des feux de croisement obligatoire (jour et nuit) hors agglomération toute l'année
- Pneus cloutés interdits
- Triangle de présignalisation obligatoire
- Trousse de premiers secours obligatoire
- Extincteur recommandé
- Jeu d'ampoules de rechange obligatoire
- Gilet de sécurité fluorescent recommandé

## Limitations de vitesses

- En agglomérations urbaines : 50 km/h
- Sur routes : 90 km/h
- Sur routes à chaussées séparées : 110 km/h
- Sur autoroutes : 130 km/h

Ces vitesses limites sont réduites par temps de pluie

## Contrôles

Les limitations de vitesse sont fréquemment contrôlées. Tout comme le taux d'alcool qui doit impérativement être de 0. Les sanctions vont de l'amende (à payer sur-le-champ) à la confiscation du permis de conduire.

## Pour téléphoner

**En Hongrie :**
composez le 00 + 36 + indicatif de la ville + n° du correspondant (sans le 06 initial).

**Sur place :**
Téléphone incendie et ambulance : 112
Téléphone police : 110

# Lexique

## Mots usuels

Oui **Igen** / Non **Nem** / Bonjour **Jó napot** / Bonsoir **Jó estét** / Salut **Szia** / Au revoir **Viszlát** / S'il vous plaît **Kérem** / Merci (beaucoup) **Köszönöm (szépen)** / Excusez-moi **Bocsánat** / Santé ! **Egészségére !** / Manger **Enni** / Boire **Iszik** / Toilettes **Klozett**

## Directions & transports

À droite **Jobbra** / À gauche **Balra** / Entrée **Bejárat** / Sortie **Kijárat** / Autoroute **Autópálya** / Route **Út** / Ville **Város** / Station-service **Benzinkút** / Essence **Benzin**

## Premiers contacts

Je voudrais… **Kérek egy…** / Où se trouve… ? **Tudja merre van a… ?** / Parlez-vous français ? **Beszél franciául ?** / Je ne comprends pas **Nem értem** / Pouvez-vous m'aider ? **Tudna segíteni, kérem ?** / Combien ça coûte ? **Mennyibe kerül ?**

## Urgences

Au secours ! **Segítség !** / Hôpital **Kórház** / Police **Rendőrség**

# Irlande

Cliffs of Moher.

*Cultura RM/George Karbus Photography/Getty images*

# À savoir sur la route…

## Documents obligatoires

- Permis de conduire rose de l'UE
- Permis de conduire international (recommandé)
- Certificat d'immatriculation du véhicule ou certificat de location
- Plaque d'identification nationale
- Justificatif d'assurance (carte verte)
- Passeport (recommandé seulement)
- Procuration en cas d'utilisation du véhicule appartenant à un tiers

## Réglementations

- Conduite à gauche
- Taux maximum d'alcool toléré dans le sang : 0,8 g
- Siège enfant, rehausseur ou système de retenue adapté et homologué obligatoire jusqu'à 1,50 m et 36 kg
- Âge minimum du conducteur : 17 ans
- Port de la ceinture de sécurité obligatoire à l'avant et à l'arrière
- Pneus cloutés admis sans réglementation
- Triangle de présignalisation recommandé
- Trousse de premier secours recommandée
- Extincteur recommandé
- Gilet de sécurité fluorescent recommandé

## Limitations de vitesses

- En agglomérations urbaines : 50 km/h
- Sur routes : 80 km/h
- Sur autoroutes : 120 km/h

Ces vitesses limites sont réduites par temps de pluie

---

**Nom local :** Ireland
**Capitale :** Dublin (Eire), London (Irlande du Nord)
**Superficie :** 70 280 km²
**Population :** 6,4 millions d'habitants
**Monnaie :** Euro (Eire), Livre (Irlande du Nord)

## « No camping » = oui !

Le camping « sauvage » est encore possible. Ne tenez pas compte des panneaux « *No Camping* » car ils indiquent une interdiction de stationner deux nuits d'affilée. « *No Overnight Parking* » eux interdisent effectivement de faire étape, même pour une nuit.

## Rouler à gauche

Les réflexes ont tendance à reprendre le dessus. Aussi faites attention lorsque vous abordez et sortez d'un rond-point. Vous le prendrez dans le sens des aiguilles d'une montre, par la gauche et vous resterez plutôt sur la voie extérieure.

## Pour téléphoner

**En Irlande :**
composez le 00 + 353 + numéro du correspondant sans le 0 initial.
**Sur place :**
Téléphone incendie et ambulance : 112 ; police : 110

## Lexique

Se reporter au lexique de la Grande-Bretagne p. 39.

# Italie

## À savoir sur la route…

### Documents obligatoires

- Permis de conduire rose de l'UE
- Permis de conduire international (recommandé seulement)
- Certificat d'immatriculation du véhicule ou certificat de location
- Plaque d'identification nationale
- Justificatif d'assurance (carte verte)
- Passeport (recommandé seulement)
- Procuration en cas d'utilisation du véhicule appartenant à un tiers

### Réglementations

- Taux maximum d'alcool toléré dans le sang : 0,5 g
- Âge minimum des enfants admis à l'avant : 12 ans
- Siège enfant, rehausseur ou système de retenue adapté et homologué obligatoire jusqu'à 12 ans et 1,50 m
- Âge minimum du conducteur : 18 ans
- Port de la ceinture de sécurité obligatoire à l'avant et à l'arrière
- Allumage des feux de croisement obligatoire (jour et nuit) hors agglomération toute l'année
- Pneus cloutés admis avec réglementation du 15 novembre au 15 mars
- Vitesse limite pour un véhicule équipé de pneus cloutés : 90 km/h
- Triangle de présignalisation obligatoire
- Trousse de premiers secours recommandée
- Extincteur recommandé
- Gilet de sécurité fluorescent obligatoire

**Nom local :** Italia
**Capitale :** Rome
**Superficie :** 301 336 km²
**Population :** 60,6 millions d'habitants
**Monnaie :** Euro

### Limitations de vitesses

- En agglomérations urbaines : 50 km/h
- Sur routes : 90 km/h
- Sur autoroutes : 130 km/h

Ces vitesses limites sont réduites par temps de pluie

### Circulation

Des zones à circulation limitée (ZTL) existent. Prêtez attention aux heures autorisées, sous peine d'amendes.

### Pour téléphoner

**En Italie :**
composez le 00 + 39 + numéro du correspondant (avec le 0 pour les téléphones fixes, sans le 0 pour les portables).
**Sur place :**
Téléphone incendie et ambulance : 112
Téléphone police : 110

## Lexique

### Mots usuels

Oui **Sì** / Non **No** / Bonjour **Buongiorno** / Bonsoir **Buonasera** / Salut **Ciao** / Au revoir **Arrivederci** / S'il vous plaît **Per favore** / Merci (beaucoup) **(molte) Grazie** / Excusez-moi **Scusi** / D'accord **Va bene** / Santé ! **Cin-cin !**// Manger **Mangiare** / Boire **Bere** / Toilettes **Il bagno** / Restaurant **Ristorante** / Office de tourisme **Ufficio di turismo** / Argent **Denaro**

### Directions & transports

Où se trouve… ? **Dove si trova… ?** / À droite **A destra** / À gauche **A sinistra** / Tout droit **Dritto** / Près de **Vicino a** / Entrée **Entrata** / Sortie **Uscita** / Route **Strada** / Rue **Via** / Autoroute **Autostrada** / Ville **Città** / Village **Paese** / Station-service **Stazione di servizio** / Essence **Benzina**

### Premiers contacts

Je voudrais… **Io vorrei…** / Parlez-vous français ? **Parla francese ?** / Je ne comprends pas **Non capisco** / Pouvez-vous m'aider ? **Potrebbe aiutarmi ?** / Combien ça coûte ? **Quanto costa ?** / L'addition, SVP ? **Il conto per favore** / Je cherche… **Io cerco…** / C'est trop cher **È troppo caro**

### Urgences

Au secours ! **Aiuto !** / C'est une urgence **È un'emergenza** / Hôpital **Ospedale** / Médecin **Medico** / Pharmacie **Farmacia** / Police **Polizia**

# À savoir sur la route…

## Documents obligatoires

- Permis de conduire rose de l'UE
- Permis de conduire international (recommandé seulement)
- Certificat d'immatriculation du véhicule ou certificat de location
- Plaque d'identification nationale
- Justificatif d'assurance (carte verte)
- Passeport (recommandé seulement)
- Procuration en cas d'utilisation du véhicule appartenant à un tiers

## Réglementations

- Taux maximum d'alcool toléré dans le sang : 0,5 g
- Siège enfant, rehausseur ou système de retenue adapté et homologué obligatoire jusqu'à 12 ans ou 1,5 m
- Âge minimum du conducteur : 18 ans
- Port de la ceinture de sécurité obligatoire à l'avant et à l'arrière
- Allumage des feux de croisement obligatoire (jour et nuit) toute l'année
- Pneus cloutés admis avec réglementation du 1er octobre au 30 avril
- Triangle de présignalisation obligatoire
- Trousse de premiers secours obligatoire
- Extincteur obligatoire
- Gilet de sécurité fluorescent recommandé

**Nom local :** Latvijas Republika
**Capitale :** Riga
**Superficie :** 64 559 km$^2$
**Population :** 2 millions d'habitants
**Monnaie :** Euro

## Limitations de vitesses

- En agglomérations urbaines : 50 km/h
- Sur routes : 90 km/h
- Sur autoroutes : 110 km/h

Ces vitesses limites sont réduites par temps de pluie

## Code de la route

La « loi du plus fort » est souvent celle qui prévaut. Les gros 4x4 aux plaques customisées et les transports en commun s'imposent souvent franchement. Attention aux tramways et trolleys auxquels nous sommes peu habitués. Ainsi lorsqu'un tramway circule au milieu d'une avenue, vous devez marquer l'arrêt en même temps que lui, pour permettre aux passagers qui descendent de rejoindre le trottoir.

## Pour téléphoner

**En Lettonie :**
composez le 00 + 371 + numéro du correspondant.
**Sur place :**
Téléphone incendie et ambulance : 112
Téléphone police : 110

# Lexique

## Mots usuels

Oui **Jā** / Non **Nē** / Bonjour **Labdien** / Bonsoir **Labvakar** / Salut **Sveiki** / Au revoir **Uz redzēšanos** / S'il vous plaît **Lūdzu** / Merci (beaucoup) **(liels) Paldies** / Excusez-moi **Atvainojiet** / Santé ! **Prieka !** / Manger **Ēst** / Boire **Dzert** / Toilettes **Tualete**

## Directions & transports

À droite **Pa labi** / À gauche **Pa kreisi** / Entrée **Ienākšana** / Sortie **Iznākšana** / Autoroute **Autoceļš** / Route **Ceļš** / Ville **Pilsēta** / Station-service **Benzīnstacija** / Essence **Benzīns**

## Premiers contacts

Je voudrais… **Es gribētu …** / Où se trouve… ? **Kur ir… ?** / Parlez-vous français ? **Vai jūs runājat franciski ?** / Je ne comprends pas **Es nesaprotu** / Combien ça coûte ? **Cik tās maksā ?**

## Urgences

Au secours ! **Palīgā !** / Hôpital **Slimnīca** / Police **Policijas**

# Lituanie

## À savoir sur la route…

### Documents obligatoires

- Permis de conduire rose de l'UE
- Permis de conduire international(recommandé seulement)
- Certificat d'immatriculation du véhicule ou certificat de location
- Plaque d'identification nationale
- Justificatif d'assurance (carte verte)
- Passeport (recommandé seulement)
- Procuration en cas d'utilisation du véhicule appartenant à un tiers (recommandée seulement)

### Réglementations

- Taux maximum d'alcool toléré dans le sang : 0,4 g
- Âge minimum des enfants admis à l'avant : 12 ans
- Taille minimum des enfants admis à l'avant : 1,50 m
- Siège enfant, rehausseur ou système de retenue adapté et homologué obligatoire jusqu'à 3 ans
- Âge minimum du conducteur : 16 ans
- Port de la ceinture de sécurité obligatoire à l'avant et à l'arrière
- Allumage des feux de croisement obligatoire (jour et nuit) toute l'année
- Pneus cloutés admis avec réglementation du 1er novembre au 1er avril
- Signe « pneus cloutés » obligatoire sur la vitre arrière
- Triangle de présignalisation obligatoire
- Trousse de premiers secours obligatoire
- Extincteur obligatoire
- Gilet de sécurité fluorescent obligatoire

**Nom local :** Lietuva
**Capitale :** Vilnius
**Superficie :** 65 200 km²
**Population :** 2,9 millions d'habitants
**Monnaie :** Euro

### Limitations de vitesses

- En agglomérations urbaines : 50 km/h
- Sur routes : 90 km/h
- Sur routes à chaussées séparées : 100 / 110 km/h
- Sur autoroutes : 110 / 130 km/h
Ces vitesses limites sont réduites par temps de pluie

### Bestioles !

Les moustiques sont omniprésents en été, surtout autour des lacs. Utilisez des répulsifs efficaces.
Les zones rurales et les forêts sont infestées de tiques d'avril à octobre. Promenez-vous jambes et bras couverts. Attention car les tiques peuvent provoquer des encéphalites.

### Pour téléphoner

**En Lituanie :**
composez le 00 370 + numéro du correspondant.
**Sur place :**
Téléphone incendie et ambulance : 112
Téléphone police : 110

## Lexique

### Mots usuels

Oui **Taip** / Non **Ne** / Bonjour **Laba diena** / Bonsoir **Labas vakaras** / Salut **Sveika (h)**, **Sveikas (f)** / Au revoir **Viso gero** / S'il vous plaît **Prašau** / Merci **Ačiū** / Excusez-moi **Atsiprašau** / Santé **! Į sveikatą !** / Manger **Valgyti** / Boire **Gerti** / Toilettes **Tualetas**

### Directions & transports

À droite **Į dešinę** / À gauche **Į kairę** / Entrée **Įėjimas** / Sortie **Išeiga** / Autoroute **Greitkelis** / Route **Trasa** / Ville **Miestas** / Station-service **Degalinė** / Essence **Benzinas**

### Premiers contacts

Je voudrais… **Aš norėčiau…** / Où se trouve… ? **Kur yra… ?** / Parlez-vous français ? **Ar jūs kalbat prancūziškai ?** / Je ne comprends pas **Aš nesuprantu** / Pouvez-vous m'aider ? **Prašau man padeti ?** / Combien ça coûte ? **Kiek kainuoja ?**

### Urgences

Au secours ! **Pagalbą** ! / Hôpital **Ligoninė** / Police **Policija**

# À savoir sur la route…

**Nom local :** Norge
**Capitale :** Oslo
**Superficie :** 323 787 km²
**Population :** 5,2 millions d'habitants
**Monnaie :** Couronne norvégienne (1 € = 8,96 NOK)

## Documents obligatoires

- Permis de conduire rose de l'UE
- Permis de conduire international(recommandé seulement)
- Certificat d'immatriculation du véhicule ou certificat de location
- Plaque d'identification nationale
- Justificatif d'assurance (carte verte)
- Passeport (recommandé seulement)
- Procuration en cas d'utilisation du véhicule appartenant à un tiers

## Réglementations

- Taux maximum d'alcool toléré dans le sang : 0,2 g
- Siège enfant, rehausseur ou système de retenue adapté et homologué obligatoire jusqu'à 1,35 mou 36 kg
- Âge minimum du conducteur : 18 ans
- Port de la ceinture de sécurité obligatoire à l'avant et à l'arrière
- Allumage des feux de croisement obligatoire (jour et nuit) toute l'année
- Pneus cloutés admis avec réglementation du 1er novembre au lundi après le lundi de Pâques
- Triangle de présignalisation obligatoire
- Trousse de premiers secours recommandée
- Extincteur recommandé
- Gilet de sécurité fluorescent obligatoire

## Limitations de vitesses

- En agglomérations urbaines : 50 km/h
- Sur routes : 80 km/h
- Sur autoroutes : 90 km/h

Ces vitesses limites sont réduites par temps de pluie

## 4 pattes

Vous avez l'obligation de faire établir un passeport européen pour vos animaux de compagnie. Les vaccins (notamment le vaccin antirabique), doivent être à jour ; deux jours avant le départ, un certificat sanitaire devra être établi.

## Pour téléphoner

**En Norvège :**
composez le 00 47 + numéro du correspondant.
**Sur place :**
Téléphone incendie et ambulance : 112
Téléphone police : 110

# Lexique

## Mots usuels

Oui **Ja** / Non **Nei** / Bonjour **God dag** / Bonsoir **God kveld** / Salut **Hei** /
Au revoir **Ha det bra** / S'il vous plaît **Vær så god** /
Merci (beaucoup) **(mange) Takk** / Excusez-moi **Unnskyld** /
Santé ! **Skål !** / Manger **Spise** / Boire **Drink** / Toilettes **Toalett**

## Directions & transports

À droite **Til høyre** / À gauche **Til venstre** / Entrée **Inngang** /
Sortie **Utgang** / Autoroute **Motorvei** / Route **Vei** / Ville **By** /
Station-service **Bensin-stasjon** / Essence **Bensin**

## Premiers contacts

Je voudrais… **Jeg ønsker…** / Où se trouve… ? **Hvor er… ?** /
Parlez-vous français ? **Snakke du fransk ?** /
Je ne comprends pas **Jeg forstår ikke** /
Pouvez-vous m'aider ? **Kan du hjelpe meg ?** /
Combien ça coûte ? **Hvor mye koster det ?**

## Urgences

Au secours ! **Hjelp !** / Hôpital **Sykehus** / Police **Politi**

*Chutes de Tvindefossen.*
G. Azumendi / age fotostock

# À savoir sur la route…

## Documents obligatoires

- Permis de conduire rose de l'UE
- Permis de conduire international (recommandé seulement)
- Certificat d'immatriculation du véhicule ou certificat de location
- Plaque d'identification nationale
- Justificatif d'assurance (carte verte)
- Passeport (recommandé seulement)
- Procuration en cas d'utilisation du véhicule appartenant à un tiers

## Réglementations

- Taux maximum d'alcool toléré dans le sang : 0,5 g
- Âge minimum des enfants admis à l'avant : 12 ans
- Siège enfant, rehausseur ou système de retenue adapté et homologué obligatoire jusqu'à 1,35 m
- Âge minimum du conducteur : 18 ans
- Port de la ceinture de sécurité obligatoire à l'avant et à l'arrière
- Pneus cloutés interdits
- Triangle de présignalisation obligatoire
- Trousse de premiers secours recommandée
- Extincteur recommandé
- Gilet de sécurité fluorescent recommandé

**Nom local :** Nederland
**Capitale :** Amsterdam
**Superficie :** 41 526 km$^2$
**Population :** 17 millions d'habitants
**Monnaie :** Euro

## Limitations de vitesses

- En agglomérations urbaines : 50 km/h
- Sur routes : 80 km/h
- Sur routes à chaussées séparées : 100 km/h
- Sur autoroutes : 120 km/h

Ces vitesses limites sont réduites par temps de pluie

## Signalisation

À l'abord d'un carrefour, une ligne constituée de triangles blancs peints sur la chaussée indique au conducteur qu'il doit céder le passage à tout véhicule (y compris un vélo) circulant sur la voie abordée.

## Pour téléphoner

**Aux Pays-Bas :**
composez le 00 31 + numéro du correspondant sans le 0 initial. Les indicatifs locaux ne sont à composer que si vous appelez d'une zone à l'autre.

**Sur place :**
Téléphone incendie et ambulance : 112
Téléphone police : 110

# Lexique

## Mots usuels

Oui **Ja** / Non **Nee** / Bonjour **Goedendag** / Bonsoir **Goedenavond** / Salut **Hallo** / Au revoir **Tot zien**s / S'il vous plaît **Alstublieft** / Merci **Dank u** / Excusez-moi **Sorry** / Santé ! **Proost !** / Manger **Eten** / Boire **Drinken** / Toilettes **Toilet**

## Directions & transports

À droite **Naar rechts** / À gauche **Naar links** / Entrée **Ingang** / Sortie **Uitgang** / Autoroute **Autosnelweg** / Route **Weg** / Ville **Stad** / Station-service **Tankstation** / Essence **Benzine**

## Premiers contacts

Je voudrais… **Ik zou graag…** / Où se trouve… ? **Waar is… ?** / Parlez-vous français ? **Spreekt u Frans ?** / Je ne comprends pas **Ik begrijp het niet** / Pouvez-vous m'aider ? **Kunt u mij helpen ?** / Combien ça coûte ? **Hoeveel kost ?**

## Urgences

Au secours ! **Help !** / Hôpital **Ziekenhuis** / Police **Politie**

# Pologne

## À savoir sur la route…

### Documents obligatoires

- Permis de conduire rose de l'UE
- Permis de conduire international (recommandé seulement)
- Certificat d'immatriculation du véhicule ou certificat de location
- Plaque d'identification nationale
- Justificatif d'assurance (carte verte)
- Passeport (recommandé seulement)
- Procuration en cas d'utilisation du véhicule appartenant à un tiers (recommandée seulement)

### Réglementations

- Taux maximum d'alcool toléré dans le sang : 0,2 g
- Siège enfant, réhausseur ou système de retenue adapté et homologué obligatoire jusqu'à 12 ans ou 1,5 m
- Âge minimum du conducteur : 18 ans
- Port de la ceinture de sécurité obligatoire à l'avant et à l'arrière
- Allumage des feux de croisement obligatoire (jour et nuit) toute l'année
- Pneus cloutés interdits
- Triangle de présignalisation obligatoire
- Trousse de premiers secours recommandée
- Extincteur obligatoire
- Gilet de sécurité fluorescent recommandé

**Nom local :** Polska
**Capitale :** Varsovie
**Superficie :** 312 679 km²
**Population :** 38 millions d'habitants
**Monnaie :** Złoty (1 € = 4,29 PLN)

### Limitations de vitesses

- En agglomérations urbaines : 50 km/h
- Sur routes : 90 km/h
- Sur routes à chaussées séparées : 110 km/h
- Sur autoroutes : 130 km/h

Ces vitesses limites sont réduites par temps de pluie

### Nos amis les bêtes

L'animal tatoué ou porteur d'un système d'identification sous forme de puce doit être muni d'un passeport avec un certificat de vaccination antirabique établi par un vétérinaire.

### Pour téléphoner

**En Pologne :**
composez le 00 48 + indicatif urbain + numéro du correspondant.
**Sur place :**
Téléphone incendie et ambulance : 112
Téléphone police : 110

## Lexique

### Mots usuels

Oui **Tak** / Non **Nie** / Bonjour **Dzień dobry** / Bonsoir **Dobry wieczór** / Salut **Cześć** / Au revoir **Do widzenia** / S'il vous plaît **Proszę** / Merci (beaucoup) **Dziękuję (bardz)** / Excusez-moi **Przepraszam** / Santé ! **Na zdrowie !** /Manger **Jeść** / Boire **Pić** / Toilettes **Toalety**

### Directions & transports

À droite **W Prawo** / À gauche **W Lewo** / Entrée **Wejście** / Sortie **Wyjście** / Autoroute **Autostrada** / Route **Droga** / Ville **Dzielnica** / Station-service **Stacja benzynowa** / Essence **Benzyna**

### Premiers contacts

Je voudrais… **Poproszę…** / Où se trouve… ? **Gdzie jest… ?** / Parlez-vous français ? **Czy pan mówi po francusku ?** / Je ne comprends pas **Nie rozumiem** / Pouvez-vous m'aider ? **Potrzebuję pomocy ?** / Combien ça coûte ? **Wiele kosztuje ?**

### Urgences

Au secours ! **Pomocy !** / Hôpital **Szpital** / Police **Policja**

# Portugal

## À savoir sur la route…

### Documents obligatoires

- Permis de conduire rose de l'UE
- Permis de conduire international (recommandé seulement)
- Certificat d'immatriculation ou certificat de location
- Plaque d'identification nationale
- Justificatif d'assurance (carte verte)
- Passeport (recommandé seulement)
- Procuration en cas d'utilisation du véhicule appartenant à un tiers (recommandée seulement)

### Réglementations

- Taux maximum d'alcool toléré dans le sang : 0,49 g
- Siège enfant, rehausseur ou système de retenue adapté et homologué obligatoire jusqu'à 12 ans ou 1,50 m
- Âge minimum du conducteur : 18 ans
- Port de la ceinture de sécurité obligatoire à l'avant et à l'arrière
- Allumage des feux de croisement obligatoire (jour et nuit) pour les deux-roues toute l'année
- Pneus cloutés interdits
- Triangle de présignalisation obligatoire
- Trousse de premiers secours recommandée
- Extincteur recommandé
- Gilet de sécurité fluorescent obligatoire

**Nom local :** Portugal
**Capitale :** Lisbonne
**Superficie :** 92 072 km²
**Population :** 10,3 millions d'habitants
**Monnaie :** Euro

### Limitations de vitesses

- En agglomérations urbaines : 50 km/h
- Sur routes : 90 km/h
- Sur autoroutes : 120 km/h

Ces vitesses limites sont réduites par temps de pluie

### Fangio !

Une grande prudence est recommandée car les Portugais roulent à vive allure. Attention aux enfants qui gambadent dans les rues et aux habitants dans les rues le soir qui rendent la circulation difficile.

### Pour téléphoner

**Au Portugal :**
composez le 00 351 + numéro du correspondant.
Il faut composer l'intégralité du numéro, avec l'indicatif régional, soit 9 chiffres où que vous soyez.
**Sur place :**
Téléphone incendie et ambulance : 112
Téléphone police : 110

## Lexique

### Mots usuels

Oui **Sim** / Non **Não** / Bonjour **Bom dia** / Bonsoir **Boa noite** / Salut **Olá** / Au revoir **Adeus** / S'il vous plaît **Por favor** / Merci (beaucoup) **(muito) Obrigado/a (h/f)** / Excusez-moi **Desculpe** / D'accord **Tudo bem** / Santé ! **Saúde !** / Manger **Comer** / Boire **Beber** / Toilettes **Casa de banho** / Restaurant **Restaurante** / Office de tourisme **Posto de turismo** / Argent **Dinheiro**

### Premiers contacts

Je voudrais… **Eu queria…** / Parlez-vous français ? **Você fala francês ?** / Je ne comprends pas **Eu não entendo** / Pouvez-vous m'aider ? **Você poderia me ajudar ?** / Combien ça coûte ? **Quanto custa ?** / L'addition, SVP ? **A conta, por favor** / Je cherche… **Eu procuro…** / C'est trop cher **É muito caro**

### Directions & transports

Où se trouve… ? **Onde fica… ?** / À droite **À direita** / À gauche **À esquerda** / Tout droit **Em frente** / Près de **Perto de** / Entrée **Entrada** / Sortie **Saída** / Route **Estrada** / Rue **Rua** / Autoroute **Auto-estrada** / Ville **Cidade** / Village **Aldeia** / Station-service **Posto de gasolina** / Essence **Gasolina** / GPL **Gás** / Diesel **Gasóleo**

### Urgences

u secours ! **Socorro !** / C'est une urgence **É uma emergência** / Hôpital **Hospital** / Médecin **Médico** / Pharmacie **Farmácia** / Police **Polícia**

*Monument des Découvertes et le pont du 25-Avril à Lisbonne.*
N. Farrin / Robert Harding World Imagery / Getty images

# République Tchèque

## À savoir sur la route…

**Nom local :** Česká Republika
**Capitale :** Prague
**Superficie :** 78 865 km²
**Population :** 10,5 millions d'habitants
**Monnaie :** Koruna Česká (1 € = 27,02 CZK)

### Documents obligatoires

- Permis de conduire rose de l'UE
- Permis de conduire international (recommandé seulement)
- Certificat d'immatriculation du véhicule ou certificat de location
- Plaque d'identification nationale
- Justificatif d'assurance (carte verte)
- Passeport (recommandé seulement)
- Procuration en cas d'utilisation du véhicule appartenant à un tiers

- Trousse de premiers secours obligatoire
- Extincteur recommandé
- Jeu d'ampoules de rechange obligatoire
- Gilet de sécurité fluorescent obligatoire

### Réglementations

- Vignette autoroutière en vente auprès des bureaux de poste, des services des automobiles, des bureaux de douane, ainsi que des garages et stations d'essence. Montant annuel : 1 000 CZK
- Taux maximum d'alcool toléré dans le sang : 0 g
- Siège enfant, rehausseur ou système de retenue adapté et homologué obligatoire jusqu'à 1,5 m
- Âge minimum du conducteur : 18 ans
- Port de la ceinture de sécurité obligatoire à l'avant et à l'arrière
- Allumage des feux de croisement obligatoire (jour et nuit) toute l'année
- Pneus cloutés interdits
- Triangle de présignalisation obligatoire

### Limitations de vitesses

- En agglomérations urbaines : 50 km/h
- Sur routes : 90 km/h
- Sur autoroutes : 130 km/h

Ces vitesses limites sont réduites par temps de pluie

### Pour téléphoner

**En République tchèque :**
composez le 00 + 420 + numéro à 9 chiffres du correspondant.
**Sur place :**
Téléphone incendie et ambulance : 158
Téléphone police : 155

## Lexique

### Mots usuels

Oui **Ano** / Non **Ne** / Bonjour **Dobrý den** / Bonsoir **Dobrý večer** /
Salut **Ahoj** / Au revoir **Na shledanou** / S'il vous plaît **Prosím** /
Merci **Děkuji (Díky)** / Excusez-moi **Pardon** / Santé ! **Na zdraví !** /
Manger **Jíst** / Boire **Napít se** / Toilettes **Toalety**

### Directions & transports

À droite **Vpravo** / À gauche **Vlevo** / Entrée **Vchod** / Sortie **Východ** /
Autoroute **Dalnice** / Route **Silnice** / Ville **Město** /
Station-service **Benzínová pumpa** / Essence **Benzin**

### Premiers contacts

Je voudrais… **Chtěl bych…** / Où est **Kde je ?** /
Parlez-vous français ? **Mluvíte francouzsky ?** /
Je ne comprends pas **Nerozumím** / Combien ça coûte ? **Kolik to stojí ?**

### Urgences

Au secours ! **Pomoc !** / Hôpital **Nemocnice** / Police **Policie**ice **Politi**

*Český Kromlov.*
*RudyBalasko / iStock*

# Roumanie

## À savoir sur la route…

### Documents obligatoires

- Permis de conduire rose de l'UE
- Permis de conduire international (recommandé seulement)
- Certificat d'immatriculation du véhicule ou certificat de location
- Plaque d'identification nationale
- Justificatif d'assurance (carte verte)
- Passeport
- Procuration en cas d'utilisation du véhicule appartenant à un tiers

### Réglementations

- Vignette autoroutière. En vente auprès des bureaux de poste, des services des automobiles, des bureaux de douane, ainsi que des garages et stations d'essence. Montant annuel : 28 €
- Taux maximum d'alcool toléré dans le sang : 0 g
- Âge minimum des enfants admis à l'avant : 12 ans
- Âge minimum du conducteur : 18 ans
- Port de la ceinture de sécurité obligatoire à l'avant et à l'arrière
- Pneus cloutés interdits
- Triangle de présignalisation obligatoire
- Trousse de premiers secours obligatoire
- Extincteur recommandé
- Gilet de sécurité fluorescent recommandé

**Nom local :** România
**Capitale :** Bucarest
**Superficie :** 238 391 km$^2$
**Population :** 19,7 millions d'habitants
**Monnaie :** Leu, pl. Lei (1 € = 4,45 RON)

### Limitations de vitesses

- En agglomérations urbaines : 50 km/h
- Sur routes : 90 km/h
- Sur autoroutes : 130 km/h

Ces vitesses limites sont réduites par temps de pluie

### Pour téléphoner

**En Roumanie :**
composez le 00 40 + indicatif du département sans le 0 initial + numéro du correspondant.

**Sur place :**
Téléphone police : 955
Téléphone pompiers : 981
Téléphone médecin d'urgence : 975
Le numéro d'urgence européen 112 est valable en Roumanie

## Lexique

### Mots usuels

Oui **Da** / Non **Nu** / Bonjour (dans la journée) **Bună ziua** / Bonjour (le matin) **Bună dimineaţa** / Bonsoir **Bună seara** / Au revoir **La revedere** / S'il vous plaît **Vă rog** / Merci **Mulţumesc** / Excusez-moi **Scuzaţi-mă** / Santé ! **Noroc !** / Manger **Mânca** / Boire **Bea** / Toilettes **Toalete**

### Directions & transports

Tout droit **Drept înainte** / Entrée **Intrare** / Sortie **Ieşire** / Autoroute **Autostradă** / Route **Drum** / Ville **Oraş** / Station-service **Benzinărie** / Essence **Benzina**

### Premiers contacts

Je voudrais… **Aş vrea să…** / Où se trouve… ? **Unde este… ?** / Parlez-vous français ? **Vorbiţi francez ?** / Je ne comprends pas **Nu înţeleg** / Pouvez-vous m'aider ? **M-aţi putea ajuta ?** / Combien ça coûte ? **Cât costă ?**

### Urgences

Hôpital **Spital** / Police **Poliţie**

# Slovénie

## À savoir sur la route…

### Documents obligatoires

- Permis de conduire rose de l'UE
- Permis de conduire international (recommandé seulement)
- Certificat d'immatriculation du véhicule ou certificat de location
- Plaque d'identification nationale
- Justificatif d'assurance (carte verte)
- Passeport (recommandé seulement)
- Procuration en cas d'utilisation du véhicule appartenant à un tiers

### Réglementations

- Vignette autoroutière en vente auprès des bureaux de poste, des services des automobiles, des bureaux de douane, ainsi que des garages et stations d'essence. Montant annuel : 55 €
- Taux maximum d'alcool toléré dans le sang : 0,5 g
- Âge minimum des enfants admis à l'avant : 12 ans
- Siège enfant, rehausseur ou système de retenue adapté et homologué obligatoire jusqu'à 12 ans
- Âge minimum du conducteur : 18 ans
- Port de la ceinture de sécurité obligatoire à l'avant et à l'arrière
- Allumage des feux de croisement obligatoire (jour et nuit) toute l'année
- Pneus cloutés interdits

**Nom local :** Slovenija
**Capitale :** Ljubljana
**Superficie :** 20 253 km$^2$
**Population :** 2,1 millions d'habitants
**Monnaie :** Euro

- Triangle de présignalisation obligatoire
- Trousse de premiers secours obligatoire
- Extincteur recommandé
- Gilet de sécurité fluorescent recommandé

### Limitations de vitesses

- En agglomérations urbaines : 50 km/h
- Sur routes : 90 km/h
- Sur routes à chaussées séparées : 100 km/h
- Sur autoroutes : 130 km/h

Ces vitesses limites sont réduites par temps de pluie

### Pour téléphoner

**En Slovénie :**
composez le 00 386 + numéro du correspondant sans le 0 initial.
**Sur place :**
Téléphone police : 113
Téléphone pompiers et services de secours : 112

## Lexique

### Mots usuels

Oui **Da** / Non **Ne** / Bonjour (dans la journée) **Dobro jutro** / Bonsoir **Dober večer** / Salut ! **Živijo !** / Au revoir **Nasvidenje** / S'il vous plaît **Prosim** / Merci **Hvala** / Excusez-moi **Oprostite** / Santé ! **Na zdravje !** / Manger **Jesti** / Boire **Piti**

### Directions & transports

À droite **Na desni** / À gauche **Na levi** / Tout droit **Naravnost** / Entrée **Vhod** / Sortie **Izhod** / Autoroute **Avtocesta** / Route **Cesta** / Ville **Mesto** / Essence **Bencin**

### Premiers contacts

Je voudrais… **Rad bi…** / Où se trouve… ? **Kje je… ?** / Parlez-vous français ? **Ali govorite francosko ?** / Je ne comprends pas **Ne razumem** / Pouvez-vous m'aider ? **Mi lahko pomagate ?** / Combien ça coûte ? **Koliko je to ?**

### Urgences

Police **Policija** / Hôpital **Bolnica** / Au secours ! **Na pomoč** !

# À savoir sur la route…

## Documents obligatoires

- Permis de conduire rose de l'UE
- Permis de conduire international (recommandé)
- Certificat d'immatriculation du véhicule ou certificat de location
- Plaque d'identification nationale
- Justificatif d'assurance (carte verte)
- Passeport (recommandé seulement)
- Procuration en cas d'utilisation du véhicule appartenant à un tiers

## Réglementations

- Taux maximum d'alcool toléré dans le sang : 0,2 g
- Siège enfant, rehausseur ou système de retenue adapté et homologué obligatoire jusqu'à 1,35 m
- Âge minimum du conducteur : 18 ans
- Port de la ceinture de sécurité obligatoire à l'avant et à l'arrière
- Allumage des feux de croisement obligatoire (jour et nuit) toute l'année
- Pneus cloutés admis avec réglementation du 1er octobre au 30 avril
- Triangle de présignalisation obligatoire
- Trousse de premiers secours recommandée
- Extincteur recommandé
- Gilet de sécurité fluorescent recommandé

## Limitations de vitesses

- En agglomérations urbaines : 50 km/h
- Sur routes : 70 km/h

**Nom local :** Sverige
**Capitale :** Stockholm
**Superficie :** 447 420 km$^2$
**Population :** 9,8 millions d'habitants
**Monnaie :** Couronne suédoise (1 € = 9,62 SEK)

- Sur autoroutes : 110 km/h
Ces vitesses limites sont réduites par temps de pluie

## Ferries

Directement via l'Allemagne, ou en deux temps en passant par le Danemark, la Suède profite de très nombreuses lignes. Le pont est payant entre Copenhague et Malmö.
Kiel (All.) à Göteborg (13h30) : 544/711 € Stana Line (avec cabine 2 pers. incluse A/R)
Travemünde (All.) à Trelleborg (7h) : 200/310 € TTLine.
Se renseigner et réserver longtemps à l'avance : www.scanditours.fr / www.ttline.de

## Pour téléphoner

**En Suède :**
composez le 00 46 + indicatif urbain (sans le 0 initial) + numéro du correspondant. En Suède, les indicatifs régionaux comportent toujours de deux à quatre chiffres, et débutent systématiquement par 0 : cet indicatif doit être utilisé intégralement pour passer une communication d'une région à une autre.
**Sur place :**
Téléphone incendie et ambulance : 112
Téléphone police : 110

# Lexique

## Mots usuels

Oui **Ja** / Non **Nej** / Bonjour **Goddag** / Bonsoir **God afton** / Salut **Hej** / Au revoir **Adjö** ou **Hej då** / S'il vous plaît **Var så god** / Merci (beaucoup) **Tack (så mycket)** / Excusez-moi **Ursäkta mig** / Santé ! **Skål !** / Manger **Äta** / Boire **Dricka** / Toilettes **Toalett**

## Directions & transports

À droite **Till höger** / À gauche **Till vänster** / Entrée **Ingång** / Sortie **Utgång** / Autoroute **Motorväg** / Route **Väg** / Ville **Stad** / Station-service **Bensinstation** / Essence **Bensin**

## Premiers contacts

Je voudrais… **Jag vill…** / Je ne comprends pas **Jag förstår inte** / Pouvez-vous m'aider ? **Skulle ni kunna hjälpa mig ?** / Combien ça coûte ? **Hur mycket kostar det ?**

## Urgences

Au secours ! **Hjälp !** / Hôpital **Sjukhus** / Police **Polis**

*Hommes en costume traditionnel jouant du cor.*

# À savoir sur la route…

## Documents obligatoires

- Permis de conduire rose de l'UE
- Permis de conduire international (recommandé seulement)
- Certificat d'immatriculation du véhicule ou certificat de location
- Plaque d'identification nationale
- Justificatif d'assurance (carte verte), recommandé seulement
- Passeport (recommandé seulement)
- Procuration en cas d'utilisation du véhicule appartenant à un tiers (recommandée seulement)

## Réglementations

- Vignette autoroutière. En vente auprès des bureaux de poste, des bureaux de douane, ainsi que des garages et stations d'essence. Montant annuel : 40 CHF
- Taux maximum d'alcool toléré dans le sang : 0,5 g
- Siège enfant, rehausseur ou système de retenue adapté et homologué obligatoire jusqu'à 7 ans
- Âge minimum du conducteur : 18 ans
- Port de la ceinture de sécurité obligatoire à l'avant et à l'arrière
- Pneus cloutés admis avec réglementation du 24 octobre au 30 avril. Vitesse limite pour un véhicule équipé : 80 km/h
- Disque de limitation de vitesse obligatoire à l'arrière
- Triangle de présignalisation obligatoire
- Trousse de premiers secours recommandée
- Extincteur recommandé
- Gilet de sécurité fluorescent recommandé

**Nom local :** Die Schweiz / Svizzera / Suisse
**Capitale :** Berne
**Superficie :** 41 290 km²
**Population :** 8,3 millions d'habitants
**Monnaie :** Franc suisse (1 € = 1,1 CHF)

## Limitations de vitesses

- En agglomérations urbaines : 50 km/h
- Sur routes : 80 km/h
- Sur routes à chaussées séparées : 100 km/h
- Sur autoroutes : 120 km/h

Ces vitesses limites sont réduites par temps de pluie

## Camping

Le camping sauvage n'est pas autorisé en Suisse

## Pour téléphoner

**En Suisse :**
composez le 00 41 + indicatif régional sans le 0 initial + numéro du correspondant.
**Sur place :**
Téléphone incendie et ambulance : 112
Téléphone police : 110

## Lexique

Se reporter aux lexiques de l'Autriche (allemand) p. 29 et de l'Italie p. 43.

*La Sicile en camping-car (Piazza Armerina).*

N. Thibaut/Photononstop

# De la **France** vers l'**Espagne**

> ⮑ *Départ : Bordeaux*
> ⮑ *11 jours - 713 km*

*Bayonne : les quais de la Nive.*

D. Harding / Art Directors & Trips Photo / age Fotostock

### Jour 1

Quittez **Bordeaux** par la D 10 en direction de **Bazas**. Si vous ne connaissez de cette cité que le bœuf du même nom, consacrez-lui quelques heures. Admirez la cathédrale Saint-Jean, édifiée aux 13e-14e s. sur le modèle des grands sanctuaires gothiques du nord de la France. Le reste de la journée sera consacré à rejoindre **Belin-Béliet** (*via* les D 3 et D 110). Si la météo est clémente, rendez-vous au centre du Graoux à Belin-Béliet : canoë sur la Leyre, tir à l'arc, escalade vous attendent. Vous pouvez passer la nuit à **Salles**, toute proche par la D 3.

### Jours 2 et 3

Démarrez la journée par **Belhade** (*via* les D 110 et D 134) où vous apercevrez l'église et le château avant de profiter des activités du domaine de loisirs. Vous pouvez poursuivre jusqu'à **Moustey** (*via* la D 120) qui abrite un musée évoquant les croyances populaires. Ensuite, **Pissos** constitue une halte intéressante pour s'initier à l'artisanat du verre, du bois et du cuivre, typique des Landes. En fin de journée, partez pour Sabres en empruntant la D 834, et passez-y la nuit.
À **Sabres**, montez dans le petit train qui vous mènera, au cœur de la forêt, à l'écomusée de la Grande Lande de **Marquèze**. Dans ce lieu d'exception, vous découvrirez la vie telle qu'elle s'organisait ici à la fin du 19e s. Prévoyez une grosse demi-journée.

### Jour 4

Gagnez **Capbreton** (*via* les N 10 et D 810), seulement séparé de Hossegor par un port de pêche ; chaque matin, vous pouvez y acheter du poisson frais tout juste débarqué à même les quais, avenue Georges-Pompidou. L'après-midi, flânez dans Capbreton, et, si vous êtes amateur de vin, visitez les chais du Domaine Les Dunes de la Pointe qui élabore des rouges, blancs et rosés.

### Jour 5

Rejoignez **Bayonne** par la D 810. Promenez-vous sur les quais de la Nive, visitez la cathédrale Sainte-Marie et son cloître, parcourez les ruelles pavées du vieux centre… L'après-midi, explorez le petit Bayonne et visitez le musée Basque ou le musée Bonnat. En fin de journée, quittez la ville en longeant l'Adour par **Lahonce** et **Urt** où vous pouvez programmer votre étape.

### Jour 6

Au départ de Urt, bifurquez vers **La Bastide-Clairence**, **une** bastide médiévale aux nombreuses boutiques d'artisanat. Prenez la pittoresque D 123 qui vous conduit jusqu'à **Saint-Palais**, ancienne capitale de Basse Navarre où se tient un marché réputé chaque vendredi, avant de rallier **Mauléon-Licharre**, capitale de la Soule et de l'espadrille, par la D 11 ; ou mieux, si vous n'avez pas peur des petites routes, par la D 933 puis la D 242. Deux châteaux se visitent, celui d'Andurain, élevé à la Renaissance, et le château fort de Mauléon, de style médiéval.

### Jour 7

Vous attaquez désormais la montagne béarnaise *via* **Aramits** (par la D 918). À partir de ce village, les D 918 puis D 132 dévoilent des paysages superbes jusqu'à la station d'**Arette-La Pierre-Saint-Martin**, célèbre pour

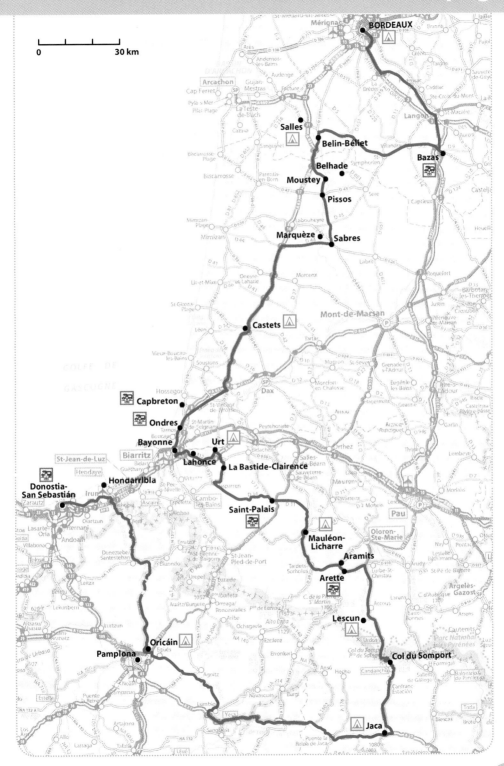

son gouffre et ses lapiaz (roches calcaires sillonnées de crevasses). Ne manquez pas le village de **Lescun**, niché au milieu d'un cirque d'aiguilles acérées : il offre l'un des plus beaux panoramas sur les Pyrénées et nombre de randonnées époustouflantes.

### Jour 8

En direction du **col du Somport**, faites une pause au niveau du pont de Sebers : les amateurs de randonnée seront tentés de parcourir le chemin de la Mâture qui emprunte le GR 10 (comptez 3h AR, personnes sujettes au vertige s'abstenir). Passé le fort de Portalet qui semble verrouiller la vallée, montez enfin jusqu'au col du Somport pour les amples vues qu'il dégage sur la montagne aragonaise.

### Jour 9

Votre première étape en Espagne, après avoir passé la frontière, est **Jaca**, que vous rejoignez par la N 330. Établie sur une terrasse de la vallée du río Aragón, Jaca est dominée par la Peña de Oroel. Sa citadelle du 16e s., bien conservée, rappelle sa position stratégique. Aujourd'hui, sa situation au débouché du col du Somport en fait un lieu de passage animé, une ville d'étape pour les touristes en été et pour les skieurs en hiver.

### Jour 10

Ancienne capitale du royaume de Navarre, **Pampelune** (Pamplona) a conservé son aspect de vieille cité fortifiée. Ses ruelles étroites tournent autour de petites places à arcades comme la plaza Consistorial et la plaza de los Burgos. Flânez dans le quartier médiéval qui entoure la cathédrale et voyez le musée de Navarre. S'il est une occasion à ne pas manquer pour visiter Pampelune, ce sont bien les fêtes de la Saint-Firmin organisées chaque année du 6 au 14 juillet !

### Jour 11

Reprenez la route en direction de la frontière française par la N 121A. Celle-ci passe à proximité du parc de Bertiz et par la vallée de la Bidassoa, qui mène à **Fontarrabie** (Hondarribia) ; cette agréable station balnéaire et port de pêche guipúzcoan conserve un joli quartier ancien. Enfin, la magnifique route du Jaizkibel vous accompagnera jusqu'au point d'arrivée de ce circuit : **Saint-Sébastien** (Donostia San Sebastián).

## 🏕 Campings

### Bordeaux (France)

**Village du Lac**
Bd Jacques-Chaban-Delmas (à Bruges) - rocade sortie n° 5 - ☎ 05 57 87 70 60 - Permanent - 13 ha/6 campables (340 empl.)
Tarif : 34 € 👫 🚗 ▣
(10A) - pers. suppl. 10 €
borne artisanale
Loisirs : 🏊 🚲 🛝 terrain multisports
Services : ⚲ ✗ 🏚 & 🔑 🗑 ⌂ ⌇ 🚰 🖬 🧺 ♨
🚌 Bus pour le centre-ville.
GPS : W 0.5827 N 44.89759

### Castets (France)

**Flower Le Galan**
73 r. du Stade - ☎ 05 58 89 43 52 - 4 ha (181 empl.)
borne : 3 € - 🚐
Loisirs : 🏊 🛝 (petite piscine)
Services : 🏚 & 🔑 🗑 ♨ 🚰 🖬
GPS : W 1.13754 N 43.88059

### Jaca (Espagne)

**Camping Victoria**
Av. de la Victoria 44 - ☎ 974 357 008
Permanent - 1,7 ha (96 empl.)
Tarif : 21 € 👫 🚗 ▣
borne
Loisirs : 🏊 🚲
Services : ⚲ ✗ ♨ 🖬 🛒 🚰
GPS : W 0.56995 N 42.56392

### Lescun (France)

**Le Lauzart**
De déb. avr. à fin sept. - 1 ha (55 empl.)
Tarif : (Prix 2016) 🚶 4 €
🚗 2 € ▣ 5 € - (10A) 4 €
borne artisanale
Services : 🏚 & 🔑 🖬
♨ 🧺
GPS : W 0.64217 N 42.92761

### Mauléon-Licharre (France)

**Aire Naturelle La Ferme Landran**
Quartier Larréguy, à Ordiarp - 4,5 km au SO par D 918 puis 1,5 km par chemin de Lambarre à dr. - ☎ 05 59 28 19 55
De mi-avr. à fin sept. - 1 ha (25 empl.)
Tarif : 15 € 👫 🚗 ▣
(6A) - pers. suppl. 3 €
borne eurorelais
Loisirs : 🏊
Services : 🏚 & 🔑 ♨ 🧺
GPS : W 0.93933 N 43.20185

### Oricáin (Espagne)

**Camping de Ezcaba**
*Voir le circuit suivant.*

### Salles (France)

**Le Park du Val de l'Eyre**
8 rte du Minoy - sortie SO par D 108e - par A 63 : sortie 21 - ☎ 05 56 88 47 03 - De fin mars à fin oct. - 13 ha/4 campables (150 empl.)
Tarif : 21 € 👫 🚗 ▣
(16A) - pers. suppl. 3 €
borne artisanale - 🚐
17 €
Loisirs : 🏃 jacuzzi 🏊 🎣 🚲 🛝
Services : ⚲ ✗ 🏚 🔑 🖬 ♨ 🚰 🗑 &
GPS : W 0.87399 N 44.54606

### Urt (France)

**Etche Zahar**
175 allée de Mesplès, 1 km à l'O par D 257 - ☎ 05 59 56 27 36 - De déb. mars à mi-nov. - 1,5 ha (47 empl.)
Tarif : (Prix 2016) 🚶 5 €
🚗 3 € ▣ 12 € - (10A) 4 €
🚐 2 ▣ - 23 €/j.
Loisirs : 🏊 🚲 🛝
Services : 🏚 & 🔑 🖬 🧺
GPS : W 1.2973 N 43.4919

## 🚐 Aires de service et de stationnement

### Arette-Pierre-Saint-Martin (France)

**Aire de la Pierre-St-Martin**
À l'entrée de la station de La Pierre-St-Martin, à droite - ☎ 05 59 88 90 82
De déb. juin à fin avr.
Borne AireService 🚰 ⚡ 🚽 🧹 :
Payant
40 🅿 - illimité - 10 €/j. - services compris
Services : 🚾 🛒 ✕ 🖥 📶
♿ Branchements électriques à 8h30 et 16h30. À 150 m des pistes
GPS : W 0.74876 N 42.97929

### Bazas (France)

**Aire de Bazas**
Cours Gambetta - ☎ 05 56 65 06 65
Borne raclet 🚰 ⚡ 🚽 🧹
12 🅿 - 24h
Services : 🚾 ✕
♿ Parking ombragé.
GPS : W 0.21554 N 44.43346

### Capbreton (France)

**Aire de Capbreton**
Allée des Ortolans, après le VVF, au bord de l'océan - ☎ 05 58 72 10 09
De mi-mars à mi-nov.
Borne artisanale 🚰 ⚡ 🚽 🧹 :
Gratuit
133 🅿 - illimité - 13,50 €/j.
Paiement : GB
Services : 🚾 📶
♿ Plage à 100 m.
GPS : W 1.44659 N 43.63569

### Donostia San Sebastián Saint-Sébastien (Espagne)

**Autokarabanak Paseo de Berio**
Paseo de Berio 2, proche de l'université - ☎ 943 271 866
Permanent
Borne artisanale 🚰 🚽 🧹
43 🅿 - 48h - 6 €/j. - 4 € hors saison
Services : ✕
♿ Transport en commun pour le centre ville.
GPS : W 2.01389 N 43.30077

### Ondres (France)

**Aire de la plage d'Ondres**
Parking de la plage - ☎ 05 59 45 30 06
Borne flot bleu 🚰 ⚡ 🚽 🧹
41 🅿 - 48h
Services : 🚾 ✕ 📶
♿ Plage à 100 m.
GPS : W 1.48709 N 43.57655

### Saint-Palais (France)

**Aire de St-Palais**
R. Gaztelu-Zena, près du marché - ☎ 05 59 65 71 78
Permanent - pas d'accès vend. matin (marché)
Borne 🚰 🚽 🧹 : Gratuit
Services : 🛒 ✕
GPS : W 1.03244 N 43.32916

## Les bonnes adresses de Bib

### Bayonne

**✕ El Asador**
*19 r. de la Vieille-Boucherie - ☎ 05 59 59 08 57 - de mar. midi à sam. soir - menus 25/40 €.* Beaucoup de poissons issus de la pêche locale, souvent cuisinés à la plancha, mais aussi des viandes du terroir. La brochette de lotte et de gambas est fameuse ! Ambiance feutrée mais pas guindée dans la salle joliment décorée d'affiches évoquant les fêtes de la Saint-Firmin. Belle terrasse.

### Bordeaux

**✕ La Brasserie Bordelaise**
*50 r. St-Rémi - ☎ 05 57 87 11 91 - www.brasseriebordelaise.fr - 12h-15h, 19h-0h.* La bouteille est reine dans ce grand restaurant-cave aux pierres apparentes. Nicolas Lascombes y délivre, sur de longues tables de bois ou au comptoir de dégustation, ce que la région fait de mieux : jambon de porc noir, épaule d'agneau braisée, lamproie à la bordelaise.

### Donostia San Sebastián Saint-Sébastien (Espagne)

**✕ Restaurante Chomin**
*Av. Infanta Beatriz, 16 - ☎ 943 317 312 - www.restaurantechomin.net - 13h-15h30, 20h30-23h fermé dim. soir et lun. - menu gastro 38,50 €.* Situé dans une belle demeure bourgeoise avec un superbe patio et de larges tables, ce classique de la gastronomie donostiarre offre l'occasion de goûter une cuisine basque raffinée et généreuse.

### Pamplona/Pampelune (Espagne)

**✕ La Mandarra de la Ramos**
*San Nicolás, 9 - ☎ 948 212 654 - www.lamandarradelaramos.com - tapas 2/8 € - formule déj. 13,80 € - menu 23,50 €.* En plein cœur du quartier historique, ce bar à *pintxos* est incontournable : jambons suspendus au plafond et photos de l'Encierro projetées sur le sol accompagnés d'une ambiance chaleureuse.

---

## 🅸 Office de tourisme

**Bayonne**
*25, pl. des Basques - 64108 Bayonne Cedex - ☎ 05 59 46 09 00 - www.bayonne-tourisme.com - juil.-août : lun.-sam. 9h-19h, dim. 10h-13h ; mars-juin et sept.-oct. : lun.-vend. 9h-18h30, sam. 10h-13h, 14h-18h ; nov.-fév. : lun.-vend. 9h-13h, 14h-18h, sam. 10h-13h, 14h-18h - fermé j. fériés.*

**Pour téléphoner en Espagne :**
00 34 puis le numéro du correspondant à 9 chiffres.

**Pour plus d'informations :**
Carte Michelin Regional N° 573
Le Guide Vert Aquitaine
Le Guide Vert Pays basque et Navarre

# De la **côte basque** aux **cités de Navarre**

Ce circuit aux fantastiques paysages maritimes longe d'abord la côte du Guipúzcoa et celle de Biscaye avant de vous entraîner vers les pittoresques villages de l'intérieur, les étapes du chemin de Saint-Jacques-de-Compostelle, de belles capitales provinciales – Bilbao, Vitoria-Gasteiz et Pampelune – et les terres de Navarre qui cachent bien quelques merveilles.

> ↪ *Départ : St-Sébastien*
> ↪ *7 jours - 450 km*

## Jour 1

La magnifique baie de **Saint-Sébastien** (Donostia San Sebastián) est considérée comme l'un des plus beaux sites maritimes d'Espagne (faire la promenade de la Conche), et ses tapas comme les meilleures du pays. Après avoir bien profité de l'une et des autres, suivez la côte basque vers l'ouest par une longue suite de routes panoramiques ponctuée d'innombrables petits ports et stations balnéaires. À partir de **Zarautz**, la corniche conduit à **Getaria** (port de pêche réputé pour ses poissons et calamars), **Zumaia** (belles plages) puis **Mutriku**, aussi célèbre pour sa plage que pour ses vieux palais. Les paysages côtiers deviennent ensuite plus sauvages par **Ondarroa**, **Lekeitio** et **Elantxobe** où vous pouvez programmer votre halte.

## Jour 2

**Guernica**, vous connaissez au moins de nom. Dans cette petite ville qui a subi de terribles bombardements en 1937 (immortalisés par le célèbre tableau de Pablo Picasso), vous devez visiter le musée de la Paix, avant de retrouver le littoral et ses falaises à **Bermeo**, important port de pêche. Suivez la route en corniche par **Armintza** pour rejoindre **Bilbao**. Jeune et dynamique, la ville n'en finit pas de savourer les fruits de son renouveau. Ici, cœur historique et quartiers contemporains vivent au diapason. Plongez dans l'animation de la vieille ville, qui abrite le marché couvert de Ribera, puis montez à la basilique de Begoña. En redescendant par les jardins de l'Etxebarria, vous aboutirez non loin de la plaza Nueva.

## Jour 3

Pour ce deuxième jour à **Bilbao**, visitez le stupéfiant musée Guggenheim (autant pour son architecture que son fonds permanent), puis flânez le long de la berge aménagée de façon très moderne. De là, le tramway vous permettra de découvrir toute la transformation de l'ancien port de Bilbao, sans vous fatiguer. Filez ensuite vers l'est par **Durango** dont le vieux centre mérite une petite halte (voir l'hôtel de ville et la basilique de Santa Maria), puis plein sud par la pittoresque BI 623 (faire une pause au beau village d'**Otxandio**) pour rejoindre les abords de Vitoria-Gasteiz et organiser votre étape.

## Jour 4

Prévoyez pratiquement une journée pour découvrir **Vitoria-Gasteiz**, entre son centre historique (réservé aux piétons), l'ancienne et la nouvelle cathédrale, le musée moderne de l'Artium et le jardin de Santa Catalina offrant un cadre romantique.

## Jour 5

Prenez la petite A 132 qui vous conduit vers Estella. En chemin, le **col de Azáceta** offre de larges points de vue et les villages de **Antoñana** et de **Sorlada** méritent aussi un crochet avant d'atteindre **Estella** (Lizarra), étape majeure sur le chemin de Saint-Jacques-de-Compostelle. Prenez le temps d'y découvrir le palais des rois de Navarre et les trois églises de la ville. Sur la route de Pamplona, prévoyez encore trois haltes. La première à **Puente la Reina**, sorte de village-rue doté d'un très beau pont ; la seconde pour voir la merveilleuse chapelle romane solitaire de **Santa-Maria-de-Eunate** et la dernière en montant au belvédère de **Perdón**. La A 12 vous conduit directement à **Pampelune**, pour votre étape de nuit.

## Jour 6

Vous passerez la journée à **Pampelune** *(voir circuit précédent)*. Vous y découvrirez l'importance des traditions et le sens inné de la fête qui animent la capitale navarraise, laquelle avait inspiré en son temps Ernest Hemingway pour son roman *Le soleil se lève aussi*.

## Jour 7

Cette dernière journée vous entraîne dans les terres arides de Navarre à la découverte de superbes villages et monuments solitaires. De Pampelune, dirigez-vous plein sud (N 121) vers **Olite** « la Ville gothique » autrefois for-

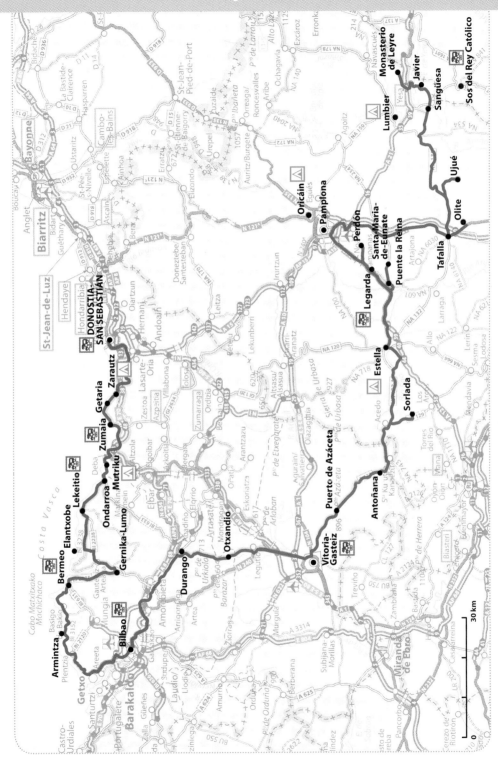

*Ermitage de San Telmo, dans le Pays baque espagnol.*

charlathan / iStock

tifiée, dont les vieilles ruelles ponctuées de bodegas vivent dans l'ombre d'un château démesuré (il se visite en partie). De **Tafalla**, il suffit ensuite de suivre la NA 132 en direction de Sangüesa en prévoyant un crochet par l'admirable village médiéval de **Ujué** et son église romane. **Sangüesa**, établi sur la rive gauche du rio Aragon, mérite aussi une halte pour le portail de son église Santa Maria La Real, avant de gagner l'impressionnant château de **Javier** qui se dresse, solitaire, au-dessus des plaines de Navarre et d'Aragon. Le circuit s'achève au **monastère de Leyre**, l'un des plus majestueux ensembles monastiques romans du territoire espagnol.

## 🏕 Aires de service et de stationnement

### Bermeo

**Área de la Pergola**
Itsasoan Galdurakoen Lamera, vers le stade de football - ☎ 946 179 154
Permanent
Borne artisanale 🚰 🔌 🚿 🧹
40 🅿 - 48h - Gratuit
Services : WC
🚍 À 5mn de la plage et du centre-ville.
GPS : W 2.72556 N 43.42306

### Bilbao

**Autocaravaning Kobetamendi**
Monte Kobeta 31 - ☎ 944 795 760
De fin mars à déb. déc.
Borne artisanale 🚰 🔌
72 🅿 - 72h - 15 €/j.
🚍 Bus pour la ville.
GPS : W 2.96389 N 43.25956

### Donostia-San Sebastián/ Saint-Sébastien

**Autokarabanak Paseo de Berio**
*Voir le circuit précédent.*

### Legarda

**Área de El Camino**
Autovia A-12, N-111 - ☎ 948 344 572
Borne artisanale 🚰 🚿 🧹
10 🅿
Services : WC 🛒 🍴
GPS : E 0.22717 N 42.70667

### Lekeitio

**Area Camper Lekeitio**
Av. Íñigo Artieta - ☎ 946 034 100
Permanent
Borne eurorelais 🚰 🧹 : 3 €
12 🅿 - 48h - Gratuit

Services : 🛒 🍴
🚍 À 5mn du port, de la plage et du centre village de pêcheurs.
GPS : W 2.50722 N 43.35833

### Sos del Rey Católico

**Área de Sos del Rey Católico**
Av. Zaragoza - ☎ 948 888 524
Permanent
Borne artisanale 🚰 🚿 🧹
11 🅿 - 5 €/j.
Services : 🛒
🚍 Centre-ville à 500 m.
GPS : W 1.2136 N 42.4911

### Vitoria-Gasteiz

**Área de Vitoria-Gasteiz**
Portal de Foronda - ☎ 945 161 616
Permanent
Borne artisanale 🚰 🚿 🧹
11 🅿 - 48h - Gratuit
Services : 🛒 🍴
🚍 Transport en commun pour le centre ville.
GPS : W 2.68528 N 42.86583

### Zumaia

**Área de Zumaia**
Calle de la Estación s/n - ☎ 943 865 025
Permanent
Borne artisanale 🚰 🚿 🧹
25 🅿 - Gratuit
GPS : W 2.2502 N 43.2935

## ⛺ Campings

### Estella/Lizarra

#### ⛺ Camping Lizarra
Paraje de Ordoiz s/n - ☎ 948 551 733
Permanent - 5 ha (100 empl.)
Tarif : 16,50 € ♀♂ 🚗 ▣
📷 borne
Loisirs : ☺ diurne 🏃 ⛷ ♨ 🚴
Services : ✗ 🏚 ⚷ ♨ 🔲 🛒 ⚓
GPS : W 2.01046 N 42.39424

### Lumbier

#### ⛺ Camping Iturbero
Camino de Iturbero - ☎ 948 880 405
Permanent
Tarif : ♀ 5,15 € 🚗 4,50 € ▣ 10 € -
🔌 4,60 €
📷 borne artisanale
Loisirs : ⛷ ✂ ♨
Services : 🍽 ✗ 🔲 🛒
GPS : W 1.31333 N 42.65667

### Mutriku

#### ⛺ Camping Santa Elena
Ctra Deba-Gernika, km 5 - ☎ 943 603
982 - Permanent - 3 ha (50 empl.)
Tarif : 19 € ♀♂ 🚗 ▣ - 📷
Loisirs : ⛷
Services : ✗ 🏚 ♨ 🔲 🛒
GPS : W 2.2337 N 43.1847

### Oricáin

#### ⛺ Camping de Ezcaba
Ctra Pamplona-Irún, km 7 - ☎ 948 330
315 - Permanent - 4 ha (539 empl.)
Tarif : 24,40 € ♀♂ 🚗 ▣ - 📷
Loisirs : ⛷ 🎿 🏊, pistes, de
randonnées pédestres et VTT, balisées
depuis le camping
Services : 🍽 ✗ ⚷ ♨ 🔲 🛒
GPS : W 1.3724 N 42.5125

### Zarautz

#### ⛺ Gran Camping Zarautz
Monte Talai-Mendi s/n - ☎ 943 831
238 - Permanent - 5 ha (440 empl.)
Tarif : 25,70 € ♀♂ 🚗 ▣
📷 borne
Loisirs : ⛷ 🎿
Services : 🍽 ✗ 🏚 ♨ 🔲 🛒
GPS : W 2.14602 N 43.1723

## Les bonnes adresses de Bib

### Bermeo

#### ✗ Almiketxu
*Almike Auzoa, 8 - ☎ 946 880 925 -
www.almiketxu.es - menus 18/33 € -
carte 25/50 € - fermé nov. et lun. (sf
j. fériés). Établissement typique de la
région, qui dispose de trois salles de
restaurant d'une rusticité chaleureuse,
aux murs en pierre nue et aux poutres
de bois.*

### Bilbao

#### ✗ Berton
*Jardines, 11 - ☎ 946 167 035 -
www.pintxozpintxo.com. Dans la
vieille ville, une institution, fréquentée
en leur temps par Hemingway et
Orson Welles, et réputée pour ses
spécialités à base d'anchois.*

### Estella/Lizarra

#### ✗ Casa Faustina
*Magdalena, 58 - Barindano -
☎ 948 539 493 ou 948 539 150 -
www.casafaustina.es - août : tlj ;
reste de l'année : w.-end et j. fériés -
17 €. Adresse sympathique au décor
original. Dans l'assiette, une bonne
cuisine familiale et, pour les grands
soirs, le menu dégustation.*

### Donostia San Sebastián/ Saint-Sébastien

*www.todopintxos.com.* St-Sébastien
offre le meilleur de la cuisine basque.
Ici, les *tapas* et les *pintxos* composent
des festins gourmands. Dans les
restaurants, la qualité des produits
est également à la hauteur : pêche du
jour, légumes guipúzcoans, fromage
de brebis ou kaiku (fromage caillé). La
plupart des adresses sont concentrées
dans le quartier historique. La cité
s'anime tous les soirs, à l'heure de
l'apéritif en particulier dans les rues
Portu, Muñoz, 31 de Agosto et Fermín
Calbetón, autour de la plaza de la
Constitución et le long du port.

### Vitoria-Gasteiz

#### Musée-atelier de poterie basque (Ollerias Museo de Alfarería Vasca)
*Ollerías, 9 - Elosu - ☎ 945 455 145 -
www.euskalzeramika.com - lun.-vend.
10h-13h, 16h-19h, sam. 10h-14h -
gratuit.* Cet ancien atelier de poterie
(1711) abrite le musée de la Poterie
basque. La visite présente l'histoire
du lieu (four tricentenaire), explique
les caractéristiques de la céramique
basque et montre la fabrication
des pièces. Magasin sur place.

---

### 🛈 Offices de tourisme

**Bilbao**
*Pl. Circular, 1 - ☎ 944 795 760 - www.
bilbaoturismo.net - 9h-21h ; autre
adresse : oficina Guggenheim -
Alameda Mazarredo, 66 - juil.-août :
10h-19h ; reste de l'année : tlj sf dim.
10h-19h.*

**Pamplona/Pampelune**
*San Saturnino 2 - ☎ 948 420 700 -
www.turismodepamplona.es -
15 juil.-31 août et Sem. sainte-San
Fermín : 10h-20h ; San Fermín :
9h-20h ; sept. : 10h-19h ; oct. et mars :
10h-17h ; reste de l'année : 10h-16h.*

Pour téléphoner en Espagne : 00 34
puis le numéro du correspondant à
9 chiffres.

Pour plus d'informations :
Carte Michelin Regional N° 573
Le Guide Vert Pays basque et Navarre
Le Guide Vert Espagne du Nord-Ouest

# Pyrénées **aragonaises** et **catalanes**

Amateur de nature, de grands paysages, de randonnée et de montagnes sauvages, ce circuit est fait pour vous. Vous êtes également passionné d'architecture médiévale ? Tant mieux, car vous alternerez avec bonheur vos deux passions en visitant Saragosse, les églises d'Andorre, le parc national d'Ordesa et la Sierra de Guara le long d'une route qui s'achève en apothéose au bord de la Méditerranée.

> ⮕ *Départ : Jaca*
> ⮕ *9 jours - 1 100 km*

## Jour 1

Établie au pied des Pyrénées, **Jaca** marquera le début de ce circuit par la visite de sa cathédrale et de sa citadelle. Gagnez ensuite au sud (A 1205 puis A 1603) le monastère de **San Juan de la Peña** (magnifique cloître) fondé dans un site spectaculaire. Plus au sud encore, rejoignez le village de **Riglos** dominé par les mallos, imposantes falaises en pain de sucre, haut lieu des amateurs d'escalade. En direction de Huesca, au niveau d'**Ayerbe**, montez vers l'extraordinaire **château de Loarre** ceinturé de tours et remparts dans un site sauvage. **Huesca**, capitale du haut Aragon dominée par son imposante cathédrale, sera votre dernière étape de la journée.

## Jour 2

Prenez la A 23 plein sud pour rejoindre **Saragosse** (Zaragoza) dont la visite comprend plusieurs monuments inscrits au Patrimoine mondial de l'Unesco. La vieille ville ne se visite bien qu'à pied, entre le marché central *(tlj sauf lundi)*, la basilique Del Pilar et la Seo (cathédrale San Salvador). L'aprèsmidi sera consacré au palais de l'Aljafería (à l'ouest de la vieille ville) aux allures de palais maure, et au parc de l'eau Luis Buñuel (rive gauche, repre-

nez votre véhicule), héritage de l'exposition internationale de 2008, avec plage fluviale, canoë, jardin botanique et jardin aquatique… parfait pour se détendre.

## Jour 3

Revenez à Huesca. Le reste de cette journée vous entraîne dans la fameuse **Sierra de Guara**, sillonnée en tous sens de canyons. Les sportifs désireux de pratiquer le canyoning (il vaut mieux être accompagné) se rendront à **Rodellar** (camping el Puente). Les visiteurs plus classiques et randonneurs gagneront **Alquézar**, superbe village qui mérite le détour et à partir duquel on peut entreprendre de belles balades le long du rio Vero où l'on peut se baigner (circuit de la Pasarelas, 1h30 AR, ou circuit d'Asque 4h AR). En fin de journée, la petite A 2205 vous ramène à **Ainsa** où vous flânerez dans le vieux village perché.

## Jour 4

Cap au nord vers l'un des sites les plus remarquables des Pyrénées espagnoles, le **parc national d'Ordesa**. On le découvre en arrivant sur le village de **Torla** se détachant sur fond d'immenses falaises rougeoyantes. Là encore, la randonnée s'impose : au cirque de Soaso (7h AR), au cirque de Cotatuero (4h AR) ou à la cascade del Estrecho (2h AR). Les amateurs de montagne seront peut-être frustrés de repartir si vite. Il ne tient qu'à vous de

prolonger votre séjour. Retour à Ainsa.

## Jours 5 et 6

Une longue et sinueuse route vous attend aujourd'hui, la N 260 que vous suivez fidèlement (via **la Pobla de Segur** et **Sort**) jusqu'à La Seu d'Urgell. En chemin un crochet par le **Vall de Boí** vous permet d'admirer de remarquables églises romanes, notamment l'église Sant Climent de **Taüll** ornée de grandes fresques. **La Seu d'Urgell**, petite ville médiévale dotée d'une superbe cathédrale romane avec cloître et musée diocésain vous attend pour la fin de journée. Le lendemain est consacré à l'**Andorre** riche en témoignages de l'art roman lombard, notamment l'église d'Engolasters, celle de Santa Colonna au clocher circulaire, et encore celles de Pal et Ordino. Vous serez bien sûr tenté par les magasins « hors taxes »; mais sachez que le centre thermal Caldea vous promet un beau moment de relaxation, alimenté par des eaux chaudes naturelles à 68 °C. Passez la nuit à **Sant Julià de Lòria**.

## Jour 7

Les paysages de **La Serra de Cadí** vous escortent tout au long de la N 260 en direction de Puigcerda ; puis, *via* le **tunnel de Cadí** et à gauche la petite B 402 par **La Pobla de Lillet**, vous rejoignez **Ripoll** pour une pause bien méritée. Une merveille vous attend un peu plus loin : le monastère

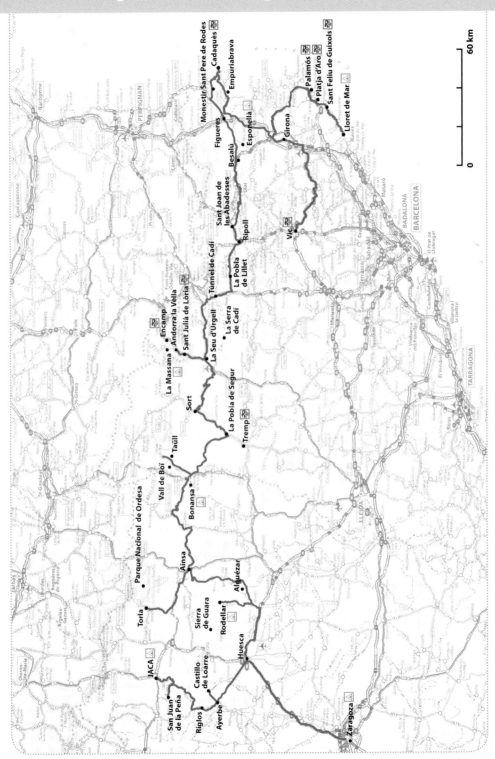

60 km

*Église romane du Vall de Boi, en Catalogne.*

## 🚐 Aires de service et de stationnement

### Cadaquès

**Area de Autocaravanas de Cadaqués**
Ctra Port Lligat 17
Permanent
Borne 🚐 💧 🚽 🧹
25 🅿️ - illimité - 42 €/j.
Services : 🚾 🛒 🍴
GPS : E 3.2825 N 42.29166

### Encamp (Andorre)

**Funicamp**
Av. Torrent de Pregó - 📞 83 40 11
Permanent
Borne artisanale 🚐 🚽 🧹
20 🅿️ - Gratuit
🚶 Montée assez rude.
GPS : E 1.58887 N 42.53545

### Palamós

**Autocamp Palamos**
Passatge Roqueta 25D - 📞 669 482 073
Permanent
Borne artisanale 🚐 💧 🚽 : Payant
96 🅿️ - 17 €/j. - services compris
Services : 🚾 🛒 🍴 📷 📶
🚌 Bus pour le centre-ville.
GPS : E 3.13535 N 41.8558

### Platja d'Aro

**Àrea Platja d'Aro**
Av. de París - 📞 972 817 179
Permanent
Borne artisanale 🚐 💧 🚽 🧹
30 🅿️ - 48h - 8 €/j. - gratuit d'oct. à mars
🏖️ Plage à 600 m.
GPS : E 3.05839 N 41.80954

### Sant Feliu de Guíxols

**Àrea de Sant Feliu de Guíxols**

Ronda de Marcis Massanas s/n - 📞 927 327 000
Permanent
Borne artisanale 🚐 🚽 🧹
15 🅿️ - > 72h - Gratuit
Services : 🛒 🍴
GPS : E 3.0247 N 41.7811

### Sant Julià de Lòria (Andorre)

**Àrea AC River**
Ctra de España, centre commercial River, par une petite route après la station services - 📞 76 50 00
Permanent
Borne artisanale 🚐 🚽 🧹
15 🅿️ - 48h - Gratuit
Services : 🚾 🛒 📶
GPS : E 1.48662 N 42.45379

### Tremp

**Area de Autocaravanas Tremp**
Calle Academia General Básica s/n - 📞 973 650 005
Permanent
Borne artisanale 🚐 💧 🚽 🧹 : Payant (électricité 0,50 €/h)
13 🅿️ - illimité - Gratuit
Services : 🛒 🍴
🚶 À 5mn du centre-ville, calme.
GPS : E 0.8907 N 42.1639

### Vic

**Àrea Municipal de Vic**
Carrer de la Fura s/n - 📞 938 862 091
Permanent
Borne artisanale 🚐 💧 🚽 🧹 : Payant (électricité 5 €/h ; eau 2 €)
10 🅿️ - 48h - Gratuit
Services : 🛒 🍴

bénédictin de **Sant Joan de les Abadesses**. Arrangez-vous pour arriver assez tôt à **Besalú**, le temps de parcourir ce remarquable village médiéval et son pont fortifié. Passez la nuit à **Esponellà**.

### Jour 8

Rendez-vous dès l'ouverture au théâtre-musée Salvador Dalí de **Figueres**, une visite absolument incontournable même si vous n'êtes pas féru de cet artiste (c'est l'un des musées les plus visités d'Espagne). Ensuite vous monterez au **monastère Sant Pere de Rodes** qui domine la grande bleue pour enfin descendre en bord de mer et rejoindre le magnifique village de **Cadaquès** où vous pouvez longuement flâner avant d'y passer la nuit. À voir impérativement, la maison de Salvador Dalí et de Gala qui se situe dans l'adorable hameau de **Port-lligat**.

### Jour 9

Réservez la matinée de cette dernière journée (en arrivant tôt) à la découverte de **Gérone** (Girona) : sa cathédrale et son cloître, les vieilles maisons au long de l'Onyar, son quartier juif… L'après-midi vous pourrez soit parcourir le littoral sauvage de la Costa Brava entre **Palamós** et **Lloret de Mar** ; soit rallier **Vic**, riche d'un beau patrimoine et d'un musée Épiscopal exceptionnel.

Oks_Mit /iStock

## ⛺ Campings

### Bonansa

**⛰ Camping Baliera**
N 260, km 355,5 - ☎ 974 554 016
Permanent - 5 ha (185 empl.)
Tarif : 27 € 👫 🚗 🔲
🚐 borne
Loisirs : ☺ diurne (en été) 🎣 🐎
🛶 🚣, pistes pédestres et cyclables
Services : 🏠 🛁 📷 🛒
GPS : E 0.4156 N 42.2621

### Esponellà

**⛰ Camping Esponellà**
Ctra Banyoles-Figueres, km 8 -
☎ 972 597 074
Permanent - 4,5 ha (130 empl.)
Tarif : 30,35 € 👫 🚗 🔲 - 🚐
Loisirs : 🤸 🏖 ⚔ 🏊 🎣
Services : 🍷 🍴 🏠 🛁 📶 🧺
GPS : E 2.4742 N 42.1054

### Jaca

**⛰ Camping Victoria**
*Voir le circuit 1 p. 62*

### Lloret de Mar

**⛰ Camping Tucan**
Ctra Blanes-Lloret - ☎ 972 369 965
De fin mars à fin sept. - 4,2 ha (324 empl.)
Tarif : 51,50 € 👫 🚗 🔲 -
pers. suppl. 10 €
🚐
Loisirs : 🎭 🤸 🏖 ⚔ 🏊
Services : 🍷 🍴 🛁 📶 📷 🛒
GPS : E 2.4931 N 41.41832

### La Massana (Andorre)

**⛰ Xixerella**
À Xixerella, 3,5 km au NE par CG 4 puis
à Erts rte à gauche -
☎ 73 86 13
De déb. mai à fin oct.
et de déb. déc. à fin mai. - 5 ha
Tarif : 32,60 € 👫 🚗 🔲 (6A) -
pers. suppl. 7 €
Loisirs : 💈 hammam jacuzzi 🐎
🏊
Services : 🍷 🍴 🏠 ♿ 🔑 🧺 🎰
🛁 📷 🚿
GPS : E 1.48882 N 42.55327

### Rodellar

**⛰ El Puente**
Partida el Puente s/n - ☎ 974 318 637
De mi-mars à mi-oct. -
3,6 ha (96 empl.)
Tarif : 20,50 € 👫 🚗 🔲
🚐 borne
Loisirs :, canyoning, vias ferratas
Services : 🍷 🍴 🛁 📶 📷 🛒
GPS : W 0.07993 N 42.27105

### Zaragoza/Saragosse

**⛰ Camping Ciudad de Zaragoza**
San Juan Bautisata de la Salle s/n -
☎ 876 241 495
Permanent 7,7 ha (105 empl.)
Tarif : 24 € 👫 🚗 🔲
🚐
Loisirs : 🏖 ⚔ 🏊
Services : 🍴 🏠 🛁 📶 📷
GPS : W 0.93864 N 41.63587

---

### ℹ Offices de tourisme

**Girona/Gérone**
*Rambla de la Llibertat, 1 -
☎ 972 226 575 - www.girona.cat/
turisme - lun.-vend. 9h-20h, sam.
9h-14h, 15h-20h, dim. et j. fériés
9h-14h.*

**Huesca**
*Pl. Luis López Allué - ☎ 974 292 170 -
www.huescaturismo.com - 9h-14h,
16h-20h. Chaque jour à 11h (ainsi
qu'à 17h en été), une visite guidée
de la ville (2 €).*

**Pour téléphoner en Espagne :**
00 34 puis le numéro du
correspondant à 9 chiffres.

**Pour téléphoner en Andorre :**
00 376 puis le numéro du
correspondant à 6 chiffres.

**Pour plus d'informations :**
Carte Michelin Regional N° 574
Le Guide Vert Barcelone et la
Catalogne

---

## Les bonnes adresses de Bib

### Cadaquès

**🍴 Casa Anita**
*Carrer Miquel Rosset, 16 - ☎ 972
258 471 - www.casaanitavip.com -
13h30-15h, 20h30-22h30 - fermé
nov. - 20/40 €.* « Ici, tous les clients
sont égaux, et le roi lui-même est
traité comme les autres ». Telle est la
philosophie de cette petite taverne à
l'accueil chaleureux, une institution
dans la région. Menu établi selon les
arrivages du marché, présenté par
Joan, qui conseille aussi sur les vins
et cavas. Un lieu incontournable.
Réservez, faute de quoi vous attendrez
dans la rue !

### Girona/Gérone

**🍴 Casa Marieta**
*Pl. de la Independència, 5-6 - ☎ 972
201 016 - www.casamarieta.com -
13h-15h30, 20h-22h30 - carte 17/30 €.*
Restaurant-brasserie ouvert en 1892
où, dans un cadre délicieusement
désuet, on aura l'occasion de
déguster quelques fleurons de la
gastronomie catalane comme le
poulet aux langoustines ou le canard
aux poires. Desserts maison.

### Huesca

**Pastelería Ortiz**
*Porches de Galicia, 3.* Pâtisseries
comme le *pastel ruso* (amandes,
noisettes et praliné), la *trenza de
Almudévar* (tresse de pâte feuilletée
avec noix, noisettes et amandes),
ou les *castañas de mazapán*,
châtaignes en massepain.

### Zaragoza/Saragosse

**🍴 La Republicana**
*Méndez Núñez, 38 - larepublicana.
es - tapas 1,20/2,40 €, raciones et
plats 4,90/12,10 €.* Plats « populaires »
et tapas servis dans un décor
hétéroclite à souhait. On s'y
posera pour le cadre « vintage » et
l'ambiance chaleureuse.

# La côte méditerranéenne de Barcelone à Valence

Barcelone et Tarragone : côté ville, la côte méditerranéenne ne manque pas d'étapes séduisantes et instructives, riche d'un patrimoine exceptionnel. Côté mer, vous n'aurez que l'embarras du choix parmi la kyrielle de petites stations balnéaires aux plages de sable fin. Côté terre, vous découvrirez les plus fantastiques ensembles monastiques d'Espagne… rien de moins.

⮕ *Départ : Barcelone*
⮕ *8 jours - 650 km*

## Jours 1, 2 et 3

Comptez au minimum 3 jours pour visiter **Barcelone** (Barcelona), la deuxième ville d'Espagne. Il faut prendre le temps de flâner sur les grandes artères commerçantes de part et d'autre du passeig de Gràcia, sur la Rambla et dans le Barri Gòtic autour de la cathédrale Santa Eulalia et de la plaça Reial. Au cours d'un après-midi, on mélangera détente et étonnement au parc Güell au milieu des palmiers, grottes et créations originales de Gaudí. Certains ne voudront pas quitter Barcelone sans visiter le musée de la musique catalane, le musée d'art contemporain, le musée Picasso, ainsi que la Casa Milà (la Pedrera) et le palau Guell, deux des plus célèbres réalisations d'Antoni Gaudí. Privilégiez les heures les plus chaudes à ces visites intérieures. Un autre jour, vous monterez sur la colline de Montjuïc pour visiter la fondation Joan Miró et le musée d'Art de la Catalogne doté de sections d'art roman et gothique d'une richesse exceptionnelle. Tout à côté, le Poble Espanyol, « village » reconstitué, présente par quartiers un panorama complet de l'architecture des régions espagnoles, avec boutiques, restaurants et ateliers d'artisans. Vous irez bien sûr découvrir l'impressionnante et incontournable

Sagrada Familia, à laquelle Gaudí consacra près de quarante ans mais sans pouvoir l'achever. Reste à flâner sur le vieux port, devenu un secteur de loisirs très fréquenté et à profiter de sa plage, la Barceloneta. En fin de journée, la ville ne s'endort pas, à l'image de ce qui se vit sur la célèbre Rambla et dans les bars à tapas aux alentours.

## Jour 4

Quittant Barcelone vers le sud, faites halte à **Sitges**, dont le musée Del Cau Ferrat, résidence du peintre Santiago Rusinyol, mérite une visite. Remontez dans les terres et suivez la route de l'art cistercien qui s'illustre par trois monastères (un billet groupé permet de visiter les trois). D'abord celui de **Santes Creus**, édifié au cœur d'une luxuriante vallée plantée de vignes et d'oliviers : son grand cloître, son église et sa salle capitulaire en font l'un des plus beaux ensembles cisterciens de Catalogne. Poursuivez par la cité médiévale de **Montblanc**, encerclée par ses intemporelles murailles, puis faites un crochet par le monastère de **Vallbona de les Monges**, réservé aux femmes, et qui étonne par sa beauté. De retour à Montblanc, gagnez le monastère de **Poblet**, fondé au 12ᵉ s. et véritable condensé d'histoire architecturale.

## Jour 5

Après l'art cistercien, vous reviendrez à l'art antique en faisant étape à **Tarragone** (Tarragona). Ville ouverte sur la

mer, elle conserve un des ensembles romains les plus importants d'Espagne avec murailles, vestiges du Forum et amphithéâtre. Vous ne quitterez pas la ville sans voir ses rues médiévales et sa magnifique cathédrale élevée sur l'ancien temple de Jupiter dont les restes sont visibles dans le cloître. Reprenez votre camping-car et finissez la journée (5 km au nord par N 240) en visitant l'aqueduc de les Ferreres et le mausolée de Centcelles.

## Jour 6

Avec ou sans enfants, difficile de résister à une découverte du parc d'attractions de **Port Aventura** (à **Salou**) qui vous retiendra l'essentiel de la journée. Il enchantera petits et grands en explorant de façon ludique cinq régions (Méditerranée, Chine, Polynésie, Mexico, et Far West) auxquelles s'ajoute un parc aquatique. Montagnes russes, rapides des grands canyons, train du diable… quelques frissons à la clef. En sortant, reprenez la N 340 en direction du delta de l'Èbre.

## Jour 7

Vaste zone humide où une flore et une faune uniques se sont développées, le **delta de l'Èbre** vous offrira une page nature dans des paysages comparables à la Camargue. Prenez du temps pour parcourir les itinéraires du parc naturel, en camping-car ou à vélo, et ne manquez pas la **lagune de l'Encanyissada**, paradis des oiseaux

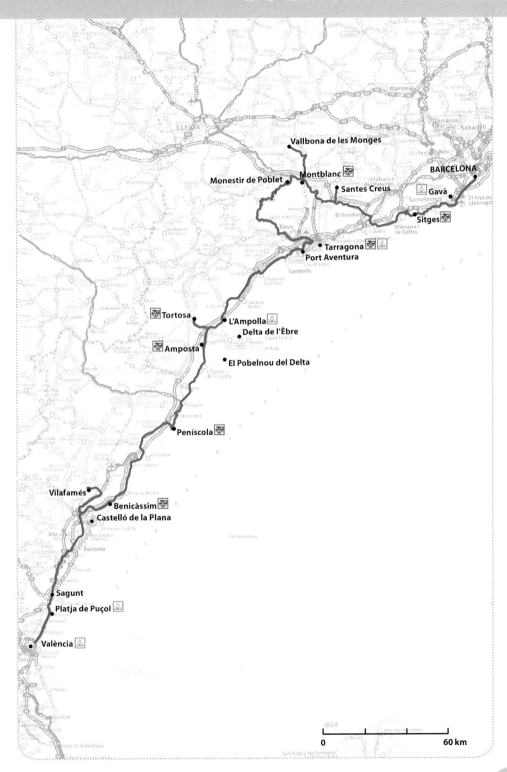

Vallbona de les Monges

BARCELONA

Monestir de Poblet

Montblanc

Santes Creus

Gavà

Sitges

Tarragona

Port Aventura

Tortosa

L'Ampolla

Delta de l'Èbre

Amposta

El Pobelnou del Delta

Peníscola

Vilafamés

Benicàssim

Castelló de la Plana

Sagunt

Platja de Puçol

València

0          60 km

*La station balnéaire de Sitges, en Catalogne.*

Nicola Ferrari / iStock

migrateurs. Remontez ensuite sur **Tortosa**, petite ville recelant un beau patrimoine (palais épiscopal, collèges royaux et cathédrale) dans un cadre magnifique d'oliveraies, d'orangers et de pêchers qui se montrent depuis les belvédères.

## Jour 8

Le circuit reprend à Peñíscola, la plus jolie ville de la Costa del Azahar. Son centre historique, entouré de murailles, occupe une presqu'île rocheuse, dominée par l'austère forteresse édifiée par les Templiers. Poursuivez la N 340 puis, au niveau de **Castelló de la Plana**, bifurquez vers **Vilafamés**, un village perché sur la montagne qui offre un spectacle chromatique saisissant dominé par un château d'origine arabe. La CV 10 puis la N 340 vous mèneront maintenant à **Sagunt**, blottie au pied d'une colline allongée que couronnent les impressionnantes ruines d'un château. Vous voilà aux portes de **Valence** (València).

## Aires de service et de stationnement

### Amposta

**Área de La Casa de Fusta**
Partida l'Encanyissada s/n -
☎ 977 261 026
Permanent
Borne artisanale ⌂ [♨]
🚐 🧹
40 🅿 - 48h - 3 €/j.
Services : ✕ ⚡ 📶
GPS : E 40.6585 N 0.6747

### Benicàssim

**Área de Benicàssim**
Calle de Ausias Marche, près de la N 340 -
☎ 964 300 962
Permanent
Borne artisanale ⌂ 🚐 🧹
15 🅿 - 24h - Gratuit
GPS : E 0.05986 N 40.05524

### Montblanc

**Area de Autocaravanas Sam**
Avenida Lluis Companys -
☎ 977 86 18 36
Borne ⌂ 🚐 🧹
🅿 - Payant
Services : ☕ ✕
GPS : E 1.16833 N 41.36916

### Peñíscola

**Stop & Go La Volta**
Camino de la Volta -
☎ 964 470 101
Permanent
Borne artisanale ⌂ [♨] 🚐
🧹 : Payant (électricité 4 €)
70 🅿 - illimité - 11 €/j.
Services : WC ☕ ✕ 📷 📶
😊 Douches sur place.
GPS : E 0.40306 N 40.39806

### Sitges

**Àrea Municipal de Sitges**
Av. del Cami Pla
Permanent
Borne AireService ⌂ 🚐
🧹
15 🅿 - illimité - 8 €/j.
Services : ☕
😊 Éloignée du centre-ville (zone industrielle).
GPS : E 1.81389 N 41.25056

### Tarragona/Tarragone

**Camping Las Palmeras**
Ctra N 340, P. km 1168 -
☎ 977 208 081
De mi-mars à mi-oct.
Borne AireService ⌂ [♨]
🚐 🧹
300 🅿 - illimité - 55 €/j.
Services : WC ☕ ✕ 📷 📶
GPS : E 1.31199 N 41.13151

### Tortosa

**Àrea de Caravàning**
Passeig de la Ribera s/n -
☎ 977 449 648
Permanent
Borne artisanale ⌂ [♨] 🚐
🧹 : Payant (eau 1 €)
32 🅿 - Gratuit
Services : ☕ ✕
😊 Calme.
GPS : E 0.51417 N 40.80278

## ⛺ Campings

### ⛺ Camping Ampolla Playa
Passeig Platja de Arenal s/n -
𝒫 977 460 535
De déb. mars à déb. nov. - 7 ha
(65 empl.)
Tarif : 27 € ⛺⛺ 🚗 📧
🚐
Loisirs : 🏖 🏊 (plage) 🎣 ⚓
Services : 🍷 🍴 🚰 📶 📺 🛒 🛒
GPS : E 0.41578 N 40.47574

### ⛺ Camping 3 Estrellas
C-31, km 186,2 - 𝒫 936 33 06 37
De mi-mars à mi-oct. - 8 ha (316 empl.)
Tarif : 39,50 € ⛺⛺ 🚗 📧
pers. suppl. 8,73 €
🚐 borne
Loisirs : ☀diurne 🏖 🍴🏊 🏊
(plage) 🎣, terrain de sport polyvalent
Services : 🍷 🍴 🏠 🚰 📶 📺 🛒 🛒
GPS : E 2.235 N 41.1221

### ⛺ Camping Puzol
Camí riu Turia 3 - 𝒫 961 42 15 27
De mi-janv. à mi-déc. - 3 ha (70 empl.)
Tarif : 25,30 € ⛺⛺ 🚗 📧
🚐 borne
Loisirs : ☀diurne 🏖 🏊 🏊 (plage)
Services : 🍷 🍴 🚰 📶 📺 🛒
GPS : E 0.2693 N 39.60554

### ⛺ Camping Torre de la Mora
Ctra N 340, km 1171 - 𝒫 977 65 02 77
De mi-mars à mi-oct. - 16 ha (450 empl.)
Tarif : 32,10 € ⛺⛺ 🚗 📧
pers. suppl. 5,20 €
🚐 borne artisanale
Loisirs : ☀ 🤸 🏖 🏊
(plage) 🎣 ⚓ - Services : 🍷 🍴 🏠
🔥 🚰 📶 📺 🛒 🛒
🔑 Transport en commun
pour le centre-ville.
GPS : E 1.34415 N 41.12887

### ⛺ Camping Coll Vert
*Voir le circuit suivant.*

## Les bonnes adresses de Bib

### Cafè de l'Òpera
*Rambla, 74 - 🚇 Liceu - 𝒫 933 177 585 -
8h30-2h30.* Ce café historique, installé
en face du théâtre du Liceu, est une
véritable institution avec sa façade
moderniste et son atmosphère 19e s.

### Pastelería Escribà
*Rambla de les Flors, 83 - 🚇 Liceu -
𝒫 933 016 027 - 9h-21h.* Célèbre
établissement familial installé dans un
entrepôt de style moderniste (1820).
On y sert de délicieuses pâtisseries et
des plats salés.

### Mercat de La Boqueria
*Rambla, 91 - 🚇 Liceu - lun.-sam.
8h-20h30.* Marché central installé dans
un bâtiment du 19e s. On y trouve
des denrées d'excellente qualité, les
plus variées de Barcelone. Idéal pour
acheter des produits typiques à bons
prix : jambons, fromages, vins.

### 🍴 Agut
*En Gignàs, 16 - 🚇 Jaume I -
𝒫 933 151 709 - www.restaurantagut.
com - fermé dim. soir, lun. - formule
déj. 12 € - 30/45 €.* Situé dans une des
ruelles du quartier de la Mercè, ce
restaurant propose depuis 1924 des
spécialités catalanes servies dans
une vaste salle voûtée au charme
délicieusement désuet.

### 🍴 Can Paquita
*Ronda dels Pins, 5 - 𝒫 977 741 452 -
fermé nov.-janv. - à partir de 20 €.*
Petit restaurant convivial fréquenté
aussi bien par les touristes que les
habitants du delta. Cuisine familiale
et spécialités locales (paellas, riz noir,
anguille…).

### 🍴 Casa Hidalgo
*Carrer Sant Pau 12 - 𝒫 938 943 895 -
www.casahidalgo.es - fermé dim. soir,
lun. et de mi-déc. à mi-janv. - 15/40 €.*
Une salle joliment tenue et une carte
variée (fruits de mer, spécialités de
Galice) font le succès de cette adresse.
Menu déjeuner très apprécié par les
habitués.

### Plaça de la Font
Sans aucun doute, le principal point
de rencontre au cœur de la ville. Cette
place piétonne, où abondent terrasses,
bars à tapas, cafétérias, glaciers et
petits restaurants, vibre surtout en fin
d'après-midi et en début de soirée.

## 🛈 Offices de tourisme

### Barcelona/Barcelone
𝒫 932 853 834 - www.
barcelonaturisme.com. Principales
adresses : Pl. de Catalunya, 17
(en sous-sol, côté Corte Inglés) -
8h30-20h30 ; De la Ciutat, 2 - lun.-
vend. 8h30-20h30, sam. 9h-19h,
dim. et j. fériés 9h-14h ; Pl. dels Països
Catalans (hall de la gare) - tlj 8h-20h ;
Rambla dels Estudis, 115 -
tlj 8h30-20h30.

### Tarragona/Tarragone
Carrer Major, 37 - 𝒫 977 250 795 -
www.tarragonaturisme.cat -
de fin juin à fin sept. : lun.-sam.
10h-20h, dim. 10h-14h ; reste de
l'année : lun.-vend. 10h-14h, 15h-17h,
sam. 10h-14h, 15h-19h, dim. et
j. fériés 10h-14h ; autre bureau
d'information Fortuny, 4 - 𝒫 977
233 415 - www.catalunya.com - tlj
sf dim. 9h-14h, 16h-18h30, sam.
9h-14h.

Pour téléphoner en Espagne :
00 34 puis le numéro du
correspondant à 9 chiffres.

Pour plus d'informations :
Carte Michelin Regional N° 574
Le Guide Vert Barcelone et la
Catalogne.

# Valence et la Costa Blanca

Entre Catalogne et Andalousie, un parfum d'olivier et d'oranger flotte sur la côte valencienne et la Costa Blanca qui bénéficient de 300 km de littoral, entre plages de sable et falaises abruptes. Une promesse d'agréables moments de détente mais aussi d'un passionnant patrimoine culturel qui s'affiche à Valence, Alicante et Murcia.

> ➲ **Départ : Valence**
> ➲ *7 jours - 550 km*

### Jours 1 et 2

Troisième ville d'Espagne, très appréciée toute l'année pour la douceur de son climat, **Valence** (València) sait préserver son passé tout en s'ouvrant avec frénésie à la modernité, au point de devenir l'une des vitrines mondiales de l'architecture contemporaine. Les centres d'intérêt y sont très nombreux et parfois éloignés les uns des autres, faciles cependant à rejoindre grâce à un bon réseau de métro. Le premier jour, visitez les quartiers historiques concentrés autour de la cathédrale et du palais du marquis de Dos Aguas qui abrite le musée national de la céramique. Découvrez ainsi la Lonja, ancienne Bourse de la soie, le collège royal du séminaire du Corpus Christi, les tours de Serranos (anciens remparts) et la rue Caballeros toujours très animée. L'après-midi, faites connaissance avec la ville avant-gardiste et ses bâtiments emblématiques (palais de la musique et palais des congrès) ainsi que l'incontournable cité des Arts et des Sciences où se tient le surprenant Oceanografic, le plus grand centre maritime d'Europe.

Le deuxième jour, découvrez les monuments du début du 20e s. : la gare du Nord, le marché central, le marché Colón, la Plaza del Ayunta-miento, la calle de La Paz, etc. sans oublier le quartier maritime, le port et son museu de les Drassanes (musée de l'arsenal royal) et la belle plage qui borde la promenade du Paseo maritimo, très fréquentée par les habitants de Valence en fin de journée.

### Jour 3

Le circuit reprend à **El Saler** qui côtoie le parc naturel de l'Albufera (lagune d'eau douce où l'on cultive le riz). Poursuivez en longeant la côte et traversant les stations balnéaires : **Cullera** qui cumule 10 km de belles plages, **Gandía**, où se trouve le palais ducal des Borgia. De là, faites un crochet dans les terres par **Xàtiva**, la ville aux mille fontaines entourée de murailles crénelées et dominée par la silhouette d'une collégiale. Ne manquez pas le château et son belvédère, et la place de la collégiale. De retour sur la côte, poursuivez par **Dénia**, dominée par un château. Faîtes étape à **Xàbia**.

### Jour 4

De **Xàbia** (voir le quartier ancien avec ses palais gothiques), faites une halte au **cap de la Nau** pour admirer de beaux panoramas. Plus loin, **Calp** et son rocher dominant la plage mérite une pause. La prochaine étape, **Altea**, doté de ruelles étroites, est un des plus jolis villages de la région, échelonné sur une colline dominant la mer. De là faites une excursion dans les terres pour aller visiter **El castell de Guadalest,** situé dans un site rocheux impressionnant et auquel on accède par une arche creusée dans la roche. Contraste saisissant avec l'étape suivante, **Benidorm**, dont les gratte-ciel dressés à quelques mètres des plages offrent une vision surprenante ; tout près de ce Manhattan de villégiature se trouve le parc de loisirs Terra Mítica, dédié aux grandes civilisations méditerranéennes.

### Jour 5

Le voyage se poursuit par **Alicante** (Alacant), capitale de la Costa Blanca dominée par le château de Santa Bárbara. Dans cette ville accueillante, typiquement méditerranéenne, se mêlent avec bonheur une tranquillité toute provinciale et l'animation d'un grand centre touristique. Étroitement liés, le quartier historique, le port et la plage en font une ville à la géographie urbaine homogène, résolument tournée vers la mer. Une journée suffit pour visiter la ville, un peu plus si vous voulez profiter de la plage ou découvrir (11 km au nord sur la côte) le monastère de la Santa Faz à **Sant Joan d'Alacant**, un grand lieu de pèlerinage.

### Jour 6

Un petit tour dans les terres vous permettra de visiter **Elche** (Elx), curieuse petite ville entourée d'une des plus grandes palmeraies d'Europe, inscrite au Patrimoine mondial de l'Unesco.

*Le théâtre antique de la fin du 1er s., à Carthagène.*

sonny2962 / iStock

On y visite le parc municipal, le musée de la Palmeraie et le jardin du Curé d'une grande beauté, qu'il faut bien sûr parcourir entre palmiers, cicas et cactées. Retour sur la côte en fin de journée.

## Jour 7

L'itinéraire traverse à présent des lieux de villégiature **(Guardamar del Segura, Torrevieja)** jusqu'à la baie de **Mar Menor**, aux eaux peu profondes et fermée par un cordon littoral. Poursuivez jusqu'à **Carthagène**. Dans la rade se côtoient le port de plaisance et l'arsenal militaire. La ville, entourée d'une haute enceinte, présente un relief marqué, dominée par un château (superbe panorama sur la rade) et au flanc duquel s'accroche un théâtre antique. Pour finir, quittez la côte pour vous rendre à **Murcia**. Les rues piétonnes et les nombreuses petites places lui confèrent une atmosphère de sérénité, à laquelle répond un patrimoine étonnant dont un palais épiscopal, une remarquable cathédrale et un monastère royal. L'après-midi sera sans doute trop court.

## 🚐 Aires de service et de stationnement

### Alacant/Alicante

**Area Repsol Villafraqueza**
Avenuda Pintor Gaston Castello
Borne artisanale 🚽 ⚡ 🚐 🧹
Services : 🚾 🛒 ✕ 📶
GPS : W 0.48617 N 38.3735

### L'Alfàs del Pi

**Camper park Costa Blanca**
Camí d'Alguers 79 -
📞 966 868 668
Permanent
Borne artisanale 🚽 ⚡ 🚐 🧹
40 🅿 - illimité - 11 €/j.
Services : 🚾 🗑 📶
GPS : W 0.0841 N 38.5853

### Alquerías (nord-est de Murcia)

**Camper Park Huerta de Murcia**
Carril Cánovas 19 -
📞 650 533 171
Permanent
Borne 🚽 ⚡ 🚐 🧹
32 🅿 - illimité - 13 €/j.
Services : 🚾 🗑 📶
🙂 Dans une plantation de citronniers et d'orangers.
GPS : W 1.04229 N 38.0052

### Calp

**Paraiso Camper**
Urbanización Los Almendros 9-A -
📞 965 875 348
Permanent
Borne AireService 🚽 ⚡ 🚐 🧹 : Payant
58 🅿 - illimité - 12 €/j. - services compris
Services : 🚾 🗑 📶
🙂 Sanitaires sur place.
GPS : E 0.06647 N 38.64904

### Carcaixent

**Área de Carcaixent**
Camí de la Font s/n -
📞 962 457 667
Permanent
Borne artisanale 🚽 🚐 🧹
20 🅿 - 48h - 9 €/j. - gratuit hors saison
Services : 🚾
🙂 Dans un espace naturel protégé (Hort de Soriano). Centre-ville à 7 km.
GPS : W 0.4088 N 39.0702

### El Sale

**Area Camping-car La Marina**
Camí del Riu 556b -
📞 696 510 897
Permanent
Borne artisanale 🚽 🚐 🧹
70 🅿 - illimité - 11 €/j.
Services : 🚾 🛒 ✕ 📶
🙂 Plage à 150 m, arrêt de bus à 50 m.
GPS : W 0.3322 N 39.3872

## ⛺ Campings

### Crevillent

#### ⛺ Camping Las Palmeras
Ctra de Alicante - Murcia, km 45,
N 340 - ☎ 965 400 188
Permanent - 1 ha (51 empl.)
Tarif : 14 € 🚹🚹 🚗 🔲
🚐
Loisirs : 🏖️ ⛱️, terrain multisports
Services : 🍷 🍴 🏪 🔌 🚿 📶 📺 🧺
🅰️ Centre-ville à 500 m.
GPS : W 0.81233 N 38.24025

### El Campello

#### ⛺ Camping Costa Blanca
C/ Convento 142 - N 332, km 120,5 -
☎ 965 630 670
Permanent - 1,1 ha (66 empl.)
Tarif : 25 € 🚹🚹 🚗 🔲
🚐 borne
Loisirs : 🎣 🏇 🏖️ ⛱️
Services : 🍷 🍴 🚿 📶 📺 🛒
GPS : W 0.2314 N 38.2611

### Jávea/Xàbia

#### ⛺ Camping Jávea
Camí de la Fontana 10 -
☎ 965 791 070
Permanent - 2,5 ha (193 empl.)
Tarif : 32,10 € 🚹🚹 🚗 🔲
🚐 borne
Loisirs : 🌞 diurne 🏊 🏇 🏖️ ⛳ ⛱️
🏊 (plage), terrain multisports
Services : 🍴 🔌 🚿 📶 📺
🅰️ Transport en commun à 1 km et
plage à 2 km.
GPS : E 0.1019 N 38.475

### València/Valence

#### ⛺ Camping Coll Vert
Parque natural de la Albufera -
Ctra del 486 - ☎ 961 830 036
De mi-janv. à mi-déc. - 2,4 ha
(80 empl.)
🚐 borne : Payant - 30 🔲 - 24h -
26,40 €/j.
Loisirs : 🏖️ ⛱️
Services : 🍷 🚿 📶 📺 🛒
🅰️ La plage est située à 300 m.
GPS : E 0.1957 N 39.2347

## Les bonnes adresses de Bib

### Alacant/Alicante

#### ✖ Piripi
*Oscar Esplá, 30 -* ☎ *965 227 940 -
3/12 €.* Bon endroit pour déguster des
tapas typiques de la région. Variété et
qualité sont au rendez-vous. À l'étage,
l'un des meilleurs restaurant de la ville
selon les Alicantins *(carte 35/52 €).*

### Gandia

#### ✖ Casa Manolo
*Pg Marítim, playa Daimús - Grau de
Gandia -* ☎ *962 818 568 - 25/30 €.*
Connu pour la qualité de ses fruits de
mer et de ses poissons, le restaurant
jouit d'une vue magnifique sur la mer.

### Murcia

#### ✖ Los Arroces del Romea
*Pl. Romea -* ☎ *968 218 499 -
13h30-16h30, 19h30-0h - fermé lun.
en été - 18/25 €.* Situé sur l'une des
plus agréables places de la ville, ce
restaurant propose au déjeuner
des spécialités de riz (cuits au feu
de bois) et, le soir, des viandes à la
braise préparées dans la cheminée.
Le lieu idéal pour goûter à la
spécialité de Murcie, *el arroz al conejo
con caracoles* (riz au lapin et aux
escargots). Accueil très sympathique.

### València/Valence

#### Horchatería Santa Catalina
*Pl. Santa Catalina, 6 -* ☎ *963 912 379 -
www.horchateriasantacatalina.
com - 8h15-21h30.* On y boit une
des meilleures *horchatas* (boisson
rafraîchissante à base de tubercules
de souchet, au goût d'amande) de
Valence, selon bien des spécialistes.
Les murs sont ornés de céramique de
Manises, à découvrir !

#### ✖ La Pilareta
*Moro Zeit, 13, au coin de la pl. Tossal -*
☎ *963 910 497 - www.barlapilareta.
es - 12h-0h - 10/15 €.* Fondé en 1917,
c'est l'un des bars à tapas historiques
de la ville. Arrêtez-vous pour goûter
(de préférence au bar parce que le
lieu est minuscule) sa spécialité : les
*clòtxines* (moules) à la vapeur, dont
on jette les coquilles dans des seaux
posés sur le sol.

#### ✖ La Pepica
*Paseo Neptuno, 6 - playa de Las
Arenas -* ☎ *963 710 366 - www.
lapepica.com - 13h-16h, 20h30-23h -
25/35 €.* Un restaurant de plage
historique bondé aux beaux jours.
Grand spécialiste de la paella, le lieu
s'honore d'avoir reçu jadis Don Ernesto
(Hemingway). Atmosphère populaire
et authentiquement valencienne.

### ℹ️ Offices de tourisme

#### Alacant/Alicante
*Portugal, 17 -* ☎ *965 929 802 -
www.alicanteturismo.com - lun.-
vend. 10h-18h, sam. 10h-14h,
fermé dim. ; autres adresses : pl.
del Ayuntamiento -* ☎ *965 149 219,
Rambla de Méndez Núñez, 41 -*
☎ *965 200 000 ; à la gare ferroviaire
(av. Salamanca) -* ☎ *965 125 633.*

#### València/Valence
*Bureau principal : pl. del
Ayuntamiento (dans l'hôtel de ville) -*
☎ *963 524 908 - www.visitvalencia.
com (très complet, en français) -
lun.-sam. 9h-19h, dim. et j. fériés
10h-14h. Autres points info : Estació
AVE Joaquín Sorolla, San Vicente
Mártir, 171 -* ☎ *963 803 623 -*
*lun.-vend. 10h-18h, w.-end. et j. fériés
10h-15h - Calle de la Paz –* ☎ *963
986 422 - lun.-vend. 10h-18h
(14h le sam.) - Valencia-Plage –
Paseo Neptuno, à côté de l'hôtel Las
Arenas -* ☎ *963 557 108, de mi-juin
à mi-sept. : merc.-sam. 10h-14h
et 15h-17h (10h-14h mar., dim. et
j. fériés). Tous ferment les 1er, 6 janv.
et 25 déc.*

**Pour téléphoner en Espagne :**
00 34 puis le numéro du
correspondant à 9 chiffres.

**Pour plus d'informations :**
Carte Michelin Regional N° 577
Le Guide Vert Espagne côté Est

# Splendeurs des terres **andalouses**

Grenade, Séville, Cordoue… trois villes emblématiques qui justifient déjà un circuit sur les terres andalouses. Mais cet itinéraire vous réserve bien d'autres découvertes entre les sommets enneigés de la Sierra Nevada, des villages tout blancs accrochés en belvédère sur la mer et des étendues arides couvertes d'oliviers… Presque un parfum d'Afrique.

> ⊃ *Départ : Almeria*
> ⊃ *15 jours - 1 200 km*

## Jour 1

Adossé à une Sierra aride, **Almería** exhibe sa cathédrale aux allures un peu martiales et l'alcazaba, un château perché sur une colline dominant la ville et la baie. L'après-midi, prenez l'A 92 puis la N 340 afin de visiter l'un des trois parcs d'attractions du **désert de Tarbernas**. Optez pour le Cinéma Studio Fort Bravo où furent tournés de nombreux westerns, avec des animations spectacles. Reprenez l'autoroute qui contourne la Sierra Nevada pour rallier **Grenade** (Granada).

## Jours 2 et 3

**Grenade** : le matin, cathédrale et Chapelle royale ; l'après-midi, palais et jardins de l'Alhambra et du Generalife (réservation indispensable, 15 j. avant ou acheter le forfait Bono Touristico comprenant transports et visites avec horaires imposés). Le lendemain, les bains arabes, les habitations troglodytiques du Sacromonte, l'abbatiale et le quartier de l'Albayzín. À l'ouest de la ville, privilégiez, si vous avez du temps, les églises de San Jerónimo, de San Juan de Dios et la chartreuse.

## Jour 4

Si vous êtes randonneur, vous pourrez profiter de la **Sierra Nevada** et de la station de ski de **Pradollano.** Sinon prenez l'autoroute A 44 et la sortie 164 pour aller explorer, *via* **Lanjarón** (station thermale), les villages du flanc sud de la Sierra Nevada, **Pampaneira** et **Capileira,** aux ruelles tortueuses. De retour sur la côte *via* **Motril,** gagnez les charmants villages côtiers de **Salobreña** et **Almuñécar** où vous finirez la journée.

## Jours 5 et 6

En route vers Málaga, faites une pause à **Nerja** pour sa plage lovée entre les rochers et sa grotte, puis montez à **Frigiliana** et son quartier maure. **Málaga**, capitale de la Costa del Sol au patrimoine historique très ancien, propose à la visite sa cathédrale, son palais épiscopal et le musée Picasso installé dans le palais de Buenavista… mais aussi les vestiges du castillo de Gibralfaro et la forteresse (alcazaba), éléments du système défensif de la Malaka arabe. Enfin, rejoignez le merveilleux jardin Finca de la Concepcion (7 km au nord).

## Jour 7

La route côtière traverse des stations balnéaires très connues, **Benalmádena**, **Fuengirola** et **Marbella** avant de remonter par l'A 397 sur **Ronda** où vous passerez la journée, entre les arènes (les plus belles d'Espagne) et son patrimoine architectural unique mêlant médina musulmane (la ciudad) et églises.

## Jour 8

De **Ronda**, il faudra choisir entre faire demi-tour afin de gagner le rocher de **Gibraltar** (par l'A 7), puis rejoindre Cadix par **Vejer de la Frontera**, ou suivre la superbe *ruta de los pueblos blancos* (route des villages blancs) qui conduit à **Grazalema**, **Villaluenga del Rosario**, **Ubrique**, **Benaocaz**, **El Bosque** et jusqu'à **Arcos de la Frontera** qui mettra un beau point final à cette escapade montagnarde (descente sur Cadix par l'A 389).

## Jour 9

**Cadix** (Cádiz), resplendissante sous un ciel limpide, est une agréable ville maritime du 18e s., qui regroupe sur une presqu'île des édifices aux couleurs vives, de belles places et d'intéressants monuments. Il est temps à présent de gagner **Jerez de la Frontera** bien connu pour ses vins, et qui vous retiendra le reste de la journée dans son quartier historique.

## Jours 10 et 11

La prochaine étape est **Séville** (Sevilla). Le premier jour, découvrez l'Alcázar et l'hospice des Vénérables, flânez dans le quartier de Santa Cruz, dans le parc de María Luisa, et sur la plaza de España. Le lendemain, admirez la cathédrale, l'hospice de la Charité, baladez-vous le long du Guadalquivir, franchissez le fleuve pour vous perdre dans le quartier de

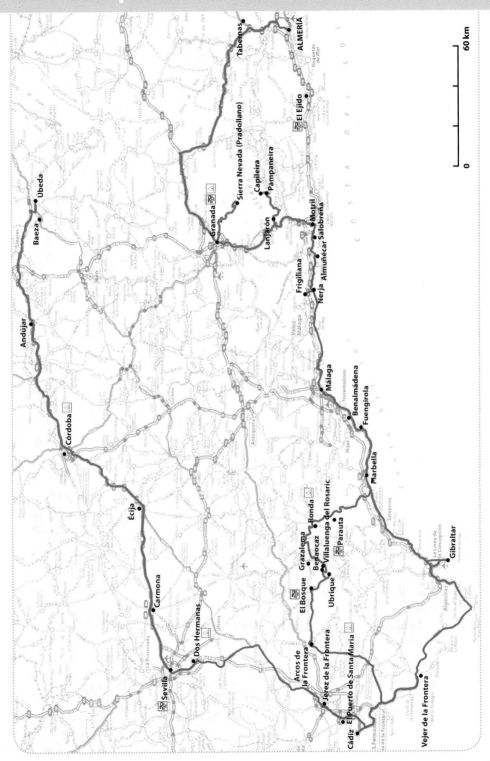

60 km

*L'Alhambra (à Grenade) et la Sierra Nevada.*

J. Frumm / hemis.fr

Triana, puis rejoignez le haut de la ville où se dressent l'église de San Luis de los Franceses, ainsi que celle de la Macarena et la Casa de Pilatos.

### Jours 12 et 13

Direction Cordoue (Córdoba) par la A 4 avec une pause à **Carmona** riche en palais élégants, en maisons nobles et édifices religieux. **Écija** aussi mérite une halte pour ses tours baroques, ses nombreux couvents, palais et églises. Vous voilà à **Cordoue** (Córdoba) autre ville emblématique d'Andalousie. Elle se visite facilement, la majorité des centres d'intérêt se concentrent autour de la mosquée-cathédrale qui constitue votre premier rendez-vous. Explorez ensuite le quartier de la Judería, la tour de la Calahorra, puis visitez l'alcázar et ses jardins. Le deuxième jour, vous découvrirez le palais Viana et deux églises ferdinandines (ne manquez pas celle de San Lorenzo).

### Jours 14 et 15

Deux jours pour apprécier les églises d'**Andújar**, et les merveilles Renaissance de **Baeza** et **Úbeda**… ce n'est vraiment pas trop. Et si l'envie vous prend de grands espaces, sachez que vous êtes aux portes du parc naturel des Sierras de Cazorla, Segura et las Villas, l'un des plus sauvages d'Espagne.

## Aires de service et de stationnement

### El Bosque

**Área de El Bosque**
Calle de Juan Ramón Jiménez s/n - ℘ 956 727 072 - Permanent
Borne artisanale ⚒ 💀 🔧
5 🅿 - 48h - Gratuit
Services : 🛒 🔧
GPS : W 5.51083 N 36.7569

### El Ejido

**Area Puerto Deportivo Almerimar**
Puerto deportivo de Almerimar - ℘ 950 607 755 - Permanent
Borne artisanale ⚒ [⚡] 💀
🔧 : Payant (électricité 4 €)
80 🅿 - 72h - 9,15 €/j.
Services : WC 🛒 🔧
GPS : W 2.7942 N 36.6962

### Granada/Grenade

**Parking Geysepark Nuevo Los Cármenes**
Calle Torre Comares s/n, en face du stade de football -
℘ 958 814 191
Permanent
Borne artisanale ⚒ [⚡] 💀
🔧 - 100 🅿 - 16 €/j.
Services : WC 🛒 🔧
GPS : W 3.59533 N 37.15136

### Parauta

**Camping Parauta**
Ctra Ronda-San Pedro, km 136 - Parque Natural Sierra de las Nieves - ℘ 952 181 028 - De déb. oct. à mi-juin
Borne artisanale ⚒ [⚡]
GPS : W 5.11816 N 36.67067

### Sevilla/Séville

**Área de Sevilla**
Ctra de la Esclusa - accès tout au bout de l'av. García Morato - ℘ 619 261 325
Permanent
Borne artisanale ⚒ [⚡] 💀
🔧 : Payant
50 🅿 - > 72h - 12 €/j.
Services : 🔧 📷 📶
GPS : W 5.99445 N 37.36282

## 🛈 Offices de tourisme

**Córdoba/Cordoue**
*Plaza del Triunfo - ℘ 957 355 179 et 902 201 774 - www.turismodecordoba.org - lun.-vend. 9h-14h, 17h-19h30, w.-end et j. fériés 9h30-15h.*

**Granada/Grenade**
*Pl. del Carmen - ℘ 958 248 280 - www.granadatur.com - ♿ - lun.-sam. 10h-19h, dim. 10h-14h.*

**Sevilla/Séville**
*Pl. del Triunfo, 1 - ℘ 954 210 005 - www.turismosevilla.org, www.visitasevilla.es - lun.-vend. 9h-19h30, w.-end et j. fériés 9h30-19h30. Autre adresse : Paseo de las Delicias, 9 - ℘ 954 234 465.*

Pour téléphoner en Espagne :
00 34 puis le numéro du correspondant à 9 chiffres.

Pour plus d'informations :
Carte Michelin Regional N° 578
Le Guide Vert Andalousie

## ⛺ Campings

### Córdoba/Cordoue

#### ⛺ Camping municipal El Brillante
Av. del Brillante 50 - ℰ 957 403 836
Permanent - 2,6 ha (108 empl.)
🚐 borne
Loisirs : 🏊
Services : 🔧 ⚓ 🚗 🛜 📷 🛒
GPS : W 4.8339 N 37.87485

### Dos Hermanas (près de Séville)

#### ⛺ Camping Villsom
Ctra. Sevilla-Cádiz, km 554,8 -
ℰ 954 720 828
Permanent - 2,3 ha (180 empl.)
Tarif : 20 € ✝✝ 🚗 ▣
🚐 borne
Loisirs : 🏊
Services : ▾ 🏠 ⚓ 🛜 📷 🛒
GPS : W 5.93651 N 37.2776

### El Puerto de Santa María

#### ⛺ Camping Playa Las Dunas de San Antón
Paseo Marítimo Playa La Puntilla s/n -
ℰ 956 872 210
Permanent - 13 ha (490 empl.)
Tarif : 20,50 € ✝✝ 🚗 ▣
🚐 borne
Loisirs : 🏊 (plage) 🐬 ⛵
Services : ▾ 🔧 ⚓ 🛜 📷 🛒
GPS : W 6.1427 N 36.3515

### Granada/Grenade

#### ⛺ Camping Motel Sierra Nevada
Av. Juan Pablo II 23 - ℰ 958 150 062
Permanent - 2,7 ha (150 empl.)
🚐 borne : Payant
Loisirs : 🏊
Services : 🔧 🏠 ⚓ 🛜 📷
GPS : W 3.6118 N 37.19885

### Ronda

#### ⛺ Camping El Sur
Carretera de Algeciras - ℰ 952 87 59 39
Permanent - 3,5 ha (124 empl.)
Tarif : ✝ 9 € ▣ 2,50 € - 🔌 5 €
🚐 borne
Loisirs : 🏊
Services : ▾ 🔧 📷
GPS : W 5.16967 N 36.7195

## Les bonnes adresses de Bib

### Cádiz/Cadix

#### Marchés
Les petits marchés de produits artisanaux sont courants à Cadix. Rendez-vous le dimanche près de l'arc du Peuple (Arco del Pópulo) ou tôt le lundi matin au célèbre marché d'El Piojito, sur l'avenida de la Bahía : vous y trouverez de tout dans une ambiance populaire.

### Córdoba/Cordoue

#### Meryan
*Calleja de las Flores, 2 et calle Encarnación, 12 - www.meryancor. com - ℰ 957 475 902.* Cet atelier, l'un des plus connus de Cordoue, propose de superbes cuirs repoussés, mais les prix restent élevés : panneaux décoratifs (env. 150 €), coffrets (99/250 €). Maroquinerie classique mais de bonne qualité : sacs (120-160 €).

#### ✖ El Olivo
*Avda del Doctor Fleming, 25 - ℰ 957 201 263 - el-olivo.com - env. 35 €.* Ce restaurant fréquenté par les Cordouans, dispose d'une belle terrasse, face aux remparts, près de la puerta de la Luna, d'une salle avec quelques tables et d'une autre salle plus intime en sous-sol. Il propose des plats de viande et diverses spécialités locales, mais est surtout réputé pour ses poissons et fruits de mer.

### Grenada/Grenade

#### ✖ Oliver
*Pl. de la Pescadería, 12 - ℰ 958 262 200 - www.restauranteoliver. com - lun.-sam. 9h-0h.* À moins de 100 m de la cathédrale, au cœur de la ville. Vous pourrez y déguster du poisson frais et des fruits de mer de très bonne qualité, le tout accompagné d'un grand choix de vins. Un restaurant typique de la ville fréquenté par la population locale depuis de nombreuses années.

#### ✖ Bodega Castañeda
*Almireceros, 1-3 - ℰ 958 215 464 - dim.-jeu. 11h30-1h, vend.-sam. 11h30-2h.* Cette taverne typique du 19ᵉ s., où l'ambiance bat son plein jusqu'après minuit, est considérée comme un must pour qui veut manger des tapas à Grenade. Difficile de se frayer une place le long du comptoir sous les jambons suspendus ou à l'une des tables de la salle. L'infinie variété de tapas et de *raciones* met l'accent sur les spécialités régionales.

### Málaga

#### ✖ El Chinitas
*Moreno Monroy, 4-6 - ℰ 952 210 972 - www.elchinitas.com - 12h-0h.* Un des restaurants les plus typiques de la ville, avec une décoration composée de céramiques, photographies et tableaux de personnages célèbres et d'artistes de Málaga. Le restaurant dispose d'une agréable terrasse dans une rue piétonne et de salles à manger réparties sur trois étages.

### Sevilla/Séville

#### ✖ Las Piletas
*Calle Marqués de Paradas, 28 - ℰ 954 220 404 - www.restaurantelaspiletas. com - ouv. dès le matin et jusqu'à tard dans la nuit - formule déj. 12 €.* Un grand bar et une charmante salle avec mezzanine, décorée à la sévillane. Bar à tapas et bon restaurant proposant une carte complète d'entrées, de viandes et de poissons.

#### ✖ Bodega Santa Cruz - Las Columnas
*Calle de Rodrigo Caro 1 - ℰ 954 218 618 - 8h-0h.* Une bodega plébiscitée par les locaux, comme par les touristes, à deux pas de la cathédrale. Décoration chaleureuse, ambiance bruyante et animée, bons tapas et *montaditos* (petits sandwichs).... si toutefois vous parvenez à vous frayer un chemin jusqu'au comptoir !

#### Casa de la Memoria
*Calle Cuna, 6 - El Centro - ℰ 954 560 670 - casadelamemoria.es - spectacles à 19h30 et 21h - réserv. conseillée - 18 €.* Vous pourrez y entendre du flamenco dans la plus pure tradition. Chaque soir, un spectacle différent propose chant, danse et guitare seule avec les meilleurs artistes sévillans. Une cinquantaine de chaises sont disposées autour du patio d'un petit palais du 18ᵉ s., avec une estrade au milieu. Arrivez en avance pour avoir de bonnes places.

# Castilla-La Mancha et Extremadura

Entre Madrid et l'Andalousie s'étend un vaste territoire de plaines et de petites sierras traversées par deux grands fleuves, le Tage et le Guadiana. C'est un peu l'Espagne de Don Quichotte et des conquistadores, des moulins à vent et des plaines dorées, avec en prime quelques cités remarquables inscrites au Patrimoine mondial de l'Unesco comme Mérida, Cáceres et... Tolède.

> ➲ *Départ : Viso de Marqués*
> ➲ *7 jours - 880 km*

### Jour 1

Venant d'Andalousie par l'A 4 qui relie Cordoue à Madrid, prenez la sortie 231 pour rejoindre le village de **Viso del Marqués**. Celui-ci sert d'écrin à un fastueux palais Renaissance (accès libre) qui abrite de beaux appartements et 8 000 m² de fresques. Poursuivez la petite CM 4111 et bifurquez à **Calzada de Calatrava** pour atteindre le château-couvent de Calatrava la Nueva. Cette forteresse, qui inspire encore le respect, fut le siège de l'ordre de Calatrava fondé aux 12e s. par des moines soldats pour défendre la Castille contre les musulmans ; l'ordre s'organisa ensuite en commanderies, à la façon des templiers. Consacrez le reste de la journée à la découverte d'**Almagro**, de ses couvents et de sa magnifique Plaza Mayor, l'une des plus étonnantes de Castille.

### Jour 2

Aujourd'hui, une longue route vous attend (250 km) entre Sierra et vastes plaines arrosées par le rio Guadiana, jusqu'à l'Estramadure et la cité de **Mérida** qui fut une capitale de province romaine. À ce titre elle est inscrite au Patrimoine mondial de l'humanité par l'Unesco. L'après-midi sera tout juste suffisant pour voir ses monuments emblématiques : théâtre antique du 1er s. av. J.-C. (le plus beau d'Espagne), amphithéâtre, temple de Diane et arc de Trajan... des visites à compléter par le très riche musée national d'art romain. Finissez la journée sur la plaza de España.

### Jour 3

Cap au nord pour **Cáceres**. Si Mérida est romaine, Cáceres s'avère essentiellement de styles médiéval et Renaissance. Le charme de la vieille ville, entourée de tours et remparts arabes, vient de son ensemble de maisons seigneuriales, palais et églises uniques en Espagne par leur homogénéité bien que parfois d'allure sévère. Continuez par **Trujillo**, moins austère que Cáceres, où vous verrez la Plaza Mayor et les vieilles ruelles de la ville fortifiée au-dessus de laquelle planent de nombreuses cigognes.

### Jour 4

Suivez la EX 208, puis la EX 102 qui court sur la Sierra de Guadalupe, afin de rejoindre **Guadalupe** et son fantastique monastère, une forteresse perchée à 650 m d'altitude, hérissée de créneaux et de clochetons, très remaniée au fil des siècles. Une visite guidée qui démarre par le superbe cloître permet de découvrir de belles collections (peintures, sculptures, broderies) et des salles d'une richesse inouïe ; elle s'achève par la découverte de la statue de la Vierge de Guadalupe, très vénérée. Reprenez la EX 102 puis la CM 4100 pour rallier **Oropesa** flanqué d'un fier château. Dans le village de **Lagartera**, tout près, chaque maison expose ses célèbres broderies paysannes, et, aux beaux jours, les brodeuses travaillent sur le pas de leur porte. Poursuivez par **Talavera de la Reina** connue pour sa céramique, où vous finirez la journée.

### Jours 5 et 6

Tôt le matin, gagnez **Tolède** (Toledo), dont le premier aperçu sur la cité ancienne dominant un méandre fermé du Tage présage d'innombrables beautés. Deux pleines journées sont nécessaires. Commencez par le monument majeur, la cathédrale. Puis promenez-vous dans les rues de la vieille ville en suivant les traces du Greco : église de Santo Tomé, Maison-musée du Greco, couvent de Santo Domingo el Antiguo. Après le déjeuner, explorez l'ancien quartier juif, qui concentre un grand nombre des monuments, dont deux anciennes synagogues (synagogues del Transito et Santa Maria la Blanca) et un monastère, San Juan de los Reyes. Terminez par un témoignage de la troisième religion historique de la cité, la mosquée del Cristo de la Luz. Le lendemain, promenez-vous au musée de la Culture wisigothique et montez sur les tours de l'église de San Ildefonso, qui offrent un superbe panorama sur les toits de la vieille ville. Puis gagnez la plaza de Zocodover, l'épicentre de la

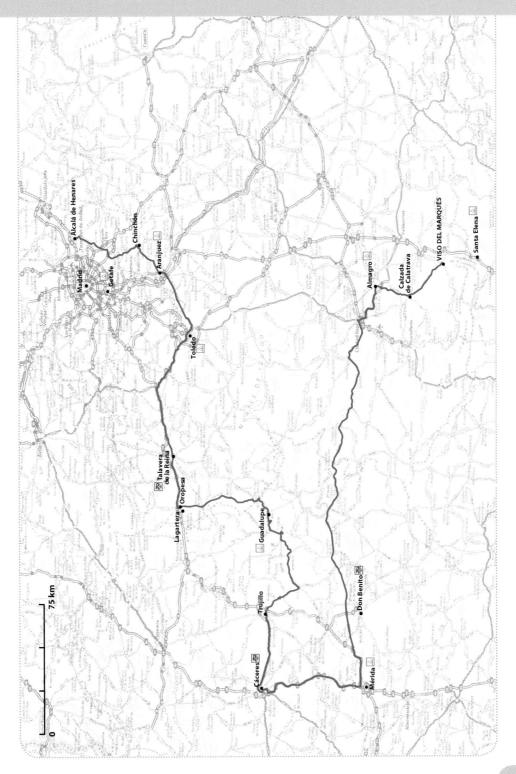

*Vue sur la ville de Tolède, dominée par l'Alcazar.*

Sean Pavone /iStock

vie tolédane, où vous pourrez prendre un agréable déjeuner, avant de visiter le musée de Santa Cruz, remarquable pour son architecture comme pour ses tableaux du Greco. Franchissez les fortifications par la porte de Bisagra afin d'aller explorer l'hôpital de Tavera. N'oubliez pas, en fin de journée, de faire le tour des *cigarrales*, vastes oliveraies s'étalant sur la rive sud du Tage, qui offrent de magnifiques panoramas sur la ville dans la lumière du couchant.

### Jour 7

Pour cette dernière journée avant d'aborder Madrid, rendez-vous à **Aranjuez** située au cœur d'un verger, au bord du Tage. Après la visite du palais royal, de la Casa del labrador et une promenade dans les magnifiques jardins de la résidence royale, continuez jusqu'à **Chinchón** et sa charmante Plaza Mayor. Découvrez ensuite **Alcalá de Henares**, ville natale de Cervantès (sa maison natale se visite librement), qui abrite le superbe collège de San Ildefonso (ancienne université) et nombre de monuments de grand intérêt (cathédrale, théâtre médiéval, palais épiscopal). Vous voilà aux portes de **Madrid**.

## ⛺ Campings

### Almagro

**⛺ Camping Los Arenales**
Permanent - 5 ha
Tarif : 18,80 € 👫 🚐 🔲
🚍 borne
Loisirs : 🏄 🎾 ⛷
Services : 🍷 🍴 🏠 ♿
🔥 📶 🛒 ⛴
🌐 À 900 m du centre-ville.
GPS : W 3.44 N 38.5259

### Aranjuez

**⛺ Aranjuez Camping & Bungalows**
Ctra antigua N IV, km 46,8 -
📞 918 911 395
Permanent -
3 ha (178 empl.)
Tarif : 33 € 👫 🚗 🔲
🚍
Loisirs : 🎭 🤸 🏄⛷ 🐬
Services : 🍷 🍴 🔑 🚿 📶
📷 🛒
🌐 Situé au bord d'une rivière.
GPS : E 3.35576 N 40.02317

### Getafe

*Voir le circuit suivant.*

### Guadalupe

**⛺ Camping Las Villuercas**
Crta de Villanueva s/n -
📞 927 367 139
De fin mars à déb. oct. -
2 ha (50 empl.)
Tarif : 13,40 € 👫 🚐 🔲
🚍
Loisirs : 🏄 🎾 ⛷
Services : 🍴 🔥 📶 📷 🛒
GPS : W 5.1858 N 39.2628

### Madrid

*Voir le circuit suivant.*

### Mérida

**⛺ Camping Mérida**
Apto. 465 - 📞 924 303 453
Permanent
Tarif : 20,20 € 👫 🚐 🔲
🚍
Loisirs : 🏄 ⛷
Services : 🍷 🍴 📶 📷 🛒
GPS : W 6.30283 N 38.94667

### Santa Elena

**⛺ Camping Despeñaperros**
Permanent
Tarif : 🧍 4,85 € 🚐 4,05 €
🔲 4,95 € - ⚡ 4,40 €
🚍 borne
Loisirs : ⛷
Services : 🍷 🍴 🔥 📶 📷
🛒
GPS : W 3.54667 N 38.33933

### Toledo/Tolède

**⛺ Camping El Greco**
Ctra CM-4000, km 0,7 -
📞 925 220 090
Permanent -
2,5 ha (115 empl.)
Tarif : 25,80 € 👫 🚐 🔲
🚍 borne
Loisirs : 🏄 ⛷
Services : 🍷 🍴 🏠 🔑
🔥 📶 📷
🌐 Transport en commun pour le centre ville.
GPS : W 4.2482 N 39.51525

6

## 🚐 Aires de service et de stationnement

### Cáceres

**Area de Valhondo**
Calle Lope de Vega
Permanent
Borne artisanale 🚰 🚽 ✏
25 🅿 - 24h - Gratuit
Services : ✕
♿ À 15mn du centre historique.
GPS : W 6.36864 N 39.48015

### Con Benito

**Area de Don Benito**
Calle Eusebio Parejo seco -
☎ 924 808 084
Permanent
Borne artisanale 🚰 🚽 ✏
3 🅿 - illimité - Gratuit
Services : 🛒 ✕
GPS : W 5.863 N 38.9625

### Talavera de la Reina

**Area de Talavera**
Calle de los Alfareros - Permanent
Borne artisanale 🚰 🚽 ✏
7 🅿 - 72h - Gratuit
GPS : W 4.81398 N 39.95692

## Les bonnes adresses de Bib

### Aranjuez

**✕ El Rana Verde**
*Calle de la Reina, 1 - ☎ 918 911 325 - www.elranaverde.com - menus 16/18 €.* Sur la place, à la sortie des jardins du Palais royal, en bordure du Tage. Spécialités d'asperges et de « grenouilles vertes » (*rana verde*). Adresse très touristique mais sa situation centrale la rend incontournable.

### Cáceres

**✕ El Puchero**
*Plaza Mayor, 9 - ☎ 927 232 241 - www.restauranteelpuchero.com - formule déj. 12 €.* Situé au pied des remparts, cet établissement constitue une halte sympathique. À table, on vous propose de déguster quelques-uns des plats les plus typiques de la région. Bon rapport qualité-prix et menu intéressant.

### Madrid

*Voir le circuit suivant*

### Toledo/Tolède

**✕ El Ludeña**
*Pl. de Magdalena, 10 - ☎ 925 223 384 - fermé merc. - menus 12/14,50 €.* Restaurant de quartier et bar à tapas pour déjeuner sans se ruiner. Vous pourrez vous installer dans le petit *comedor* lambrissé ou dans la cour extérieure, si le temps s'y prête. Goûtez aux *carcamusas*, la spécialité maison, un savoureux ragoût de viande à la tomate.

**Spécialité**
Tolède est renommée pour ses nombreux objets damasquinés (acier bruni incrusté de fils d'or, d'argent et de cuivre) et pour ses excellentes spécialités culinaires : perdrix en daube et massepain (*mazapán*), une sorte de pâte d'amande que l'on mange surtout à Noël et que l'on trouve dans de nombreuses pâtisseries de la vieille ville.

### Trujillo

**✕ La Troya**
*Plaza Mayor, 10 - ☎ 927 321 364 - formule 15 €.* Cette institution locale occupe une vieille maison toute en longueur. Le service est réputé pour sa rapidité, le menu pour son prix sympathique et ses portions généreuses.

## 🛈 Offices de tourisme

**Aranjuez**
*Plaza de San Antonio, 9 - ☎ 918 910 427 - www.aranjuez.es - 9h30-18h.*

**Cáceres**
*Plaza Mayor, 3 - ☎ 927 010 834 - www.turismo.ayto-caceres.es - 9h20h - fermé 1er janv., 25 déc.*

**Madrid**
*Plaza Mayor, 27 - ☎ 914 544 410 - www.esmadrid.com - 9h30-21h30; pl. de Cibeles, 1 (palacio de Cibeles) - ☎ 914 544 410 - mar.-dim. 9h30-20h30. Kiosques d'information touristique – pl. del Callao et de Neptuno, paseo de Recoletos, etc. et à l'aéroport (T2 et T4).*

**Mérida**
*Paseo José Álvarez Sáenz de Buroaga s/n - ☎ 924 330 722 - www.turismomerida.org - 9h30-14h, 16h30-19h30.*

**Toledo/Tolède**
*Plaza del Consistorio, 1 (face à la cathédrale) - ☎ 925 254 030 - www.toledo-turismo.com - 10h-18h. Kiosque d'information de la place Zocodover - 10h-19h.*

**Pour téléphoner en Espagne :**
00 34 puis le numéro du correspondant à 9 chiffres.

**Pour plus d'informations :**
Carte Michelin Regional N° 576
Le Guide Vert Espagne du Centre

# Art et histoire à **Madrid**, et en **Castille** et **León**

Madrid, l'Escurial, Ségovie, Avila, Salamanque… Ce circuit en Castille et León vous invite à découvrir les plus prestigieuses cités et les plus grands musées d'Espagne, et vous ramène jusqu'aux portes du Pays basque et de la cordillère Cantabrique. Si vous le pouvez, prévoyez plus de temps pour apprécier à leur juste mesure ces étapes d'une richesse architecturale incroyable.

> ➲ *Départ : Madrid*
> ➲ *10 jours - 590 km*

## Jours 1, 2 et 3

Trois jours sont un minimum pour découvrir **Madrid**. Commencez par le Palais royal (et l'armurerie), en prévoyant un arrêt sous les arbres des jardins de Sabatini. Visitez ensuite l'incontournable musée du Prado (écoles flamande, espagnole et italienne), flânez dans le pittoresque quartier de Las Lettras, autour de la plaza Santa Ana, où vous pourrez déjeuner. Remontez par la plaza de la Villa et finissez l'après-midi en prenant l'apéritif autour de la belle Plaza Mayor. Le deuxième jour, commencez par la visite du couvent des Descalzas Reales (extraordinaire collection de tapisseries), puis déjeunez dans la vieille ville. L'après-midi, découvrez le musée Thyssen-Bornemisza (grande école de peinture du 12e s. à nos jours) avant de prendre un bol d'air au parc du Buen Retiro. Terminez la journée et dînez dans les quartiers branchés de Chueca ou Malasaña. Le lendemain, rendez-vous dès le matin au Centro de Arte Reina Sofía, musée d'art contemporain qui abrite le *Guernica* de Pablo Picasso mais aussi des œuvres de Miró et Salvador Dalí. Partagez l'après-midi entre le Musée archéologique et le musée Lázaro Galdiano, en finissant par du shopping dans le quartier de Salamanca.

## Jour 4

Sortez de Madrid par le nord-ouest en direction de la Sierra de Guadarrama, pour rallier le **monastère de l'Escurial**, édifice impressionnant dû à Philippe II. Appartements royaux, basilique, panthéon royal avec galerie de peintures et bibliothèque en font une étape incontournable qui vous prendra la matinée. Franchissez ensuite le **col de Navacerrada** pour atteindre le palais de la **Granja de San Ildefonso**, palais de Philippe V petit-fils de Louis XIV, un « petit Versailles » où appartements, salons, jardins et fontaines ravissent les visiteurs. Gagnez **Ségovie**.

## Jour 5

**Ségovie** est perchée à 1 000 m d'altitude sur un éperon rocheux. Vous y passerez la journée en commençant par admirer le symbole de la ville, son aqueduc romain reliant ville basse et ville haute. Dans cette dernière, s'égrainent, au long d'un labyrinthe de ruelles étroites, églises romanes (San Millan, San Justo, San Juan de los Caballeros) et nobles demeures. Accordez une attention particulière à la cathédrale et à l'alcazar, résidence royale qui occupe la pointe de l'éperon rocheux telle une proue de bateau.

## Jour 6

Étape suivante : la cité médiévale d'**Ávila**, dont les remparts sont les mieux conservés au monde ; intacts sur un périmètre de 2,5 km, ils arborent de solides tours tous les 25 m. Il faut d'abord les découvrir à partir du site des *cuatro postes* (quatre piliers) sur la route de Salamanque, puis parcourir le chemin de ronde qui offre de beaux points de vue sur la cité ancienne avant d'admirer la cathédrale incrustée dans l'enceinte défensive. Hors des remparts, la basilique de San Vincente vaut aussi la visite. Après six jours consacrés au patrimoine et à l'architecture, vous aurez peut-être envie d'une pause nature. Accordez-vous alors une journée de randonnée dans la **Sierra de Gredos** où les balades ne manquent pas autour d'**Arenas de San Pedro** ou du **lac de Burguillo**.

## Jours 7 et 8

Deux pleines journées sont nécessaires pour apprécier l'essentiel de **Salamanque**. Tout commence invariablement par la plaza Mayor de style baroque entourée de galeries à arcades. C'est le cœur de la ville, animé par les terrasses de café et les restaurants de jour comme de nuit. Selon vos centres d'intérêt vous aurez bien des monuments à découvrir, romans, gothiques, Renaissance et baroques : la maison aux Coquilles, le patio des Écoles, l'université qui date de 1218, la nouvelle et l'ancienne cathédrale (montez aux tours pour le panorama), les couvents de San Esteban et de las Dueñas… et puis le remarquable musée d'Art nouveau et Art déco.

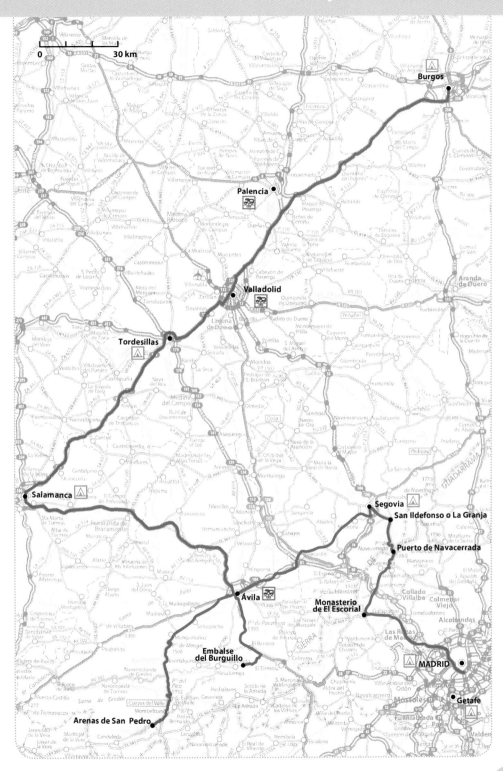

*La cathédrale et l'Alcazar de Ségovie, ville classée au Patrimoine mondial de l'Unesco.*

R. Mattes / hemis.fr

## Jours 9 et 10

La route vers Valladolid traverse **Tordesillas**, où fut signé le célèbre traité qui consacrait le partage du Nouveau Monde entre l'Espagne et le Portugal. À **Valladolid**, où se distinguent de beaux exemples de l'art isabélin, vous visiterez l'exceptionnel musée national de Sculpture abrité dans le collège de San Gregorio, et l'église de San Pablo qui le jouxte. Traversez les vastes champs de céréales qui mènent, après 125 km, à **Burgos**. Si la cathédrale est le joyau incontestable de la ville, la rivière Arlanzón parvient à séduire de nombreux visiteurs : du pont de Santa María à la passerelle de l'Institut, ses rives aménagées en promenades offrent de beaux accès au centre historique, à ses monuments et à ses places colorées couvertes de terrasses de cafés. Pensez à visiter le monastère royal de Las Huelgas (1,5 km à l'ouest) et la chartreuse de Miraflores, située à quelques kilomètres à l'est.

## ⛺ Campings

### Burgos

**⛺ Camping Fuentes Blancas**
Ctra de Fuentes Blancas, km 3 - ☎ 947 486 016
Permanent -
4,6 ha (300 empl.)
Tarif : 24,45 € �☂ ⛟ 🅴 🚐
Loisirs : 🛝 🎣 ⛵,
Location de vélos
Services : 🍽 ✕ 🏠 🔑 🛒 🚗 📶 📺 🛒
GPS : W 3.3929 N 42.2028

### Getafe

**🏕 Camping Alpha**
Calle de la Calidad -
☎ 916 958 069
Permanent -
48 ha (310 empl.)
Tarif : 26,45 € ☂☂ ⛟ 🅴 🚐
Loisirs : 🛝 ✕ ⛵
Services : ✕ 🔑 🚗 📶 📺 🛒
🚌 À 12 km de Madrid, accès au centre ville par transport en commun.
GPS : W 3.41201 N 40.19174

### Madrid

**⛺ Camping Osuna**
C/ Jardines de Aranjuez 1 -
☎ 917 410 510
Permanent -
2,3 ha (120 empl.)
Tarif : 22,50 € ☂☂ ⛟ 🅴 🚐
Loisirs : 🛝
Services : 🍽 🏠 🔑 🚗 📶 📺 🛒
🚌 Transports en commun à proximité.
GPS : W 3.60336 N 40.45378

### Salamanca/Salamanque

**🏕 Camping Ruta de la Plata**
Camino Alto de Villamayor s/n - ☎ 923 289 574
Permanent -
1,2 ha (60 empl.)
Tarif : 19,20 € ☂☂ ⛟ 🅴 🚐
Loisirs : 🛝 ⛵
Services : 🍽 ✕ 🏠 🚰 📶 📺
🚌 À 2,5 km de Salamanque
GPS : W 5.679 N 40.9994

### Segovia/Ségovie

**⛺ Camping El Acueducto**
Ctra de la Granja, km 112 -
☎ 921 425 000
De mi-mars à mi-oct. -
3 ha (143 empl.)
Tarif : 21 € ☂☂ ⛟ 🅴
🚐 borne
Loisirs : 🛝 ⛵ (petite piscine), location de vélos
Services : 🍽 🏠 🔑 🚗 📶 📺 🛒
🚌 Transport en commun pour centre ville à 100 m.
GPS : W 4.0532 N 40.5552

### Tordesillas

**⛺ Camping El Astral**
Camino de Pollos 8 -
☎ 983 770 953
Permanent - 3 ha
(150 empl.)
Tarif : 29,15 € ☂☂ ⛟ 🅴
🚐 borne
Loisirs : 🕐 diurne 🛝 ✕ 🎣 ⛵
Services : 🍽 ✕ 🏠 🔑 🚗 📶 📺 🛒
GPS : W 5.00522 N 41.4953

## 🚐 Aires de service et de stationnement

### Ávila

**Àrea de Ávila**
Paseo de Santa Maria de la Cabeza
Permanent
10 🅿 - Gratuit
😊 Près des remparts et du poste de Police. Centre-ville à 750 m.
GPS : W 4.70464 N 40.66086

### Palencia

**Área de Isla dos Aguas**
Av. Ponce de Leon 12 -
📞 979 749 974
Permanent
Borne artisanale 🔧 🚰 ⚡
10 🅿 - 48h - Gratuit
Services : 🛒 ✖
😊 Agréable et calme.
GPS : W 4.5335 N 42.0041

### Valladolid

**Área de Valladolid**
Av. de Ramón Pradera 6, face au parc des expositions -
📞 983 426 100
Permanent
Borne artisanale 🔧 🚰 ⚡
15 🅿 - illimité  Gratuit
Services : [WC] 🛒 ✖
😊 Bruyante.
GPS : W 4.7374 N 41.6558

## Les bonnes adresses de Bib

### Arenas de San Pedro

#### ✖ El Bodegón de Gredos
*Plaza del Condestable Dávalos, 2 - 📞 920 371 379 - menus 14,50/25 €.* Ce vaste restaurant sert une cuisine traditionnelle dans de belles salles en pierre et brique, couvertes de photos, de bouteilles de vin et de jambons.

### Burgos

#### ✖ Rincón de España
*Nuño Rasura, 11 - 📞 947 205 955 - www.rincondeespana.com - formule déj 16,50 €, menus 27/45 €.* Installé en contrebas de la cathédrale, cet établissement offre deux belles terrasses en été. Plats typiques castillans et spécialités cuites au four à bois.

#### Pastelería Alonso de Linaje
*Plaza Mayor, 34 et paseo del Espolón, 20 - 📞 947 201 065.* Salon de thé un tantinet démodé où l'on trouve les meilleurs *yemas de Burgos* et *camelitos del Cid.*

### Madrid

#### ✖ La Bola
*Calle de la Bola, 5 - 📞 915 476 930 - www.labola.es - tlj sf dim. soir 13h30-16h, 20h30-23h30 - menu 27/42 €.* Dans une ambiance chaleureuse et animée de taverne traditionnelle, les serveurs s'affairent, très professionnels. Depuis 1870 il a forgé

sa réputation sur son *cocido madrileño*, probablement le plus célèbre de Madrid.

#### ✖ Mercado de San Miguel
*Plaza de San Miguel - www.mercadodesanmiguel.es - 10h-0h, jeu.-sam. 10h-2h.* Incontournable, cet ancien marché couvert du début du 20e s. est un lieu charmant et très à la mode pour prendre des tapas. Sous la belle structure de fer forgé et la verrière, les anciens étals offrent toutes sortes de tapas et *raciones*. Inconvénient : c'est toujours plein, surtout le w.-end et le soir.

#### Casa de Diego
*Puerta del Sol, 12 - 📞 915 226 643 - Calle Mesoneros Romanos, 4 - 📞 915 310 23 - www.casadediego.com - 9h30-20h - fermé dim.* Vénérable maison madrilène qui fabrique des éventails depuis 1858, peints de couleurs pastel, ornés de scènes baroques ou exécutés en dentelles délicates. Cher mais réputé.

### Salamanca/Salamanque

#### ✖ Casa Vallejo
*San Juan de la Cruz, 3 - 📞 923 280 421 - www.hosteriacasavallejo.com - fermé 20 janv.-10 fév., 20-30 juil., dim. soir et lun. - carte 22/50 €.* Troisième génération pour cette adresse historique ! Un bar à tapas à l'entrée et une salle rustique au sous-sol où déguster une savoureuse cuisine traditionnelle variée et revisitée.

## 🇿 Offices de tourisme

**Ávila**
*Avda de Madrid, 39 - 📞 920 354 000, poste 370/371 - www.avilaturismo.com - avr.-oct. : 9h-20h ; nov.-mars : 9h-18h.*

**Burgos**
*Calle Nuño Rasura, 7 - 📞 947 288 874 - www.turismoburgos.org - juin-sept. : 9h-20h, dim. 9h-17h ; reste de l'année : 9h30-14h, 16h-19h, dim. 9h30-17h.*

**Madrid** *voir p. 87.*

**Salamanca/Salamanque**
*Pl. Mayor, 32 - 📞 923 218 342 - www.salamanca.es - été : lun.-vend. 9h-14h, 16h30-20h, sam. 10h-20h, dim. et j. fériés 10h-14h ; reste de l'année : lun.-vend. 9h-14h, 16h-18h30, sam. 10h-18h30, dim. et j. fériés 10h-14h.*

**Pour téléphoner en Espagne :**
00 34 puis le numéro du correspondant à 9 chiffres.
**Pour plus d'informations :**
Carte Michelin Regional N° 575
Le Guide Vert Espagne du Centre

# Asturies et Galice, en route pour Compostelle

De vertes vallées, de hautes montagnes, des grottes et un littoral tout en falaises et en criques où se nichent des petits ports… Voilà une Espagne comme bien peu de voyageurs l'imaginent, souvent plus proches de la Bretagne ou de l'Irlande que du reste du pays. Et c'est là que convergent tous les chemins qui mènent à Saint-Jacques-de-Compostelle.

> ➲ *Départ : Santander*
> ➲ *11 jours - 1 300 km*

### Jour 1

Élégante station balnéaire, **Santander** se visite facilement dans la journée en commençant par la promenade du front de mer (paseo de Pereda) que l'on peut prolonger par la presqu'île de la Magdalena dotée d'un beau jardin public et de points de vue sur la mer. Au-delà, les plages d'el Sardinero s'étirent sur 3 km et sont ponctuées de casinos, de grands hôtels et de maisons de villégiature. Accordez-vous une pause au parc de Mataleñas face à la mer et faites la balade pédestre qui conduit au Cabo Mayor (4,5 km AR) en profitant des panoramas maritimes.

### Jour 2

Longeant la côte vers l'ouest, vous croiserez des petites routes en cul-de-sac permettant d'aborder des criques sauvages bordées de pins odorants ou de falaises abruptes. **Santillana del Mar** est une étape obligée. Ses vieilles rues pavées qui conduisent à la collégiale composent un ensemble médiéval tout à fait séduisant. Non loin se situent les fameuses **grottes d'Altamira**, une référence en matière de peintures rupestres (on visite en fait un fac-similé des grottes). Reprenez la route côtière et arrêtez-vous à

**Comillas** pour admirer El Capricho, œuvre de l'architecte Antoni Gaudí. Ne vous attardez cependant pas car il ne faudrait pas manquer au sud de **San Vicente de la Barquera** la **grotte de el Soplao**. Elle présente un foisonnement de concrétions fantastiques très bien mises en valeur.

### Jour 3

Aujourd'hui, cap sur l'intérieur des terres en montant vers le pic d'Europe qui domine des paysages de haute montagne. Suivez la N 621 qui emprunte le **défilé de la Hermida** et, à **Potes**, bifurquez vers le **Fuente Dé** d'où part une remontée mécanique pour le belvédère del Cable. Retour à Potes d'où vous démarrez le tour du pic d'Europe (N 621 et N 625) *via* le lac de Riaño, avec un petit détour par le mirador de Piedrafitas et celui de Oseja de Sajambre. Le retour vers la côte s'effectue sur une dizaine de kilomètres à travers le remarquable **défilé de los Beyos**. Halte nocturne à **Cangas de Onis**.

### Jour 4

Rejoignez la Costa Verde par le **belvédère del Fito** puis faites une halte au petit port de **Lastres** avant de gagner **Gijón** pour une promenade en front de mer et dans Cimadevilla, le quartier des pêcheurs. Le reste de la journée suffira à la visite de **Oviedo** et sa charmante vieille ville riche en placettes et

rues piétonnes encerclant sa cathédrale. Revenez sur la côte à **Cudillero**.

### Jours 5 et 6

La matinée permettra de parcourir la côte de caps en plages avec une pause au **cap de Vidio**. À **Ribadeo**, vous entrez en Galice ; la côte jusqu'à Ferrol est somptueuse, découpée par des *rias* entourées de forêts de pins et d'eucalyptus. Les roches nues et les hautes falaises laissent une impression de rudesse qui n'est pas sans rappeler l'Irlande, ce qui n'exclut pas quelques pauses balnéaires. Vous passez par les ports de **Viveiro**, **Porto do Barqueiro**, d'**Ortiguera** (voir le sanctuaire de San Andrès de Teixido), **Cedeira,** pour atteindre enfin **El Ferrol**, grand port militaire doté de belles plages.

### Jours 7 et 8

Après avoir parcouru **La Corogne** (A Coruña), sa muraille antique et son avenida da Marina bordée de hautes maisons à galeries de verre, prenez la route en direction de **Saint-Jacques-de-Compostelle** (Santiago de Compostela), où vous ne pourrez résister à l'émotion qui vous envahira, à l'instar des pèlerins, lorsque vous découvrirez son impressionnante cathédrale. Le centre historique se visite facilement car la majorité de ses monuments sont concentrés dans la vieille ville. Commencez bien sûr par la cathédrale qui s'élève sur la praza do Obradoiro avant d'aller jusqu'à la praza da Quintana et

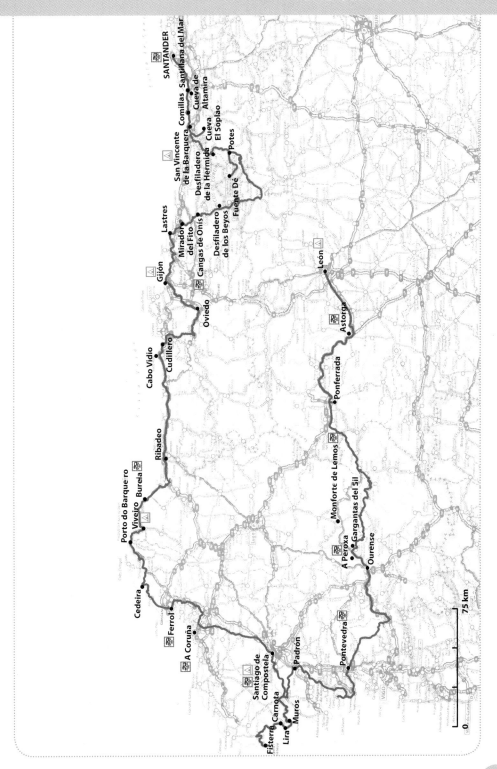

*San Vicente de la Barquera.*

J. Alba / age fotostock

## 🚐 Aires de service et de stationnement

### A Coruña/La Corogne

**Área de la Coruña**
Puerto de San Pedro de Visma, zone de O Portiño - ☎ 981 184 344
Permanent
Borne artisanale 🚰 🚽 💧
15 🅿 - 48h - Gratuit
Services : 🚾 🛒 🍴
GPS : W 8.4447 N 43.3716

### Astorga

**Área de Astorga**
Plaza de Toros - ☎ 987 616 838 - Permanent
Borne artisanale 🚰 🚽 💧
15 🅿 - 72h - Gratuit
GPS : W 6.0657 N 42.4514

### Burela

**Área de Burela**
Parque de O Campón, Uxío Novoneira 4 - ☎ 982 586 000 - Permanent
Borne artisanale 🚰 🚽 💧
4 🅿 - 48h - Gratuit
Services : 🛒 🍴
GPS : W 7.35833 N 43.6533

### Cangas de Onís

**Área de El Llerau**
Parking de El Llerau, c/ Vega de Contranquil - ☎ 985 848 005 - Permanent
Borne AireService 🚰 🚽 💧
4 🅿 - 48h - Gratuit
Services : 🛒 🍴
GPS : W 5.1254 N 43.3528

### Ferrol

**Área de Ferrol**
À Malata - ☎ 981 944 000
Permanent
Borne artisanale 🚰 🚽 💧
15 🅿 - 48h - Gratuit
Services : 🛒 🍴
GPS : W 8.2397 N 43.4933

### Monforte de Lemos

**Área de Monforte de Lemos**
Auditorio Multiusos de Monforte - ☎ 982 404 715
Permanent
Borne artisanale 🚰 🚽 💧
20 🅿 - 48h - Gratuit
Services : 🛒 🍴
GPS : W 7.5119 N 42.5281

### A Peroxa

**Área de Autocaravanas A Peroxa**
Recinto Ferial - ☎ 988 206 614 - Permanent
Borne artisanale 🚰 🚽 💧
20 🅿 - Gratuit
GPS : W 7.792 N 42.4416

### Pontevedra

**Área de Pontevedra**
Av. de Marín - ☎ 986 804 300 - Permanent
Borne artisanale 🚰 🚽 💧
100 🅿 - Gratuit
GPS : W 8.6556 N 42.4232

### Santander

**Área de Santander**
Calle César Llamazares - ☎ 942 200 515
Permanent
Borne artisanale 🚰 🚽 💧
15 🅿 - Gratuit
GPS : W 3.8377 N 43.443

### Compostela/ Saint-Jacques-de-Compostelle

**Área de Santiago (Salgueiriños)**
Av. do Cruceiro da Coruña Salgueiriño - ☎ 981 568 210 - Permanent
Borne artisanale 🚰 🚽
💧 : 3 €
100 🅿 - 12 €/j.
GPS : W 8.5317 N 42.89556

au collège de Fonseca. Profitez du beau marché sur la praza de Abastos et visitez le musée des Pèlerinages. Promenez-vous dans le parc de l'Alameda et jusqu'à la collégiale de Santa María del Sar. Puis filez sur la côte en direction de **Muros** puis du port de **Fisterra** qui prend des allures de bout du monde. Certains pèlerins y achèvent symboliquement leur pèlerinage en y faisant brûler leurs godillots et vieilles affaires.

### Jour 9

Revenez sur **Carnota**, **Lira** puis **Muros**. En chemin, vous admirerez les greniers à blé (à Carnota), les plages désertes, le sable blanc, les falaises en à-pics. De **Padrón**, longez la côte spectaculaire jusqu'à **Pontevedra**. Son centre historique recèle de beaux édifices et l'on se perd facilement dans son dédale de petites rues pavées et de places.

### Jours 10 et 11

Filez aujourd'hui sur **Ourense** (voir son pont romain, ses rues piétonnes et sa cathédrale) puis, *via* les **gorges du Sil** où s'épanouit un vignoble en petite terrasse, sur **Ponferrada**, étape importante du chemin de Saint-Jacques. Votre périple s'achèvera par la visite de la belle ville de **León** où vous ne manquerez sous aucun prétexte la cathédrale et le remarquable musée de San Isidoro près de la basilique.

## ⛺ Campings

### Gijón

#### ⛺ Camping Deva - Gijón
Camín de la Pasadiella 85 - ☎ 985 133 848 - Permanent - 7,7 ha (305 empl.)
Tarif : 22,20 € ♟♟ 🚗 🔲
🚐 borne
Loisirs : 🏄 🏊, terrain multisport
Services : 🍸 🍴 🏪 🚿 📶 📷 🛒
GPS : W 7.3559 N 43.4006

### León

#### ⛺ Camping Ciudad de León
Ctra / N 601 León-Valladolid, à 2 km - ☎ 987 269 086
De déb. juin à fin sept. - 1,5 ha (75 empl.)
Tarif : 19,60 € ♟♟ 🚗 🔲
🚐 borne
Loisirs : 🍴 🏊
Services : 🍸 🍴 🚿 📶 📷 🛒 ⚓
GPS : W 5.5331 N 42.59

### San Vicente de la Barquera

#### ⛺ Camping Playa de Oyambre
Bº Los Llaos s/n - ☎ 942 711 461
De déb. janv. à fin sept. - 4 ha (180 empl.)
Tarif : 36,80 € ♟♟ 🚗 🔲 - 🚐
Loisirs : 🏄 🏊, terrain de sport polyvalent
Services : 🍸 🍴 🚿 📶 📷 🛒 ⚓
GPS : W 4.33877 N 43.38858

### Santiago de Compostela/ Saint-Jacques-de-Compostelle

#### ⛺ Camping As Cancelas
R. do 25 Xullo 35 - ☎ 981 580 266
Permanent - 0,7 ha (200 empl.)
🚐 100 🔲 - 28,50 €/j.
Loisirs : 🏄 🏊
Services : 🍸 🍴 🔑 🚿 📶 📷 🛒 ⚓
GPS : W 8.3239 N 42.5321

### Viveiro

#### ⛺ Camping Vivero
Martín Ledesma s/n - ☎ 982 560 004
De déb. juin à fin sept. - 1,6 ha (66 empl.)
Tarif : 20,50 € ♟♟ 🚗 🔲 - 🚐
Loisirs : 🏖 (plage) ⛵ 🚣
Services : 🍸 🔑 🚿 📶 📷
GPS : W 7.3559 N 43.4006

## Les bonnes adresses de Bib

### A Coruña/La Corogne

#### 🍴 Mesón del Pulpo
*Franja, 9-11 - ☎ 981 202 444 - fermé dim. et quelques j. en déc. et juin - 12/20 €. Ambiance très décontractée et clientèle locale abondante dans ce bar à tapas spécialisé en poulpes et fruits de mer.*

### León

#### 🍴 Delirios
*Ave María, 2 - ☎ 987 237 699 - www. restaurantedelirios.com - fermé lun. - carte 34/46 €. Dans ce restaurant de style contemporain, le chef propose une cuisine inspirée des traditions culinaires et produits locaux.*

### Oviedo

#### 🍴 El Pigüeña
*Calle Gascona, 2 - ☎ 985 210 341 - fermé merc. - 20 €. Typique, la première partie du restaurant est une cidrerie animée (attention, le sol est glissant !) avec une arrière-salle et un étage où l'on mange des plats régionaux et copieux : assiettes de jabugo, fruits de mer.*

#### 🍴 Casa Fermín
*San Francisco 8 - ☎ 985 216 452 - www.casafermin.com - 35/55 € - réserv. conseillée. Voici l'une des meilleures tables de la ville, héritière*

d'une gargote fondée en 1924. Cadre sobre et élégant, cuisine moderne mettant remarquablement en valeur les produits régionaux.

### Santander

#### 🍴 El Diluvio
*General Mola, 14 - ☎ 942 218 563 - fermé le dim. en hiver - 15 €. Côté bar, la réputation des tapas et des pinchos n'est plus à faire (à partir de 2 €) et les connaisseurs le fréquentent assidûment. Côté restaurant, bonne cuisine régionale.*

### Santiago de Compostela/ Saint-Jacques-de-Compostelle

#### 🍴 Bierzo Enxebre
*Rúa da Troia, 10 - ☎ 981 581 909 - www.bierzoenxebre.es - déj. 12 € - 25 €. Niché dans une ruelle du centre historique, cet établissement comprend un bar et 3 salles au décor rustique et élégant. Il propose des raciones de qualité.*

### Santillana del Mar

#### 🍴 Gran Duque
*Jesús Otero, 7 - ☎ 942 840 386 - www. granduque.com - 19 €. Petit restaurant familial, avec un vivier et une cuisine ouverte. Carte variée et plusieurs choix de menus.*

---

### 🅩 Offices de tourisme

**León**
*Pl. de Regla - ☎ 987 237 082 - www. leon.es - lun.-sam. 9h30-14h, 16h-19h (juil.-août 17h-20)., dim. 9h30-17h.*

**Oviedo**
*Plaza de la Constitución, 4 - ☎ 984 493 785 - www.turismoviedo. es - lun.-vend. 9h30-18h, sam. 10h-18h.*

**Santander**
*Jardines de Pereda - ☎ 942 203 000 - www.turismodecantabria. com - mi-juin-mi-sept. : tlj 9h-21h ; reste de l'année : lun.-vend. 9h-19h, sam. 10h-19h, dim. et j. fériés 10h-14h - fermé 1ᵉʳ et 6 janv., 15 sept., 25 déc.*

**Santiago de Compostela/ Saint-Jacques-de-Compostelle**
*Rúa do Vilar, 63 - ☎ 981 555 129 - www.santiagoturismo.com - mai- oct. : 9h-21h ; reste de l'année : lun.-vend. 9h-19h, w.-ends et j. fériés 9h-14h, 16h-19h.*

**Pour téléphoner en Espagne :**
00 34 puis le numéro du correspondant à 9 chiffres.

**Pour plus d'informations :**
Cartes Michelin Regional Nº 571 et 572
Le Guide Vert Espagne du Nord-Ouest

# Porto et le **nord**, de montagnes en vergers

Isolée au nord-est du pays, la Trás-os-Montes demeure la région la plus sauvage du Portugal, couverte d'oliviers et d'amandiers, piquetée de villages qui semblent vivre hors du temps. Mais ce circuit vous entraîne aussi vers de vertes vallées, des pics granitiques et les jolies plages du Minho et de la Costa Verde pour s'achever en beauté à Porto et dans la vallée du Douro.

➲ *Départ : Miranda do Douro*
➲ *9 jours - 650 km*

### Jour 1

Entrez au Portugal par **Miranda do Douro**, charmante petite ville arborant des maisons blanchies à la chaux. Tout près, en amont du barrage de Miranda, une croisière fluviale permet d'explorer le haut Douro en naviguant dans de spectaculaires gorges abruptes. Remontez ensuite sur les hauts plateaux sauvages afin de gagner **Bragança** dont la superbe cité médiévale, à l'abri derrière ses remparts, domine la ville nouvelle. Il se dégage des ruelles pavées, tranquilles et fleuries, une atmosphère très paisible. Pour les randonneurs, c'est un excellent point de départ pour partir à la découverte du parc naturel de Montesinho, tout proche. Trois kilomètres plus à l'ouest, jetez un coup d'œil à l'ancienne église romane du monastère de **Castro de Avelãs**.

### Jour 2

Cap à l'ouest par la N 103, une route qui tournicote dans des paysages sauvages jusqu'à **Chaves**, petite station thermale célèbre pour son donjon et son pont romain autant que pour son jambon fumé « Presunto ». Poursuivant la N 103, faites une pause au **barrage do Alto Rabagão** et plus loin

bifurquez par la N 308 vers le **parc national da Peneda-Gerês** (maison du parc à Gerês) où vous irez voir le lac de barrage de Vilarinho das Furnas au milieu de paysages sauvages et rocailleux. Après un petit crochet par l'Espagne, vous retrouvez le Portugal à **Lindoso** : remarquez les typiques Espigueiros (greniers à grain sen granit) au pied du château. Gagnez ensuite **Ponte da Barca** et ses quelques maisons nobles.

### Jour 3

Le matin, descendez à **Ponte de Lima** le temps de voir son pont médiéval et ses ruelles bordées de maisons romanes, gothiques, manuélines ou baroques. Puis rejoignez la côte à **Viana do Castelo** où la rivière Lima rencontre l'océan. C'est la plus charmante station balnéaire de la Costa Verde. Sa vieille ville foisonne de belles demeures manuélines ou Renaissance ; ses rues piétonnes et commerçantes convergent sur une grande place entourée de monuments du 16e s. Et n'oubliez pas de vous rendre au belvédère de Santa Luzia, à 4 km au nord de la ville.

### Jour 4

En partant plein sud, vous passez par **Barcelos** où se tient chaque jeudi matin un marché de petits producteurs, l'un des plus importants de la région. Admirez aussi les *azulejos* de

l'église Nossa Senhora do Terço. Amateurs d'art baroque et religieux, **Braga**, surnommée la « Rome » du Portugal, vous attend pour une demi-journée de découverte, entre sa cathédrale ses églises et ses couvents, très fréquentés durant la Semaine Sainte. Les clochers y tintent en permanence. Dans les environs, à l'est de la ville, ne manquez surtout pas le sanctuaire de **Bom Jesus do Monte** qui s'élève en haut d'un escalier monumental, l'une des plus surprenantes réalisations baroques du pays.

### Jour 5

Descendez sur **Guimarães**, première capitale du Portugal et berceau de la nation au 12e s. Son centre historique médiéval dominé par un fier château a été classé au Patrimoine mondial de l'Unesco en 2001. Visitez la vieille ville, montez sur la colline du château et prenez un verre à la terrasse d'un café du largo da Oliveira ou de la praça de São Tiago. Pour une escapade sur le littoral, empruntez la N 206 jusqu'à **Vila do Conde** (49 km), qui a gardé un certain cachet. Au sud, la côte aligne en continu des plages de sable fin jusqu'à Porto.

### Jours 6 et 7

Malgré des apparences de ville austère et industrieuse, **Porto** se révèle une cité très attachante avec son vieux quartier médiéval pittoresque, ses quais agréables le long du Douro

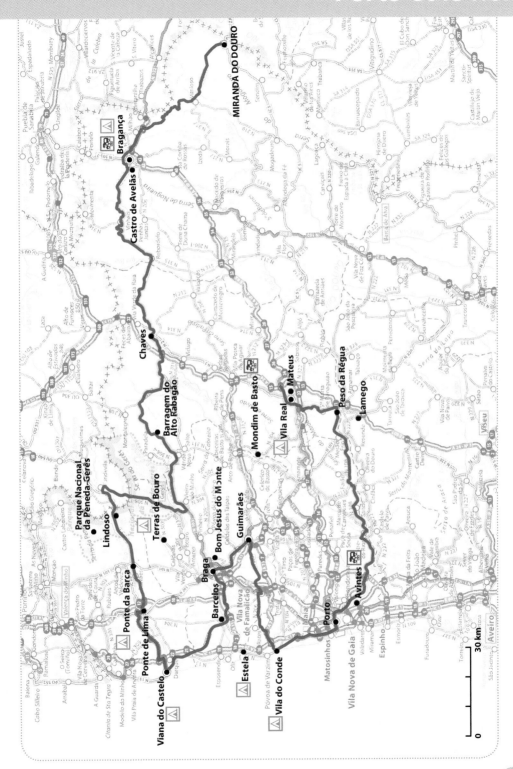

MIRANDA DO DOURO

Bragança

Castro de Avelãs

Chaves

Barragem do Alto Rabagão

Mateus

Peso da Régua

Lamego

Parque Nacional da Peneda-Gerês

Vila Real

Mondim de Basto

Lindoso

Terras de Bouro

Bom Jesus do Monte

Guimarães

Ponte da Barca

Braga

Avintes

Barcelos

Vila Nova de Famalicão

Porto

Ponte de Lima

Matosinhos

Viana do Castelo

Estela

Vila do Conde

Vila Nova de Gaia

Póvoa de Varzim

Espinho

Aveiro

30 km

0

*Vignobles de la vallée du Douro.*

LuisPortugal /iStock

(une petite croisière sur le fleuve s'avérera bien plaisante). Le quartier de la cathédrale et de la praça de Batalha sont très animés. C'est surtout à pied et durant l'inter-saison que la cité révèle le mieux ses charmes, à travers ses ruelles labyrinthiques et ses parcs à l'atmosphère romantique (parc de la fondation de Serralves, jardin du palais de Cristal…). Mais loin de se reposer sur les acquis du passé, Porto multiplie aujourd'hui les succès. Son centre historique, rénové avec goût, a été inscrit au Patrimoine mondial de l'Unesco. La ville s'est enrichie d'un beau musée d'Art contemporain et d'un audacieux complexe dédié à la musique.

### Jours 8 et 9

Ces deux dernières journées seront entièrement consacrées à la découverte de la vallée du Douro et de son vignoble où l'on produit vin de Porto et Vinho Verde. Au milieu des vergers et vignobles s'élèvent des « quintas » (maisons de domaine) et des « solares » (manoirs), des couvents et petites églises. Suivez la rive droite du fleuve par la N 108, puis rive gauche jusqu'à **Peso da Régua** (croisière sur le Douro possible), visitez **Lamego**, puis, pour finir, montez vers **Vila Real** pour découvrir à 3,5 km à l'est le manoir de **Mateus**, un bijou de l'architecture baroque entouré de jardins qu'il faut visiter absolument.

## Campings

### Bragança

**Inatel Parque Campismo Bragança**
Estrada de Rabal -
273 001 090
De déb. juin à mi-sept. -
11 ha (500 empl.)
Tarif : 32 €
🚐 ▣ - 15 €/j.
Loisirs :
Services :
GPS : W 6.74704 N 41.84366

### Estela

**Camping Orbitur Rio Alto**
EN 13, km 13 - Póvoa do Varzim - 252 615 699
Permanent -
9 ha (620 empl.)
Tarif : 25,60 €
🚐
Loisirs : (plage)
Services :
GPS : W 8.77278 N 41.46347

### Ponte da Barca

**Lima Escape**
Parque de Campismo de Entre Ambos-os-Rios - Lugar de Igreja -
258 588 361
Permanent - 5 ha (80 empl.)
Tarif : 28,60 €
🚐 borne
Loisirs : (plan d'eau) , barbecue
Services :
GPS : W 8.31802 N 41.82352

### Terras de Bouro

**Parque de Cerdeira**
Rua de Cerdeira -
253 351 005
Permanent -
6 ha (200 empl.)
Tarif : 32 €

borne
Loisirs : , randonnées, itinéraires cyclistes
Services :
GPS : W 8.1895 N 41.76371

### Viana do Castelo

**Orbitur Viana do Castelo**
Rua Diogo Álvares - Darque - 258 322 167
De déb. mars à fin oct. -
2,5 ha (200 empl.)
Tarif : 26,70 €
🚐 borne
Loisirs : (plage)
Services :
GPS : W 8.82502 N 41.67746

### Vila do Conde

**Parque de Campismo Sol de Vila Chã**
Rua do Sol 150 -
229 283 163
Permanent - 3 ha (50 empl.)
Tarif : 14,80 €
🚐
Loisirs :
Services :
GPS : W 8.73289 N 41.2982

### Vila Real

**Camping Vila Real**
Rua Dr. Manuel Cardona -
259 324 724
Permanent - 1,2 ha (150 empl.)
Tarif : 13,70 €
Loisirs : (plan d'eau) , aire de sports, barbecue
Services :
GPS : W 7.73655 N 41.30377

## ⊟ Aires de service et de stationnement

### Avintes

**Parque Biológico de Gaia**
Rua da Cunha - Parque Biologico de Gaia - ☎ 227 878 138
Permanent
Borne ⊟ ⚡ ⊟ ⚒
11 🅿 - illimité - 12 €/j.
Services : 🚻 🛒 ✕ 📮 📶
GPS : W 8.33213 N 41.05485

### Bragança

**ASA Bragança**
Rua Miguel Torga, à coté du château -
☎ 273 381 273 - Permanent
Borne ⊟ ⊟ ⚒
25 🅿 - illimité - Gratuit
Services : 🚻 🛒 ✕
🚌 Bus pour le centre-ville.
GPS : W 6.74597 N 41.80405

### Mondim de Basto

**Area de serviço**
Recinto da Feira, parking de la Foire
Permanent
Borne ⊟ ⚡ ⊟ ⚒
100 🅿 - illimité - Gratuit
Services : 🛒 ✕
🚌 Marché les 2e et 22e jour du mois (accès restreint).
Premier week-end d'août Feira da Graça et Senhora da Terra.
GPS : W 7.95261 N 41.41123

## Les bonnes adresses de Bib

### Braga

**✕ Inácio**
*Campo das Hortas, 4 -*
*☎ 253 613 235 - fermé à Noël, Pâques, 2 sem. en sept. et mar. - 25/30 €.* Savoir-faire et tradition font la réputation et le prestige de ce restaurant typique. Spécialités régionales. Service soigné.

### Chaves

**✕ Adega Faustino**
*Travessa do Olival (perpendiculaire à la r. Santo António) - ☎ 276 322 142 - adegafaustino.pt - tlj sf dim. 12h-0h - env. 15 €.* Dans cet ancien cellier à vin, parmi les grands tonneaux en chêne, les longues tables sont garnies de vinho verde et de charcuteries régionales, tel le presunto du Trás-os-Montes.

### Porto

**✕ Abadia do Porto**
*R. do Ateneu Comercial, 22-24 - ☎ 222 008 757 - www.abadiadoporto.com - 12h-15h30, 18h30-23h - fermé dim. et lun. midi - 15/20 €.* C'est dans une salle couverte d'azulejos et surmontée d'une mezzanine que vous savourerez de la morue braisée, des tripes à la mode de Porto, des poissons ou des viandes grillées.

### Viana do Castelo

**✕ Casa d'Armas**
*Largo 5 de Outubro, 30 - ☎ 258 824 999 - www.casadarmas.com - service 12h30-15h, 19h30-22h30 - fermé 3 sem. en nov. et merc. - 30/35 €.* Ce restaurant installé dans une maison ancienne propose une cuisine régionale savoureuse. Spécialités de viandes, poissons grillés et fruits de mer.

**Sandra**
*Largo João Tomás da Costa, 46 - ☎ 258 822 155 - sandra regionais.com.* Les plus belles broderies de la ville *(bordados de Viana)*, unies ou polychromes, toutes réalisées à la main : nappes, rideaux, châles, dessus-de-lit, vêtements, etc.

### Vila Real

**✕ Terra de Montanha**
*R. 31 de Janeiro, 16/18 (dans la zone piétonnière) - ☎ 259 372 075 - terramontanha.wix.com/terrademontanhavreal - tlj sf dim. soir et j. fériés 12h30-14h30, 19h30-22h30 - 16/20 €.* Portraits en noir et blanc exposés à l'entrée, tables aménagées à l'intérieur de tonneaux, musique traditionnelle… Les spécialités culinaires du Trás-os-Montes s'invitent en plein centre de Vila Real : beignets de haricots verts, chorizo au vin grillé, ragoût de poulpe, etc. Une cuisine soignée servie dans de la vaisselle noire locale.

---

## ⓩ Offices de tourisme

**Braga**
*Av. da Liberdade, 1 - ☎ 253 262 550 - www.cm-braga.pt - 9h-13h, 14h-18h30 ; w.-ends 9h-13h, 14h-18h. Inévitable avec sa façade d'angle Art déco.*

**Bragança**
*Av. Cidade de Zamora - ☎ 273 381 273 - www.cm-braganca.pt - été : tlj sf dim. 9h-13h, 14h-18h ; hiver : lun.-vend. 9h-13h, 14h-17h30, sam. 10h-12h30.*

**Porto**
*Posto central de turismo (Centro) – R. Clube dos Fenianos, 25 (en haut à gauche de l'av. dos Aliados) - M° Trindade ou Aliados - ☎ 223 393 472 - www.visitporto.travel - 9h-20h (19h en hiver et 21h en août).*

**Vila Real (vallée du Douro)**
*Av. Carvalho Araújo, 94 - ☎ 259 322 819 - www.cm-vilareal.pt, www.douro-turismo.pt - 9h30-12h30, 14h-18h.*

Pour téléphoner au Portugal :
00 351 puis le numéro du correspondant à 9 chiffres.

Pour plus d'informations :
Carte Michelin Regional N° 591
Le Guide Vert Portugal

# Les **Beiras** et l'**Estremadure**

Terre de transition entre le nord et le sud, les Beiras regroupent trois régions bien distinctes dont la diversité n'a rien à envier au reste du Portugal : balnéaire à l'ouest, montagnarde et viticole au nord, aride et solitaire au sud. De quoi varier les plaisirs, sans oublier sa capitale médiévale, Coimbra, et les chefs-d'œuvre de l'art religieux en Estremadure.

> ➲ *Départ : Viseu*
> ➲ *7 jours - 750 km*

### Jour 1

Venant de la vallée du Douro, **Viseu** vous ouvre la porte des Beiras. Place historique au cachet ancien et centre artisanal encore important, la ville abrite une cathédrale et, juste à côté, le beau musée Grão Vasco, réputé pour ses primitifs portugais et son école de peinture Renaissance. Elle constitue aussi une étape gastronomique avec des spécialités comme le chevreau grillé (*cabrito assado*) ou les délicieuses sucreries locales à base d'œuf qui raviront les gourmets. Filez ensuite par la IP 3 puis la N 230 avec une halte au belvédère de Caramulinho, pour rejoindre **Aveiro** qui prend des petits airs vénitiens avec ses lagunes, ses petits ponts, ses petites maisons colorées et ses barques multicolores, les *Moliceiros*. Son centre-ville concentre quelques beaux édifices (église, couvent) et un musée d'art sacré, le plus important du Portugal.

### Jour 2

Dirigez-vous plein sud et passez par **Figueira da Foz** qui a conservé port de pêche et chantiers navals. Pourtant la ville est aujourd'hui avant tout une station balnéaire, pourvue d'une immense plage dont vous profiterez avant de gagner **Coimbra** pour le reste de la journée. Dominée par la tour de sa vieille université, l'ancienne capitale du Portugal s'accroche au versant verdoyant d'une colline. Elle a souvent inspiré les poètes, qui la consacrèrent « cité des Arts et des Lettres ». Bien que Coimbra se soit considérablement étendue, on distingue bien, dans le centre, la ville haute (*a Alta*), quartier universitaire et épiscopal, de la ville basse (*a Baixa*) où abondent les commerces et les espaces verts.

### Jour 3

Par la N 17 puis la N 236, gagnez la **Serra de Lousã**. Ses versants boisés mènent au village de **Lousã** adossé à la montagne, au belvédère de Nossa Senhora de Piedade, puis à **Castanheira de Pêra**. Une pause vous permettra de flâner dans son beau parc public avant de filer sur **Castelo Branco**. Ancienne place forte dominée par les ruines d'une forteresse templière, le « Château blanc », la ville a subi maintes invasions, dont celle des troupes napoléoniennes en 1807. La capitale de la Beira Baixa règne sur une vaste plaine où sont produits le fromage, le miel, l'huile d'olive et le liège dont elle tire sa prospérité. Après la cité médiévale, parcourez les beaux jardins de l'ancien palais épiscopal.

### Jour 4

Faites un crochet par le joli bourg de **Monsanto** qui s'accroche aux pentes d'une colline de granit déchiquetée, puis revenez sur **Sertã** et **Tomar**. La ville s'étend au pied d'une colline que coiffe un château fort du 12e s. construit par l'ordre des Templiers. Le bâtiment abrite le couvent du Christ, un joyau classé au Patrimoine mondial de l'Unesco. Il figure parmi les plus grands monuments manuélins du pays. Ne délaissez pas pour autant les ruelles médiévales aux maisons basses.

### Jour 5

Trente kilomètres plus loin, vous arrivez à **Fátima**, grand sanctuaire catholique du pays et l'un des plus importants au monde. Des milliers de pèlerins s'y rassemblent pour les processions aux flambeaux, les bénédictions de malades et messes solennelles sur l'esplanade. Un peu plus à l'ouest, le monastère de **Batalha** est une étape obligée. Église, cloître royal, chapelles, salle capitulaire… dressent ici un panorama unique de l'art gothique et manuélin, un chef-d'œuvre inscrit au Patrimoine mondial de l'Humanité où foisonnent gâbles, pinacles, contreforts, clochetons et colonnettes.

### Jours 6 et 7

Un autre monastère vous attend aujourd'hui, celui de **Alcobaça**, lui aussi inscrit au Patrimoine mondial. Derrière sa façade baroque se cachent des voûtes cisterciennes du 12e s. En

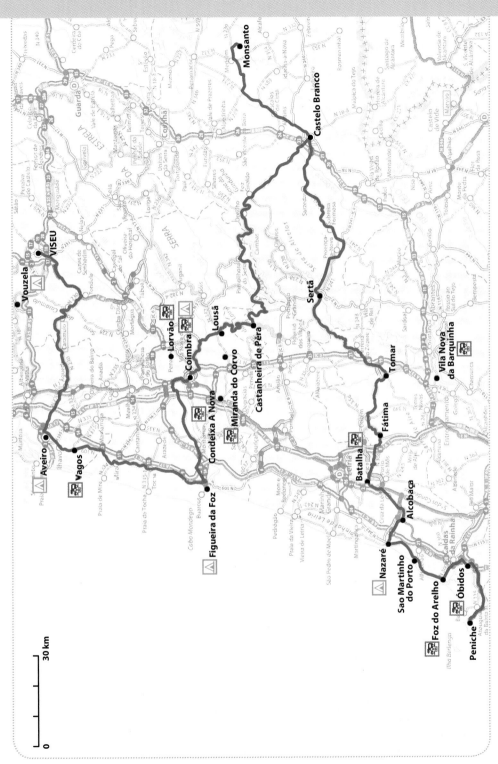

*Les barques colorées d'Aveiro rappellent les gondoles vénitiennes.*

outre la petite ville mérite que l'on s'y attarde. Entouré par une campagne fertile, ce centre de commerce agricole (fruits et cultures maraîchères) produit du vin et une liqueur de cerise griotte réputée : la « ginginha ». Cap maintenant sur **Nazaré** (évitez les week-ends), petite ville côtière très pittoresque dont les rues pavées dégringolent jusqu'à la plage entourée de falaises (il faut y monter pour la vue). Prenez le temps de flâner dans le quartier des pêcheurs (marché aux poissons le vendredi) et sur le port souvent très animé. La beauté des plages au sud de la ville vous incitera à vous accorder une pause balnéaire (avant de vous rendre à Lisbonne). Plages très sûres pour les enfants et abritées des courants marins à **São Martinho do Porto** ou plage plus sauvage et immense à **Foz do Arelho**. Mais surtout ne manquez pas de flâner dans le ravissant village d'**Óbidos** blotti derrière ses remparts. Terminez ce circuit au charmant port de pêche de **Peniche**. Le tour de sa presqu'île peut se faire aisément à pied ou en vélo.

## Aires de service et de stationnement

### Batalha

**Aire de Batalha**
Rotunda Dom Duarte, derrière le monastère et à coté du terrain de foot -
📞 244 765 180
Permanent
Borne eurorelais
16 🅿 - 48h - Gratuit
Services :
GPS : W 8.82425 N 39.6605

### Coimbra

**Parque Verde do Mondego**
Av. Inês de Castro - 📞 239 488 120 - Permanent
Borne
20 🅿 - 24h - Gratuit
Services : WC
GPS : W 8.42805 N 40.19854

### Condeixa a Nova

**ASA Condeixa a Nova**
Rua Santo Antonio, à coté du marché - 📞 239 488 120
Permanent
21 🅿 - illimité - Gratuit
Services : WC
Partiellement ombragé, très calme.
GPS : W 8.4894 N 40.09907

### Foz do Arelho

**Parking Foz do Arelho**
Av. do Mar - 📞 262 979 432
Permanent
Borne
50 🅿 - illimité - 3 €/j.
Services : WC
Au bord de la lagune.
GPS : W 9.22251 N 39.42837

### Lorvão

**Parking de Lorvão**
Rua do Rio da Ponte -
📞 12394703
Permanent

Borne
10 🅿 - illimité - Gratuit
Services : WC
À une trentaine de kilomètres de Coimbra.
GPS : W 8.31526 N 40.25911

### Miranda do Corvo

**ASA Miranda do Corvo**
Parque de estacionamento da Cruz Branca -
📞 239 530 320
Permanent
Borne
20 🅿 - illimité - Gratuit
GPS : W 8.33233 N 40.08803

### Óbidos

**Parque de Autocaravanas de Óbidos**
Rua dos Argos, à l'entrée de la ville - 📞 262 955 500
Permanent
Borne artisanale
: 2 €
21 🅿 - illimité - 6 €/j.
Services : WC
GPS : W 9.0925 N 39.2122

### Vagos

**ASA Vagos**
Rua do Governador - Praia da Vagueira -
📞 234 799 600
Permanent
15 🅿 - Gratuit
Services : WC
GPS : W 8.76668 N 40.56495

### Vila Nova da Barquinha

**ASA Vila Nova da Barquinha**
Av. dos Plátanos, au parc de Ribeirinho
Permanent
Borne eurorelais
🅿 - 48h - Gratuit
Services : WC
Vues sur le Tejo.
GPS : W 8.43314 N 39.45727

## ⛺ Campings

### Aveiro

#### ⛺ Orbitur São Jacinto
EN 327, km 20 - 📞 234 838 284
De déb. juin à déb. oct. - 2,5 ha (250 empl.)
Tarif : 20,10 € 🚶🚶 🚗 🔲
🚐 borne
Loisirs : 🏖🏊 (plan d'eau) 🎣 ⚓
Services : 🚰 🍴 🏬 🚿 ⛓ 🔥 📷
GPS : W 8.71956 N 40.68045

### Coimbra

#### ⛺ Coimbra Camping
Rua da Escola, Alto do Areeiro -
📞 239 086 902
Permanent - 7 ha (750 empl.)
🚐 borne : Payant - 🔲 - illimité -
16,90 €/j.
Loisirs : 🎭 🎿 🏊 🏖 ⛳ 🎾 📷 🎣,
aire de sports, barbecue - Services :
🚰 🍴 🏬 ⛓ 🚿 🔥 📶 📷 🛒 📮
GPS : W 8.39889 N 40.1879

### Figueira da Foz

#### ⛺ Orbitur Gala
EN 109, km 4 - Gala - 📞 233 431 492
Permanent - 6,4 ha (304 empl.)
Tarif : 22,80 € 🚶🚶 🚗 🔲
🚐 borne
Loisirs : 🏖 🎾 🏊 🏄 (plage) 🎣
⚓, beachvolley, cours de plongée, aire
de sports - Services : 🚰 🍴 🏬 ⛓
🔑 🔥 📶 📷 🛒 📮
GPS : W 8.85616 N 40.11851

### Nazaré

#### ⛺ Vale Paraíso
EN 242 - 📞 262 561 800
Permanent - 8 ha (500 empl.)
Tarif : 25 € 🚶🚶 🚗 🔲
🚐 borne
Loisirs : 🎿 🏖🏄 🏊, aire de sports
Services : 🚰 🍴 🏬 ⛓ 🔑 🔥 📶 📷 🛒
GPS : W 9.0581 N 39.62025

### Vouzela

#### ⛺ Parque de Campismo Municipal
Monte do Castelo - 📞 232 771 847
🚐 borne
Loisirs : 🏖🏄 🎾 🏊
Services : 🚰 🍴 ⛓ 🔥 📷 📮 🚿
GPS : W 8.09313 N 40.71739

## Les bonnes adresses de Bib

### Castelo Branco

#### 🍴 Retiro do Caçador
*R. Ruivo Godinho, 15/17 (près de
la cathédrale) - 📞 272 34 30 50 -
restauranteretirocacador.pai.pt - tlj
sf dim. 12h-15h, 19h-22h30 - 12/20 €.*
Accrochées aux murs, les têtes
empaillées de sangliers plantent
le décor : une adresse populaire et
toujours animée, où les spécialités de
gibiers sont servies dans des plats en
terre cuite. Excellent rapport qualité-
prix et accueil aimable.

### Coimbra

#### Café Santa Cruz
*Praça 8 de Maio - 📞 239 833 617 -
www.cafesantacruz.com - 8h-0h (2h
en été) - fermé dim.* On se doit de faire
une halte dans ce café magnifique,
véritable institution de Coimbra. Il fait
littéralement partie de l'église Santa
Cruz puisqu'il occupe une ancienne
chapelle : on prend son café sous de
superbes voûtes nervurées, installé
dans des sièges en cuir patiné et clouté,
tandis qu'un vieux ventilateur brasse
tranquillement l'air. Soirées jazz et fado.

### Nazaré

#### 🍴 À Tasquinha
*R. Adrião Batalha, 54 📞 262 551 945 -
www.atasquinha.com - tlj sf lun. en
hiver 12h-15h 18h30-22h30 - réserv.*

*impérative - 15/20 €.* Touristes de
passage et inconditionnels attendent
patiemment dans la rue : ce petit
restaurant qui ne désemplit jamais
sert une bonne cuisine familiale sur de
grandes tables rustiques. Surtout des
poissons et des fruits de mer.

### Tomar

#### 🍴 Restaurante Beira-Rio
*R. Alexandre Herculano, 1-3 -
📞 249 312 806 - fermé mar. - 12/18 €.*
Situé dans une rue parallèle à rua
Serpa Pinto, le restaurant est posé
en face d'un îlot verdoyant où un
moulin fait tourner sa roue sans fin.
L'adresse est fréquentée par les gens
du coin, qui apprécient la cuisine
traditionnelle, simple et copieuse.

### Viseu

#### 🍴 Muralha da Sé
*Adro da Sé - 📞 232 437 777 -
www.muralhadase.pt - 12h30-15h,
19h30-23h, fermé dim. et
lun. - 20/25 €.* Au pied de l'église da
Misericórdia, dans une salle rustique
ou sur la terrasse donnant sur un angle
de l'adro da Sé, vous dégusterez une
cuisine savoureuse et fruitée : *picanha*
(viande rouge grillée) à l'ananas, *pargo*
(pagre, poisson voisin de la daurade)
au beurre, chevreau braisé, assiette
de fromages aux fruits. Assez cher
toutefois.

---

### 🛈 Offices de tourisme

**Coimbra**
*Praça da Porta Férrea (bâtiment
de la bibliothèque de l'université)-
📞 939 010 201 - turismodecoimbra.
pt - tlj sf w.-end et j. fériés. 10h-13h,
14h-18h.*

**Tomar**
*Av. Dr Cândido Madureira -
📞 249 329 823 - www.cm-tomar.
pt - été : 10h-13h, 14h30-18h ; hiver :
9h30-13h, 14h30-18h.*

**Viseu**
*Casa do Adro - Adro da Sé - 📞 232
420 950 - www.turismodocentro.
pt - été : lun.-vend. 9h-19h, w.-end
9h-13h, 14h-18h ; hiver : lun.-vend.
9h-18h, w.-end 9h-13h30, 14h-17h30.*

Pour téléphoner au Portugal :
00351 puis le numéro du
correspondant à 9 chiffres.

Pour plus d'informations :
Cartes Michelin Regional N° 591
et 592
Le Guide Vert Portugal

# De **Lisbonne** à l'**Alentejo**, l'Histoire à ciel ouvert

Déployée sur plusieurs collines dominant le Tage, Lisbonne compte parmi les plus belles et les plus vivantes villes européennes. C'est en la parcourant à pied qu'elle livrera ses secrets et ses charmes avant de découvrir les plaines de l'Alentejo, sa capitale Évora et les plages de sa façade atlantique.

> ➲ *Départ : Sintra*
> ➲ *7 jours - 480 km*

## Jour 1

Débutant sur la côte nord, la journée sera consacrée en grande partie à **Sintra** (à voir de préférence en semaine pour éviter la foule), véritable havre de paix entre parcs romantiques, exubérants palais perdus dans la Serra et manoirs cossus en lisière de forêts. Parmi les incontournables, vous visiterez le palais National, le domaine de Regaleira, le parc et le palais de Pena. Parcourez ensuite le littoral en passant par le **Cabo da Roca**, **cabo Raso** et la belle station balnéaire de **Cascais**.

## Jours 2, 3 et 4

Ville dynamique, créative, méditerranéenne, où se mêlent affaires et culture, **Lisbonne** (prononcez « Lijboa » à la portugaise) mérite un séjour prolongé. Trois jours vous permettront d'aborder les principaux quartiers et monuments. Le premier jour au matin, flânez dans l'Alfama à travers le dédale de ruelles, pendant les marchés de la rua de São Pedro et de la rua dos Remédios ; montez au château de Sao Jorge et visitez le magnifique musée des Arts décoratifs. L'après-midi sera consacré aux quartiers de la Baixa, au plan en quadrilatère, d'où vous prendrez l'ascenseur de Santa Justa pour le panorama et une pause-café, avant de descendre pour une séance shopping dans les artères commerçantes et piétonnes. La balade s'achève par l'incontournable praça do Commercio et la gare maritime. Le deuxième jour vous conduira à la tour de Belém et au somptueux monastère dos Jeronimos (chef-d'œuvre de l'art manuélin), puis à l'église Santa Maria avant d'aborder le musée des arts anciens ou le magnifique musée d'Orient ; fin d'après-midi au palais (et au parc) des marquis de Fronteira et ses somptueux azulejos. La dernière journée débutera au belvédère de Senhora do Monte et celui de la tour Vasco de Gama au bord du Tage (voir le pont Vasco de Gama) ; poursuivez par le parc des Nations qui a vu le jour avec l'Exposition universelle de 1998 et ne manquez pas la très futuriste gare d'Orient. L'après-midi sera dévolu à un ou deux grands musées de la ville, la fondation Calouste-Gulbenkian (art antique, oriental et d'Europe) par exemple, ou le musée national des Azulejos, aménagé dans le couvent de Madre de Deus, ou encore le musée des Carrosses. Et surtout, à un moment ou à un autre, arrangez-vous pour emprunter le fameux et très vieux tram 28 ; ça secoue un peu mais c'est très typique.

## Jour 5

Quittez Lisbonne par le pont sur le Tage, et montez à **Almada** au Cristo Rei, réplique du Christ rédempteur de Rio de Janeiro afin de bénéficier d'un beau panorama sur la ville de Lisbonne. Filez ensuite sur **Sesimbra**, agréable station balnéaire (mais très fréquentée le week-end). Vous irez découvrir le Cabo Espichel puis la corniche qui conduit à **Setúbal**. Arpentez l'agréable quartier ancien dont les ruelles étroites contrastent avec les larges avenues de la ville moderne. Cap ensuite vers l'**Alentejo** et sa capitale, **Évora**. En chemin, faites une pause à **Montemor-o-Novo**, petite ville agricole au pied d'une colline que couronnent les ruines d'une cité médiévale fortifiée, cernée de remparts. Organisez votre étape du soir à **Évora**.

## Jour 6

Corsetée de murailles médiévales, **Évora** est l'une des plus belles cités du Portugal et classée d'ailleurs au Patrimoine mondial de l'humanité par l'Unesco. Garez-vous de préférence à l'extérieur des remparts sur l'un des nombreux parkings desservis par un boulevard circulaire. La ville livre de précieux témoignages sur la succession des époques romaine, médiévale, Renaissance, mauresque… illustrée par un temple du $2^e$ s., des patios, des palais, cathédrale, églises et couvents. N'oubliez pas de parcourir les remparts. À l'ouest et sud-ouest d'Évora, vous découvrirez de nombreux sites mégalithiques (les amateurs se renseigneront à l'office de tourisme d'Évora). Redescendez

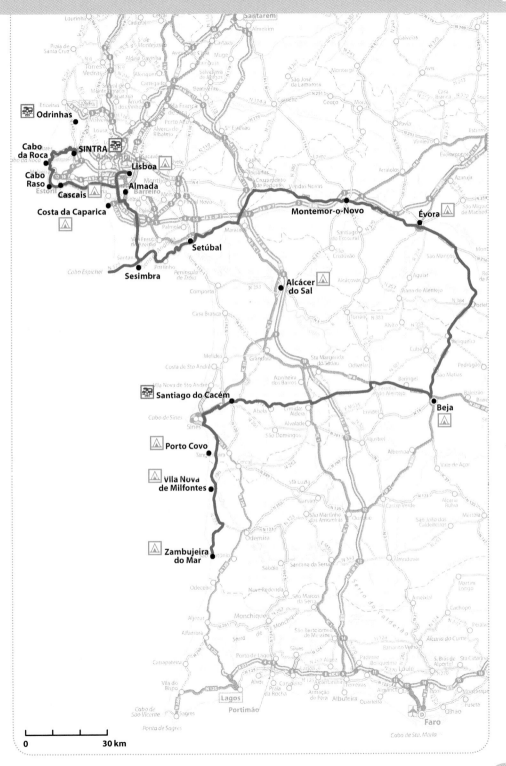

0     30 km

*Le palais national de Pena, juché au sommet de la forêt de Sintra.*

vers **Beja**, bourg agricole perché sur une colline qui n'a pas gardé grand-chose de son passé si ce n'est le beau couvent de la Conception.

Jour 7

Rejoignez aujourd'hui la côte Atlantique par **Santiago do Cacém** où vous admirerez les remparts du château et quelques vestiges antiques. Protégée dans le cadre d'un parc naturel, la côte, située au sud de Sines, est sauvage et ponctuée de dunes et de pinèdes, de grèves et de hautes falaises accessibles par de petites routes. Perché sur une petite falaise face à la mer, **Porto Covo** est un ancien port de pêche et une agréable petite ville aux maisons basses, jolies places et rues pavées. Vous y trouverez de belles plages au nord et au sud avant de rallier la coquette station balnéaire de **Vila Nova de Milfontes**. Les grandes étendues de sable vous inciteront à multiplier les pauses. Et s'il y a foule en saison, dirigez-vous plus au sud jusqu'à **Zambujeira do Mar** dotée de belles plages mais aussi de superbes sentiers sur les falaises.

## Les bonnes adresses de Bib

### Beja

#### ✗ A Pipa

*R. da Moeda, 8 - ☎ 284 327 043 - tlj sf dim. en août 12h-15h, 19h30-22h30 - 20/25 €.* Non loin de la praça da República, une taverne typique de la région avec ses murs passés à la chaux et son décor rustique. Les voûtes en brique contribuent à l'atmosphère chaleureuse de l'adresse, où l'on sert de bonnes grillades de porc alentejan.

### Évora

#### ✗ O Garfo

*R. Santa Catarina, 13/15 - ☎ 266 709 256 - 12h15-14h30, 19h15-21h30 - fermé dim. 15/20 €.* Cette adresse intime et calme sert une bonne cuisine régionale : soupe du jour, *migas* aux asperges, pot-au-feu à l'alentejane... accompagnée de bons vins. Des dégustations de vins sont organisées par les propriétaires. Service discret.

### Lisboa/Lisbonne

#### ✗ O Caseiro

*R. de Belém, 35 - ☎ 213 638 803 - tlj sf dim. 12h-15h, 19h-22h.* Décor hétéroclite dans lequel sont suspendus calebasses et paniers d'osier à côté de billets de banque de toutes nationalités. Cuisine portugaise typique.

#### Pastelaria Suiça

*Praça Dom Pedro IV, 100 - Mº Rossio - ☎ 213 214 090 - www.casasuica.pt - 7h-21h.* L'un des endroits les plus fréquentés de la Baixa et un bon point de rencontre. Terrasses côté Rossio et côté praça da Figueira, d'où l'on peut admirer le château São Jorge. Petits en-cas, excellents jus de fruits et pâtisseries.

#### Café No Chiado

*Largo do Picadeiro, 10-12 - Mº Baixa-Chiado - ☎ 213 460 501 - www.cafenochiado.com - 10h-2h.* Près du teatro S. Carlos, l'agréable terrasse invite à prendre un verre. Vous pourrez aussi déguster la meilleure mousse de mangue de Lisbonne, faite maison s'il vous plaît.

#### Adega do Machado

*R. do Norte, 91 - ☎ 213 422 282 - www.adegamachado. pt - tlj 20h-2h.* Bon spectacle folklorique en début de soirée, suivi de fado de Lisbonne ou de Coimbra, dans cette maison fondée en 1937.

### Sintra

#### Bar do Binho

*Praça da República, 2 - ☎ 219 230 444 - 10h-19h.* Amateurs de porto et de vins portugais, faites une halte dans cette boutique tenue par un œnologue averti. Il vous fournira de précieux conseils. Quelques grands crus, des portos de 50 ans d'âge, mais aussi des vins plus accessibles.

# ⛺ Campings

## Alcácer do Sal

### ⛺ Parque de Campismo
Olival do Outeiro - ☎ 265 612 303
Permanent - 1,6 ha (32 empl.)
Tarif : 16,60 € 🚶🚶 🚗 🔲
🚐
Loisirs : ⚓
Services : ✕ 🚾 🛜 📷 🛒
GPS : W 8.5158 N 38.38

## Beja

### ⛺ Parque de campismo municipal de Beja
Av. Vasco da Gama - ☎ 284 311 911
Permanent - 1,7 ha (160 empl.)
Tarif : 9,35 € 🚶🚶 🚗 🔲
🚐 borne
Loisirs : 🏖 ✖
Services : 🍽 ✕ 🏠 🛜 🛒
GPS : W 7.86231 N 38.00842

## Cascais

### ⛺ Camping Orbitur Guincho
Lugar de Areia, EN 247-6 -
☎ 214 870 450
Permanent - 7,7 ha (600 empl.)
Tarif : 23,20 € 🚶🚶 🚗 🔲
🚐 borne
Loisirs : 🏖 ✖ ⚓ ⛵
Services : ✕ 🏠 🛜 📷 🛒
GPS : W 9.46761 N 38.72246

## Costa da Caparica

### ⛺ Camping Orbitur Costa de Caparica
Av. Afonso de Albuquerque - Quinta de St. António - ☎ 212 901 366
Permanent - 5,7 ha (250 empl.)
Tarif : 22,80 € 🚶🚶 🚗 🔲
🚐 borne
Loisirs : 🏖 ✖ 🏊 (plage) 🎣
Services : ✕ 🏠 🛜 📷 🛒
GPS : W 9.24003 N 38.65746

## Évora

### ⛺ Camping Orbitur Évora
Estrada de Alcáçovas - Herdade Esparragosa - ☎ 266 705 190
Permanent - 3,3 ha (220 empl.)
Tarif : 22 € 🚶🚶 🚗 🔲

---

🚐 borne
Loisirs : 🏖 ✖ ⚓, aire de sports
Services : 🍽 🚾 🔑 ⚓ 🛜 📷
GPS : W 7.92627 N 38.55734

## Lisboa/Lisbonne

### ⛺ Parque municipal de campismo de Monsanto
Estrada da Circunvalação -
☎ 217 628 200
Permanent - 38 ha (570 empl.)
Tarif : 34,90 € 🚶🚶 🚗 🔲
🚐 borne
Loisirs : 🏖 ✖ ⚓, aire de sports, barbecue
Services : ✕ 🏠 ⚓ 🛜 📷 🛒
🚌 Transports en commun pour le centre-ville (forfait).
GPS : W 9.20818 N 38.72561

## Porto Covo

### ⛺ Parque de Campismo de Porto Covo
Estrada Municipal 554 -
☎ 269 905 136
Permanent - 3 ha (50 empl.)
Tarif : 15,60 € 🚶🚶 🚗 🔲
🚐 borne
Loisirs : 🏖 ⚓ ⛵
Services : 🍽 ✕ 🏠 ⚓ 🛜 📷 🛒
GPS : W 8.4717 N 37.511

## Vila Nova de Milfontes

### ⛺ Parque Campismo Campiférias
Permanent - 6,8 ha (900 empl.)
Tarif : 13,70 € 🚶🚶 🚗 🔲
🚐 borne
Loisirs : 🏖
Services : ✕ 🏠 ⚓
GPS : W 8.78496 N 37.72982

## Zambujeira do Mar

### ⛺ Camping Zambujeira do Mar
Estrada Municipal da Zambujeira 2 -
☎ 283 958 407
Permanent
Tarif : 🚶 6,25 € 🚗 4,85 € - 🔌 4,95 €
🚐
Loisirs : ✖ ⚓
Services : 🍽 ⚓ 🛜 📷 🛒
GPS : W 8.77183 N 37.522

---

# 🚐 Aires de service et de stationnement

## Odrinhas

### Odrinhas Parque
Borne ⚓ 🔌 🚐 ✏
🅿 - 6 €/j.
Services :
GPS : W 9.37167 N 38.8765

## Santiago do Cacém

### Santiago do Cacém-Piscinas
Borne ⚓ 🚐 ✏
🅿 - Gratuit
GPS : W 8.69 N 38.00783

## Sintra

### Area Autocaravana 1 de decembro
Borne ⚓ 🚐 ✏
6 🅿 - 5 €/j.
GPS : W 9.3715 N 38.78667

---

## 🛈 Offices de tourisme

**Évora**
*Praça do Giraldo, 13 -
☎ 266 777 071 - www2.cm-evora.
pt/guiaturistico - été : 9h-19h ;
hiver : lun.-vend. 9h-18h, w.-end.
10h-14h, 15h-18h.*

**Lisboa/Lisbonne**
*www.visitlisboa.com - Instituto
de turismo de Portugal - Palácio
Foz - Praça dos Restauradores -
M° Restauradores -
☎ 213 463 314 - 9h-20h ; Lisboa
Welcome Center : Praça do
Comércio - M° Terreiro do Paço -
☎ 210 312 810 - 19h-20h.*

**Pour téléphoner au Portugal :**
00 351 puis le numéro du
correspondant à 9 chiffres.

**Pour plus d'informations :**
Carte Michelin Regional N° 593
Le Guide Vert Portugal

# L'**Algarve** et la vallée du **Guadiana**

Des plages de sable doré, des falaises vertigineuses percées de grottes, des villages et des ports tout blancs qui somnolent sous un soleil omniprésent… tel est l'Algarve, si l'on fait abstraction des excès du tourisme de masse. Il ne tient qu'à vous de privilégier les petites cités en retrait du littoral dont les jardins embaument l'oranger, le figuier et l'amandier.

> ➲ *Départ : Odeceixe*
> ➲ *7 jours - 650 km*

### Jour 1

Du beau village immaculé d'**Odeceixe**, longez la côte et hasardez-vous de temps à autre sur les petites routes en cul-de-sac qui mènent aux plages ou aux falaises. Vous traverserez ainsi des paysages sauvages et déserts alternant pâturages irlandais et garrigue. Si vous vous baignez, prenez garde aux courants parfois violents. Vous passez par **Aljezur**, **Arrifana** dont le port se niche au pied d'une falaise et **Vila do Bispo**, avant **Sagres** et la **pointe de Sagres** qui marque l'un des plus beaux sites du Portugal. Le cap est occupé par une forteresse qui fut très endommagée par le tremblement de terre de 1755. Elle a été récemment restaurée. Prenez le temps d'y marcher un peu avant d'aller au **Cap Saint-Vincent** (Cabo de São Vicente) un peu plus à l'ouest, un somptueux belvédère sur la falaise où vous pourrez attendre le soleil couchant.

### Jour 2

Passez voir le petit port de **Burgau** avant de gagner **Lagos**, une cité tranquille bordée de criques et qui dans son centre déroule un lacis de rues piétonnes, animées de commerces et de restaurants. Explorez le site de Ponta de Piedade avec ses falaises rouges déchiquetées où se nichent des grottes marines. Tout près, **Portimão** est la station balnéaire la plus fréquentée de l'Algarve. Tapi au fond de sa baie naturelle, ce port de pêche et de commerce animé est également une cité industrielle, spécialisée dans la construction navale et la conserverie de thons et de sardines. Victime du succès de sa très belle plage, la ville est défigurée par les constructions modernes. Réservez vos balades au site de **Praia da Rocha** puis montez dans la Serra de **Monchique** qui offre quelques beaux panoramas (montez au Pico da Foia) et un peu de fraîcheur.

### Jour 3

De retour vers la côte, arrêtez-vous à **Silves** qui a conservé son authenticité avec ses rues pavées et pentues. Vous visiterez sa cathédrale et son château aux murailles de grès rouges surplombant la ville blanche. Passez par le cap de **Carvoeiro** puis descendez sur **Albufeira**. Le vieux village est loin d'avoir perdu son âme. Prenez les chemins de traverse : non seulement vous éviterez la foule de touristes qui se presse dans les restaurants du centre, mais vous découvrirez les charmantes ruelles, intactes et désertes, de l'ancien village de pêcheurs.

### Jour 4

En suivant la côte, vous passez par **São Lourenço** et sa belle église. À quelques pas de là, **Faro** occupe le point le plus méridional du Portugal. Séparée de l'océan par une lagune, la ville semble trop loin des plages pour retenir les touristes. La capitale de l'Algarve, cité étonnamment tranquille, constitue pourtant une halte agréable. Sa vieille ville devient la nuit un véritable décor de théâtre où il fait bon flâner. Dans la journée, vous pourrez choisir entre les plages du cordon littoral, accessibles en bateau, ou les collines de la Serra do Caldeirão. L'arrière-pays ne manque pas de charme avec ses paysages plantés de figuiers, d'amandiers et d'orangers : accordez-vous plusieurs pauses pour découvrir les jardins du palais d'Estói, et les **ruines de Milreu**, ou encore **São Brás de Alportel** habillée de maisons blanches surmontées de leurs cheminées typiques.

### Jour 5

Quelques jolis sites et plages ponctuent le littoral jusqu'à **Tavira** dont le patrimoine préservé ravira les touristes à la recherche d'un peu de calme et de beauté. La ville est une invitation à ralentir le pas pour découvrir çà et là les maisons blanches aux portes ornées de moucharabiehs et le « pont romain », héritages des Maures, les typiques cheminées de l'Algarve et, surtout, les gracieuses toitures à quatre pans retroussés, dites « de tesouro ». Ne manquez pas le jardin du château (accès libre). Plus loin, **Cacela Velha** offre un beau point de vue sur la lagune où mouillent des petits

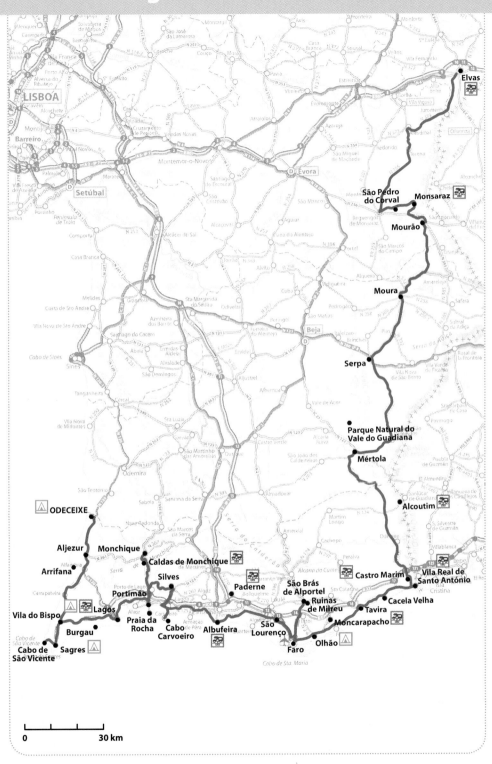

*En arrière-plan, le « pont romain » de Tavira.*

bateaux de pêcheurs. Étape nocturne à **Vila Real de Santo António** que vous visiterez le lendemain.

### Jours 6 et 7

**Vila Real de Santo António** mérite une visite avant d'aller découvrir la **vallée du Guadiana**, fleuve frontière avec l'Espagne, en remontant d'abord sur **Mértola**, jolie petite ville s'étageant en amphithéâtre sur une colline où des artisans fabriquent et vendent des couvertures de laine traditionnelles. Plus au nord, vous traversez **Serpa** (flânez dans sa cité intra-muros), **Moura** (voir le portail de son église) et puis **Mourão** d'où vous gagnerez **Monsaraz**, petite cité toute blanche d'une rare beauté. De ce nid perché, vous pourrez assister au coucher et au lever de soleil sur la campagne environnante. À quelques pas, **São Pedro do Corval** perpétue une longue tradition de poteries artisanales. Pour finir, vous rejoindrez la belle ville de **Elvas** encore entourée de remparts qu'il faut parcourir à pied avant de profiter de ses agréables ruelles et de sa place Santa Clara.

## Les bonnes adresses de Bib

### Albufeira

**✕ A Ruina**

*Cais Herculano - sur la plage des Pescadores - ☎ 289 586 020 - www.restaurante-ruina.com - 10h30-23h - fermé janv.-fev. - 35/45 €.* Parmi la cohorte de restaurants touristiques, celui-ci se distingue par sa haute maison de pierre et ses tables disposées sur le sable de la pittoresque plage des Pêcheurs. Le site, enchanteur, se prête à un dîner élégant au soleil couchant (excellents poissons). On paye autant la situation que la qualité de la cuisine.

### Elvas

**✕ O Lagar**

*R. da Vendoria, 7 (à côté de l'hôtel S. João de Deus) - ☎ 268 626 247 - tlj sf jeu. 12h-15h, 19h-22h - 15/20 €.* Situé au sud-ouest du centre historique, près de l'entrée principale de la ville, ce restaurant de bonne qualité propose des plats régionaux copieusement servis : lièvre aux haricots blancs, porc aux palourdes…

### Tavira

**✕ Zeca da Bica**

*R. Alm. Cândido dos Reis, 22 - ☎ 281 323 843 - 12h-15h, 19h-22h  18/20 € - 🖼.* Dans une rue parallèle aux quais, un petit établissement de quartier servant une cuisine locale. Simple, bon et typique : sa carte ne vous décevra pas, avec, au programme, poulet ou poulpe frit, daurade…

## 🛈 Offices de tourisme

**Faro**

*R. da Misericórdia, 8-12 - ☎ 289 803 604 - www.cm-faro.pt - www.turismodoalgarve.pt - mar.-jeu. 9h30-17h30 (19h en été), vend.-lun. 9h30-13h, 14h-17h30 (19h en été). Autre bureau à l'aéroport.*

**Lagos**

*Praça Gil Eanes (Antigos Paços do Concelho) - ☎ 282 763 031 - www.cm-lagos .pt ; www.visitalgarve.pt - été : 9h30-19h ; hiver : tlj sf dim. 9h30-13h, 14h-17h30.*

**Tavira**

*Praça da República, 5 - ☎ 281 322 511 - www.cm-tavira.pt - mar.-jeu. 9h30-19h, vend.-lun. 10h-13h, 15h-19h.*

**Pour téléphoner au Portugal :**
00351 puis le numéro du correspondant à 9 chiffres.

**Pour plus d'informations :**
Carte Michelin Regional N° 593
Le Guide Vert Portugal

*CSP_oiasson/Fotosearch LBRF / age fotostock*

## ⛺ Campings

### Lagos

**⛰ Turiscampo**
EN 125 - Espiche, km 17,4 -
📞 282 789 265
Permanent - 7 ha (274 empl.)
🚐 borne : Payant - 263 🔲 - illimité -
34 €/j.
Loisirs : 🎯 🏃 🏖 🏊, aire de
sports
Services : 🍷 🍴 🏠 ♿ ☗ 🛁 🚰
📶 📷 🧺
GPS : W 8.73402 N 37.1024

### Odeceixe

**⛰⛰ São Miguel**
EN 120 - 📞 282 947 145
Permanent - 7,5 ha (460 empl.)
Tarif : 23,40 € 👫 🚗 🔲
🚐 borne
Loisirs : 🏖 ✂ 🏊
Services : 🍷 🍴 🏠 ♿ ☗ 🛁 🚰
🍴 📶 📷 🧺 🚻
GPS : W 8.75562 N 37.43843

### Olhão

**⛰⛰ Parque de campismo
de Olhão**
Apartado 300 - Pinheiros de Marim -
📞 289 700 300
Permanent - 10 ha (400 empl.)
Tarif : 16,10 € 👫 🚗 🔲
🚐 borne
Loisirs : 🎯 diurne 🏖 🚴 ✂ 🏊,
discothèque, jeux pour adultes, aire de
sports, barbecue
Services : 🍷 🍴 🏠 ☗ 🚰 📶 📷 🛒
GPS : W 8.75557 N 37.4384

### Sagres

**⛰⛰ Orbitur Sagres**
Cerro das Moitas (EN268) -
📞 282 624 371
Permanent - 7 ha (550 empl.)
Tarif : 23,90 € 👫 🚗 🔲
🚐 borne
Loisirs : 🎯 diurne 🏖 🚴
Services : 🍴 🏠 ☗ 🛁 🚰 📶 📷 🚻
GPS : W 8.94583 N 37.02278

## 🚐 Aires de service et de stationnement

### Albufeira

**Parque da Galé**
Rua do Barranco - Vale de Parra -
📞 962 553 666
Permanent
Borne artisanale 🚐 ⚡ 🚽 🚰
30 🔲 - illimité - 8 €/j.
Services : 🛒 🍴 📶
ⓘ Très belle aire, mer à 1km.
GPS : W 8.31191 N 37.0927

### Alcoutim

**Parking Alcoutim**
Estrada da Pousada da Juventude -
📞 281 546 179
Permanent
Borne raclet 🚐 🚽 🚰
5 🔲 - illimité - Gratuit
Services : 🍴
GPS : W 7.47472 N 37.47516

### Caldas de Monchique

**Parque rural Vale da Carrasqueira**
Barracão CX190 - 📞 282 911 502
Permanent
Borne artisanale 🚐 ⚡ 🚽 🚰
14 🔲 - illimité - 15,50 €/j.
Services : 🚽 🍴 📷 📶
ⓘ Réservation conseillée.
Parle français.
GPS : W 8.54393 N 37.27668

### Castro Marim

**ASA Castro Marim**
Av. Dr. José Alonso Gomes,
près du stade - 📞 281 510 740
Permanent
Borne eurorelais 🚐 🚽 🚰 : 2 €
20 🔲 - illimité - Gratuit
Services : 🚽
ⓘ Centre-ville à 200 m.
GPS : W 7.44447 N 37.21981

### Elvas

**Parque de Elvas**
Av. de Badajoz
De déb. janv. à déb. déc.
10 🔲 - illimité - Gratuit
ⓘ Au pied de l'Aqueduc des Amoreiras.
GPS : W 7.17298 N 38.87866

### Lagos

**ASA Lagos**
Estádio Municipal de Lagos,
à côté de l'entrée principale du stade
Permanent
Borne eurorelais 🚐 🚽 🚰 : 2 €
20 🔲 - illimité - 3 €/j.
Services : 🚽 📶
GPS : W 8.67889 N 37.11583

### Moncarapacho

**Camping Route 66**
Caminho Agrícola de Giao-Maragota
N 125 - 📞 964 129 163
Permanent
Borne 🚐 ⚡ 🚽 🚰
40 🔲 - illimité - 34 €/j.
Services : 🚽 🛒 📷 📶
ⓘ Aire rurale en pleine nature,
très calme. Douches.
GPS : W 7.76607 N 37.08345

### Monsaraz

**Aire de Telheiro**
Rua da Fonte
Borne 🚐 🚽 🚰
GPS : E 6.62467 N 38.45184

### Paderne

**Aire de Paderne**
Lavadouros - 📞 289 580 533
Permanent
Borne 🚐
🔲 - Gratuit
Services : 🚽 🛒
GPS : W 8.20884 N 37.16797

### Vila Real de Santo António

**Parque de autocaravanas de Vila
Real de Santo António**
Av. Da Republica
Permanent
Borne raclet 🚐 ⚡ 🚽 🚰 : Payant
(électricité 5 € disponible entre 20h
et 8h)
120 🔲 - illimité - 4,50 €/j.
Services : 🚽 🛒 🍴 📶
ⓘ Au bord du fleuve Guadiana
et à côté du port.
GPS : W 7.41562 N 37.19941

# De la France vers… l'Italie

➲ *Départ : Marseille*
➲ *8 jours - 512 km*

## Jour 1

Quittez **Marseille** par la D 4, puis les D 96, D 560, et D 280 vers Nans-les-Pins et enfin la D 80 jusqu'au **St-Pilon** (53 km) d'où vous pourrez jouir d'une vue magnifique jusqu'au mont Ventoux. Reprenez la D 560 vers **St-Maximin-la-Ste-Baume** (34 km). Profitez de la fraîcheur et de la beauté de la basilique du village. Empruntez la N 7 pour Le Luc, puis la D 558 qui traverse la forêt de la Garde-Freinet et vous mènera à **Grimaud** (73 km). Ce village perché est parsemé de maisons provençales, de charmantes placettes, de fontaines et de micocouliers. Étape nocturne à **Ramatuelle**.

## Jour 2

Par la D 14 puis la N 98 vous atteignez **Sainte-Maxime** (12 km), dont les plages de sable fin méritent le détour. Un peu plus loin, faites une autre halte baignade à **Saint-Raphaël** (22 km). Ensuite, au choix : le massif de l'Esterel par la DN 7, ou la route de bord de mer (D 1098 puis D 6098) qui passe par le pic du Cap Roux et la pointe de l'Esquillon. À Mandelieu-la-Napoule (30 ou 34 km), suivez la D 109 puis la D 9 pour **Grasse** (19 km), capitale mondiale du parfum, et son musée international de la Parfumerie ; l'occasion d'acquérir un parfum fait sur mesure.

## Jour 3

La D 2085 vous mènera à **Nice** (37 km), où vous pourrez, en matinée, profiter du front de mer en vous baladant le long de la promenade des Anglais et sillonner les ruelles du vieux Nice. L'après-midi, visitez le site archéologique de Cimiez, à moins que vous ne préfériez découvrir un des beaux musées de la ville : musée des Beaux-Arts Jules-Chéret, musée Matisse (à combiner avec Cimiez car il se trouve en son sein), musée Marc-Chagall. S'il vous reste du temps, faites le tour du **cap Ferrat**, où de luxueuses résidences sont installées au cœur d'une luxuriante végétation.

## Jour 4

Prenez la D 6007 jusqu'à **Menton** (31 km), la cité du citron, ensoleillée toute l'année durant. Perdez-vous dans la vieille ville, lézardez le long de la Promenade du Soleil et attablez-vous à une terrasse pour déguster une savoureuse cuisine méditerranéenne. De l'autre côté de la frontière, le site de Balzi Rossi, falaise rouge percée de grottes, vous ménage une vue pittoresque sur Menton et abrite un très beau Musée archéologique où vous pourrez observer des traces humaines datant d'il y a 240 000 ans. La SP 1 vous conduira jusqu'à **Vallecrosia** (14 km) pour la nuit.

## Jour 5

En longeant la côte ligure (SP 1, SP 80), arrêtez-vous à **Bordighera** (5 km), station balnéaire toute en fleurs dont la vieille ville aux ruelles tortueuses a gardé ses portes fortifiées du 13ᵉ s. Plus loin, vous rejoindrez **San Remo** (12 km), célèbre en Italie pour son festival de variétés, son luxe et son commerce de fleurs. Après avoir parcouru l'élégant Corso Imperatrice, faites un détour par la ville haute (La Pigna). D'aspect médiéval, elle est parcourue par un lacis de ruelles bordées de hautes et étroites maisons. De la piazza Castello, montez au sanctuaire baroque de la Madonna della Costa pour une jolie vue sur la ville et la baie.

## Jour 6

La Riviera de Ponant se parcourt par l'antique voie romaine Aurelia qui ménage de multiples points de vue remarquables. Sur la route de Gênes, de nombreux petits bourgs méritent une visite. **Taggia** dispose d'un pont médiéval à 16 arches ainsi que d'un bel ensemble de peintures de Louis Brea exposées dans l'église San Domenico. Une escapade à Triora permet de visiter le musée de la Sorcellerie avant de rejoindre le magnifique village de **Cervo**, étagé sur un promontoire s'avançant dans la mer, dont les jolies ruelles piétonnes ont été préservées. Plus loin, vous rejoindrez **Alassio**, avec son fameux muretto orné d'autographes de personnalités des années 1960. Cette tradition avait été lancée par Ernest Hemingway. Ne manquez pas, enfin, de visiter **Albenga** (56 km à partir de San Remo), qui possède une vieille ville médiévale dont les charmes valent le détour.

## Jour 7

Les **grotte di Toirano**, dont les premières cavités furent habitées dès l'époque néolithique (on y voit encore des empreintes humaines),

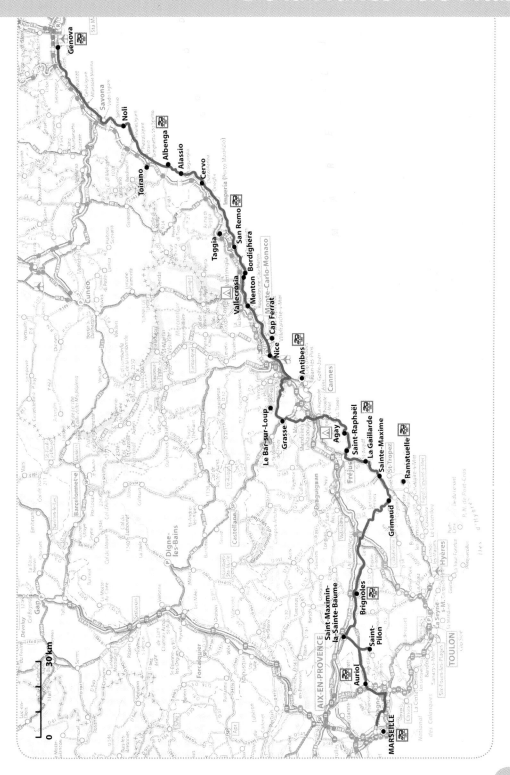

*Menton.*

B. Gardel / hemis.fr

présentent un ensemble remarquable ; une belle série de cavernes renferment des stalactites et des stalagmites qui ne manqueront pas d'impressionner les plus jeunes. En reprenant la SP 1 vous arriverez à **Noli** (28 km), très beau village de pêcheurs qui a conservé des maisons anciennes, des tours du 13ᵉ s., et une église romane abritant un Christ en bois. Poursuivez sur la SP 1 pour arriver à **Gênes** (63 km).

### Jour 8

L'ancienne république maritime de **Gênes** (Genova) mérite bien une journée pour l'apprécier. Le port est un lieu fort de la cité mère de Christophe Colomb. Le reste de la ville est également saisissant de contrastes colorés entre splendides demeures et édifices plus modestes. Lors de vos visites, faites la part belle tant à la Genova du siècle d'or qu'à la vieille ville. Pour la première, ne manquez pas de vous rendre via Garibaldi, où les familles les plus illustres de la cité décidèrent de s'établir vers la moitié du 16ᵉ s., bâtissant ainsi de somptueux palais dont trois ont été transformés en musées. Pour la seconde, sillonnez les étroites ruelles médiévales, appelées *carruggi*, au charme indéniable. Près du port, l'Aquarium reproduit une série de milieux marins différents, de la mer Rouge à la barrière de corail.

## Aires de service et de stationnement

### Albenga (Italie)

**Camping Piccolo Paradiso**
Via Che Guevara 17 - ☎ 018 25 17 34
De avr. à sept.
Borne ⚓ 🔌 🚽 💧 : Payant
6 🅿 - Payant
Paiement : jetons
Services : 🚾 🛒 ✕ 📷 📶
GPS : E 8.22498 N 44.05399

### Antibes (France)

**Aire de Marineland**
Parking P1 de Marineland - ☎ 0892 30 06 06
Permanent
Borne flot bleu ⚓ 🔌 🚽 💧 : 3 €
20 🅿 - illimité - 25 €/j.
Paiement : 🅶🅱 - jetons
GPS : E 7.12105 N 43.61493

### Auriol (France)

**Aire d'Auriol**
D 560, parking du supermarché Casino - ☎ 04 42 36 11 00
Permanent
Borne flot bleu ⚓ 🔌 🚽 💧 : 2 €
5 🅿 - 24h - Gratuit
Services : 🚾 🛒
GPS : E 5.6414 N 43.36807

### Brignoles (France)

**Aire de Brignoles**
Parking du supermarché Casino - ☎ 04 94 37 31 00
Permanent
Borne flot bleu ⚓ 🔌 🚽 💧 : 2 € - Paiement : jetons (en vente à l'accueil)
Services : 🚾 🛒
GPS : E 6.06188 N 43.40957

### Genova/Gênes (Italie)

**Area camper ENI di Genova -Bolzaneto**
Via S. Donà di Piave 4 -
☎ 010 650 73 58
Permanent
Borne ⚓ 🔌 🚽 💧 : 25 € (forfait avec stationnement)
15 🅿 - Payant
Services : 🚾
GPS : E 8.89389 N 44.44639

### La Gaillarde (France)

**Plage de la Gaillarde**
Lieu-dit La Gaillarde - ☎ 06 79 33 69 67
Borne artisanale ⚓ 🔌 🚽 💧 - 🅿
Services : 🚾 🛒 ✕ 📷
GPS : E 6.71152 N 43.36574

### Marseille (France)

**Marly-Parc**
Permanent - hiver 9h-21h, été 9h-22h
Borne artisanale ⚓ 🔌 🚽 : Gratuit
38 🅿 - illimité - 12 €/j.
Paiement : 🅶🅱
Services : 🚾 📶
🚌 Bus pour le centre-ville.
GPS : E 5.404 N 43.23784

### Ramatuelle (France)

**Aire de Ramatuelle**
Rte de Bonne-Terrasse - ☎ 04 98 12 64 00
Permanent
Borne ⚓ 🚽 💧 : Gratuit
130 🅿 - 48h - 9 €/j.
Services : 🚾 📶
GPS : E 6.66223 N 43.21129

### San Remo (Italie)

**Area camper località Pian di Poma**
Corso Guglielmo Marconi - ☎ 0184 66 04 20
Permanent
Borne ⚓ 🚽 💧
100 🅿 - 72h - 15 €/j.
Services : 🚾 🛒
🚌 Bus pour le centre.
GPS : E 7.74606 N 43.8031

## ⛺ Campings

### Agay (France)

#### ⛺ Agay-Soleil
1152 bd de la Plage - ☎ 04 94 82 00 79 - De mi-mars à déb. nov. - 0,7 ha (53 empl.)
Tarif : (Prix 2016) 36 € ♀♀ ⇌ 🔲 📊 (10A) - pers. suppl. 7 €
📷 borne artisanale
Services : ♀ ✕ 🏠 👌 🔑 🗹 🔲
🍴 🛜 📷 🛒
GPS : E 6.86822 N 43.43333

### Vallecrosia (Italie)

#### ⛺ Camping Vallecrosia
Lungomare Marconi 149 - ☎ 0184 29 55 91 - De mi-mai à déb. oct. - 0,4 ha (50 empl.)
Tarif : 36 € ♀♀ ⇌ 🔲
📷 borne
Loisirs : 🛶 🏊
Services : 👌 🛶 🛜 📷
GPS : E 7.63297 N 43.78466

---

### 🅸 Offices de tourisme

**Genova/Gênes**
V. Garibaldi, 12/R - ☎ 010 557 29 03 - www.visitgenoa.it - 9h-18h20; Via al Porto Antico, 2 - ☎ 010 557 29 03.

**Nice**
5 prom. des Anglais - ☎ 0892 70 74 07 - www.nicetourisme.com - mi juin-mi sept : lun.-sam. 8h-20h, dim. 9h-19h ; mi sept-mi juin : lun.-sam. 9h-18h - fermé 25 déc. et 1er janv.

**Pour téléphoner en Italie :**
00 39 puis le numéro du correspondant (avec le 0 pour les téléphones fixes, sans le 0 pour les portables)

**Pour plus d'informations :**
Cartes Michelin Regional N° 561 et N° 527
Le Guide Vert Côte d'Azur
Le Guide Vert Italie du Nord

---

## Les bonnes adresses de Bib

### Albenga (Italie)

#### ✕ Da Puppo
*Via Torlaro, 20 - ☎ 018 25 18 53 - www.dapuppo.it - mar.-sam. 12h15-14h, 18h30-22h (soir seult en été) - env. 20 €.* Dans les ruelles piétonnes du centre médiéval. On savoure ici la fameuse *farinata* mais aussi d'autres spécialités locales de tartes salées, légumes farcis, viande et poisson.

### Genova/Gênes (Italie)

#### ✕ A Cornabuggia
*Piazza del Carmine, 10 - ☎ 010 246 24 47 - www.acornabuggia.it - fermé dim. - 20/25 €.* Une authentique cuisine ligure, simple et savoureuse est servie dans ce restaurant dont le nom célèbre l'origan en dialecte génois.

#### ✕ Sà Pesta
*Via Giustiniani, 16/R - ☎ 010 24 68 336 - www.sapesta.it - fermé vend. soir, sam. soir et dim. - 15/20 €.* Séduisant cadre à l'ancienne, avec carreaux de faïence blancs et verts, tables en bois et en marbre et service informel pour savourer les classiques de la cuisine ligure, à commencer par la *farinata* et la *torta di verdure* (tarte aux légumes).

### Grimaud (France)

#### ✕ Auberge La Cousteline
*2,5 km au SE sur la D 14 - ☎ 04 94 43 29 47 - www.aubergelacousteline. fr - fermé 10 nov.-10 déc., de déb. janv. à déb. fév., merc. et jeu. midi en hiver, dim. soir en été - réserv. en sem. - menu 35 € - 24/42 €.* Cette ancienne ferme isolée est délicieusement enfouie sous la verdure. À l'intérieur, vous apprécierez le style « campagne et Provence » et, à la belle saison, la jolie terrasse saura vous séduire. Les préparations sont concoctées en fonction du marché.

### Menton (France)

#### ✕ La Cantinella
*8 r. Trenca - ☎ 04 93 41 34 20 - fermé 15 j. en janv., juin, dim. soir et lun. -*

*2déj. 22 € - 34 €.* Le patron, sicilien, aime faire plaisir à ses clients et leur mitonne de savoureux plats du Sud valorisant les produits du marché. Convivialité garantie.

### Nice (France)

#### ✕ La Table Alziari
*4 r. François-Zanin - ☎ 04 93 80 34 03 - fermé dim.-lun. - 30/55 €.* Le charme d'une petite adresse familiale dans une ruelle de la vieille ville : spécialités niçoises et provençales sont suggérées sur l'ardoise du jour et servies dans un cadre sans chichi. La poche de veau (poitrine de veau farcie) compte parmi les classiques de la maison. Menue terrasse.

### Noli

#### ✕ Albergo-ristorante Ines
*Via Vignolo, 12 - Noli - ☎ 019 74 80 86 - www.ristoranteines.com - 12h-14h30, 19h-22h sf lun. - 35/45 €.* Dans une ruelle piétonne près de l'église San Pietro. On y cuisine surtout poissons et fruits de mer, dans un cadre tout simple, non dénué d'élégance. Un menu dégustation copieux vous permettra de découvrir les spécialités de Ligurie. Service avenant.

### Saint-Maximin-la-Sainte-Baume (France)

#### ✕ Le Couvent royal
*Pl. Jean-Salusse - ☎ 04 94 86 55 66 - www.couvent-royal.fr - fermé dim. soir de nov. à mars - 17/24 € - dîner 39/49 €.* Installé sous les voûtes de la salle capitulaire ou dans les travées du cloître, ce restaurant propose une cuisine du Sud inventive qui ravit les yeux autant que les papilles.

### San Remo (Italie)

#### ✕ Maggiorino
*Via Roma, 183 - ☎ 0184 50 43 38 - fermé sam. soir et dim.* Une adresse populaire pour déjeuner léger et rapide : une *farinata*, une tarte de légumes ou une *foccacia* combleront une petite faim.

# Piémont, val d'Aoste et Lombardie

Des villes prestigieuses, Turin et Milan, des vallées sauvages, val de Gressoney et val de Cogne, des lacs parmi les plus beaux d'Europe, lac Majeur, lac de Côme et lac de Garde… avec en toile de fond les sommets alpins parfois enneigés. Comment ne pas être séduit ?

> ⟳ *Départ : Cuneo*
> ⟳ *12 jours - 1 200 km*

## Jour 1

**Cuneo**, au carrefour de deux vallées, est relié par de bonnes routes à la Méditerranée. Montez vers le nord et vers **Costigliole Saluzzo**, engagez-vous dans la Valle Varaita jusqu'à **Chianale**. Vous y verrez de remarquables villages, de vieux chalets recouverts de lauzes, tout à fait typiques. De retour dans la plaine, arrêtez-vous dans le centre médiéval de **Saluzzo**, puis, *via* **Savigliano**, montez au château de **Racconigi**. La journée s'achèvera, *via* Rivoli, à la **Sacra di San Michele**, une abbaye bénédictine qui n'est pas sans rappeler la splendeur du mont Saint-Michel. Rejoignez **Turin**.

## Jours 2 et 3

**Turin** (Torino) est une élégante ville aux rues bordées d'arcades et à l'architecture baroque. Elle collectionne les belles boutiques et les cafés aux décors 19e s. Son patrimoine et le nombre de musées est impressionnant. À ne pas rater : le musée égyptien, les collections d'art ancien du palais Madama, l'étonnant musée du Cinéma ou encore la pinacothèque Agnelli dans le Lingotto, l'ancienne usine Fiat transformée par Renzo Piano… sans oublier le Duomo et les places très animées, place San Carlo et places Castello et Vitorio Beneto. Le deuxième jour au matin, montez au mont des Capucins, finissez de parcourir le centre et, dans l'après-midi, reprenez votre camping-car pour rejoindre la basilique de Superga et la colline de la Maddalena qui offre de superbes panoramas.

## Jour 4

Quittant Turin par le nord, à 10 km, faites une halte à la Regia di Venaria, un complexe destiné aux chasses royales, avant de monter sur **Ivrea** d'où vous prendrez la direction du val d'Aoste. À **Pont-Saint-Martin**, bifurquez pour découvrir dans son intégralité la magnifique **vallée de Gressoney** et ses villages.

## Jour 5

Remontant la vallée, visitez le château de **Fenis**. Puis consacrez au moins 3h à la découverte des monuments antiques et religieux d'**Aoste** (remparts, tours, portes prétoriennes, théâtre et basilique Sant-Orso). La **vallée de Cogne** aux portes du parc national du Grand Paradis vous attend ensuite : poursuivez jusqu'à la cascade de Lillaz en prenant le temps de découvrir les dentelles de Cogne.

## Jours 6, 7 et 8

Retour à **Ivrea** d'où vous accéderez à **Biella** (voir le baptistère sur la place du Duomo en ville haute). Filez ensuite sur le lac d'Orta, un des plus petits lacs de Lombardie, non sans monter au préalable au Sacro Monte de **Varallo**, ensemble du 15e s. qui recrée tous les sanctuaires de Palestine. Dirigez-vous ensuite vers le **lac Majeur**. Faites halte à Pallenza (**Verbania**) avec une balade sur ses quais, puis à **Stresa** pour deux excursions exceptionnelles : la montée en téléphérique au Mottarone qui offre un panorama unique sur les lacs et les sommets alpins, et une croisière vers les magnifiques îles Borromées. En longeant le lac par le sud, vous rattrapez **Varese** puis **Côme** (Como). Vous visiterez le Duomo et la basilique romane Sant-Abbondio et ferez un tour complet du **lac de Côme** par la rive ouest. Au passage, vous admirerez de nombreux lieux de villégiature, **Cernobbio**, **Tremezzo** et sa villa Carlota, **Menaggio** la plus chic, sans oublier **Bellagio** qui occupe la pointe entre les deux bras du lac.

## Jours 9 et 10

Impossible de visiter la Lombardie sans accorder un à deux jours de visite à **Milan** (Milano) dont le centre historique s'inscrit dans un vaste quartier circulaire. Au nombre des incontournables, voir le Duomo et la Galleria Vittorio Emanuele II adjacente, mais aussi le château Sforzesco, les basiliques Sant'Ambrogio et Sant'Eustorgio, les prestigieuses

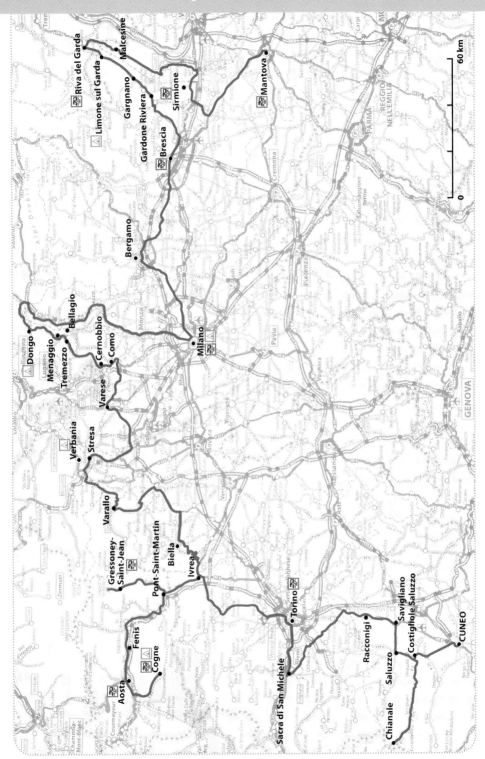

*Piazza del Duomo à Milan.*

## Les bonnes adresses de Bib

### Aosta/Aoste

**✘ Vecchia Aosta**
*Via Porta Pretoriana, 4 -
℘ 0165 36 11 86 - www.
vecchiaosta.it - fermé
merc. - réserv. conseillée -
35/40 €.* Une très bonne
table en ville, installée sur
plusieurs salles dans une
vieille bâtisse. Spécialité de
charcuteries et de pâtes à la
*fontina.* Agréable terrasse
sur la rue piétonne, service
charmant.

### Brescia

**✘ Al Frate**
*Via dei Musei, 25 - ℘ 030 37
70 550 - www.alfrate.com -
fermé lun. midi - 27/49 €.*
Dans une partie très animée
du centre ville, une adresse
historique qui propose les
spécialités régionales du
Bel Paese, concoctées avec
des ingrédients de qualité.

### Milano/Milan

**✘ Bottiglieria da Pino**
*Via Cerva, 14 - ℘ 02 76 00
05 32 - fermé le soir et dim. -*
*20/35 €.* Bien qu'installée
dans un quartier
commercial et financier,
cette *trattoria* classique
a su conserver intact son
caractère populaire et sert
une cuisine maternelle et
généreuse.

**✘ Trattoria Milanese**
*Via Santa Marta 11 -
℘ 02 86 45 19 91 - fermé
dim. - 35/45 €.* Une *trattoria*
à l'ancienne qui sert les
grands classiques du
répertoire milanais : *risotto
allo zafferano, ossobuco,
cotoletta alla milanese.*

### Torino/Turin

**✘ Tre Galline**
*Via Bellezia, 37 - ℘ 011 43
66 553 - www.3galline.
it - fermé à midi (sf sam.) et
dim. 40/50 €.* Restaurant de
tradition où l'on déguste les
plats typiques de la cuisine
piémontaise. Ne manquez
pas les *bolliti* (pot-au-feu)
en saison.

collections de la pinacothèque Brera. Vous pourrez aussi
vous extasier devant la célèbre *Cène* de Léonard de Vinci
visible dans l'église Santa Maria delle Grazie, puis parcourir
le quartier des Navigli (les canaux dont les abords ont
été réhabilités).

### Jours 11 et 12

**Bergame** est aussi une étape obligée pour sa ville haute
qui cache, derrière ses murailles, un lacis de ruelles aux
riches monuments médiévaux et Renaissance. Faites
une pause ensuite à **Brescia**, ville élégante où il est
agréable de se promener, et de s'asseoir à une terrasse
de café, avant de reprendre la route pour explorer les
rives du **lac de Garde**, le plus vaste d'Italie. En longeant
le lac par la rive ouest, vous traversez d'agréables villages comme **Gardone Riviera**, **Gargnano**, **Limone sul
Garda**, **Riva del Garda**. De **Malcesine**, ne manquez
pas de monter par le téléphérique sur le mont Baldo
et faites une longue pause à **Sirmione** situé au bout
d'une presqu'île où les maisons se pressent autour
d'une puissante forteresse. Votre périple en Lombardie
s'achèvera à **Mantoue** (Mantova) par la visite du palais
Ducal, une vraie merveille. Il est si riche et si vaste que
trois circuits de visite sont proposés en fonction du
temps dont vous disposez.

### ⓘ Offices de tourisme

**Aosta/Aoste**
*Piazza Praetoria 3 - ℘ 0165 23 66 27.*
**Milano/Milan**
*Galleria Vittorio Emanuele, angle piazza Scala -
℘ 02 88 45 55 55 - www.turismo.milano.it et www.
visitamilano.it.*

**Torino/Turin**
*Piazza Castello angle via Giuseppe Garibaldi, piazza
Carlo Felice, Aeroporto internazionale di Caselle -
℘ 011 53 51 81 - www.turismotorino.org.*

**Pour téléphoner en Italie :**
00 39 puis le numéro du correspondant (avec le 0 pour les
téléphones fixes, sans le 0 pour les portables)

**Pour plus d'informations :**
Carte Michelin Regional N° 561
Le Guide Vert Italie du Nord

## 🚐 Aires de service et de stationnement

### Aosta/Aoste

**Area d'Aoste Camper Park**
Via Caduti del Lavoro - 📞 0165 30 01
Permanent
Borne artisanale 🚰 🚽 🧺 ✎ : 1 €
33 🅿 - illimité - 14 €/j.
Services : 🚾
GPS : E 7.3305 N 45.73623

### Brescia

**Agriturismo Cascina Maggia**
Via della Maggia 3 - 📞 030 35 30 735
Permanent
Borne 🚰 🚽 🧺 ✎ : 3 €
16 🅿 - 48h - 15 €/j.
Services : 🍴 📶
🚌 Bus pour le centre-ville.
GPS : E 10.23631 N 45.51236

### Cogne

**Area di Cogne**
Località Revettaz - 📞 0328 90 36 422
Permanent
Borne 🚰 🚽 🧺 ✎ : Payant
(électricité 3 €)
130 🅿 - illimité - 12 €/j.
Services : 🚾
🚌 Très calme, à proximité du village.
GPS : E 7.35774 N 45.60874

### Gressoney-Saint-Jean

**Area Sosta Camper Tschaval**
SR 44 Loc. Bieltshocke -
📞 0347 84 66 336 - Permanent
Borne 🚰 🚽 🧺 ✎ : 3 €
20 🅿 - 12 €/j. - Services : 🚾
🚌 Dans un local technique chauffé.
GPS : E 7.83537 N 45.7602

### Mantova/Mantoue

**Area de Mantova**
Via Legnago - Parcheggio Sparafucile
Permanent
Borne 🚰 🚽 🧺 ✎
56 🅿 - illimité - 15 €/j.
Services : 🚾
🚌 Arrêt de bus pour la ville.
Sanitaires complets.
GPS : E 10.81236 N 45.16341

### Milano/Milan

**Area de Milano c/o Agricampeggio Cascina Gaggioli**
Via Selvanesco 25 - 📞 0257 40 83 57
Permanent
Borne 🚰 🚽 🧺 ✎ : Payant
(tarif dégressif sur la durée)
9 🅿 - illimité - 20 €/j.
Services : 🚾
🚌 Aire à la ferme, calme.
Arrêt de bus pour le centre de Milan.
GPS : E 9.19629 N 45.41794

### Riva del Garda

**Aera dei Riva del Garda**
Via Brione, à 50 m du port de
plaisance - 📞 0464 55 17 61
Permanent
Borne artisanale 🚰 🚽 ✎
41 🅿 - 48h - 12 €/j.
🚌 Centre-ville à 1,5 km ; lac de Garde
à 200 m.
GPS : E 10.8589 N 45.87959

### Sirmione

**Camper Park Sirmione**
Via Cantarene 18 - 📞 0309 90 41 92
Permanent
Borne 🚰 🚽 🧺 ✎ : Payant
(électricité 3 €)
100 🅿 - 20 €/j
Services : 🚾 🍴 📶
🚌 Au bord du lac.
GPS : E 10.63361 N 45.46067

### Torino/Turin

**Area di Torino**
Corso Casale
Permanent
Borne 🚰 🚽 ✎
🅿 - Gratuit
Services : 🍴
GPS : E 7.72993 N 45.08084

**Punto sosta e camper Service - pressi parco Ruffini**
Corso Trattati di Roma
Permanent
Borne artisanale 🚰 🚽 🧺
🅿 - Gratuit
Services : 🚾
GPS : E 7.63166 N 45.05686

## ⛺ Campings

### Cogne

**🏕 Camping Lo Stambecco**
Frazione Valnontey 6 - 📞 016 57 41 52
De mi-mai à mi-sept. - 2 ha (150 empl.)
Tarif : 21 € 🧍🧍 🚗 🔌
🚐 borne
Loisirs : 🎿 - Services : 🚰 📶 🔲 🏊
🚶 Circuits de promenades balisés.
GPS : E 7.35372 N 45.60184

### Dongo

**⛺ Magic Lake**
Via Vigna del Lago 60 -
📞 0365 95 45 50
De déb. avr. à mi-oct. - 0,7 ha (50 empl.)
Tarif : 30 € 🧍🧍 🚗 🔌
🚐 borne
Loisirs : 🎿 🚲 🏊 🛶, canoë
Services : 🍸 🍴 ♿ 🚰 📶 🔲
GPS : E 9.28898 N 46.13203

### Limone sul Garda

**🏕 Campingpark Garda**
Via IV Novembre 10 - 📞 0365 95 45 50
De fin mars à déb. nov. - 2,3 ha (200 empl.)
Tarif : 38 € 🧍🧍 🚗 🔌
🚐 borne
Loisirs : 🎿 🏊 ⛵
Services : 🍸 🍴 ☕ 🚰 📶 🔲 🛒 🍴
GPS : E 10.78809 N 45.80776

### Milano/Milan

**⛺ Camping Village Città di Milano**
Via G. Airaghi 61 - 📞 0248 20 70 17
Permanent - 5 ha (101 empl.)
🚐 borne - 50 🔌 - illimité - 31 €/j.
Services : 🍸 🍴 ☕ 🚰 📶 🔲 🛒
🚌 Transports en commun.
GPS : E 9.0817 N 45.47378

### Verbania

**🏕 Camping La Quiete**
Via Turati 72 - 📞 0323 49 60 13
De fin mars à fin sept. - 2,8 ha (180 empl.)
Tarif : 34 € 🧍🧍 🚗 🔌
🚐 borne
Loisirs : 🎿
Services : 🍸 🍴 ☕ 🚰 📶 🔲 🛒
GPS : E 8.4773 N 45.9539

# Splendeurs de Vénétie et d'Émilie-Romagne

Incontournable Vérone, incontournable Venise… De l'une à l'autre de ces stupéfiantes villes d'art, vous irez respirer l'air de la montagne en parcourant la route des Dolomites, élevant leurs reliefs spectaculaires vers l'Autriche avant de rejoindre l'Émilie-Romagne et les rives dorées de l'Adriatique.

- ⮑ *Départ : Vérone*
- ⮑ *11 jours - 900 km*

### Jour 1

Si **Vérone** (Verona), nichée dans un méandre de l'Adige, est par excellence la ville des mélomanes et des amoureux en mal de romantisme, elle est aussi la plus belle ville d'art d'Italie après Venise. Le long de ses rues se fondent des siècles d'histoire où alternent vestiges romains, églises médiévales et palais de style Renaissance. La piazza Bra, reliée au noyau ancien par la pittoresque via Mazzini, en constitue le centre élégant. Son amphithéâtre est l'un des plus grands du monde romain, son église San Zeno Maggiore est un superbe exemple d'art roman, et son Castelvecchio qui se prolonge par le pont Scaligero un remarquable ensemble fortifié du Moyen Âge. La journée ne sera peut-être pas suffisante si vous flânez sur les places accueillantes, comme la piazza delle Erbe où se tient le marché et la piazza dei Signori, entourée de palais.

### Jour 2

Partant plein nord par la S 12, vous rattraperez **Rovereto** et un peu plus haut le château de **Beseno** avant d'atteindre **Trente** que domine le château du Buon Consiglio décoré des fresques des mois de l'année. Vous pourrez aussi visiter la place del Duomo entourée par la cathédrale,

le palais Pretorio, et des maisons couvertes de fresques. Pour rejoindre Bolzano, vous allez entreprendre le tour du spectaculaire massif de Brenta (S 45b, S 237, puis S 239). Au niveau de **Carisolo**, faites un détour vers la superbe vallée di Genova jusqu'à la cascade di Nardis. Passé la station de **Madonna di Campiglio**, au col, montez (à pied ou en téléphérique) au panorama du Campo Carlo Magno. Plus loin au nord, faites un détour pour découvrir le **lac di Tovel**, un petit bijou. La S 42 vous ramènera sur **Bolzano**.

### Jours 3 et 4

Après une visite rapide de Bolzano, suivez la route des Dolomites qui traverse les gorges du Val d'Ega/Eggental. Roulez tranquillement et multipliez les haltes, à Nova Levante, au col de Carezza, à la station de **Canazei**, à Marmolada (par le téléphérique) et au col di Sella peu avant d'atteindre la route du fameux Val Gardena célèbre pour son artisanat du bois que l'on trouve dans les villages de **Selva**, Santa Cristina et **Ortisei**. Revenez sur vos pas et franchissez le col de Pordoi à 2 239 m avant d'atteindre **Cortina d'Ampezzo** au cœur des dolomites. Une multitude de randonnées et de téléphériques vous inviteront à découvrir quelques panoramas grandioses.

### Jour 5

Après cette échappée montagnarde, redescendez vers la plaine et arrêtez-

vous à **Belluno**, le temps d'admirer sa cathédrale et ses places. Puis filez en direction de Trévise en faisant un crochet par **Maser** pour admirer la remarquable villa Barbaro qui conserve une suite de fresques du 16e s. signée par le Véronèse. L'artiste a déployé là sa science de la perspective et du trompe-l'œil. Pour la fin de journée, rejoignez la piazza dei Signori à **Trévise**.

### Jours 6, 7 et 8

Incontournable **Venise** (Venezia). Il est presque superflu de présenter ses attraits tant s'y promener au hasard est déjà une merveilleuse façon de découvrir la ville, même si l'on s'y perd facilement. Le Grand Canal, pour commencer, offre un premier choc et un vrai dépaysement. Par la suite, la place et la basilique Saint-Marc, le palais des Doges, sans oublier le pont des Soupirs suscitent bien d'autres enchantements. Pour découvrir les trésors artistiques de la Sérénissime et sa prestigieuse école de peinture, rendez-vous à la Galleria dell'Accademia et au musée Correr. Rentrez aussi dans Santa Maria della Salute, promenez-vous dans les rues tranquilles de l'ancien ghetto… Et pour savourer les plaisirs de la plage, passez quelques heures au Lido, à moins que vous ne préféreriez une excursion dans les îles de la lagune (Burano, Murano et Torcello). Vous avez prévu 3 jours… il faudrait la semaine.

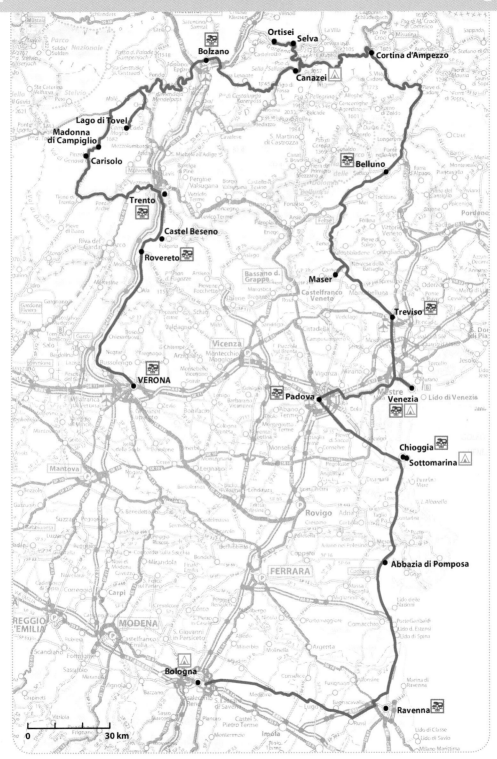

Le Grand Canal et Santa Maria della Salute, à Venise.

## Les bonnes adresses de Bib

### Bologna/Bologne

**Gelateria Gianni**
*Via Montegrappa, 11 ; via San Vitale, 2 ; via d'Azeglio, 77 -
℡ 051 23 30 08 - www.gelateriagianni.com.* Une enseigne
incontournable pour qui aime les glaces de qualité.

### Padova/Padoue

**✗ Antica Osteria dal Capo**
*Via degli Obizzi, 2 - ℡ 049 66 31 05 - www.osteriadalcapo.it -
fermé dim. et lun. midi - 25/35 €.* À deux pas de la cathédrale,
cette *trattoria* traditionnelle propose des spécialités de
Padoue et de la Vénétie.

### Venezia/Venise

**✗ Ai Promessi Sposi**
*Calle dell'Oca 4367, Cannaregio - ℡ 041 24 12 747 - fermé
merc.* Cichèti et cuisine locale qui peut être servie dans une
petite cour ou dans la salle aux murs couverts de 45 tours
d'autrefois.

**✗ Algiubagiò**
*Fondamenta Nuove 5039, Cannaregio - ℡ 041 52 36 084 -
www.algiubagio.net.* En attendant le bateau pour les
îles, on s'arrêtera volontiers dans ce restaurant de style
contemporain. Magnifique terrasse avec vue sur la lagune, où
l'on peut aussi déguster un en-cas.

### Verona/Vérone

**Il Pandoro**
Ce gâteau en forme d'étoile, au sommet enneigé de sucre
glace, est la spécialité pâtissière de Vérone et le symbole
de Noël.

### Jour 9

Après Venise, **Padoue** (Padova) vous attend. La chapelle
des Scrovegni et les fresques de Giotto, l'un des chefs-
d'œuvre de la peinture italienne vous laisseront un souvenir impérissable (attention, il faut réserver plusieurs jours à
l'avance). Profitez des charmantes places de la cité, Piazza
delle Erbe et Piazza dei Frutti, où se tient chaque jour un
marché. Et ne manquez pas la basilique del Santo, haut
lieu de pèlerinage.

### Jours 10 et 11

Partez vers le sud par la S 516, visitez rapidement **Chiog-
gia** puis suivez la S 309 qui traverse le delta du Po. Passé
l'**abbaye di Pomposa** (elle se visite), vous trouverez de
nombreuses plages pour la détente et la baignade.
**Ravenne** et ses monuments couverts de mosaïques
méritent une demi-journée de visite avant d'atteindre
votre ultime étape, **Bologne** (Bologna). Là, arcades, portiques et murs de brique confèrent au centre historique
un charme particulier ; il s'affiche avec force autour de
ses deux places, piazza Maggiore et piazza del Nettuno.

---

**ℹ Offices de tourisme**

**Bologna/Bologne**
*Piazza Maggiore, 1/e - ℡ 051 23 96 60 -
www.bolognawelcome.com*

**Venezia/Venise**
*Piazza San Marco 71/f (face au musée
Correr) - ℡ 041 24 24 - www.veneziaunica.it.*

**Verona/Vérone**
*Via degli Alpini, 9, près de la piazza Bra - ℡ 045 80
68 680 - www.tourismoverona.it.*

**Pour téléphoner en Italie :**
00 39 puis le numéro du correspondant (avec le 0 pour les
téléphones fixes, sans le 0 pour les portables)

**Pour plus d'informations :**
Carte Michelin Regional N° 562
Le Guide Vert Italie du Nord

## ⛰ Campings

### Bologna/Bologne

**⛰ Centro Turistico Città di Bologna**
Via Romita 12/4a - ☎ 0513 25 016
Permanent - 6,3 ha (120 empl.)
Tarif : 34 € ⚱ ⚱ 🚗 🔲
🚐 borne
Loisirs : 🏄 🛝
Services : 🍽 ✕ 🔑 🚰 📶 🏧 🧺
☺ Transports en commun pour le centre-ville.
GPS : E 11.37455 N 44.52389

### Canazei

**⛰ Camping Marmolada**
Strèda de Parèda 60 -
☎ 0462 60 16 60
Permanent - 3 ha (150 empl.)
Tarif : 33 € ⚱ ⚱ 🚗 🔲
🚐 borne
Loisirs : 🎣
Services : 🍽 🏠 🔑 🚰 📶 🧺
GPS : E 11.77502 N 46.4738

### Fusina (à côté de Venise)

**⛰ Camping Fusina**
Via Moranzani 79 -
☎ 041 54 70 055
Permanent - 5,5 ha (275 empl.)
Tarif : 30 € ⚱ ⚱ 🚗 🔲
🚐 borne
Loisirs : 🏖 diurne 🎿 🎣 💧
Services : 🍽 ✕ 🏠 🔑 🚰 📶 🧺 🛒 🏧 ⛽
☺ Navette fluviale pour centre de Venise
GPS : E 12.2565 N 45.42022

### Sottomarina

**⛰ Camping Grande Italia**
Zona Demaniale 10/I -
☎ 041 40 56 64
De fin mars à fin sept. -
4 ha (192 empl.)
Tarif : 44 € ⚱ ⚱ 🚗 🔲
🚐 borne
Loisirs : 🏄 🎿 🛝 🏊 (plage)
Services : 🍽 ✕ ♿ 🔑 🚰 📶 🧺 🛒 🏧 ⛽
☺ Bord de mer.
GPS : E 12.25649 N 45.42017

## 🚐 Aires de service et de stationnement

### Belluno

**Area Belluno**
Via dei Dendrofori - ☎ 0437 92 74 54
Permanent
Borne 🚰 🚐 🧼
5 🅿 - illimité - 11 €/j.
Services : 🚾
☺ Belle aire, à 2mn du centre-ville.
GPS : E 12.21517 N 46.13659

### Bolzano

**Area Servizio di Bolzano**
Via Masso della Pieve, en face du cimetière - ☎ 047 19 97 111
Permanent
Borne artisanale 🚰 🚐 🧼
1 🅿 - stationnement interdit la nuit
Services : 🛒
GPS : E 11.3359 N 46.4702

### Chioggia

**Area Le 2 Palme**
Via San Felice - ☎ 03315994298
Permanent
Borne 🚰 ⚡ 🚐 🧼
100 🅿 - illimité - 20 €/j.
Services : 🚾 🛒 ✕
☺ Bord de mer. Aire clôturée, gardée, éclairée.
GPS : E 12.29552 N 45.22151

### Padova/Padoue

**Park Camper Pontevigodarzere**
Via Telemaco Signorin, près de la sortie autoroute de Padova E
Permanent
Borne 🚰 ⚡ 🚐 🧼
🅿 - illimité - 8 €/j.
Services : 🛒 ✕
☺ Tram pour le centre-ville.
GPS : E 11.8918 N 45.442

### Ravenna/Ravenne

**Area di Ravenna**
Via Enzo Ferrari - ☎ 054435755
Permanent
Borne 🚰 🚐 🧼
12 🅿 - 24h - 2,25 €/j.
Services : 🛒 ✕
GPS : E 12.2347 N 44.37864

### Rovereto

**Area Camper Quercia**
Via Palestrina - ☎ 03 429 935 010
Permanent
Borne 🚰 ⚡ 🚐 🧼
15 🅿 - illimité - 10 €/j.
Services : 🚾 🏧 📶
GPS : E 11.03665 N 45.90247

### Trento/Trente

**Area di Trento**
Via Santi Cosma e Damiano 64 -
Loc. La Vela - ☎ 03389004343
Permanent
Borne 🚰 ⚡ 🚐 🧼
30 🅿 - 15 €/j.
☺ À 2 km du centre-ville, arrêt bus (15mn du centre-ville).
GPS : E 11.11107 N 46.07659

### Treviso/Trévise

**Aera di Treviso**
Via Giovanni Boccaccio -
☎ 042 02 30 11 406 - Permanent
Borne sanistation 🚰 🚐 🧼
24 🅿 - illimité - Gratuit
Services : 🛒
☺ À 500 m du centre-ville. Arrêt de bus.
GPS : E 12.26566 N 45.66767

### Venezia/Venise

**Area Parking Alighieri**
Lungomare Dante Alighieri 26 -
☎ 041 29 09 704 - Permanent
Borne 🚰 ⚡ 🚐 🧼 : Payant (électricité 3 €)
40 🅿 - illimité - 23 €/j.
Services : 🚾 ✕ 🏧 📶
☺ Proximité ligne ACTV (transport en bateau pour Venise situé à 600 m).
GPS : E 12.42121 N 45.44133

### Verona/Vérone

**Area Sosta Camper Porta Palio**
Via Colonnello Galliano -
☎ 045 23 20 014 - Permanent
Borne 🚰 🚐 🧼
37 🅿 - illimité - 10 €/j.
☺ À 2 km centre-ville. Aire sécurisée.
GPS : E 10.97906 N 45.43568

# Séduisante Toscane et terre d'Ombrie

La Toscane : indissociable de l'art de la Renaissance avec des villes prestigieuses comme Florence et Sienne. Ce nom est aussi synonyme de douceur de vivre, de campagne enchanteresse qui se prolonge en Ombrie par un chapelet de villages et de cités médiévales bien préservées à l'abri de leurs puissantes murailles.

➲ *Départ : Florence*
➲ *11 jours - 750 km*

### Jours 1, 2 et 3

Consacrez au moins 3 jours à la visite de **Florence** (Firenze). Prestigieuse cité d'art, la ville est un tourbillon d'émotions et de sensations, un hymne à la Renaissance. Certes, il faut patienter de longues heures avant de contempler la Vénus de Botticelli, la Bataille de San Romano d'Uccello ou le David de Michel-Ange. Certes, il faut s'habituer aux rues étroites qui supportent mal une circulation trépidante. Il n'empêche… Le charme opère car la cité des Médicis est gorgée de chefs-d'œuvre. Ne manquez pas les incontournables : la piazza del Duomo et le cœur médiéval ; le ponte Vecchio ; la Piazza della Signoria avec la fontaine de Neptune ; les marchés autour de San Lorenzo ; la loggia du marché neuf (16e s.) et ses boutiques d'artisanat ; le forte del Belvédère pour le panorama, etc. Tous ces lieux agréables et animés offrent des temps de pause entre deux musées, palais et édifices religieux qui sont innombrables. Retenez : la Galleria degli Uffizi ; le Palazzo vecchio ; les sculptures de Michel-Ange dans la galleria dell'Accademia ; le Museo del Bargello ; San Lorenzo et les tombeaux des Médicis ; la Galleria Palatina au palazzo Pitti ; les œuvres de Fra Angelico au musée de San Marco ; les fresques de Ghirlandaio à Santa Maria Novella… Faites des choix.

### Jour 4

De passage à **Prato**, visitez sa cathédrale romane flanquée d'un campanile, puis rejoignez **Pistoia** qui conserve un centre historique médiéval. Changement d'époque avec **Montecatini Terme**, élégante ville thermale dotée d'un très beau parc et d'édifices de la Belle Époque. Passez ensuite par **Pescia** pour une courte halte avant d'atteindre **Lucques** (Lucca), véritable petit bijou. Au-delà des remparts, vous découvrirez une ville riche d'un patrimoine architectural exceptionnel : les ruelles animées, les façades d'églises à l'allure de dentelle, les deux tours anciennes se dressant vers le ciel, la jolie place ovale de l'Amphithéâtre aux terrasses accueillantes, donnent envie de s'y attarder.

### Jour 5

Accordez-vous une pause pour vous baigner à **Viareggio**. Ses plages et sa promenade en front de mer sont tout à fait agréables (très fréquentés en été). Puis vous prendrez la direction de **Pise** (Pisa) pour une flânerie dans ses ruelles pittoresques, son battistero, et une montée dans sa célèbre tour. Revenez sur la côte où les plages se succèdent jusqu'à **Livourne** (Livorno) – la halte ne se justifie que pour les forteresses du quartier de la Venezia. Au sud, le littoral se montre plutôt accueillant avec des plages et criques ombragées de pinèdes à **Castiglioncello** et **Cecina**.

### Jour 6

Cap sur les terres en montant à **Volterra**, petite cité médiévale perchée à 550 m d'altitude. Réputée pour son travail de l'albâtre, elle offre un superbe panorama sur les collines environnantes, et sa place del Priori conserve un palais couvert de fresques. Vous ferez ensuite un détour pour admirer **San Gimignano** figée dans sa splendeur médiévale avec ses tours élancées vers le ciel. Sa piazza della Cisterna est l'un des lieux les plus étonnants d'Italie. Avant de rejoindre **Sienne** pour y passer la nuit, poussez jusqu'à **Monteriggioni**, tout petit village ceinturé de murailles arborant quatorze tours en parfait état.

### Jour 7

La journée sera consacrée à **Sienne** (Siena), ville ocre au relief capricieux. Accrochées à trois collines d'argile rougeâtre, ses rues serpentent derrière des remparts d'une ampleur surprenante avant d'aboutir à sa cathédrale, l'une des plus spectaculaires d'Italie, et à la piazza del Campo. Coup de foudre assuré ! Quittez la ville vers l'est (S 73 puis S 438). Vous parvenez ainsi à **Asciano** et plus loin à l'**abbaye di Monte Oliveto Maggiore** dont le cloître s'orne de remarquables fresques.

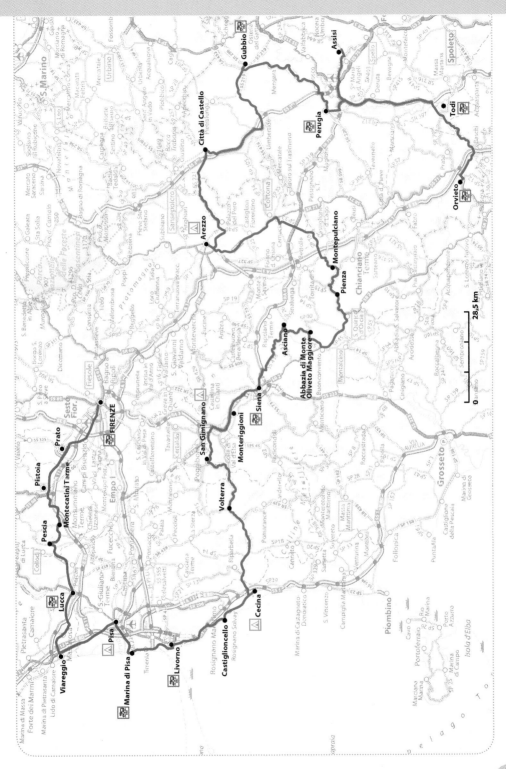

*Le Val d'Orcia au lever du soleil.*

## Les bonnes adresses de Bib

### Firenze/Florence

#### ✕ Le Mossacce

*V. del Proconsolo 55r (quartier du Duomo) - 𝄞 055 294 361 - www. trattorialemossacce. it - fermé w.-end - 20/25 €.* Assis à l'une de ces petites tables rapprochées, vous côtoyez autant des employés et des ouvriers, que des magistrats sortant du tribunal tout proche. Cuisine florentine savoureuse, à base de produits naturels : minestrone, ossobucco, ragoût à la florentine…

### Orvieto

#### ✕ La Palomba

*V. Cipriano Menente 16 - 𝄞 0763 34 33 95 - fermé merc. - 30/35 €* Deux salles joliment lambrissées pour goûter aux trésors de la cuisine ombrienne. Utilisation exclusive de produits locaux : choisissez les yeux fermés, tout est délicieux !

### Pisa/Pise

#### ✕ Il Colonnino

*Via S. Andrea 37 - 𝄞 050 54 49 54 - www. ristorantecolonnino. it - fermé merc. - 25/35 €.* Œnothèque-osteria installée dans une bâtisse du 15ᵉ s., où on a retrouvé une petite colonne (colonnino) étrusque. Produits et recettes typiques de la région servis avec du bon vin.

#### Gelateria de'Coltelli

*Lungarno Pacinotti 23 - 𝄞 345 48 11 903 - www. decoltelli.it.* Au dire des Pisans, c'est LE glacier de la ville !

### Siena/Sienne

#### Nannini

*V. Banchi di Sopra 24 - 𝄞 0577 23 60 09.* Producteur du *panforte* le plus connu d'Italie, la maison a pris place dans cette coquette pâtisserie, qui fait également salon de thé.

### Jours 8 et 9

Poursuivez par **Pienza, Montepulciano**, deux cités charmantes qui méritent chacune une halte avant de remonter sur **Arezzo** où les fresques de Piero della Francesca, dans l'église de San Francesco, valent à elles seules le voyage. *Via* **Città di Castello**, vous irez ensuite à **Gubbio** dont les monuments romains et médiévaux s'étageant à flanc de colline en font l'une des plus jolies villes d'Ombrie. Poursuivez par **Pérouse** (Perugia) et sa ville haute édifiée au sommet d'une colline encore ceinte de fortes murailles.

### Jours 10 et 11

**Assise** (Assisi) vous attend le matin. La ville, inscrite au Patrimoine mondial de l'Unesco, n'a guère changé depuis le Moyen Âge et sa basilique aux murs couverts de fresques attire toujours pèlerins et visiteurs. En vous dirigeant vers Rome, vous ferez encore deux haltes importantes dans les cités médiévales perchées de **Todi** et d'**Orvieto** dont la cathédrale serait l'une des plus belles d'Italie.

---

### 🛈 Offices de tourisme

**Firenze/Florence**
*www.firenzeturismo.it - Piazzale delle Cascine 21 - 𝄞 055 27 68 806 ; 9h-19h ; V. Cavour 1r - 𝄞 055 290 832 - 9h-18h - fermé dim. et j. fériés ; P.za San Giovanni 1 - 𝄞 055 28 84 96 - fermé dim. apr.-midi ; P.za Stazione 5 - 𝄞 055 212 245 - fermé dim. apr.-midi.*

**Perugia/Pérouse**
*Loggia dei Lanari - P.za Matteotti 18 - 𝄞 075 57 36 458 - turismo.comune.perugia. it - tlj sf dim. apr.-midi 9h-19h.*

**Siena/Sienne**
*Piazza del Campo 56 - 𝄞 0577 28 05 51 - www.terresiena.it.*

**Pour téléphoner en Italie :**
00 39 puis le numéro du correspondant (avec le 0 pour les téléphones fixes, sans le 0 pour les portables)

**Pour plus d'informations :**
Carte Michelin Regional N° 563
Le Guide Vert Toscane Ombrie

## ⚠ Campings

### Arezzo

#### 🏕 Villaggio Le Ginestre
Loc. Ruscello 100 -
📞 0575 36 35 66
De déb. mars à déb. nov. -
2,2 ha (40 empl.)
Tarif : (Prix 2016) 29 € 👫 🚗 🅴
🚐 borne
Loisirs : 🏊 🎾 🚣
Services : 🍷 🍴 🔑 ⚡ 🚿 🛒
😊 Emplacements spécifiques pour camping-cars.
GPS : E 11.79028 N 43.44972

### Cecina

#### 🏕 Le Tamerici
Via della Cecinella 5 -
📞 0586 62 06 29
De mi-mai à déb. oct. -
8 ha (130 empl.)
Tarif : 41 € 👫 🚗 🅴
🚐 borne
Loisirs : 🏊 🚲 🚣
Services : 🍷 🍴 ♿ 🚿 📶 📷 🛒
🏊 🚿
GPS : E 10.50996 N 43.29208

### Pisa/Pise

#### 🏕 Camping Torre Pendente
Viale delle Cascine 86 -
📞 050 56 17 04
De fin mars à déb. nov. -
2,5 ha (220 empl.)
Tarif : 32 € 👫 🚗 🅴
🚐 borne
Loisirs : ☼ diurne 🏊 🚣
Services : 🍷 🍴 🔑 🚿 📶 📷 🛒
🏊 🚿
GPS : E 10.3831 N 43.7239

### San Gimignano

#### 🏕 Campeggio Il Boschetto di Piemma
Loc. Santa Lucia 38C -
📞 0577 90 71 34
De mi-mars à déb. nov. - 6,5 ha (95 empl.)
Tarif : (Prix 2016) 32 € 👫 🚗 🅴
🚐 borne
Loisirs : 🏊 🎾 🚣
Services : 🍷 🍴 🔑 🚿 📶 📷
GPS : E 11.05422 N 43.4534

## 🚐 Aires de service et de stationnement

### Firenze/Florence

#### Parcheggio Gelsomino
Via del Gelsomino 11 - 📞 055 36 33 62
Permanent
Borne 🚿 🚽 🧹
150 🅿 - illimité - 15 €/j. - 1 € la 1re h puis 0,50 € par fraction de 30mn
Services : 🚻
GPS : E 11.24489 N 43.75251

#### Parcheggio Europa
Viale Europa - 📞 055 50 30 22 09
Permanent
Borne 🚿 ⚡ 🚽 🧹
198 🅿 - illimité - 15 €/j. - forfait 2 € de 7h à 19h, sinon 1 € la demi-heure
Services : 🚻 🍴
😊 Bus ligne 23 A pour le centre-ville.
GPS : E 11.29857 N 43.75708

### Gubbio

#### Area de Gubbio
Via del Bottagnone - 📞 075 92 72 978
Permanent
Borne 🚿 ⚡ 🚽 🧹 : Payant (électricité 0,50 €/kwh)
74 🅿 - illimité - 5 €/j.
GPS : E 12.56472 N 43.35056

### Livorno/Livourne

#### Parcheggio Stazione Marittima
Via Sant'Anna, parking des ferries -
📞 0586 82 02 04 - Permanent
Borne artisanale 🚿 🚽 🧹
10 🅿 - 24h - Gratuit
Services : 🚻
GPS : E 10.3036 N 43.5558

### Lucca/Lucques

#### Aera attrezzata camper "Il Serchio"
Via del Tiro a Segno 704 - Loc. Santa Anna - 📞 0583 31 73 85
De déb. mars à fin janv.
Borne 🚿 ⚡ 🚽 🧹 : 7 €
50 🅿 - illimité - 25 €/j.
Services : 🚻 🛒 📷
GPS : E 10.486 N 43.85011

#### Aera di sosta camper Lucca
Via Gaetano Luporini -
📞 0583 91 99 31 - Permanent
Borne 🚿 🚽 🧹

60 🅿 - illimité - 14 €/j. - Services : 🍴
GPS : E 10.48796 N 43.84015

### Marina di Pisa

#### Area Sosta Camper Marina di Pisa
Lungarno Gabriele d'Annunzio 252-264 - 📞 033 83 00 50 64
Permanent
Borne artisanale 🚿 ⚡ 🚽 🧹 : 3 €
130 🅿 - 48h - 12 €/j. - Services : 🚻
😊 Piste cyclable jusqu'à la mer.
GPS : E 10.27831 N 43.67909

### Orvieto

#### Area di Renzo Battistelli
Strada della Direttissima -
📞 076 33 00 161 - Permanent
Borne artisanale 🚿 ⚡ 🚽 🧹
55 🅿 - illimité - 18 €/j.
Services : 🚻 📷
😊 Funiculaire pour le centre-ville.
GPS : E 12.1274 N 42.72552

### Perugia/Pérouse

#### Area di Perugia
Piazza Del Bové/Via Campo Di Marte -
📞 075 57 28 937 - Permanent
Borne artisanale 🚿 ⚡ 🚽 🧹 : 5 €
50 🅿 - illimité - 18 €/j.
Services : 🚻 🛒 🍴 📶
GPS : E 12.38449 N 43.09789

### Siena/Sienne

#### Area di Sosta Palasport
Via Achille Sclavo - Parcheggio del Palasport - 📞 0577 28 05 51
Permanent
Borne 🚿 🚽 🧹 : 1 €
35 🅿 - illimité - 20 €/j. - Services : 🚻
😊 Bus n° 4 et 7 pour le centre.
GPS : E 11.3174 N 43.33316

### Todi

#### Area Porta Orvietana
Viale di Montesanto - 📞 075 57 21 938
Permanent
Borne 🚿 🚽 🧹
22 🅿 - illimité - 15,50 €/j. - Services : 🚻
😊 Escalator gratuit pour le centre.
GPS : E 12.40212 N 42.78127

# De Rome aux Abruzzes, entre deux mers

Bien sûr Rome vous attend avec ses monuments antiques, ses fontaines et ses places animées à toute heure. Mais ce circuit au centre de l'Italie vous réserve aussi de belles pauses balnéaires, entre Adriatique et mer tyrrhénienne, et des échappées montagnardes vers des sommets magnifiques. Une Italie comme vous ne l'aviez sûrement pas imaginée.

➲ *Départ : Viterbo*
➲ *9 jours - 900 km*

### Jour 1

Venant du nord, vous pourrez vous arrêter à **Viterbo** où il faut visiter la place San Lorenzo et son palais des papes, puis le quartier médiéval de San Pellegrino, à l'est de la cathédrale. Filez ensuite plein ouest vers **Tuscania**, vieux bourg médiéval puis vers **Tarquinia**. Sa ville ancienne ne manque pas de charme mais c'est surtout son Musée archéologique, l'un des plus riches d'Italie en objets d'art étrusque, qui justifie l'étape. **Civitavecchia**, important port où font halte les bateaux de croisière, ne présente guère d'intérêt si ce n'est pour les belles plages qui s'étirent au sud de la ville. La journée s'achèvera par un tour complet du **lac de Bracciano**, havre de paix à quelques kilomètres de Rome.

### Jours 2, 3 et 4

Qui pourrait prétendre connaître **Rome** sans avoir vu le Colisée ? C'est donc de ce monument que vous partirez à la découverte de la « ville éternelle », en enchaînant par le forum romain et les Forums impériaux où se mêlent temples, colonnes, portiques et arcs de triomphe ; complétez votre visite par les thermes de Caracalla et pourquoi pas par les catacombes vers la via Appia Antica (hors de l'hypercentre). La Rome chrétienne s'illustre par de nombreux édifices religieux auxquels vous ne pourrez qu'associer la visite du Vatican. Comptez au moins une demi-journée pour la place et la basilique Saint-Pierre, et le musée du Vatican qui englobe les chambres de Raphaël et la chapelle Sixtine. Le lendemain, commencez par la place Campo dei Fiori où s'étale un marché authentique, poursuivez par le Panthéon et le quartier de la place Navona avec sa fontaine de Neptune, puis le palais Farnese (ambassade de France, réservation obligatoire). Au nord de la ville, vous découvrirez la place d'Espagne et ses monuments, la fontaine de Trevi et le domaine de la villa Borghese, sorte de poumon vert de la ville. Mais quel que soit votre programme, prévoyez de vous rendre en fin de journée au belvédère du Gianicolo (Janicule), à celui de l'Aventino ou encore à celui du Pincio. Vous bénéficierez alors d'un magnifique panorama sur la ville.

### Jour 5

La découverte de Rome se poursuit logiquement par celle d'**Ostie** à l'embouchure du Tibre avec le site d'**Ostia Antica**. Accordez-vous ensuite une pause balnéaire sur les plages au sud avant d'aborder les **monts Albains** (Albani) où l'on produit un excellent vin blanc. Vous y verrez de belles demeures patriciennes et le fameux Castel Gondolfo, la résidence d'été des papes avant de rejoindre au nord la villa Adriana de **Tivoli**, élevée par l'empereur Adrien au 2e s., l'un des plus riches ensembles de l'Antiquité. N'oubliez pas de visiter aussi la Villa d'Este, splendide résidence construite par l'un des princes de l'Église, et dont les somptueux jardins sauront, une fois encore, vous surprendre.

### Jour 6

Vous traversez aujourd'hui la chaîne des Apenins, soit par l'autoroute directe pour l'Aquila, soit par les nationales *via* Rieti. Dans les deux cas, **L'Aquila** ne sera qu'une halte rapide car la ville et ses environs fut gravement touchée par le tremblement de terre de 2009. On se consolera en rejoignant **Barisciano** et le superbe village médiéval fortifié de **Santo Stefano di Sessanio**. Poursuivez ensuite la route jusqu'à la S 17B qui grimpe sur le Campo Imperatore, un massif sauvage d'une grande beauté où paissent, en été, troupeaux de chevaux et de moutons. Rejoignez la S 80 pour descendre la belle vallée de Vomano qui plonge dans de magnifiques gorges… Vous passez par **Teramo** (voir sa cathédrale et l'amphithéâtre) pour atteindre la côte adriatique à **Guilianova**.

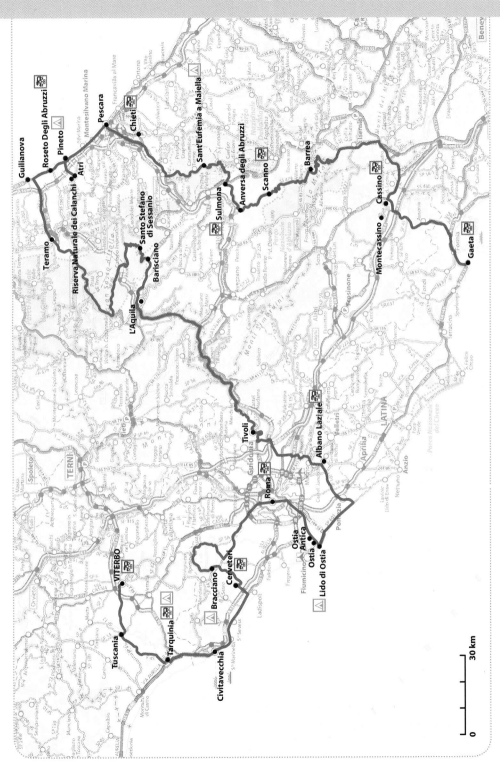

30 km

0

Ruines du site d'Ostia Antica, à côté de Rome.

Foaloce / iStock

## Jours 7 et 8

Après ce périple montagnard, profitez pleinement de la côte et des belles plages qui s'étendent de **Guilianova** à **Pescara**, ponctuées de temps à autre par des carrelets typiques (les *trabucchis*). Les curieux feront une petite escapade jusqu'à **Atri** pour découvrir la **réserve naturelle dei Calanchi**. De Pescara, retour vers la montagne en direction de **Sulmona**. Ceux qui n'ont pas peur des petites routes prendront la S 487 et passeront le col par la droite pour arriver à Sulmona, petite ville réputée pour ses ateliers d'orfèvrerie. Poursuivez par la S 479 qui, à partir d'**Anversa degli Abruzzi**, s'engage dans les profondes et sinueuses gorges du Sagittarion, puis vous longerez le **lac de Scanno** dominé par la ville du même nom et plus bas le **lac de Barrea**.

## Jour 9

Après avoir traversé le parc national, dirigez-vous vers **Cassino** et **Montecassino** et plus particulièrement à l'abbaye qui se dresse au sommet du mont Cassin. Malgré les destructions de 1944, le site demeure remarquable comme l'annonce la route en lacets qui y mène. Le circuit s'achève à **Gaeta** et sa plage de Serapo qui retiendra les amateurs d'embruns et de sable chaud.

## Les bonnes adresses de Bib

### Pescara

#### ✕ Taverna 58
*Corso Manthonè, 46 - ☎ 085 69 07 24 - www.taverna58.it - fermé vend., sam. midi, dim. - 20/35 €.* Une trattoria au cadre soigné, où la tradition gastronomique des Abruzzes donne vie à des plats goûteux et généreux. Visite des caves avec vestiges antiques.

### Roma/Rome

#### ✕ Vecchia Locanda
*Vicolo Sinibaldi, 2 - ☎ 06 68 80 28 31 - www.vecchialocanda.eu - tlj sf dim. 19h-23h.* Établissement intime situé dans une ruelle typique entre le largo Argentina et le Panthéon. Menu varié proposant notamment des pâtes fraîches maison et des *straccetti* de bœuf. Atmosphère « vieille Rome ». Tables dehors l'été.

#### ✕ Cuoco & Camicia
*Via di Monte Polacco 2/4 - ☎ 06 88 92 29 87 - www.cuocoecamicia.it - fermé lun. midi, mar. midi, sam. midi et dim.* La cuisine créative et savoureuse du chef Riccardo Loreni fait l'unanimité. Au déjeuner, ambiance bistro avec la proposition du jour présentée sur un grand tableau noir ; au dîner, carte de saison et éclairage aux chandelles.

#### ✕ Vicolo 88
*Via dell'Orso 88 - ☎ 06 45 65 20 75 - www.vicolo88.it - 19h-23h30 - fermé le midi et dim.* Une petite salle intimiste et contemporaine, inspirée d'un décor de théâtre avec son grand rideau rouge mettant en scène la cuisine ouverte. Cuisine romaine soignée et généreuse : *spaghetti cacio e Pepe* (fromage pecorino et poivre), *saltimbocca alla romana* (tranches de veau couvertes de jambon et de sauge)…

#### Terrazza Caffarelli
*Piazzale Caffarelli, 4 - ☎ 06 91 90 564 - www.terrazzacaffarelli.com - 9h30-19h.* Sur la terrasse du palais Caffarelli, le bar des musées du Capitole propose des déjeuners, sandwichs, glaces ou simples rafraîchissements… et surtout une vue exceptionnelle sur les alentours.

### ℹ Office de tourisme

**Roma/Rome**
☎ 06 06 08 - www.060608.it.
*Plusieurs points Infos (TIP) sont répartis dans le centre historique (Fori Imperiali, piazza Navona, via Nazionale, Minghetti, Barberini, Tiburtina, Sonnino, Conciliazione, San Pietro) et à l'aéroport - 9h30-19h.*

**Pour téléphoner en Italie :**
00 39 puis le numéro du correspondant (avec le 0 pour les téléphones fixes, sans le 0 pour les portables)
**Pour plus d'info :**
Carte Michelin Regional 563
Le Guide Vert Italie du Sud

## ⛰ Campings

### Bracciano

#### ⛰ Porticciolo
Via Porticciolo - ☎ 06 99 80 30 60
D'avr. à sept. - 3,3 ha (170 empl.)
Tarif : 24 € ♀♀ 🚗 🔲 - 🚐 borne
Loisirs : 🏄 ≋ (plage)
Services : 🍴 ✕ 🚿 ⚠ 🛜 🔘 ☕ 🛒 🚮 🪝
GPS : E 12.18706 N 42.10589

### Lido di Ostia

#### ⛰ Camping Internazionale Castelfusano
Via Litoranea 132 - ☎ 06 56 23 304
Permanent - 4,5 ha (240 empl.)
Tarif : 35 € ♀♀ 🚗 🔲 - 🚐 borne
Loisirs : 🏄 ▦ 🎿
Services : 🍴 ✕ 🚿 🛜 🔘 🛒
GPS : E 12.34037 N 41.7061

### Pineto

#### ⛰ Camping International Torre Cerrano
Contrada da Torre Cerrano -
☎ 085 93 06 39 -
De déb. mai à mi-sept. -
1,5 ha (130 empl.)
Tarif : 24 € ♀♀ 🚗 🔲 - 🚐 borne
Loisirs : 🏄
Services : 🍴 ✕ ⚡ 🚿 🛜 🔘 ☕ 🛒 🚮 🪝
🐕 Chiens interdits de juin à sept.
GPS : E 14.093 N 42.58138

### Sant'Eufemia a Maiella

#### ⛰ Agricampeggio Colle dei Lupi
Contrada S. Giacomo - ☎ 085 92 03 66
De déb. avr. à mi-sept. - 3,6 ha (40 empl.)
Tarif : 30 € ♀♀ 🚗 🔲
🚐 borne
Loisirs : 🏄 ▦ 🎿
Services : 🍴 ⚡ 🚿 🛜
GPS : E 14.02285 N 42.1178

### Tarquinia

#### ⛰ Camping Tuscia Tirrenica
Via delle Nereidi - ☎ 0766 86 42 94
De fin mars à fin sept. - 10 ha (480 empl.)
🚐 borne : Payant - 🔲 - 36 €/j.
Loisirs : 🎏 🤾 🏄 🎿 ≋ 🚣 ⛵
Services : 🍴 ✕ ⛺ 🚿 🛜 🔘 🛒 🚮 🪝
GPS : E 11.6999 N 42.23058

## 🚐 Aires de service et de stationnement

### Albano Laziale

#### Aera dei Albano Laziale
Piazza Guerucci -
☎ 06 93 29 52 24
Permanent
Borne 🚿 🚐 🪝
🅿 - illimité - Gratuit
Services : 🚾
GPS : E 12.65244 N 41.73195

### Cassino

#### Area Parking Europa
Via Agnone 5 (gare FS) -
☎ 077 62 20 59 - Permanent
Borne 🚿 [⚡] 🚐 🪝
20 🅿 - illimité - 15,50 €/j.
Services : 🚾 🛒 ✕ 🛜
GPS : E 13.83722 N 41.48287

### Cerveteri

#### Area di Cerveteri
Via Furbara-Sasso, SP 1 bis, km 4, 100 -
☎ 069 90 79 126
Permanent
Borne 🚿 [⚡] 🚐 🪝
160 🅿 - illimité - 12 €/j.
Services : 🚾 ✕ 🛜
GPS : E 12.03358 N 42.03109

### Chieti

#### Area Sangro est
A 14 Bologna-Taranto - km 428
Permanent
Borne 🚿 🚐 🪝
50 🅿 - Payant
Services : 🛜
GPS : E 14.15551 N 42.34668

### Gaeta

#### Playa Colorada
Via Flacca, km 21,657 -
spiaggia di Agostino -
☎ 0342 60 27 745
Permanent
Borne artisanale 🚿 [⚡] 🚐 🪝
30 🅿 - 30 €/j.
Services : 🚾 ✕ 🛜
🐕 Aire gardée.
GPS : E 13.50282 N 41.22794

### Roma/Rome

#### Area Sosta Autocaravan LGP
Via Casilina 700 - ☎ 06 24 27 518
Permanent
Borne 🚿 [⚡] 🚐 🪝
200 🅿 - illimité - 18 €/j.
Services : 🛒 🛜
🐕 Aire gardée jour et nuit.
GPS : E 12.55555 N 41.87583

### Roseto degli Abruzzi

#### Area del Ristorante Romeo
Via degli Orti 13 - ☎ 085 89 37 142
Permanent
Borne 🚿 [⚡] 🚐 🪝
40 🅿 - illimité - 20 €/j.
Services : 🚾 🛒 ✕ 🛜
🐕 Très belle aire sécurisée.
GPS : E 13.981 N 42.7229

### Scanno

#### Parcheggio
Sul lago - Permanent
10 🅿 - 6 €/j.
GPS : E 13.52476 N 41.54095

### Sulmona

#### Area di sosta camper Sulmona
Via Iapasseri - ☎ 086 43 36 19
Permanent
Borne 🚿 [⚡] 🚐 🪝
40 🅿 - illimité - 5 €/j. - Services : 🚾
GPS : E 13.9239 N 42.05306

### Tarquinia

#### Parking San Francesco
Via Porta Tarquinia - Permanent
Borne 🚿 🚐 🪝
10 🅿 - illimité - 10 €/j.
Services : 🛒 ✕
GPS : E 11.7606 N 42.2534

### Viterbo

#### AgricampeggioPaliano
Strada Pian di Tortora -
☎ 0328 55 88 386 - Permanent
Borne eurorelais 🚿 [⚡] 🚐 🪝
🅿 - 15 €/j. - Services : 🚾 ✕
GPS : E 12.08602 N 42.39348

# Vues sur mer en Sardaigne

Si la Sardaigne est italienne, ses villes ne peuvent rivaliser avec celles qui foisonnent sur le continent. En revanche, son littoral, ses criques, ses plages et ses paysages n'ont rien à lui envier et pourraient même lui faire envie tant ils sont préservés. Si vous suivez notre circuit vous verrez l'essentiel et si vous aimez la nature vous trouverez là un paradis.

⮞ *Départ : Olbia*
⮞ *12 jours - 1 100 km*

## Jour 1

Après une traversée en provenance de Livourne, vous débarquez à **Olbia**, agréable petite ville que vous ne pourrez quitter sans voir sa basilique San Simplicio et le musée Citadino posé sur un îlot où sont exposées des épaves de navires romains. Remontez la côte vers le nord où s'étire la costa Esmeralda, réputée pour ses plages de sables blancs (très fréquentées en été). Vous passez par **Porto Rotondo**, la station la plus huppée de Sardaigne avec **Porto Cervo** et ses criques parsemées de granit rose. Montez ensuite à **San Pantaleo**, célèbre pour son artisanat et ses vues sur le littoral.

## Jours 2 et 3

Aux alentours d'**Arzachena**, vous visiterez les « tombes de géants » (accès libre), monuments funéraires datant de 1800-1600 av. J.-C. L'île recèle des centaines de vestiges de ce genre. De **Palau**, consacrez une journée à la découverte de l'**île de la Maddalena** (prenez vos vélos ou louez un scooter sur place ; traversée 15 mn environ). Admirez le port de Cala Gavetta et la route en corniche qui offre de superbes panoramas. Sur la côte sarde, granits gris et roses se partagent l'extrême nord où se suc-

cèdent criques, caps et plages vers **Santa Teresa Gallura** et le magnifique **Capo Testa**.

## Jours 4 et 5

Dirigez-vous au sud vers **Tempio Pausania** aux austères maisons de granit gris, puis montez par une route en lacets au milieu d'une forêt dense parsemée de rochers jusqu'au **Punta Balistreri** culminant à 1 350 m d'altitude : là vous attend un panorama à 360°. Redescendez vers **Oschiri** puis Sassari. Au passage, découvrez les superbes églises romanes de **Sant Antioco di Bisarcio** puis la merveille, la **Santissima Trinità di Saccargia**. **Sassari**, deuxième ville de Sardaigne, mérite que l'on s'y arrête pour son centre médiéval, serré autour de la cathédrale San Nicola. La piazza d'Italia et le corso Vittorio Emanuele II en sont les lieux les plus animés.

## Jours 6 et 7

Dirigez-vous vers **Porto Torres** (voir sa basilique San Gavino) et montez jusqu'à **Stintino** où foisonnent les plages dans un décor de rêve. Poursuivez vers le **cap del Falcone** avant de descendre sur **Alghero** en passant par le **cap Caccia** et la grotte de Neptune avec son lac marin. Charmant petit port, Alghero est ceinturé par les oliviers, les eucalyptus et les pins parasols. Ne manquez pas le tour des remparts et sa cathédrale. Direction plein sud par la route côtière qui

offre de beaux panoramas jusqu'à **Bosa**, l'une des plus charmantes cités de Sardaigne couronnée d'un château fort. À ses pieds, un enchevêtrement de ruelles, d'arcades et de placettes s'étend à flanc de colline où les femmes perpétuent sur leur pas de porte le travail de la dentelle traditionnelle.

## Jours 8 et 9

Plus au sud, vers **Oristano**, visitez la cité punico-romaine de **Tharros** et profitez de la superbe plage de **Punta is Arutas**. Toujours au sud, après **Terralba**, empruntez les petites routes pour découvrir la Costa Verde et la plage de **Piscinas** qui prend des allures de Sahara sarde avec des dunes de 60 m de haut. La vieille ville d'**Iglesias** vous retiendra 2 à 3 h avant de rejoindre **Cagliari**, capitale de l'île, une ville d'aspect moderne, dotée d'un port actif. Elle a conservé néanmoins un cœur ancien chaleureux et coloré à l'intérieur de fortifications élevées au 13e s. par les Pisans. Église, couvent, basilique et cathédrale… la ville compte nombre de monuments à découvrir et n'oubliez pas la Terrazza Umberto I, d'où l'on jouit d'une vue admirable sur la ville, le port et le golfe.

## Jour 10

La côte sud-est étant peu accessible, vous filez aujourd'hui vers l'intérieur en remontant sur **Monastir** puis **San-luri** et plus au nord sur **Barumini** où

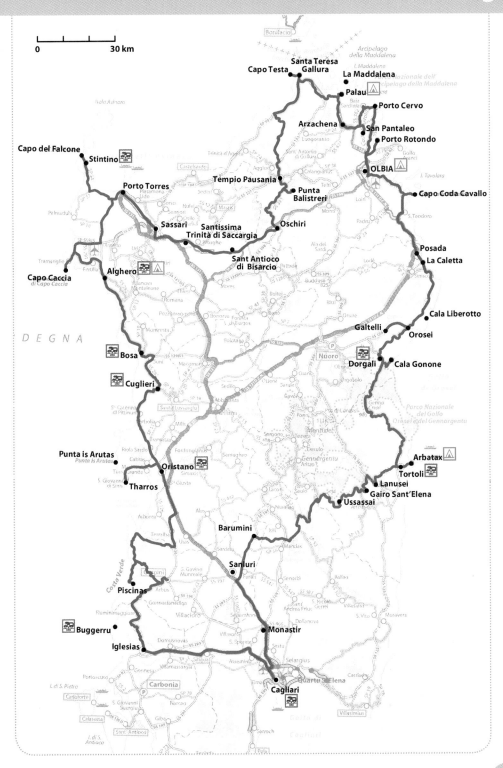

*Quartier du Castello, à Cagliari.*

M. Jung / imageBROKER / age fotostock

l'on trouve les vestiges nuragiques (de la période des âges du bronze et du fer) les plus intéressants de Sardaigne. Ce fabuleux site préhistorique est classé au Patrimoine mondial de l'Unesco. Vous reviendrez vers le littoral par Serri d'où la S 198, belle et sinueuse, vous conduira vers de charmants villages comme **Ussassai** et **Gairo Sant'Elena** aux allures brésiliennes. Passé **Lanusei** puis **Tortoli**, vous arrivez au port d'**Arbatax** et ses magnifiques rochers de porphyres rouges.

### Jours 11 et 12

Si vous voulez profiter des plages, optez pour celle de **Lotzorai** car, plus au nord, la S 125 prend de l'altitude (nombreux petits cols et belvédères) et longe une zone protégée par le parc national du golfe d'Orosei. Les plages y sont sauvages et superbes mais accessibles seulement par navette depuis **Cala Gonone** (à l'est de **Dorgali**). Poursuivez la côte par **Orosei** et faites un crochet par **Galtelli** pour découvrir l'un des bourgs médiévaux les mieux conservés de l'île. **Cala Liberotto**, **La Caletta** et **Posada**, sont autant de belles plages et jolis villages qui précèdent le **cap Coda Cavallo** et **Olbia** pour un retour sur le continent.

## Les bonnes adresses de Bib

### Arbatax

**Arbatasar**
*Via Porto Frailis 11 -*
☏ *078 265 18 00 - www. arbatasar.it - fermé nov.-fév. - 25/35 €.*
Cuisine traditionnelle de poisson et spécialités méditerranéennes à déguster dans un cadre simple et élégant. Très bonne cave.

### Cagliari

✖ **Basilio**
*Via Satta 112A -*
☏ *070 480 330 - www. ristorantebasilio. com - fermé dim. soir et lun. - 20/30 €.* Depuis trois générations, cette adresse fait le bonheur des habitants de Cagliari. Cuisine régionale et napolitaine savoureuse, jolies tables et service attentionné. Agréable cour intérieure ombragée, agrémentée de plantes en pots.

**Caffe Libarium Nostrum**
*V. Santa Croce 33/35 -*
☏ *346 522 02 12 - tlj sf lun. (sf l'été).* Une adresse agréable, élégante et très fréquentée, dotée d'une terrasse panoramique idéale pour siroter un verre en admirant le coucher du soleil.

### Olbia

✖ **Da Paolo**
*Via Garibaldi 18 -* ☏ *0789 216 75 - fermé dim. (sf l'été) - 20/25 €.* Une vieille institution du centre d'Olbia : spécialités régionales, poisson frais et frites maison. Service soigné et discret.

✖ **Da Tonino - Re di Tavolara – Isola Tavolara**
☏ *0789 58 570 - www. ristorantereditavolara. com - fermé oct.-mars - 30 €.* Un restaurant à même la plage, avec une cuisine typique de la région, aux saveurs inoubliables. Accueil familial par les descendants des rois de Tavolara.

### ⓘ Offices de tourisme

**Cagliari**
*Palazzo Civico - Via Roma 145 -* ☏ *070 67 78 173 - www. cagliariturismo.it - été : 9h-20h ; hiver : 9h-13h, 14h-17h.*

**Olbia**
*Corso Umberto I -* ☏ *0789 52 206 - www.olbiaturismo.it.*

**Alghero**
*Piazza Porta Terra 9 -* ☏ *079 97 90 54 - www.alghero-turismo.it - 8h-20h - dim. 10h-13h.*

**Pour téléphoner en Italie :**
00 39 puis le numéro du correspondant (avec le 0 pour les téléphones fixes, sans le 0 pour les portables)

**Pour plus d'informations :**
Carte Michelin Local N° 366
Le Guide Vert Sardaigne

## ⛺ Campings

### Alghero

**⛺ Camping La Mariposa**
Via Lido 22 - ☎ 079 95 04 80
De fin avr. à déb. oct. - 4 ha (256 empl.)
Loisirs : ≅, excursions organisées
animations
Services : ☂ ✕ ⚷ ⚱ 🛜 🛗 🛒
☺ Bord de mer.
GPS : E 81.844 N 40.3445

### Arbatax

**⛺ Camping Villaggio Telis**
Loc. Baia di Porto Frailis -
☎ 0782 66 71 40
Permanent - 3 ha (189 empl.)
Tarif : (Prix 2016) 49 € 🧍🧍 🚗 🇪
🚐 borne
Loisirs : ☺ nocturne (discothèque)
🤸🏖️🏊🎣 (plage) 🛶 🎿 ♨
Services : ☂ ✕ ⚷ ⚱ 🛜 🛗 🛒🗑
☺ Location canoés.
GPS : E 9.70687 N 39.92497

### Olbia

**⛺ Villaggio Camping Cugnana**
Loc. Cugnana - ☎ 0789 33 184
De mi-mars à fin sept. -
5,5 ha (180 empl.)
Tarif : 45 € 🧍🧍 🚗 🇪
🚐 borne
Loisirs : ☺ diurne (excursions
organisées) 🤸🏖️🎣 🛶 ♨
Services : ✕ 🏠 ⚷ ⚱ 🛜 🛗
lave-vaisselle 🗑
GPS : E 9.50504 N 41.00504

### Palau

**⛺ Camping Acapulco**
Loc. Punta Palau - ☎ 0789 70 94 97
De déb. mars à fin oct. -
1,7 ha (90 empl.)
Tarif : 36 € 🧍🧍 🚗 🇪
🚐 borne
Loisirs : 🏖️
Services : ☂ ✕ ⚷ ⚱ 🛜 🛗 🛒 🗑
☺ Au bord de mer et à 500 m du
centre-ville.
GPS : E 9.37718 N 41.18643

## 🚐 Aires de service et de stationnement

### Alghero

**Area Paradise Park**
SS 127 bis - Le Bombarde -
près de la plage - ☎ 079 93 60 33
De déb. mai à mi-sept.
Borne 🚰 [💧] 🚽 💧
150 🅿 - illimité - 25 €/j. - tarifs
dégressifs hors saison
Services : 🚾 ✕ 🛗
☺ Sécurisée, ombragée très agréable,
plage à 300 m, bus pour la ville (2 €
AR) et la plage (gratuit).
GPS : E 8.25557 N 40.59088

### Bosa

**Area S'Abba Druche**
SP 49 Alghero-Bosa, km 38,2 -
☎ 078 57 01 10
De déb. juin à fin oct.
Borne artisanale 🚰 [💧] 🚽 💧
40 🅿 - illimité - 25 €/j.
Services : 🚾 ✕ 🛗
☺ Au bord de la plage, rustique.
GPS : E 8.47353 N 40.3165

### Buggerru

**Area Comunale Terrazze**
Via Marina - SP AC465
Permanent
Borne artisanale 🚰 [💧] 🚽 💧 : 5 €
50 🅿 - illimité - 10 €/j.
Services : 🚾 ✕
☺ Calme, proche du port, vue
exceptionnelle sur la plage et le bassin.
GPS : E 8.40124 N 39.40215

### Cagliari

**Camper Cagliari Park**
Via Stanislao Caboni 13 -
☎ 070 30 31 47 - Permanent
Borne 🚰 [💧] 🚽 💧 : Payant
(électricité 5 €)
150 🅿 - illimité - 20 €/j.
Services : 🚾 🛒 ✕
☺ Aire clôturée et gardée, à proximité
de la ville (15mn à pied). Accès 24h/24.
GPS : E 9.12785 N 39.21055

### Cuglieri

**Camping Village Bella Sardinia**
SS 292 - km 109 - Loc. Torre del Pozzo -

☎ 0785 38 058 - De fin avr. à déb. oct.
Borne 🚰 [💧] 🚽 💧
🅿 - 42 €/j.
Services : 🚾 🛒 ✕
☺ Bord de mer.
GPS : E 8.49444 N 40.07084

### Dorgali

**Camping Car Palmasera**
Via Del Bue Marino - ☎ 033 68 18 111
De déb. avr. à fin oct.
Borne artisanale 🚰 [💧] 🚽 💧
104 🅿 - illimité - 30 €/j.
Services : 🚾 ✕
☺ Aire clôturée, sécurisée, ombragée,
proximité plage et village.
GPS : E 9.62994 N 40.27952

### Oristano

**Area Torre Grande**
Via Stellamaris 8 - ☎ 034 60 83 10 60
Permanent
Borne 🚰 [💧] 🚽 💧
20 🅿 - illimité - 18 €/j.
Services : 🚾
☺ À 150 m de la mer.
GPS : E 8.51946 N 39.90811

### Stintino

**Area di Sosta la Pineta**
SP 34 Torres Stintino, km 22 -
☎ 0347 08 81 433
De déb. mars à déb. oct.
Borne artisanale 🚰 [💧] 🚽 💧
50 🅿 - illimité - 21 €/j.
Services : 🚾 ✕ 🛗
☺ Entrée au niveau de la pizzeria
Perla del Golfo. L'aire est derrière.
GPS : E 8.23691 N 40.86918

### Tortoli

**Area Camper Baia Cea Tortolì**
Via delle Rondini - Spiaggia di Cea -
☎ 032 00 72 75 33
De déb. mai à fin sept.
Borne 🚰 [💧] 🚽 💧
70 🅿 - illimité - 30 €/j. - sur réservation
(minimum 5 nuits) : de 8 à 25 €
Services : 🚾 ✕
☺ Piscine à proximité.
GPS : E 9.68035 N 39.86874

# Trésors de la côte napolitaine et des Pouilles

« Voir Naples et mourir », dit le dicton. Et de fait, la ville née voici 2000 ans, entourée de volcans et de sites archéologiques majeurs face à une baie et des îles magnifiques, compte au nombre des cités les plus authentiques et surprenantes d'Italie. Il faudra pourtant lui tourner le dos pour explorer l'étrange beauté des Pouilles et de la côte adriatique.

> ⮑ *Départ : Caserta*
> ⮑ *10 jours - 980 km*

## Jour 1

Avant d'atteindre **Naples** (Napoli), arrêtez-vous à **Caserta** où se trouve le Palazzo Reale, l'un des plus vastes palais baroques d'Italie. Il ne compte pas moins de 1 000 pièces et appartements luxueusement décorés. Poursuivrez par la petite cité médiévale de **Caserta Vecchia** avant de découvrir la basilique de **Sant'Angelo In Formis**, un chef-d'œuvre du Moyen Âge. L'après-midi gagnez la côte pour profiter des plages ou visiter à **Pozzuoli** l'amphithéâtre Flavio. Bien conservé, il accueillait 40000 spectateurs et ses souterrains sont demeurés intacts. En fin de journée, établissez votre camp de base à **Naples**, soit en terrain de camping, soit sur une aire de stationnement gardée, car la ville ne se visite qu'à pied.

## Jours 2 et 3

Bruyant, décrépi et relativement pauvre, le centre historique de **Naples** est à la fois déroutant et fascinant. Le premier jour, marchez longuement dans le quartier Spaccanapoli qui épouse le tracé de la cité antique (entre la place Monteoliveto et la place Dante), regorgeant de ruelles typiques, d'églises et de palais où s'expriment toute la vie et la gouaille

napolitaine. Après le déjeuner, vous irez à pied jusqu'au musée Archéologique national, l'un des plus riches du monde, une visite impérative en préambule de la découverte dans les jours suivants des sites d'Herculanum et Pompéi. Le deuxième jour, aventurez-vous avec discrétion dans le quartier de Spagnoli (à éviter le soir) puis montez par le funiculaire au couvent de San Martino. L'après-midi, partez à la découverte du Lungomar. Autrefois tranquille village de pêcheurs, c'est aujourd'hui un des quartiers les plus vivants de la ville, avec une agréable promenade en bord de mer; prolongez votre balade jusqu'au pittoresque port de Santa Lucia et son castel dell'Ovo. Avec une journée supplémentaire, vous pouvez envisager une excursion sur la magnifique **île d'Ischia** surnommée l'île Verte en raison de sa luxuriante végétation (bus ou location de scooter au débarcadère) ou sur la plus modeste mais très authentique **île de Procida**.

## Jours 4 et 5

Pour les 2 prochains jours qui s'annoncent très riches en visites, établissez un nouveau camp de base au pied du **Vésuve**. Commencez par une montée au célèbre volcan, toujours actif, et admirez le panorama sur la baie de Naples (des visites organisées permettent d'approcher le cratère de façon plus spectaculaire). Vous consacrerez ensuite 2 à 3h à la découverte

d'**Herculanum**. Vu l'ampleur et la richesse du site de **Pompéi**, prévoyez d'y passer une journée entière (dès l'ouverture à 8h30) pour admirer les fresques de la maison des Vettii, la villa des Mystères et les thermes de cette ville somptueuse ensevelie en 79 apr. J.-C. par une éruption du Vésuve. Attention en fonction des périodes de restauration, certaines maisons peuvent être fermées.

## Jour 6

Passé **Castellammare di Stabia** (funiculaire pour le panorama du Monte Faito), gagnez **Sorrente** et sa presqu'île. Sur une trentaine de kilomètres, la route sinueuse dégage des vues panoramiques sur la côte Almafitaine et les collines couvertes d'oliviers, d'orangers et de citronniers. Après **Salerno**, longez le littoral bordé de longues plages de sable jusqu'à **Paestum** où vous irez admirer le site antique avec ses temples de Neptune et de Cerere au milieu des cyprès et des lauriers-roses.

## Jours 7 et 8

Cap à présent vers la mer Adriatique et les Pouilles via **Potenza**. Halte obligatoire à **Matera** classé au Patrimoine mondial de l'Unesco pour ses églises rupestres et ses « Sassi », l'exemple le mieux préservé d'habitations troglodytiques en Méditerranée. Passant par **Bari**, vous ne manquerez pas de voir la basilique San Nicola avant de profiter

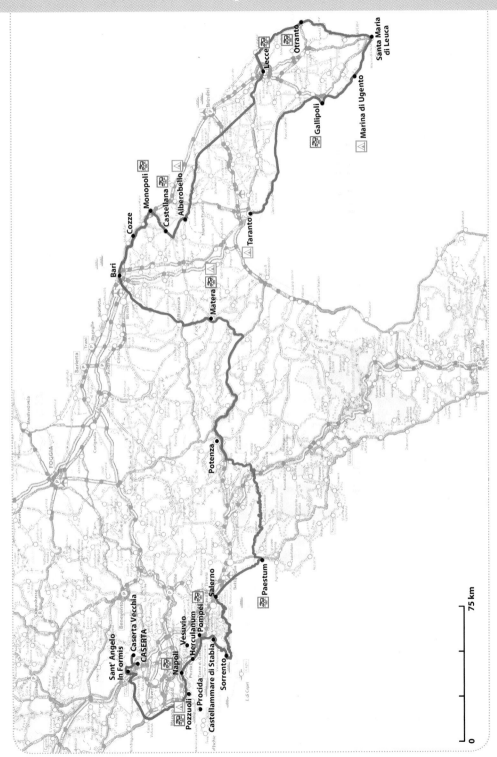

Santa Maria di Leuca

Otranto

Lecce

Marina di Ugento

Gallipoli

Monopoli

Cozze

Castellana

Alberobello

Taranto

Bari

Matera

Potenza

Paestum

Salerno

Caserta Vecchia

CASERTA

Sant' Angelo in Formis

Vesuvio

Herculanum

Pompéi

Napoli

Procida

Pozzuoli

Castellammare di Stabia

Sorrento

75 km

0

*Pompéi et le Vésuve.*

D.Huss / IStock

## Les bonnes adresses de Bib

### Lecce

✗ **Trattoria Casareccia Le Zie**
*Via Costadura, 19 -*
*℘ 0832 24 51 78 - www.*
*lezietrattoria.com - 15/20 €.*
On se sent comme à
la maison dans cette
trattoria qui propose une
cuisine sans sophistication
(antipasti de légumes,
purée de fèves à la chicorée,
morue et pommes de terre
au four)

### Matera

✗ **Ristorante Il Terrazzino**
*Vico San Giuseppe, 7 - Il*
*Piano - ℘ 0835 33 41 19 -*
*www.ilterrazzino.org -*
*15/20 €.* Ce restaurant
possède une terrasse qui
offre une vue superbe
sur les Sassi. Goûtez les
délicieuses *orecchiette al*
*tegamino* (pâtes fraîches,
tomates, mozzarella et
boulettes de viande), *foglie*
*d'ulivo* (pâtes fraîches

maison en forme de feuille
d'olivier) et viandes grillées.

### Napoli/Naples

✗ **Antica Pizzeria Da Michele**
*V. Cesare Sersale, 1/3 -*
*℘ 081 55 39 204 - www.*
*damichele.net - fermé dim.*
*et 3 sem. en août - 7/15 €.* La
pizzeria de tous les records,
ouverte depuis 1870 et où
l'on distribue des numéros
aux clients sur le trottoir
pour réguler l'affluence.
C'est l'une des meilleures
pizzerias de Naples, qui ne
propose que des pizzas
marinara ou margherita.

**Gran Caffè Gambrinus**
*V. Chiaia, 1/2 - ℘ 081 41*
*75 82 - grancaffe*
*gambrinus.com - 7h-1h,*
*jeu.-vend. 7h-2h.* Le plus
célèbre café napolitain.
Depuis plus de 150 ans,
ces salles décorées avec
faste sont témoins des
principaux événements
de l'histoire de Naples.

des petites plages qui émaillent la côte sud entre **Cozze** et **Monopoli**. Revenez un peu dans les terres vers **Castellana** pour visiter ses superbes grottes aux concrétions très spectaculaires, puis à **Alberobello** où se dressent les fameuses Trulli, petites maisons aux toits coniques de pierres sèches, caractéristiques des Pouilles. On en compte 1 400 dans le bourg et vous en verrez de nombreuses tout au long de la vallée d'Itria.

### Jours 9 et 10

Évitez Brindisi et gagnez directement **Lecce** surnommée la « Florence baroque ». Ses monuments en pierre tendre couleur de miel ont permis à des artistes d'exprimer toute leur fantaisie à l'image de la basilique Santa Croce, du palais Vescovile et du Duomo qui prennent des allures de décor de théâtre. Longez ensuite toute la côte de la presqu'île, par une route en corniche qui se déroule entre **Otranto** et **Santa Maria di Leuca** dans un maquis méditerranéen et des paysages sauvages. La côte ouest de **Leuca** à **Gallipoli** (50 km) se montre plus accueillante avec de belles plages qui s'égrainent ensuite jusqu'à **Taranto**.

### 🛈 Offices de tourisme

**Lecce**
*www.infolecce.it - Trois points info : Piazza S. Oronzo -*
*℘ 083 22 42 099 ; Corso V. Emanuele 16/a -*
*℘ 083 26 82 985 ; Viale XXV Luglio - ℘ 083 22 46 517.*

**Napoli/Naples**
*V. San Carlo, 9 - ℘ 081 40 23 94 - www.inaples.it ; P.za*
*del Gesù 7 - ℘ 081 55 12 701.*

**Pompéi**
*Via Nolana, 495 - ℘ 081 86 38 006 - www.*
*prolocopompei.it et www.pompeiturismo.it.*

**Pour téléphoner en Italie :**
00 39 puis le numéro du correspondant (avec le 0 pour les
téléphones fixes, sans le 0 pour les portables)

**Pour plus d'informations :**
Carte Michelin Regional N° 564
Le Guide Vert Italie du Sud

## ⛺ Campings

### Alberobello

#### Camping Bosco Selva
Via Bosco Selva 27 - ☎ 080 43 23 726
Permanent - 1,2 ha (40 empl.)
Tarif : 37 € 🧍🧍 🚗 🔲 - 🚐
Loisirs : 🏓 🎯
Services : ✕ ☙ 🔥 🎚 🚿
GPS : E 17.23591 N 40.77888

### Marina di Ugento

#### Riva di Ugento
Litoranea Gallipoli - S.M. di Leuca -
☎ 0833 93 36 00 - De déb. mai à
déb. oct. - 33 ha (1000 empl.)
Tarif : 51 € 🧍🧍 🚗 🔲 - 🚐 borne
Loisirs : 🎭 diurne 🎠 🎯 🏊
Services : 🍽 ✕ ♿ ☙ 🔥 📶 🎚 🛒
🛁 🚿
GPS : E 18.14008 N 39.87555

### Matera

#### Agriturismo Masseria del Pantaleone
Contrada Chiancalata 27 -
☎ 0835 33 52 39
Permanent - 1,5 ha (30 empl.)
Tarif : (Prix 2016) 15 € 🧍🧍 🚗 🔲
🚐 borne
Loisirs : 🐎
Services : 🍽 ✕ 🔥 📶 🚿
GPS : E 16.60776 N 40.65298

### Pozzuoli

#### Campeggio Int. Vulcano Solfatara
Via Solfatara 161 - ☎ 081 52 62 341
Permanent - 3 ha (160 empl.)
Loisirs : 🛝 🎯
Services : 🍽 ✕ ☙ 🔥 📶 🎚 🛒 🛁 🚿
🚌 Bus et métro à proximité.
GPS : E 14.13539 N 40.8277

### Taranto

#### Santomaj
Viale delle Margherite - ☎ 099 53
32 275 - Permanent - (150 empl.)
Tarif : 35 € 🧍🧍 🚗 🔲 - 🚐 borne
Loisirs : 🤸 🏖 🎯 🏊
Services : 🍽 ✕ 🏛 ♿ ☙ 🔥 🎚
🛒 🚿
GPS : E 17.29007 N 40.38136

## 🚐 Aires de service et de stationnement

### Castellana

#### Area de Castellana Grotte
Via Matarrese (à côté des grottes) -
☎ 080 49 98 221 - Permanent
10 🅿 - illimité - 10 €/j.
🚌 Sécurisée, calme et ombragée.
GPS : E 17.15145 N 40.87557

### Gallipoli

#### Area de Gallipoli c/o Agricamper Torre Sabea
SP108 (Litoranea per Santa Maria al Bagno) - ☎ 0833 29 82 73
Permanent
Borne 🔥 💧 🚐 🧹
50 🅿 - illimité - 44 €/j.
Services : 🚻 ✕ 🎚 📶
GPS : E 18.00661 N 40.07488

### Lecce

#### Parking de l'Université
Via Adua - Permanent
🅿 - illimité - 1 €/j.
GPS : E 18.16715 N 40.35519

### Matera

#### Area de Matera - Agriturismo Masseria del Pantaleone
Contrada Chiancalata 27 -
☎ 0035 33 52 39 Permanent
Borne 🔥 💧 🚐 🧹
32 🅿 - illimité - 15 €/j.
Services : 🚻 ✕ 📶
🚌 Bus à 700 m pour le centre-ville.
GPS : E 16.60751 N 40.65268

### Monopoli

#### Area Lido Millennium
Lido Millenium - Loc. Capitolo -
☎ 034 76 40 09 34
De déb. juin à mi-sept.
Borne 🔥 💧 🚐 🧹
69 🅿 - illimité - 20 €/j.
Services : 🚻 🛒 ✕
GPS : E 17.35132 N 40.90276

### Napoli/Naples

#### Area Parcheggio Patry
Via Nuove Poggioreale 120 -
☎ 081 58 41 437 - Permanent

Borne 🔥 💧 🚐 🧹
24 🅿 - illimité - 24 €/j.
GPS : E 14.2943 N 40.8678

#### Area Sosta del Sole
Via Antica di Chiaiano 1/a
Permanent
Borne artisanale 🔥 💧 🚐 🧹
🅿 - 20 €/j.
Services : 🚻 🛒 ✕
🚌 Aire sécurisée, bus à 100 m
pour le centre-ville.
GPS : E 14.21913 N 40.89938

### Otranto

#### Oasi Park
Via Renis - ☎ 083 680 22 26
Permanent
Borne 🔥 💧 🚐 🧹
50 🅿 - illimité - 18 €/j.
Services : 🚻
GPS : E 18.48926 N 40.13783

### Paestum

#### Area della Fattoria del Casaro
Via Licinella 5 ☎ 0828 72 27 04
Permanent
Borne 🔥 💧 🚐 🧹
15 🅿 - illimité - 12 €/j.
Services : 🚻 🛒 ✕
🚌 Face à l'entrée de Paestum.
GPS : E 15.00501 N 40.41529

### Pompei

#### Area di Pompei
Via Plinio 98 - ☎ 081 85 98 806
Permanent
Borne 🔥 💧 🚐 🧹 : Payant
(électricité 3 €)
12 🅿 - illimité - 26 €/j.
Services : 🚻 🛒 ✕ 📶
🚌 Bus pour la ville.
GPS : E 14.4874 N 40.74645

### Pozzuoli

#### Castagnaro parking
Via Vicinale del Castagnaro 1 -
☎ 081 526 75 45 - Permanent
Borne 🔥 💧 🚐 🧹
80 🅿 - 18 €/j.
GPS : E 40.86982 N 14.12159

# Merveilles du Sud : de la Calabre à la Sicile

Connaissez-vous la Calabre ? Son territoire est certes méconnu mais vraiment digne d'intérêts car, entre son haut plateau de Sila et son littoral échancré, il offre des sites remarquables et des paysages à couper le souffle. Un émerveillement qui se poursuivra par un grand tour de Sicile, la plus grande et l'une des plus belles îles de Méditerranée.

> ➲ *Départ : Cosenza*
> ➲ *12 jours - 1 300 km*

### Jours 1 et 2

Nichée en plein cœur de la Calabre, **Cosenza** est une petite ville dont le centre historique témoigne d'une ancienne prospérité avec son artère principale, le Corso Telezio, qui s'achève par un beau jardin public. Partez ensuite en excursion dans les montagnes vers le plateau de la Sila, véritable joyau aux allures de pays nordique avec des forêts de chênes, de pins, de châtaigniers et de mélèzes. Montez-y par la S 107 et admirez le lac de **Cecita o Mucone**, puis celui d'**Arvo** et enfin le lac de **Ampollino** qu'une route contourne. Au passage, visitez la réserve naturelle des pins géants de Fallistro. Redescendez par **Nicastro** pour rejoindre la côte qu'il faut longer vers le sud. Bordé de montagnes, ce littoral alterne falaises, caps vertigineux, cités dressées sur des promontoires, multipliant les sites remarquables et les stations réputées : **Pizzo** surplombant le golfe Sant'Eufemia ; **Vibo Valentia** aux ruelles étroites bordées d'escaliers et de palais ; **Tropea** entourée de falaises en à-pic ; le **cap Vaticano** et son panorama superbe ; **Palmi** et son port de pêche ; **Scilla** et son faubourg des pêcheurs (chianalea)… Vous arrivez ainsi à **Reggio de Calabre** d'où vous embarquerez pour la **Sicile**.

### Jours 3 et 4

Vos premiers pas en Sicile se feront à **Messine** où vous verrez rapidement la piazza Duomo, le Duomo et le Musée régional avec ses œuvres du Caravage. Longez la côte nord par **Milazzo** et sa péninsule (voir la citadelle, le château et le cap très spectaculaire). Poursuivez par les villages côtiers, **Tindari** et ses beaux points de vue, le **cap d'Orlando** et un crochet par le panorama de **Naso**, le belvédère de **San Marco d'Alunzio**. À **Santo Stefano di Camastra**, faites un détour dans les terres par les beaux villages de **Mistretta**, **Nicosia** à 700 m d'altitude, **Enna** dans un site superbe, et le bourg médiéval de **Castelbuono**. Vous gagnez ainsi **Cefalù**, charmante petite ville de pêcheurs installée dans un site incomparable, où se dresse une splendide cathédrale.

### Jours 5 et 6

**Palerme** vous séduira par sa beauté éclectique. Après des décennies d'abandon, le magnifique centre historique reprend vie, les monuments sont patiemment restaurés. Consacrez une journée à la visite de la chapelle Palatine, l'église de la Martorana, le palais Abatellis et le théâtre Massimo. Le deuxième jour, au sud de la ville, allez admirer les magnifiques mosaïques du Duomo, la cathédrale de **Monreale** (mosaïques exceptionnelles). Par **Alcamo**, vous gagnerez le site majestueux de **Ségeste** et son

temple dorique, puis **Erice**, spectaculaire nid d'aigle médiéval. Gagnez **Trapani** et passez-y la nuit.

### Jour 7

Après avoir visité **Trapani** et son pittoresque marché aux poissons (le matin), suivez la P 21 bordée par les marais salants jusqu'à **Marsala**. Continuez vers le sud-est pour atteindre **Mazara del Vallo**, petit bout de Maghreb avec son port-chenal grouillant de bateaux et de monde. Par **Castelvetrano**, poursuivez vers l'ancienne cité grecque de **Selinunte** et ses temples qui dominent toujours la mer.

### Jours 8 et 9

Prenez la SS 115 par **Sciacca** (voir le port) qui vous conduit à **Agrigente** et la célèbre **vallée des Temples**. Une journée est nécessaire pour parcourir le site archéologique, la ville médiévale et le site de la Scala dei Turchi. Poursuivez sur la SS 115 par **Gela**, puis visitez **Raguse** qui recèle un superbe quartier baroque et médiéval (Ibla). La nationale continue jusqu'à **Ispica**, près de laquelle se trouve la falaise du même nom, une faille de 10 km de long parsemée d'habitations troglodytiques et de nécropoles.

### Jour 10

En poursuivant la SS 115, vous arriverez à **Noto**, un petit joyau baroque accroché à un haut plateau. Sa cathédrale San Nicolo a fait l'objet d'une

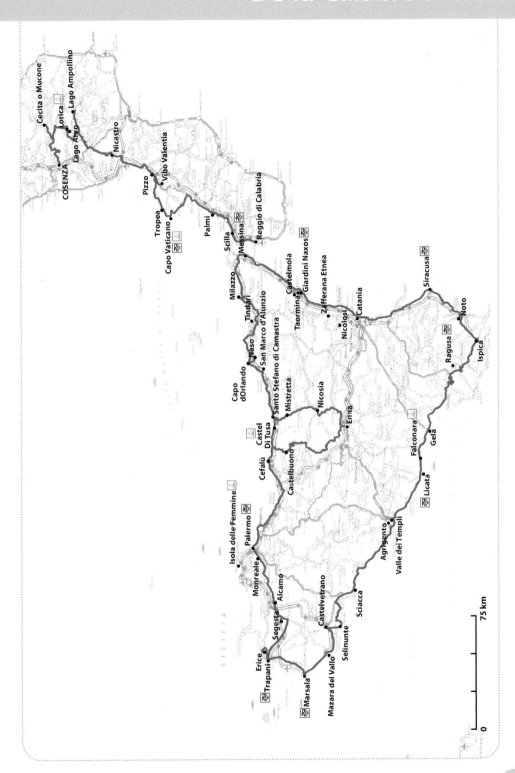

*L'église de Tropea.*

LioneM / iStock

## Les bonnes adresses de Bib

### Marsala

**Da Pino**
*Via San Lorenzo 27 -
☎ 0923 71 56 52 - www.
trattoriadapino.it - fermé
lun. et en nov. - réserv.
conseillée - 20 €.* Un
peu à l'écart du centre
historique, une trattoria
sans prétention, proposant
des antipasti à volonté
et de bons poissons
frais dans une ambiance
sympathique. Bon accueil.

### Messina/Messine

**✗ Don Nino**
*Via Europa 39 -
☎ 090 69 42 95 - 20/30 €.*
Merluche, tomates,
pommes de terre, olives,
câpres, pignons, raisins
de Corinthe, oignons, ail,
huile, céleri, carottes…
Un véritable festival de
saveurs !

### Palermo/Palerme

**Antico Caffè Spinnato**
*V. Principe di Belmonte
107 - ☎ 091 74 95 104 -
www.spinnato.it.* Ce café,
ouvert en 1860 dans l'une
des artères les plus chics de
Palerme, est une institution.
Une agréable terrasse invite
à déguster de délicieuses
pâtisseries ainsi que pour
un déjeuner léger. Piano
bar les soirs d'été.

### Siracusa/Syracuse

**✗ Don Camillo**
*V. Maestranza 96 - ☎ 0931
67 133 - www.ristorante
doncamillosiracusa.
it - fermé dim. - 36/60 €.*
La plus célèbre adresse
de la ville, propose les
incontournables de la
cuisine sicilienne avec
quelques créations. Soupe
de poisson, carpaccio de
thon, *cassata* et *cannoli*,
tous de très bonne qualité.

rénovation longue de sept ans. Reprenez la route de la côte pour voir ou revoir (comme le dit la chanson…) **Syracuse** (Siracusa). Là, en plus de l'île d'Ortygie qui foisonne de palais, de ruelles et de places charmantes, et du site archéologique de Neapolis, vous pourrez visiter la grotte Oreicchio di Dionisio et effectuer une excursion en bateau sur le fleuve Cyane.

### Jours 11 et 12

**Catane** et son célébrissime volcan, l'**Etna**, vous attendent. Après avoir visité le vieux centre de Catane et son port où les monuments se déclinent en noir et blanc, tentez l'ascension de l'Etna si les conditions volcaniques le permettent. Des sorties organisées en véhicule tout-terrain permettent une approche beaucoup plus intéressante par les versants nord et sud, au départ de **Nicolosi** ou de **Zafferana Etnea**. Longez ensuite la côte jusqu'à **Taormine** qui occupe un plateau rocheux à 200 m d'altitude, superbe balcon sur la mer. Son théâtre grec est une merveille. Montez aussi au village de **Castelmola** pour la vue avant de rejoindre **Messine** afin de regagner le continent.

## 🛈 Offices de tourisme

**Messina/Messine**
*Palazzo Satellite - piazza della Repubblica (angle de la via Calabria) - ☎ 090 77 23 728 - www.comune. messina.it.*

**Palermo/Palerme**
*Via Principe di Belmonte 92 - ☎ 091 58 51 72 ; autres adresses : Politeama ; au port ; à l'aéroport - www. provincia.palermo.it/turismo ou www.comune. palermo.it*

**Siracusa/Syracuse**
*Via Roma 31 - ☎ 0931 46 29 46 - www.siracusaturismo. net ; Via Mirabella 29 - ☎ 0931 46 46 57.*

**Pour téléphoner en Italie :**
00 39 puis le numéro du correspondant (avec le 0 pour les téléphones fixes, sans le 0 pour les portables)

**Pour plus d'informations :**
Carte Michelin Regional N° 564
et Local N° 365
Le Guide Vert Italie du Sud
Le Guide Vert Sicile

## ⛺ Campings

### Capo Vaticano

#### 🏕 Villaggio Camping La Scogliera
La Scogliera di Capo Vaticano -
Contrada Punta Tono -
☎ 096 366 30 02
De déb. mai à fin oct. - 3 ha (200 empl.)
Tarif : 36 € 🧍🧍 🚗 🅴 - 🚐 borne
Loisirs : 🕯 nocturne 🎠
Services : 🍴 ⚲ 🛜 🏧 🛒 ⚓
GPS : E 15.82946 N 38.62642

### Castel di Tusa

#### 🏕 Camping Lo Scoglio
SS 113, km 164 - ☎ 092 133 43 45
De déb. avr. à fin oct. - 1,5 ha (48 empl.)
Tarif : 33 € 🧍🧍 🚗 🅴
🚐 borne
Loisirs : 🎠 🚣
Services : ♿ ⚲ ⚲ ⚲ 🛜 🏧 🛒
GPS : E 14.23295 N 38.01001

### Isola delle Femmine

#### 🏕 Camping La Playa
Viale Marino 55 - ☎ 091 86 77 001
De fin mars à mi-oct. - 2,2 ha (80 empl.)
Tarif : 30 € 🧍🧍 🚗 🅴
🚐 borne
Loisirs : 🎠 ≋
Services : ♿ ⚲ ⚲ 🛜 🏧 🛒
GPS : E 13.24382 N 38.19607

### Falconara

#### 🏕 Eurocamping Due Rocche
SS 115, km 241,800 - ☎ 093 434 90 06
Permanent - 2,8 ha (150 empl.)
Tarif : 33 € 🧍🧍 🚗 🅴
🚐 borne
Loisirs : 🎭 🎠 ♨
Services : 🍷 🍴 ♿ ⚲ 🛜 🏧 🛒 ⚓
GPS : E 14.03875 N 37.10955

### Lorica

#### 🏕 Camping Lago Arvo
Loc. Passo della Cornacchia -
☎ 09 84 53 70 60
Permanent - 12 ha (750 empl.)
Tarif : 36 € 🧍🧍 🚗 🅴
🚐 borne
Loisirs : 🎠 - Services : 🍷 ♿ ⚲ 🛜 🏧
GPS : E 16.52953 N 39.24617

## 🚐 Aires de service et de stationnement

### Capo Vaticano

#### Parcheggio Formicoli
Contrada Biluscia - ☎ 034 80 10 15 11
Permanent
Borne ⚲
140 🅿 - 20 €/j.
Services : wc 🍴 🏧
GPS : E 15.84837 N 38.65807

### Giardini-Naxos

#### Area Lagani Parking
Viale Stracina 22 - ☎ 0942 54 120
Permanent
Borne artisanale ⚲ 🔌 🚽 ✎
29 🅿 - illimité - 28 €/j.
Services : wc 🍴 🏧
🚌 Aire clôturée, gardée.
GPS : E 15.26746 N 37.82092

### Licata

#### Sosta Camper La Sorgente
Via Provinciale 67 - Loc. Pisciotto -
☎ 033 35 85 71 81 - Permanent
Borne ⚲ 🔌 🚽 ✎
12 🅿 - 25 €/j.
Services : wc 🍴
🚌 Aire clôturée, gardée, ombragée.
GPS : E 13.85212 N 37.12628

### Marsala

#### Area La Siesta
Contrada Fossrunza vic 49 -
☎ 034 01 08 03 60
De mi-mai à mi-sept.
Borne ⚲ 🔌 🚽 ✎
50 🅿 - illimité - 15 €/j.
Services : wc 🍴
GPS : E 12.47669 N 37.73447

### Messina/Messine

#### Area de Messina
Via Catania 108 - ☎ 090 69 34 94
Permanent - Borne artisanale
🅿 - 10 €/j.
GPS : E 15.54579 N 38.177

### Palermo/Palerme

#### Freesbee Parking, Idea Vacanze
Via Imperator Federico 116,
Guiseppe di Piazza - ☎ 091 54 25 55

Permanent
Borne artisanale ⚲ 🔌 🚽 ✎ :
Payant (électricité 3 €)
50 🅿 - illimité - 18 €/j.
Services : wc 🛒 🍴 🛜
🚌 Bus et métro à 150 m.
GPS : E 13.35281 N 38.14745

#### Area Green Car
Via Quarto Dei mille 11 b -
☎ 091 65 15 010 - Permanent
Borne ⚲ 🔌 🚽 ✎
25 🅿 - illimité - 20 €/j.
Services : 🛒 🍴 🛜
🚌 Aire clôturée, gardée, calme.
GPS : E 13.34247 N 38.10977

### Ragusa/Raguse

#### Area Servizio di Ragusa
Via Avvocato Giovanni Alberto Cartia -
☎ 093 267 61 11 - Permanent
Borne ⚲ 🚽 ✎
1 🅿 - stationnement interdit la nuit
GPS : E 14.7064 N 36.9081

### Siracusa/Syracuse

#### Area Il Golfetto
Via Procione 6 - ☎ 093 19 49 424
De déb. juin à déb. sept.
Borne ⚲ 🔌 ✎
25 🅿 - illimité - 20 €/j.
Services : wc 🛒
🚌 Dans le jardin d'un particulier,
accès direct à la mer, calme.
GPS : E 15.22002 N 36.96378

#### Agriturismo Terrauzza sul Mare
Via Blanco 8 - Contrada Terrauzza -
☎ 0931 714362 - Permanent
Borne ⚲ 🔌 🚽 ✎
16 🅿 - illimité - 20 €/j.
Services : wc
GPS : E 15.28739 N 37.0119

### Trapani

#### Area Trapani
SP21, km 4, Nubia - ☎ 0923 19 41 502
Permanent
Borne ⚲ 🔌 🚽 ✎
20 🅿 - illimité - 20 €/j.
Services : wc 🛒 🍴 🏧 🛜
🚌 Aire clôturée et gardée, ombragée.
GPS : E 12.53106 N 37.98304

# La Slovénie, petite Suisse des Balkans

Si vous aimez la Suisse ou l'Autriche, vous aimerez la Slovénie… avec en prime une certaine qualité d'accueil. Ce tout petit pays mérite d'être découvert tranquillement en défilant un chapelet de cités médiévales et de sites naturels qui vous conduisent à petits pas vers les merveilleuses étapes maritimes de la côte adriatique.

> ⮕ *Départ : Maribor*
> ⮕ *10 jours - 500 km*

## Jour 1

Venant d'Autriche, vous entrez en Slovénie par **Maribor** au cœur d'une région viticole et montagneuse. La deuxième ville du pays est aussi l'une des plus charmantes avec ses maisons se reflétant dans les eaux de la Drave. La cathédrale, qui date du 12e s., affiche un style gothique alors que l'hôtel de ville sur la place principale se réfère à la Renaissance. Le château, quant à lui, remonte au Moyen Âge mais abrite une très belle chapelle baroque. Parcourue d'un monument à l'autre, la cité se montre attachante avec ses terrasses de café où vous pourrez déguster les vins du pays.

## Jours 2 et 3

Gagnez **Ptuj** au bord de la Drave. La ville mêle avec bonheur les bâtisses médiévales, rococo et néo-gothiques. **Ptujska Gora**, située à 13 km au sud-ouest de Ptuj, vous permettra de découvrir dans son église une des merveilles de la sculpture médiévale slovène. Poursuivez par **Poljčane** et ne manquez pas les ruines romantiques de la chartreuse de **Žiče**. **Celje** mérite aussi une pause, le temps de se promener dans le centre et de monter par une petite route au château des comtes qui surplombe la ville. Un peu plus à l'ouest, entre **Žalec** et **Šempeter**, vous pourrez admirer les tombes monumentales de la nécropole romaine de Rimska. Gagnez ensuite **Kamnik**, petite ville encerclée de sommets alpins et qui conserve un riche patrimoine. Ne manquez pas la chapelle de son Petit Château (Mali grad), perché sur une butte, et l'église Saint-Nicolas insérée dans une enceinte fortifiée flanquée de tours de défense.

## Jours 4 et 5

L'élégance de ses bâtiments, son atmosphère aristocratique et ses rues bien dessinées donnent à **Ljubljana**, capitale de la Slovénie, tous les éléments d'une élégante métropole. La courbe de la rivière Ljubljanica a déterminé la configuration de la ville médiévale. Sur l'éperon rocheux qui domine le cours d'eau, se dresse le château des comtes de Carniola, ancienne place forte construite au 12e s. Il offre un beau panorama sur la ville. À ses pieds, l'église Saint-Jacob garde un intérieur richement décoré : autel en marbre, stucages et trompe-l'œil. Bordée d'hôtels particuliers baroques et néoclassiques, la place Mestni Trg constitue le centre de Ljubljana et accueille plusieurs monuments remarquables. La cathédrale de Saint-Nicolas a été érigée en 1701 dans le style baroque. Des peintures murales décorent son intérieur qui abrite de très beaux orgues. Non loin, se trouvent le palais de l'Archevêché et le Seminarium, doté d'un portail baroque, dont la bibliothèque est somptueusement décorée.

## Jour 6

Quittez **Ljubljana** pour la région des Alpes juliennes et le parc national du Triglav. Première étape à **Škofja Loka**, ville médiévale la mieux préservée de Slovénie. Le pont des Capucins enjambant la rivière, l'hôtel de ville de style Renaissance et la maison Homan abritant un café et une pâtisserie ne manqueront pas de vous séduire. Montez ensuite à **Kranj**, dressée dans un écrin de montagnes et dont le centre est traversé par le canyon de la rivière Kokra (un circuit pédestre y a été aménagé). Vous flânerez avec plaisir dans la ville sans oublier de visiter ses souterrains datant de la Seconde Guerre mondiale.

## Jours 7 et 8

Le matin, arrêtez-vous à **Radovljica** le temps de parcourir la ville fortifiée qui conserve de belles maisons médiévales décorées de fresques et de déguster le miel très réputé que l'on produit ici. Vous monterez ensuite à **Bled** et son lac d'origine glaciaire. Celui-ci est dominé par un château, érigé sur un rocher (ouvert au public).

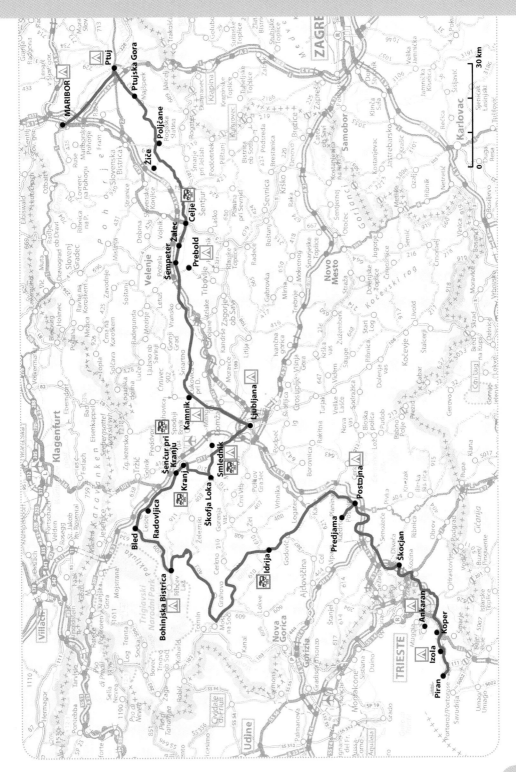

*Le lac de Bled dans le parc national de Triglav.*

AlbertoLoyo / IStock

Sur une île, se dressent l'église baroque Sveta Marijana Jezeru (Notre-Dame-du-Lac) et une nécropole slave qui date du 11ᵉ s. L'horizon s'ouvre sur de profondes forêts et sur les pics des Alpes. Le lac de **Bohinjska Bistrica** vaut lui aussi un détour avant de descendre, *via* **Idrija,** jusqu'à **Postojna** dont les grottes comptent parmi les formations géologiques les plus intéressantes d'Europe ; leurs cavités ont été creusées par la rivière Pivka. Faites ensuite un crochet par **Predjama** et le château de Predjamski grad construit au 12ᵉ s. encastré tel un nid d'aigle dans une cavité à 120 mètres au-dessus d'un gouffre karstique.

## Jours 9 et 10

Votre périple vous conduit ensuite vers les grottes de **Škocjan**, inscrites au Patrimoine mondial de l'Unesco. Les ruisseaux souterrains de la Reka ont creusé là une galerie et créé un décor dentelé. Après avoir franchi d'étroites gorges, les eaux écumantes de la rivière finissent par disparaître dans un gouffre. Cap sur le littoral à présent, afin de visiter trois cités à l'architecture médiévale. La première, **Koper**, arbore un centre historique pittoresque. **Izola** (Isola) pour sa part entretient une ancienne tradition de pêche. Quant à **Piran** (Pirano), allongée sur sa presqu'île, elle conserve un patrimoine particulièrement riche… et quelques belles plages.

# Les bonnes adresses de Bib

## Bled

### ✖ Vila Bled

*26, Cesta Svobode -* ☎ *04 575 37 10 - www.brdo. si/vila-bled - 30/60 €.* Ce splendide restaurant avec terrasse se trouve dans l'ancienne résidence du maréchal Tito, face à un lac. Le chef crée une cuisine gastronomique mêlant influences française et slovène. C'est l'endroit idéal pour un dîner romantique.

## Izola/Isola

### ✖ Gostlina Gušt

*Drevored 1, maja 5 -* ☎ *051 383 666 - gostilnica-gust.si - 11h-23h - env. 20 €.* Cette petite pizzeria est très conviviale et l'ambiance y est détendue. Les pizzas sont à l'honneur avec une trentaine de variétés et vous pourrez aussi y déguster de solides assiettes de pâtes.

## Ljubljana

### ✖ Gostilna Kovač

*Pot k Savi 9 -* ☎ *01 537 12 44 - www.gostilnakovac.eu - lun.-vend. 12h-22h.* Cette auberge mélange plats traditionnels slovènes et internationaux. Joli jardin. Sélection de vins slovènes haut de gamme.

### ✖ Gostlina Šestica

*Slovenska cesta 40 -* ☎ *01 242 08 55 - www.sestica.si - lun.-vend. 10h-23h, sam. 12h-23h, dim. 12h-17h - 25-49 €.* Ce restaurant, ouvert en 1670, se situe sur l'une des artères principales de Ljubljana. Il s'attache à perpétuer les saveurs slovènes typiques, avec notamment un menu dégustation qui satisfera les plus curieux. Certains soirs, vous pourrez assister à des concerts de musique traditionnelle ou vous essayer à des danses folkloriques.

## 🛈 Offices de tourisme

**Koper**
*Titov trg 3 -* ☎ *05 664 64 03 - www.koper.si*
**Ljubljana**
*Adamic Lundrovo nabrezje 2 -* ☎ *01 306 12 15 - www.visitljubljana.com/fr*
**Piran/Pirano**
*Tartinijev trg 2 -* ☎ *05 673 44 40 - www.portoroz.si*

**Pour téléphoner en Slovénie :**
00 386 puis le numéro du correspondant sans le 0 initial

**Pour plus d'informations :**
Carte Michelin National N° 736

## 🚐 Aires de service et de stationnement

### Celje

**Center karavaninga Glavan**
Borne 🔲 ⚡ 🚿 ✏️
🅿️ - 5 €/j.
Services : 📶
GPS : E 15.30117 N 46.23983

### Idrija

**Veri Krajnik**
Carl Jakoba ulica 9 - 📞 04 172 52 62
Permanent
Borne artisanale 🔲 ⚡ 🚿 ✏️
3 🅿️ - illimité - 10 €/j.
Services : 🚻 📶
GPS : E 14.0262 N 45.9989

### Kranj

**Camperstop Stara Sava**
Gregorciceva Ulica
Borne 🔲 ⚡ 🚿 ✏️
7 🅿️ - 8 €/j.
GPS : E 14.35433 N 46.23933

### Sencur Pri Kranju

**Camper Stop Cubis**
Poslovna cona a 2
Borne 🔲 🚿 ✏️
14 🅿️ - 10 €/j.
Services : 🚻 📶
GPS : E 14.40483 N 46.23667

### Smlednik

**Aire de Smlednik**
Valburga 7 - 📞 01 362 70 11
Borne artisanale 🔲 ⚡ 🚿 ✏️ : 10 €
30 🅿️
Services : 🍴 📶
GPS : E 14.42033 N 46.18

## ⛰️ Campings

### Ankaran

**Adria**
Jadranska cesta 25, p.p -
📞 05 663 73 50
De déb. avr. à mi-oct. - 7 ha (300 empl.)
Tarif : 27 € 👫 🚗 🔲 - 🚐 borne
Loisirs : 🏖️ 🎾 🛶 🏊 (plage)
Services : 🍴 ♿ ⛽ 🔲 🚿 📶 🔲 🛒
GPS : E 13.73401 N 45.578

### Bohinjska Bistrica

**Kamp Danica**
Triglavska 60 - 📞 04 572 10 55
Permanent - 4,5 ha (460 empl.)
Tarif : 25,20 € 👫 🚗 🔲
🚐 borne
Loisirs : 🎭 🏃 🛝 🛷 🚲
🏊 (plage) 🎣 🍺 - Services : 🍷 🍴
🔲 🔑 🚿 📶 🔲 🚿 🛒
GPS : E 13.94776 N 46.27434

### Izola/Isola

**Belvedere**
Dobrava 1a - 📞 05 66 05 100
De mi-avr. à déb. oct. - 2 ha (200 empl.)
Tarif : 26 € 👫 🚗 🔲 - 🚐
Loisirs : 🏖️ 🎾 🛝 🏊 🏄 (plage) 🎣 ⚓
Services : 🍷 🍴 🚿 🔲
🚍 Transports en commun à proximité.
GPS : E 13.63425 N 45.53108

### Kamnik

**Resnik Kamnik**
Nevlje 1 A - 📞 04 143 53 80
Permanent - 1 ha (100 empl.)
Tarif : 15 € 👫 🚗 🔲
🚐 borne
Loisirs : 🏖️ 🎾 🛝 🏊
Services : 🍴 🚿 📶 🔲
GPS : E 14.6191 N 46.22808

### Ljubljana

**Ljubljana Resort Hotel & Camping**
Dunajska cesta 270 - 📞 01 589 01 30
Permanent - 3 ha (177 empl.)
Tarif : 27,40 € 👫 🚗 🔲
🚐 borne
Loisirs : 🏃 🏌️ 🛝 🛷 🚲 🏊 🐬
Services : 🍷 🍴 🔑 🚿 🔲 🚿 📶 🔲

🚍 Transports en commun pour le centre historique.
GPS : E 14.51907 N 46.09753

### Maribor

**Center Kekec**
Pohorska ulica 35c - 📞 04 06 65 32
Permanent - 3 ha (105 empl.)
Tarif : 19 € 👫 🚗 🔲
🚐 borne
Services : 🍴 ♿ 🚿 📶 🔲
GPS : E 15.60435 N 46.53595

### Postojna

**Pivka jama**
Véliki otok 50 - 📞 05 720 39 93
De mi-avr. à fin oct. - 2,5 ha (350 empl.)
Tarif : 23,80 € 👫 🚗 🔲
🚐 borne
Loisirs : 🚲 🎾 🏊 🔑 🚿 🔲 🚿
Services : 🍷 🍴 🔑 🚿 🔲 🚿 🛒
GPS : E 14.20429 N 45.80495

### Prebold

**Dolina**
Dolenja vas 147 - 📞 04 179 05 90
De mi-avr. à fin oct. - 1 ha (55 empl.)
Tarif : 23,80 € 👫 🚗 🔲
🚐 borne
Loisirs : 🏖️ 🛷
Services : 🍴 ⛽ 🚿 📶 🔲 🛒
GPS : E 15.08765 N 46.24057

### Ptuj

**Terme Ptu**
Pot v Toplice 9 - 📞 02 749 45 00
Permanent - 1,5 ha (110 empl.)
Tarif : 40 € 👫 🚗 🔲
🚐 borne
Loisirs : 🛝 🛷 🎾 🏌️ 🛝 🏊 🏄
Services : 🍷 🍴 🚿 📶 🔲 🚿 🛒
GPS : E 15.85586 N 46.4211

### Smlednik

**Camping Smlednik**
Dragocajna 14a - 📞 01 362 70 02
Permanent
Tarif : 20 € 👫 🚗 🔲 - 🚐
Loisirs : 🎾 - Services : 🍷 🍴 📶 🔲
GPS : E 14.40933 N 46.17117

# Arts médiéval et baroque : Zagreb et la Slavonie

Si la Croatie est bien connue pour sa superbe côte adriatique, le nord du pays reste boudé par les touristes trop pressés. Pourtant, entre Zagreb, sa capitale, et les plaines de Slavonie, grenier à blé du pays, vous découvrirez une multitude de villages et de petites cités mettant à l'honneur l'art baroque.

➲ *Départ : Zagreb*
➲ *7 jours - 800 km*

## Jour 1

Capitale de la Croatie, **Zagreb** ne bénéficie pas de la même réputation que les capitales des pays voisins ; à tort car, passé la ville nouvelle, son vieux centre se révèle très attachant : trois quartiers distincts, en ville haute et ville basse, vous retiendront une pleine journée. Commencez par la colline de Kaptol, la ville épiscopale qui abrite la cathédrale et le marché de Dolac approvisionné par de petits producteurs ; poursuivez par la colline de Gradec, la ville féodale où il faut monter à la tour Lotrscak près de la belle église Sainte-Catherine, admirer l'église Saint-Marc dont la toiture porte les blasons de la ville, arpenter les rues des Saints-Cyrille-et-Méthode et Opaticka, ou encore la rue Ivan Tkalcica et ses terrasses de café. Vous pourrez passer l'après-midi dans la ville basse, autour du théâtre national, du jardin botanique, et de la place Ban-Josip-Jelačić, le cœur de la cité.

## Jour 2

Quittez Zagreb vers le nord et rejoignez **Kumrovec**, petit village où naquit Tito. Sa maison fait aujourd'hui partie de l'écomusée du vieux village, dans lequel granges et habitations racontent la vie rurale au 19ᵉ s. Un peu plus au nord, le château de **Veliki**

**Tabor** mérite lui aussi une visite. Puis rejoignez le vieux centre de **Krapina** et l'église Trski Vrh (Notre-Dame-de-Jérusalem) qui conserve un décor baroque époustouflant. Juché sur une colline dominant un plan d'eau, le château de **Trakošćan** vous ouvre ses portes pour le reste de la journée.

## Jour 3

De toutes les villes du nord de la Croatie, **Varaždin** est indéniablement l'une des plus séduisantes avec ses clochers à bulbe et ses nobles demeures bordant les rues piétonnes du centre-ville. Commencez par la place du Roi-Tomislav, aménagée à l'italienne. Les palais rococo ne manquent pas avec leurs façades exubérantes. Visitez aussi la cathédrale et montez au château doté de deux tours rondes et d'un donjon (qui abrite aujourd'hui le musée de la ville), avant de prendre un peu de repos dans le parc Vatroslava Jagica.

## Jour 4

**Koprivnica** mérite une halte pour son marché et son vieux centre. Après avoir traversé une campagne riante ponctuée de séchoirs à maïs, vous arrivez au village de **Hlebine** qui serait le berceau de la peinture naïve croate. S'y côtoient maisonnettes bourgeoises et maisons paysannes aux toits de chaume. Il suffit de s'écarter de la rue principale pour dénicher quelques cours de fermes, vielles maisons de torchis et de brique, granges en bois… Par **Đurđevac** vous passez ensuite à

**Virovitica**, petite ville industrieuse et sympathique qui mérite un arrêt pour son château et son ensemble monastique. La journée s'achèvera à **Našice** où les amateurs de pêche à la ligne se pressent autour de deux lacs dans l'attente de belles prises. Son parc à l'anglaise invite à la promenade et au repos.

## Jour 5

Pour que le charme d'**Osijek** opère, il faut parvenir dans son vieux centre. Vous y admirerez l'architecture austro-hongroise de sa ville haute et le remarquable ensemble baroque de l'ancienne citadelle autrichienne peuplée d'étudiants. Prévoyez au moins une demi-journée pour arpenter sa rue Zupanijska et ses deux parcs, sa citadelle, la place de la Trinité (Trg sv. Trojstva) et la promenade le long de la Drave au bord de laquelle a été aménagée une plage très appréciée en été. Montez ensuite *via* **Kopacevo** vers le parc naturel de Kopackirit, l'une des plus importantes réserves ornithologiques d'Europe (70000 oiseaux au plus fort de la migration). Vous pourrez vous balader à bord de petits canots et découvrir des paysages qui évoquent au printemps les bayous de Louisiane.

## Jour 6

Au sud-est d'**Osijek**, **Vukovar** est tristement célèbre pour les atrocités qui s'y déroulèrent lors des conflits de 1991. Son vieux centre en porte encore les traces : c'est un lieu de

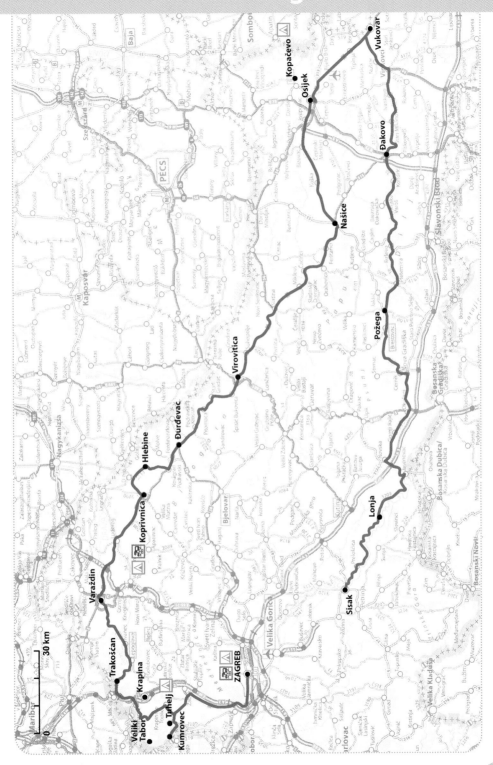

*Rue piétonne de Varaždin.*

xbrchx / iStock

mémoire émouvant où foisonnent cimetières, mémoriaux et stèles commémoratives. Quelques kilomètres plus à l'ouest **Đakovo** fut un centre religieux et un évêché où se dressent quelques beaux monuments : cathédrale de style néo-roman et palais épiscopal. Mais la cité est aussi connue pour son haras lipizzans, mondialement réputé pour les courses d'attelage.

## Jour 7

Cette dernière journée vous entraînera à **Požega**, petite ville baroque très animée. Vous y découvrirez de belles maisons à arcades badigeonnées de teintes pastel sur la place principale, de belles églises comme celle de la Sainte-Trinité et des rues plaisantes où se succèdent cafés, pâtisseries et commerces ; on aura plaisir à y traîner avant de rejoindre le beau parc naturel de Lonjsko Polje qui s'étire entre **Lonja** et **Sisak** avec deux villages à ne pas manquer, Cigoc et Krapje.

## Campings

### Kopacevo

**Kamp odmorište Family**
Ferenca Kiša 7 - ✆ 031 752 106 - Permanent - 0,2 ha (20 empl.)
Tarif : 16 € 👫 🚗 🅴 🚐
Loisirs : 🛝
GPS : E 18.78444 N 45.59889

### Koprivnica

**Bazeni Cerine**
Miroslava Krleže 81 - ✆ 048 240 570 - Permanent - 0,1 ha (11 empl.)
Tarif : 16 € 👫 🚗 🅴
Loisirs : 🕐 diurne 🎣 🛝 🏊 🏊, aire de sports, beach volley - Services : 🍷 🍴 ♿ 🚮 🚰 🛜 🚿
🙂 À 1,5 km du centre-ville.
GPS : E 16.84278 N 46.15361

### Tuhelj

**Camping Terme Tuhelj**

Ljudevita Gaja 4 - ✆ 049 203 750 - Permanent - 5,8 ha (30 empl.)
Tarif : 30 € 👫 🚗 🅴 🚐
Loisirs : 🎭 🛝 🎣 🚴 🛶 🏊 🏊
Services : 🍷 🍴 🏠 ♿ 🚮 🛜 🚿 🛒
🙂 Accès gratuit à la piscine des thermes.
GPS : E 15.7839 N 46.06601

### Zagreb

**Auto kamp Plitvice Zagreb**
Zagrebačka Obilaznica, Između Lučkog i Jankomira - ✆ 01 65 30 444
De déb. mai à fin sept. - 2 ha (150 empl.)
Tarif : 23 € 👫 🚗 🅴 🚐
Services : 🍷 🍴 🏠 ♿ 🛜 🛒 🚿
🙂 12 km à l'ouest de la ville, proximité autoroute.
GPS : E 15.87778 N 45.77389

## Aires de service et de stationnement

### Koprivnica

**Cerine Camper stop**
Borne 🔧 💧 ⚡ 🚿
11 🅿
Services : 🚾 🛜
GPS : E 16.83884 N 46.15184

### Zagreb

**E-Camper Zagreb**
Josipa Ressela
Borne 🔧 💧 ⚡ 🚿
27 🅿 - 72h
GPS : E 15.97333 N 45.77583

# Les bonnes adresses de Bib

## Đakovo

### ✕ Gradski Podrum

*Pape Ivana Pavla II 9 -
℘ 031 814 580 - www.gradskipodrum.
com - plats 20/80 kn, menu déj. 35 kn.*
En sous-sol, dans une confortable
salle voûtée. Spécialités slavonnes
particulièrement copieuses.
Excellentes charcuteries (*kulen* et
*pršut*). Bonne carte de vins locaux.

## Desinić (à proximité du château de Veliki)

### ✕ Restoran Grof Ratkay

*Trg sv. Jurja 3 - ℘ 049 343 255 -
www.restoran-grof-ratkay.hr - plats
30/130 kn.* Au centre du village, à
deux pas du château de Veliki Tabor,
une maison de village dotée d'un
belle véranda. Spécialités locales.

## Đurđevac

### ✕ Pivnica Stari Grad

*Dans la forteresse de Đurđevac.
Fermé hors saison.* De belles salles
voûtées pour déguster les spécialités
régionales telles que le *Đurđevački
odrezak* (poulet à la mode de
Đurđevac) ou le *jatagan* dont tant le
nom que la présentation sont inspirés
du siège turc de 1552.

## Koprivnica

### ✕ Restoran Kraluš

*Zrinski trg 10 - Koprivnica -
℘ 048 622 302 - plats 30/60 kn.* Sous
les arcades de la place principale,
dans une belle salle en sous-sol, on
déguste des plats représentatifs de
la cuisine locale, très inspirée de la
gastronomie magyare.

## Našice

### ✕ Ribnjak 1905

*Stjepana Radića 1 - Ribnjak, 6 km de
Našice - accès par la route d'Osijek
puis à gauche dans Jelisavac - ℘ 031
607 006 - www.nasicki-ribnjaci.hr
- 10h-23h - 80/100 kn.* Au bord d'un
grand étang et d'une aire de loisirs,
ce restaurant est spécialisé dans les
poissons de rivière : carpes grillées et
fiš paprikaš diverses.

## Osijek

### ✕ Bijelo Plavi

*Martina Divalta 8, près du stade et
de la piscine - ℘ 031 571 000 - plats
45/70 kn.* Restaurant à l'ambiance
chaleureuse. Spécialités slavonnes on
ne peut plus copieuses : l'assortiment
de sept grillades accompagnées d'un
ragoût aux haricots devrait rassasier
les plus affamés !

## Sisak

### ✕ Cocktail

*A. Starcevica 27 - ℘ 044 549 137 -
cocktail.hr - 20/100 kn.* Ce restaurant
possède une grande salle design avec
une exposition de bouteilles de vin
croate. On y sert de belles spécialités
de poissons de rivière (excellents) et
des plats de cuisine italienne. Service
attentif. Terrasse agréable aux beaux
jours.

## Varaždin

### ✕ Restoran Verglec

*Kranjceviceva 12 - 9h-22h (w.-end 0h) -
℘ 042 211 131 - www.verglec.com -
plats 25/65 kn.* Une taverne où, dans
une ambiance bon enfant, on déguste
*pisanica* et autres *cevapcici*.

## Zagreb

### ✕ Kaptolska Klet

*Kaptol 5 - ℘ 01 481 48 38 - 7h-0h -
plats 60/90 kn.* Une grande salle au-
delà d'une vaste cour qui, aux beaux
jours, sert de terrasse. La carte propose
une cuisine locale simple goûteuse
et abondante. Goûtez à l'agneau
rôti, surtout au début du printemps.
Musique live à partir de 19h.

### ✕ Pod Grickim Topom

*Zakmardijeve stube 5 -
℘ 01 48 33 607 - 11h-0h, dim. 11h-
17h - 100/200 kn à la carte.* Accroché
en haut de la pente, à la sortie du
funiculaire. Spécialités de poissons
que l'on déguste, en été, dans le jardin
dominant la ville basse.

### ✕ Vinodol

*N. Tesle 10 - ℘ 01 481 14 27 -
www.vinodol-zg.hr - 10h-0h - plats
80/90 kn.* Au fond d'une agréable cour,
sur une terrasse, ce restaurant réputé
pour ses spécialités de viande (goûtez
à l'agneau ou au veau cuit sous cloche)
vous réserve un dîner convivial.

### Vincek

*Lica 18 - 8h30-23h.* Glaces et gâteaux
où la *Sacher Torte* voisine avec les
spécialités du lieu : *Zagrebačka torta*
(crème et chocolat), *Princes Krafne*
(énorme chou à la crème fouettée)
ou *Vincek torta* (chocolat, noisette).
Bondé le samedi !

### Marché de Dolac

*Lun.-vend. 8h-18h, sam. 8h-15h.* Au
cœur de la ville, entre Donji Grad
et Kaptol, il est constitué de deux
marchés superposés : charcuteries,
fromages, miel et vins au marché
couvert ; fruits et légumes sur la place
de Dolac.

## 🛈 Offices de tourisme

**Osijek**
Županijska 2 - ℘ 031 203 755 -
www.tzosijek.hr - tlj sf dim.
8h-20h (hiver 16h), sam. 8h-12h.

**Varaždin**
Palača Padovec - Ivana
Padovca 3 - ℘ 042 210 987 -
www.tourism-varazdin.hr -
juin-sept. : 8h-18h, sam. 10h-17h ;
oct.-mai : 8h-16h, sam. 10h-13h -
fermé dim.

**Zagreb**
www.zagreb-touristinfo.
hr - Trg Bana J. Jelacica 11 :
℘ 01 48 14 051/52/54, 8h30-21h,
w.-end 9h-18h ; Kula Lotršcak
Strossmayer 9 : ℘ 01 485 15 10,
9h-21h, dim. et j. fériés 10h-21h.

**Pour téléphoner en Croatie :**
00 385 + indicatif régional sans
le 0 initial, puis le numéro du
correspondant.

**Pour plus d'informations :**
Carte Michelin National N° 757
Le Guide Vert Croatie

# L'Istrie et le golfe de Kvarner

Des kilomètres de plages, de criques, de rochers, des ports qui fleurent bon l'Italie voisine, des villages perchés comme des sentinelles… L'Istrie compose un savoureux mélange que prolonge le golfe de Kvarner parsemé d'îles. Elles méritent d'être explorées avant le grand bain de verdure qu'offrent deux parcs nationaux, authentiques sanctuaires de la nature.

⮑ *Départ : Rijeka*
⮑ *11 jours - 900 km*

## Jour 1

**Rijeka** est le plus grand port de Croatie. Plaque tournante du tourisme adriatique, la ville semble peu attrayante mais il serait dommage de ne pas partir à la découverte de cette cité dynamique qui a conservé quelques vestiges de son passé. Vous parcourrez le Korzo, la principale artère piétonne, et monterez sur la colline de Trsat. Là se dressent l'église Notre-Dame et le château dont le donjon offre un magnifique panorama sur le golfe de Kvarner. À peine est-on sorti de Rijeka que l'on suit un littoral d'autant plus spectaculaire qu'il est doté d'une végétation luxuriante et ponctuée de petites cités colorées où l'on serait tenté de faire une pause : c'est le cas de **Volosko**, un charmant petit port, et d'**Opatija**, la « Nice de l'Adriatique », avec ses villas fin de siècle dont la promenade François-Joseph donne un bon aperçu, ou encore de **Lovran**, coincée entre la mer et la haute barrière du mont Učka dominant un joli petit port.

## Jours 2 et 3

À **Brestovac**, prenez le bac pour l'**île de Cres**, longue d'une soixantaine de kilomètres où vous découvrirez des villages au charme fou : **Cres**, petit port plein de charme, **Valun** et ses deux petites plages de galet, **Osor**, sorte de village-musée, **Lubenice**, perché au-dessus de la mer… ou encore **Mali Lošinj**, grand port bordé de maisons d'armateurs et de négociants que l'on rejoint par un petit pont. **Veli Lošinj** avec son port triangulaire est peut-être le plus pittoresque. Difficile de ne pas tomber amoureux de cette île ; il ne tient qu'à vous de prolonger le séjour. De retour sur le continent, vous irez à la découverte de **Labin**, village fortifié et parsemé de palais aux façades colorées avant de rejoindre **Rabac** pour une belle promenade sur le front de mer et le port.

## Jour 4

Gagnez ensuite la cité antique de **Pula**. Son amphithéâtre dominant le port à l'extérieur des remparts est un des plus impressionnants du monde romain. Vous verrez ensuite la place du forum bordée de cafés et le temple d'Auguste aux proportions harmonieuses, puis l'arc de triomphe des Sergius. Complétez ces visites par celles de la cathédrale et de la forteresse avec son belvédère qui offre une belle vue sur la ville et les chantiers navals. Vous gagnerez ensuite **Fažana**, afin d'embarquer pour l'archipel des **Brijuni**… ou profiter de la plage.

## Jours 5 et 6

Remontant vers le nord, arrêtez-vous à **Vodnjan**, gros bourg sur les hauteurs où courent d'étroites rues pavées bordées de nobles demeures. Vous tomberez sans doute sous le charme de **Rovinj** dont le vieux centre occupe un site extraordinaire, une presqu'île qu'il faut voir depuis le quai du port. Comme sur un chemin de ronde, faites le tour du vieux centre où venelles, escaliers, façades aux teintes chaudes vous chantent un petit air italien ! Après une découverte en bateau du beau fjord de Lim, vous flânerez dans la vieille cité vénitienne de **Poreč**, tout aussi charmante que sa voisine et où vous ne manquerez pas d'admirer les exceptionnelles mosaïques de sa basilique euphrasienne.

## Jour 7

Cette journée sera consacrée à la découverte de beaux villages perchés tels que Grožnjan, un véritable enchantement, et **Motovun**, cité médiévale ayant conservé ses remparts ou encore Hum, qui s'enorgueillit d'être la plus petite ville du monde. **Pazin** mérite aussi une halte, pour son marché qui se tient le dimanche matin mais aussi pour son gouffre (Pazinska Jama). Vous terminerez la journée à **Beram**, en admirant les fresques du 15e s. de l'église Sainte-Marie.

## Jour 8

Retour à **Rijeka** d'où vous gagnerez **Kraljevica** et par le pont à péage l'**île de Krk** (prononcé Keurk). La journée sera tout juste suffisante pour

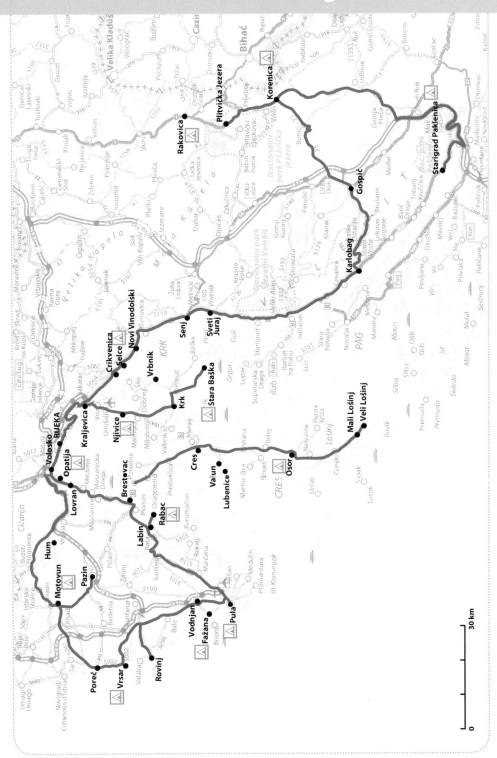

30 km

0

Parc national des lacs de Plitvice, classé Patrimoine mondial de l'Unesco.

M. Cavalier / hemis.fr

découvrir ses paysages spectaculaires, quelques-unes des plus grandes plages de l'Adriatique et des villes et villages : **Krk, Stara Baška**…

### Jours 9, 10 et 11

En route vers la côte sud, les agréables stations balnéaires, se succèdent : **Crikvenica, Novi Vinodolski, Senj**… À partir de **Sveti Juraj**, la route tracée en corniche remonte et domine la mer avec des vues exceptionnelles. Plus au sud, au niveau de **Karlobag** montez vers **Gospić** et par les petites routes, gagnez le parc national des **lacs de Plitvice** où toute baignade est bannie ! Une journée sera juste suffisante pour admirer les eaux bleues, vertes ou turquoise de ces seize lacs superposés reliés par des cascades et posés dans un paysage de montagnes boisées. De retour sur le littoral, vous ne manquerez pas d'admirer les sites naturels du **parc national de Paklenica**, la grotte Manita Pec et le canyon de Velika, d'accès facile même avec des enfants (30mn à pied). Les amateurs d'escalades et de randonnées auront motifs à prolonger leur séjour.

## Les bonnes adresses de Bib

### Cres

#### ✕ Trattoria Riva
*Riva 13 - ✆ 051 571 107 - poissons 350 kn/kg, scampi 450 kn/kg, grillades 40/50 kn.* Terrasse sur le port. Courte carte de viandes, poissons grillés et risotto.

### Hum

#### ✕ Humska Konoba
*À droite de la porte donnant accès à la ville - ✆ 052 660 005 - www. hum.hr/humskakonoba - mi-saison fermé lun. et hiver en sem. - 50/60 kn.* Sur une terrasse dominant un beau paysage de montagne ou dans une salle au décor rustique, on s'y restaure de sandwichs comme d'un savoureux petit menu comprenant fromage, *pršut*, saucisse à l'istrienne, ou *fuži al gulaš*. Il s'agit en outre du seul endroit où l'on peut déguster la *grappa* locale, célébrée pour ses vertus médicinales, la *biska*.

### Poreč

#### ✕ Gourmet
*Eufrazijeva 26 - ✆ 052 452 742 - fermé de déc. à fin janv. - plats 50/90 kn, poisson 380 kn.* Pâtes, plats aux truffes comme le tournedos et gnocchi, spécialités istriennes, poissons et fruits de mer : la carte est garnie.

### Pula

#### Barbara
*Kandlerova 5 - ✆ 052 213 501 - 50/70 kn.* Un petit bistrot avec terrasse, au cœur de la ville ancienne.

Endroit agréable pour une pause rapide (du moins si les groupes n'envahissent pas la terrasse), devant des calamars ou des sardines grillés.

### Rijeka

#### ✕ Arca Fiumana
*Adamićev gat - ✆ 051 319 084 - 50/100 kn.* Dans un bateau amarré au port, un restaurant simple et agréable où l'on mange du poisson et des fruits de mer. Un pub en bas.

### Rovinj

#### ✕ Konoba Kantinon
*Obala Alda Rismonda 18 - ✆ 052 816 075 - plats 60/105 kn.* Cuisine méditerranéenne de grande qualité et choix des vins exceptionnel !

#### Marché
Tous les matins, sur trg Valdibora face à la mer : fruits, légumes, fromages, vin et huile d'olive… Et, un peu à l'écart, la pêche du jour. Vous pouvez compléter ces achats par une visite à la supérette, sur trg na Lokvi (*à côté de la gare routière*).

### Senj

#### ✕ Konoba Lavlji Dvor
*Preradovica 2, une petite rue près de la cathédrale - ✆ 053 882 107 - www. lavlji-dvor.hr - plats 50/85 kn.* Dans un joli patio aux arcades sculptées, on se régale de poissons et de fruits de mer, mais aussi des plats de viande accompagnés de légumes. Service attentif.

## ⛺ Campings

### Fažana

**⛺ Centro Vacanze Bi-Village**
Dragonja 115 - ☏ 052 300 300
De fin avr. à mi-oct. - 25 ha (1 454 empl.)
Tarif : 52,50 € ♦♦ 🚐 - 
Loisirs : ☀ diurne 🏃 🎿 🏖 🚴 🏊, aire
de sports, itinéraire cyclistes - Services :
🍴 🍽 🏠 ⚬ 🚿 🚰 🛁 📶 📺 🛒 🚮
GPS : E 13.80747 N 44.91653

### Korenica

**⛺ Camping Borje**
Borje - Vrelo Korenicko 3 - ☏ 053
751 014 - Permanent - (350 empl.)
Tarif : ♦ 9 € - 🚐 borne : 6 €
Services : 🍽 📶 🛒 🚮
GPS : E 15.68832 N 44.76539

### Motovun

**⛺ Motovun Camping**
Rižanske skupštine 1a - ☏ 052 681 557
Permanent - 0,2 ha (12 empl.)
Tarif : 25 € ♦♦ 🚐 📺 - 🚐
Loisirs : 🚴 -Services : 🍴 🍽 🚿 🚰 📶 🛒
GPS : E 13.82528 N 45.33445

### Njivice

**⛺ Kamp Njivice**
Primorska Cesta 30 - ☏ 051 847 800
De déb. avr. à fin oct. - 10 ha (287 empl.)
Tarif : 37,60 € ♦♦ 🚐 📺 - 🚐
Loisirs : ☀ 🏃 🎿 🏖 🏊 (plage),
beauy centre - Services : 🍴 🍽 🏠
⚬ 🚿 📶 📺 🛒 🚮
GPS : E 14.5448 N 45.17157

### Opatija

**⛺ Camping Opatija**
Liburnijska 46 - ☏ 051 704 830
Permanent - 6 ha (500 empl.)
Tarif : 20,90 € ♦♦ 🚐 📺 - 🚐
Loisirs : ☀ diurne 🎿 🏖 🏊
Services : 🍽 🚿 🛒 🚮
GPS : E 14.28433 N 45.30954

### Osor

**⛺ Campsite Bijar**
Osor b.b. - ☏ 051 237 147
De fin avr. à déb. oct. - 3 ha (250 empl.)
Tarif : 38,20 € ♦♦ 🚐 📺 - 🚐 borne

Loisirs : ☀ diurne 🏃 🎿 🚴 🏊
(plage) 🏊, aire de sports - Services :
🍽 ⚬ 🚿 🚰 🚰 📶 📺 🛒 🚮
GPS : E 14.39528 N 44.70054

### Pula

**⛺ Stoja**
Stoja 37 - ☏ 052 387 144
De mars à oct. - 16,7 ha (713 empl.)
Tarif : 39 € ♦♦ 🚐 📺 - 🚐 borne
Loisirs : ☀ 🎿 🏖 🚴 🏊 (plage) 🏊,
terrain de sport polyvalent - Services :
🍴 🍽 🚿 🚿 🚰 📶 📺 🛒 🚮
GPS : E 13.81453 N 44.85963

### Rabac

**⛺ Oliva**
Rabac b.b. - ☏ 052 884 172
De fin avr. à déb. oct. - 5,5 ha (500 empl.)
Tarif : 24,20 € ♦♦ 🚐 📺 - 🚐 borne
Loisirs : ☀ diurne 🎿 🏖 🏊 🏊
(plage) 🏊 - Services : 🍴 🍽 🍽 🚿
🚰 📶 📺 🛒 🚮 🚮
GPS : E 14.14943 N 45.07901

### Rakovica

**⛺ Kamp Turist**
Rotokor d.o.o, Grabovac 102 -
☏ 047 784 192
De déb. avr. à fin oct. - 4,5 ha (99 empl.)
Tarif : 26,50 € ♦♦ 🚐 📺 - 🚐
Loisirs : 🚴 🏊
Services : 🍴 🍽 🚴 🏊 🚿 🚰 📶 📺 🛒
GPS : E 15.64801 N 44.97352

### Selce

**⛺ Autocamp Selce**

### Offices de tourisme

**Krk**
*Vela Placa 1/1 - ☏ 051 221 414 - www.
tz-krk.hr - juin-sept. : 8h-21h.*

**Rijeka**
*Užarska 14 - ☏ 051 315 710 -
www.visitrijeka.hr ; Korzo 14 - ☏ 051
335 882 - été : 8h-20h, dim. 9h-14h.*

**Rovinj**
*Obala Pina Budićina 12 - ☏ 052
811 566/813 469 - www.tzgrovinj.hr -*

Jasenova 19 - ☏ 051 764 038
De déb. avr. à mi-oct. - 8 ha (500 empl.)
Tarif : 31,10 € ♦♦ 🚐 📺 - 🚐
Loisirs : 🏊 (plage) 🎣 🏊, ping-pong,
Services : 🍽 🏠 ⚬ 🚿 🚰 📶 📺 🛒 🚮
GPS : E 14.72489 N 45.15472

### Stara Baška

**⛺ Camping Škrila**
Stara Baška 300 - ☏ 051 84 46 78
De fin avr. à déb. oct. - 5,2 ha (333 empl.)
Tarif : 45,90 € ♦♦ 🚐 📺 - 🚐
Loisirs : 🏊 (plage) 🏊, diving centre,
ping pong
Services : 🍴 🍽 ♿ ⚬ 🚿 📶 📺 🛒
GPS : E 14.67389 N 44.96667

### Starigrad Paklenica

**⛺ Bluesun Camping Paklenica**
Dr. Franje Tuđmana 14 - ☏ 023 209 050
De déb. avr. à fin oct. - 2,5 ha (300 empl.)
Tarif : 47 € ♦♦ 🚐 📺 - 🚐
Loisirs : ☀ 🏃 🚴 🏖 🎾 🏊
(plage) 🏊, beach volley
Services : 🍴 🍽 ♿ 🚿 🚰 📶 📺 🛒 🚮
GPS : E 15.44736 N 44.28647

### Vrsar

**⛺ Camping Orsera**
Sveti Martin 2/1 - ☏ 052 441 330
De mi-avr. à déb. oct. - 9 ha (535 empl.)
Tarif : 37,40 € ♦♦ 🚐 📺 - 🚐 borne
Loisirs : ☀ nocturne 🏃 🎿 🏖 🏊
(bassin d'eau de mer) 🏊, port dans le
camping, diving centre
Services : 🍴 🍽 ♿ 🚿 🚰 📶 📺 🛒 🚮
GPS : E 13.60764 N 45.15483

*juil.-août : 7h-22h ; juin et sept. :
8h-20h ; hiver : se rens.*

**Pour téléphoner en Croatie :**
00 385 + indicatif régional sans
le 0 initial, puis le numéro du
correspondant.

**Pour plus d'informations :**
Carte Michelin National N° 757
Le Guide Vert Croatie

# La riviera dalmate, de Zadar à Dubrovnik

Fleuron du tourisme croate, la Dalmatie multiplie les passages époustouflants et les cités prestigieuses, Zadar, Šibenik, Trogir, Split et bien sûr Dubrovnik, la perle de l'Adriatique. Revers de la médaille, cette riviera croate draine en été une foule considérable. Privilégiez donc le printemps ou l'automne, vous n'en serez que plus séduit.

➲ *Départ : Zadar*
➲ *12 jours - 850 km*

## Jour 1

**Zadar** est une escale obligée pour les amateurs d'architecture, mais c'est aussi une ville où il fait bon lézarder aux terrasses des cafés. Prenez le temps d'y découvrir sa vieille ville, ceinturée en partie de remparts où se trouvent son grand marché, réputé pour ses primeurs, et quelques monuments historiques : le forum romain, la remarquable cathédrale de style roman, les églises Saint-Donat et Saint-Chrysogone, le musée d'Art sacré d'une richesse exceptionnelle et le très original orgue maritime actionné par les vents et le mouvement des vagues. L'après-midi, filez au nord de la ville sur **Nin**, charmant village médiéval fondé sur un îlot, puis dans les terres à **Novigrad** qui étage ses maisons à flanc de coteaux au bord d'un bras de mer, dominé par une forteresse vénitienne.

## Jour 2

Le matin, gagnez **Skradin** et le parc national de Krka pour une parenthèse nature. Vous y admirerez en effet les fameuses cascades de Stradinski Buk qui dévalent la montagne en 17 paliers. Vous pourrez vous baigner et faire de belles excursions en bateau. Rendez-vous ensuite à **Šibenik**. Vous visiterez son centre ancien, sa magni-

fique cathédrale et explorerez son lacis de ruelles pavées et d'escaliers au charme très italien. N'oubliez pas de monter à la forteresse : vous serez charmé par le panorama.

## Jours 3, 4 et 5

Longez la côte vers le sud et rejoignez **Trogir**, une ravissante petite ville insulaire, inscrite au Patrimoine mondial de l'Unesco. Elle abrite une cathédrale romane dotée d'un superbe portail sculpté. Ses ruelles bordées de hautes maisons de pierre blanche et ses quais complètent agréablement cette découverte. Un peu plus vers l'est, arrêtez-vous à **Salone** (Solin) (Salona) où se dressent des remparts romains, une vaste nécropole et un amphithéâtre dont les souterrains menaient directement à la mer. **Split** est une étape incontournable. Commencez par le grand marché qui se tient chaque matin sur le front de mer puis poursuivez dans la vieille ville par le palais de Dioclétien dont vous visiterez les remparts, les salles souterraines, le péristyle et les appartements impériaux. La cathédrale Saint-Domnius, intégrée dans l'ancienne enceinte du palais, présente un mobilier somptueux. Après avoir admiré le temple de Jupiter, vous flânerez autour de la place du Peuple (Narodni trg). La visite se poursuit par le quartier des pêcheurs puis une balade sur la colline du Marjan ou au remarquable musée archéologique. Prévoyez 1 ou 2 jours

supplémentaires si vous envisagez une excursion (à pied) à **Hvar** (sorte de Saint-Tropez croate) sur l'île du même nom.

## Jour 6

Depuis **Split**, faites le détour par la citadelle et la forteresse de **Klis** (8 km au nord) fort bien préservée. Puis longez la côte jusqu'à **Makarska**, station balnéaire très prisée ; vous pourrez ensuite partir à l'assaut du massif du Biokovo, sorte de falaise abrupte en surplomb de l'Adriatique : si vous êtes sujet au vertige, vous ressentirez certainement quelques émotions fortes, mais les panoramas époustouflants en valent la peine ! Nombre de petits ports dans les alentours et de villages perchés valent le coup d'œil : Mimice-Pisak, Bratus, Brela, Baška Voda.

## Jours 7 et 8

Si vous n'avez pas visité la ville de **Hvar** à partir de Split, sachez que vous pouvez passer votre véhicule sur l'île par le petit port de **Drvenik**. Prévoyez alors au moins 2 jours pour profiter de ses charmes presque provençaux avec pins, lavandes, maquis… des petites criques tranquilles et des cités attachantes surtout hors saison estivale.

## Jours 9 et 10

De retour sur le continent, suivez la route côtière par **Gradac** où s'étend une agréable plage de galets. Passé **Ploče**, vous arrivez dans l'étonnant

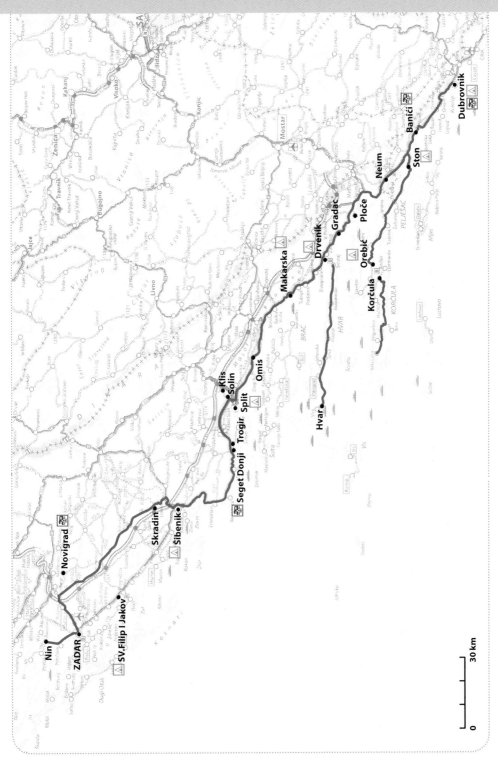

30 km

0

Dubrovnik, l'un des joyaux du patrimoine architectural mondial.

Aurora / hemis.fr

## 🚐 Aires de service et de stationnement

### Banići

**Budima**
Banići 8
Borne 🚱 💧 🚽 🧹
20 🅿 - illimité
Services : wc ✂ 🔥 📶
GPS : E 17.84117 N 42.80217

### Dubrovnik

**Camping Kate**
Tupina 1 -
☎ 020 487 006
De déb. avr. à fin oct.
Borne 🚱 💧 🚽 🧹 :
Payant
25 🅿 - 24 €/j.
Services : 🔥 📶
GPS : E 18.20752 N 42.62441

### Novigrad

**Paklenica National Park**
R. F. Tuđmana 14a -
☎ 023 369 155
Borne 🚱 💧 🚽 🧹
30 🅿 - illimité
Services : wc 📶
GPS : E 15.4405 N 44.2865

### Seget Donji

**Camp Seget**
Hrvatskih žrtava 121 -
☎ 021 880 394
De déb. mars à fin oct.
Borne 🚱 💧 🚽 🧹
60 🅿 - illimité - 31,40 €/j.
Services : wc 🛒 🔥
GPS : E 16.17967 N 43.51315

delta de la Neretva, où les amateurs de produits du terroir goûteront les anguilles et cuisses de grenouilles grillées. Vous traverserez ensuite l'enclave bosniaque de **Neum**, occasion de faire provision de denrées à bons prix. Filez ensuite sur la presqu'île de **Pelješac**. À **Ston** et Mali Ston, vous vous promènerez au pied de la forteresse et découvrirez les secrets des salines. Puis vous atteindrez **Orebić**, port d'embarquement pour **Korčula**. Du bateau, vous apercevrez les orgueilleux remparts de la ville de Korčula, un Dubrovnik en miniature.

### Jours 11 et 12

Une ville close de hauts murs en bord de mer, une des plus belles cités d'Europe ceinturée de fortifications... Faut-il encore présenter **Dubrovnik**, qui met un point final à ce circuit et mérite au minimum deux jours de visite, voire plus. Attendez-vous à quelques émerveillements.

## ℹ Offices de tourisme

**Dubrovnik**
**Porte Pile** – www.tzdubrovnik.hr - tlj. sf dim. - Brsalje 5 - ☎ 020 312 011 ; **Gruž** – Obala Ivana Pavla II, br. 1 - ☎ 020 417 983 ; **Lapad** – Kralja Tomislava 7 - ☎ 020 437 460 .

**Šibenik**
**Centre-ville** – Fausta Vrančića 18 - ☎ 022 212 075 - www.sibenik-tourism.hr - 7h30-15h30.
**Sur la Riva** (front de mer) – Obala Dr Franje Tuđmana 5 - ☎ 022 214 411/448 - juil.-août : tlj 8h-22h ; sept. : 8h-21h, dim. 8h-14h ; oct. : lun.-vend. 8h-20h, sam. 8h-14h ; reste de l'année : sem. 8h-20h.

**Split**
**Péristyle** - ☎ 021 345 606 - www.visitsplit.com - été : lun.-sam. 8h-21h, dim. et j. fériés 8h-20h ; hiver : lun.-vend. 9h-16h, sam. 9h-13h ; **Riva** - Obala Hrvatskog Narodnog Preporoda 9 - ☎ 021 360 066.

**Zadar**
☎ 023 316 166 - www.zadar.travel.
**Vieille ville** – Ilije Smiljanića 5 - ☎ 023 212 222 ;

**Pour téléphoner en Croatie :**
00 385 + indicatif régional sans le 0 initial, puis le numéro du correspondant.

**Pour plus d'informations :**
Carte Michelin National N° 757
Le Guide Vert Croatie

## ⛺ Campings

### Dubrovnik

#### ⛺ Camping Solitudo
Vatroslava Lisinskog 60 -
☎ 020 448 686
De déb. avr. à fin oct. -
6 ha (393 empl.)
Tarif : 52,60 € 🧍🧍 🚗 🔲
📶 borne
Loisirs : diurne 🏖 🏊 m
🛶 ⛵ (plage) ⚓, terrain de
boules - Services : 🍷 🍴 ♿
🔌 🚿 📶 🛒 🚻 ⛽
GPS : E 18.07035 N 42.6613

### Drvenik

#### ⛺ Camp Ciste
Magistrate Ciste -
☎ 021 679 906
De déb. mai à fin oct. -
1 ha (60 empl.)
Tarif : 25 € 🧍🧍 🚗 🔲
📶 borne
Loisirs : ⛵ (bassin d'eau de
mer) - Services : 🍷 🍴 ♿
🔌 🚿 📶 🛒
GPS : E 17.20881 N 43.16819

### Makarska

#### ⛺ Camp Jure
Ivana Gorana Kovacica -
☎ 021 616 063
De mi-mars à oct.
25 🅿 - 11,80 €/j.
📶
Loisirs : 🏖 🏊
Services : 🍷 🍴 🚿 📶
GPS : E 17.00333 N 42.30533

### Orebić

#### ⛺ Holiday Resort Adriatic
Mokalo 6 - ☎ 020 713 420
De déb. avr. à fin oct. -
0,8 ha (40 empl.)
Tarif : 35,50 € 🧍🧍 🚗 🔲
📶 borne
Loisirs : 🏖 🚲 ⚓
⛵ (bassin d'eau de mer)
⚓, beach volley, diving
centre - Services : 🍷 🍴
GPS : E 17.22504 N 42.97691

### Šibenik

#### ⛺ Camp Resort Solaris
Hoteli Solaris 86 -
☎ 022 36 10 17
De fin mars à fin oct. -
50 ha (792 empl.)
Tarif : 62 € 🧍🧍 🚗 🔲
📶
Loisirs : 🏃 🎣 🏖
🚲 ⛵ (plage) ⚓
⚓, diving centre
Services : 🍷 🍴 🏛 ♿
🔌 🚿 📶 🛒
GPS : E 15.87799 N 43.69884

### Split

#### ⛺ Camping Split
Sv. Lovre 6 - ☎ 021 325 426
Permanent -
5 ha (246 empl.)
Tarif : 38,70 € 🧍🧍 🚗 🔲
📶 borne
Loisirs : 🏃 🏖 🏊
⛵ (plage) ⚓, aire
de sports, beachvolley,
excursions organisées
Services : 🍷 🍴 🏛 ♿ ⚓
🚿 📶 🛒 🚻
GPS : E 16.52752 N 43.50354

### Ston

#### ⛺ Camping Prapratno
☎ 020 754 000
Tarif : 56 € 🧍🧍 🚗 🔲
📶 30 🔲
Loisirs : ⚓
Services : 🍷 🍴 🚿 📶 🛒
GPS : E 17.6725 N 42.81683

### Sv. Filip i Jakov

#### ⛺ Autocamp Rio
Put primorja 66 -
☎ 023 388 671
De fin mars à fin oct. -
0,7 ha (55 empl.)
Tarif : 26 € 🧍🧍 🚗 🔲
📶 borne
Loisirs : ⛵ (plage) ⚓
Services : 🍴 🔌 🚿 📶
📶 🛒
GPS : E 15.4342 N 43.95537

## Les bonnes adresses de Bib

### Dubrovnik

#### 🍴 Konoba Lokanda Peskarija
*Na ponti bb -* ☎ *020
324 750 - www.mea-culpa.
hr.* Sur le vieux port, côté
palais du Recteur, l'adresse
à ne pas manquer pour
déguster calamars grillés
et autres plats de la mer,
en portion généreuse et
pour un excellent rapport
qualité-prix. On ne peut
rêver meilleure terrasse.

#### 🍴 Buffet Kamenice
*Gundulićeva poljana 8 -*
☎ *020 323 682.*
Emplacement idéal pour
ce restaurant populaire
aux prix stables ! La carte
simple et polyglotte
propose des huîtres à la
pièce *(10 kn),* du risotto
*(35/45 kn),* du poulpe
*(59 kn),* des moules à la
*buzzara (48 kn),* un bon
pichet de blanc, le tout sur
une magnifique place.

### Hvar

#### 🍴 Konoba Menego
*Groba bb, dans l'escalier
qui monte au-dessus du
couvent bénédictin vers
la forteresse -* ☎ *021
717 411 - www.menego.
hr - plats 45/140 kn.* Voilà
une adresse coup de
cœur pour goûter les
spécialités de l'île. Tout
est produit sur place.
Même les importations
de Split sont bannies !
Essayez absolument
les anchois marinés, le
fromage de chèvre frais, *la
skota,* avec du miel ou les
figues « ivres », fourrées
d'amandes et macérées
dans l'alcool maison. Plats
froids uniquement.

### Šibenik

#### 🍴 Gradska Vijećnica
*Trg Republike Hrvatske 3 -*
☎ *022 213 605 - plats
80/120 kn.* Face à la
cathédrale, c'est la plus
belle terrasse de la
ville ! Excellente cuisine
proposée, dans une salle au
décor élégant, avec fruits
de mer, poissons, pâtes et
grillades.

### Split

#### 🍴 Šperun
*Šperun 3 -* ☎ *021 346 999.*
Salle intime et bien
décorée : planchers,
tissages et murs de pierre.
Carte simple de produits
frais. Sardines grillées, plats
de poissons *(45/360 kn)* et
vins locaux *(70 kn).*

### Zadar

#### 🍴 Restauran Kornat
*Liburnska obala 6 -* ☎ *023
254 501 - www.restaurant-
kornat.com - plats
80/180 kn.* Excellente table
face à l'embarcadère des
ferries. Cuisine raffinée et
décor élégant. Goûtez aux
spécialités maison, comme
le filet de lotte à la sauce
aux truffes accompagné
de gnocchi fondants. Large
carte des vins.

#### 🍴 Restaurant Foša
*Ulica Kealja Dimitra
Zvonimira 2 -* ☎ *023
314 421 - www.fosa.hr -
fermé vac. de Noël - plats
115/550 kn - menus
135/485 kn.* À gauche de
la porte de Terre-Ferme,
entre murailles et port
de pêche, ce restaurant
avec terrasse propose une
bonne cuisine de poissons
et fruits de mer.

#### Caffe Kult
*Stomorica 6A, dans le
Varoš.* Cette grande terrasse
sous d'immenses tilleuls au
cœur du Varoš est fraîche et
ses fauteuils confortables.
Idéal pour une pause en
journée.

# De la Croatie vers la Grèce

➲ *Départ : Dubrovnik*
➲ *10 jours - 900 km*

## Jour 1

Au départ de **Dubrovnik**, prenez la direction du sud-est (route n° 8). Première pause à **Mlini**, village côtier qui occupe une très jolie baie avec une belle promenade en front de mer ombragée de pins et une succession de plages de galets et de sable. Dix kilomètres plus loin, la station balnéaire de **Cavtat** (prononcer tsavtate) est l'ancienne Épidaure des Grecs, prospère à l'époque romaine. Elle a conservé une atmosphère de doux farniente à l'ombre des palmiers qui bordent les quais. Prenez le temps d'y voir le petit monastère Notre-Dame-des-Neiges puis le vieux centre qui conserve de belles maisons Renaissance formant un ensemble harmonieux. En direction de Kotor, vous franchissez la frontière du Monténégro. Attention, en été, l'attente à la frontière peut être longue. Passez la nuit à **Herceg Novi**.

## Jour 2

Votre premier contact avec le Monténégro se fera avec les fantastiques **Bouches de Kotor**, un fjord inscrit au Patrimoine mondial de l'Unesco, et la première de ses six baies, celle d'**Herceg Novi**. Cette petite cité qui invite à la pause avec ses ruelles et escaliers croulant sous les bougainvilliers, est dominée par la citadelle Kanli Kula (elle se visite). Ne manquez pas de flâner dans le jardin botanique (accès libre) et sur la jolie promenade qui conduit au monastère de Savina. Il abrite un trésor d'une richesse exceptionnelle. Filez ensuite sur **Perast**, l'un des plus beaux villages baroques de la région, sans oublier de visiter l'église Notre-Dame-du-Récif édifiée sur un îlot (accès par bateau).

## Jour 3

Vous consacrerez l'essentiel de cette journée à la visite de la cité médiévale de **Kotor** en arrivant tôt, avant que les bus et les vedettes de Dubrovnik ne débarquent leurs flots de touristes. Joyau architectural blotti entre la mer et la falaise, la ville close est un dédale de ruelles et de placettes pavées où vous verrez des palais aristocratiques et de charmantes chapelles. Les remparts méritent d'être explorés tout comme la cathédrale Saint-Tripun mêlant arts roman et baroque, avant de monter à la forteresse Saint-Ivan dominant la ville. Pour finir la journée, suivez sur la route côtière qui offre d'impressionnants panoramas sur Kotor, jusqu'au village de **Prčanj** conservant de jolis palais baroques et une église à dôme.

## Jours 4 et 5

Prenez la route en lacets (beaux panoramas) au sud de Kotor. Elle vous conduit à **Cetinje**, ancienne capitale où vous visiterez le centre historique, le monastère de Cetinje et son trésor, ainsi que le palais Biljarda aux allures de forteresse. Dans les alentours, montez dans le **parc national de Lovcen** au sommet duquel trône le mausolée de Njegos avec une vue éblouissante. Retour plein est sur la côte (belle plage à **Miločer**) pour rallier le ravissant village de **Sveti Stefan** qui occupe une presqu'île. Passez par **Petrovac** (voir le port et le monastère de Gradiste) puis **Stari Bar,** où subsistent les ruines romantiques d'une citadelle, avant d'atteindre **Ulcinj**, vieille ville ceinturée de murailles romaines.

## Jours 6 et 7

Vous arrivez à petit pas à la frontière avec l'Albanie que vous franchissez après Sukobin par une route sinueuse. Votre première pause en **Albanie** sera pour **Shkodër** où il faut parcourir le marché approvisionné par des producteurs locaux et monter à la forteresse de Rosafa qui domine la ville. Descendez ensuite sur la côte pour prendre un peu de repos sur les plages de **Shëngjin** que l'on rejoint par **Lezhë**. Piquant plein sud par la NH 1, vous arrivez ensuite à **Tirana** (Tiranë). Malgré la circulation anarchique et l'absence de signalétique, essayez de trouver le vieux centre et son marché central très typique (place Avni Rustemi) ainsi que le cœur battant de la ville, la place Skanderbeg et sa mosquée Ethem bey, l'une des plus belles du pays (elle se visite). La NH 3 au sud de la ville vous conduira à présent (63 km) à **Elbasan** par un parcours aux beaux panoramas montagnards. Le principal intérêt de la ville tient à sa forteresse encore habitée et relativement pittoresque. Une soixantaine de kilomètres plus à l'ouest *via* **Prrenjas**, vous arrivez à la frontière de la **Macédoine**.

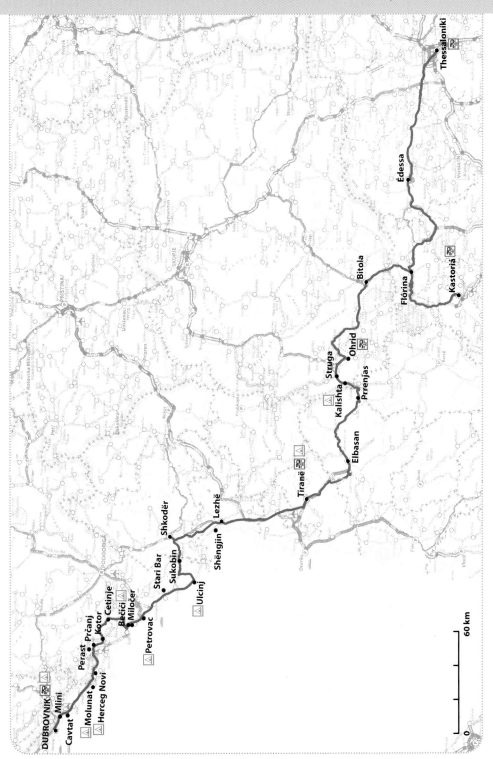

Nikola Nastasic / iStock

*Dans la baie de Kotor, le village de Upper Stoliv.*

## Jour 8

Cinq kilomètres avant Struga, arrêtez-vous à **Kalista** pour voir les fresques magnifiques de son église troglodytique Saint-Anastase, puis gagnez **Struga** pour une agréable pause dans sa vieille ville ou sur sa plage de sable en centre-ville. **Ohrid**, très fréquentée en été, est une véritable cité-musée qui mérite une visite détaillée, notamment pour son centre historique au bord du lac, entourée d'un mur d'enceinte qui protège basilique, églises et temples antiques. **Bitola** à son tour vous forcera à la halte pour ses maisons de la Belle Époque, de styles néo-Renaissance ou baroque… et surtout son ancien bazar turc.

## Jours 9 et 10

De Bitola à **Thessalonique** (Thessaloníki), il vous reste à franchir une frontière, celle de la Grèce, et à parcourir environ 200 km par **Flórina** et **Édessa** (route n° 2). Mais si le temps ne vous est pas trop compté, faites un détour par **Kastoria**, charmante petite ville étendue sur une presqu'île qui s'avance en éperon dans le lac Orestia. Ses églises byzantines et ses nobles maisons à colombage sauront vous séduire, voire vous retenir.

## Les bonnes adresses de Bib

### Έδεσσα/Edessa (Grèce)

**✕ Onissis Michalis Mipilgiris**
*20 r. 18 Oktovriou - 15 € env.* Une bonne adresse pour déguster poissons, poulpes, viandes, escargots…

### Καστοριά/Kastoriá (Grèce)

**✕ Krontiri**
*13 r. Orestiados, près du lac -* ℘ *24670 283 58 - 15 € env.* Une excellente carte, qui change avec les saisons. Les lieux ménagent une superbe vue sur le lac.

**✕ Doltso**
*2. Tsakali, près de la place Doltso-* ℘ *24670 233 77 - 15/20 € env.* Un excellent restaurant qui concocte des plats traditionnels macédoniens accompagnés devins rouges et blancs à choisir parmi une vaste carte.

### Cavtat (Croatie)

**✕ Konavoski Komin**
*Velj Do 4 - près de Cavtat, sur la rte littorale, à Zvekovica prendre la direction de Duba/ Pridvorje, puis 5 km plus loin prendre à gauche et poursuivre sur 3 km -* ℘ *020 479 607 - 12h- 2h - plats 50/115 kn.* Un belvédère précède de 500 m le hameau de Velji Do qui, entouré d'arbres et de calme, est un havre de paix. Poissons et autres grillades sont à la carte toute l'année, ainsi que les délicieux *pršut* et *paški sir.* Mais il vous faudra commander l'agneau rôti, une des spécialités de la maison.

### 🛈 Offices de tourisme

**Édessa (Grèce)**
*Dans l'un des kiosques du parc des Cascades -* ℘ *23810 203 00 - edessacity.gr.*

**Kastoriá (Grèce)**
*Dans un petit kiosque au bord du lac.*

**Thessaloniki/Thessalonique EOT (Grèce)**
*136 r. Tsimiski (près de la Tour blanche) -* ℘ *2310 252 170 - www.thessaloniki.travel*

**Pour téléphoner en Albanie :**
00 355 puis le numéro du correspondant

**Pour téléphoner en Croatie :**
00 385 + indicatif régional sans le 0 initial, puis le numéro du correspondant.

**Pour téléphoner en Grèce :**
00 30 puis le numéro du correspondant

**Pour téléphoner en Macédoine :**
00 389 puis le numéro du correspondant

**Pour téléphoner au Monténégro :**
00 382 puis le numéro du correspondant sans le 0 initial

## 🚐 Aires de service et de stationnement

### Dubrovnik (Croatie)

**Camping Kate**
*Voir le circuit précédent*

### Καστοριά/Kastoriá (Grèce)

**Parking Moni Panagias Mauriotissas**
Sougaridi - Permanent
4 🅿 - 5 €
🏕 Au bord du lac.
GPS : E 21.2906 N 40.50975

### Ohrid (Macédoine)

**Atlantic**
Route P501
De mai à oct.
Borne 🚿 ✒
3 🅿 - 72h - Gratuit
Services : wc ✗ 🛜
🏕 Emplacement situé sur le parking d'un restaurant (consommation requise).
GPS : E 20.80283 N 41.0345

### Θεσσαλονίκη/Thessaloníki/ Thessalonique (Grèce)

**Camper Parking**
Vouligari - 🖉 02313 317 777
Borne 🚿 ✒
25 🅿 - illimité
GPS : E 22.9685 N 40.59167

### Tiranë/Tirana (Albanie)

**Hotel Baron**
Rruga Elbasanit 274 (Sauk) -
🖉 042 467 649
Borne 🚿 🔧 ✒
6 🅿 - illimité - Payant
Services : wc 🛜
GPS : E 19.85017 N 41.293

## ⛺ Campings

### Bečići (Monténégro)

**⛺ Camping Avala**
Becici, en bordure de la voie express Budva/Bar - 🖉 086 453 941
De déb. avr. à déb. nov.
Tarif : 20 € 🚶🚶 🚐 🅴
🚐
Services : 🔑
🏕 Plage à 400 m et centre-ville à 100 m.
GPS : E 18.88689 N 42.28696

### Dubrovnik (Croatie)

**⛰ Camping Solitudo**
*Voir le circuit précédent.*

### Herceg Novi (Monténégro)

**⛺ Autocamp Zelenika**
Zelenika 9a - 🖉 031 67 86 31
De déb. avr. à fin oct. - 1 ha (80 empl.)
Tarif : 16,20 € 🚶🚶 🚐 🅴
🚐 borne
Services : ✗ 🛒
GPS : E 19.21278 N 42.43195

### Kalista (Macédoine)

**⛺ Camping Rino**
Kalista - 🖉 070 878 256
Permanent
Tarif : 10 € 🚶🚶 🚐 🅴
🚐 🅴
Loisirs : 🛝 🏊
Services : ✗ 🚿 🛜 🛒 🧺
GPS : E 20.6505 N 41.15267

### Molunat (Croatie)

**⛺ Auto Kamp Monika**
Molunat 28
Permanent - 1,5 ha (60 empl.)
Tarif : 🚶 8 € 🚐 8 € - 🔌 4 €
🚐 borne : Payant - 15 🅴 - illimité
Loisirs : 🏊 (plage) 🎣 🤿, diving centre
Services : ✗ 🛜 🧺
🏕 Bord de mer.
GPS : E 18.42851 N 42.45268

### Petrovac (Monténégro)

**⛺ Camping Maslina**
Buljarica b.b., Petrovac na moru -
🖉 033 461 215
Permanent - 1,2 ha (120 empl.)
Tarif : 14 € 🚶🚶 🚐 🅴
🚐
Services : 🚿 🛜 🧺
🏕 Ombragé, à proximité de la grande plage de Buljarica (à 300 m).
GPS : E 18.96562 N 42.19732

### Tiranë/Tirana (Albanie)

**⛺ Camping Tirana**
SH2 Tirane-Durres - 🖉 068 224 2342
De avr. à oct. - 2 ha
Tarif : 13 € 🚶🚶 🚗 🅴
🚐 24 🅴
Loisirs : 🏖
Services : ✗ 🚿 🛜 🧺 🛒
GPS : E 19.704 N 41.33617

### Ulcinj (Monténégro)

**⛺⛺ Tropicana Beach**
Velika Plaza b.b. - 🖉 069036475
De déb. avr. à fin oct. - 2 ha (100 empl.)
Tarif : 10 € 🚶🚶 🚐 🅴
🚐 borne
Loisirs : 🌞 diurne 🏖 🏊 🤿
Services : 🍴 ✗ ♿ 🔑 🛜 🧺 🛒
GPS : E 19.28999 N 41.89506

# Monts et merveilles de la Grèce continentale

Moins connue et moins courue que le Péloponnèse, la Grèce continentale n'en présente pas moins des régions attachantes, Macédoine, Thessalie et Épire, riches en paysages maritime et montagnard, et en étapes originales qui vous conduisent à petits pas vers Corfou et l'admirable cité antique de Delphes.

> ◯ *Départ : Thessalonique*
> ◯ *9 jours - 1 200 km*

### Jour 1

**Thessalonique** (Thessaloníki), deuxième ville et premier port de Grèce, allie modernité et vestiges épars de plus de 2 000 ans. Le matin, commencez par la ville basse en flânant d'abord dans le marché central au parfum oriental puis visitez les églises byzantines. Voyez Agia Sofia, puis la Rotonda et sa nef circulaire, et Agios Dimitrios et ses remarquables mosaïques. En début d'après-midi, mettez-vous au frais en découvrant le musée archéologique, l'un des plus riches de Grèce rassemblant des œuvres de Macédoine et de Thrace, puis montez en ville haute pour parcourir les remparts et voir l'église Agii Apostoli pour ses fresques et ses mosaïques.

### Jours 2 et 3

Au sud de Thessalonique s'étend la Calchidique et ses trois presqu'îles sauvages qui méritent d'être explorées. Avant de quitter la ville, renseignez-vous auprès de l'office de tourisme sur les conditions de visite du mont Athos (très restrictives). Dans tous les cas, vous pourrez admirer les monastères de l'extérieur si vous êtes bon marcheur ou si vous prenez le bateau d'**Ouranópoli** qui dessert

toute la côte ouest. Une route côtière permet de faire le tour (100 km) de la **presqu'île de Sithonía**, alternant paysages sauvages, petites plages et stations balnéaires avec au loin les monastères du mont Athos. Quand à la **presqu'île de Kassándra**, si elle ne manque pas d'intérêt, elle est beaucoup plus urbanisée sur sa côte Est. De retour vers Thessalonique, faites un crochet au niveau de **Néa Kallikráteia** pour explorer la grotte de **Petrálona**.

### Jour 4

**Vergína**, l'antique cité de Aigai, vous retiendra bien 2 à 3h entre son palais et son tumulus royal. Revenez sur le littoral et profitez des plages au sud de **Kateríni** en programmant deux haltes, la première au site de **Dío** (Dion), ville sacrée de la Macédoine antique. L'urbanisme est de l'époque romaine, des sanctuaires sont consacrés aux divinités égyptiennes, une mosaïque réalisée vers 200 apr. J.-C. représente Dionysos. Arrêtez-vous ensuite au château de **Platamónas** construit au début du 13ᵉ s. par les croisés. La journée s'achèvera en prenant la route de **Lárissa** (Lárisa) puis **Tríkala** et **Kalampáka** (Kalambaka) nichée au pied des Météores.

### Jour 5

Consacrez toute la journée (en démarrant tôt le matin) à la découverte de l'extraordinaire site des **Météores** et de quelques-uns de ses sublimes monastères cénobitiques, juchés sur

des pitons aux parois vertigineuses, défiant la pesanteur et le temps... Ce haut lieu du tourisme a été déserté par les moines qui sont allés trouver un refuge plus tranquille au mont Áthos. Cinq monastères et un couvent seulement sont encore occupés. Une tenue correcte est exigée. Trois monastères doivent être visités impérativement, le Grand Météore, celui de Varlaam et Agios Nikolaos Anapafsas.

### Jour 6

La prochaine étape, **Metsovo**, prend un petit air de Suisse. Vous y visiterez la maison des Tositsa (musée d'art populaire) et, au terme d'une courte balade, le monastère Agios Nikolaos. Plus à l'ouest, **Ioánnina**, agréable cité au bord d'un lac, ne manquez pas son île et sa citadelle. Aux alentours, la **grotte de Pérama** et le site de **Dodoni** valent vraiment le détour.

### Jour 7

Direction **Igoumenítsa** d'où un bac vous emmène, en 2h de traversée environ, à **Corfou** (Kérkyra), superbe cité, mi-italienne, mi grecque. Si vous passez à pied, la journée sera bien entendu consacrée à la vieille ville, à son esplanade et à sa citadelle. Si vous embarquez votre véhicule, prévoyez alors au moins 4 jours supplémentaires pour faire le tour de l'île en profitant de ses panoramas et de ses très belles plages.

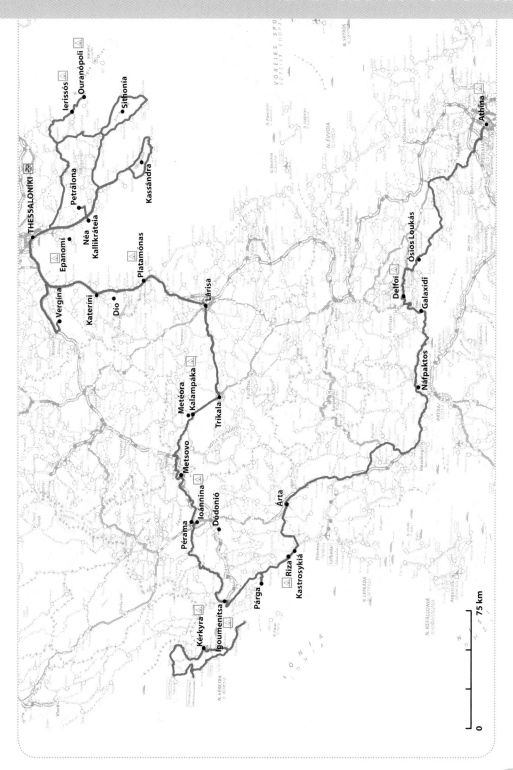

Ouranópoli
Ierissós
Sithonia
Petrálona
THESSALONÍKI
Kassándra
Néa Kallikráteia
Epanomí
Platamónas
Vergína
Kateríni
Dío
Lárisa
Metéora
Kalampáka
Trikala
Metsovo
Árta
Ioánnina
Dódóni
Pérama
Riza
Párga
Kastrosykiá
Kérkyra
Igoumenítsa
Ósios Loukás
Delfoí
Galaxídi
Náfpaktos
Athína

75 km

0

*Le monastère de la Sainte-Trinité (Agia Triada), dans les Météores.*

SerrNovik / iStock

## Jour 8

Descendez à présent la côte ionienne en longeant la mer *via* **Párga**. Après la visite de la ville et de sa rue piétonne, vous ne résisterez pas à une pause farniente sur les plages, plus au sud, celle de Lihnos ou de **Kastrosykiá**. Poursuivez par **Árta** qui conserve un vieux pont en dos d'âne et quelques joyaux de l'art byzantin. Avec son port en demi-cercle, **Náfpaktos** constituera une étape agréable, tout comme **Galaxídi**, doté de belles maisons de pierre et d'une intéressante cathédrale.

## Jour 9

Arrivez tôt le matin à **Delphes** (Delfoí) car c'est l'un des sites les plus remarquables et visités de Grèce. L'antique sanctuaire d'Apollon, niché parmi les pins et les cyprès, bénéficie d'un cadre naturel magnifique dominant des oliviers à perte de vue. Temple, théâtre et sanctuaire vous laisseront un grand souvenir. Un conseil : prévoyez de bonnes chaussures et un chapeau. Dans l'après-midi, vous irez visiter le monastère d'**Ósios Loukás** (à 36 km), l'un des plus beaux de Grèce. Édifié dans un cirque montagneux, ce lieu harmonieux est décoré de mosaïques splendides. Vous voilà presque aux portes d'**Athènes** (Athína) et du Péloponnèse.

# Les bonnes adresses de Bib

### Κέρκυρα/Kérkyra/Corfou

**✕ En Plo**
*Angle Kapodistriou et Arseniou, en contrebas de la promenade qui va du Vieux Palais au vieux port -* ✆ *26810 818 13 - www.enplocorfu.com - 18 € env.* On vient pour la cuisine mais aussi pour l'emplacement : la terrasse donne sur des rochers où se détend à la mi-journée avant de se baigner.

### Δελφοί/Delfoí/Delphes

**✕ Vakhos**
*31 r. Apollonos -* ✆ *22 650 831 86 - www.vakhos. com - 15 €.* Magnifique salle panoramique s'ouvrant sur Itéa et la mer, situés à l'horizon. Belles assiettes, généreusement servies : coq au vin, ragoût de lapin aux oignons, agneau du Parnasse au citron, etc. Café grec joliment servi.

### Ιωάννινα/Ioánnina

**✕ O Gyros tou Kastrou**
*16 pl. Georgiou, face à l'entrée de la citadelle -* ✆ *26510 380 44 - 15 € env.* Cuisine grecque simple (grillades, rôtisserie) et de qualité.

### Καστράκι/Kastraki (près des Météores)

**✕ Taverne Gardenia**
*En dessous de l'église -* ✆ *24320 225 04 - 15 € env.* Une jolie terrasse pour apprécier une cuisine

fraîche et familiale. Accueil sympathique.

### Λάρισα/Lárisa/Lárissa

**✕ Mageirio tis Giagias**
*9 odos Apollonos.* Sur une placette ombragée, une terrasse agréable pour déguster une cuisine traditionnelle. Bon accueil.

### Πάργα/Párga

Navettes pour les **plages** de Sarakiniko *(dép. 11h, retour 17h)* et Lichnos *(dép. ttes les h, de 10h à 14h et retour ttes les h, de 14h à 18h).* Excursion à **Paxos** et **Antipaxos** *(dép. 9h30 et retour 16h)* et balade en bateau d'1h à la **grotte d'Aphrodite**.

### Θεσσαλονίκη/Thessaloníki/Thessalonique

**✕ Tsinári**
*72 r. Papadopoulou, à l'angle de la r. Klious -* ✆ *23102 840 28 - tlj 9h-23h - 15 € env.* Voici la plus ancienne ouzerie d'Ano Poli : une jolie petite cahute bleue servant une cuisine copieuse et savoureuse depuis 1895.

**✕ Sebriko**
*2 r. Fragon -* ✆ *2310 557 513 - tlj sf lun. 13h-0h - env. 15 €.* Des spécialités crétoises et de toute la Grèce sublimées par un collectif de chefs bien inspiré. Fromages, charcuteries ou pâtes sont aussi en vente sur place.

# 🚐 Aire de service et de stationnement

### Θεσσαλονίκη/Thessaloníki/Thessalonique (Grèce)
*Voir le circuit précédent.*

## ⛺ Campings

### Αθήνα/Athína/Athènes

#### ⛺ Athens
*Voir le circuit suivant.*

### Δελφοί/Delfoí/Delphes

#### ⛺ Delphi Camping
4th km Delphi-Itea Road -
☎ 22650 822 09
Permanent - 2,2 ha (100 empl.)
Tarif : 21,40 € 🏃 🏃 🚗 📧
🚐 borne
Loisirs : 🏊 ✂️ ⛳, barbecue
Services : 🍷 🍴 🏠 🚿 🔑 🚰 📶
📶 🚰
GPS : E 22.47444 N 38.47875

#### ⛺ Camping Apollon
Permanent - 2,5 ha (120 empl.)
Tarif : 24,50 € 🏃 🏃 🚗 📧
🚐 borne
Loisirs : 🏊 ⛳, terrain de sport
polyvalent, circuits pédestres balisés
Services : 🍷 🍴 🔑 🚰 📶 📶 🛒 🚰
🚌 Transport gratuit pour Delphes.
GPS : E 22.4755 N 38.4839

### Επανομή/Epanomí

#### ⛺ Akti Retzika
Beach of Potamos - ☎ 23920 44 786
De déb. avr. à fin oct. - 1,54 ha (60 empl.)
Tarif : 20 € 🏃 🏃 🚗 📧
🚐
Loisirs : diurne 🏊 🏖️
Services : 🍷 🍴 🔑 🚰 📶 📶 🛒 🚰
GPS : E 22.92679 N 40.38193

### Ιερισσός/Ierissós

#### ⛺ Camping Delphini
Vasileos Konstantinou -
☎ 23770 22 208
De déb. mai à fin sept. -
1,55 ha (75 empl.)
Tarif : 23 € 🏃 🏃 🚗 📧
🚐
Loisirs : 🏊 🏖️, plongée sous-marine
Services : 🍷 🍴 🔑 🚰 📶 🛒
GPS : E 23.89374 N 40.39002

### Ηγουμενίτσα/Igoumenítsa

#### ⛺ Elena's Beach
Georgios Theodoridis - ☎ 26650 71 031

---

De déb. avr. à fin oct. -
15 ha (80 empl.)
Tarif : 20 € 🏃 🏃 🚗 📧
🚐
Loisirs : 🏊 🏖️, télévision
Services : 🍷 🍴 🚰 📶 📶 🛒 🚰
GPS : E 20.26083 N 39.46028

### Ιωάννινα/Ioánnina

#### ⛺ Limnopoula
Kanari 10 - ☎ 265 10 25 265
De déb. avr. à mi-oct. -
1,57 ha (60 empl.)
Tarif : 24 € 🏃 🏃 🚗 📧
🚐
Loisirs : 🏊 🏖️
Services : 🍷 🔑 🚰 🛒 🚰
GPS : E 20.84257 N 39.67722

### Καλαμπάκα/Kalampáka/Kalambaka

#### ⛺ Meteora Garden
Rte nationale, km 1, Kalampaka-
Ioannina - ☎ 24320 75 566
De déb. avr. à fin oct. -
1,5 ha (120 empl.)
🚐
Loisirs : 🏊 ⛳, aire de sports
Services : 🍷 🍴 🏠 🚿 🔑 🚰
📶 📶
GPS : E 21.60907 N 39.70886

### Κέρκυρα/Kérkyra

#### ⛺ Karda Beach
De fin avr. à déb. oct. - 2,6 ha
(130 empl.)

---

Tarif : 23,60 € 🏃 🏃 🚗 📧
🚐
Loisirs : 🏊 🏊 ⛳ - Services : 🍷 🍴 ♿
🔑 🚿 📶 📶 🚰 🚰
GPS : E 19.83841 N 39.68617

### Ουρανόπολη/Ouranópoli

#### ⛺ Camping Ouranoupoli
Permanent - 1,1 ha (80 empl.)
Tarif : 25,30 € 🏃 🏃 🚗 📧
🚐
Loisirs : 🏊 🏖️ (plage) ⚓
Services : 🍴 📶 🛒
GPS : E 23.96953 N 40.33946

### Πλαταμώνας/Platamónas

#### ⛺ Arion
Paralia Panteleimonos -
☎ 23520 41 500
De mi-avr. à fin oct. -
1,59 ha (140 empl.)
Tarif : 36,20 € 🏃 🏃 🚗 📧
🚐
Loisirs : 🏖️ 🐬
Services : 🍷 🚰 📶 🚰
GPS : E 22.58998 N 40.01534

### Ρίζα/Riza

#### ⛺ Corali Camping
Riza Beach - ☎ 26820/56 386
Permanent - 1,6 ha (100 empl.)
Tarif : 14,50 € 🏃 🏃 🚗 📧
🚐
Loisirs : ⛳ 🏖️ 🐬
Services : 🍷 🍴 🔑 🚰 📶 📶 🛒
GPS : E 20.58527 N 39.13508

---

### ℹ️ Offices de tourisme

**Delfoí/Delphes**
*11 r. Apollonos et 2 r. Pavlou &
Friderikis -* ☎ 22653 513 00.

**Kalampáka/Kalambaka
(Les Météores)**
*Place de la mairie -* ☎ 24323 502 74 -
*www.visitmeteora.travel/en*

**Thessaloniki/Thessalonique EOT**
*Voir p. 162*
*Si vous désirez vous rendre au mont
Athos, vous devrez passer par le*
*bureau des pèlerinages (Agioritiki
Estia) pour retirer un permis : 109 r.
Egnatia, Athènes -* ☎ 23102 525 78 -
*tlj sf dim. 9h-14h. À demander
plusieurs mois à l'avance !*

**Pour téléphoner en Grèce :**
00 30 puis le numéro du correspondant

**Pour plus d'informations :**
Carte Michelin N° 737
Le Guide Vert Grèce continentale

# Cités antiques d'Athènes et du Péloponnèse

Amateur de vieilles pierres, vous serez comblé par ce circuit qui vous fait passer de l'Acropole d'Athènes au théâtre d'Épidaure et au site d'Olympie. Si vous aimez en outre lézarder sur des plages retirées et flâner dans les villages de montagne, cet itinéraire est décidément fait pour vous.

> ⮕ *Départ : Athènes*
> ⮕ *12 jours - 1 400 km*

### Jours 1, 2 et 3

Passez au moins 3 jours à **Athènes** (Athína) et dans l'Attique. Consacrez la première matinée à l'Acropole (temple et Parthénon) et son parc archéologique, puis poursuivez par une promenade dans le pittoresque quartier de Plaka, et finissez par une ascension au mont Lycabette pour le couchant (à pied ou en funiculaire). Le lendemain, arpentez l'ancienne Agora et la colline du Céramique puis visitez l'extraordinaire Musée archéologique national. Au choix, programmez ensuite le musée d'Art byzantin ou le musée d'Art cycladique. Il sera encore temps de filer au sud vers le **cap Soúnio** pour admirer le coucher de soleil sur le temple de Poséidon. La troisième journée se partagera entre la plage, le site archéologique de Brauron (**Vravrona**), et le monastère de **Kessariani**, connu pour ses remarquables fresques.

### Jour 4

En direction de l'**isthme de Corinthe**, gagnez l'**Heraion de Perahora**, un ravissant site antique ombragé de pins. Le spectacle du canal de Corinthe vous retiendra un moment avant de visiter la cité antique (passé la ville moderne) et de reprendre la route par la côte Est du Péloponnèse (belles

plages vers **Loutró Elénis**). Le monastère d'**Agnoúntos** et les fresques de son église (accès libre, tenue correcte) sera l'occasion d'une pause avant de rejoindre les plages de **Palaiá Epídavros** pour la fin de journée.

### Jour 5

La matinée commencera en beauté au site d'**Épidaure** (Epidavros) avec son fameux sanctuaire et son théâtre. Vous passerez ensuite par **Méthana**, agréable station thermale et flânerez dans le village et le petit port de Vathi. En suivant le bord de mer, vous arrivez à **Galatás**, où s'ouvrent de superbes vues sur la rade et l'**île de Póros** séparée par un étroit bras de mer. Les pins, les oliviers, les citronniers, son doux climat et ses côtes bien protégées en font un lieu enchanteur. Poursuivez sur la route côtière en direction d'**Ermióni** puis du minuscule port de **Kósta**.

### Jour 6

Cité séduisante, **Nauplie** (Náfplio) vous attend le matin pour la découverte de sa ville basse très charmante et homogène, puis de sa citadelle. Poursuivez votre itinéraire en suivant la côte par **Ástros** (grande plage de sable), petit bourg agricole, puis dirigez-vous vers **Leonídio** et son port de **Pláka**. Un crochet dans les terres *via* **Geráki** (voir ses églises byzantines) permet d'atteindre **Sparte** (Spárti) et la remarquable cité de **Mistra** (Mystrás). Villes haute et basse méritent que l'on s'y attarde. Revenez en direction de **Monemvasía**,

dont l'ancienne citadelle domine la charmante ville basse en offrant des panoramas vertigineux.

### Jours 7 et 8

Revenez sur vos pas et arrêtez-vous à **Githio** (Gytheio) pour flâner sur ses quais puis faites le tour de la presqu'île du **Magne** (Máni). La pointe sud est superbe et le vieux village de **Vathia** (Vátheia) dresse ses tours face à la mer. Remontez à présent toute la côte ouest jusqu'à **Kalamáta** et **Messíni** d'où vous entreprendrez le tour de la presqu'île de **Methóni**, via **Koróni**, **Methóni** (belle plage et citadelle) et **Pýlos** connue sous le nom de Navarin et dont les tours et remparts offrent de beaux panoramas.

### Jours 9 et 10

Cap au nord en direction d'Olympie. En route, faites halte au palais de Nestor (**Anáktora Néstoros**) et à **Kyparissía** qui offre une belle vue sur la mer Ionienne. Au niveau de **Tholó**, bifurquez dans les terres pour découvrir le temple de **Vassés** (Vassae) isolé dans son majestueux écrin de montagnes. La route qui conduit vers **Dimitsána** permet de découvrir de beaux villages perchés comme **Andrítsaina** avec ses vieilles échoppes, **Karitaina** au-dessus de belles gorges et **Stemnitsa** riche en églises médiévales, **Dimitsána** et ses maisons cossues. Sur la route d'Olympie, arrêtez-vous à **Langadia** (Lagkádia), célèbre pour son artisanat de cannes, de tapis de laine et de

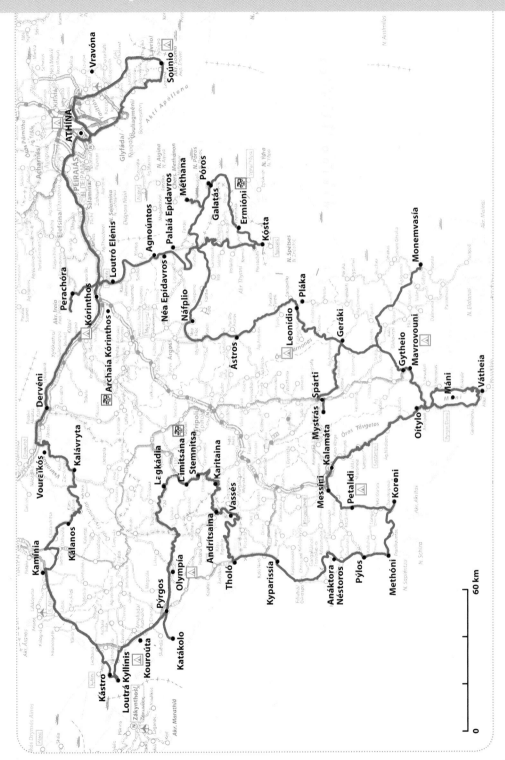

*Vue sur l'Acropole, classée au Patrimoine mondial de l'Unesco.*

## ⛺ Campings

### Αθηνα/Athína/Athènes

**⛺ Athens**
198 Leofor. Athinon -
📞 210 58 14 114
Permanent -
1,4 ha (66 empl.)
Tarif : 24 € 🕴🕴 ⛟ 🔲
🚐 borne
Services : 🍷 ✖ 🔌 🚿 🛜
📷 Proche du centre-ville.
GPS : E 23.6724 N 38.00906

### Κόρινθος/Córinthos/Corinthe

**⛺ Blue Dolphin**
Lecheon Korinthos -
📞 27410 25 766
De déb. avr. à fin oct. -
1,64 ha (130 empl.)
Tarif : 23 € 🕴🕴 ⛟ 🔲
🚐
Loisirs : 🛝 🏊 (plage) 🚤
Services : ✖ 🔌 🚿 🛜
📷 🛒 🧺
GPS : E 22.86554 N 37.935

### Κουρούτα/Kouroúta

**⛺ Camping Kourouta**
Kourouta Amaliada -
📞 26220 22 901
De déb. avr. à fin oct. -
1,9 ha (84 empl.)
Tarif : 32,50 € 🕴🕴 ⛟ 🔲
🚐
Loisirs : 🏊 🚤
Services : ✖ 🔌 🚿 🛜
📷 🛒 🧺
📷 Bord de mer.
GPS : E 21.29917 N 37.76639

### Λεωνίδιο/Leonídio

**⛺ Camping Semeli**
Plaka - 📞 27570 22 995
De déb. avr. à fin nov. -
1,7 ha (40 empl.)
Tarif : 20 € 🕴🕴 ⛟ 🔲
🚐 borne
Services : 🍷 ✖ 🚿 🛜 🧺
🛒 🧺
📷 Centre-ville à 200 m.
GPS : E 22.8919 N 37.1496

### Μαυροβούνι/Mavrovouni

**⛺ Mani Beach Camping**
Gythio-Areopolis Road -
📞 27330 23 450
Permanent -
3,2 ha (238 empl.)
Tarif : 19 € 🕴🕴 ⛟ 🔲 - 🚐
Loisirs : 🔆 diurne 👫
Services : 🍷 ✖ 🔌 🚿 🛜
📷 🛒
GPS : E 22.54417 N 36.72552

### Ολυμπία/Olympía/Olympie

**⛺ Camping Alphios**
Camping Alphios -
📞 2624 022 951
Avr.-mai - 97 empl.
Tarif : 26,60 € 🕴🕴 ⛟ 🔲
🚐
Loisirs : 🏊
Services : 🍷 ✖ 🛜 📷 🛒
GPS : E 21.61833 N 37.63884

### Πεταλίδι/Petalídi

**⛺ Petalídi Beach Camping**
Petalídi - 📞 27220 31 154
De déb. avr. à fin oct. -
1,5 ha (92 empl.)
Tarif : 19 € 🕴🕴 ⛟ 🔲
🚐
Loisirs : 👫, terrain de sport polyvalent, télévision
Services : 🍷 ✖ 🔌 🚿 🛜
📷 🛒 🧺
📷 Bord de mer.
GPS : E 21.92871 N 36.9819

### Σούνιο/Sounio

**⛺ Camping Bacchus**
Road Lavrio-Sounio -
📞 22920 39 572
Permanent -1,5 ha (60 empl.)
Tarif : 23 € 🕴🕴 ⛟ 🔲
🚐
Loisirs : 👫 🏊 (plage)
Services : 🍷 ✖ 🔌 🚿 🛜
📷 🛒 🧺
📷 Bois, bord de mer.
GPS : E 24.04979 N 37.67453

nappes brodées. À **Olympie**, vous apprécierez à leur juste valeur les ruines antiques (stade, temple, etc.), et le Musée archéologique, l'un des plus beaux du pays. Il semble que l'institution des jeux remonte au 8ᵉ s. av. J.-C., lorsque le roi de Pisa décida d'organiser des concours sportifs entre les peuples grecs. Les épreuves athlétiques permettaient alors une trêve sacrée d'un mois.

### Jours 11 et 12

Le retour vers **Patra** et **Corinthe** (Kórinthos) se fera en longeant la côte ouest où deux plages sont à signaler : celle de **Katákolo** à l'ouest de **Pýrgos**, puis plus au nord celle de **Loutrá Kyllíni** qui s'étire au long d'une large pinède. À proximité, visitez le château de **Kástro** (accès libre) ceinturé de deux enceintes. Patra ne présentant guère d'intérêt bifurquez au niveau de **Kamínia** en direction de **Kálanos** et **Kalávryta** ; c'est l'occasion de parcourir en petit train les **gorges de Vouraïkós**. En route pour Corinthe, accordez-vous une dernière pause à la plage de **Dervéni**.

## 🚐 Aires de service et de stationnement

### Αρχαία Κόρινθος/ Archaía Kórinthos

**Camperstop Afrodites Waters**
Permanent
Borne artisanale 🚿 〔⚡〕 🚰

30 🅿 - illimité - 10 €/j.
Services : 🚾 ✂ 🗑
🚶 Centre-ville à 300 m.
GPS : E 22.878 N 37.9117

### Δημητσάνα/Dimitsána

**Taverna Koustenis**
Epar. Od. Kato Davias-Dimitsanas
6 🅿 - 24h - Gratuit
Services : 🛜
🚶 Emplacement appartenant à un restaurant
GPS : E 22.0405 N 37.58517

### Ερμιόνη/Ermióni

**Eparchiaki Ermioni Kranidiou**
Au nord de la ville
Permanent
🅿 - Gratuit
🚶 Sur le port.
Belle vue sur le village.
GPS : E 23.2484 N 37.38922

### 🅸 Offices de tourisme

**Athína/Athènes (office national)**
*18-20 r. Dionysiou-Areopagitou - ☎ 210 33 10 392/716/347 - www.visitgreece.gr - lun.-vend. 9h-20h, w.-end 10h-16h. Beaucoup d'informations, y compris sur tous les moyens de transport vers les îles et le reste de la Grèce. Disponibles gratuitement : brochures en anglais contenant toutes les informations surla vie culturelle à Athènes.*

**Kalamáta**
*6 r. Polyvriou - ☎ 27210 868 68*

**Náfplio/Nauplie**
**Mairie** – *Pl. Trion Niavarchon - ☎ 27520 244 44. Peu efficace ;* **Stavropoulos Tours** – *24 r. Plapouta - ☎ 27520 259 15 - www.stavropoulostours.gr. Informations et propositions d'excursions, location de voiture, etc.*

**Pour téléphoner en Grèce :**
00 30 puis le numéro du correspondant

**Pour plus d'informations :**
Carte Michelin N° 737
Le Guide Vert Grèce continentale

## Les bonnes adresses de Bib

### Αθηνα/Athína/Athènes

**✕ Athinaïkon**
*2 r. Themistokleous - ☎ 210 38 38 485 et 210 38 35 905- athinaikon. gr - fermé lun. - 20 €.* Fondé en 1932, ce *mezedopolio* tire sa renommée de ses poissons et fruits de mer servis dans une belle salle. Autre adresse : 34 r. Mitropoleos.

**✕ Rodia**
*44 r. Aristipou - ☎ 210 72 29 883 -✄ - le soir seult - fermé dim. - 20 €.* Cette petite taverne sert une cuisine simple et savoureuse dans une rue résidentielle au pied du Lycabette.

**✕ Scholarhio**
*14 r. Tripodon - ☎ 210 32 47 605 - www.scholarhio. gr - 14 €.* Sous une pergola, sur le balcon, ou dans une salle aux photos jaunies, on apporte sur un plateau un large assortiment d'appétissants *mezze* qu'il ne reste qu'à choisir.

**✕ Kuzina**
*9 r. Adrianou - ☎ 210 32 40 133 - www.kuzina. gr - 20/25 €.* À la limite de Thissio, la cuisine grecque revisitée du chef Aris Tsanaklidis lui vaut, dans le quartier, une solide réputation. Galerie d'art à l'étage et terrasse sur le toit avec vue sur l'Acropole. Réservation recommandée.

### Γύθειο/Gytheio/Githio

**✕ To Nissaki**
*Sur l'îlot de Kranaï, au milieu des pins - ☎ 27330 238 30.* Une des meilleures adresses de Githio : bonnes salades et poissons grillés. Accueil charmant.

### Καλαμάτα/Kalamáta

**✕ I Psaropoula**
*14 av. Navarinou - ☎ 721 02 09 85 - 15 € env.* Une taverne les pieds dans l'eau, ouvrant sur un petit port de pêche. Excellente cuisine : poissons grillés et *kokoretsi* (brochette d'abats de mouton). Service rapide et souriant.

### Ναύπλιο/ Náfplio/Nauplie

**✕ Taverne Vassilis**
*Au milieu de la r. Staïkopoulou - ☎ 27520 253 34.* Vous aurez le choix entre une longue rangée de tables en pleine rue piétonne et une salle aux murs ocre pour déguster une bonne cuisine grecque, à prix doux.

### Ολυμπία/ Olympía/Olympie

**✕ Ambrosia**
*Entre la ville et le musée - ☎ 26240 234 14 - 15 €.* Un peu à l'écart du centre, l'immense terrasse abritée du restaurant fait le joie de ses clients. La spécialité de la maison, l'agneau et le bœuf (fondant) aux oignons.

### Σπάρτη/Spárti/Sparte

**✕ Diethnes**
*105 r. K. Paléologou - ☎ 27310 286 36 - 10/15 €.* Un agréable restaurant tenu par une patronne souriante et dynamique : en saison, Dina vous proposera de vous attabler dans la vaste cour arborée, dissimulée à l'arrière. Excellent porc (fondant) aux aubergines.

# La Crète, de plages en criques

Si l'on en croit Homère, Zeus serait né en Crète, la plus grande des îles grecques. Mais derrière le mythe, l'Histoire commence avec les premières civilisations (vers 2700 av. J.-C.), dont il reste de magnifiques palais à Knossos, Phaestos et Malia. Pourtant, aujourd'hui, si l'île est célèbre pour sa cuisine diététique, elle l'est bien plus encore pour ses rivages et ses plages évoquant parfois de lointains lagons !

⊃ **Départ : Héraklion**
⊃ **12 jours - 1 250 km**

## Jour 1

Après 6h de traversée en provenance du **Pirée**, vous débarquerez à **Héraklion** (Irákleio) où vos premiers pas vous entraîneront au marché (rue 1866), au pittoresque port vénitien et à l'incontournable Musée archéologique ; une visite indispensable en préambule des sites que vous découvrirez ultérieurement. En milieu d'après-midi, quand la foule se fait moins dense, filez sur le site de **Knossos** (Knosós), la plus ancienne cité de Grèce et qui constitue l'un des plus importants témoignages de la civilisation minoenne (comptez 2 à 3h).

## Jour 2

Tôt le matin, visitez le site de **Mália**, contemporain de Knossos mais beaucoup moins connu, qui comprend deux quartiers, celui du palais et celui des artisans ; puis profitez de la plage à proximité du site, encore sauvage et très agréable. Un peu plus vers l'est, vous trouvez le village de **Sisi** (très fréquenté en été). Pour plus de calme, dirigez-vous vers **Mílatos** et son petit port tranquille. En fin de journée, rejoignez **Elounda** (Eloúnta), port de pêche aux quais très animés, d'où vous pourrez démarrer une balade sur les sentiers de la **presqu'île de**

**Spinalonga** (Spinalógka), quasiment déserte ; à moins que vous préféreriez le joli port de **Pláka** plus au nord.

## Jour 3

Blotties au fond du golfe de Mirambellou, les maisons blanches d'**Ágios Nikólaos** s'enroulent autour d'une baie abritée et d'un petit lac aux eaux profondes alimenté par une source souterraine. À côté de l'office de tourisme, un musée d'Art populaire aménagé dans une maison traditionnelle présente des tissages, broderies et costumes crétois. Dans les alentours, vous visiterez l'église de la **Panagia Kera** et ses belles fresques et, un peu plus loin, le village de **Kritsá** puis celui plus authentique et tranquille de **Kroustas**. Finissez la journée en empruntant la route tortueuse de **Sitia** (Siteía) et faites un crochet par l'accueillant petit port de **Mohlos** (Móchlos).

## Jours 4 et 5

La province de **Sitia** est l'une des plus attachantes de Crète avec de belles plages et des villages préservés. C'est autour de **Kato Zákros** et de **Palaíkastro** aux plages à peu près intactes que vous trouverez ce que vous êtes venu chercher, la tranquillité et un accueil légendaire. Les plus belles plages se trouvent à **Váï** (avec palmeraie), à **Itanós**, à **Chiona** et à **Kato Zákros**. Au nord et sud de cette dernière, un sentier littoral invite à

la randonnée, notamment vers les gorges de Chochlakiès. Retenez encore la plage de sable blond d'Ambelou au sud-est de **Ziros**. Faîtes étape à **Ierápetra**.

## Jours 6 et 7

Deux jours le long de la côte sud vous permettront de dénicher quelques sites et de remarquables plages entre **Ierápetra** et Timbaki (au prix de quelques détours). Côté plage, profitez de **Mýrtos**, **Tertsa**, **Keratokambos** et **Kastri**. Plus à l'ouest, vous ne manquerez pas les sites archéologiques (à l'est à l'ouest de Mires) de Gortyne la romaine (Gortis) puis de Phaestos la minoenne (Festos), plus authentique que Knossos, et d'où l'on jouit d'un panorama inoubliable. Si les petites routes ne vous font pas peur, allez à **Léntas** pour sa plage, sinon optez pour **Mátala** ou **Kommós**.

## Jours 8 et 9

En roulant vers l'ouest, vous découvrirez encore de nouvelles plages : criques enchanteresses vers **Agios Pavlos**, plages oubliées vers le **monastère de Préveli** et vers **Plakiás**. Au port de pêche de **Hora Skafíon**, un beau sentier littoral permet de rejoindre Loutro et les gorges d'Aradena (bonnes chaussures indispensables). Vous monterez ensuite sur **Hania** (Chaniá) qui ne manque pas de charme entre sa vieille ville et son port vénitien où subsiste la mos-

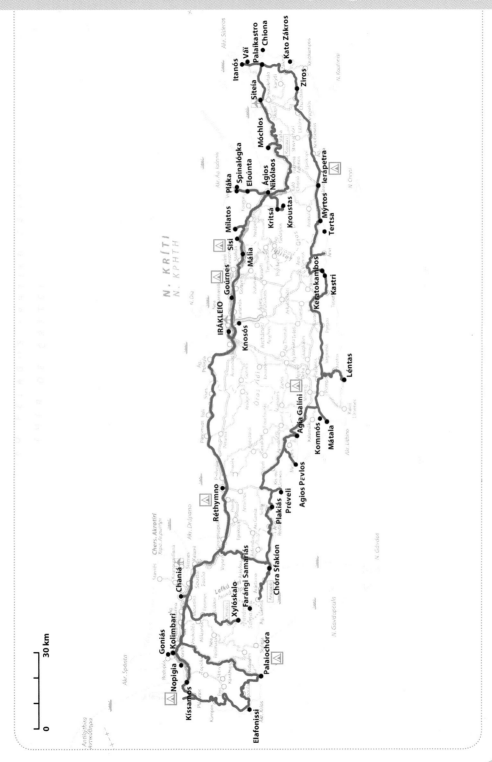

*Le propylée ouest reconstitué par sir Arthur Evans à Knossos.*

quée des Janissaires. La place 1866 est le cœur de la ville. Consacrez une demi-journée à la presqu'île d'Akrotiri frangée de belles plages à l'ouest et qui abrite, en son centre, le monastère d'Agia Triada que vous pourrez visiter.

### Jour 10

Réservez une journée entière à la découverte des **gorges de Samaria** (bonnes chaussures indispensables), le must de l'île, en partant de **Xylóskalo** où se trouve un centre d'information du parc national (de mai à octobre) : comptez 5 à 6h de marche avec un passage spectaculaire ne dépassant pas les 3 m de large et des parois hautes de 300 m. Un retour est possible en bateau, puis en bus.

### Jours 11 et 12

À l'ouest de Hania, le monastère de **Goniás** à **Kolimbari** vaut le détour, ne serait-ce que pour sa collection d'icônes, avant de rejoindre **Kíssamos** (Kasteli Kíssamos) puis, 40 km au sud, le superbe site de **Elafonissi** doté de fonds sableux qui rendent l'eau d'une transparence incroyable. L'île en face est accessible à pied. Un autre détour vous permettra de découvrir la paisible cité de **Paleohora** (Palaiochóra), son église et son monastère entouré d'oliviers. Reste à rejoindre **Héraklion** (Irákleio) pour un retour sur le continent, non sans une pause à **Rethymnon** pour vous promener sur son coquet petit port.

## ⛺ Campings

### Αγία Γαλήνη/Agía Galíni

**⛺ Camping No Problem !**
Agia Galini -
☎ 28320 91 502
Permanent -
0,9 ha (45 empl.)
Tarif : 15 €
Loisirs : télévision
Services :
GPS : E 24.69521 N 35.09994

### Γούρνες/Goúrnes

**⛺ Creta Camping**
Aegean Sea -
☎ 28970 41 400
De déb. avr. à fin oct. -
2 ha (90 empl.)
Tarif : 23 €
Loisirs :, terrain de sport polyvalent, télévision
Services :
⚓ Bord de mer.
GPS : E 25.29196 N 35.33355

### Ιεράπετρα/Ierápetra

**⛺ Camping Koutsounari**
Koutsounari Ierapetras -
☎ 28420 61 213
De déb. mai à fin oct. -
1,4 ha (66 empl.)
Tarif : 20,50 €
Loisirs :, excursions organisées, télévision
Services :
⚓ Bord de mer.
GPS : E 25.82111 N 35.00861

### Νωπήγεια/Nopigia

**⛺ Camping Nopigia**
Nopigia - ☎ 28220 31 111
De déb. avr. à fin oct. -
1 ha (60 empl.)
Tarif : 20,50 €

Loisirs :, circuits de promenades balisées, télévision
Services :
⚓ Bord de mer.
GPS : E 23.71995 N 35.50917

### Παλαιοχώρα/ Palaiochóra

**⛺ Camping Grammeno Beach**
Kountoura -
☎ 28230 42 125
Permanent -
1,4 ha (75 empl.)
Tarif : 21 €
Loisirs :
Services :
⚓ Bord de mer.
GPS : E 23.63626 N 35.23441

### Ρέθυμνο/Réthymno

**⛺ Camping Elisabeth**
Ionias 84 Terma -
☎ 28310 28 694
Permanent -
2,4 ha (120 empl.)
Tarif : 25,10 €
Loisirs :, circuits de promenades balisées, télévision
Services :
⚓ Bord de mer.
GPS : E 24.51533 N 35.36882

### Σίσι/Sisi

**⛺ Camping Sisi**
De déb. mai à fin oct. -
1,4 ha (40 empl.)
Tarif : 19,50 €
Loisirs :
Services :
⚓ Bord de mer.
GPS : E 25.50782 N 35.30445

# Les bonnes adresses de Bib

## Άγιος Νικόλαος/Ágios Nikólaos

### ✕ Avli

*12 r. Prigipos Georgiou -* 🖉 *2841 082 479 - 🍴 - 12/15 € - fermé hors saison.* Derrière une haie de bougainvilliers, sous la tonnelle ombragée, une adorable maison tout en bleu et blanc, à l'ancienne, avec une courette où sont dispersées quelques tables. Bonne cuisine et aimable service.

### Spécialités culinaires Melissa

*18 r. Roussou Koundourou -* 🖉 *2841 024 628.* Le plus grand choix de produits traditionnels (huiles d'olive, miel, raki, ouzo, loukoums, etc.) et un grand rayon cosmétique. Autre adresses au n° 41 de la même rue et au 40 r. 28 Oktovriou

## Χανιά/Chaniá/Hania

### ✕ Kostas

*51 r. Daskalogianni -* 🖉 *2821 050 077 - 🍴 - 10/12 €.* Une petite terrasse ombragée. Sur les tables rustiques, on déguste d'excellents *gyros* au porc, au bœuf ou au poulet, généreusement relevés d'origan. Kostas et sa famille vous serviront avec le sourire. Imbattable rapport qualité-prix.

### ✕ Thalassino Ageri

*35 r. Vivilaki -* 🖉 *2821 051 136 ou 6947 939 146 - www.thalasino-ageri.gr - 🍴 - 12/15 €.* Avec sa vaste terrasse posée au-dessus des eaux d'un petit port où dorment quelques barques, ce restaurant ne désemplit jamais. Poissons frais de premier choix. Calamars et rougets tiennent la vedette, mais on peut préférer les oursins ou la petite friture. À déguster face aux lumières du vieil Hania.

## Ηράκλειο/Irákleio/Héraklion

### ✕ Lychnostatis

*8 r. Ioannou Chronaki -* 🖉 *2810 242 117 - 🍴 - le soir seult. - 15/25 €.* Coquette ouzerie rustique, décorée avec goût, où vous trouverez un bon choix de *mezze* à prix abordables. Porc au céleri, poulet aux poivrons, escargots frits au romarin… Bon choix de vins en pichet.

### ✕ Notio Selas

*13 r. Miramvellou -* 🖉 *2810 240 027 - 🍴 - 12/15 €.* Un restaurant tout simple avec tables en bois, nappes en papier, salle et terrasse, où les délicieux *mezze* sont fait minute : tzatziki, beignets de calamars, de courgettes, salades… Excellent rapport qualité-prix. Raki et dessert offerts avec l'addition. Certes en français.

## Ιεράπετρα/Ierápetra

### ✕ Levante

*38 r. Samouil -* 🖉 *2842 080 585 - www.levante-taverna.gr - 🍴 - 10/25 €.* Cadre marin et coquette terrasse pour déguster de bons plats de poisson, appréciés des touristes comme des locaux.

## Μάταλα/Mátala

### ✕ Scala

*Au bout de la promenade, au-delà des grottes -* 🖉 *2892 045 489 - 🍴 - 15/18 €.* Profitant d'une vue privilégiée sur la falaise et la plage, ce restaurant spécialisé dans le poisson frais se distingue par le soin apporté à la présentation des plats. Bon dessert offert. Réservation obligatoire pour espérer une table en surplomb de l'eau.

---

## 🅘 Offices de tourisme

**Ágios Nikólaos**
*21 r. Akti Koundourou, près du lac -* 🖉 *2841 022 357 - www.aghiosnikolaos. eu - 10h-18h.*

**Chaniá/Hania**
*53 r. Milonogianni -* 🖉 *2821 341 665/6 - www.chaniatourism.com - en principe lun.-vend. 8h30-14h.*

**Irákleio/Héraklion**
*Artarika Building - Plateia Nikoforou Foka (tout près de la fontaine Morosini) -* 🖉 *2813 409 777/80 - lun.-vend. 8h30-14h30*
*www.heraklion.gr – Le site de la mairie (en anglais) recense nombre d'informations utiles : horaires des musées, adresses d'hôtels, adresses des parkings, etc.*
*www.nowheraklion.gr – site (en anglais) spécialisé dans les événements culturels : spectacles, expositions, cinémas, etc.*

**Pour téléphoner en Grèce :**
00 30 puis le numéro du correspondant.

**Pour plus d'informations :**
Carte Michelin N° 759
Le Guide Vert Crète

*Sur les routes de Cork en Irlande.*
P. Zoeller/Design Pics RM/age fotostock

# À travers le pays breton, la Cornouailles

⊃ *Départ : Bournemouth*
⊃ *7 jours - 765 km*

*La baie de Porlock.*

R. Harding / hemis.fr

### Jour 1

**Bournemouth**, lieu de séjour estival et hivernal renommé, séduit à la fois par son atmosphère et par le cadre spectaculaire de ses hautes falaises. Poursuivez le long des côtes du sud-ouest de l'Angleterre. Cet itinéraire ouvre sur de superbes paysages côtiers comme celui de la côte jurassique, de **Swanage** à **Exmouth** : ses falaises, d'une extraordinaire richesse géologique, sont inscrites sur la liste du Patrimoine mondial de l'Unesco.

### Jour 2

Faites une pause dans l'agréable cité d'**Exeter**. Cette cité médiévale possède une des plus belles cathédrales d'Angleterre. Bien que la vieille ville ait beaucoup souffert des bombardements incessants de 1942, la ville, moderne et animée, conserve du charme notamment dans le quartier des docks. Cheminez ensuite, à partir de **Torquay** (la ville d'Agatha Christie), sur une côte à qui sa végétation quasiment méditerranéenne a valu le surnom de « Riviera anglaise ». Vous apercevrez ensuite **Dartmouth**, posée dans un site extraordinaire à l'embouchure de la Dart, avant de gagner Plymouth, porte d'entrée de la Cornouailles.

### Jour 3

De passage à **Plymouth**, ne ratez pas le quartier Barbican sillonné de ruelles pavées que bordent des mai-

sons médiévales et des porches de l'époque de Jacques II. Peut-être aurez-vous envie de visiter le plus grand aquarium britannique qui offre une belle vue de la marina et héberge plus de 200 espèces marines ? Cette terre imprégnée des légendes du roi Arthur et des chevaliers de la Table ronde vous réservera de belles surprises, avec les petits ports de pêche de **Polperro** et de **Fowey**, terre d'une autre reine du suspense, Daphné du Maurier. Plus loin, ce seront les paysages qui vous couperont le souffle, avec ces landes dominant l'horizon infini et ces rochers battus par les gerbes d'écume, comme à **Land's End**, un bout du monde exposé à tous les vents.

### Jour 4

Peut-être en profiterez-vous pour effectuer un saut de puce sur les proches îles **Scilly** ? La vue sur les cinq îlots habités, les quarante qui ne

le sont pas et le chapelet de quelque 150 rochers regroupés dans les eaux bleu-vert clair de l'océan, est absolument superbe. Retrouvant le continent, vous rallierez **St Ives**, dont le petit port saura vous charmer comme ce fut le cas pour tant d'artistes exposés aujourd'hui à la Tate locale. Vous devrez bien sûr laisser votre camping-car au parking situé en haut du village de St Ives… ce qui suppose une montée assez sévère pour le récupérer.

### Jour 5

Poursuivez le long de la côte, en faisant quelques haltes dans d'agréables petites villes côtières comme **Newquay**, **Bude** et **Bideford.**

### Jour 6

Vous rejoindrez après **Ilfracombe**, célèbre pour sa « plage à tunnel », la côte du Bristol Channel : vous entrez alors dans la terre mystérieuse

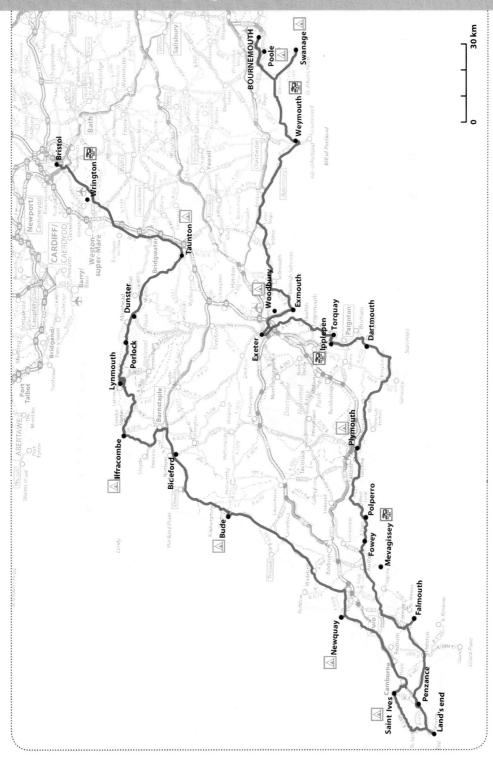

d'Exmoor. Des forêts giboyeuses, superbes en toute saison, et plus encore au printemps lorsque les massifs de rhododendrons sauvages viennent les illuminer de mauve ; des landes désolées et des pâtures d'un vert tendre que peuplent moutons, bœufs et poneys en liberté ; et enfin la mer, venant interrompre de manière aussi soudaine qu'abrupte ce paysage enchanteur… ainsi se présente le parc national **Exmoor**. Vous découvrirez de nouveaux paysages époustouflants entre **Lynmouth** et **Porlock** avant de vous enfoncer dans les terres vers Tauton, non sans vous être arrêté dans le beau village de **Dunster**, ou vous ne vous lasserez pas de parcourir les ruelles que bordent des maisons colorées au toit de chaume. Le château en grès domine la ville.

### Jour 7

**Taunton**, centre agricole situé à la limite orientale de la belle vallée de Taunton, région de la pomme à cidre. À voir le château et musée du Somerset. De là, dirigez-vous vers **Bristol**, fin de votre périple. Cette ville portuaire et industrielle, dévastée par les bombardements de la Seconde Guerre mondiale, dégage pourtant un vrai charme grâce à ce port omniprésent et à ses entrepôts rénovés (voir la fin du circuit n° 31).

## Les bonnes adresses de Bib

### Bournemouth

**✕ West Beach**
*Pier Approach - ✆ 01202 587 785 - west-beach.co.uk - 9h-22h - fermé 25 déc. - 28/39 £.* Ce restaurant de poisson, installé sur la plage, sert des poissons et coquillages pêchés localement, pour certains juste devant l'établissement !

### Bristol

**✕ Bordeaux Quay**
*V Shed, Canons Way - ✆ 0117 943 1200 - www.bordeaux-quay. co.uk - formule déj. 13,50/20,50 £, à la carte 19,50/30 £.* Au bord de l'eau, ce vaste lieu accueille une épicerie fine, une boulangerie, une brasserie et, à l'étage, un bar à vin et un restaurant élégant avec vue sur le port. Produits bio et éthiques.

### Dartmouth

**✕ Rockfish**
*8 South Embankment - ✆ 01803 832 800 - www.rockfishdevon. co.uk - 17/34 £.* Un établissement aux allures de paillote de plage, animé par une équipe sympathique servant dans des barquettes en carton de bonnes spécialités issues d'ingrédients équitables. Sa devise : « Le poisson de demain nage encore en mer. »

### Exeter

**✕ Angela's**
*38 New Bridge St. - ✆ 01392 499 038 - www.angelasrestaurant.co.uk - merc.-sam. soir - fermé 1 sem. en avr. et en août - 33/49 £.* Entre les murs ornés de peintures, on sert des plats simples à base de produits frais et locaux. Accueil agréable.

**The Ship Inn**
*1-3 Martin's Lane - ✆ 01392 272 040 - www.ship-exeter.co.uk - 11h-23h30, w.-end 11h-0h - 13/19 £.* Pub historique avec brasserie.

### Penzance

**✕ Harris's**
*46 New St. - ✆ 01736 364 408 - www. harrissrestaurant.co.uk - fermé janv.,*

*3 sem. en nov., dim.-lun. - 33/45 £.* Cet élégant établissement, une institution locale, se dissimule dans le centre-ville. Table traditionnelle à base de cuisine locale où figurent quelques plats de poissons.

### Plymouth

**✕ Rivercottage Canteen & Deli**
*1 Brew House, Royal William Yard - ✆ 01752 252 702 - www.rivercottage. net - 19/30 £.* Tout est fabriqué à partir de bois recyclé dans ce grand restaurant animé aux murs en pierre, avec terrasse. Cuisine copieuse et audacieuse à base de produits bio et locaux. Épicerie.

**The Tudor Rose**
*36 New St. - The Barican - ✆ 01752 255 502 - www.tudorrosetearoom. co.uk - 9h-17h (w.-end 18h).* Doté d'un petit jardin fleuri, ce lieu sympathique et accueillant sert des repas légers à midi… mais c'est surtout un salon de thé réputé pour ses chutney et marmelades maison.

### Swanage

**✕ Cauldron Bistro**
*5 High St. - ✆ 01929 422 671 - tlj sf lun.* Un petit restaurant où l'on vous proposera la pêche du jour dans un cadre intime.

## ℹ Office de tourisme

**Bristol**
*1 Canons Road - ✆ 0906 711 2191 - visitbristol.co.uk - 10h-17h, dim. 11h-16h.*

**Pour téléphoner en Grande-Bretagne :** 00 44 + indicatif urbain sans le 0 initial, puis le numéro du correspondant.

**Pour plus d'informations :** Carte Michelin Regional N° 503 Le Guide Vert Angleterre Pays de Galles

## ⛺ Campings

### Bude

**⛰ Wooda Farm Holiday Park**
Poughill - ☎ 01288 352 069
De fin mars à fin oct. - 6 ha (210 empl.)
Tarif : 40,60 € 🚶🚶 🚗 🅴
🚐 borne
Loisirs : 🏖 ✂ 🎣, aire de sports
Services : 🍽 🍴 🏠 🚿 🚻
📶 📮 🛒 🚰 🚲
GPS : W 4.51836 N 50.84341

### Ilfracombe

**⛰ Napps Touring Holidays**
Old Coast Road, Berrynarbor -
☎ 01271 882 557
De fin mars à fin oct. - 10 ha (213 empl.)
Tarif : 34,80 € 🚶🚶 🚗 🅴
🚐 borne
Loisirs : diurne (juin-août) 🏖 ✂
🏊 🌊 (plage), jeux pour adultes
Services : 🍽 🍴 🏠 🚿 🛒 🚰 🚲
GPS : W 4.06076 N 51.21041

### Newquay

**⛰ Trekenning Tourist Park**
St. Columb Major - ☎ 01637 880 462
Permanent - 2,7 ha (75 empl.)
Tarif : 22 € 🚶🚶 🚗 🅴
🚐
Loisirs : nocturne 🏖 🏊
Services : 🍽 🍴 🏠 🚰 📶 📮 🚲
GPS : W 4.9425 N 50.42261

### Plymouth

**⛰ Riverside Caravan Park**
Leigham Manor Drive, Marsh Mills -
☎ 01752 344 122
Permanent - 4,4 ha (168 empl.)
Tarif : 35,40 € 🚶🚶 🚗 🅴
🚐 borne
Loisirs : nocturne 🏖 🌊
(plan d'eau) 💧, jeux pour adultes
Services : 🍽 🍴 🏠 🔑 🚰 📶 📮
🚲
GPS : W 4.08793 N 50.39991

### Poole

**⛰ Sandford Holiday Park**
Holton Heath, Poole - ☎ 3 443 353 450
De déb. mars à déb. nov. -
24 ha (427 empl.)

Tarif : 55,70 € 🚶🚶 🚗 🅴
🚐 borne
Loisirs : 🏖 🚴 ✂ 🎣
🐎, aire de sports, trampoline
Services : 🍽 🍴 🏠 🚿 🔑 🚰 🚲
📶 📮 🛒
GPS : W 2.08598 N 50.72003

### Saint Ives

**⛰ Trevalgan Touring Park**
Trevalgan - ☎ 01736 791 892
De fin avr. à fin sept. - 2 ha (135 empl.)
Tarif : 45,25 € 🚶🚶 🚗 🅴
🚐 borne
Loisirs : 🏖 🌊 (plage), aire de
sports
Services : 🏠 🚿 🚰 📶 📮 🛒 🚲
GPS : W 5.51974 N 50.20738

### Swanage

**⛰ Ulwell Cottage Caravan Park**
Ulwell Road - ☎ 01929 422 823
De déb. mars à déb. janv. -
5,2 ha (77 empl.)
Tarif : 69,60 € 🚶🚶 🚗 🅴
🚐 borne
Loisirs : diurne 🏖 🌊
(plage) 🏊, aire de sports - Services :
🍽 🍴 🏠 🚿 🚰 📶 📮 🛒 🚲
GPS : W 1.97101 N 50.62671

### Taunton

**⛰ Lowtrow Cross Caravan Site**
Upton, Wiveliscombe -
☎ 01398 371 199
De déb. mars à fin oct. - 1,7 ha (20 empl.)
Tarif : 25,50 € 🚶🚶 🚗 🅴 - 🚐
Loisirs : 💧, randonnées pédestres
Services : 🍽 🍴 🚰 📶 📮 🚲
😊 Camping réservé aux adultes.
GPS : W 3.41969 N 51.05336

### Woodbury

**⛰ Webbers Park**
Castle Lane - ☎ 01395 232 276
De mi-mars à fin oct. - 3 ha (135 empl.)
Tarif : 23,20 € 🚶🚶 🚗 🅴 - 🚐
Loisirs : 🏖 🚴 ✂, aire de sports
Services : 🐃 🚿 🔑 🚰 📶 📮
🚲
GPS : W 3.39546 N 50.67675

## 🚐 Aires de service et de stationnement

### Bristol

*Voir le circuit suivant.*

### Ipplepen

**Sunnyside**
Totnes Road (A381) -
☎ 01803 813 702
Permanent
Borne artisanale 🚰 ⚡ 🚽 ✏
5 🅿 - illimité - 10 €/j.
Services : 🚾
😊 Centre-ville à 1 km.
GPS : W 3.6337 N 50.4859

### Mevagissey

**Willow Car and Coach park**
Valley Road - ☎ 01 726 843 258
Permanent
7 🅿 - 24h - 12,65 €/j.
GPS : W 4.7903 N 50.2715

### Weymouth

**Causeway Farm**
Causeway - Radipole village -
☎ 01305 78 57 48
Permanent
Borne artisanale 🚰 ⚡ 🚽 ✏
10 🅿 - illimité - 12 €/j.
😊 Douche.
GPS : W 2.4788 N 50.6306

### Wrington

**Stoneswood Farm**
Wrington Hill - ☎ 07880 934 475
Permanent
Borne artisanale 🚰 ⚡ 🚽 ✏
🅿 - illimité - 12 €/j.
Services : 🚾
😊 Centre-ville à 1,5 km.
GPS : W 2.756 N 51.3733

# Cathédrales du sud-ouest de l'Angleterre

➲ *Départ : Southampton*
➲ *7 jours - 570 km*

## Jour 1

Ce premier jour sera consacré à la découverte de **Southampton**, son port avec ses beaux voiliers (Marina), ses cargos et ses magnifiques paquebots *Queen Mary* et *Queen Elisabeth* qui font, le temps d'une escale, la fierté du port. Après la visite du musée de la Marine, allez flâner dans la vieille ville.

## Jour 2

Une halte dans la proche **Winchester** vous conduira à une cathédrale, en partie romane, abritant une superbe nef de style *Perpendicular* (dernière phase de l'architecture gothique en Grande-Bretagne). Vous vous dirigerez ensuite vers la célèbre ville universitaire d'**Oxford**. Située sur la Tamise, Oxford est l'une des cités du savoir les plus connues dans le monde ; elle symbolise avec sa rivale de toujours, Cambridge, l'excellence de l'éducation anglaise. Les rues, les allées, les cours et les jardins de la ville sont peuplés la majeure partie de l'année par des élèves en toge noire. Pénétrez dans quelques-uns des fameux collèges qui ont fait la réputation de la cité ; ils sont, pour la plupart, ouverts uniquement l'après-midi et certains, fermés au mois de juin durant la période des examens.

## Jour 3

Poursuivant vers le nord-est, vous tomberez sous le charme de **Stratford-upon-Avon** et rendrez hom-

*Arlington Row à Bibury.*

B. Jannsen / age fotostock

mage à William Shakespeare dans les différentes demeures qui sont liées à sa famille, tant dans la ville que dans les environs. Après un détour par **Worcester** et sa cathédrale de grès rouge dominant la Severn, et un arrêt devant l'abbaye de Tewkesbury, vous apprécierez la cité thermale Regency de Cheltenham, avant sa voisine **Gloucester**. Encore une cathédrale, certes, mais aussi, dans les docks rénovés, un remarquable musée consacré à l'histoire des voies navigables d'Angleterre.

## Jour 4

La ville sera le point de départ d'une balade dans les campagnes riantes et vallonnées des Cotswolds que parsèment de merveilleux villages. L'un d'eux, **Bourton-on-the-Water**, est doté d'un village modèle, « Birdland », et d'un musée de l'Automobile et du Jouet. Faites une halte à **Burford**,

autrefois centre du commerce de la laine et importante étape pour diligences ; ses demeures en calcaire et son charme intemporel en font aujourd'hui un lieu très fréquenté. Passez par **Bibury** qualifié de « plus beau village d'Angleterre » avec son accueillante rivière Coln (réputée pour ses truites), ses ponts en pierre et ses chaumières de tisserands. Après un arrêt à **Cirencester**, vous rejoindrez enfin la superbe cité de **Bath**.

## Jour 5

C'est au 18e s. que Bath est devenue une station thermale à la mode où l'on se rendait autant pour se soigner que pour goûter aux plaisirs de la vie mondaine ! Aujourd'hui, on vient dans ce qui est peut-être la plus belle ville d'Angleterre, non pour y faire une cure, mais pour y retrouver l'atmosphère de cette époque-là,

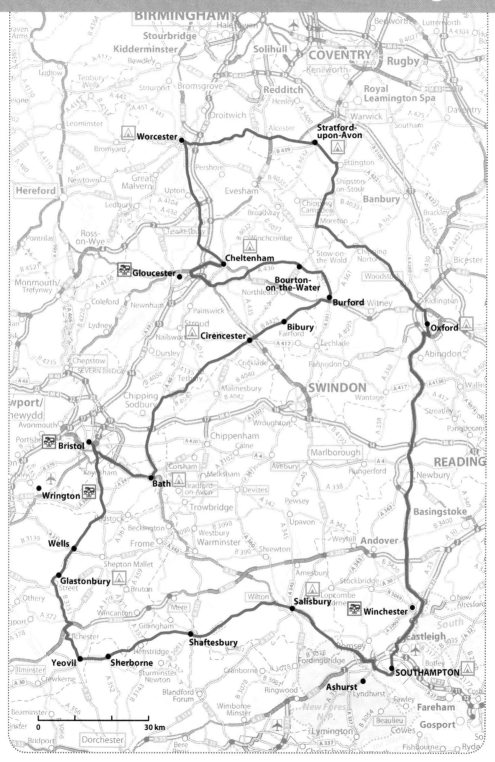

admirer les élégantes demeures, les *terraces* et les *crescents* georgiens, construits dans la pierre locale couleur de miel, qui s'étagent sur les sept collines dominant l'Avon, ou bien encore pour mettre ses pas dans ceux de Jane Austen et de quelques-unes de ses héroïnes… Gagnez Bristol.

## Jour 6

Il émane de **Bristol** un certain charme grâce à ce port omniprésent qui incite à rêver aux traversées de jadis à la recherche d'épices et de bois précieux. Rénovés aujourd'hui, comme dans bon nombre d'autres cités britanniques, les entrepôts se sont reconvertis en restaurants, salles de spectacles ou galeries d'art, constituant ainsi un nouveau centre d'animation au cœur de cette cité dont le dynamisme ne s'est jamais démenti. Consacrez un peu de votre temps à la cathédrale et au quartier du port.

## Jour 7

De Bristol dirigez-vous vers **Wells** dont la magnifique cathédrale se dresse dans son Enclos médiéval. **Glastonbury** mérite bien un arrêt pour les ruines romantiques de son abbaye, jadis une des plus riches du pays. Poursuivez vers **Sherborne** (encore une remarquable abbatiale, outre le château du célèbre courtisan Walter Raleigh), et **Shaftesbury** avec ses vieilles maisons, vous atteindrez **Salisbury** ; là, vous flânerez longuement dans les rues médiévales avant de découvrir la cathédrale, superbe prouesse architecturale bâtie d'un seul jet entre 1220 et 1258, caractéristique du style *Early English* (primitif anglais).

# ⛺ Campings

## Bath

### ⛺ Bath Mill Lodge Retreat
Bath Mill Lodge Retreat, Newton Rd -
☏ 01225 333 909
Permanent
Tarif : 22 € ⚥ ⚥ 🚐 📧
Loisirs : 🏊
Services : 🍽 ✕ ♿ ♨ 🛜 🖥 🛒 ⛲
GPS : W 2.4092 N 51.38202

## Cheltenham

### ⛺ Folly Farm Cotswold Camping
Bourton-on-the-Water -
☏ 01451 820 285
De déb. mars à fin oct. - (60 empl.)
Tarif : 22 € ⚥ ⚥ 🚐 📧
🚐
Loisirs : 🔥 nocturne, randonnées pédestres - Services : ✕ ♨
GPS : W 1.82619 N 51.88463

## Cirencester

### ⛺ Mayfield Camping and Caravan Site
Cheltenham Road, Perrotts Brook -
☏ 01285 831 301
Permanent - 4 ha (80 empl.)
Tarif : 27,85 € ⚥ ⚥ 🚐 📧
🚐 borne
Loisirs : 🏊 🏓, aire de sports,
Services : ♨ 🛜 🖥 ⛲ ♨
GPS : W 1.97143 N 51.74752

## Glastonbury

### ⛺ Old Oaks Touring Park
Wick Farm - ☏ 01458 831 437
De déb. mars à fin nov. - 6 ha (92 empl.)
Tarif : 45,25 € ⚥ ⚥ 🚐 📧
🚐 borne
Loisirs : 🚲 🎣
Services : 🏠 ♿ ♨ 🛜 🖥 🛒 ⛲
🔞 Camping réservé aux adultes.
GPS : W 2.68168 N 51.1524

## Oxford

### ⛺ Diamond Caravan Park
Islip Road, Bletchingdon -
☏ 01869 350 909
Permanent - 1,2 ha (55 empl.)
Tarif : 25,50 € ⚥ ⚥ 🚐 📧

🚐 borne
Loisirs : 🏊 🛷 🎣, terrain de golf, aire de sports
Services : 🍽 🏠 ♨ 🛜 🖥 ⛲
GPS : W 1.25526 N 51.8489

## Salisbury

### ⛺ Coombe Caravan Park
The Race Plain, Netherhampton -
☏ 01722 328 451
Permanent - 1 ha (50 empl.)
Tarif : 22 € ⚥ ⚥ 🚐 📧
🚐
Loisirs : 🏊, terrain de golf, aire de sports
Services : 🏠 🔑 🖥 ♨ 🛜 🖥 🛒
GPS : W 1.86084 N 51.05428

## Stratford-upon-Avon

### ⛺ Stratford Touring Park
Luddington Road - ☏ 01789 201 063
De déb. mars à fin oct. - 3 ha (193 empl.)
Tarif : 20,90 € ⚥ ⚥ 🚐 📧
🚐
Loisirs : 🔥 nocturne 🏊 🎣
Services : 🍽 ✕ 🏠 ♨ 🛜 🖥 🛒
🔞 Au sein de l'hippodrome.
GPS : W 1.72298 N 52.18099

## Southampton

### ⛺ Ashurst Campsite
Lyndhurst Road - ☏ 02380 292 097
De mi-mars à fin sept. - 10 ha (280 empl.)
Tarif : 37,20 € ⚥ ⚥ 🚐 📧
🚐
Loisirs : 🏊 - Services : ♿ 🔑 ♨ 🛜 🖥
🔞 Chiens non admis dans le camping.
GPS : W 1.53526 N 50.86563

## Worcester

### ⛺ Bromyard Downs Caravan Club Site
Brockhampton, Bringsty -
☏ 01885 482 607
De mi-mars à mi-oct. - 1,8 ha (36 empl.)
Tarif : 21,45 € ⚥ ⚥ 🚐 📧
🚐
Loisirs : 🎣, aire de sports
Services : ♨ ⛲
🔞 Pas de sanitaires.
GPS : W 2.46866 N 52.18746

## 🚐 Aires de service et de stationnement

### Bristol

**Parrys Lane**
Parrys Lane / B4043
20 🅿 - illimité - Gratuit - Services : [wc]
GPS : W 2.6175 N 51.47334

**Hanham Locks**
Ferry Road - 30 🅿 - illimité - Gratuit
Services : [wc] 📶
GPS : W 2.50483 N 51.4235

### Gloucester

**Gloucester Services**
M5, Brookthorpe - ✆ 01452 813 254
Permanent
10 🅿 - illimité - Services : [wc] 📶
GPS : W 2.22317 N 51.81883

### Winchester

**The Winchester Hotel & spa**
Permanent
Borne 🚿
10 🅿 - 10 €/j. - Gratuit de 18h à 8h
GPS : W 1.31667 N 51.0685

### Wrington

**Stoneswood Farm**
*Voir le circuit précédent.*

---

### 🛈 Office de tourisme

**Oxford**
*15-16 Broad St. - ✆ 01865 686 430 - www.experienceoxfordshire. org - juil.-août : 9h30-17h30, dim. 10h-16h ; sept.-juin : 9h30-17h, dim. 10h-15h30.*

Pour téléphoner en Grande-Bretagne :
00 44 + indicatif urbain sans le 0 initial, puis le numéro du correspondant.

Pour plus d'informations :
Carte Michelin Regional N° 503
Le Guide Vert Angleterre
Pays de Galles

---

## Les bonnes adresses de Bib

### Bath

**✕ The Olive Tree**
*Russel St. - ✆ 01225 447 928 - www.olivetreebath.co.uk - tlj sf lun. - formule déj. 6,50/17,50 £, 44/55 £.* Atmosphère contemporaine pour une cuisine moderne de bon rapport qualité-prix.

**✕ Marlborough Tavern**
*35 Marlborough Buildings - ✆ 01225 423731 - www.marlborough-tavern. com - fermé 25 déc. - menu 22/42 £.* Près du Royal Crescent et du Royal Victoria Park, un pub moderne et spacieux proposant une cuisine locale de saison sans fioritures, savoureuse et copieuse. Personnel aimable et attentionné.

**✕ Menu Gordon Jones**
*2 Wellsway - ✆ (01225) 480871 - www.menugordonjones.co.uk - menu unique : 40 £ (déj) /60 £ (dîner).* Ce restaurant de poche à la cuisine ouverte ne compte que cinq tables. Le chef concocte seul le menu du jour surprise de six plats « retour du marché » associant, dans un bon équilibre, saveurs et textures intéressantes.

**✕ Thermae Bath Spa**
*Hot Bath St. - ✆ 01225 33 1234 - www.thermaebathspa.com - 9h-21h30 (dernière entrée 19h) - réserv. pour le spa et les traitements.* Ce centre de remise en forme propose toute l'année l'accès à des bassins d'eau thermale (piscine découverte, bains à remous, saunas, bains de vapeur) et un éventail complet de soins.

### Bristol

*Voir p. 180.*

### Cheltenham

**✕ Brasserie Blanc**
*The Promenade, sur la gauche du Queen's Hotel - ✆ 01242 266 800 - brasserieblanc.com - 19/40 £ (midi 16/22 £).* Cette brasserie joue la carte française (mais pas seulement), et sa crème brûlée attire le tout Cheltenham. Propose également le petit-déjeuner.

### Gloucester

**✕ Café René**
*31 Southgate St. - ✆ 01452 309 340 - www.caferene.co.uk - 11h-0h, vend.-sam. 11h-4h - 20/32 £.* Plats du jour servis dans une ambiance sympathique et, pour les romantiques, dîner aux chandelles. Le lieu s'enorgueillit de ses desserts.

### Oxford

**✕ Vaults & Garden**
*1 Radcliffe Square - ✆ (01865) 279 112 - www.thevaultsandgarden. com - 8h-18h - fermé 3 j. autour de Noël - 9/11 £.* Sous des voûtes à l'arrière de l'église Ste-Mary, ce lieu fait l'unanimité des habitants. Quiches, soupes, salades et gâteaux sont préparés avec des produits frais locaux. Très bon rapport qualité-prix.

**✕ Magdalen Arms**
*243 Iffley Rd - ✆ 01865 243 159 - fermé lun., mar. à midi - 24/33 £.* Lampes originales, posters des années 1920, jeux de société et tables de billard composent le cadre de ce pub couleur gris acier, très fréquenté. Cuisine savoureuse de saison et offrant un bon rapport qualité-prix.

### Southampton

**✕ Platform Tavern**
*Town Quay - ✆ 02380 337 232 - www.platformtavern.com - 17/28 £.* Le propriétaire a décoré la salle avec des souvenirs du monde entier. Les spécialités du jour sont tout aussi internationales : thaïes, espagnoles… Le dimanche, *Soul roast*, brunch avec ambiance musicale.

### Stratford-upon-Avon

**✕ Lambs**
*12 Sheep St. - ✆ 01789 292 554 - www.lambsrestaurant.co.uk - 12h-14h, 17h-21h, dim. 12h-14h, 18h-21h, lun. 17h-21h - fermé 25.-26 déc. - 24,50/38 £ (menus 12,95/19,75 £).* Charmante maison du 16e s. Cuisine de brasserie, plats variés et prix raisonnables.

# Londres, Sussex et Kent

> ➲ *Départ : Portsmouth*
> ➲ *7 jours - 440 km*

## Jour 1

**Portsmouth** est la première destination balnéaire de Grande-Bretagne. Cette ville possède dans son port bien des trésors. Ce sont huit siècles d'histoires passionnantes qui attendent le voyageur sur les remparts et dans les eaux où dorment de magnifiques vaisseaux du 19ᵉ s. Mais la modernité n'est pas pour autant bannie de la cité. La tour Spinnaker, avec son architecture digne du 21ᵉ s., domine une ville où fourmillent les attractions, les musées, les restaurants et les bars

*Vue sur les buildings de la City.*

J. Arnold Images / hemis.fr

## Jour 2

Rejoignez **Brighton**, ville cosmopolite, dotée d'une célèbre jetée, de vieux quartiers de pêcheurs, de marchés insolites et d'une élégante architecture victorienne. Quant au Pavillon royal, avec ses dômes bulbeux, il est bien sûr immanquable. Vous longerez la côte sud en direction d'**Eastbourne**. Empruntez le chemin qui mène à Beachy Head et parcourt des vallées de verts pâturages à perte de vue pour offrir un magnifique panorama sur la baie. Continuez jusqu'à **Hastings**, où vous ferez étape.

## Jour 3

À **Hastings**, montez à bord du West Hill Cliff Railway ; ce funiculaire, le plus raide qui soit, vous emmène en haut de la falaise qui porte les ruines du château de Guillaume le Conquérant. La route côtière se poursuit jusqu'à **Rye**.

Égarez-vous dans ses ruelles bordées de maisons à colombage, et pour une pause gourmande, le Mermaid Inn, cet ancien refuge de brigands, fera l'affaire. Les amoureux d'antiquités sauront apprécier les boutiques de meubles anciens. Après la côte, vous entrez dans le **Sussex**. Le meilleur moyen d'en apprécier la beauté est de monter à bord du petit train à vapeur qui traverse un paysage pittoresque. Vous le trouverez à **Tenterden**. Descendez à son terminus, pour vous rendre à Bodiam Castle. Revenu à Tenterden, sillonnez les routes de campagne jusqu'à **Sissinghurst**. Cette demeure, élevée au cœur d'un magnifique jardin, figure parmi les plus somptueuses propriétés du Sussex.

## Jour 4

À quelques kilomètres à l'ouest, dans le petit village de **Lamberhurst**, ne manquez pas le jardin de Scotney

Castle Garden avec ses arbres luxuriants. Votre parcours s'achève à **Royal Tunbridge Wells**, où vous flânerez au cœur du célèbre quartier du Pantiles puis ralliez **Londres**.

## Jours 5 et 6

Tout comme la Seine à Paris, la Tamise est un excellent guide pour découvrir la capitale. Vous embarquerez pour une croisière bucolique en direction de Richmond. Vous visiterez ensuite les incontournables, Buckingham Palace et la Tate Britain. Non loin se trouvent l'abbaye et le palais de Westminster dominé par l'emblématique Big Ben. En passant devant le célèbre 10 Downing Street, vous déboucherez sur Trafalgar Square, puis terminerez votre périple à Picadilly Circus. Le deuxième jour découvrez la City le matin, en rayonnant autour de la monumentale St Paul's Cathedral. Vous emprunterez Millenium Bridge

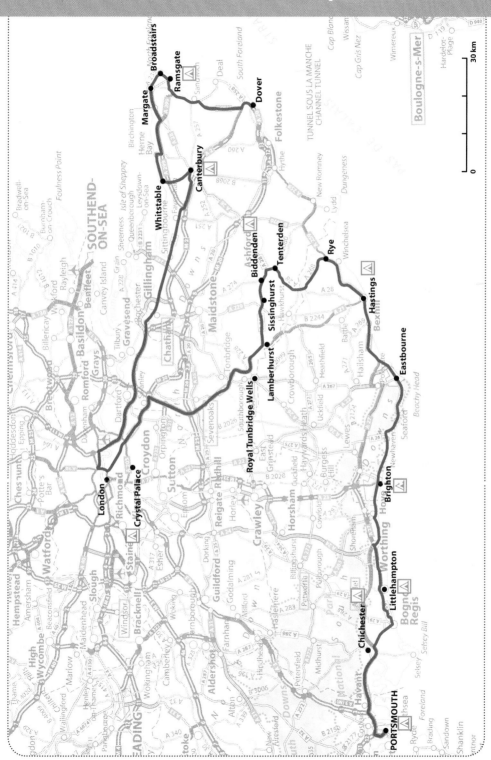

et monterez à l'étage panoramique de la Tate Modern. À l'est, Tower Bridge n'attend plus que vous pour la photo souvenir! Pourquoi ne pas déjeuner à Hyde Park? Au nord-ouest du parc, laissez-vous happer par l'ambiance de Notting Hill. La brocante de Portobello Road le samedi est un « must »!

## Jour 7

Direction le sud-est, **Canterbury** et sa magnifique cathédrale. La capitale ecclésiastique a conservé tout le charme de l'époque médiévale avec ses maisons de tisserands, ses vieux pubs et ses ruelles pavées qui s'entremêlent derrière ses remparts. Musées, boutiques, salons de thé, tous les ingrédients sont réunis pour une agréable promenade. Après avoir sillonné la ville, embarquez à bord d'un *punt* (barque à fond plat) et laissez-vous porter par les flots le long de la rivière qui traverse la cité. Non loin de Canterbury, l'Isle of Thanet concentre de petites stations balnéaires comme **Whistable**, **Margate**, **Broadstairs**, lieu de villégiature de Charles Dickens, et **Ramsgate**, où vous ferez étape, à moins que vous ne ralliez directement **Douvres** (Dover) pour rejoindre le continent par ferry.

## 🏕 Campings

### Biddenden

**🏕 Woodlands Park Camping Park**
Tenterden Road - 📞 01580 291 216
De déb. mars à fin nov. -
3,6 ha (100 empl.)
Tarif : 33 € ♦♦ 🚗 🅴
🚐
Loisirs : 🎣, terrain de golf, barbecue
Services : 🚿 🚩 🅰 🛒 🗳
GPS : E 0.66432 N 51.10265

### Brighton

**🏕 Brighton Caravan Club Site**
East Brighton Park - 📞 01273 626 546
Permanent - 19 ha (214 empl.)
Tarif : 38,05 € ♦♦ 🚗 🅴
🚐 borne
Loisirs : 🎠 🏖 (plage) 🎣 🛶,
leçons de voile, ski nautique
Services : 🏠 🚿 🅰 🛁 🔧 🛜 🅿 🗳
GPS : W 0.09814 N 50.82134

### Canterbury

**🏕 Canterbury Camping & Caravanning Club Site**
Bekesbourne Lane - 📞 01227 463 216
Permanent - 8 ha (200 empl.)
Tarif : 25,40 € ♦♦ 🚗 🅴
🚐 borne
Loisirs : 🎠, terrain de golf
Services : 🚿 🅰 🛜 🅿
GPS : E 1.11245 N 51.27722

### Chichester

**🏕 Red House Farm Camping Site**
Bookers Lane - 📞 01243 512 959
De fin mars à fin oct. - 1,12 ha (75 empl.)
Tarif : 20,90 € ♦♦ 🚗 🅴
🚐
Loisirs : 🎠 🏖 (plage) 🎣 🛶 🐎,
jeux pour adultes, aire de sports
Services : 🏠 🚿 🅰
GPS : W 0.84842 N 50.77306

### Hastings

**🏕 ShearBarn Holiday Park**
Barley Lane - 📞 01424 423 583
De déb. mars à mi-janv. -
13,6 ha (440 empl.)
Tarif : 38,30 € ♦♦ 🚗 🅴

🚐
Loisirs : 🎠 🏹 🅿, aire de sports
Services : 🍷 🍴 🏠 🚿 🔑 🅰 🗳
🛜 🅰 🗳 🔧
GPS : E 0.61251 N 50.86546

### Littlehampton

**🏕 Littlehampton Caravan Club Site**
Mill Lane, Wick - 📞 01903 716 176
De mi-mars à mi-janv. -
2,8 ha (108 empl.)
Tarif : 29 € ♦♦ 🚗 🅴
🚐 borne
Loisirs : 🎠 🅿, aire de sports
Services : 🚿 🅰 🔧 🛜 🅿 🗳
🚶 Arrivée obligatoire avant 20h.
GPS : W 0.54197 N 50.82698

### London/Londres

**🏕 Caravan Club Crystal Palace**
Crystal Palace Parade -
📞 020 87 78 71 55
Permanent - 2,4 ha (89 empl.)
Tarif : 35,60 € ♦♦ 🚗 🅴
🚐 borne
Services : 🚿 🅰 🛜 🅿
🚶 Bus fréquents pour Londres.
GPS : W 0.07289 N 51.42481

### Portsmouth

**🏕 Southsea Holiday & Leisure Park**
Melville Road - 📞 02392 735 070
Permanent
Tarif : 48,60 € ♦♦ 🚗 🅴
🚐 35 🅴
Loisirs : 🏃 🎠 🛴 🅿 🗳
Services : 🍷 🍴 🛜 🅿 🛒
GPS : W 1.03867 N 50.78517

### Ramsgate

**🏕 Manston Court Caravan Park**
Manston Court Rd - 📞 01843 823 442
De déb. mars à fin déc. - 4 ha
(100 empl.)
Tarif : 28,33 € ♦♦ 🚗 🅴
🚐 borne
Loisirs : 🎠, aire de sports, barbecue
Services : 🏠 🔑 🅰 🗳 🛒
GPS : E 1.36377 N 51.35094

# Les bonnes adresses de Bib

## Brighton

### ✕ Ginger Dog
12 College Pl. - ✆ 01273 620 990 - www.gingermanrestaurants.com - menu 13 £, carte 26/40 £. Pub victorien à l'atmosphère relaxante qui aborde le thème canin. Décoration originale avec boiseries ornées qui contrastent avec des chapeaux melon en guise d'abat-jour. Au menu, des produits frais : poitrine de faisan aux pruneaux, lapin et terrine de porc. Ne pas oublier le ginger « dog » biscuit, biscuit au gingembre servi avec le café.

### ✕ The Regency Restaurant
131 King's Rd - ✆ 01273 325 014 - www.theregencyrestaurant.co.uk - 15/35 £. Ce restaurant de poisson traditionnel du front de mer, du côté du quartier Regency, sert les meilleurs fruits de mer de la ville depuis 1965. Une institution !

## Chichester

### ✕ Truffles of Southsea
67 Castle Road, Southsea - ✆ 02392 730 796 - www.trufflesofsouthsea.co.uk - fermé lun.-mar. - 22,45/39,95 £. Ce joli bistrot de quartier vous accueille dans une salle à la fois rustique et coquette. Cuisine du terroir où les grands classiques anglais sont à l'honneur, toujours à base de produits très frais.

## Hastings

### ✕ White's
44 George Street - ✆ 01424 719 846 - www.whitesbar.co.uk - 21/35 £. Ce restaurant vous accueille dans une ambiance conviviale. Plateaux de fruits de mer et moules-frites contenteront les plus difficiles et les plus affamés.

## London/Londres

### ✕ Hix
66-70 Brewer St. - ✆ 020 7292 3518 - www.hixsoho.co.uk - lun.-sam. 12h-23h30, dim. 12h-22h30, 24 déc. 12h-14h (lunch time) - fermé 1er janv., 25-26 déc. - 20/40 £. Chantre de la cuisine britannique, Mark Hix a ouvert une nouvelle table à Soho, moins guindée que celle de Mayfair. Le menu, saisonnier, glorifie les produits du terroir. Cadre design, incluant des pièces d'art contemporain, et service compétent. Menu pré- et post-théâtre à prix intéressant. Bar à cocktails.

### ✕ Rules
34-35 Maiden Lane - M° Covent Garden - ✆ 020 7836 5314 - www.rules.co.uk - fermé 25-26 déc. - 35-55 £. Coq de bruyère, perdreau, sarcelle et bécasse sont au menu du plus ancien des restaurants réputés de Londres. Un lieu chargé d'histoire. Réservation fortement conseillée.

### ✕ Café Below
St Mary-le-Bow Church, Cheapside - ✆ 020 7329 0789 - www.cafebelow.co.uk - lun.-mar. 7h30-14h30, merc.-vend. 7h30-14h30, 17h30-21h30. Sous les chapiteaux romans de la crypte de l'église St Mary-le-Bow, un restaurant avec cuisine ouverte, apprécié des locaux pour ses petitsdéjeuners, ses plats roboratifs et de saison, et son service rapide.

### ✕ The Globe
37 Bow St. - ✆ 020 7379 0154 - www.theglobebowstreet.co.uk - lun.-jeu. 11h-23h30, vend.-sam. 11h-0h, dim. 11h-22h30 - fermé 25 déc. Ouvert en 1682, The Globe est l'un des huit pubs historiques de Bow Street. Il ne manque pas de caractère avec ses boiseries d'antan, et l'atmosphère y est assez plaisante en soirée, lorsque le lieu se remplit d'une clientèle éclectique. Toit-terrasse.

### ✕ Harrods
87-135 Brompton Road - M° Knightsbridge - ✆ 020 7730 1234 - www.harrods.com - lun.-sam. 10h-21h, dim. 11h30-18h - fermé Pâques et 25 déc. Harrods se targue de pouvoir tout fournir ! Les rayons d'alimentation présentent un décor impressionnant ; on y trouve aussi un salon de coiffure, un institut de beauté, une agence de voyages et un service d'expédition. À visiter… comme un musée.

**Marchés**
**Portobello Road** : marché aux puces, sam. de 9h à 17h **Columbia Road Flower Market** : dim. de 8h à 15h ; l'endroit idéal pour le *brunch* ! **Greenwich Market** (mar., jeu. et vend.) et **Camden Market** : antiquités, livres anciens, vêtements et brocante. Dans l'East End, **Brick Lane** : dim. matin. Marché alimentaire de **Borough Market** à Southwark : merc.-jeu. 10h-17h, vend. 10h-18h, sam. 8h-17h.

## Portsmouth

### ✕ Brasserie Blanc
1 Gunwharf Quay - ✆ 023 9289 1320 - www.brasserieblanc.com - 20-45 £. Cette brasserie animée sert des classiques de la cuisine française pleins de saveur. Grande terrasse. Bon rapport qualité-prix.

---

## 🛈 Office de tourisme

### London/Londres
www.visitlondon.com - King's Cross-St Pancras - lun.-sam. 7h15-21h15, dim. et j. fériés 8h15-20h ; Piccadilly Circus - 9h15-19h.

**Pour téléphoner en Grande-Bretagne :**
00 44 + indicatif urbain sans le 0 initial, puis le numéro du correspondant.

**Pour plus d'informations :**
Carte Michelin Regional N° 503
Le Guide Vert Angleterre
Pays de Galles

# À la découverte du Pays de Galles

> ⊃ Départ : Cardiff
> ⊃ 6 jours - 700 km

## Jour 1

La réputation industrielle de la terre galloise n'est pas un vain mot. Cet itinéraire vous propose d'en découvrir les vestiges, tout d'abord au cœur de la capitale galloise, **Cardiff** (Caerdydd) et son port charbonnier, jadis le principal au monde ; il est aujourd'hui devenu, sous le nom de Cardiff Bay, un endroit à la mode, à l'architecture audacieuse. Pour autant ne négligez pas le centre de la cité avec son musée national qui possède une des plus importantes collections de tableaux impressionnistes hors de Paris. Vous pourrez notamment admirer gratuitement (sauf le lundi) des œuvres de Monet, Renoir, Cézanne. En quittant la capitale, arrêtez-vous au musée de la Vie galloise, qui évoque l'habitat rural traditionnel du pays, ainsi que la vie quotidienne des paysans à l'aide de costumes et d'outils. Plus à l'est, Swansea a elle aussi reconverti son quartier maritime en y créant notamment un fabuleux National Waterfront Museum.

## Jour 2

Vous aborderez ensuite le **Pembrokeshire**, le pays de Galles des marins, que ce soit à **Tenby**, cité maritime fortifiée dominant un port aux maisons colorées, **Pembroke** ou **St David's**, fière de sa cathédrale. Sur la route, croix celtiques (Nevern), monuments mégalithiques (Pentre Ifan) et fières forteresses (**Carew**, Pembroke, **Cilgerran**) rappellent

*Le château de Pembroke.*

birdsonline / iStock

une histoire millénaire. Après avoir poussé jusqu'à **Cardigan**, vous pénétrerez à l'intérieur des terres en suivant la vallée de la Teifi. À **Drefach-Felindre**, le musée national de l'Industrie lainière (*woolen museum*) fait revivre cette activité vitale pour les habitants des régions rurales.

## Jour 3

Regagnez la côte au niveau d'**Aberaeron**. Une belle route côtière conduit alors à **Aberystwyth**, siège de l'université galloise. Bien plus au nord, le château de **Harlech**, dominant le littoral, conserve la mémoire de la lutte d'Owain Dŵr, ce prince qui un temps réalisa l'union des Gallois contre l'occupant anglais. Puis vous rejoindrez la côte. Le changement de décor est complet avec le village coloré de **Portmeirion**, un véritable rêve d'architecte.

## Jour 4

Vous vous enfoncerez alors au cœur du massif de **Snowdonia**, dans des paysages montagneux où alternent landes désolées et lacs d'altitude. **Llanberis**, avec son ancienne usine d'ardoise, vous donnera une idée de la dure condition des ouvriers gallois à l'époque victorienne, à moins que vous ne préfériez partir à l'assaut du pic Snowdon à bord du train à vapeur... Puis, revenant en arrière, vous vous poserez dans l'ancienne bastide de **Caernarfon**, qui, située en bordure du détroit, a conservé un superbe château, théâtre de l'intronisation officielle des princes de Galles.

## Jour 5

En suivant la côte, vous franchirez le détroit de la Menai afin d'admirer le château et la ville de **Beaumaris**. Revenez sur vos pas pour découvrir le château et la ville fortifiée de **Conwy**.

0    30 km

Arrêtez-vous ensuite dans la station victorienne, remarquablement préservée de **Llandudno**.

## Jour 6

Avant de rejoindre **Liverpool**, terme de votre périple vous vous arrêterez dans la belle cité médiévale de **Chester**, la seule ville anglaise ayant conservé intacte une bonne partie de ses murailles. Liverpool, capitale européenne de la culture 2008, vous étonnera, bien loin des clichés d'un passé industriel difficile. La musique des Beatles, omniprésente, côtoie les concerts prestigieux du Royal Philarmonic Orchestra. La Walker Gallery et son exceptionnelle collection des 19$^e$ et 20$^e$ s. introduit l'Art moderne de la Tate Liverpool, située sur les docks. Le dernier-né des centres de divertissement, le FACT, est un temple interactif du cinéma et des nouvelles technologies. Un patrimoine éclectique et ambitieux, comme la cathédrale du Christ Roi, comblera vos promenades et visites. Enfin, vous prendrez bien un verre à la terrasse animée d'un café branché d'Albert Dock.

### 🛈 Office de tourisme

**Caerdydd/Cardiff**
*Wales Millennium Centre - ☏ 029 2087 3573 - www.visitcardiff.com - 10h-18h, dim. 10h-16h.*

**Pour téléphoner en Grande-Bretagne :**
00 44 + indicatif urbain sans le 0 initial, puis le numéro du correspondant.

**Pour plus d'informations :**
Carte Michelin Regional N° 503
Le Guide Vert Angleterre
Pays de Galles

## Les bonnes adresses de Bib

### Caernarfon

#### ✗ Stones Bistro
*4 The Hole in the Wall St. - ☏ 01286 238 020 - 17h-22h, vend.-dim. 12h30-14h30 - 15/32 £.* Un établissement très couru. Spécialité d'agneau (gallois) avec sauces (à la menthe, à la tomate et à l'ail, aux herbes).

### Caerdydd/Cardiff

#### ✗ Yard
*42-43 St Mary St. - ☏ 029 2022 7577 - www.yardbarkitchen.co.uk - 10h-23h, vend.-sam. 10h-1h - 17/27,50 £.* Dans le cadre d'une ancienne brasserie au relooking contemporain, ce vaste mais chaleureux pub sert des spécialités galloises ou une restauration légère, à accompagner d'une bière !

#### Achats
Particularité locale du centre : d'élégantes galeries marchandes victoriennes ou édouardiennes accueillent des boutiques : Castle Arcade, Hight Street Arcade, Duke Arcade, Royal Arcade, Morgan Arcade, Whyndham Arcade, etc.

### Conwy

#### ✗ The Groes Inn
*Tyn-y-Groes (4,5 km au sud de Conwy) - ☏ 01492 650 545 - www.groesinn.com - 18/37 £.* Au pied du Snowdonia, avec une belle vue sur l'estuaire, un pub servant une bonne cuisine locale, dans des portions généreuses.

### Harlech

#### ✗ Castle Cottage
*Pen Llech (à côté du château) - ☏ 01766 780 479 - www. castlecottageharlech.co.uk - de Pâques à fin oct. : ouv. tlj ; reste de l'année : jeu.-sam. 19h-21h - 35/40 £.* Dans une salle à manger très cosy, la roborative cuisine galloise est ici mâtinée d'influences continentales.

### Llandudno

#### ✗ Osborne's Café Grill
*17 North Parade - ☏ 01492 860 330 - www.osbornehouse.co.uk - 10h30- 21h30 (vend.-sam. 22h, dim. 21h) - fermé dim. avant Noël- 30 déc. - 20/36,50 £.* Dans une demeure abritant un des hôtels les plus luxueux de la station, une superbe salle à manger avec lumière zénithale. Cuisine subtile et belle carte de vin.

### Portmeirion

#### ✗ Castell Deudraeth Brasserie
*☏ 01766 772 400 - www.portmeirion-village.com - 12h-14h30, 18h30-21h30 menu 34/43 £.* Dans cette étrange forteresse normande à l'entrée du village, remodelée par Clough Williams-Ellis, vous pourrez, à défaut d'y séjourner, déjeuner en admirant la vue sur la baie.

### Saint David's

#### The Refectory
*Dans l'ancien réfectoire du monastère - ☏ 01437 721 760 - www.stdavidsrefectory.co.uk - de Pâques à déb. nov. : 10h30-16h30 ; le reste de l'année : 11h-16h.* Cette structure moderne de bois clair, enchâssée dans un cadre médiéval, ne manque pas d'allure. Voici un lieu propre à satisfaire une petite faim (plats chauds et tartes). Expositions.

### Abertawe/Swansea

#### ✗ Slice
*73-75 Eversley Rd, Sketty - ☏ 01792 290929 - www.sliceswansea.co.uk - dîner seult (sf vend.-dim.), fermé lun.-mar., 1 sem. en automne et 1 sem. fin déc. - menus 26 £ (déj.)/35 £.* Géré par deux amis qui se relaient chaque semaine aux fourneaux et en salle, elle propose une cuisine séduisante, moderne et riche en saveurs.

### Tenby

#### ✗ Bay Tree
*High St./Tudor Sq. - ☏ 01834 843 516 - www.baytreetenby.co.uk - 15/30 £.* Restaurant traditionnel où vous pourrez goûter une *pie* au stilton et à la poire, ou un filet de porc du Pembrokeshire, le tout servi avec trois légumes comme il se doit. Restauration légère le midi. Concerts.

## ⛺ Campings

### Aberaeron

**⛰ Aeron Coast Caravan Park**
North Road - ☎ 01545 570 349
De déb. mars à fin oct. -
8,9 ha (100 empl.)
Tarif : 32,50 € ⛺ ⛺ 🚐 📧
🚐 borne
Loisirs : 🎭 🤸 🛷 🎿 🏊 🏖
(plage) 🎣 🎱 🐎, aire de sports
Services : 🍽 🍴 🏠 ♿ ⚷ ♨ 🚿
📶 🖥 🧺 🚰
GPS : W 4.25509 N 52.24456

### Abergwaun/Fishguard

**⛰ Fishguard Bay Resort**
Garn Gelli - ☎ 01348 811 415
De déb. mars à déb. janv. -
2,4 ha (50 empl.)
Tarif : 29 € ⛺ ⛺ 🚐 📧
🚐 borne
Loisirs : 🛷, randonnées pédestres
Services : 🏠 ⚷ ♨ 🚿 📶 🖥 🧺
🖼 Beau panorama sur la mer.
GPS : W 4.93905 N 52.00529

### Abertawe/Swansea

**⛰ Riverside Caravan Park**
Ynysforgan Farm, Morriston -
☎ 01792 775 587
Permanent - 1,2 ha (120 empl.)
Tarif : 20,90 € ⛺ ⛺ 🚐 📧
🚐 borne
Loisirs : 🛁 jacuzzi 🛷 🎿 🎣 🐎,
terrain de golf
Services : 🍽 🏠 ♨ 📶 🖥 🧺 🚿
GPS : W 3.91231 N 51.67501

### Betws-y-Coed

**⛰ Rynys Farm Camping Site**
Nr Betws-y-Coed - ☎ 01690 710 218
Permanent - 3 ha (50 empl.)
Tarif : 20,90 € ⛺ ⛺ 🚐 📧
Services : ♨ 📶 🖥
🖼 Le camping est situé au cœur
du Snowdonia National Park
GPS : W 3.76992 N 53.06592

### Caerdydd/Cardiff

**⛰ Cardiff Caravan & Camping Park**
Pontcanna Fields - ☎ 02920 398 362

---

Permanent - 1,5 ha (61 empl.)
Tarif : 34,80 € ⛺ ⛺ 🚐 📧
🚐 borne
Loisirs : 🚴
Services : 🍴 ♿ ⚷ ♨ 🖥 🛒 🚰
GPS : W 3.19744 N 51.48911

### Caernarfon

**⛰ Bryn Gloch Caravan
& Camping Park**
Betws Garmon - ☎ 01286 650 216
Permanent - 6 ha (163 empl.)
Tarif : 35,95 € ⛺ ⛺ 🚐 📧
🚐 borne
Loisirs : 🛷 ⛳ 🎿 (plan d'eau) 🎣,
aire de sports, randonnées, barbecue
Services : 🍽 🏠 ♿ ⚷ ♨ 🚿 🚰
📶 🖥 🧺 🚰
🖼 Beau panorama sur le mont
Snowdon.
GPS : W 4.18827 N 53.0952

### Conwy

**⛺ Conwy Holiday Park**
Trefriw Road - ☎ 01492 592 856
De fin mars à fin oct. -
1,24 ha (130 empl.)
Tarif : 26,50 € ⛺ ⛺ 🚐 📧
🚐 borne
Loisirs : 🎭 diurne 🛷 🎿 (plage)
🎣 🎱, aire de sports
Services : 🍽 🏠 ♿ ♨ 🖥 🧺
🖼 Service de maintenance
pour les camping-cars.
GPS : W 3.83679 N 53.26586

### Dolgellau

**⛺ Dolgamedd Holiday Park**
Bontnewydd - ☎ 01341 450 221
De fin mars à fin oct. -
1,25 ha (65 empl.)
Tarif : 23,20 € ⛺ ⛺ 🚐 📧
🚐
Loisirs : 🚴 🎿 (plan d'eau) 🎣,
observation d'oiseaux, barbecue
Services : ♿ ♨ 🚰 📶 🖥 🧺
GPS : W 3.81549 N 52.76369

### Prestatyn

**⛰ Presthaven Sands
Holiday Park**

---

Shore Road, Gronant -
☎ 01745 856 471
De mi-mars à déb. nov. -
1,26 ha (48 empl.)
Tarif : 84,70 € ⛺ ⛺ 🚐 📧
🚐
Loisirs : 🎭 🤸 📺 🛷 🎿 🏖
🎿 (plage) ⛷, bowling, terrain de
golf, aire de sports, piste de karting
Services : 🍽 🍴 🏠 ♿ ⚷ ♨ 🚿
📶 🖥
GPS : W 3.36874 N 53.34603

### Rhosneigr

**⛰ Ty Hen Holiday Park**
Station Road - ☎ 01407 810 331
De déb. mars à fin oct. -
1,27 ha (38 empl.)
Tarif : 29 € ⛺ ⛺ 🚐 📧
🚐
Loisirs : 🛁 📺 🛷 🎿 🎿
(plage) 🎣 🎱
Services : 🍴 ♿ ⚷ ♨ 📶 🖥 🧺
🖼 Lac où l'on peut pêcher des carpes.
GPS : W 4.5056 N 53.23378

## 🚐 Aires de service et de stationnement

### Chester

**Little Roodee Car Park**
Castel Dr - ☎ 01244 402 111
Permanent (fermé une semaine déb.
mai lors de la foire de la ville)
🅿 - 5,80 €/j. - Services : 🚾
GPS : W 2.89286 N 53.1845

### Llandysul

**The Penrhiwgaled Arms**
Cross inn - ☎ 01545 560 238
Permanent - 🅿 - 24h - 5,80 €/j.
🖼 Parking de restaurant
GPS : W 4.3535 N 52.18734

### Liverpool (Wallasey)

**Birkenhead**
Kings Parade New Brighton
Permanent - 20 🅿 - 48h - Gratuit
Services : 🚾
GPS : W 3.071 N 53.434

# Douceurs du sud écossais

> ⊃ *Départ : Édimbourg*
> ⊃ *7 jours - 660 km*

## Jour 1

Après avoir visité la ville *(voir le début du circuit suivant),* sortez d'**Édimbourg** (Edinburgh) et longez la côte par la jolie route A 198. Dépassez le port de **North Berwick** pour atteindre **Tantallon Castle**, impressionnante forteresse de grès rouge suspendue aux falaises. Continuez vers **Dunbar** et son port tout en pierre. Prenez la A 1, puis l'agréable route A 1107. De la bourgade de pêcheur de St Abbs, promenez-vous dans la réserve naturelle connue pour ses falaises, ses plages, ses innombrables oiseaux et ses panoramas enchanteurs.

## Jour 2

Par les pittoresques petites routes A 6105 et A 6089, rejoignez la demeure classique de **Mellerstain**. Puis à **Kelso**, visitez le vaste Floors Castle, qui servit de décor au film *Greystoke*. L'A 699 vous mène aux vestiges de **Dryburgh Abbey**, puis à **Melrose**. Groupée autour des belles ruines de son abbaye, au milieu des étendues de la Tweed, Melrose s'est développée à l'ombre des triples pics des Eildons. Sur un des escaliers de l'édifice fondé en 1136 par des moines cisterciens est gravée l'inscription suivante « Be Halde to ye hende » (Garde à l'esprit, la fin, ton salut). Cette phrase est devenue la devise de la ville. Cette charmante cité, bien que grouillant de visiteurs en été, constitue un centre idéal pour explorer la campagne environnante.

*Tantallon Castle près de New Berwick.*

X. Forés / age fotostock

## Jour 3

De Melrose, empruntez la A 68 pour rejoindre **Jedburgh**, dominé par son abbaye du 12ᵉ s. et quelques autres édifices d'intérêt. Longez la « frontière » anglaise par les typiques routes du Liddesdale. Et suivez les panneaux pour atteindre **Hermitage Castle**, un petit fort médiéval très photogénique, perdu dans la lande. Rejoignez **Langholm** puis **Lockerbie**, qui reste de sinistre mémoire suite à l'attentat du 21 décembre 1988, où un Boeing 747 explosa au-dessus de la ville. Vous pouvez bifurquer vers **Eskdalemuir** et son inattendu temple tibétain. Rejoignez **Dumfries** et faites un aller-retour vers la forteresse de Caerlaverock Castle.

## Jour 4

Située sur les bords du Nith, non loin de l'embouchure du fleuve, Dumfries est une ville active qui a longtemps été l'agglomération la plus importante du sud-ouest. Aujourd'hui, ce centre de tourisme dynamique est un bon point de chute pour qui veut explorer les environs. L'agriculture reste sa principale ressource, malgré un effort de diversification dans l'industrie et les activités administratives de certains sièges régionaux. La ville a des liens historiques importants avec le poète national Robert Burns qui y occupa le poste d'officier de douane durant les cinq dernières années de sa vie. Ne pas négliger la visite de Midsteeple, Burns House et aussi du Dumfries Museum d'où l'on a une belle vue sur la ville.

## Jour 5

Quittez Dumfries par la A 710 pour atteindre **Sweetheart Abbey** dont subsistent de beaux vestiges en pierre rose. La route continue vers **Dalbeattie** d'où vous rejoindrez les Threave Gardens (fleurs, forêt) si vous aimez la

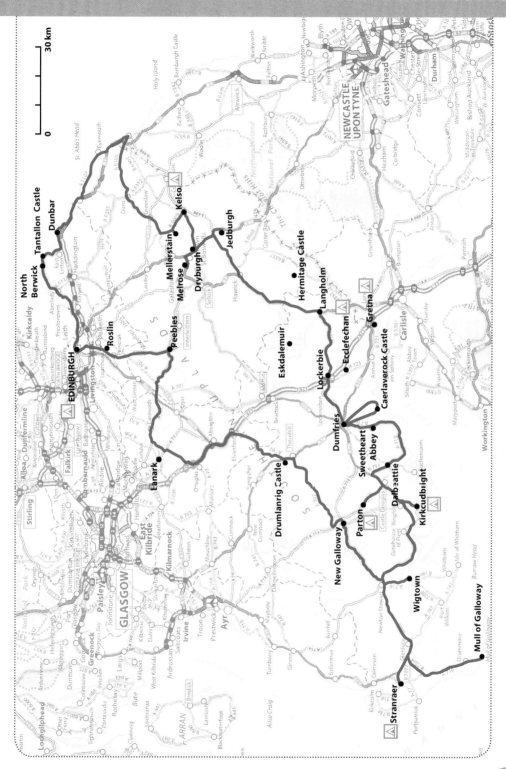

nature, ou le château Douglas si vous préférez les vieilles pierres. Arrêtez-vous ensuite dans le petit bourg de **Kirkcudbright**. Niché au fond d'un estuaire, il accueille de nombreux artistes attirés par la douceur de la riviera écossaise. Filez vers **Wigtown**, petite ville connue pour son grand nombre de librairies et surnommée « la cité des livres ».

### Jour 6

Selon votre calendrier, deux possibilités (complémentaires) s'offrent à vous. Allez au bout des Rhinns of Galloway pour atteindre les beaux paysages de la pointe de **Mull of Galloway**. Ou partez vers Newton Stuart, porte d'entrée du plus grand parc forestier de Grande-Bretagne, le **Galloway Forest Park**, situé dans l'un des plus beaux sites des Uplands méridionales, où les montagnes et les collines boisées sont parsemées de lacs et de rivières.

Le parc propose un large éventail d'activités (escalade, pêche, camping et baignade) et abrite une variété prodigieuse d'animaux sauvages que l'on peut croiser sur les chemins de randonnée et autres pistes cyclables qui sillonnent la région. Pause à **Stranraer.**

### Jour 7

De **New Galloway**, gagnez le château forestier de **Drumlanrig** par la A 702. La silhouette spectaculaire de Drumlanrig Castle se profile au cœur d'un site splendide. Poursuivez jusqu'à **New Lanark**, un harmonieux village classé par l'Unesco. Avant de rallier Édimbourg, vous pouvez vous arrêter à **Peebles**, célèbre pour ses environs enchanteurs et la demeure seigneuriale de Traquair House. Et faites un arrêt à la chapelle **Rosslyn**, remarquable pour la richesse et l'abondance de ses sculptures du 15e s., et rendue célèbre par le *Da Vinci Code.*

## ⛺ Campings

### Ecclefechan

#### ⛺ Hoddom Castle Caravan Park
Hoddom, Nr Lockerbie -
📞 01576 300 251
De fin mars à fin oct. -
11 ha (76 empl.)
Tarif : 29 € ♀♀ ⬅ 🔲
🚐 borne
Loisirs : 🏕 diurne nocturne (en été)
🐕 🚲 ✂️ 🔒 🌊, jeux pour adultes, terrain de golf, barbecue
Services : 🍷 🍴 🏠 🕴 🚿 📶 🔲
🏊 🚰
GPS : W 3.32311 N 55.04452

### Edinburgh/Édimbourg

#### ⛺ Mortonhall Caravan & Camping Park
38 Mortonhall Gate, Frogston Road -
📞 01316 641 533
Permanent - 9 ha (320 empl.)
Tarif : 42,35 € ♀♀ ⬅ 🔲
🚐 borne
Loisirs : 🏊, terrain de golf, aire de sports
Services : 🍷 🍴 🏠 🕴 🔑 🚿 🚰
📶 🔲
GPS : W 3.18027 N 55.90303

### Gretna

#### ⛺ Braids Caravan Park
Annan Road -
📞 01461 337 409
Permanent - 4,5 ha (96 empl.)
Tarif : 26,70 € ♀♀ ⬅ 🔲
🚐 borne
Loisirs : 🏖 (plage) 🌊, barbecue
Services : 🕴 🚿 📶 🔲
☺ Bien situé proche du centre-ville (situé à 500 m).
GPS : W 3.07342 N 54.99625

### Kelso

#### ⛺ Kirkfield Caravan Park
Grafton Road - Town Yetholm -
📞 077 91 291 956
Avr.-oct. - 15 empl.
Tarif : 20 ; 30 € ♀♀ ⬅ 🔲
Services : 🛒
GPS : W 2.28526 N 55.54652

### 🛈 Office de tourisme

**North Berwick**
*School Rd., North Berwick Library - 📞 01620 820 700 - avr.*

**Pour téléphoner en Grande-Bretagne :**
00 44 + indicatif urbain sans le 0 initial, puis le numéro du correspondant.

**Pour plus d'informations :**
Carte Michelin Regional N° 503
Le Guide Vert Angleterre Pays de Galles

# Les bonnes adresses de Bib

## Kirkcudbright

### 🏕 Silvercraigs Caravan and Camping Site
Silvercraigs Road -
☎ 078 24 528 482
De déb. mars à fin oct. -
1,32 ha (56 empl.)
Tarif : 27,85 € 👫 🚗 🔲
🚐
Loisirs : 🏊 🎣, cours de golf, aire de sports, barbecue
Services : 🛖 🚰 🔳 🧺
GPS : W 4.04342 N 54.837

## Parton

### 🏕 Loch Ken Holiday Park
Castle Douglas -
☎ 01644 470 282
Permanent - 4 ha (100 empl.)
Tarif : 27,85 € 👫 🚗 🔲
🚐
Loisirs : 🏕 diurne 🏃 🎣 🚴 🏊
(plan d'eau) 🎣 💧, aire de sports, barbecue
Services : 🛖 ♿ 🔑 🚰 📶 🔳
🧺 🚿
GPS : W 4.05623 N 55.01017

## Stranraer

### 🏕 Aird Donald Caravan Park
London Road - ☎ 01776 702 025
Permanent - 5 ha (75 empl.)
Tarif : 30,10 € 👫 🚗 🔲
🚐
Loisirs : 🏊 🎾 🎣 🏖 (plage)
Services : 🛖 🚰 📶 🔳
GPS : W 5.00626 N 54.90108

## Dumfries

### ✖ Bruno's Italian Restaurant
*3 Balmoral Rd -* ☎ *01387 255 757 - www.brunosrestaurant.co.uk - fermé mar. - 14/30 £.* Ce restaurant italien a une carte très fournie et propose des menus de deux ou trois plats à des prix intéressants.

## Dunbar

### ✖ Food Hamper
*124 High St -* ☎ *01368 865 152 - www. thefoodhamper.co.uk - 9h-17h, dim. 10h-16h - 10 £.* Épicerie fine servant soupes, salades, quiches et sandwichs.

### ✖ The Creel Restaurant
*The Harbour, 25 Lamer St -* ☎ *01368 863 279 - www.creelrestaurant.co.uk - tlj sf dim. soir, lun. et mar., merc. soir - 15-30 £.* Au Vieux Port, bistrot orienté poisson.

## Edinburgh/Édimbourg

*(voir aussi p. 201)*

### ✖ The Grain Store
*30 Victoria St, à l'étage -* ☎ *0131 225 7635 - www.grainstore-restaurant.co.uk - 15/30 £.* Ambiance rustique dans les salles aux voûtes de pierres noircies par le temps. Cuisine écossaise proposant des classiques tels le bœuf Angus ou spécialités plus originales à base de gibier.

### ✖ The Dogs
*110 Hanover St -* ☎ *0131 220 1208 - www.thedogsonline.co.uk - 15/30 £.* Installé au premier étage d'une maison d'époque georgienne, ce restaurant à la décoration très moderne sert une cuisine contemporaine généreuse à base de produits anglais et écossais. Viande et poisson sont à l'honneur.

## Kelso

### ✖ Under the Sun
*45-47 Roxburgh St -* ☎ *01573 225 177 - lun.-vend. 9h30 -18h, sam. 9h30-17h - 10 £.* Boutique de produits bio avec salon/librairie attenant, proposant des soupes, salades composées et plats du jour (certains végétariens).

## Kirkcudbright

### ✖ Harbour Lights
*32 St Cuthbert St. -* ☎ *01557 332 322 - 10h-16h, vend.-sam. 19h-21h - 10/15 £.* Ce café-bistrotgalerie situé en plein cœur de Kirkcudbright travaille avec des produits locaux frais.

## Lanark

### ✖ Crown Tavern
*17 Hope St -* ☎ *0155 664 639 - www.crown-tavern.com - 10/25 £.* Plus que pour l'originalité des plats, on vient ici pour le cadre (bois verni et moquettes omniprésents), une auberge typique des petits bourgs écossais, située dans la plus belle rue de la ville.

## Melrose

### ✖ The Hoebridge Inn
*Gattonside, à 4 km au nord de Melrose -* ☎ *01896 823 082 - www.thehoebridgeinn.com - fermé dim.-mar. - 20/30 £.* La maison, entourée d'un jardin, propose des plats traditionnels (fruits de mer, bœuf et agneau).

## Peebles

### ✖ Sunflower Restaurant
*4 Bridgegate -* ☎ *01721 722 420 - www.thesunflower. net - lun.-sam. 12h-15h (nov. et janv.-mars : mar.-sam.), jeu.-sam. 18h-21h - fermé 24/25 déc., 31 déc., 1er et 2 janv. - 15/20 £.* Ce bistrot élégant, situé en plein centreville, offre un excellent rapport qualité-prix.

# L'Écosse en capitale

⮞ Départ : Édimbourg
⮞ 8 jours - 370 km

## Jours 1 et 2

La romantique capitale écossaise, considérée comme la plus belle ville de Grande-Bretagne (devant ou juste après Londres ?), attire de plus en plus de touristes. Vous ne serez donc pas les seuls à débuter votre visite d'**Édimbourg** (Edinburgh) par le célèbre château fort qui domine la cité (panorama impressionnant). Redescendez « sur terre » et entamez votre promenade le long de High Street (ou Royal Mile) et sa perspective, qui tient la vedette dans les cartes postales. Premier arrêt à la cathédrale Saint-Gilles (St Giles' Cathedral) et ses belles voûtes de pierre. Elle est entourée par les imposants bâtiments du Parliament House. Marchez plus à l'est pour atteindre Huntly House et ses salles ornées de boiseries où vous en apprendrez bien plus sur l'histoire locale. Quel contraste avec le très moderne et controversé Scottish Parliament imaginé par Miralles ! Au bout de Royal Mile, vous atteignez le vaste Palace of Holyroodhouse. Par beau temps, grimpez au sommet du Arthur's Seat pour admirer la ville à 360°, château compris. Le lendemain débutez la journée au Grassmarket. Cette belle place est entourée de petites rues anciennes et de boutiques de luxe. Le Museum of Scotland n'est pas loin. Traversez le Royal Mile puis rejoignez la National Gallery et ses toiles de maîtres. Par-

*Princes Street Gardens, à Édimbourg.*

M. Rellini / Sime / Photononstop

courez ensuite le quartier georgien si bien dessiné de New Town. Vous pourrez terminer la journée à **Leith**. Dans ce port où mouille le yacht royal *Britannia*, les entrepôts rénovés sont devenus d'agréables restaurants.

## Jour 3

Prenez la M 9 vers **Stirling** sans oublier de faire un petit détour pour admirer la **Falkirk Wheel**, un incroyable ascenseur rotatif pour bateaux. Visitez Stirling, son château perché chargé d'histoire et son monument au héros national Wallace. Un aller-retour vers **Dunblane** vous permettra d'admirer une splendide cathédrale. Retour à Stirling pour la nuit.

## Jour 4

Par la A 91, rejoignez **Dollar** et le sombre **Castle Campbell** perdu au milieu des fougères. Belles vues et jolies balades, s'il fait beau. Cette

même route permet d'atteindre ensuite **Loch Leven** et ses ruines photogéniques qui se dressent sur une île. La M 90 vous conduit vers **Perth** qui fut capitale écossaise durant trois siècles. Visitez le Scone Palace, site historique majeur, à l'extérieur de la ville.

## Jour 5

Prenez la A 9 vers la charmante bourgade de **Dunkeld**, autrefois siège du pouvoir ecclésiastique. Rejoignez ensuite **Kirriemuir**, la ville du créateur de Peter Pan, puis **Forfar**, ancien fief royal des Pictes, afin de visiter le beau château – hanté – de Glamis.

## Jour 6

**Dundee**, principal centre de production de toile de jute et de confiture (on trouve des recettes de marmelade dès le 16e s.), compte deux intéressants musées : Discovery Point (sur l'expé-

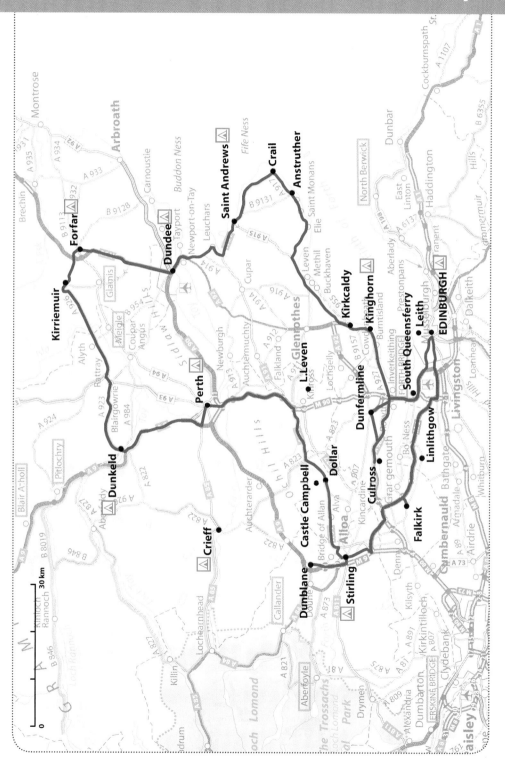

dition antarctique de Scott) et le DCA (art contemporain). Amusez-vous aussi en découvrant les innombrables statues du centre-ville. En route vers **St Andrews**, siège de la plus ancienne et prestigieuse université du pays, capitale religieuse devenue capitale mondiale du golf. Mer, gazon et vieilles pierres y font très bon ménage. Ambiance reposante.

### Jour 7

Longez la côte par la A 917 en vous arrêtant dans les charmants ports de **Crail** et **Anstruther**. Peu à peu, Édimbourg apparaîtra à l'horizon. Prenez la direction de **Kirkcaldy**, capitale du linoléum ( ! ) puis **Dunfermline**, organisée autour d'une superbe abbaye. Après un détour par **Culross**, traversez le Firth of Forth par l'immense pont de Forth Bridge. Si vous avez du temps avant de rejoindre Édimbourg, arrêtez-vous soit dans la jolie ville de **South Queensferry**.

### Jour 8

La région dite des West Lothians est un « carrefour » entre Édimbourg, Glasgow et Stirling, une localisation stratégique qui lui a offert un rôle historique et économique majeur. Les rois et seigneurs y ont construit des forts et palais pour mieux la contrôler. Puis les ingénieurs ont imaginé d'audacieuses infrastructures de transports pour la maîtriser. Toutes ces réalisations font aujourd'hui le bonheur des touristes. Vous apprécierez sans aucun doute le palais de Lilingthow, South Queensferry, Hopetoun House et la Falkirk Wheel.

## ⛺ Campings

### Crieff

**⛺ Braidhaugh Holiday Park**
South Bridgend - ✆ 01764 652 951
Permanent - 1,36 ha (30 empl.)
Tarif : 58 € ♀♀ 🚗 ▣
🚐 borne
Loisirs : , aire de sports
Services : 
GPS : W 3.85291 N 56.36626

### Dundee

**Tayview Caravan & Camping Park**
Marine Drive, Monifieth - ✆ 01382 532 837
De déb. mars à fin nov. - 1,38 ha (100 empl.)
Tarif : 26,70 € ♀♀ 🚗 ▣
🚐 borne
Loisirs : nocturne (plage) , bowling
Services : 
GPS : W 2.82011 N 56.47906

### Dunkeld

**⛺ Inver Mill Farm Caravan Park**
Inver - ✆ 01350 727 477
De fin mars à fin oct. - 1,39 ha (65 empl.)
Tarif : 28,05 € ♀♀ 🚗 ▣
🚐 borne
Loisirs : 
Services : 
GPS : W 3.60062 N 56.56082

### Edinburgh/Édimbourg

**Mortonhall Caravan & Camping Park**
*Voir le circuit précédent.*

### Forfar

**⛺ Drumshademuir Caravan & Camping Park**
Roundyhill, près de Glamis - ✆ 01575 573 284
Permanent - 6 ha (80 empl.)
Tarif : 26,70 € ♀♀ 🚗 ▣

Loisirs : , terrain de golf
Services : 
GPS : W 3.01598 N 56.64419

### Kinghorn

**Pettycur Bay Holiday Park**
Burntisland Road - ✆ 01592 892 200
De déb. mars à fin oct. - 1,41 ha (50 empl.)
Tarif : 34,80 € ♀♀ 🚗 ▣
🚐 borne
Loisirs : diurne nocturne (nightclub) hammam jacuzzi (plage)
Services : 
GPS : W 3.19318 N 56.06425

### Perth

**⛺ Scone Camping and Caravanning Club Site**
Stormontfield Road, Scone Palace - ✆ 01738 552 323
Mars-janv. - 120 empl.
Tarif : 32 € ♀♀ 🚗 ▣
Services : 
GPS : W 3.44 N 56.4245

### Saint Andrews

**Cairnsmill Caravan Park**
Largo Road - ✆ 01334 473 604
De déb. avr. à fin oct. - 4 ha (78 empl.)
Tarif : 30,75 € ♀♀ 🚗 ▣
🚐 borne
Loisirs : (plage) , squash, bowling, terrain de golf
Services : 
GPS : W 2.81484 N 56.32289

### Stirling

**⛺ Witches Craig Caravan & Camping Park**
Hillfoots Road / A91, Blairlogie - ✆ 01786 474 947
Avr.-oct.
Tarif : 25,25 € ♀♀ 🚗 ▣ - 5 € 🔌
Services : 
GPS : W 3.899193 N 56.148342

## Les bonnes adresses de Bib

### Dundee

#### ✕ Playwright

*11 Tay Sq, South Tay St. - ☎ 01382 223 113 - www.theplaywright. co.uk - fermé 25-26 déc., 1er-3 janv. et dim. - menus 13/20 £, carte 32/48 £.* Installé dans un imposant bâtiment en pierre grise datant des années 1800, cet élégant bar-restaurant au cadre moderne propose une cuisine de saison classique réinterprétée avec modernité. Ici, tout est fait maison, du pain aux glaces. Le repas du midi offre un excellent rapport qualité-prix.

### Edinburgh/Édimbourg

*(voir aussi p. 197)*

#### The Elephant House

*21 George IV Bridge - ☎ 0131 220 5355 - www.elephanthouse.biz - 5/15 £.* Accordez-vous une pause et un excellent café dans l'arrière-salle, avec vue sur le château et le parc d'un cimetière. C'est peut-être inspirée par cette vue que J.K. Rowling a écrit ici le premier *Harry Potter…* ou, tout du moins, quelques lignes de son œuvre.

#### ✕ Dirty Dick's

*159 Rose St. - ☎ 0131 225 4610 ou 260 9920.* Un des plus anciens pubs de la rue, établi en 1859. Miroirs et souvenirs en tout genre décorent la salle des murs au plafond. Cuisine écossaise classique.

#### ✕ Wedgwood

*267 Canongate - ☎ 0131 558 8737 - www.wedgwoodtherestaurant.co.uk - 15/30 £.* Une salle vaste mais intime et chaleureuse, un service impeccable, une cuisine raffinée à base de produits de saison… L'agneau est vivement conseillé.

#### Treasure Trove

*23a Castle St. - ☎ 0131 220 1187 - www.selfaidsociety.co.uk - 9h30-17h (16h30 vend.-sam.).* Boutique dont les bénéfices sont redistribués par cette société caritative créée en 1882. Les marchandises sont fabriquées à la main et le produit de la vente est intégralement restitué aux ouvriers. Vous trouverez lainages, jouets et cadeaux évoquant souvent l'époque de l'ancien empire britannique.

### Leith

#### ✕ Fishers Bistro

*1 The Shore - ☎ 0131 554 5666 - www. fishersbistros.co.uk - 12h-22h30 (le bar ferme à 1h) - menu déj. 14/17 £ - 21/35 £.* Dans un ancien moulin, sur les bords du canal, avec vue sur le port. Ce restaurant décline avec un grand savoir-faire toute la palette d'une carte basée sur les poissons et les fruits de mer, changeant chaque jour selon les arrivages. Le midi, les tables sont dressées à l'extérieur. Autre adresse à Leith *(3-4 The Shore - ☎ 0131 553 5080 - 12h-23h ou minuit).* Ici, au bar, petits concerts de jazz et de folk.

### Perth

#### ✕ Deans@Lets Eat Restaurant

*77-79 Kinnoull St. - ☎ 01738 643 377 - www.letseatperth.co.uk - tlj sf lun.- menu déj. 7,95/17,50 £, pre theatre 16,50/20 £ - 25/40 £.* Restaurant convivial jouissant d'une excellente réputation depuis plus de 10 ans. Cuisine moderne et de qualité, élaborée avec des produits locaux.

### Stirling

#### ✕ The River House

*Castle Business Park, Craigforth, à 4,5 km au nord-ouest de Stirling - ☎ 01786 465 577 - riverhouse-restaurant.co.uk - menu midi et pre theatre 9,95/14,95 £ - 18/30 £.* La réputation de ce restaurant dépasse la zone d'activité dans laquelle il se trouve. Il est recommandé de réserver le soir et le week-end. Plats de saison et bon rapport qualité-prix.

#### ✕ The Portcullis

*Castle Wind - ☎ 01786 472 290 - www. theportcullishotel.com - 13/25 £.* Steacks Sirloin et poulets des Highlands sont les plats les plus populaires de ce restaurant convivial à proximité du château. Très bon rapport qualité-prix.

---

### 🛈 Office de tourisme

**Edinburgh/Édimbourg**
*Edinburgh and Scotland Information Centre – 3 Princes St. - ☎ 0845 225 5121 - www.edinburgh.org - 9h-17h, dim. 10h-17h (juil.-août tlj 19h, juin 18h).*

**Pour téléphoner en Grande-Bretagne :**
00 44 + indicatif urbain sans le 0 initial, puis le numéro du correspondant

**Pour plus d'informations :**
Carte Michelin Regional N° 503
Le Guide Vert Angleterre
Pays de Galles

# Clichés écossais

⊃ *Départ : Glasgow*
⊃ *8 jours - 770 km*

*Parc national de Trossachs.*

J. Arnold Images / hemis.fr

### Jours 1 et 2

Débutez votre première matinée dans cette ville de culture et de shopping par une visite de l'imposante cathédrale du 13e s., la seule qui ait survécu à la Réforme. Ne loupez surtout pas le cimetière contigu. Aménagé sur une colline verdoyante, il offre une vue superbe sur **Glasgow**. Rejoignez George Square, le cœur de la cité, dominé par le très victorien City Chambers. Quelques pas sur Queen Street mènent les amateurs d'art vers la Gallery of Modern Art et les consommateurs effrénés à Princes Square, le plus beau centre commercial (décor Art déco) de la ville. L'heure est venue de vous offrir une pause pittoresque au Horseshoe, un célèbre pub centenaire situé à deux pas de là, ou dans l'un des innombrables pubs du quartier branché et élégant (belles demeures du 18e s.) de Merchant City. Vous pouvez consacrer votre après-midi à découvrir les étonnants bâtiments de Charles Rennie Mackintosh. Commencez par The Lighthouse, musée de design et d'architecture, où le dynamisme de Glasgow dans ce domaine vous est exposé. Les rues piétonnes et perpétuellement animées de Buchanan et Sauchiehall vous guident vers la Willow Tearoom. Vous y prendrez une « cup of tea » bien méritée avant de visiter le chef-d'œuvre de Mackintosh : la Glasgow School of Art. Plusieurs alternatives s'offent à vous le lendemain. La Burrell Collection, un des plus beaux musées d'art du pays, vous attend au sud de la ville. Le West End, charmant quartier étudiant et résidentiel, compte plusieurs musées (dont le très varié Kelvingrove Art Gallery & Museum) répartis autour d'un parc. Vous pouvez encore voguer sur la rivière Clyde et découvrir le quartier futuriste autour du Science Centre (idéal pour les enfants).

### Jour 3

Prenez la route A 82 pour longer le célèbre **Loch Lomond**. Arrêts panoramiques au parcours de golf du Scottish Open et à **Luss**, une petite bourgade très agréable. Rejoignez **Fort William** en traversant le formidable et verdoyant Glen Coe. Le site a été rendu tristement célèbre par le massacre qui y eut lieu le 13 février 1692 au cours duquel 38 membres du clan des McDonald furent tués pour avoir refusé de prêter allégeance à Guillaume III d'Angleterre.

### Jour 4

À **Fort William**, deux choix possibles. Grimper le Ben Nevis, un des fameux munros ; tous les monts écossais supérieurs à 914 m sont connus comme tels, Sir Hugh Munro ayant été le premier à les répertorier. Ou effectuer l'aller-retour en train à vapeur vers **Mallaig**, dans des paysages époustouflants, maintes fois filmés. Le même trajet en camping-car vous permettra des arrêts multiples : **Glenfinnan**, plages de sables blancs de **Morar**.

### Jour 5

Reprenez la A 82 vers **Fort Augustus**, dont les écluses constituent la porte d'entrée du **Loch Ness** (possibilité de croisière). De là, continuez par la A 82

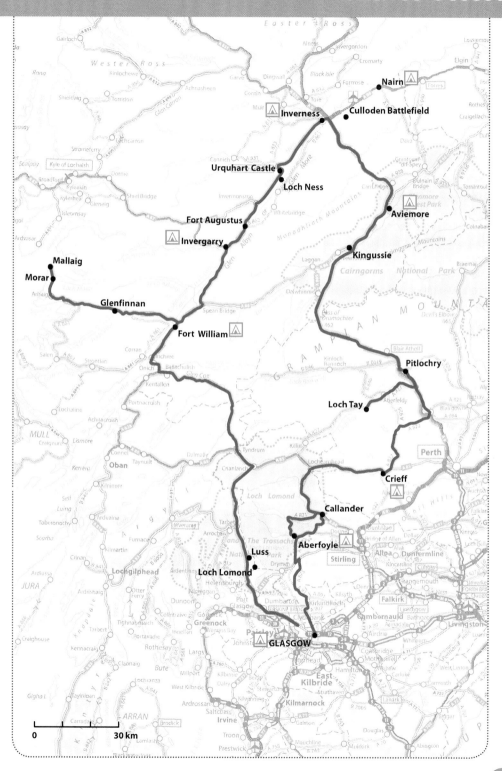

en vous arrêtant à **Urquhart Castle** et **Drumnadrochit** (expo très – trop – touristique sur le monstre). Ou prenez la B 852, plus sauvage et moins fréquentée. Arrivée le soir à **Inverness**.

### Jour 6

Capitale des Highlands, Inverness est une charmante petite cité fondée au bord de la Ness qui collectionne les surnoms. Elle est à la fois pivot, carrefour, porte et capitale des Highlands. Tous ces termes traduisent une situation enviable, au cœur de cette vaste région prisée des touristes. À la population locale se mêle en été une foule de randonneurs qui donne à la ville des allures de camp de base. Personne ne vient vraiment pour les rues calmes du centre-ville mais pour se lancer à la découverte des innombrables curiosités des environs : les longues plages de **Nairn** ou **Dornoch**, les sentiers du Glen Affric ou de Ben Wyvis, ou les charmants villages de la Black Isle. Si vous êtes fortuné, faites-vous tailler

un kilt au Kiltmaker Centre. Rendez-vous à **Culloden**, un site de bataille visité par des fantômes. Puis prenez la pittoresque A 9 vers **Kingussie**, capitale du *shinty* (sport gaélique). Le musée folklorique des Highlands ou de celui des Macpherson, vous transportent au pays des clans. Randonnées superbes aux alentours.

### Jour 7

Route A 9 vers la région de **Pitlochry**. Dégustez le whisky Blair Atholl (à Pitlochry même). Flânez dans le château de Blair et ses magnifiques jardins. Prenez la A 827 pour taquiner les saumons du **Loch Tay**. Puis faites halte à **Crieff** et à la distillerie Famous Grouse, la plus connue du pays.

### Jour 8

Partez à la découverte des **Trossachs** à partir de **Callander** ou **Aberfoyle**. Voguez sur le Loch Katrine et visitez le musée de Rob Roy, héros populaire écossais et hors-la-loi du début du 18e s.

---

### 🛈 Office de tourisme

**Glasgow**
*170, Buchanan St. - Glasgow - ☎ 141 204 4400 ou 0845 225 5121 - www.visitscotland.com - lun.-sam. 9h-18h, dim. 12h-16h (juin-fin sept. : dim. 10h-17h).*

**Pour téléphoner en Grande-Bretagne :** 00 44 + indicatif urbain sans le 0 initial, puis le numéro du correspondant

**Pour plus d'informations :** Carte Michelin Regional N° 503 Le Guide Vert Angleterre Pays de Galles

---

## ⛺ Campings

### Aberfoyle

#### ⛺ **Trossachs Holiday Park**
By Aberfoyle - ☎ 01877 382 614
De déb. mars à fin oct. - 4 ha (66 empl.)
Tarif : 29 € 🚶 👫 🚗 🔲 🚐
Loisirs : 🏊 🚴 🎣, terrain de golf, cours de golf
Services : 🏪 🔥 ♿ 🛜 🔌 🧺
🔁 Plusieurs circuits à vélo.
GPS : W 4.35504 N 56.14004

### Aviemore

#### ⛺ **High Range**
Grampian Road - ☎ 01479 810 636
Permanent - 1,44 ha (70 empl.)
Tarif : 34,80 € 👫 🚗 🔲 🚐
Loisirs : 🏊 🚴 🏸 🎣 ⚓, terrain de golf
Services : 🍷 🍴 🏪 ♿ 🔑 🔥 🧺
GPS : W 3.8334 N 57.18253

### Crieff

#### ⛺ **Braidhaugh Holiday Park**
*Voir le circuit précédent.*

### Fort William

#### ⛺ **Glen Nevis Holidays**
Glen Nevis - ☎ 01397 702 191
De mi-mars à déb. nov. - 1,8 ha (380 empl.)
Tarif : 23,20 € 👫 🚗 🔲 🚐 borne
Loisirs : 🎭 diurne 🏊 🎣, aire de sports, barbecue
Services : 🍷 🍴 🏪 ♿ 🔑 🔥 🛜 🔌 🧺 🚿
🔁 Randonnées dans la forêt, proche.
GPS : W 5.07613 N 56.80466

### Glasgow

#### ⛺ **Craigendmuir Park**
Stepps - ☎ 0141 779 4159
Permanent - 1,47 ha (45 empl.)
Tarif : 32,50 € 🚶 👫 🚗 🔲 🚐
Loisirs : 🏊 🚴 🏇
Services : 🏪 🔥 🛜 🔌 🧺 🚿
GPS : W 4.14032 N 55.88397

## Les bonnes adresses de Bib

#### ⚑ Faichemard Farm Campsite
Faichemard - ℘ 01809 501 314
De déb. avr. à fin oct. - 4 ha (35 empl.)
Tarif : 17,40 € 🚶🚶 🚐 ▣
🚃
Loisirs :, barbecue
Services : 🏠 🛁 📶 🔲
♿ Camping réservé aux adultes.
Loch Ness à 2 km.
GPS : W 4.82793 N 57.07453

### Inverness

#### ⚑ Culloden Moor Caravan Club Site
Newlands, Culloden Moor -
℘ 01463 790 625
De mi-mars à déb. janv. -
1,49 ha (83 empl.)
Tarif : 28,65 € 🚶🚶 🚐 ▣
🚃
Loisirs : 🏖 🛶
Services : 🏠 ♿ 🔑 🛁 🔲
GPS : W 4.05798 N 57.48632

### Nairn

#### ⛰ Nairn Lochloy Holiday Park
East Beach - ℘ 03443 353 450
De mi-mars à déb. nov. -
1,5 ha (13 empl.)
Tarif : 31,30 € 🚶🚶 🚐 ▣
🚃
Loisirs : 🎮 🏃 🎿 jacuzzi 🏊 🎣
🔲 🏊 (plage) 🎣 ⚓
Services : 🍽 🍴 🏠 ♿ 🔑 🛁 🛁
📶 🔲 🚿 🎣
GPS : W 3.8587 N 57.59092

### Fort William

#### 🍴 Crannog
*Town Pier, sur les quais, au niveau de Gordon Sq. - ℘ 01397 705 589 - www.crannog.net - 12h-14h30, 18h-21h30 - 25/35 £ (menu déj 13 £).* Le propriétaire, ancien pêcheur, a transformé une boutique d'appâts en un restaurant au bord du lac avec vue splendide. Menu à prix intéressant le midi.

### Glasgow

#### 🍴 Arisaig
*1 Merchant Sq. - ℘ 0141 553 1010 - arisaigrestaurant.co.uk - 17/28 £ (déj. 10/12 £).* Décor élégant pour découvrir une cuisine écossaise typique et contemporaine à base de produits de saison.

#### 🍴 Babbity Bowster
*16-18 Blackfriars St. - ℘ 0141 552 5055 - www.babbitybowster.com - bar : déj. tlj ; rest. : dîner mar.-sam. à partir de 18h30 - menus soir 22,50/28,50 £.* Au cœur de Merchant City, ce café-restaurant très cosy installé dans un superbe bâtiment georgien propose une cuisine écossaise mâtinée d'influences françaises et méditerranéennes.

#### 🍴 Two Fat Ladies at The Buttery
*652 Argyle St. - ℘ 0141 221 8188 - www.twofatladiesrestaurant. com - menu midi et pre theatre 16,95/19,95 £ - 22/35 £.* Fondé en 1856, ce restaurant, le plus vieux de Glasgow, a été repris en 2007 par la petite chaîne gastonomique locale des Two Fat Ladies. C'est toujours une institution. Sa cuisine a évolué vers des spécialités de poissons et de fruits de mer dont on apprécie la finesse. En sous-sol, The Shandon Belles décline une version bistrot.

#### 🍴 Stravaigin
*28 Gibson St. - ℘ 0141 334 2665 - www.stravaigin.co.uk - plats 10/18 £, menu 25/33 £.* Un décor de bistrot cosy-chic, une atmosphère détendue et une carte éclectique, dans ce restaurant très réputé, réparti sur trois niveaux. Cuisine moderne, soignée et parfumée ; grand choix de boissons alcoolisées.

#### 🍴 Glengarry Castle
*Glengarry Castle Hotel, sur la A 82 - ℘ 01809 501 254 - www.glengarry. net - avr.-oct. : 19h-20h30 - 34 £.* Atmosphère chaleureuse dans ce château sur les rives du loch Oich. La carte change tous les jours et présente un choix de plats écossais avec produits du terroir.

### Inverness

#### 🍴 Nico's Seafood & Grill House
*Glen Mhor Hotel, 8-15 Ness Bank - ℘ 01463 234 308 - www. theinvernessrestaurant.co.uk - pretheatre 12,95/16,95 £ - 25/30 £.* Restaurant aux allures d'auberge victorienne. La carte change régulièrement, mis à part les classiques de la cuisine écossaise.

#### 🍴 Contrast Brasserie
*20 Ness Bank - ℘ 01463 223 777 - www.glenmoristontownhouse.com - midi : 10,95/13,95 £ - 25/30 £.* Décor zenpour ce restaurant résolument moderne. Spécialités de poisson et brassage des cuisines du monde. Menu pretheatre 17h-18h30 - 12,95/15,95 £.

### Pitlochry

#### 🍴 The Old Mill Inn
*Mill Lane - ℘ 01796 474 020 - www.old-millinn.co.uk - 15/30 £.* Dans un ancien moulin, un restaurant affichant une carte de plats de bœuf écossais impressionnante et un grand choix de vins et de whiskies.

#### Macnaughtons of Pitlochry
*Station Rd - ℘ 01796 472 722 - www.macnaughtonsofpitlochry.com 9h30-17h, dim. 11h-16h.* Tartans et vêtements des Highlands dans cette boutique établie au milieu du 19e s.

# Grand tour de l'Irlande

Nous vous proposons une mise en appétit qui ne pourra que vous donner l'envie de revenir explorer l'Irlande en détail…

> ⊃ *Départ : Dublin*
> ⊃ *10 jours - 1 200 km*

### Jours 1 et 2

À **Dublin**, commencez par le Livre de Kells, joyau de l'art irlandais, au Trinity College. Puis remontez Grafton Street et ses rues latérales afin de profiter des musiciens de rue et de boutiques parmi les plus élégantes de Dublin. Promenez-vous dans les jardins de St Stephen's Green avant de revenir près de la rive nord pour déjeuner. L'après-midi, visitez le National Museum ou la National Gallery, baladez-vous dans Merrion Square et goûtez un aperçu de la vie à l'époque georgienne au n° 29, Number Twenty Nine. Passez la soirée à explorer le quartier de Temple Bar. Le deuxième jour, rendez-vous dans la vieille ville pour admirer les œuvres d'art conservées à la Chester Beatty Library. Vous pouvez suivre la visite guidée du château de Dublin ou entrer dans Christ Church Cathedral ou St Patrick's Cathedral. Après le déjeuner, prenez le bus jusqu'à Kilmainham Gaol pour une leçon d'histoire irlandaise contemporaine ; ensuite, vous goûterez le contraste des styles entre les expositions du Irish Museum of Modern Art et son bâtiment, le Royal Kilmainham Hospital.

### Jour 3

Après Dublin, l'itinéraire se poursuit par la visite d'un des plus beaux

Le Connemara.

*Tourism Ireland*

manoirs irlandais, **Russborough** et s'engage dans les monts Wicklow pour rejoindre, dans une profonde vallée boisée, les vestiges du monastère de **Glendalough**, puis la cité historique de **Kilkenny.** (Cill Chainnigh)

### Jour 4

Visitez le château de Kilkenny et son parc, puis allez faire du shopping au Kilkenny Design Centre. Après le déjeuner, descendez dans les profondeurs de la grotte de Dunmore. Suivez vers le sud la vallée de la Nore, pour admirer les superbes ruines de l'abbaye de **Jerpoint** ; continuez jusqu'au charmant village d'**Inistioge**, pour gravir et redescendre Brandon Hill jusqu'à **Graiguenamanagh**, sur la Barrow. Revenez à **Killkenny**.

### Jour 5

Une journée entière est nécessaire pour s'imprégner de l'atmosphère de « l'acropole irlandaise », le rocher de **Cashel**. Ce piton rocheux, qui s'élève à 60 m, recèle de somptueux vestiges médiévaux. C'est un des hauts lieux du tourisme en Irlande et le trafic dans la ville de Cashel est à la limite du supportable.

### Jour 6

Vous voici à **Cork**, la deuxième ville de la République d'Irlande. Explorez English Market et les rues principales, Grand Parade et St Patrick's Street. Admirez l'architecture exubérante de St Fin Barre's Cathedral, œuvre de William Burges. Après déjeuner, traversez la rivière pour actionner le carillon Shandon Bells et voir comment on traitait les prisonniers de la Cork City Gaol.

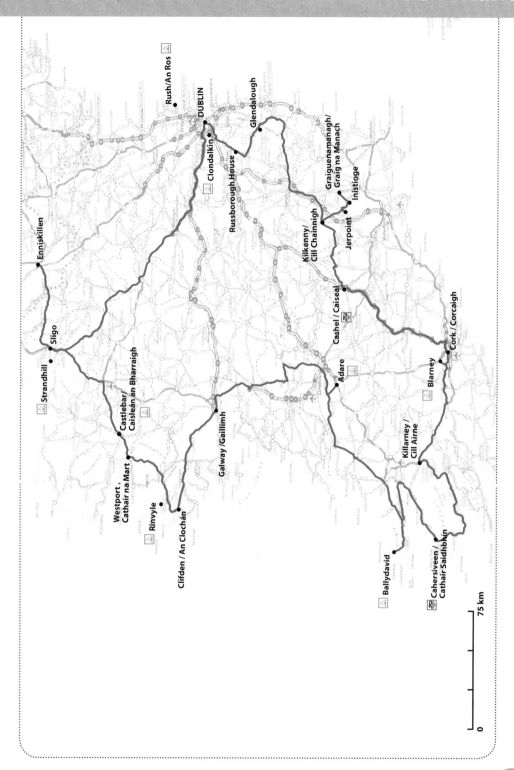

## Jour 7

Le circuit prend vers l'ouest la direction de **Killarney** (Cill Airne) et son incomparable cadre de lacs et de montagnes. Il ne faut manquer ni l'Anneau du Kerry, circuit traditionnel autour de la péninsule d'Iveragh, ni la péninsule de Dingle, avec ses cabanes anciennes en pierre, ses prés enclos de murets et ses vues sur les rochers des îles Blasket. Nuit à **Adare**.

## Jour 8

Au nord des Burren, **Galway**, une des villes les plus séduisantes d'Irlande, domine une vaste baie. C'est une ville dynamique et vibrante offrant de nombreuses activités : magasins, musique, pubs, restaurants, marché typique le samedi matin, de nombreux festivals tous plus originaux et fameux… La ville a fortement été influencée par les Espagnols ; des constructions telles que le « Spanish Arches » en témoignent. La route de **Clifden** traverse ce que beaucoup disent être le plus irlandais des paysages : tourbières, lacs miroitants et monts arrondis du Connemara.

## Jour 9

Cette merveilleuse région accompagne encore la route de **Westport**, près de Croagh Patrick (montagne de saint Patrick). Après Castlebar et le remarquable, et récent, musée de la vie rurale de Turlough, le circuit rejoint la ville la plus active du nord-ouest, **Sligo**.

## Jour 10

Continuez votre circuit en rejoignant **Enniskillen** (Inis Ceithleann, en irlandais) pour découvrir l'Irlande du Nord ou rejoignez Dublin par la N 4.

## ⛺ Campings

### Adare

**⛺ Adare Camping and Caravan Park**
County Limerick - ☎ 061 395 376
De fin mars à mi-oct. - 2 ha (28 empl.)
Tarif : 22 €  ⛺⛺  🚗  🅴
🚐 borne
Loisirs : jacuzzi 🛝 🚲
Services : 🏠 ♿ ⛲ 🚾 📶 🔌 🧺
GPS : W 8.79248 N 52.53943

### Ballydavid

**⛺ Dingle Camping and Caravan Site**
Gallarus, Baile na n'Gall - ☎ 868 191 942
De déb. avr. à fin sept. - 1,2 ha (42 empl.)
Tarif : 20 €  ⛺⛺  🚗  🅴
🚐
Loisirs : 🛝 🌊 (plage) - Services : 🍷 🍴 🏠 ♿ ⛲ 🚾 📶 🔌 🛒 🧺
GPS : W 10.37708 N 52.19147

### Blarney

**⛺ Blarney CaravanPark**
Stone View - ☎ 021 451 6519
De fin mars à fin oct. - 1,6 ha (60 empl.)
Tarif : 24 €  ⛺⛺  🚗  🅴
🚐 borne
Loisirs : 🛝, pitch and putt - Services : 🍷 🍴 🏠 ♿ 🔑 ⛲ 📶 🔌 🛒 🧺
GPS : W 8.54718 N 51.94759

### Castlebar/Caisleán an Bharraigh

**⛺ Carra Caravan and Camping Park**
Belcarra - ☎ 094 903 2054
De fin janv. à fin nov. - 0,7 ha (20 empl.)
Tarif : 16 €  ⛺⛺  🚗  🅴
🚐 borne
Loisirs : 🛝 🐎, barbecue
Services : 🍴 🏠 ⛲ 🚾 📶 🔌 🧺
GPS : W 9.21666 N 53.79952

### Clondalkin (près de Dublin)

**⛺ Camac Valley Caravan & Camping Park**
Naas Road - ☎ 01 464 0644
Permanent - 6 ha (163 empl.)
Tarif : 23 €  ⛺⛺  🚗  🅴
🚐 borne
Loisirs : 🛝 🎣 - Services : 🏠 ♿ 🔑 ⛲ 🚾 📶 🔌 🧺
GPS : W 6.41573 N 53.30542

### Rinvyle

**⛺ Renvyle Beach Caravan & Camping Park**
Tullybeg - ☎ 095 43 462
De fin mars à fin oct. - 4,5 ha (78 empl.)
Tarif : 21 €  ⛺⛺  🚗  🅴
🚐 borne
Loisirs : 🌙 diurne 🛝 🚲 🌊 (plage) 💧
Services : 🏠 ♿ ⛲ 🚾 📶 🔌 🧺
GPS : W 9.98454 N 53.60349

### Rush/An Ros

**⛺ North Beach Caravan & Camping Park**
North Beach - ☎ 01 843 7131
De fin mars à fin oct. - 1,8 ha (64 empl.)
Tarif : 20 €  ⛺⛺  🚗  🅴
🚐 borne
Loisirs : 🌊 (plage) 🎣 💧 🐎
Services : 🍷 🍴 🏠 ♿ ⛲ 🚾 📶 🔌 🧺
GPS : W 6.08605 N 53.52542

### Strandhill

**⛺ Sligo Caravan & Camping Park**
Strandhill - ☎ 071 916 8111
De fin avr. à fin sept. - 6 ha (100 empl.)
Tarif : 22 €  ⛺⛺  🚗  🅴
🚐 borne
Loisirs : 🛝 🎿 🌊 (plage) 🎣 💧 🐎, randonnées - Services : 🍷 🍴 🏠 ♿ 🔑 ⛲ 🔌 🧺
GPS : W 8.59543 N 54.26756

## 🚐 Aires de service et de stationnement

**Mannix Point Camping and Caravan Park Kerry**
Ring of Kerry Coast -
📞 066 94 72 806
De mi-avr. à déb. oct.
Borne 🚰 🔌 🚽 🧹 : Payant
(électricité 4 €)
22 🅿 - illimité - 25 €/j.
Services : WC 🍴 🚿
♿ Réservation conseillée en été.
GPS : E 10.14679 N 51.56491

### Cashel/Caseal

**O'Briens Cashel Lodge and Camping Park**
Borne 🚰 🔌 🚽 🧹
🅿
Services : WC 🚿
GPS : W 7.89117 N 52.51866

### 🅩 Office de tourisme

**Dublin**
*25 Suffolk St. - 📞 01 850 230 330 (numéro gratuit sur place) - www. visitdublin.com - autres adresses : 14 Upper O'Connell Street et à l'aéroport.*

Pour téléphoner en Irlande (Eire) :
00 353 + indicatif de la ville ou de la circonscription, puis le numéro du correspondant sans le 0 initial.

Pour plus d'informations :
Carte Michelin National N° 712
Le Guide Vert Irlande

## Les bonnes adresses de Bib

### Clifden/An Clochan

**🍺 Mannion's Bar**
*Market St. - 📞 095 217 80.* Le plus chaleureux et le moins touristique des pubs de la ville. Musique traditionnelle excellente. Concerts tous les soirs en saison ; vend. et sam. hors saison. *Bar food.*

### Cork/Corcaigh

**🍴 Farm Gate Café**
*English Market - 📞 021 427 8134 - www.farmgate.ie - fermé le soir et dim.* Repas servis autour de la mezzanine qui surplombe le fameux marché couvert de Cork et sa jolie fontaine. Produits frais et bien préparés. Savoureuses tartes salées, sandwichs variés, salades originales, soupes et gâteaux. Sympathique pour le midi. Idéal pour goûter un excellent *Irish breakfast.*

### Dublin

**🍴 Fallon & Byrne**
*11-17 Exchequer St. - 📞 01 472 1000 - www.fallonandbyrne.com - fermé dim. soir.* Les rayons de cette épicerie fine débordent de produits des quatre coins d'Irlande, mais aussi du reste du monde. Bon restaurant de style bistrot à l'étage et bar à vins au sous-sol.

**🍺 O'Donoghue's**
*14-15 Merrion Row - 📞 01 660 7194 - www.odonoghues.ie.* Il y a bien un peu de touristes, mais ce pub offre tous les soirs, et le dimanche, d'excellents concerts de musique irlandaise traditionnelle. Souvent bondé, surtout le week-end.

**🍺 P Mac's**
*28-30 Lower Stephen St. - 📞 01 475 1988 - www. drurycourthotel.ie.* Le bar du Drury Court Hotel mélange l'ambiance bohème et conviviale d'un pub et celle très contemporaine d'un gastropub avec un large choix de bières artisanales. Lieu branché.

**🍺 John Mulligan's**
*8 Poolbeg St. - 📞 01 677 5582 - www. mulligans.ie.* Ce vieux pub (1782)

célèbre a la saveur de l'authentique. L'intérieur victorien, avec ses boiseries et ses acajous, est idéal pour ceux qui cherchent plus d'intimité.

**Kilkenny Shop**
*6 Nassau St. - 📞 01 677 7066 - www.kilkennyshop.com.* Grand magasin où l'on retrouve le meilleur de l'artisanat irlandais : articles en tweed, pulls en laine d'Aran, dentelles, linge de maison, cristal, bijoux celtiques et sélection pointue d'objets d'artisans irlandais célèbres, comme Louis Mulcahy, Enibas, Newbridge, Orla Kiely... Café-restaurant.

### Galway/Gaillmh

**🍴 Ard Bia at Nimmos**
*Spanish Arch - 📞 091 561 114 - carte café 10-15 € (midi), restaurant 30-35 € (soir).* Le café sert midi et soir une délicieuse cuisine, simple et bon marché. Le restaurant, plus raffiné, propose une carte nettement plus recherchée.

### Killarney/Cill Airne

**🍺 The Laurels**
*Main Street - 📞 064 663 1149 - www. thelaurelspub.com - tlj - Plats 16/28 €.* L'un des pubs indémodables de la ville, chaleureux avec ses miroirs décorés et sa *pub food.* Également café-restaurant, où faire une pause thé/gâteaux, déjeuner ou dîner.

**Quills Woollen Market**
*High St.* Entreprise familiale fondée en 1939 qui propose un vaste assortiment d'articles irlandais : tweeds du Donegal, pull en laine d'Aran, linge de maison...

### Kilkenny/Cill Chainnigh

**🍴 Kyteler's Inn**
*St Kieran's St. - 📞 056 772 1064 - www.kytelersinn.com.* Ce pub-restaurant aménagé dans une maison médiévale cultive le souvenir d'Alice, la sorcière de Kilkenny. À midi, cuisine de brasserie très abordable, le soir, la carte propose un méli-mélo de plats copieux de styles très divers et choix d'assiettes à toute heure.

# Odyssée en Ulster

Un circuit presque complet de la vieille province, qui passe en revue les attraits des six comtés situés en Irlande du Nord, et aussi les trois comtés de l'Ulster faisant partie de la République d'Irlande : la campagne paisible du Cavan et du Monaghan et, contraste saisissant, les paysages sauvages de la côte et des monts du Donegal…

⮕ *Départ : Belfast*
⮕ *9 jours - 845 km*

### Jour 1

**Belfast** (Béal Feirste en irlandais, qui signifie « l'embouchure de la Far-set », rivière sur laquelle est bâtie la ville). Promenez-vous dans le centre et le long du front de mer. La ville possède la plus importante cale sèche ; c'est ici que fut construit le Titanic… Essayez de visiter St Mala-chy's Church et Oval Church avant de déjeuner au Crown Liquor Saloon. L'après-midi, découvrez l'Ulster Museum et faites une balade dans les Botanic Gardens, sans oublier les deux serres. Le centre historique connaît un grand programme de rénovation. Le processus de paix redonne vie au centre-ville : bars, restaurants et clubs de musique se multiplient. Afin d'expliquer leurs luttes, loyalistes et républicains ouvrent leurs musées, organisent des « taxi-tours » et des visites gui-dées des quartiers populaires. Sor-tez de la ville vers l'est pour visiter l'Ulster Folk and Transport Museum.

### Jour 2

De Belfast, la route qui rejoint la côte mène à la ville ancienne et la station balnéaire de **Bangor**. Après des étapes dans les majes-tueux domaines et manoirs de

*La Chaussée des Géants (Giant's Causeway).*

Mountstewart et **Castle Ward**, l'iti-néraire emprunte le ferry qui traverse l'estuaire du Strangford Lough vers la ville de St Patrick, **Downpatrick**, d'où il rejoint en bord de mer **Newcastle**.

### Jour 3

Le circuit serpente autour des beaux monts Mourne avant d'atteindre **Armagh**, autre ville sainte, siège des deux archevêchés d'Irlande.

### Jour 4

D'Armagh, le voyage se poursuit au sud-ouest, passe en République d'Irlande et traverse les comtés de Monaghan et de Cavan, avant de bifur-quer vers le nord-ouest en direction de la région des lacs du Fermanagh et sa petite capitale, **Enniskillen**. Connu

pour ses lacs peu encombrés – Lower et Upper Lough Erne – le Fermanagh est idéal pour faire du bateau ou pra-tiquer des sports nautiques. De plus, les lacs qui couvrent un tiers du comté abondent en poissons, ce qui en fait un lieu de prédilection pour la pêche.

### Jour 5

Après **Belleek** et sa fameuse fabrique de céramique, on pénètre dans le comté du Donegal. Passée **Donegal**, l'itinéraire conduit vers l'ouest aux spectaculaires falaises du **Slieve League** et au village de **Glencolumb kille**, où souffle tou-jours l'esprit de saint Columba. Le circuit s'oriente vers l'intérieur des terres jusqu'à la ville du tweed, **Ardara**, puis au nord à travers le

*Spila Riccardo / Sime / Photononstop*

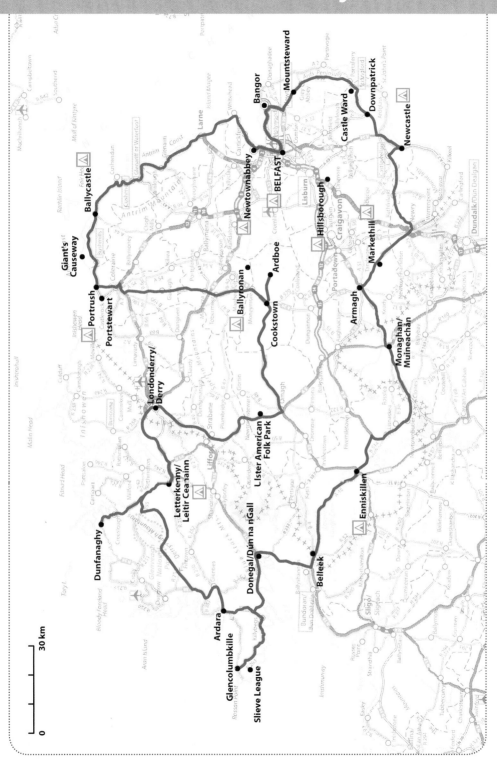

parc national de Glenveagh, jusqu'à la petite station tranquille de **Dunfanaghy**, à l'abri du promontoire de Horn Head.

### Jour 6

On repart en passant devant le Grianan of Aileach, une très ancienne forteresse, pour rejoindre la célèbre cité fortifiée de **Londonderry**, en Irlande du Nord. Une querelle historique persiste à propos du nom de la ville. La plupart des habitants nationalistes (catholiques) l'appellent **Derry**, nom que la ville a toujours porté. La plupart des habitants unionistes (en général protestants) l'appellent Londonderry. Regagnez une des nombreuses attractions des **monts Sperrin** qu'est l'Ulster American Folk Park.

### Jour 7

À l'est des montagnes, on découvre Cookstown, bourg typique de la Plantation ; la célèbre croix celtique d'Ardboe, sur le rivage du plus grand lac du pays, le Lough Neagh ; et la résidence du 17e s. d'un colon à Springhill.

### Jour 8

Remontez au nord par la A 29 pour atteindre la **Chaussée des Géants** (Giant's Causeway) et sa côte (Causeway Coast) avec ses stations balnéaires les plus fréquentées du nord que sont **Portrush** et **Portstewart**.

### Jour 9

L'itinéraire retourne à Belfast en suivant la route côtière de l'Antrim, traversant les paysages spectaculaires des vallées (glens) de l'Antrim, avec une dernière étape au grand château anglo-normand de Carrickfergus.

## ⛺ Campings

### Ballycastle (Irlande du Nord)

**Causeway Coast Holiday Park**
21 Clare Road, Causeway Coast -
☏ 028 207 625 50
De déb. mars à mi-nov. -
11 ha (100 empl.)
Tarif : 29 € 👫 🚗 🔲
🚐 borne
Loisirs : 🌙 nocturne jacuzzi
🎱 🏊 (plage) - Services : 🍷 🍴 🏠
👫 🔥 🏠
GPS : W 6.24746 N 55.20911

### Ballyronan (Irlande du Nord)

**Ballyronan Caravan Park**
135A Shore Road - ☏ 028 794 183 99
Avr.-sept. - (22 empl.)
Tarif : 28,10 € 👫 🚗 🔲
Loisirs : 🏊 ♨
Services : 👫 🔥 📶 🌀 🔥
GPS : W 6.52517 N 54.70533

### Belfast (Irlande du Nord)

**Dundonald Touring Caravan Park**
111 Old Dundonald Road -
☏ 028 908 091 00
De mi-mars à oct.
Tarif : 23,50 € 👫 🚗 🔲
🚐 borne artisanale
Services : 🍴 📶 📷 🏠
GPS : W 5.79 N 54.58916

### Enniskillen (Irlande du Nord)

**Blaney Caravan Park & Camp Site**
323 Lough Shore Road -
☏ 028 686 416 34
De mi-mars à déb. nov. - 1 ha (22 empl.)
Tarif : 26,70 € 👫 🚗 🔲
🚐
Loisirs : 🏊 ✂ - Services : 🍷
🏠 👫 🔥 📷 🌀
GPS : W 7.78042 N 54.43307

### Hillsborough (Irlande du Nord)

**Lakeside View Caravan & Camp Park**
71 Magheraconluce Road, Annahilt -
☏ 028 926 820 98
De fin mars à fin oct. - 0,8 ha (19 empl.)
Tarif : 24 € 👫 🚗 🔲
🚐 borne
Loisirs : 🏊
Services : 🔥 👫 🌀 📷
GPS : W 6.02364 N 54.42099

### Letterkenny/Leitir Ceanainn (République d'Irlande)

**Casey's Caravan & Camping Park**
Main Str., Downings -
☏ 074 915 50 00
De déb. avr. à fin oct. - 6 ha (180 empl.)
Tarif : 20 € 👫 🚗 🔲
🚐
Loisirs : 🏊 (plage) ♨
Services : 🍷 🍴 🏠 🔥 📶 📷 🛒 🌀
GPS : W 7.83768 N 55.19468

### Markethill (Irlande du Nord)

**Gosford Forest Park**
7 Gosford Demesne -
☏ 028 375 512 77
De déb. avr. à fin sept. - 1,5 ha (80 empl.)
Tarif : 20,10 € 👫 🚗 🔲
🚐
Loisirs : 🏊
Services : 🍴 🏠 🔥 🌀 📷 🌀
🚲 Circuits à vélo.
GPS : W 6.52288 N 54.30364

### Newcastle (Irlande du Nord)

**Woodcroft Park**
104 Dundrum Road -
☏ 028 437 222 84
De déb. mars à fin oct. - (36 empl.)
Tarif : 20,30 € 👫 🚗 🔲
🚐 borne
Loisirs : 🏃 🌀 (plage) 🐟
Services : 🍷 🍴 🏠 🔥 🌀 📷 🌀
GPS : W 5.88278 N 54.22426

# Les bonnes adresses de Bib

## Newtownabbey (Irlande du Nord)

### 🚐 Jordanstown Loughshore Caravan Park
Shore Road - ☎ 028 908 631 33
Permanent - (18 empl.)
Tarif : 26,70 € 🚶🚶 🚐 🔲 🚗

Loisirs : ⊙ nocturne (pdt l'été) 🛝
🏖 (plage) 🎣 🛶, aire de sports
Services : ✗ 🏠 🚿 📮 🛜 🗑
GPS : W 5.88416 N 54.6812

## Portrush (Irlande du Nord)

### 🚐 Bellemont Caravan Park and Holiday Cottages
10 Islandtasserty Road -
☎ 028 708 238 72
De déb. mai à fin oct. - (28 empl.)
Tarif : 13,30 € 🚶🚶 🚐 🔲
🚗 borne
Loisirs : 🛝 ✗ 🎣 🐎, aire de sports
Services : 🍽 ✗ 🏠 🚿 📮 🗑
GPS : W 6.67368 N 55.1716

---

## 🅱 Office de tourisme

**Belfast**
*47 Donegall Place - ☎ 028 902 466 09 - www.gotobelfast. com - 9h-17h30 (19h en été), dim. 11h-16h.*

Pour téléphoner en Irlande (Eire) : 00 353 + indicatif de la ville ou de la circonscription sans le 0 initial, puis le numéro du correspondant sans le 0 initial

Pour téléphoner en Irlande (Irlande du Nord) : 00 44 + 28 (sans le 0 initial), puis le numéro du correspondant à 8 chiffres.

Pour plus d'informations : Carte Michelin National N° 712 Le Guide Vert Irlande

## Armagh (Irlande du Nord)

### ✗ Palace Stables
*Palace Demesne - ☎ 028 375 296 29 - lun.-sam. 9h30-17h, dim. 12h-17h.* Le meilleur restaurant d'Armagh, pour déjeuner dans un cadre historique. Cafétéria à midi.

## Bangor (Irlande du Nord)

### ✗ Marine Court Hotel
*18 Quay St. - ☎ 028 914 512 00 - 12h-21h30.* Restaurant d'hôtel avec vue sur le port où l'on sert une cuisine variée avec une prédominance pour les viandes rôties.

## Belfast (Irlande du Nord)

### 🍺 The Crown Liquor Saloon
*46 Great Victoria St. - ☎ 028 902 431 87 - www.nicholsonspubs.co.uk.* Un monument historique classé et l'un des plus beaux pubs du Royaume-Uni. L'architecture, mêlant superbes boiseries et vitraux colorés, est un bel exemple de style victorien chargé. On y sert une bière maison, la Belfast Crown blonde, fruitée à la saveur de houblon légèrement prononcée. Musique traditionnelle certains soirs et *Pub grub* le midi.

### ✗ Deanes
*38-40 Howard St. - ☎ 028 905 600 00 - www. michaeldeane.co.uk - tlj sf dim.* La qualité de ce bistro gastronomique n'est plus à prouver. C'est une des réussites du chef Michael Deane qui se constitue un petit empire gastronomique à Belfast, avec plusieurs adresses (Seafood Bar ou Deane et Decano). De nombreuses récompenses le distinguent, saluant des saveurs croisées du monde entier et une très bonne carte des vins. Il faut aussi aller déjeuner au Meat Locker, ou déjeuner ou boire un café au Deli Vincafe.

### 🍺 Whites Tavern
*Winecellar Entry - ☎ 028 902 430 80 - www.whitestavern.co.uk.* Cette véritable institution du centre -ville , avec ses énormes poutres apparentes, revendique le titre de plus ancien pub de la ville. On y vient pour son bon *pub grub* et aussi pour sa musique, jazz ou irlandaise.

### Catherine Shaw
*25-27 Queen's Arcade - ☎ 028 903 260 53.* Une bonne adresse pour acheter de belles copies de bijoux celtiques traditionnels.

### St George's Market
*12-20 East Bridge St.* Le Saint George Market se déroule tous les vendredi et samedi matin dans un bel édifice victorien aux structures de fonte à l'intérieur. Ambiance animée et belle variété de produits locaux.

## Downpatrick (Irlande du Nord)

### ✗ Denvir's
*English St. - ☎ 028 446 120 12 - www.denvirshotel.com - fermè à midi vend. et sam.* Bonne cuisine de pub dans un cadre historique. Cette ancienne auberge a jadis accueilli Jonathan Swift et servait au 18e s. de lieu de réunion aux patriotes des United Irishmen. La famille Denvir a émigré aux États-Unis et a donné son nom à la ville de Denver.

## Londonderry/Derry (Irlande du Nord)

### ✗ Badgers
*16-18 Orchard St. - ☎ 028 713 607 63.* À l'est des remparts, un endroit très agréable au confortable décor de pub. Copieuse cuisine de brasserie d'un très bon rapport qualité-prix.

## Portrush (Irlande du Nord)

### ✗ The Harbour Bistro
*The Harbour - ☎ 028 708 224 30.* La carte propose une cuisine de la mer mâtinée d'influences orientales dans un décor bistro.

# De Paris à Dinant

> ⮑ *Départ : Paris*
> ⮑ *3 jours - 417 km*

*Dinant, au bord de la Meuse.*

Freeartist / iStock

### Jour 1

En partant de **Paris**, prenez la direction de **Chantilly** en empruntant la D 317, puis la D 924, qui vous fera traverser la forêt domaniale d'Ermenonville. La visite du château de Chantilly vous fera découvrir une extraordinaire collection d'art ; quant à celle, incontournable, des Grandes Écuries situées aux abords du champ de courses, elle laisse rêver… S'il vous reste du temps, faites donc un tour dans le parc ou vers les étangs de Commelles, dans la forêt toute proche largement aménagée pour des balades en famille.

En arrivant à **Amiens**, capitale de la Picardie (D 916 et D 1001), vous découvrirez la cathédrale Notre-Dame, inscrite au Patrimoine mondial de l'Unesco, et plus vaste édifice gothique de France (elle pourrait contenir en effet deux fois Notre-Dame-de-Paris). Flânez ensuite dans les rues piétonnes du centre-ville où vous remarquerez entre autres la maison du Sagittaire, le baillage et le beffroi, ou gagnez les Hortillonnages, que vous découvrirez en barque ; une marche le long des canaux permet aussi d'admirer les demeures anciennes qui les bordent. Le soir, appréciez la gastronomie picarde dans un restaurant du cru, ou assistez à une pièce de théâtre à la comédie de Picardie. Ne manquez pas, en saison, les illuminations de la cathédrale.

### Jour 2

Avant de rejoindre **Cambrai**, faites un crochet pour la matinée par le château fort des Ducs de Guise (D 1023 puis E 44), dont la construction commença au 11ᵉ s. ; la forteresse fut renforcée par Vauban au 17ᵉ s. Une fois arrivés à **Cambrai** (D 960), déambulez sur la place Aristide-Briand, entièrement reconstruite après la guerre de 1914-1918. Admirez l'hôtel de ville de style Louis XVI.

### Jour 3

Pour atteindre **Dinant** (D 962), vous couperez à travers le parc naturel régional de l'Avesnois. À Dinant, ville installée au creux de la vallée de la Meuse, la vue de la ville depuis le château de Crèvecœur, la visite de la citadelle de Dinant, et pour les plus téméraires, la descente dans la grotte La Merveilleuse vous occuperont toute une journée.

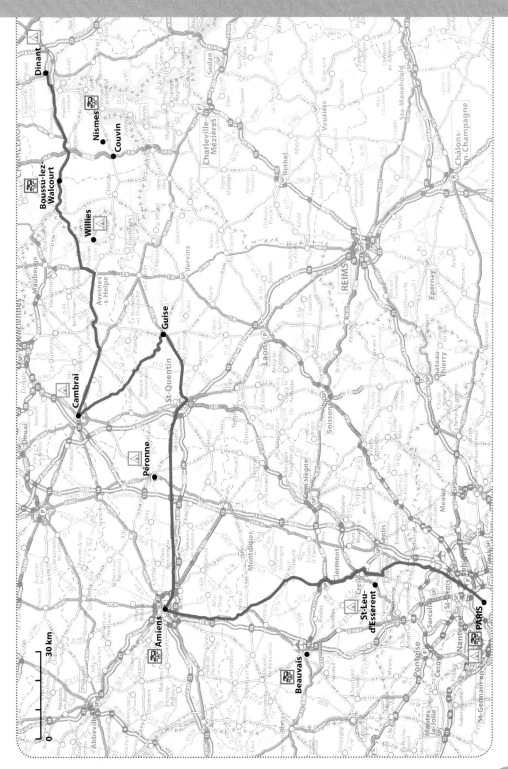

## 🚐 Aires de service et de stationnement

### Amiens (France)

**Aire du Parc des Cygnes**
111 av. des Cygnes - ✆ 03 22 43 29 28
De déb. avr. à mi-oct.
Borne artisanale 🔧 🚿 ♨ : 4 €
5 🅿 - 24h - 12 €/j.
Paiement : jetons (en vente à l'accueil)
Services : [wc] 🛒 ✕ 🗑
GPS : E 2.25958 N 49.92076

### Beauvais (France)

**Aire de Beauvais**
R. Aldebert-Bellier - ✆ 03 44 15 30 30
Borne AireService 🔧 🚿 ♨ : Gratuit
20 🅿 - 48h - Gratuit
Services : 🛒 ✕ 🗑
😊 Aire très bien aménagée.
GPS : E 2.08016 N 49.42428

### Boussu-lez-Walcourt (Belgique)

**Aire des Lacs de l'Eau d'Heure**
Rte de la Plate Taille - ✆ 071 50 92 92
Permanent
Borne artisanale 🔧 🚿 ♨
45 🅿 - 48h - 5 €/j. - gratuit hors juil.-août
GPS : E 4.37959 N 50.1927

### Nismes (Belgique)

**Aire de Nismes**
Pl. de Châtillon - ✆ 060 31 16 35
Permanent
Borne artisanale 🔧 ⚡ 🚿 ♨ : 2 €
20 🅿 - 24h - Gratuit
Paiement : jetons (en vente à l'office de tourisme de Nismes)
GPS : E 4.54819 N 50.07369

### Paris (France)

**Aire du Camping du Bois de Boulogne**
2 Allée du Bord de l'Eau - ✆ 01 42 24 30 00
Parmanent
Borne 🔧 ⚡ 🚿 ♨
Services : [wc] 🛒 🗑 📶
😊 Réservation conseillée
GPS : E 2.24 N 48.875

## ⛺ Campings

### Cambrai (France)

**⛺ Municipal Les 3 Clochers**
77 r. Jean-Goude - ✆ 03 27 70 91 64
1 ha (50 empl.)
🚐 50 🔲 - 10 €
Services : ♿ ⛽ 🗑 ✕ 🚿
😊 Nombreuses informations touristiques sur Cambrai.
GPS : E 3.21476 N 50.17533

### Dinant (Belgique)

**⛺ Camping communal de Devant-Bouvignes**
Quai du camping 1 - ✆ 082 22 40 02
Tarif : 🧍 4 € 🚗 3 € 🔲 6 € - ⚡ (6A) 4 €
Loisirs : 🎣 🏊
Services : 📶
GPS : E 4.89167 N 50.27284

### Paris (France)

**⛺ Indigo Paris Bois de Boulogne**
2 allée du Bord-de-l'Eau, entre le pont de Suresnes et le pont de Puteaux, au bord de la Seine - ✆ 01 45 24 30 00
Permanent - 7 ha (410 empl.)
Tarif : (Prix 2016) 44 € 🧍🧍 🚗 🔲 ⚡ (10A) - pers. suppl. 8 €
🚐 borne artisanale
Loisirs : 🎣 🚴
Services : 🍽 ✕ 🗑 🍴 ♿ ⛽ 🗑 🚿
🚿 🚽
😊 Bus pour la Porte Maillot (RER-métro).
GPS : E 2.23464 N 48.86849

### Péronne (France)

**⛺ Port de Plaisance**
Sortie S, rte de Paris, entre le port de plaisance et le port de commerce, au bord du canal de la Somme - ✆ 03 22 84 19 31
De déb. mars à fin oct. - 2 ha (90 empl.)
Tarif : 30 € 🧍🧍 🚗 🔲 ⚡ (10A) - pers. suppl. 4 €
🚐 borne artisanale
Loisirs : 🎣 🚴 ⛵
Services : 🍽 🍴 ♿ ⛽ 🗑 🚿 🚽 📶 🗑
GPS : E 2.93237 N 49.91786

### Saint-Leu-d'Esserent (France)

**⛺ Campix**
R. Pasteur, sortie N par D 12, rte de Cramoisy puis 1,5 km par r. à dr. et chemin - ✆ 03 44 56 08 48
De déb. mars à fin nov. - 6 ha (160 empl.)
Tarif : 🧍 7 € 🔲 8 € - ⚡ (6A) 4 €
🚐 borne eurorelais
Loisirs : 🎣 🏊
Services : ✕ 🍴 ♿ ⛽ 🗑 📶 🗑 🚿
😊 Dans une ancienne carrière ombragée d'acacias et de bouleaux
GPS : E 2.42722 N 49.22492

### Willies (France)

**⛺ Val Joly**
À Eppé-Sauvage, base nautique du Val Joly, 1,5 km à l'E par D 133 - ✆ 03 27 61 83 76
4 ha (138 empl.)
Loisirs : 🎣 🏊 ⛵
Services : 🍴 ♿ ⛽ 📶 🗑 🗑 🚿 🚤
😊 Vaste terrain ombragé de bouleaux et platanes, surplombant le lac du Val Joly.
GPS : E 4.11518 N 50.12245

# Les bonnes adresses de Bib

## Amiens (France)

### 🍴 Les orfèvres
*14 r. des Orfèvres - ☏ 03 22 92 36 01 - www.lesorfevres.com - fermé 2 sem. en août, dim. soir et lun. - 32/49 €.* À deux pas de la cathédrale, un restaurant chic et contemporain, à l'ambiance feutrée. Au menu : une cuisine d'aujourd'hui alliant références traditionnelles et notes originales.

### 🍴 Le T'chiot Zinc
*18 r. de Noyon - ☏ 03 22 91 43 79 - fermé dim. et j. fériés - déj. 15,90 € - 20/30 €.* À deux pas de la tour Perret, dans une rue piétonne du centre, un bistrot typique, prisé des Amiénois. Sur un rythme cadencé, les serveurs envoient flamiche, cochon de lait et autres spécialités picardes. Le tout dans un cadre patiné par les années.

### Jean Trogneux
*1 r. Delambre - ☏ 03 22 71 17 17 - www.trogneux. fr - boutique : 9h30-19h - fermé dim. et lun. mat. - bar à chocolat : 10h-19h, dim. 10h15-12h15, 14h15-18h.* Spécialité de la ville depuis le 16e s., le macaron d'Amiens, aux saveurs d'amande et de miel, connaît toujours autant de succès. La famille Trogneux, confiseur et chocolatier depuis cinq générations, en vend chaque année plus de deux millions. Dans le bar à chocolat : en-cas et spécialités picardes, chocolat chaud, dégustation de macarons, etc.

## Beauvais (France)

### 🍴 Les Vents d'Anges
*3 r. de l'Étamine - ☏ 03 44 15 00 08 - www.lesventsdanges.com - fermé dim. et lun. - formule déj. 20/24 € - 30 €.* Petit bistrot chaleureux et sans prétention à dénicher près de l'église Saint-Étienne. On y déguste des plats de tradition accompagnés d'une belle sélection de vins.

## Cambrai (France)

### 🍴 L'Escargot
*10 r. du Gén.-de-Gaulle - ☏ 03 27 81 24 54 - fermé vend. soir et merc. - formule 13,50/39 €.* Plaisante auberge rustique, avec une devanture agrémentée de vitraux et deux salles conviviales. Spécialités du terroir : andouillette grillée ou croustade d'escargots à la tomme de Cambrai.

### Confiserie Afchain
*ZI de Cantimpré - ☏ 03 27 81 25 49 - lun.-ven. 9h-12h, 14h-17h - fermé quelques j. à Noël.* La maison Afchain, fondée en 1830, revendique la paternité des bêtises… de Cambrai ! Un petit musée y retrace l'histoire de cette drôle d'invention. La visite gratuite et commentée de la confiserie permet de découvrir les différentes étapes de la fabrication du célèbre bonbon.

## Couvin (Belgique)

### 🍴 Nulle Part Ailleurs
*R. Gare 10 - ☏ 060 34 52 84 - www. nulle-part-ailleurs.be - fermé lun. et mar. et après 20h30 - formule 16 € - menu 35-50 € - carte 50 €.* Pour partir à la découverte des délices de la gastronomie wallonne, commencez ici votre voyage et « nulle part ailleurs » ! Produits régionaux, recettes du cru (anguille en escabèche) ou plus originales ; vins choisis, dont la maison fait aussi commerce (épicerie).

## Dinant (Belgique)

*Voir aussi le circuit suivant.*

### 🍴 Le Jardin de Fiorine
*R. Cousot 3 - ☏ 082 22 74 74 - www.jardindefiorine.be - fermé merc., jeu. et dim. soir - formule 25 € - menu 30-60 €.* Installée depuis 1991 dans une maison de maître, cette table du rivage mosan s'est taillée une jolie réputation avec son menu « Invitation à la gourmandise » et sa bonne cave bien conseillée. Ample salle aux tons vifs. Repas d'été sur la pelouse face au fleuve.

### 🍴 La Broche
*R. Grande 22 - ☏ 082 22 82 81 - www.labroche. be - fermé mer. soir en hiver, mer. midi et mar.- formule 20 € - menu 30-40 €.* Dans la grande rue commerçante, restaurant estimé pour ses menus saisonniers à prix muselés, en marge d'une petite carte. Cadre moderne intime. Chef de formation pâtissière.

## 🛈 Offices de tourisme

**Amiens**
*23 pl. Notre-Dame - ☏ 03 22 71 60 50 - www.amiens-tourisme. com*

**Dinant**
*Av. Colonel-Cadoux 8 - ☏ 082 22 28 70 - www.dinant-tourisme.com*

**Maison du Tourisme des Vallées des Eaux Vives (Couvin)**
*R. de la Falaise 3, 5660 Couvin - ☏ 060 34 01 44 - www.valleesdeseauxvives.be.*

Pour téléphoner en Belgique : 00 32 + le numéro du correspondant sans le 0 initial

Pour plus d'informations :
Carte Michelin National N° 716
Le Guide Vert Belgique Luxembourg

# De la Belgique du sud à Bruxelles

➲ *Départ : Liège*
➲ *8 jours - 470 km*

## Jour 1

**Liège**, ville chaleureuse et accueillante, au riche passé historique, possède de magnifiques églises et musées. Vous admirerez les fonts baptismaux de l'église St-Barthélemy, le trésor de la cathédrale St-Paul, les voûtes de l'église St-Jacques. À **Blégny-Trembleur**, visitez l'ancien charbonnage avant de filer vers le village de **Theux**. Ensuite, gagnez **Spa**, la seule ville thermale que compte la Belgique.

*La Grand Place de Bruxelles.*

J. Fuste Raga / age fotostock

## Jour 2

Pour prendre un bol d'air, rendez-vous au parc naturel des Hautes Fagnes avant de prendre la direction de **Malmedy** qui formait jadis avec Stavelot une principauté ecclésiastique. Taillé sur mesure pour les amoureux de la nature, le trajet suit la vallée de l'Amblève, puis celle de l'Ourthe pour atteindre **La Roche-en-Ardenne**, haut lieu du tourisme estival. Vous partez ensuite à la découverte du monde mystérieux de la grotte de Han et de la ville de **St-Hubert**, capitale de la chasse. La route descend vers l'Euro Space Center, consacré à la navigation spatiale, puis vers **Florenville**. On arrive à Orval, connue pour ses ruines et sa célèbre bière d'abbaye, puis à **Bouillon**, dominé par son château médiéval.

## Jour 3

Gagnez ensuite la petite localité de **Vresse-sur-Semois**, jadis important centre de la culture du tabac. L'itinéraire remonte vers **Dinant** (voir à la fin du circuit 39) où vous visiterez la citadelle. La route longe la Meuse pour atteindre **Namur,** capitale politique de la Wallonie. Faites halte dans cette paisible cité pour visiter la citadelle et l'un des musées de la ville, comme celui consacré à Félicien Rops.

## Jour 4

On arrive au cœur du pays des « gueules noires » : **Charleroi**, **Marcinelle** et son ancien charbonnage du Bois du Cazier, **Binche**, la cité du carnaval. La route se dirige vers **La Louvière**, capitale de la région du Centre, et le domaine de Mariemont ; rejoignez ensuite **Soignies**, capitale de la pierre bleue. Faites un petit crochet par **Écaussinnes-Lalaing** et son impressionnant château fort, puis par le château de Seneffe qui présente une belle collection d'argenterie.

Regagnez **Tournai** en passant par **Mons**, chef-lieu du Hainaut, dominé par son beffroi d'où vous aurez de superbes vues sur la ville et les environs.

## Jour 5

Passez la journée à Tournai, fleuron du patrimoine belge où vous ne manquerez pas de visiter la cathédrale Notre-Dame, le beffroi et le musée des Beaux-Arts, sans oubliez de flâner dans les petites rues du centre historique. Rejoignez **Bruxelles** (Brussel) par la route qui passe par **Ath**, cité des Géants.

## Jours 6 et 7

Située au cœur de la Belgique, **Bruxelles** est une ville pleine de contrastes et de paradoxes. Cité flamande à l'origine, elle s'est presque entièrement francisée au cours des siècles passés. En dépit des vagues

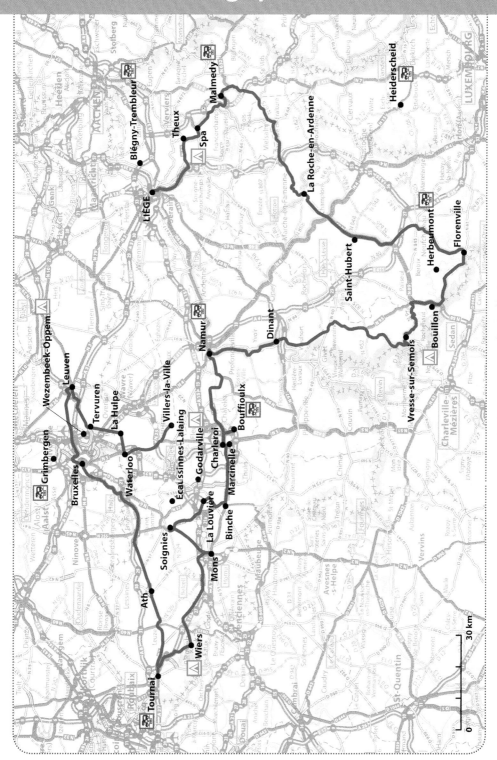

de démolitions successives, dont elle fut victime, la ville a su conserver son caractère chaleureux et convivial. Capitale de l'Art nouveau par excellence, la cité est riche en monuments et musées. Mais Bruxelles la cosmopolite ne se limite pas au « pentagone ». Les 19 communes dont se compose la région de Bruxelles-Capitale incitent à la découverte : Laeken et son domaine royal, les quartiers animés d'Ixelles, St-Gilles à l'ambiance décontractée, Koekelberg et son imposante basilique, les quartiers chic du sud, etc. Au moins deux journées entières sont nécessaires pour appréhender les principales curiosités de la capitale. Consacrez-les à la découverte de la Grand-Place, des galeries St-Hubert, des serres de Laeken, de la cathédrale des St-Michel-et-Gudule, du musée d'Art ancien, du musée des Instruments de Musique et de l'Atomium, sans oubliez de déambuler dans les petites rues proches de la Grand-Place (comme la rue des Bouchers, la rue de l'Écuyer…). Vous tomberez forcément sur le Manneken Pis.

## Jour 8

Après avoir visité le Jardin botanique de **Meise**, vous vous dirigerez sur **Leuven**. Faites étape au musée royal de l'Afrique centrale à **Tervuren** et arrêtez-vous à la Fondation Folon à **La Hulpe**. Qui ne connaît pas **Waterloo** avec sa butte du Lion, son champ de bataille et son musée Wellington ? La fin de l'itinéraire est consacrée à la découverte des ruines de l'abbaye de **Villers-la-Ville**, de la collégiale Ste-Gertrude à Nivelles, de la basilique de Hal, fleuron du gothique brabançon, et, pour terminer, des châteaux de Beersel et de Gaasbeek.

## Aires de service et de stationnement

### Blégny-Trembleur

**Blégny-Mine**
R. Lambert Marlet 23 - ✆ 043 87 43 33
De déb. mars à fin nov.
Borne ⚒ ⚡ 🚽 ⚓ : 2 €
3 🅿 - 24h - Gratuit
Paiement : jetons (en vente à l'accueil, à la brasserie « Le Bar à Mine » et au restaurant « Le Chalet »)
Services : 🚾 🍴 📶
GPS : E 5.72254 N 50.68652

### Bouffioulx

**Maison de la Poterie**
R. Ernest Solvay - ✆ 071 38 19 27
Permanent
Borne eurorelais ⚒ ⚡ 🚽 ⚓ : Payant (eau et électricité)
2 🅿 - illimité - Gratuit
Paiement : jetons (en vente à la Maison de la poterie, au syndicat d'initiative, à la poterie Dubois, à la pizzeria d'Italie)
Services : 🍴
GPS : E 4.50542 N 50.39072

### Grimbergen

**Camping Grimbergen**
Veldkantstraat 64 - ✆ 0479 76 03 78
De fin mars à fin oct.
Borne ⚒ ⚡ 🚽 ⚓ : Payant (électricité 4 €)
80 🅿 - illimité - 21 €/j. - supplément de 10 € pour une arrivée à partir de 14h
Services : 🍴 📷 📶
🚌 Bus directs pour Bruxelles.
GPS : E 4.38114 N 50.93508

### Heiderscheid (Luxembourg)

**Aire du camping Fuussekaul**
Fuussekaul 4 - ✆ 026 88 881
Permanent
Borne artisanale ⚒ ⚡ 🚽 ⚓
35 🅿 - illimité - 32 €/j.
Services : 🚾 🛒 🍴 📷 📶
GPS : E 5.99339 N 49.87777

### Herbeumont

**Aire de stationnement pour camping-cars**
Av. René-Demarteau - ✆ 061 41 24 12
Permanent

Borne artisanale 🚽 ⚓ : Payant (eau et électricité sur demande)
25 🅿 - 72h - Gratuit - Services : 🛒 🍴 📶
GPS : E 5.23712 N 49.77719

### Malmedy

**Aire de Malmedy**
Av. de la Gare - ✆ 080 39 82 32
Permanent
Borne artisanale ⚒ ⚡ 🚽 ⚓ : Payant
50 🅿 - 24h - 5 €/j. - Services : 🍴
GPS : E 6.03183 N 50.42285

### Namur

**Aire de Namur**
Bd de la Meuse - 🅿
♿ S'adresser à la capitainerie du port de plaisance, face au Casino.
GPS : E 4.86499 N 50.45583

### Tournai

**Aire de Tournai**
Bd des Frères-Rimbaut - ✆ 069 22 20 45
Permanent - Pas de services l'hiver.
Borne artisanale ⚒ 🚽 ⚓ : Gratuit
20 🅿 - 48h - Gratuit - Services : 📶
GPS : E 3.37533 N 50.60233

## 🛈 Office de tourisme

**Brussel/Bruxelles**
*Hôtel de Ville - ✆ 02 513 89 40 - 9h-17h45 ; r. Royale 2 - ✆ 02 513 89 40 - ♿ - 9h-17h45, w.-end 10h-17h45 ; fermé 1er janv. et 25 déc. - visitbrussels.be.*

**Pour téléphoner en Belgique :**
00 32 puis le numéro du correspondant sans le 0 initial

**Pour téléphoner au Luxembourg :**
00 352 puis le numéro du correspondant

**Pour plus d'informations :**
Carte Michelin National N° 716
Le Guide Vert Belgique Luxembourg

## ⛺ Campings

# Les bonnes adresses de Bib

### Bouillon

#### 🏕 Moulin de la Falize
Vieille route de France 62 -
📞 0497 19 78 84
De mi-mars à mi-nov. - 6 ha (194 empl.)
Tarif : 23 € 👫👫 🚐 ▣ - 🚐
Loisirs : 🛶 🎣 ✂ 🏊, bowling,
aire de sports - Services : 🍽 ✕ 🏠
🔑 🚿 🗑 📶 🖰 🚽
GPS : E 5.0613 N 49.78336

### Godarville

#### 🏕 Centre de Délassement de Claire-Fontaine
R. de Clémenceau 11 - 📞 064 44 36 75
De déb. mai à fin sept. - 5 ha (270 empl.)
Tarif : 18,50 € 👫👫 🚗 ▣ - 🚐
Loisirs : 🎣 ✂ 🏊 (plan d'eau) 🛶,
aire de sports - Services : 🍽 ✕ 🚿 🖰
GPS : E 4.28872 N 50.48846

### Spa

#### 🏕 Parc des Sources
R. de la Sauvenière 141 -
📞 087 77 23 11 - De déb. avr. à
déb. nov. - 2,5 ha (140 empl.)
Tarif : 27 € 👫👫 🚐 ▣ - 🚐 borne
Loisirs : 🎣 🚴 🏊 🛶
Services : ✕ 🏠 🚿 📶 🖰 🚽 🚮
GPS : E 5.88391 N 50.48544

### Wezembeek-Oppem

#### 🏕 Camping Caravaning Club Brussels
Warandeberg 52 - 📞 027 82 10 09
De déb. avr. à fin sept. - 2 ha (50 empl.)
Tarif : 16 € 👫👫 🚐 ▣
🚐 borne
Loisirs : 🎣, aire de sports, barbecue
Services : ✕ 🏠 ♿ 🔑 🚿 📶 🚽
🚇 Métro pour Bruxelles.
GPS : E 4.48248 N 50.8567

### Wiers

#### 🏕 Château du Biez
R. du Prince d'Espinoy 11 - 📞 069 77
21 26 - Permanent - 5 ha (121 empl.)
Tarif : 14 € 👫👫 🚗 ▣ - 🚐 borne
Loisirs : ☀ diurne 🎣 🛶, aire de sports
Services : 🍽 ✕ 🏠 ♿ 🔑 🚿 🚽
GPS : E 3.51662 N 50.49825

### Brussel/Bruxelles

#### ✕ Comme Chez Soi
*Pl. Rouppe 23 - 📞 02 512 29 21 -
www.commechezsoi.be - fermé dim.,
lun.-merc. à midi - lunch 55 € - menus
94/199 €.* Cette institution bruxelloise,
née en 1926, sert une cuisine classique
dans un décor à la Horta. Réservation
impérative.

#### ✕ Aux Armes de Bruxelles
*R. des Bouchers 13 - 📞 02 511
55 50 - www.auxarmesdebruxelles.
com - 12h-22h45 - fermé juil.* Cette
table familiale honore les traditions
culinaires du Plat Pays. Les meilleures
croquettes de la capitale se dégustent
dans une inimitable atmosphère
bruxelloise qu'appréciait Jacques Brel.

#### Chocolatier Pierre Marcolini
*R. des Minimes 1 (Pl. du Grand-Sablon) -
📞 02 514 12 06 - www.marcolini.
be - 10h-19h (vend.-sam. 20h).* Cet
artisan est l'un des derniers à torréfier
les fèves de cacao et à fabriquer lui-
même son chocolat. Il se démarque
par la combinaison originale des
saveurs. Tenant du commerce
équitable, il réalise également de
formidables biscuits et pâtisseries.

### Bouillon

#### ✕ Des Ardennes
*R. Hate 1, Corbion, à 8 km à l'ouest de
Bouillon - 📞 061 25 01 00 -
www.hoteldesardennes.be - fermé
janv.- mi mars et après 20h30 -
formule 25 € - menu 35-60 €.* Les
années passent et l'attrait de cet
établissement ne faiblit pas…Vous le
constaterez aisément en savourant sa
cuisine de tradition, qui séduit encore
davantage associée à un flacon bien
choisi – en matière de vins, la maison
est experte.

### Charleroi

#### ✕ Piccolo Mondo
*Grand'Rue 87 - 📞 071 42 00 17 -fermé
lun. soir, mar. soir, mer. soir, sam. midi
et dim. - formule 21 € - menu 30-45 €.*
Trattoria sympa repérable à son…
scooter Vespa exposé en vitrine !
*Cucina italiana autentica*, pasta
façonnée rituellement à la minute,
suggestions du jour, terrasse arrière.

### Dinant

*(voir aussi les adresses du circuit 39)*

#### Maison Jacobs
*Rue Grande 147 - 📞 082 22 21 39 -
mars-déc. - visite de l'atelier à partir
de 8 pers.* Ce boulanger est l'un des
fabricants de la « couque de Dinant »,
réputée pour son goût particulier,
mais aussi les figures qui la décorent.

### Liège

#### ✕ Amon Nanesse
*R. du Stalon 1 - 📞 042 50 67 83 -
www.maisondupeket.be - menu
déj.16-30 €.* Les murs en briques et
le grand foyer ouvert sont garants
d'une ambiance authentique intime
et agréable. Les plats typiques de
la région figurent à la carte. Prix
attrayants et service chaleureux.

### Malmedy

#### ✕ À la Truite Argentée
*Bellevue 3 (par l'av. Monbijou) -
📞 080 78 61 73 - www.
alatruiteargentee.be - fermé mer.,
jeu. et après 20h30 - menu 35 €.* Cette
auberge tenue par un couple est LA
bonne adresse malmedienne pour se
régaler de truites. Des viviers du jardin,
elles n'ont qu'un saut à faire pour se
coucher dans la poêle ! Généreux
menu traditionnel.

### Mons

#### ✕ La Petite Provence
*Grand-Place 76 - 📞 065 33 70 57 -
www.petiteprovence.be - menu
30/35 €.* Depuis des années une
valeur sûre sur la Grand-Place de
Mons. Grillades, fondues et plats
typiquement belges. Une bonne
adresse pour un déjeuner ou un dîner
dans une ambiance décontractée.

### Namur

#### ✕ Parfums de cuisine
*R. Bailly 10 - 📞 081 22 70 10 -
www.parfumsdecuisine.be - fermé
dim. et lun. - formule 24 € - menus
35-45 €.* Ici, on se délecte d'une cuisine
classique de bistrot élaborée par un
chef très expérimenté.

# La Belgique du nord et sa côte

⟳ *Départ : Anvers*
⟳ *7 jours - 405 km*

*Le port de plaisance d'Anvers.*

MarioGuti//iStock

## Jours 1 et 2

Cet itinéraire débute à **Anvers**, (Antwerpen) « métropole de la Flandre », ville dynamique et attachante. Berceau des jeunes créateurs belges, ville portuaire de premier ordre, plaque tournante du commerce du diamant, Anvers a su conserver le charme typique des cités flamandes. C'est un véritable plaisir de flâner dans les ruelles et sur les vastes places de la vieille ville. Les nombreux monuments historiques, les théâtres, les boutiques à la mode, les restaurants dernier cri et les galeries d'art lui confèrent un charme incomparable. Après la découverte du vieux centre, de la cathédrale Notre-Dame, de la Grand-Place, des musées (Plantin-Moretus/Cabinet des estampes, royal des Beaux-Arts), dirigez-vous vers **Brasschaat**, aux villas cossues, et la réserve naturelle de **Kalmthout**. Remontez le temps au béguinage de **Hoogstraten** superbement restauré, puis longez la frontière belgo-hollandaise en passant par **Baarle-Nassau**, petite enclave belge aux Pays-Bas. Il est alors temps de faire une halte à **Turnhout,** capitale de la carte à jouer. Pour la suite, deux petites villes agréables au cœur de la Campine anversoise : **Geel** et **Herentals**, puis **Lier**, charmante petite ville connue pour ses délicieuses tartelettes.

## Jour 3

Dirigez-vous vers **St-Niklaas**, au centre du pays de Waas en passant par **Tamise** (Temse), qui possède le plus long pont métallique de Belgique, et **Bornem**, couronné par son imposant château. Poursuivez ensuite vers **Gand** (Gent). La visite de la vieille ville ne saura vous laisser indifférent. Citadelle spirituelle de la Flandre, ville universitaire, second port belge, Gand dégage une impression de grande vitalité. La cité natale de Charles Quint, chargée d'histoire et de monuments, offre aussi, entre la cathédrale et le château des Comtes, la poésie discrète de ses vieux quartiers et de ses quais. Les illuminations rendent la promenade nocturne extraordinaire.

## Jour 4

Avant de prendre la direction de **Kortrijk** (Courtrai) passez par **Oudenaarde**, renommé pour ses *Verdures* (tapisseries). La Lys parcourt un paysage verdoyant et idyllique, parsemé de petits villages charmants : **Machelen** et son musée Raveel, **Deinze, Ooidonk** avec son château de style hispano-flamand, **Deurle** et **St-Martens-Latem** qui ont inspiré de nombreux artistes.

## Jours 5 et 6

De Kortrijk gagnez **Bruges** (Brugge). Son vieux centre a vraiment tout pour vous séduire : monuments historiques (dont son béguinage), musées renommés et canaux romantiques. L'hiver, ou au clair de lune, Bruges paraît véritablement sortie du Moyen Âge, avec ses vieilles demeures aux briques patinées par les siècles, ses nobles édifices, ses églises au clair carillon et ses canaux où évoluent les cygnes. Son centre historique est d'ailleurs inscrit depuis l'an 2000 au Patrimoine mondial de l'Unesco. L'été, ou même le week-end, la ville se métamorphose. Celle qu'on appelle la Venise du Nord est alors bourdonnante d'activité et

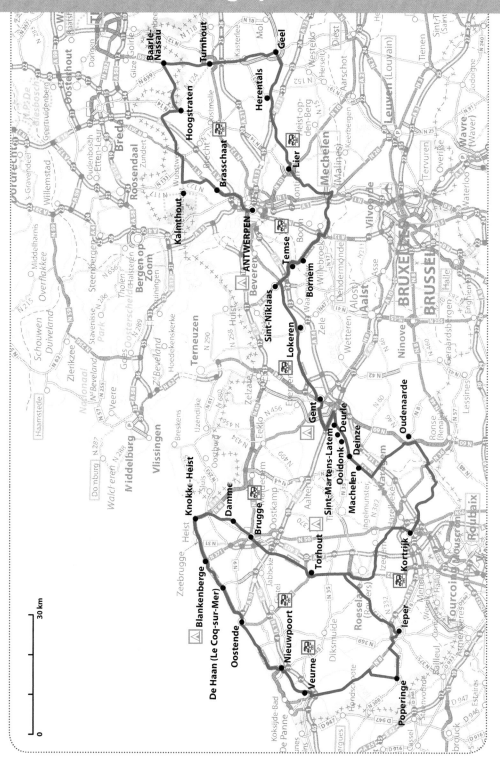

d'animation. Deux traditions importantes font également sa réputation : d'une part le véritable artisanat d'art qu'est la dentelle au fuseau, et d'autre part les festivités célébrés le jour de l'Ascension avec la procession du Saint-Sang. À faire avant de repartir : la promenade en bateau sur les canaux.

## Jour 7

Ne ratez pas la petite ville de **Damme**, cité d'Uylenspiegel, avant d'aborder le littoral. Les inconditionnels de la plage auront l'embarras du choix entre **Knokke-Heist**, **Blankenberge**, **Le Coq**, ou encore **Ostende** (Oostende), à la fois station balnéaire très fréquentée et une ville dotée d'un riche passé royal. Les souverains belges, notamment Léopold II, aimaient y séjourner. La station balnéaire s'étend entre le Casino-Kursaal, inauguré en 1953, et le Thermae Palace Hôtel, le long du promenoir qui borde la plage. Tout près se situent les Galeries royales et vénitiennes, où il fait bon flâner. À proximité du chenal du port et de l'avant-port, l'ancien quartier des pêcheurs forme un quadrillage de rues plus étroites, limité au sud par les bassins du port de plaisance. Les célèbres huîtres sont élevées à Ostende dans un bassin de 80 ha, le Spuikom, au sud-est de la ville. La suite de l'itinéraire vous amène à découvrir la région du Westhoek avec **Veurne** et sa superbe Grand-Place, et **Poperinge**, cité du houblon. Faites une halte à **Ieper**, fortement touché par la Grande Guerre, et **Torhout**, dominé par son église St-Pierre.

## 🚐 Aires de service et de stationnement

### Brasschaat

**Aire de Brasschaat**
R. Elshoutbaan - parking aan het Sportcentrum - ☎ 03 289 28 90
Permanent
Borne 🚰 💧 ♨ 🧹 : 1 €
15 🅿 - 72h - Gratuit
GPS : E 4.502 N 51.29167

### Brugge/Bruges

**Kampeerautoterrein**
Bargeweg - ☎ 050 33 90 30
Permanent
Borne artisanale 🚰 💧 ♨ 🧹 : Payant
37 🅿 - illimité - 25 €/j. - 50 € si le ticket est perdu
Paiement : GB
Services : ✕
GPS : E 3.22857 N 51.19898

### Kortrijk/Courtrai

**Aire de Courtrai**
Parking Broeltorens
Permanent
Borne 🚰 💧 ♨ 🧹 : Payant
8 🅿 - illimité - 10 €/j. - services compris
GPS : E 3.26733 N 50.82583

### Lier

**CultuurCentrum De Mol**
Aarschotsesteenweg 3 - ☎ 038 00 05 55
Permanent
Borne artisanale 🚰 💧 ♨ 🧹 : Gratuit
10 🅿 - illimité - Gratuit
Services : 🚻
GPS : E 4.5715 N 51.1215

### Lokeren

**Verlorenbos**
Veerstraat - ☎ 093 40 94 74
Permanent
2 🅿 - illimité - Gratuit
GPS : E 3.99528 N 51.10992

### Nieuwpoort/Nieuport

**Kampeerautoterrein De Zwerver**
Brugsesteenweg 29 - ☎ 0474 66 95 26
Permanent
Borne 🚰 💧 ♨ 🧹 : 2 €
28 🅿 - illimité - 16,50 €/j.
Services : 🚻 🛒 ✕ 🏧 📶
GPS : E 2.76475 N 51.12992

### Temse/Tamise

**Alpha Motorhomes**
Kapelanielaan 13A - ☎ 037 71 18 35
Permanent
Borne eurorelais 🚰 💧 ♨ 🧹
🅿
Services : ✕
⚠ Stationnement de nuit interdit. Services ouverts mardi-samedi 9h-18h (17h samedi).
GPS : E 4.17977 N 51.137

### Veurne

**Camperplaats**
Lindendreef, face au Kaaiplaatsparking - ☎ 058 33 55 00
Permanent
Borne 🚰 🧹
5 🅿 - Gratuit
Services : 🚻
⚠ Longueur maximum 6,50 m.
GPS : E 2.66532 N 51.07105

---

**🛈 Office de tourisme**

**Antwerpen/Anvers**
*Grote Markt 13 - ☎ 032 32 01 03 - visit.antwerpen.be - 9h-17h45, dim. 9h-16h30.*

**Pour téléphoner en Belgique :**
00 32 puis le numéro du correspondant sans le 0 initial

**Pour plus d'informations :**
Carte Michelin National N° 716
Le Guide Vert Belgique Luxembourg

## ⛺ Campings

### Antwerpen/Anvers

#### 🏕 Camping De Molen
Thonetlaan - Jachthavenweg 6 -
📞 032 19 81 79
Permanent - 1,2 ha (80 empl.)
Tarif : 23 € 🚹🚹 🚐 ▣
🚰 borne
Loisirs : 🛝 🎿 ♒ ⛱ 〰 (plan
d'eau), aire de sports, randonnées,
barbecue - Services : 🍷 🍴 ♨ 🛁
GPS : E 4.39257 N 51.23353

### Blankenberge

#### ⛺ Kampeerverblijfpark Bonanza 2
Polderlaan 74 - 📞 050 42 98 59
Permanent - 5 ha (32 empl.)
Tarif : 40 € 🚹🚹 🚐 ▣
🚰
Loisirs : 🛝
Services : 🍷 🍴 ♨ 🖥 🛒
GPS : E 3.1521 N 51.3135

### Gent/Gand

#### 🏕 Camping Blaarmeersen
Zuiderlaan 12 - 📞 09 26 68 160
De déb. mars à déb. nov. -
10 ha (187 empl.)
Tarif : 27,10 € 🚹🚹 🚐 ▣
🚰 borne
Loisirs . 🛝 ♒ 🎿 ♒ 〰 (plan d'eau)
🐠 🤿, aire de sports, beachvolley,
barbecue, plongée sous-marine
Services : 🍷🍴 ⚓ 🚰 ♨ 📶 🖥 🛁 🛒
♿ Emplacements spécifiques pour
camping-cars. Bus pour le centre-ville.
GPS : E 3.68047 N 51.04635

### Turnhout

#### ⛺ Camping Baalse Hei
Roodhuisstraat 10 - 📞 014 44 84 70
De mi-janv. à mi-déc.
Tarif : 25 € 🚹🚹 🚐 ▣ - ⚡ (6A) 1,20 €
🚰 borne
Loisirs : 🤸 🎿 〰
Services : 🍴 ✍ ♨ 📶 🖥 🛒
GPS : E 4.95517 N 51.35466

## Les bonnes adresses de Bib

### Antwerpen/Anvers

#### ✕ Brasserie Appelmans
*Papenstraatje 1 - 📞 032 26 20 22 -
www.brasserieappelmans.be -
11h30-23h - menus 15/30 €.* Brasserie
contemporaine pleine d'ambiance
à deux pas de la cathédrale.
Cuisine belge mais plus largement
internationale.

#### Café Den Engel
*Grote Markt 13 - 📞 032 33 12 52 -
www.cafedenengel.be - tlj à partir de
10h.* Sans doute le café le plus connu
d'Anvers, et l'un des plus authentiques,
où se retrouvent Anversois pure
souche et touristes dans un intérieur
orné de lambris de bois et de miroirs.
Si, par hasard, il n'y a plus de place,
entrez chez son voisin, le *Den Bengel*.

### Blankenberge

#### ✕ Oesterput
*Wenduinse Steenweg 16 -
📞 050/41 10 35 - www.oesterput.com -
tlj sf mar. 12h-14h15, 17h45-21h30 -
35/60 €.* Adresse dédiée aux saveurs
littorales : bassins à huîtres, viviers à
homards, longues rangées de tables
recouvertes de nappes en papier, le
tout, dans un hangar proche du port
de plaisance. Les plateaux de fruits de
mer tiennent la vedette.

### Brugge/Bruges

#### ✕ Den Gouden Harynck
*Groeningue 25 - 📞 050 33 76 37 -
www.dengoudenharynck.be - fermé
mi-juil.-déb. août, sam. midi, dim. et
lun. - lunch 45 €, menus 65 € sf w.-end,
80/95 € €.* Le vétéran de la gastronomie
flamande régale toujours avec ses
recettes sans cesse renouvelées,
teintées de nuances orientales.

#### ✕ Frituur & Veggie Eetboetiek Royal
*Langestraat 181 - 📞 050 68 41 84 -
www.frituur-royal.be - fermé lun.-mar.
et dim. midi.* Quel nom compliqué
pour une friterie ! Mais ce lieu
sympathique et original pourrait bien
vous surprendre avec ses fritures dont
même les végétariens raffolent…

### Gent/Gand

#### ✕ Vintage
*Onderbergen 35 - 📞 092 23 51 31 -
www.vintagewine.be - 12h-14h,
18h30-21h30 (22h30 vend.-sam.), fermé
dim. - bar à vin et vente directe lun.-
sam. 11h30-15h30, 15h30-jusque tard -
menus 17/25 €.* On se rend dans ce bar
à vin, situé dans une rue peuplée de
boutiques et de cafés, non seulement
pour un verre, mais aussi pour un
lunch ou un dîner. Le plat principal
change tous les jours.

### Kortrijk/Courtrai

#### Café Rouge
*Sint-Maartenskerkhof 6A -
📞 056 25 86 03 - www.caferouge.be -
tlj sf lun. 11h-21h (vend. et sam. 22h) -
fermé 1 sem. en avril.* Établissement
recommandé pour sa terrasse
donnant sur une place tranquille
en partie ombragée et avec vue
sur l'église St-Martin. À la carte,
café et succulentes pâtisseries,
mais aussi bières régionales, glaces
maison, choix de thés et petite
restauration.

### Oostende/Ostende

#### Étals à poisson du Vistrap
*Visserskaai.* Ils furent longtemps
l'attraction gastronomique
d'Ostende. Aujourd'hui, la dizaine
d'échoppes installées le long du
quai, qui proposaient crevettes,
langoustines et toutes sortes de
préparations à base de poisson, ne
vendent plus que surimi et fruits
de mer provenant de partout…
sauf d'Ostende. Le lieu demeure
néanmoins intéressant pour pique-
niquer de poisson fumé ou frit, et
d'escargots de mer. Sur le Vistrap tout
proche, la pêche du jour est mise en
vente chaque matin.

# Le chemin des fleuves et du delta

➲ *Départ : Breda*
➲ *6 jours - 420 km*

## Jour 1

**Breda** était jadis l'une des principales places fortes du pays. Aujourd'hui, c'est une cité dynamique et accueillante aux larges zones piétonnes. Ses environs sont dotés de grands espaces verts comme le Liesbos, à l'ouest, et le Mastbos, au sud. Après la visite de la ville (tombeau en albâtre d'Englebert II de Nassau dans l'église Notre-Dame), le circuit mène à l'ancien marquisat de **Bergen op Zoom**. Prenez le temps de découvrir la Zélande, parsemée de petites villes pittoresques et de villages charmants : l'ancien port de **Goes**, **Middelbourg** et son hôtel de ville, les stations balnéaires de **West-kapelle** et de **Domburg**, **Veere** et ses maisons écossaises.

## Jour 2

Par le barrage de l'Escaut oriental, on gagne **Zierikzee** située sur l'île de Schouwen-Duiveland. Par **Brouwers-dam** et **Haringvlietdam**, on arrive les pieds dans l'eau à **Schiedam**, ville du genièvre.

## Jour 3

Port d'importance mondiale, **Rotter-dam** a tout pour séduire les amateurs d'architecture contemporaine. Ancré à 30 km de la mer du Nord, il bénéficie d'une situation privilégiée au débouché des régions industrielles drainées par le Rhin, la Meuse et leurs affluents. Après les bombardements de la Seconde Guerre mondiale, la

*Maastricht sur les rives de la Meuse.*

K. Burke / Corbis / Photononstop

ville s'est reconstruite ; dynamique et moderne, elle n'en finit pas de renaître, devenant un véritable laboratoire d'architecture. Le trafic fluvial vers l'Europoort, second port du monde après Shanghai, et ses activités commerciales ouvertes sur l'étranger confèrent à la cité son atmosphère particulière.

## Jour 4

Visitez ensuite les dix-neuf moulins de **Kinderdijk** avant de gagner **Dordrecht**, dominée par la tour inachevée de sa Grande Église. Si vous souhaitez prendre un bol d'air, rendez-vous alors au parc national De Biesbosch et laissez-vous emporter par la magie au sein du parc d'attractions De Efteling avant de gagner **Tilburg**. Vous pourrez enchaîner par **Bois-le-Duc** ('s-Hertogenbosch), située sur le Binnendieze, et Eindhoven, réputée pour son musée Van Abbe consacré

à l'art moderne. Sur le chemin qui conduit à Maastricht, vous admirerez le château **Heeze** et le village blanc de **Thorn** aux confins de la Belgique.

## Jour 5

Faites une halte à **Maastricht**, ville au caractère méridional. Au pied de sa « montagne » St-Pierre, la capitale du Limbourg est une cité pittoresque et joyeuse, érigée sur les bords de la Meuse. Les maisons mosanes en pierre, les vestiges de la muraille médiévale et les rues piétonnes où s'alignent les commerces forment un tableau attrayant, entre les vastes places prises d'assaut par les terrasses des cafés. À la confluence de trois pays, Maastricht, symbole de l'Europe politique, cultive son identité plurielle. Le dialecte est toujours de rigueur dans la rue, les habitants portent presque tous un prénom français et d'Artagnan, l'ancien combattant ennemi, mort ici

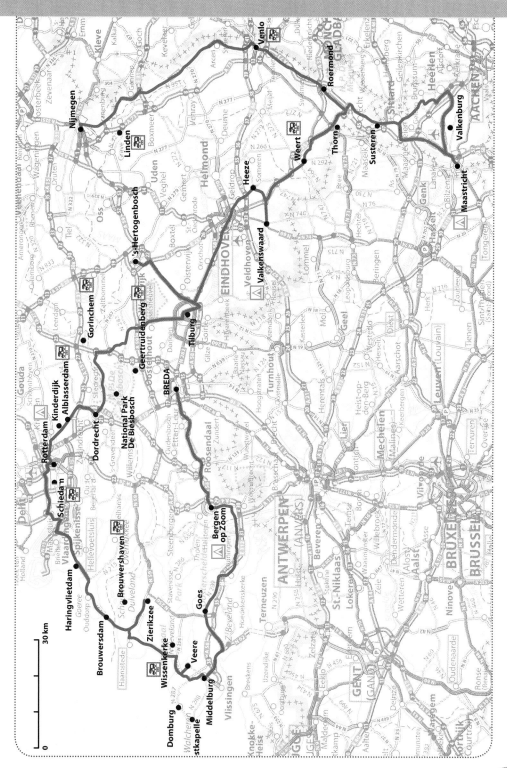

sur le champ de bataille, est célébré par une statue en bronze. Vous succomberez au charme de son carnaval débordant de gaieté et de son art de vivre où la bonne chaire et les mets régionaux se taillent la part du lion : vins blanc, fromages à pâte molle ou agneaux fondants des vallées voisines.

Jour 6

Vous vous dirigerez ensuite vers **Fauquemont** (Valkenburg), au centre d'une région verte et vallonnée. Après avoir visité l'abbaye de Rolduc et le château Hoensbroek, on atteint **Susteren**, dominée par l'église St-Amelbergakerk, et l'ancienne place forte de Sittard. On remonte au nord en passant par **Roermond** et **Venlo** afin de regagner **Nimègue** (Nijmegen) qui est, avec Maastricht, la ville la plus ancienne des Pays-Bas. Il fait bon flâner le long du Waalkade, point de départ des bateaux d'excursion, comme dans les rues animées du centre-ville. Sur le plan sportif, la ville est connue comme étant le point de départ d'une marche annuelle qui dure quatre jours et attire de nombreux participants.

## Aires de service et de stationnement

### Alblasserdam

**Camperpark Kinderdijk**
Marineweg 3a - 06 53 21 99 01
Permanent
Borne
44 P - illimité - 15 €/j.
Services :
GPS : E 4.65816 N 51.85971

### Brouwershaven

**Camping Den Osse**
Blankersweg 4 - 0111 69 15 13
De mi-mars à fin oct.
Borne
24 P - 21,85 €/j.
Services :
Aire extérieure au camping.
GPS : E 3.88711 N 51.73824

### Geertruidenberg

**Parking Geertruidenberg**
Statenlaan 15 - 0162 51 31 67
De déb. mai à fin oct.
Borne
11 P - 72h - 10 €/j.
Services :
GPS : E 4.86282 N 51.70377

### Gorinchem

**Parking Buiten de Waterpoort**
Buiten de Waterpoort 8 - 0183 63 15 25
Permanent
Borne
8 P - 72h - 11 €/j.
Services :
GPS : E 4.97 N 51.82661

### Linden

**Marina Brasker**
Hardweg 15 - 0485 31 19 51
Permanent
Borne
12 P - illimité - 11 €/j.
Services :
GPS : E 5.82714 N 51.75289

### Schiedam

**Parking Doeleplein**
Doeleplein - 0104 73 30 00
Permanent
2 P - 72h - 6,60 €/j.
Services :
GPS : E 4.39481 N 51.91969

### Venlo

**Camperplaats De Boswesels**
Weselseweg 43 - 0655 80 32 79
De fin mars à déb. nov.
Borne
16 P - illimité - 12 €/j.
GPS : E 6.1999 N 51.3927

### Weert

**Aire de Weert**
Suffolkweg Zuid 30 - 0495 53 10 79
Borne artisanale : 10 €
20 P
Services :
GPS : E 5.68883 N 51.2525

### Wissenkerke

**Roompot Beach Resort**
Mariapolderseweg 1 - 011 337 40 00
Permanent
Borne artisanale
16 P - illimité - 20 €/j.
Face à la piscine.
GPS : E 3.719 N 51.5897

## Office de tourisme

**Rotterdam**
*Coolsingel 195-197 (entrée Binnenwegplein) - 010 790 01 85 - fr.rotterdam.info - lun.-dim. 9h30-18h.*

**Pour téléphoner aux Pays-Bas :**
00 31 puis le numéro du correspondant sans le 0 initial

**Pour plus d'informations :**
Carte Michelin Regional N° 715
Le Guide Vert Pays-Bas

## ⛺ Campings

### Bergen op Zoom

#### ⛺ Uit en Thuis
Heimolen 56 - ✆ 0164 23 33 91
De fin mars à fin sept. - 8 ha (180 empl.)
Tarif : 19 € 👫 🚐 ▣
🚰 borne
Loisirs : ☼ diurne 🚣 🚲 ✕ 🔥, jeux
pour adultes, aire de sports
Services : 🍷 ✕ 🏠 ♿ 🔑 🚰 ⚒
📶 📷 🚿 🚲
GPS : E 4.32326 N 51.4688

### Maastricht

#### ⛺ Mooi Bemelen
Gasthuis 3 - ✆ 043 407 13 21
Permanent - 11 ha (395 empl.)
Tarif : 33,70 € 👫 🚐 ▣
🚰 borne
Loisirs : ☼ diurne 🚣 🚲 🏊,
piste de danse, aire de sports
Services : 🍷 ✕ 🏠 ♿ 🚰 ⚒ 📶
📷 🛒 🚿
GPS : E 5.7832 N 50.8442

### Rotterdam

#### ⛺ Stadscamping Rotterdam
Stadscamping Rotterdam -
✆ 010 415 34 40 - Permanent
Tarif : 23,50 € 👫 🚐 ▣ - [⚡] 3,75 €
🚰 borne -
Services : ✕ 🚿 📶 📷
GPS : E 4.43933 N 51.92567

### Valkenswaard

#### ⛺ Oostappen Vakantiepark Brugse Heide
Maastrichterweg 183 -
✆ 040 201 83 04
De mi-mars à fin oct. - 7 ha (95 empl.)
Tarif : 36,40 € 👫 🚐 ▣
🚰
Loisirs : ☼ 🏃 ⛷ 🚣 🚲 ✕ 🔥
🏊, jeux pour adultes, discothèque,
aire de sports
Services : 🍷 ✕ 🏠 ♿ 🚿 🚰 ⚒
📶 📷 🚿
GPS : E 5.46166 N 51.32896

## Les bonnes adresses de Bib

### Maastricht

#### ✕ Pieke Potloed
*Sporenstraat 5 - ✆ 043 321 59 68 - www.piekepotloed.nl - tjl sf lun. 11h-22h, dim. 12h-20h - 30 €.* Un classique de la gastronomie populaire locale rythmé par de vieilles chansons traditionnelles. Spécialités de plats cuits au chaudron : bœuf à l'étuvée, lapin mariné à la façon de Maastricht, etc.

### Middelburg/Middelbourg

#### ✕ Surabaya
*Stationsstraat 20-22 - ✆ 0118 63 59 14 - www.surabaya.nl - tlj sf lun. (et mar. hors sais.) 17h-21h - 15/20 €.* Honorable petit restaurant indonésien au décor *made in Singapour*, complété d'une épicerie orientale à l'arrière. Le patron est le fournisseur de la cour.

### Nijmegen/Nimègue

#### ✕ Claudius
*Bisschop Hamerstraat 12 - ✆ 024 322 14 56 - www.restaurantclaudius.nl - le soir seult - fermé lun. et mar. - 40/60 €.* Rôtisserie sympathique dont les grillades, saisies à la braise en salle dans la cheminée, régalent les vrais amateurs de viande depuis plus de trente ans. Une verdoyante terrasse d'été garnie de meubles en teck se cache à l'arrière. Référence à Claudius Civilis, l'instigateur de la révolte des Bataves contre les Romains.

### Roermond

#### ✕ One
*ECI 17 (Maasniel, au NO par Julianlaan) - ✆ 0475 60 02 62 - www.restaurantone.nl - juin-août : merc.-dim. le soir, vend. et dim. à midi ; reste de l'année : mar.-sam. le soir, vend. midi - 59-79 €.* Jeune adresse tenue par un couple de globe-trotters. Accueil charmant de la propriétaire canadienne, élégant décor aéré et moderne, menu d'un bon rapport-qualité prix.

### Rotterdam

#### Koekela
*Nieuwe Binnenweg 97a - ✆ 010 436 47 74 - www.koekela.nl - lun.-vend. 8h-18h, sam. 8h30-18h, dim. 9h30-17h30.* Si vous êtes pris de fringale dans le quartier, entrez dans cette petite pâtisserie pour goûter de délicieux gâteaux, boire un thé ou un café : les meilleurs scones, muffins, brownies ou *cheesecake* de la ville !

#### ✕ Mooii
*Oost Wijnstraat 8-16 - ✆ 010 411 22 95 - www.restaurantmooii.nl - lun.-sam. 12h-22h, dim. 16h-22h - 27/48 € (réserver).* Par beau temps, terrasse ouverte sur l'Oude Haven, sinon salles intérieures donnant sur la cuisine où l'on prépare des mets raffinés à l'image du cadre à la déco contemporaine.

#### Binnenrotte
*Derrière l'église St-Laurent - mar. et sam. 9h-17h.* L'un des plus grands marchés des Pays-Bas.

### Tilburg

#### ✕ De Eetkamer
*Tilburgseweg 34 - Goirle (à 5 km au sud du centre) - ✆ 013 534 49 00 - www.eetkamergoirle.nl - fermé sam. midi et dim. midi - 23/50 €.* Une adresse appréciée dans cette petite cité à proximité de Tilburg. Brasserie pour gourmets, atmosphère conviviale, agréable terrasse d'été ouverte sur le jardin, et son mobilier en teck.

### Valkenburg/Fauquemont

#### ✕ Gouden Leeuw
*Grotestraat Centrum 49 - ✆ 043 601 25 79 - www.restaurantgoudenleeuw.nl - lun.-sam. 17h-21h30, dim. et vac. scol. 12h-21h30 - menu 23,75 € - 30 €.* Muni d'une terrasse sur la Grand'Rue, le « Lion d'or » propose une cuisine roborative et savoureuse, avec large choix de grillades. Poutres apparentes et briques sombres composent le décor.

# Amsterdam et la Hollande du nord

> ➲ *Départ : Amsterdam*
> ➲ *8 jours - 485 km*

## Jours 1 et 2

L'itinéraire débute à **Amsterdam**, ville à la fois dynamique, tolérante et romantique. Son réseau de canaux en toile d'araignée, ses maisons de briques hautes et étroites aux frontons de formes variées, son port, son intense activité commerciale et culturelle et ses musées donnent à la capitale des Pays-Bas une personnalité marquée, au charme prenant. Pour faire sa connaissance, il est conseillé de partir à pied ou bien de louer une bicyclette. Le touriste flânant le long des pittoresques canaux ne se doute pas de la nature marécageuse du sous-sol d'Amsterdam, raison pour laquelle de nombreuses maisons ont été construites sur pilotis. La présence de maisons flottantes amarrées sur les quais s'explique par le manque parfois chronique de logements neufs dans le centre historique. De même, les anciens docks et les îles artificielles situés à l'est de la ville ont été transformés à partir des années 1990 en quartiers résidentiels, offrant un vaste terrain d'expérimentation aux architectes les plus audacieux. Dans le quartier des musées, admirez quelques grands peintres. Car le 17ᵉ s. fut celui des maîtres néerlandais, tels que Rembrandt van Rijn, Johannes Vermeer et Jan Steen. Les 19ᵉ et 20ᵉ s. ne sont pas moins remarquables avec les artistes d'envergure qu'étaient Vincent van Gogh et Piet Mondriaan.

*Ponts de pierre à l'angle des canaux Keizersgracht et Leidsegracht (Amsterdam).*

H. Hughes / hemis.fr

## Jour 3

L'étape suivante est **Haarlem**, la cité du célèbre portraitiste Frans Hals. À proximité, **Zandvoort** est une des stations balnéaires les plus courues des Pays-Bas. Après la visite du **Keukenhof**, la route traverse la magnifique région des champs de fleurs que l'on visitera de préférence au printemps.

## Jour 4

Le voyage se poursuit par **Leyde** (Leiden), cité universitaire très animée et riche en musées. Ensuite vous atteindrez **La Haye** (Den Haag), ville à multiple facettes. Siège du gouvernement des Pays-Bas, elle abrite des institutions internationales d'envergure. C'est aussi une ville élégante avec ses parcs, ses jolis canaux bordés de belles demeures. Puis on gagne **Delft**, renommée pour sa faïence, le « bleu de Delft ». Ses vieux canaux aux quais ombragés, ses monuments his-

toriques, ses intéressants musées en font l'une des cités qui ont conservé le plus de caractère. Faites un tour par **Gouda**, où vous admirerez les vitraux magnifiques de l'église St-Jean avant d'atteindre la ville accueillante d'**Utrecht**, où vous pouvez découvrir la maison Rietveld-Schröder, fleuron du patrimoine néerlandais.

## Jour 5

Le circuit mène à **Hilversum**, située dans la région verdoyante du Gooi. Puis vous pourrez visiter le château de **Muiden**, entouré de douves. À quelques kilomètres de la capitale, vous découvrirez **Marken** et **Volendam**, deux bourgs portuaires caractéristiques des Pays-Bas traditionnels. On s'attarde à **Edam**, réputée pour son marché aux fromages qui se déroule en été sur la place appelée Kaasmarkt. N'oubliez pas de faire une halte à **Hoorn**, ville charmante dotée

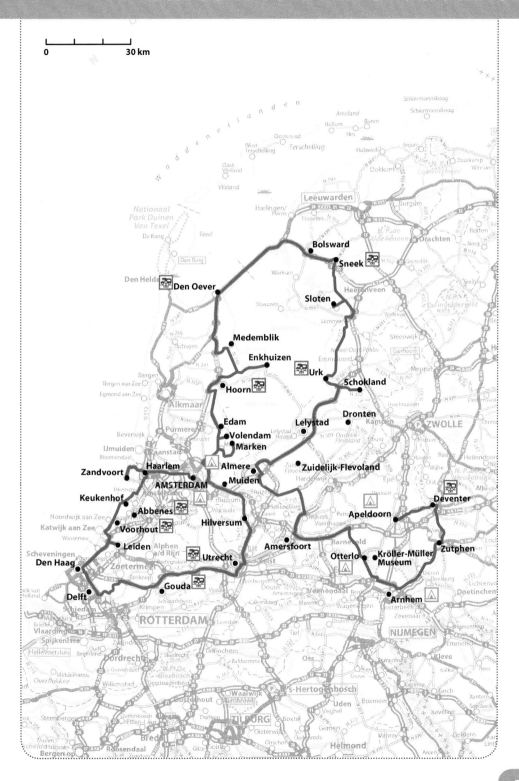

0    30 km

de beaux bâtiments historiques avant de gagner **Enkhuizen**, **Medemblik** et enfin **Den Oever**, toutes les trois situées sur l'IJsselmeer, .

### Jour 6

En franchissant la digue du Nord, on atteint la Frise et découvre **Bolsward**, **Sneek** et **Sloten**, villes frisonnes pleines de charme. Cap de nouveau au sud vers **Schokland**, site inscrit au Patrimoine mondial de l'Unesco. La route parcourt alors la province de **Flevoland** et rejoint les villes ultramodernes de **Dronten**, **Lelystad** et **Almere**.

### Jour 7

Rejoignez **Amersfoort** et visitez le centre-ville où vous pourrez admirer ses « maisons de rempart » La ville natale du peintre Mondrian, avec ses anciennes rues commerçantes, son vaste marché, ses grandes places finira agréablement ce parcours. En poursuivant votre périple, vous traverserez le superbe parc national de la Haute-Veluwe abritant le **musée Kröller-Müller** qui, à lui seul, mérite le voyage. Halte nocturne dans la ville d'**Arnhem**.

### Jour 8

Reprenez la route qui longe le parc national Veluwezoom pour arriver au **château de Middachten**. Par **Zutphen**, située au cœur de la région verdoyante de l'Achterhoek, on arrive à **Deventer**, connue pour son délicieux pain d'épice, le deventer koek. Le voyage continue jusqu'à la ville verte d'**Apeldoorn**. Tout près se situe le musée-palais Het Loo témoignant d'un riche passé royal.

## Aires de service et de stationnement

### Abbenes

**Het Groene Hart**
Kaagweg 50 - ☎ 06 53 67 64 29
De mi-mars à déb. nov.
Borne sanistation ⌂ ⚡ 🚰 🚿 :
Payant (électricité 2 €)
25 🅿 - 72h - 10 €/j.
Services : WC 🛒 🛜
🚲 Location de vélos.
GPS : E 4.61922 N 52.22601

### Den Oever

**Parking Den Oever**
Oostkade - ☎ 0227 51 13 03
Permanent
Borne ⌂ ⚡ 🚰
15 🅿 - 12,50 €/j.
Services : WC 🍴
GPS : E 5.03963 N 52.93415

### Deventer

**Jachthaven Deventer**
Rembrandtkade 193 -
☎ 0570 63 65 85 - Permanent
Borne ⌂ ⚡ 🚰 🚿 : Payant (eau 0,50 €)
4 🅿 - 10 €/j. - Services : WC 🍴 🛜
GPS : E 6.12986 N 52.26557

### Gouda

**Klein Amerika**
Fluwelensingel 27 -
☎ 0182 58 84 44 - Permanent
Borne ⌂ ⚡ 🚰 🚿
30 🅿 - 72h - 8 €/j. - Services : WC 🍴 🛜
GPS : E 4.71559 N 52.01226

### Hoorn

**Jachthaven De Grashaven**
Visserseiland 221 - ☎ 0229 21 52 08
De mi-avr. à déb. oct.
Borne ⌂ ⚡ 🚰 🚿
27 🅿 - illimité - 14,60 €/j.
Services : WC 🍴 🛜
GPS : E 5.05716 N 52.6351

### Sneek

**Jachthaven en Camping de Domp**
Domp 4 - ☎ 0515 75 56 40
De déb. avr. à déb. nov.

Borne ⌂ ⚡ 🚰 🚿
14 🅿 - illimité - 21,70 €/j.
Services : WC 🍴 🛜
GPS : E 5.67757 N 53.03582

### Urk

**Haven Urk**
Burg J. Schipperkade, sur le port -
☎ 0527 68 98 68 - Permanent
Borne ⌂ ⚡ 🚰 🚿
20 🅿 - illimité - 15 €/j.
Services : WC 🍴 🛜
🚲 S'adresser à la capitainerie.
GPS : E 5.59882 N 52.65895

### Utrecht

**Klein Armelisweerd**
Koningsweg 358 - ☎ 06 14 15 31 57
Permanent
Borne ⌂ ⚡ 🚰 🚿
3 🅿 - 72h - Services : WC 🛜
GPS : E 5.148795 N 52.072771

### Voorhout

**Familie Van Schie**
Drechsberg 5 - ☎ 0252 22 00 49
Permanent
Borne ⌂ ⚡ 🚰 🚿
3 🅿 - 24h - 9 €/j. - Services : 🍴
GPS : E 4.50886 N 52.23845

### 🛈 Office de tourisme

**Amsterdam**
*Stationsplein 10 (face à la gare centrale) - ☎ 020 702 6000 - www.iamsterdam.com.*

**Pour téléphoner aux Pays-Bas :**
00 31 puis le numéro du correspondant sans le 0 initial

**Pour plus d'informations :**
Carte Michelin Regional N° 715
Le Guide Vert Pays-Bas

## ⛺ Campings

### Almere

#### ⛺ Camping Waterhout
Archerpad 6 - ☎ 0365 47 06 32
De fin mars à mi-oct. - Tarif : 25 € 🚻🚻
🚐 🗏 - 🚰 borne
Loisirs : ... - Services : 🍷 🍴 ⚓ 🛜 🖥 🛒 ...
GPS : E 5.2215 N 52.354

### Amsterdam

#### ⛺ Gaasper Camping Amsterdam
Loosdrechtdreef 7 - ☎ 020 696 73 26
De mi-mars à déb. nov. -
5,5 ha (350 empl.)
Tarif : 23,50 € 🚻🚻 🚐 🗏
🚰 borne
Loisirs : ... ... (étang) ... ...,
jeux pour adultes - Services : 🍷 🍴
⚓ ... ... 🛜 🖥 🛒 ...
🚌 Transports en commun.
GPS : E 4.99156 N 52.31264

#### ⛺ Zeeburg Camping
Zuider IJdijk 20 - ☎ 020 694 44 30
Permanent - 3,8 ha (450 empl.)
Tarif : 29 € 🚻🚻 🚐 🗏
🚰 borne
Loisirs : ... ... ..., soirées disco, jeux
pour adultes - Services : 🍷 🍴 ...
⚓ ... ... 🛜 🖥 🛒 ... ...
🚌 Transports en commun.
GPS : E 4.96056 N 52.36483

### Apeldoorn
*Voir le circuit suivant.*

### Arnhem

#### ⛺ Camping Warnsborn
Bakenbergseweg 257 -
☎ 0264 42 34 69 - De fin mars à oct.
Tarif : 22 € 🚻🚻 🚐 🗏
Loisirs : ... - Services : ... 🛜 🖥
GPS : E 5.86933 N 52.0045

### Otterlo

#### ⛺ Beek en Hei
Heideweg 4 - ☎ 0318/591483
Permanent - 5 ha (120 empl.)
Tarif : 16,75 € 🚻🚻 🚐 🗏 - 🚰 borne
Loisirs : diurne ... ... - Services :
... ⚓ ... ... 🛜 🖥 ...
GPS : E 5.77048 N 52.0918

## Les bonnes adresses de Bib

### Apeldoorn
*Voir le circuit suivant.*

### Amersfoort

#### 🍴 In den Kleinen Hap
*Langestraat 95 - ☎ 033 462 13 65 -
www.kruispuntamersfoort.nl - fermé
dim. - 30 €.* Une adresse traditionnelle
et centrale, située au cœur de la
Grand-Rue, toujours animée. Cadre
rustique à l'intérieur. Cuisine robuste
et savoureuse.

### Amsterdam

#### 🍴 Small World
*Binnen Oranjestraat 14 - ☎ 020 420
27 74 - www.smallworldcatering.nl -
mar.-vend. 10h30-19h, sam.
10h30-18h, dim. 12h-18h - plats
5/10 €.* L'une des meilleures cantines
de la ville où les salades, quiches
et sandwichs s'accompagnent de
cocktails de fruits frais. La queue au
comptoir et les bonnes odeurs qui
embaument la rue ne trompent pas !

#### De Kaas Kamer
*Runstraat 7 - ☎ 020 623 34 83 - www.
kaaskamer.nl - 9h-18h, lun. 12h-18h,
sam. 9h-17h, dim. 12h-17h.* Magasin
de fromages hollandais sélectionnés
dans les meilleures fermes du pays.
Conseils et dégustation.

### Delft

#### Aardewerkatelier de Candelaer
*Kerkstraat 13 - ☎ 015 213 18 48 -
www.candelaer.nl - tlj sf dim. 9h30-
17h.* Un fabricant de faïences qui
utilise des méthodes traditionnelles.
Les initiales du peintres, l'année de
réalisation et la marque de l'usine sont
inscrites sous le produit.

### Enkhuizen

#### 🍴 Die Drie Haringhe
*Dijk 28 - ☎ 0228 31 86 10 - www.
diedrieharinghe.nl - merc.-dim. le soir,
merc.-vend. à midi sur réserv. - 34/40 €.*
À l'entrée du vieux port, près de la
tour Drommedaris, ancien entrepôt
transformé en relais-gourmand
auréolé d'une certaine reconnaissance
locale. Décor intérieur d'esprit rustique
et bonne carte actuelle d'inspiration
française basée sur les produits
régionaux.

### Gouda

#### Marché aux fromages
*De déb. avr. à fin août - jeu. 10h-13h.*
En dehors du marché, vous trouverez
les meilleurs fromages à cette adresse :
**'t Kaaswinkeltje** – *Lange Tiendeweg
30 - ☎ 0182 51 42 69.*

### Den Haag/La Haye

#### 🍴 De Basiliek
*Korte Houtstraat 4a - ☎ 070 360 61 44 -
www.debasiliek.nl - lun.-vend. 12h-14h,
18h-22h, sam. 18h-22h - déj. 28/30 €,
dîner 37/75 €.* En plein centre-ville,
une affaire familiale affichant un
petit air de bistrot et misant sur une
carte actuelle, assez ramassée mais
engageante. Tables dressées sur la
petite terrasse à l'avant du restaurant
par beau temps.

### Volendam

#### 🍴 Smit-Bokkum
*Slobbeland 19 - ☎ 0299 36 33 73 -
www.smitbokkum.nl - mar.-vend.
10h-23h30, w.-end 10h-0h30
(fermeture de la cuisine à 21h) -
15/25 €.* À l'extrémité ouest de
la ville, dans la fumerie familiale
datant de 1856, le patron propose
les spécialités qui font la réputation
de Volendam : accompagnés d'une
salade et de toasts, les poissons
fumés constituent un déjeuner
inoubliable. À savourer sur la
terrasse donnant sur la marina,
si le soleil est au rendez-vous.

# De Apeldoorn à Ribe

➲ *Départ : Apeldoorn*
➲ *8 jours - 720 km*

### Jour 1

D'**Apeldoorn**, votre ville de départ des Pays-Bas, prenez la N 334, puis la N 350, qui vous conduiront vers **Ootmarsum**, charmant bourg aux rues concentriques. Vous pourrez y admirer de nombreuses façades Renaissance très ouvragées. Le lendemain, vous franchirez la frontière et arriverez en Allemagne.

### Jour 2

**Brême** (Bremen), votre seconde étape *via* la B 213, n'est pas seulement l'une des villes maritimes les plus importantes d'Europe : c'est aussi une cité où il fait bon vivre. Allez le constater au cœur du vieux Brême en vous installant à la terrasse d'un café sur la place du Marché, d'où vous admirerez l'hôtel de ville ainsi que la cathédrale Saint-Pierre. Dès le printemps, vous pourrez voguer sur le fleuve Wesser en barque traditionnelle.

### Jour 3

Vous arriverez à **Hambourg** par la B 75. Tout nouveau visiteur y est frappé par l'importance des chantiers de construction navale le long de l'Elbe. L'activité portuaire incessante saute aux yeux, surtout du sommet de la tour de l'église Saint-Michel. Mais ne vous contentez pas des apparences, et prenez le temps de découvrir les jolis canaux, les musées, ainsi que le lac d'Alster au cœur de la ville : Hambourg ne se dévoile qu'aux curieux.

*Le port de Husum.*

A. Sven-Erik / AlTerra Picture Library / age fotostock

### Jour 4

C'est une toute autre ambiance que vous connaîtrez à **Lübeck** (*via* B 434, B 75), sur la côte Baltique. Le centre historique se trouve sur une île, environnée de verdure, au confluent de deux fleuves. Le style gothique y règne en maître. Dans la foulée, prenez la B 75 pour une étape à **Travemünde**, belle station balnéaire, réputée pour sa plage. Elle accueille chaque été une grande régate suivie par une fête populaire haute en couleurs. Partez pour Kiel (*via* la B 75) où vous pourrez faire étape.

### Jour 5

C'est à **Kiel** que l'on apprend à connaître et aimer la Baltique. La capitale du Schleswig-Holstein a toujours été liée à la navigation, au commerce fluvial et aux grandes batailles navales de l'Histoire européenne. Vous trouverez difficile de vous détacher du quai Hindenburg, promenade de 4 km le long de la rade, d'où l'on admire le ballet des bateaux d'un côté, et les parcs de l'autre.

### Jour 6

Au nord de Kiel, par la B 76, vous trouverez **Schleswig**, une petite ville calme et paisible : qui se douterait qu'elle fut pourtant la ville historique du peuple Viking, réputé guerrier et aventurier ? À Schleswig, vous vous familiariserez avec les mythes nordiques, notamment en visitant le musée régional d'Archéologie.

### Jour 7

Toute proche, par la B 201, **Husum** révèle un port intérieur en pleine ville. Elle abrite aussi un château du 16e s. de style Renaissance néerlandaise, remanié dans le style baroque au 18e s. Profitez de son beau parc si vous le visitez au printemps.

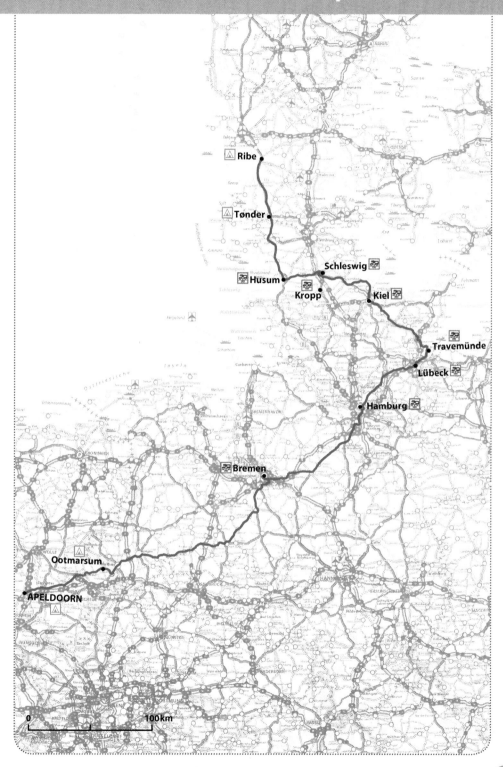

Traversez la frontière pour vous rendre à **Tønder** (*via* la B 5), vieux bourg danois à l'ambiance méridionale. Empruntez la route 11 jusqu'à Ribe.

## Jour 8

Bienvenue à **Ribe**, la plus célèbre cité médiévale du Danemark. Vous basculerez dans une autre époque dès les premiers instants, dans cette ville à l'architecture unique. Allez voir la cathédrale de style roman, et baladez-vous dans le joli centre-ville qui l'entoure.

## Offices de tourisme

**Bremen/Brême**
*0421 30 800 10 - www.bremen-tourismus.de - Am Bahnhofsplatz (gare) : 9h-18h30, w.-end 9h30-17h.*

**Hamburg/Hambourg**
*Hauptbahnhof, sortie principale côté Kirchenallee - 040 300 51 300 - www.hamburg-tourism.de - tlj 9h-19h ; dim. et j. fériés : 10h-18h.*

**Lübeck**
*Holstentorplatz 1 - 0451 88 99 700 - www.luebeck-tourismus.de - lun.-vend. 9h30-19h (18h hors sais.), sam. 10h-16h, dim. et j. fériés 10h-15h - fermé dim. hors sais.*

**Pour téléphoner aux Pays-Bas :** voir l'itinéraire précédent

**en Allemagne :** 00 49 + indicatif urbain sans le 0 initial puis le numéro du correspondant

**au Danemark :** 00 45 puis le numéro du correspondant

**Pour plus d'informations :** Carte Michelin Regional 541 Le Guide Vert : Pays-Bas, Allemagne du Nord, Danemark Suède

## Aires de service et de stationnement

### Bremen/Brême (Allemagne)

**Stellplatz Am Kuhhirten**
Kuhhirtenweg - 0173 985 00 92
Permanent
Borne : Payant (électricité 0,50/kwh, eau 1 €/80-100 L)
70 - illimité - 13 €/j.
Services : WC
Transports en commun pour le centre-ville (situé à 1,5 km).
GPS : E 8.81986 N 53.06405

### Hamburg/Hambourg (Allemagne)

**Wohnmobilhafen-Hamburg**
Grüner Deich 8 - 040 300 91 890
De fin mars à déb. oct.
Borne : 9 € (douche et WC compris)
24 - 10 €/j.
Services : WC
Arrêt de bus et S-Bahn pour le centre-ville à proximité.
GPS : E 10.02557 N 53.54314

### Husum (Allemagne)

**Husumer Campingplatz am Dockkoog**
Dockkoogstr. 17 - 04841 61 911
De mi-mars à fin oct.
Borne : Payant (électricité 3 €/5 kwh)
50 - illimité - 24 €/j.
Services : WC
GPS : E 9.01139 N 54.47833

### Kiel (Allemagne)

**Förde und Kanalblick**
Mecklenburger Str. 58 (Nordmole) - 0431 38 90 85 15
Permanent
Borne sanistation : Payant (électricité 3,50 €/j.)
32 - illimité - 15 €/j.

Services : WC
GPS : E 10.14703 N 54.36363

### Kropp (Allemagne)

**Rosengarten Restaurant**
Rheider Weg 7 - 04624 803 97 97
Permanent
Borne :
6 - illimité - 5 €/j.
Services : WC
GPS : E 9.50347 N 54.4143

### Lübeck (Allemagne)

**Wohnmobil Treff Lübeck**
An der Hülshorst 11 - 0451 321 11
Permanent
Borne artisanale :
50 - illimité - 11 €/j.
Services : WC
En hiver, emplacements réduits et pas de services.
GPS : E 10.71072 N 53.89509

### Schleswig (Allemagne)

**Aire de Schleswig**
Am Hafen 5 - Stadthafen - 04621 80 14 50
De déb. mars à fin nov.
Borne :
45 - illimité - 16 €/j.
Services : WC
GPS : E 9.56903 N 54.51184

### Travemünde (Allemagne)

**Am Fischereihafen**
Auf dem Baggersand 15 - 04505 13 00
Permanent
Borne : Payant (électrcité 3 €/6 kwh, eau 0,50 €/35 L)
90 - illimité - 15 €/j.
Services : WC
Ouvert 24h/24.
GPS : E 10.86194 N 53.95528

## ⛺ Campings

#### ⛺ Camping De Parelhoeve
Zwolseweg 540 - ✆ 055 312 13 32
De fin mars à fin oct. - 2,5 ha (60 empl.)
Tarif : 14 € 👫 ✝ 🚗 🖳
🚐 borne
Services : 🛁 📶 🖻
GPS : E 5.9535 N 52.25914

#### ⛺ Camping De Witte Berg
Wittebergweg 9 - ✆ 0541 29 16 05
De fin mars à mi-oct. -
6,5 ha (136 empl.)
Tarif : 26 € 👫 ✝ 🚗 🖳
🚐 borne
Loisirs : ⛳ diurne 🛷 🏓 🎱
Services : 🍷 🍴 🛁 📶 🖻 🏧 🎣
GPS : E 6.89316 N 52.42369

#### ⛺ Ribe Camping
*Voir le circuit suivant.*

#### ⛺ Tønder Camping
Sønderport 4 - ✆ 74 92 80 00
Permanent - 2 ha (81 empl.)
Tarif : 60,40 € 👫 ✝ 🚗 🖳
🚐 borne
Loisirs : 🏓 🎱 🏊 🎣
Services : 🍴 🛁 📶 🖻 🏧
🚶 10mn à pied du centre-ville.
GPS : E 8.87907 N 54.93402

## Les bonnes adresses de Bib

#### ✖ Poppe
*Paslaan 7 - ✆ 055 522 32 86 - www.poppe-apeldoorn.nl - fermé dim. midi -* 🅿 *- 23/52 €.* En centre-ville, derrière la façade bourgeoise d'une ancienne maison de notable, sympathique refuge gourmand maniant un registre culinaire dans le tempo actuel. Sa formule lunch a toutes les chances de vous flatter les papilles sans grever votre budget.

#### ✖ Katzen-café
*Schnoor 38 - ✆ 0421 32 66 21 - www.katzen-cafe.de - 20/35 €.* Atmosphère chaleureuse et service attentionné dans ce restaurant avec jeu de terrasses sur différents niveaux, et ses nappes en vichy rouge. Carte, internationale pour tous les goûts : *schnitzels*, merguez, bouillabaisse, *spaghetti all'arrabbiata*, steak argentin, coq au vin, grillade de poissons…

#### ✖ Paulaner's
*Schlachte 30 - ✆ 0421 169 06 91 - www.paulaners.de - 15/28 €.* Établissement agréable à la décoration rustique. Service efficace et aimable. L'un des plus beaux *Biergarten* du centre-ville, à proximité directe de la Weser. Nombreux plats bavarois.

#### Marché aux poissons
*Au sud du quartier St-Pauli, le long de l'Elbe - dim. matin et j. fériés matin 5h30-9h30 (en hiver, à partir de 7h).* Ce marché, dont les origines remontent au début du 18e s., est une véritable institution ; la gouaille des vendeurs, la foule des gens de tous âges et les animations musicales de la *Fischauktionhalle* en font un événement vivant du folklore hambourgeois.

#### ✖ Gröninger Haus
*Willy-Brandstraße 47 - ✆ 040 570 105 100 - www.groeninger-hamburg.de - fermé sam. midi et dim. midi - réserv. conseillée - 12/20 €.* Cette maison de la digue intérieure, mentionnée en 1260, est le plus ancien hôtel de la ville. L'actuelle Gröninger Haus comprend la Gröninger Braukeller, l'Anno 1750 et la Brauhaus Hanseat. Plats consistants avec bière brassée sur place.

#### ✖ VLET
*Am Sandtorkai 23-24 - ✆ 040 334 75 37 50 - www.vlet.de - fermé dim. et le midi - 28/40 €.* Un bâtiment en brique de la Speicherstadt, joliment réhabilité avec des couleurs fraîches, sert de cadre à une cuisine régionale actuelle. Pour y accéder, emprunter le pont Kibbelstegbrücke.

#### ✖ Schiffergesellschaft
*Breite Straße 2 - ✆ 0451 767 76 - www.schiffergesellschaft.com - 25/35 €.* Rendez-vous des marins, cette auberge de 1535 est une véritable institution. On s'assoit à de longues tables sur de vieux bancs en bois massif.

#### ✖ Kolvig
*Mellemdammen 13 - ✆ 75 41 04 88 - tlj sf dim. 11h-0h - 40/75. €.* Dans un immeuble ancien, ce restaurant aménagé au bord d'une rivière et flanqué d'une belle terrasse profi te d'un cadre exceptionnel. Cuisine de qualité. Une des meilleures adresses de la ville !

#### ✖ Saelhunden
*Skibbroen 13 - ✆ 75 42 09 46 - www.saelhunden.dk - 12h-21h - 10/20 €.* Sur des quais paisibles, le long du canal, cette taverne traditionnelle propose une cuisine sans chichis. Plats copieux.

# Le Danemark d'île en île

⊃ *Départ : Ribe*
⊃ *7 jours - 890 km*

## Jour 1

À partir de **Ribe**, vous longerez la côte occidentale du Jutland en direction du nord jusqu'à **Skagen**, la ville des peintres fameux, à la pointe nord de la péninsule.

## Jour 2

Visitez **Ålborg**, principal pôle économique et culturel du Jutland du Nord, puis **Viborg**, l'une des plus anciennes cités danoises, remarquable pour son charmant centre-ville aux ruelles pavées et sa cathédrale. Puis direction **Aarhus** et son musée des Beaux-Arts ARoS. Plus au sud, un détour s'impose jusqu'à **Billund** qui recèle une des plus célèbres attractions touristiques du Danemark : Legoland Park. Plusieurs millions de cubes ont servi à la création de fidèles reproductions en miniature de monuments célèbres ou de quartiers d'Amsterdam, Bruxelles. Un espace est réservé aux tout-petits. Legoland possède aussi une fantastique collection de jouets.

## Jour 3

De **Kolding,** cap à l'ouest sur l'île de Fionie, jusqu'à **Odense** tout imprégnée de l'influence d'Hans Christian Andersen, dont ce fut la ville natale. Dans le quartier Andersen justement, vous arpenterez la Brands Klaedefabrik. Vous visiterez également d'agréables petits ports, tels que **Kerteminde, Nyborg** ou **Fåborg**. De **Svendborg**, un pont vous donnera

*Cabanes de pêcheurs dans le Jutland du Nord.*

Axel Ellerhorst / iStock

accès à l'île de **Tåsinge**, célèbre pour son château de Valdemar. De style baroque, il se dresse dans un site boisé au bord d'un étang. Vous serez sans nul doute impressionné par son musée des trophées de chasse.

## Jour 4

Les belles plages de **Langeland** et son atmosphère paisible attirent de plus en plus de touristes. Peut-être préférerez-vous emprunter un ferry pour rallier **Ærøskøbing** sur l'île de Ærø, que les Danois surnomment l'« authentique ».
Retour à Nyborg d'où vous quittez l'île de Fionie par un pont routier pour aborder le Sjælland. À Slagelse, vous obliquerez vers le sud en direction de Nætved afin de gagner l'île de **Lolland**. Puis partez à la découverte des charmes encore sauvages de **Møn** et ses églises recouvertes des fresques du maître d'Elmelunde.

## Jours 5 et 6

Reprenez la route vers le nord jusqu'à Copenhague en passant par **Køge**. Votre visite de **Copenhague** (København) commencera par une longue flânerie qui vous conduira de la place de l'Hôtel-de-Ville à la Nouvelle Place Royale par Strøget, la légendaire artère piétonne et commerçante, épine dorsale de la vieille ville. Perdez-vous dans le Nouveau port, élaboré au 17e s où les bars à matelots sont devenus de petits restaurants chaleureux, tandis que sur le canal, les navires de commerce d'autrefois ont cédé la place à de superbes voiliers. Un rafraîchissement bien mérité sur le quai de Nyhavn précédera la découverte du quartier d'Amalienburg et des quais jusqu'à la Petite Sirène, véritable symbole de la ville. Œuvre d'Edvard Eriksen, la statue de bronze qui honore à la fois Andersen et l'attachement des

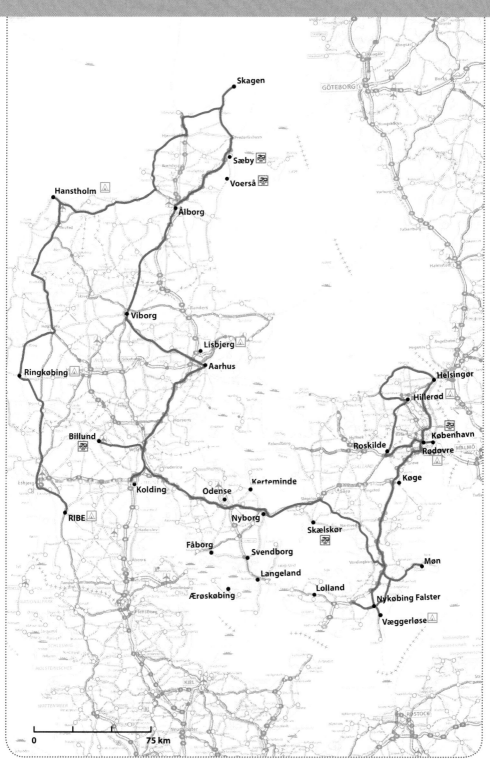

Skagen

Sæby

Voerså

Hanstholm

Ålborg

Viborg

Lisbjerg

Ringkøbing

Aarhus

Helsingør

Hillerød

København

Billund

Roskilde

Rødovre

Kolding

Kerteminde

Køge

Odense

RIBE

Nyborg

Skælskør

Fåborg

Svendborg

Møn

Langeland

Lolland

Ærøskøbing

Nykøbing Falster

Væggerløse

GÖTEBORG

0     75 km

Danois à la mer fut offerte à la ville de Copenhague en 1913 par Carl Jacobsen, fils du fondateur des brasseries Carlsberg. Encore des fourmis dans les jambes ? Empruntez un vélo municipal et partez à la découverte de l'étonnant quartier « hippie » de Christiana. Bien entendu, la partie culturelle ne sera pas absente : entre la Ny Carlsberg Gkyptotek, le Musée national, le musée des Beaux-Arts et le château de Rosenborg, le choix est large ! Mais il serait dommage de limiter votre découverte à la seule capitale.

## Jour 7

Pour finir, vous explorerez la plus grande île danoise, le **Sjælland**. Une balade le long de la Riviera danoise précédera la découverte des châteaux d'**Helsingør** et d'**Hillerød**, ainsi que la cathédrale de **Roskilde**. Et vous regagnerez Copenhague au terme d'un périple qui vous aura fait découvrir six îles sans que vous ayez à prendre le bateau…

### ℹ Office de tourisme

**København/Copenhague**
*Vesterbrogade 4A - ☎ 70 22 24 42 - www.visitcopenhagen. com.*

**Pour téléphoner au Danemark :** 00 45 puis le numéro du correspondant

**Pour plus d'informations :** Carte Michelin National N° 711 Le Guide Vert Danemark Suède

## ⛺ Campings

### Hanstholm

#### ⛺ Hanstholm Camping
Hamborgvej 95 -
☎ 97 96 51 98
Permanent - 22 ha (400 empl.)
Tarif : 36,34 € ⛺⛺ 🚗 🔌
🚐 borne
Loisirs : diurne (en été) nocturne jacuzzi (plage), jeux pour adultes, discothèque, salle de bronzage, hydromassage, aire de sports, beachvolley, pétanque, trampoline, barbecue
Services : 🍴 ⛺ 🚿 🚰 🔧 🛜 📷 🚰 🚐
GPS : E 8.66689 N 57.10921

### Hillerød

#### ⛺ Hillerød Camping
Blytækkervej 18 -
☎ 48 26 48 54
De mi-mars à fin sept. -
2,2 ha (110 empl.)
Tarif : 29,50 € ⛺⛺ 🚗 🔌
🚐 borne
Loisirs : diurne (en été) jacuzzi, aire de sports, trampoline, barbecue
Services : ⛺ 🔧 🚿 🚰 🔧 🛜 📷 🚰
GPS : E 12.29572 N 55.92369

### Lisbjerg

#### ⛺ Aarhus Camping
Randersvej 400 -
☎ 86 23 11 33
Permanent - 6,9 ha (200 empl.)
Tarif : 26 € ⛺⛺ 🚗 🔌
🚐 borne
Loisirs : , jeux pour adultes, barbecue, trampoline
Services : 🍴 ⛺ 🚿 🚰 🛜 📷 🚰 🚐
GPS : E 10.16275 N 56.2267

### Ribe

#### ⛺ Ribe Camping
Farupvej 2 -
☎ 75 41 07 77
Permanent - 9 ha (485 empl.)
Tarif : 33,65 € ⛺⛺ 🚗 🔌
🚐 borne

Loisirs : 🛷 🚲 🎣 🏓 🏊 🐎, jeux pour adultes, aire de sports, trampoline, barbecue
Services : 🍴 ⛺ 🚿 🔧 🔌 🚰 🛜 🧺 lave-vaisselle 🚰 🚐
GPS : E 8.76659 N 55.34101

### Ringkøbing

#### ⛺ Ringkøbing Camping
Herningvej 105 -
☎ 97 32 04 20
De mi-mars à déb. oct. -
7,5 ha (110 empl.)
Tarif : 33,65 € ⛺⛺ 🚗 🔌
🚐 borne
Loisirs : diurne 🛷 🎣, aire de sports, trampoline, pétanque, barbecue
Services : 🍴 ⛺ 🔌 🚿 🚰 🛜 📷 🚰
🏕 Camping ouvert sur rendez-vous en hiver.
GPS : E 8.31717 N 56.08858

### Rødovre

#### ⛺ DCU-Copenhagen Camp « Absalon »
Korsdalsvej 132 -
☎ 36 41 06 00
Permanent - 12,5 ha (680 empl.)
Tarif : 29,40 € ⛺⛺ 🚗 🔌
🚐 borne
Loisirs : 🛷, aire de sports, trampoline, barbecue
Services : 🍴 ⛺ 🚿 🚰 🛜 📷 🚰
🏕 Transports en commun pour le centre-ville (station Brøndbyøster Station située à 600m, puis 20mn de train).
GPS : E 12.43336 N 55.6712

### Væggerløse

#### ⛺ Marielyst Feriepark & Camping
Godthåbs Alle 7 -
☎ 70 20 79 99
Permanent - 6,5 ha (260 empl.)
Tarif : 13,30 € ⛺⛺ 🚗 🔌
🚐 borne
Loisirs : 🛷 🚲 🎣 🏊 (plage) 🐟 🐠, trampoline, plongée sous-marine, planche à voile
Services : 🍴 ⛺ 🚿 🔌 🚿 🚰 🛜 📷 🚰
GPS : E 11.94395 N 54.67361

## 🚐 Aires de service et de stationnement

### Billund

**Autocamperplads Gronhojgard Billund**
Grenevej 5 - 📞 23 30 24 71
Borne 🅿 - illimité - Services : [wc]
🚿 Douches sur place. Près de Legoland.
GPS : E 9.1238 N 55.7051

### København/Copenhague

**City Camp**
Elsærksvej 7/9 - 📞 21 42 53 84
De mi-mai à déb. sept.
Borne artisanale
70 🅿 - illimité - 30 €/j.
Services : [wc] 🛒 📶
🚿 À côté du centre commercial Fisketorvet, station de métro Dybbølsbro. Service de bus gratuit pour le centre-ville.
GPS : E 12.55541 N 55.65461

### Skælskør

**Skælskør Havn**
Havnvej 20 - 📞 58 19 42 04
Permanent
Borne artisanale :
Payant (électricité 0,34 €/kwh)
10 🅿 - illimité - 20,15 €/j.
Services : [wc] 🛒 ✕ 📶
GPS : E 11.2902 N 55.2518

### Sæby

**Voerså Havn / Voerså Fiskerleje**
Havstokken 11, Voerså - 📞 98 46 12 44
Permanent
Borne
15 🅿 - illimité - 18,80 €/j.
Services : [wc] ✕ 📶
GPS : E 10.49403 N 57.20367

### Voerså

**Voerså Havn / Voerså Fiskerleje**
Havstokken 11, Voerså - 📞 98 46 12 44
Permanent
Borne
15 🅿 - illimité - 18,80 €/j.
Services : [wc] ✕ 📶
GPS : E 10.49161 N 57.20431

## Les bonnes adresses de Bib

### Aarhus

**✕ Raadhuus Kafeen**
*Sønder Allé 3 - 📞 86 12 37 74 - www.raadhuus-kafeen.dk - lun.-sam. 11h30-23h, dim. 12h-22h - 11/27 €.* Dans cette taverne, on vous sert une cuisine locale composée des incontournables tartines, des poissons, des soupes, salades et viandes en sauce. Attention, les plats sont plutôt copieux !

### Ålborg

**✕ Café Elbjørn**
*Strandvejen 6B - 📞 43 42 34 34 - jeu.-sam. 11h-0h (21h jeu.), dim. 10h-20h - 40/60 €.* Cet ancien bateau brise-glace a été aménagé en restaurant. La journée, un café permet de déjeuner pour moins de 20 €. Les vendredi et samedi soir, le lieu se transforme en un restaurant élégant où l'on sert une cuisine de qualité.

### København/Copenhague

**✕ Peder Oxe**
*Gråbrødretorv 11 - 📞 33 11 00 77 - www.pederoxe.dk - 11h3011h30-22h30 (jeu.-sam. 23h).* Une taverne typique à l'accueil chaleureux. Cette belle demeure du 17ᵉ s. abrite sur deux étages plusieurs salles à manger et alcôves. L'excellente cuisine est composée de viande argentine, de hamburgers maison et de trois sortes de *smørrebrød.*

**A.C. Perch's Thehandel**
*Kronprinsensgade 5 - 📞 33 15 35 62 - www.perchs.dk - lun.-vend. 11h30-17h30, sam. 11h-17h et dim. de déc. 10h-17h.* Les habitants de Copenhague raffolent de cette échoppe de thés installée ici depuis 1835. Salon de thé à l'étage avec de délicats gâteaux et sandwichs.

### Helsingør/Elseneur

**✕ Café Hyacinth**
*Bjergegade 4A - 📞 49 21 69 70 - tlj sf lun. - 7/33 €* Une adresse familiale réputée pour ses succulents

smørrebrød maison. Propose également des fondues en soirée.

### Odense

**✕ Jensen's Bøfhus**
*Jernbanegade 4 - 📞 63 13 45 16- lun.-jeu. 10h-22h, vend.-dim. 9h-23h - 20/47 €.* Une chaîne de restaurants présente sur l'ensemble du territoire où apprécier de savoureuses grillades, avec salades et pommes de terre au four. Une valeur sûre !

### Ribe

*Voir le circuit 44*

### Roskilde

**✕ Raadhuskælderen**
*Fondens Bro 3 - 📞 46 36 01 00 - www.raadhuskaelderen.dk - tlj sf dim. 11h-23h - 25/50 €.* Spécialités danoises et grillades servies dans une belle salle voûtée proche de la cathédrale.

### Skagen

**✕ Pakhuset**
*Rødspættevej 6, sur le port - 📞 98 44 20 00 - www.pakhuset-skagen.dk - café 11h-2h (dim. 16h), restaurant . 18h-21h30, fermé oct.-déc. : lun.-jeu. et dim. - 18/60 €.* Ce restaurant dispose d'un café au rez-de-chaussée, pour les petits budgets, et d'un restaurant chic au-dessus. La cuisine, raffinée et joliment présentée, est essentiellement composée de la pêche du jour. Un des fleurons de la ville !

### Viborg

**✕ Café Morville**
*Hjultorvet 4 - dans le centre piéton - 📞 86 60 22 11 - lun.-mar. 10h-22h, merc.-jeu. 10h-23h, vend. 10h-1h, sam. 10h-1h, dim. 11h-17h - 9/30 €.* Un café moderne idéalement situé sur une place piétonne où se tient le marché le samedi : l'intérieur sans charme particulier est envahi par les locaux qui s'y délectent d'un brunch copieux. Soirées animées le week-end.

# Découverte de la Suède

➲ *Départ : Malmö*
➲ *12 jours - 1 790 km*

*Le château de Läckö sur les rives du lac Vanern.*

Rolf_52 /iStock

## Jour 1

Le Danemark et la Suède se disputèrent pendant des siècles le contrôle du détroit de l'Öresund qui donne accès à la mer Baltique. Depuis la construction du pont/tunnel reliant Copenhague à Malmö, ce lieu chargé d'histoire est devenu une région dynamique fière de son patrimoine culturel et naturel : la Scanie. Vous serez saisi par la pureté des lignes de ce pont qui s'enfuit vers l'horizon et les côtes suédoises souvent enveloppées de brume. La traversée ne durant que 10mn, vous aurez le temps de découvrir **Malmö**. Avant de prendre la route pour Stockholm, arrêtez-vous au village viking de **Foteviken** et au musée de l'Ambre. Faites étape à **Höllviken**.

## Jours 2 et 3

Suivez la direction d'**Ystad** en vous arrêtant à Kulturens Östarp, annexe du musée de **Lund**. Lund, deuxième ville universitaire de Suède, est une cité charmante : ses rues étroites vous mèneront à la cathédrale, plus bel exemple d'architecture romane du pays. Ystad, avec les 300 maisons de bois de son centre médiéval, vous ravira. C'est aussi le port d'accès à l'île de Bornholm. Cap sur **Kalmar** et son château surnommé la « clé de la Suède ». En route vous découvrirez d'agréables cités telles **Mörrum** et sa maison du saumon, **Karlsham** et son port, **Ronneby** et ses eaux thermales, **Karlskrona** et ses chantiers navals.

## Jours 4 et 5

Le séjour à **Stockholm** démarre par une longue flânerie dans le centre historique qui commence par l'île de Stadsholmen et ses ruelles aux pavés irréguliers où se nichent toutes sortes de boutiques et de cafés plongés dans une sympathique pénombre : vous vous rendrez au Palais royal (Kungliga slottet) et vous pousserez jusqu'à la cathédrale, appelée ici Grande Église (Storkyrkan). Vous poursuivrez votre promenade dans les îles voisines : celle des Chevaliers (Riddarholmen), où le temps semble s'être figé au cours du 17ᵉ s, celle du Saint-Esprit (Helgeandsolmen) ou encore celle du Roi (Kungsholmen). Mais le centre moderne (Norrmalm), dynamique et animé, ne manque pas non plus d'intérêt… Bien entendu, vous ne manquerez sous aucun prétexte la visite du musée en plein air de Skansen, ni celle de l'épave du Vasa, ce superbe vaisseau

de guerre coulé en 1628 et qui nous est parvenu presque intact… Une balade en bateau à travers l'archipel de Stockholm sur le lac de Mälaren peut précéder la visite de quelques-uns des châteaux de la région dont **Ulriksdal**, mais surtout la superbe résidence royale de **Drottningholm**.

## Jour 6

Suivez l'autoroute E 4 vers le nord puis la route 263 vers l'ouest. **Sigtuna** était il y a mille ans la ville la plus importante de Suède ; on y battait monnaie et le roi Erik Segersäll (le Victorieux) la choisit pour y construire une résidence royale (lieu de l'actuel musée de la Ville). Après un détour par le château de **Skokloster**, vous poursuivrez vers le nord jusqu'à **Uppsala** qui supplanta Sigtuna dès le Moyen Âge comme capitale, pour devenir plus tard la première ville universitaire de Suède. Plus à l'ouest,

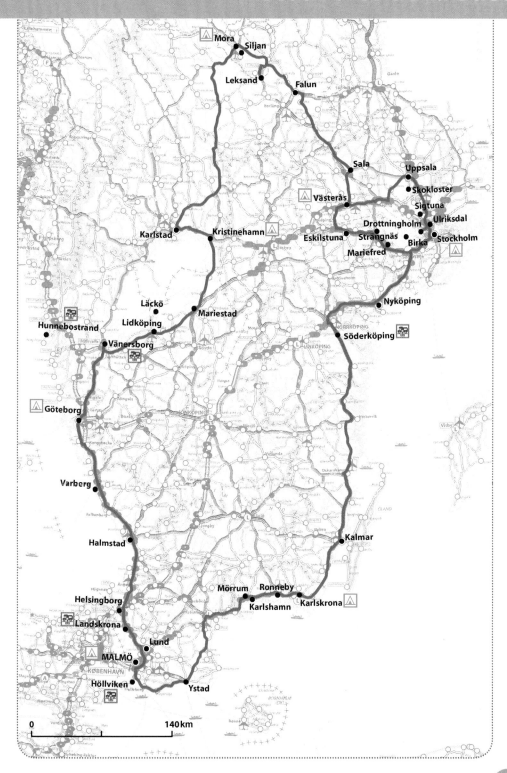

Mora
Siljan
Leksand
Falun
Sala
Uppsala
Skokloster
Västerås
Sigtuna
Drottningholm
Ulriksdal
Karlstad
Kristinehamn
Eskilstuna
Strängnäs
Birka
Stockholm
Mariefred
Läckö
Mariestad
Nyköping
Lidköping
Hunnebostrand
Söderköping
Vänersborg
Göteborg
Varberg
Halmstad
Kalmar
Mörrum
Ronneby
Helsingborg
Karlshamn
Karlskrona
Landskrona
Lund
MALMÖ
KØBENHAVN
Höllviken
Ystad

0        140 km

vous visiterez **Västerås** et sa cathédrale. Passez-y la nuit.

## Jour 7

Quittez Västerås en longeant le lac par la rive sud. Ce circuit vous permettra de voir les châteaux de Strömsholm et Gripsholm, de vous promener dans les charmantes petites villes d'**Eskilstuna**, **Strängnäs** et **Mariefred** et de flâner au bord du lac, sur le site romantique de Sundbyholm. Nouvelle nuit à Västerås.

## Jours 8 et 9

Vous gagnerez **Sala** et sa mine d'argent, aujourd'hui désaffectée, puis la Dalécarlie aux fameuses traditions folkloriques. À ne pas manquer : la mine de cuivre et des peintures dalécarliennes à **Falun**, un spectacle à l'amphithéâtre naturel de Dalhalla, les bords du lac **Siljan** avec ses villages traditionnels, le parc aux ours de Grönklitt et les ateliers de fabrication de petits chevaux au nord de **Leksand**. Étape à **Mora**.

## Jour 10

Une étape un peu longue vous amène au lac Varnern que vous longerez par la rive est en découvrant **Karlstad**, puis **Mariestad**, le château de **Läckö** et **Lidköping**. Nuit à **Vänersborg**.

## Jours 11 et 12

Une pause à **Göteborg**, à **Varberg** ou **Halmstad** précédera votre entrée dans Malmö ; sans oubliez un arrêt à **Landskrona** avec visite de l'île de Ven où vécut l'astronome Tycho Brahe. Dans Malmö, fin de votre périple suédois, de nombreuses rues sont piétonnes, aussi est-il vivement recommandé de laisser son véhicule dans un des parkings des services municipaux, Gatukontoret (stationnement gratuit avec la carte Malmö).

## 🏕 Campings

### Göteborg

**🏕 Lisebergbyn Kärralund**
Olbergsgatan 9 - ✆ 031 84 02 00
Permanent - 40 ha (315 empl.)
Tarif : 41,75 € 🚹🚹 🚗 🔲
🚐
Loisirs : 🛶 🏊 🛝 🎣, séances de cinéma, barbecue
Services : 🏠 🔑 🛁 🚿 📶 📺 lave-vaisselle 🛒 🚰 ♿
GPS : E 12.02984 N 57.70362

### Karlskrona

**🏕 Dragsö Camping & Stugby**
Dragsövägen 14 - ✆ 0455 153 54
De mi-avr. à déb. oct. - 6 ha (275 empl.)
Tarif : 38,65 € 🚹🚹 🚗 🔲
🚐 borne
Loisirs : 🍴 diurne (en été) nocturne
🛶 🏊 🚴 🛝 🏊 (plage) 🎣 🏊, trampoline, pétanque, planche à voile, bateaux à pédales, canoës
Services : 🍴 🍽 🏠 🔑 🚰 🛁 🚿 📶 📺 lave-vaisselle 🚰 ♿
GPS : E 15.5676 N 56.17311

### Kristinehamn

**🏕 Kristinehamn Herrgårdscamping & Stugor**
Presterudsallén 2 - ✆ 0550 102 80
De mi-mai à mi-sept. - 10 ha (170 empl.)
Tarif : 31,30 € 🚹🚹 🚗 🔲
🚐 borne
Services : 🍽 🚰 📶 📺
GPS : E 14.06726 N 59.30773

### Malmö

**🏕 First Camp Malmö**
Strandgatan 101 - ✆ 0401 551 65
Permanent
Tarif : 41,50 € 🚹🚹 🚗 🔲
🚐 borne
Loisirs : 🏊 🛝 🏊
Services : 🍴 🍽 🚰 📶 📺 🛒 ♿
GPS : E 12.90383 N 55.56966

### Mora

**🏕 Mora Park & Camping**
Parkvägen 1 - ✆ 0250 276 00
Permanent - 20 ha (500 empl.)

Tarif : 39,90 € 🚹🚹 🚗 🔲
🚐
Loisirs : 🍴 diurne 🛶 🏊 🚴 🛝 🏊 🏊 (plan d'eau) 🎣 🏊, trampoline, pétanque, barbecue, bateaux à pédales, canoës, ski de fond
Services : 🍴 🍽 🏠 🔑 🚰 📶 📺
GPS : E 14.52149 N 61.00846

### Stockholm

**🏕 Bredäng Camping Stockholm**
Stora Sällskapets Väg 60 - ✆ 08 97 70 71
Permanent - 12 ha (380 empl.)
Tarif : 32,90 € 🚹🚹 🚗 🔲
🚐 borne
Services : 🍽 🚰 📶 📺 🛒
GPS : E 17.9231 N 59.29562

### Västerås

**🏕 Västerås Camping Ängsö**
Ängsöväg - ✆ 0171 44 10 43
Permanent - 10 ha (230 empl.)
Tarif : 28,20 € 🚹🚹 🚗 🔲
🚐 borne
Loisirs : 🍴 diurne 🏊 🛝 🏊 (plan d'eau) 🎣 🏊, aire de sports, terrain de golf, barbecue, canots à rames
Services : 🍴 🍽 🏠 ♿ 🔑 🚰 🚿 📶 🛒 🚰 ♿
GPS : E 16.85885 N 59.56832

### ℹ Office de tourisme

**Stockholm**
*Kulturhuset, Sergels Torg 5 - ✆ 08 508 28 508 - www. visitstockholm.com/fr.*

**Pour téléphoner en Suède :**
00 46 + indicatif urbain (sans le 0 initial), puis le numéro du correspondant.

**Pour plus d'informations :**
Cartes Michelin National N° 711 et 753
Le Guide Vert Danemark Suède

## 🚐 Aires de service et de stationnement

### Höllviken

**Kampinge Strandbad**
Östra Kanalvägen - 📞 040 42 57 00
Permanent
Borne 🚿 - 50 🅿 - 48h - 13,10 €/j.
Services : 🚾 ✕
GPS : E 12.94459 N 55.39948

### Hunnebostrand

**Aire d'Hunnebostrand**
Småbotshamn - 📞 0523 66 55 50
Permanent
Borne 🚿 💧 🚽 ⚓
30 🅿 - 20,90 €/j.
Services : 🚾 🛒 ✕
GPS : E 11.29052 N 58.43624

### Landskrona

**Mötesplats Borstahusen**
Campingvägen - 📞 0418 108 37
De déb. avr. à fin oct.
Borne artisanale 🚿 💧 🚽 ⚓
350 🅿 - illimité - 47,40 €/j.
Services : 🚾 🛒 ✕ 📷 📶
GPS : E 12.80758 N 55.904

### Söderköping

**Kanalmagasinet**
Mem - 📞 0121 270 40 - Permanent
Borne artisanale 🚿 💧
4 🅿 - illimité - 19,90 €/j.
Services : 🚾 🛒 ✕
GPS : E 16.4145 N 58.4791

### Vänersborg

**Vänersborgs marina**
Vänerparken 12 - 📞 0521 657 09
De déb. mai à fin sept.
Borne 🚿 💧 🚽 ⚓ : Payant
10 🅿 - 18,80 €/j. Services : 🚾
GPS : E 12.31702 N 58.37606

**Ursands Resort & Camping**
Djupedalen 520 - 📞 0521 186 66
De mi-avr. à fin sept.
Borne 🚿 💧 🚽 ⚓
36 🅿 - 58 €/j.
Services : 🛒 ✕ 📷 📶
GPS : E 12.32307 N 58.41451

## Les bonnes adresses de Bib

### Göteborg

**Kronhuset & Kronhusbodarna**
*Postgatan - www.kronhusbodarna. com - lun.-vend. 10h-17h, sam. 11h-14h.* Tout de brique rouge vêtu, le plus ancien édifice de la ville abrite un centre d'artisanat, où l'on trouve un fabricant de montres, une manufacture de chocolats, un fabricant d'instruments de musique…

### Helsingborg

**✕ Lagmark**
*Sundstorget 3 - 📞 042 14 88 30 - www.lagmark.se - lun.-merc. : 11h30-20h, jeu.-sam. 11h30-22h - 10/45 €.* Un restaurant-traiteur très populaire où vous trouverez de nombreux plats et tartines typiquement scandinaves. Terrasse sur une place piétonne.

### Kalmar

**✕ Calmar Hamnkrog**
*Skeppsbrogatan 30 - 📞 0480 41 10 20 - www.hkhamnkrogen.se - lun.-jeu. 11h30-14h30, vend. 11h30-14h30, 17h-23h, sam. 17h-23h - 11 (déj.)/50 €.* Probablement le meilleur restaurant de poissons de la ville ! Cadre élégant, service attentionné et cuisine raffinée.

### Lund

**✕ Mikai**
*Stora Södergatan 20 - 📞 046 15 60 80 - lun.-jeu. 11h-21h, vend.-sam. 11h-22h - 7/25 €.* Ce traiteur asiatique propose ses fameuses nouilles sautées sur les quelques tables dressées dans le fond du magasin. Une table bon marché bien connue à Lund.

### Malmö

**✕ Arstiderna**
*Frans Suellsgatan 3 - 📞 040 23 09 10 - www.arstiderna.se - lun.-vend. 11h30-0h, sam. 17h-0h, fermé dim. et j. fériés - 45/67 €.* Une institution ! Cette demeure historique abrite un restaurant traditionnel de grande qualité.

**Möllevangstorget**
La place centrale de ce quartier populaire attire une population de jeunes fêtards. Beaucoup de cafés très bon marché et une grande animation le week-end.

### Nyköping

**✕ Erik i Forsen**
*Forsgränd 14, accès r. Forsgrata - 📞 0155 21 56 00 - www.erikiforsen.se - lun. 11h30-14h - mar.-jeu. 11h30-14h et 17h-22h, vend. 11h30-14h et 17h-0h, sam. 17h-0h - 50 €.* Cette charmante maison jaune est située sur le canal à moins de 10mn à pied du centre. Vous pourrez apprécier de nombreux plats de viandes grillées sur la terrasse aménagée sur l'eau.

### Stockholm

**Hötorgshallen**
*U Hötorget - www.hotorgshallen. se - 10h-18h (sam. 16h) - fermé dim.* Plusieurs restaurants au milieu des étals et des boutiques spécialisées du marché couvert. Un régal pour les sens, sans se ruiner.

**✕ Ulla Winbladh**
*Rosendalsvägen 8, à 15mn à pied du centre-ville - 📞 08 534 89 701 - www.ullawinbladh.se - lun. 11h30-22h, mar.-vend. 11h30-23h, sam. 12h30-23h, dim. 12h30-22h - 25/50 €.* Cette petite maison charmante bâtie au cœur d'un parc accueille un restaurant populaire très fréquenté par les habitants de la capitale. Cuisine typiquement suédoise, à savourer en été sur la grande terrasse fleurie.

### Uppsala

**Saluhallen**
*St Eriks Torg 8 - www.feskarn.nu - lun.-jeu. 10h-18h, vend. 10h-19h, sam. 10h-16h - 10/50 €.* Près de la cathédrale, ces halles abritent une multitude d'adresses gourmandes, du simple étal au restaurant raffiné, en passant par le café bon marché. Grande terrasse sur le canal.

# La Norvège entre fjords et glaciers

➲ **Départ : Oslo**
➲ **10 jours - 2040 km**

## Jours 1 et 2

Moins connue que ses homologues nordiques, la capitale norvégienne ne manque pas d'atouts pour un séjour agréable : les amateurs d'art se doivent de rendre hommage à Edvard Munch dans son musée, mais aussi à la belle collection de peintures de la Galerie nationale. Si vous vous intéressez au design, explorez le musée des Arts appliqués ; quant à l'art médiéval, il est représenté au Musée historique. Une balade (en bateau ou en bus) à Bigdøy marquera un temps fort dans votre séjour, ne serait-ce que par la visite du musée du Folklore, un concentré d'architecture et d'ethnologie norvégiennes ! Enfin, si vous vous sentez une âme d'aventurier, le musée de la Marine, celui des Bateaux vikings et ceux consacrés aux prouesses de Roald Admunssen, Fridjof Nansen et Thor Heyerdahl, ne vous laisseront pas indifférent. Mais **Oslo**, c'est aussi une ambiance : vous vous en pénétrerez en flânant sur Karl Johans Gate, en arpentant les quais, ou en prenant un verre à Aker Brygge ou dans le quartier branché de Grünner Lokka.

*Sognefjord.*

R. Campillo /age fotostock

## Jour 3

Quittant Oslo en direction de Trondheim (voir circuit 48), vous longerez le lac Mjøsa jusqu'à **Hamar** où les ruines de l'ancienne cathédrale, recouvertes d'une structure de verre, constituent un spectacle étonnant. Vous poursuivrez jusqu'à **Lillehammer**, bien connue pour avoir organisé les J.O. d'hiver de 1994 : la cité propose à ses visiteurs un musée des Beaux-Arts et, sur les hauteurs, un extraordinaire musée de plein air, Maihaugen.

## Jour 4

Poursuivant résolument vers le nord, vous découvrirez l'église en bois debout de **Ringebu** avant de vous engager dans la vallée Peer Gynt, qui doit son nom au personnage d'Ibsen. Vous poursuivrez à travers la région montagneuse de l'Oppland jusqu'à **Otta** avant d'obliquer sur **Vågåmo** : là aussi une *stavkirker* vous attend… c'est-à-dire une église en bois debout (faite de pieux en bois).

## Jour 5

En se dirigeant vers Ålesund, les amoureux de paysages seront comblés : voici sans doute une des plus belles balades que vous pourrez faire en Norvège, sur les rives du **Sognefjord** et du **Nordfjord** ! Tour à tour grandioses, austères ou riants, ils vous feront aller de découverte en découverte, au rythme des ferries qui assurent les traversées (quand ce ne sont pas d'interminables tunnels qui vous permettront de franchir les montagnes). Chemin faisant, vous explorerez d'agréables cités, comme **Ålesund** et son remarquable ensemble Art nouveau. Nuit à **Sandane**.

## Jours 6

Les villages posés sur les rives ne manquent pas non plus d'attraits : **Urnes** et son église en bois debout, **Kaupanger**, **Voss** ou **Undredal** pour n'en citer que quelques-uns. Et, pour terminer, un agréable séjour à **Bergen**, dont les charmes vont au-delà du quai de Bryggen, vous permettra d'approfondir votre connaissance de cette Norvège où la mer est partout…

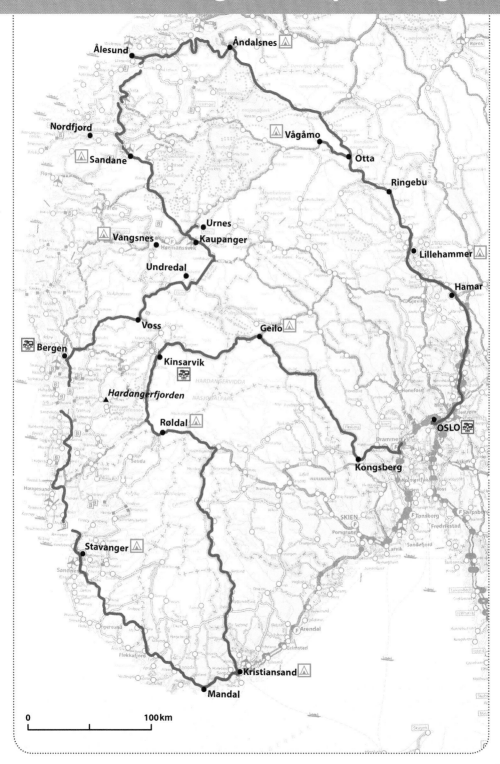

## Jour 7

De superbes paysages vous attendent au sud de Bergen avec, entre autres, le fjord d'Hardanger que vous apercevrez à votre gauche, sur une route ponctuée de traversées en ferry. Passez la nuit à **Stavanger**.

## Jours 8 et 9

Après la visite de **Stavanger** (le vieux port et la cathédrale vous charmeront), vous aborderez la côte sud de la Norvège, très ensoleillée, avec ses villes blanches, appréciées des estivants, comme **Mandal** ou **Kristiansand**. Ce dernier port de ferries assure un service régulier avec Hirtshals au Danemark, Göteborg en Suède et Newcastle en Grande-Bretagne. C'est de là que vous obliquerez à nouveau vers le nord, en empruntant l'étroite vallée de Setesdal; une région authentique, connue pour la transhumance des moutons à laquelle de nombreuses fêtes sont liées. Vous retrouverez ensuite un bras du fjord d'Hardanger (le Serfjorden) que vous longerez jusqu'à **Kinsarvik**, tandis que, sur votre droite, s'étend le vaste plateau sauvage du Hardangervidda, royaume des rennes et des randonneurs émérites. Cet immense plateau parsemé de lacs n'est traversé que par la route 7, entre Geilo et Eidfjord.

## Jour 10

Regagnez l'intérieur des terres jusqu'à la station de sports d'hiver de **Geilo**. De là, vous pénétrerez dans la vallée de Numedal; au long d'un paysage riant, chalets, églises en bois debout, et greniers de bois vous mèneront jusqu'à **Kongsberg** avant votre retour sur Oslo.

## ⛺ Campings

### Åndalsnes

**Åndalsnes Camping og Motell AS**
Gryttenveien 1 - ☏ 71 22 16 29
Permanent - 6 ha (792 empl.)
Tarif : 20,50 € 👫 👫 🚗 🔲 - 🚐
Loisirs : ☺ diurne 🛷 🚲 ≋ (plan d'eau) 🎣 ♨ 🏊, terrain de golf, canoës
Services : 🍷 ✕ 🏠 👶 🚿 🛜 🧺 🛒 🧊 ⛽
GPS : E 7.70417 N 62.55236

### Geilo

**Øen Turistsenter & Geilo Vandrerhjem**
Lienvegen 139 - ☏ 32 08 70 60
Permanent - 3,5 ha (70 empl.)
Tarif : 22,65 € 👫 👫 🚗 🔲 - 🚐 borne
Loisirs : 🚗 🚲 ≋ (plan d'eau) 🐬 ♨, terrain de golf, trampoline, canots à rames, ski de fond, téléski
Services : ✕ 🔑 🚿 🛜 🧊 ⛽
GPS : E 8.23634 N 60.54414

### Kristiansand

**Kristiansand Feriesenter**
Dvergsnesveien 571 - ☏ 38 04 19 80
De mi-mai à mi-août - 10 ha (50 empl.)
Tarif : 37,80 € 👫 👫 🚗 🔲 🚐 borne
Loisirs : ☺ diurne (mai-sept.) 🤸 🛷 m ♨ ≋ (plage) 🚣 🎣 ♨, aire de sports, beachvolley, terrain de golf, trampoline, mur d'escalade, barbecue, plongée sous-marine - Services : 🍷 ✕ 🏠 🔑 👶 🚿 🛜 🧊 🛒 🧊 ⛽
GPS : E 8.06579 N 58.12191

### Lillehammer

**Lillehammer Camping**
Dampsagveien 47 - ☏ 61 25 33 33
Permanent - 2 ha (250 empl.)
Tarif : 30,75 € 👫 👫 🚗 🔲 - 🚐 borne
Loisirs : 🛷 ≋ (plan d'eau) 🎣 ♨, jeux pour adultes, salle de bronzage, barbecue - Services : 🏠 👶 🚿 🛜 🧊
GPS : E 10.46312 N 61.10231

### Røldal

**Skysstasjonen Kro og Hytter**
Kyrkjevegen 24 - ☏ 53 64 73 85
Permanent - 1,4 ha (40 empl.)

Tarif : 15,10 € 👫 👫 🚗 🔲
🚐 borne
Loisirs : ☺ diurne ≋ 🛷 🚲
Services : ✕ 🏠 🚿 🛜 🧊 🛒 🧊 ⛽
GPS : E 6.82002 N 59.83003

### Sandane

**Gloppen Camping & Fritidssenter**
E39 / RV615 - ☏ 94 80 03 09
Permanent - 3,2 ha (100 empl.)
Tarif : 24,85 € 👫 👫 🚗 🔲
🚐 borne
Loisirs : ☺ diurne 🛷 🚲 m ≋ (plage) 🎣 ♨ 🐎, aire de sports, terrain de golf, bateaux à pédales, barbecue - Services : ✕ 🏠 👶 🔑
👶 🚿 🛜 🧊 ⛽
GPS : E 6.19637 N 61.76762

### Stavanger

**Stavanger Camping Mosvangen**
Henrik Ibsensgate 21 B - ☏ 51 53 29 71
De déb. mai à mi-sept. - 2,5 ha (160 empl.)
Tarif : 22,65 € 👫 👫 🚗 🔲
🚐 borne
Loisirs : 🛷 🚲 🎣
Services : ✕ 🏠 🔑 👶 🚿 🛜 🧊
GPS : E 5.71615 N 58.95208

### Vågåmo

**Randsverk Camping**
De mi-avr. à mi-oct. - 3 ha
Tarif : 30,40 € 👫 👫 🚗 🔲
🚐 borne
Loisirs : 🛷 - Services : ✕ 👶 🛜 🧊 ⛽
GPS : E 9.0755 N 61.72467

### Vangsnes

**Tveit**
RV13 - ☏ 57 69 66 00
De déb. mai à déb. oct. - 1 ha (40 empl.)
Tarif : 17,25 € 👫 👫 🚗 🔲
🚐 borne
Loisirs : 🛷 ≋ (plage) 🎣 ♨, barbecue, canots à rames, trampoline
Services : 🏠 👶 🚿 🛜 🧊
GPS : E 6.62329 N 61.14514

## 🚐 Aires de service et de stationnement

### Bergen

**Bergenshallen Caravan Parking Site**
Vilhelm Bjerknes'vei 24 - Landås -
📞 55 27 01 80
De déb. mai à fin août
Borne artisanale 🚿 💧 🚽 🧹
28 🅿 - 72h - 16,20 €/j.
🚌 Transports en commun pour le centre-ville.
GPS : E 5.35883 N 60.3543

### Kinsarvik

**Aire du Camping Ringøy**
Ringøy Camping - 📞 53 66 39 17
Borne artisanale 🚿 💧 🧹
🅿 - 19,50 €/j.
Services : 📶
GPS : E 6.77433 N 60.43784

### Oslo

**Sjølyst Marina Bobilparkering**
Drammensveien 164 - 📞 91 39 09 82
De déb. juin à mi-sept.
Borne artisanale 🚿 💧 🚽 🧹
250 🅿 - illimité - 32,40 €/j.
Services : 🚽 🛒 🍴 📶
GPS : E 10.41744 N 59.11191

---

### 🅸 Office de tourisme

**Oslo**
*Østbanehalllen, Jernbanetorget 1 (devant la gare centrale) - 📞 81 53 05 55 - www.visitoslo.com - juin-août : 8h-20h (dim. 9h-18h) ; sept.-mai : 9h-18h.*

**Pour téléphoner en Norvège :**
00 47 puis le numéro du correspondant.

**Pour plus d'informations :**
Cartes Michelin National N° 711 et 752
Le Guide Vert Norvège

---

## Les bonnes adresses de Bib

### Bergen

#### ✕ Kafé Kippers

*Georgernes Verft 12 (maison de la culture) - 📞 55 30 40 80 - www.usf. no - 11h-23h - 15/35 €.* La maison de la culture USF est longée par une grande terrasse sur le fjord de Bergen. Vous pourrez apprécier un déjeuner bon marché au café, ou vous installer sur la terrasse du restaurant et déguster d'excellents produits de la mer..

### Kristiansand

#### ✕ Bølgen & Moi

*Sjølystveien 1A - 📞 38 17 83 00 - bolgenogmoi.no - lun.-vend. 11h30-22h - 60/72 €.* Cet établissement est situé en face de la halle aux poissons… qui se retrouvent accommodés de toutes sortes de façons dans l'assiette.

### Lillehammer

#### ✕ Egon

*Elvegaten 12 (accès par Kirkegata) - 📞 61 05 70 80 - mollahotell.no - 30/50 €.* Le restaurant de l'hôtel Mølla a investi un moulin de 1863 posé sur la Mesna : pierres apparentes et outils en font un véritable petit musée d'ethnologie. Formule pub où des spécialités du cru (renne, saumon) se mêlent à des préparations plus internationales.

### Mandal

#### ✕ Hr Redaktør

*Store Elvegate 23a - 📞 38 27 15 30 - www.red.no - tlj sf dim. 12h-23h (vend.-sam. 2h30) - 13/50 €.* Ce restaurant est installé au rez-de-chaussée de l'immeuble du journal local. D'où le thème de sa décoration. Au déjeuner, on y sert des assiettes copieuses composées de mets simples et bon marché : salades, sandwichs et grillades. Le soir, une carte plus élaborée propose plats en sauce et poissons savoureux. Très populaire, l'endroit est souvent bondé.

### Oslo

#### ✕ Kaffistova

*Rosenkrantz gate 8 - 📞 23 21 42 11 - www.kaffistova.com - lun.-vend. 11h-21h, w.-end 11h-19h - 15/30 €.* Ce restaurant sert une cuisine norvégienne authentique et copieuse : vous apprécierez les boulettes de viande, comme les poissons frais ou fumés, agrémentés de salades. Grand choix de desserts.

#### ✕ Sorgenfri

*Bryggetorget 4, tout près du port - 📞 21 50 10 90 - www.cafesorgenfri. no - lun.-sam. 11h-23h, dim. 13h-22h - déj. 15/20 € - 30/50 €.* Cette grande brasserie moderne est richement décorée d'objets de brocantes en tout genre. Sur la terrasse vous pourrez apprécier des plats simples qui n'en sont pas moins très corrects (moules-frites, spécialités danoises, etc.).

#### Funky Fresh Food

*Hausmanns gate 16 - www. funkyfreshfoods.no - lun.-merc. 10h-19h, jeu.-vend. 10h-22h, sam. 12h-22h, dim. 12h-19h - 14/20 €.* Le café du DogA (centre de design, de mode et d'architecture norvégien) propose une cuisine végétarienne inventive et colorée (salades, burger…).

### Stavanger

#### ✕ Sjøhuset Skagen

*Skagenkaien 16 - 📞 51 89 51 80 - www.sjohusetskagen.no - 11h30-23h, dim. 13h-21h30 - 20/60 €.* Le restaurant traditionnel par excellence ! Situé sur les quais, l'établissement vaut pour ses recettes de poisson remarquables.

# Au pays du soleil de minuit

⮑ *Départ : Trondheim*
⮑ *9 jours - 1 750 km*

*Les îles Lofoten.*

IakovKalinin / iStock

## Jours 1 et 2

Une ligne virtuelle ? Sans doute, mais avant tout, une ligne qui parle à notre imaginaire, tel est le cercle polaire que ce circuit vous propose de franchir à deux reprises. Auparavant, vous vous serez attardé dans la belle cité de **Trondheim**, capitale spirituelle de la Norvège, pour sa cathédrale et le quartier de Bakklandet. Mais place aux grands espaces avec la fameuse route 17 ; ici terre et mer ne font qu'une et les paysages grandioses ne cessent de se renouveler. Vous passerez le cercle polaire au nord de **Mo i Rana**. Gagnez **Bodø** pour la nuit.

## Jour 3

Embarquez pour les **îles Lofoten**. Depuis des générations, ces îles excitent l'imagination des voyageurs qui rêvent d'admirer leurs paysages sauvages et aspirent à retrouver un mode de vie simple et naturel. Soyez certain que vous ne serez pas déçu, surtout si vous faites le voyage de Bodø, par ferry. Tandis que le bateau traverse le Vestfjord, la masse sombre du Lofotveggen, ou « mur des Lofoten », se profile au loin puis barre littéralement l'horizon. Austère et déchiquetée, cette merveille de la nature semble surgir de la mer, tandis que l'on distingue peu à peu les minuscules villages entourés de carrés d'herbe et blottis au pied des cimes. C'est à **Stamsund** que vous prendrez pied sur l'archipel des Lofoten. Le port de

ce long village bâti en amphithéâtre au-dessus de la mer s'anime chaque soir lorsque l'Express côtier vient y aborder. En route faites une halte à **Kabelvåg**. Ce village représentait, au 19e s., le premier port de pêche des Lofoten.

## Jour 4

Principale ville des Lofoten, **Svolvær** s'inscrit dans un paysage tourmenté d'îles et de presqu'îles dominées par des à-pics rocheux. Son port est le principal attrait de cette ville commerçante, dont une partie récemment construite sur pilotis constitue une île artificielle vouée à l'hôtellerie et à la restauration. Pour le reste, mis à part quelques galeries d'art, c'est surtout la vocation commerciale de la cité qui attire les visiteurs.
Gagnez **Fiskebol** pour emprunter le ferry pour **Melbu**. Plus perceptible en été lors du festival, l'animation de

cette cité se concentre sur le port ; en retrait de celui-ci, Frederiksens Allé est bordé d'agréables maisons de bois entourées de jardins et vous entraînera jusqu'au musée local aménagé dans plusieurs bâtiments. Ne manquez pas la visite du Musée des Vesterålen ainsi que le musée norvégien de la Pêche.

## Jours 5 et 6

Poursuivez jusqu'à **Stokmarknes** et son musée de l'Express côtier. De là gagnez **Sortland**, principale agglomération des Vesterålen, puis **Andenes**, centre important de pêche situé à l'extrême nord des îles. Vous y découvrirez le centre des aurores boréales, le centre baleinier et le Musée polaire. De Andenes ou de **Bleik**, possibilité de safaris aux baleines, aux phoques et aux oiseaux marins. Faites demi-tour jusqu'à Sortland pour regagner le continent par la route jusqu'à **Bjervik**.

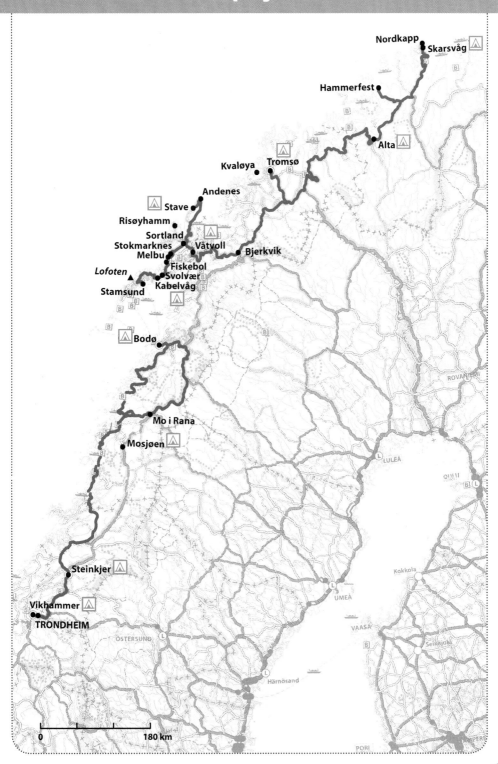

## Jour 7

Antichambre des régions polaires, **Tromsø** incite à la flânerie le long de son détroit qui peut se poursuivre dans l'île voisine de **Kvaløya**. Le cadre dans lequel se situe la cité arctique est unique et exerce un grand attrait sur les visiteurs. Ne manquez pas le Musée polaire et la cathédrale des Glaces.

## Jour 8

La fameuse route E 6 vous conduira au cœur des immenses étendues lapones : à **Alta**, partez à la découverte des gravures rupestres, avant de partir à l'assaut d'un lieu mythique, le **Cap Nord** (Nordkapp). En route faites un crochet par **Hammerfest**.

## Jour 9

Pour gagner l'île de Magerøya où se trouve le Cap Nord, vous devez emprunter un tunnel d'une longueur de 6,8 km creusé à une profondeur de 212 m au-dessous du niveau de la mer. Il vous faudra acquitter un péage tenant compte de la catégorie du véhicule, auquel il faut ajouter un droit pour chaque passager. Vous voilà enfin arrivé au point le plus septentrional du continent européen. Le plateau est souvent noyé dans le brouillard mais celui-ci peut soudain se lever et dévoiler l'immensité de l'océan, vaste étendue qui s'étire sur 2 000 km entre le Cap et le pôle Nord.

## ⛺ Campings

### Alta

**⛺ Alta River**
Steinfossveien 5 - ☏ 78 43 43 53
Permanent - 1,5 ha (100 empl.)
Tarif : 27 € 🚶🚶 🚗 🔲
🚐
Loisirs : 🛶 🏇 🎣, barbecue, randonnées
Services : 🏠 🚿 🛜 📷 🧺
GPS : E 23.2625 N 69.9296

### Bodø

**⛺ Bodøsjøen Camping**
Båtstøveien 1 - ☏ 75 56 36 80
Permanent - 2,9 ha (120 empl.)
Tarif : 23,15 € 🚶🚶 🚗 🔲
🚐
Loisirs : 🏇 🏖 (plage) 🎣
Services : 🚿 🛜 📷
☺ Le musée norvégien de l'aviation est situé à 1,5 km.
GPS : E 14.42412 N 67.26954

### Kabelvåg

**⛺ Sandvika Fjord & Sjøhuscamping**
Ørsvågveien 45 - ☏ 76 07 81 45
De déb. mai à fin sept. - 12 ha (180 empl.)
Tarif : 25,50 € 🚶🚶 🚗 🔲
🚐 borne
Loisirs : 🏇 🚲 🏖 (plage) 🎣 🛶, barbecue, canots à rames, cours de kayak
Services : 🍴 🏠 🚿 🛜 📷 🛒 🧺
GPS : E 14.42729 N 68.20448

### Mosjøen

**⛺⛺ Mosjøen Camping**
Campingveien 1 - ☏ 75 17 79 00
Permanent - 7 ha (194 empl.)
Tarif : 27,50 € 🚶🚶 🚗 🔲
🚐 borne
Loisirs : 🏌 🏇 🚲 ⛸ 🏕 🎣, squash, bowling, jeux pour adultes, aire de sports, barbecue
Services : 🍴 🏠 🚿 🛜 📷 🛒 🧺
GPS : E 13.21992 N 65.83418

### Skarsvåg

**⛺ Nordkapp Caravan & Camp**
Torvelegda 1 - ☏ 45 22 19 42
De fin avr. à déb. oct. - 1,6 ha (40 empl.)
Tarif : 27,95 € 🚶🚶 🚗 🔲
🚐
Loisirs : 🎣, randonnées
Services : 🍴 🏠 🚿 🛜 📷
☺ Vue panoramique sur le cap Nord.
GPS : E 25.82141 N 71.11285

### Stave

**⛺ Stave Camping**
De mi-mai à déb. sept. - 3,5 ha (120 empl.)
Tarif : 19,45 € 🚶🚶 🚗 🔲
🚐 borne
Loisirs : 🎠 diurne 🏇 🏖 (plage) 🎣 🛶, trampoline, cours de ski nautique et de planche à voile
Services : 🍴 🏠 🔑 🚿 🛜 🧺
🧺 🚻
GPS : E 15.85772 N 69.2041

### Steinkjer

**⛺ Guldbergaunet**
Elvenget 34 - ☏ 74 16 20 45
Permanent - 15 ha (100 empl.)
Tarif : 25,90 € 🚶🚶 🚗 🔲
🚐
Loisirs :, aire de sports, terrain de golf, barbecue
Services : 🏠 🚿 🛜 📷 🧺 🚻
GPS : E 11.50642 N 64.02227

### Tromsø

**⛺⛺ Tromsø Camping**
Elvestrandveien 10 - ☏ 77 63 80 37
Permanent - 1,6 ha (54 empl.)
Tarif : 38,85 € 🚶🚶 🚗 🔲
🚐 borne
Loisirs : 🏇 🚲 🏖 (plage) 🎣 🛶, aire de sports, barbecue, randonnées
Services : 🍽 🍴 🏠 🔑 🚿 🚽 🛜
📷 🧺 🚻
GPS : E 19.01624 N 69.64839

## Les bonnes adresses de Bib

### Våtvoll

#### ⛺ Gullesfjordbotn Camping

E10 - ☎ 91 59 75 50
De déb. mai à déb. oct. -
2,3 ha (80 empl.)
Tarif : 27 € 🚶🚶 🚗 🔲
🚐 borne
Loisirs : 🛶 🚤 🏊 (plage) 🐟 🎣,
bateaux à pédales
Services : 🍷 🍴 🏠 ♿ 🔥 📶
🧊 🧺 🚿
GPS : E 15.79862 N 68.56854

### Vikhammer

#### ⛺ Vikhammer Camping

Vikhammerløkka 2 - ☎ 986 875 298
Permanent - 8,4 ha (100 empl.)
Tarif : 24,85 € 🚶🚶 🚗 🔲
🚐 borne
Loisirs : 🚤 🏊 (plage) 🐟 🎣,
barbecue
Services : 🏠 🔥 📶 🧊
GPS : E 10.6372 N 63.4401

### Andenes

#### ✖ Restaurant Lysthuset

*Storgata - 25/35 €*. Taverne fréquentée par une clientèle locale : cusine du pays où vous pourrez déguster une soupe de poissons, une truite arctique (*ishavsrøye*) ou encore du *boknafisk* (morue séchée). Si vous êtes plutôt viande, vous aurez le choix entre un civet de renne (*finnebiff*) et un steak de baleine (*hvalbiff*).

### Hammerfest

#### ✖ ScandicHotel Hammerfest

*Sørøygata 15 - ☎ 78 42 57 00 - www.scandichotels.com*. Spécialités de poissons.

### Stamsund

#### ✖ Skjærbrygga

*Au bout du village, près du port de l'Hurtigruten - ☎ 76 05 46 00 - www.skjaerbrygga.no - 10h-23h (vend.-sam. 2h) - 20/35 €*. Dans une ancienne pêcherie au bord de l'eau, une grande salle aux poutres de bois accueille un café constitué d'alcôves confortables aux étagères munies de livres que l'on imagine emplis de récits de voyages et de naufrages. Le restaurant (à partir de 17h) aux tables donnant directement sur le port propose des spécialités de poisson.

### Svolvær

#### ✖ Børsen Spiseri

*Gunnar Bergs vei 2 (suivre les flèches Svinøya rorbuer) - ☎ 76 06 99 30 - .svinoya.no - 18h-22h (hiver : fermé lun.-merc.) - 33/45 €*. Dans le cadre chic d'un ancien entrepôt de 1828 magnifiquement rénové, vous savourerez des spécialités de poissons. Inoubliables.

### Risøyhamn (Buknesfjord)

#### ✖ Andøy Friluftssenter - Restaurant Eng

*Sur la route 82 - ☎ 76 14 88 04 - www.andoy-friluftssenter.no - mai-sept., et Noël sur réserv. - 15/40 €* « Un repas arctique dans un environnement arctique » : telle est la devise de la maison qui sert des menus

traditionnels à base de produits du terroir. Votre repas se composera, notamment, de saumons du fjord en contrebas, de baies polaires cueillies dans la montagne…

### Tromsø

#### ✖ Sjømatrestaurant Arctandria

*Strandtorget 1 - ☎ 77 60 07 20 - tlj sf dim. 16h-0h - 20/45 €*. Un excellent restaurant (mais aussi un café moins onéreux) fréquenté par les amateurs de cuisine arctique. Au menu : baleine, phoque et renne, arrosés de Mack, la bière locale.

#### ✖ Emma's Drømmekjøkken

*Kirkegt. 8 - ☎ 77 63 77 30 - emmasdrommekjokken.no - lun.-jeu. à partir de 18h, (17h30 vend.-sam.) - déj. 18/22 € - 55/80 €*. La table gastronomique et traditionnelle de Tromsø ! La viande de phoque n'est servie qu'avant Noël et seulement au déjeuner. Vous pourrez déguster des langues de morue ou de la baleine fumée, qui doit être achetée en juin, lorsqu'elle s'est nourrie de krill, avant qu'elle ne descende vers le sud manger du hareng, ce qui change son goût.

### Trondheim

#### ✖ Marché aux poissons (Fisketorget) Ravnkloa

*Angle de Munkegata et Ravnkloa - www.ravnkloa.no - lun.-vend. 10h-17h, sam. 10h-16h*. L'endroit est minuscule, mais on pourra manger sur place une soupe, des moules ou un burger de poisson.

#### ✖ Havfruen

*Kjøpmannsgata 7 - ☎ 73 87 40 70 - tlj sf dim. à partir de 16h - 40/70 €*. Un restaurant élégant spécialisé dans les produits de la mer. L'endroit idéal pour un dîner romantique avec vue sur la Nidelva.

#### ✖ Mormors Stue

*Nedre Enkeltskillingsveita 2 - ☎ 73 52 20 22 - www.mormor.no - 10h-23h30, dim. 12h-17h - 12/17 €*. Cette charmante vieille demeure abrite sur deux étages un café-restaurant très fréquenté et populaire.

### 🛈 Office de tourisme

**Trondheim**
*Nordre gate 11 (place du Marché) - ☎ 73 80 76 60 - www.trondheim.no ou www.visittrondheim.no.*

**Pour téléphoner en Norvège :**
00 47, puis le numéro du correspondant.

**Pour plus d'informations :**
Cartes Michelin National N° 711 et 752
Le Guide Vert Norvège

# De la Norvège à la Finlande

⊃ *Départ : Nordkapp*
⊃ *13 jours - 2561 km*

*Helsinki et l'église Saint-Jean.*

H. Sadura / Tetra Images / Photononstop

### Jour 1

En partant de **Nordkapp** (voir fin du circuit 48), la Laponie est la première étape de ce circuit en Finlande (*via* E 6 et route 92). C'est au cœur de ce territoire presque inhabité, superbe et sauvage, que sont installés les Samis, autrefois appelés les Lapons. Les larges étendues, couvertes de prairies et de lacs, forment une nature brute et saisissante. Au milieu de la péninsule scandinave, la ville d'Inari constitue un centre important dans la culture samie. Ne manquez pas son musée, véritable mine d'or pour comprendre la région et les particularités des peuplades du Nord. À une quarantaine de kilomètres d'**Inari** (*via* la route 955), le **parc national de Lemmenjoki** est le plus étendu de Finlande : vous pourrez aisément y randonner ou y louer des barques à moteur.

### Jour 2

Arrivé à **Rovaniemi** par les routes 955 puis 79, vous découvrirez la capitale de la Laponie finlandaise. Vous serez frappé par la proximité du centre-ville et de la nature, qui s'illustre, entre autres, par le dessin du plan de la cité qui évoque un bois de renne. Rovaniemi étant quasiment située sur le cercle polaire arctique, vous pourrez y faire établir un certificat de franchissement. N'oubliez pas de mentionner aux plus jeunes que vous êtes dans la ville du Père Noël !

### Jours 3 et 4

Passez deux journées au **parc national d'Oulanka** (*via* la route 81), étape incontournable pour les amateurs de randonnées et de beaux panoramas. Vous y trouverez plusieurs circuits bien balisés, et les sportifs tenteront la descente des rapides de la rivière Kitkanjoki. L'idéal est de vous installer à Juuma pour camper, car de là vous pourrez rayonner dans le parc, célèbre pour le circuit de l'Ours très fréquenté en été.

### Jour 5

**Kuusamo**, que vous rejoignez par la E 63, se trouve au cœur de l'une des plus belles régions de Finlande. L'intérêt de cette étape n'est pas dans la ville elle-même mais dans les possibilités d'excursions qu'elle offre. Les environs sont splendides : vous y découvrirez de nombreux canyons et ravins, ainsi qu'une faune riche et variée.

### Jour 6

Revenez sur vos pas sur la 81, prenez ensuite les 941 et 924 qui vous conduiront à **Tornio**, dans le golfe de Botnie. Tornio est l'une des plus anciennes cités du nord de la Scandinavie, surtout connue pour les impressionnants rapides de Kukkolankosli, qui s'étendent sur une distance de 3,5 km. La visite de la charmante église luthérienne de Tornio (Tornion Kirkko), de la fin du 17e s., vous donnera un bel aperçu de l'art nordique de l'époque.

### Jour 7

Au sud de Tornio par la E 75 et la E 8, vous atteignez **Oulu**, la plus grande ville du nord du pays. Profitez surtout de ses îles, toutes prétextes à de petites excursions sur de belles plages. Il est agréable d'y passer une journée, et utile de bien se ravitailler avant une longue étape à travers la nature finlandaise.

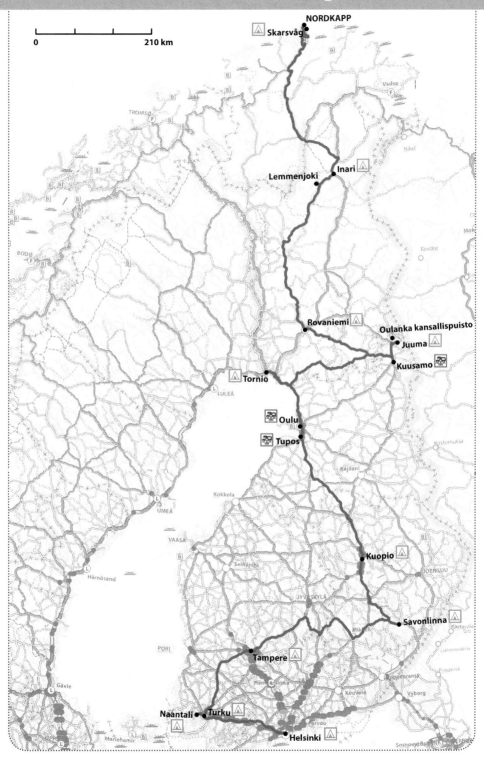

NORDKAPP

Skarsvåg

210 km

0

Inari

Lemmenjoki

Rovaniemi

Oulanka kansallispuisto

Juuma

Kuusamo

Tornio

Oulu

Tupos

Kuopio

Savonlinna

Tampere

Naantali

Turku

Helsinki

## Jour 8

La ville de **Kuopio** (*via* les routes 4, 88 et 5) fut fondée en 1782 sur les bords du lac Kallavesi. Aujourd'hui, c'est une importante ville universitaire, vivante et active, ce qui en fait un lieu d'étape agréable et un centre d'excursion en bateau. Montez au sommet de la tour de Puijo pour avoir le meilleur panorama sur la cité, et visitez l'église orthodoxe.

## Jour 9

**Savonlinna,** que vous gagnez par les routes 5 et 464, est une ville étonnante, bâtie sur un chapelet d'îles reliées par des ponts. Deux choses à savoir : le château d'Olav (Olavinlinna) ayant été le théâtre de nombreux affrontements régionaux depuis le 15e s., sa visite vaut donc le détour ; la ville accueille chaque été un festival international d'Opéra qui attire les foules et engorge la ville pendant plusieurs jours.

## Jour 10

De Savonlinna, suivez successivement les routes 14, 13, 616, 610 et 9, toujours en direction de Tampere. C'est une ville agréable, ponctuée de parcs et bordée de deux lacs ; on la parcourt volontiers à pied. **Tampere** vaut également pour ses activités culturelles : elle possède un riche musée d'Art moderne, une cathédrale de style romantique, et accueille de nombreux festivals tout au long de l'année.

## Jour 11

**Turku** (*via* les routes 12 et 41), capitale européenne de la Culture en 2011, est une ville que l'on visite à vélo. Ainsi, vous pourrez facilement vous promener le long des quais, et rallier la belle cathédrale. Les quais concentrent l'essentiel de l'animation de la ville. Cette étape culturelle sera couronnée par la visite du château de Turku, imposante forteresse de granit, et des nombreux petits musées de la ville. Poussez jusqu'à **Naantali**, à 15 km à l'ouest par la route 185. Dans cette agréable station estivale baignée par la mer, vous verrez de nombreuses maisons en bois datant du 18e et 19e s. en vous baladant dans la vieille ville, autour du monastère Sainte-Brigitte.

## Jours 12 et 13

En arrivant à **Helsinki** (*via* la route 110), après ce circuit très proche de la nature, vous aurez l'impression de plonger dans une capitale stricte et très urbaine. Mais il suffit de louer un vélo, de sauter dans un bateau pour une croisière autour des îles de l'archipel, ou de se balader dans les parcs, pour se rendre compte qu'Helsinki est à l'image du pays tout entier, une ville en harmonie avec la nature. Consacrez 2 jours à la découverte de la capitale finlandaise, car les musées, les spectacles, et les balades ne manquent pas.

## Aires de service et de stationnement

### Kuusamo (Finlande)

**Kuusamon Portti**
Kajaanintie 151 - ☎ 044 566 7685
Permanent
Borne artisanale
20 🅿 - illimité - 20 €/j. - Services :
GPS : E 29.2563 N 65.8325

### Oulu (Finlande)

**Aire du Nallikari Lomakylä-Camping**
Leiritie 10, Hietasaari -
☎ 044 703 1353 - Permanent
Borne - Services :
GPS : E 25.41833 N 65.02434

### Tupos (Finlande)

**Aire de Tupos**
Tuposkorva 1 - Permanent
Borne artisanale : 5 €
Services :
GPS : E 25.52067 N 64.85733

## Offices de tourisme

**Helsinki**
*Pohjoisesplanadi 19 - ☎ 09 3101 3300 - www.visithelsinki.fi/en.*

**Rovaniemi**
*Lordi's Square Maakuntakatu 29-31 - ☎ 016 346 270 - www. visitrovaniemi.fi.*

**Tampere**
*Hämeenkatu - ☎ 03 5656 6800 - www.visittampere.fi.*

Pour téléphoner en Norvège :
00 47, puis le numéro du correspondant

en Finlande :
00 358 puis le numéro du correspondant sans le 0 initial.

Pour plus d'informations :
Cartes Michelin National N° 711, 752 et 754
Le Guide Vert Norvège

## ⛺ Campings

### Helsinki (Finlande)

**Camping Rastila**
Karavaanikatu 4 - ☎ 093 107 8517
Permanent - 9 ha (165 empl.)
Tarif : 31 € 🚻 🚻 🚗 🅴 - 🚽 borne
Loisirs : 🏊 🛝 🎣
Services : 🍷 🍴 🚿 📶 🔌
GPS : E 25.12063 N 60.20676

### Inari (Finlande)

**Hliday Village Inari**
Inarintie 26 - ☎ 040 179 6069
Permanent - 2 ha (50 empl.)
Tarif : 20 € 🚻 🚻 🚗 🅴 - 🚽 borne
Loisirs : 🏊 🎣 💧
Services : 🍴 🚿 📶 🔌
GPS : E 27.03657 N 68.9024

### Juuma (Finlande)

**Holiday Village Retki-Etappi**
Juumantie 134 - ☎ 040 565 3474
De déb. juin à fin sept.
Tarif : 12 € 🚻 🚻 🚗 🅴
Loisirs : 🎣 🐎 - Services : 🍷 🚿
GPS : E 29.40196 N 66.26985

### Kuopio (Finlande)

**Rauhalahti Holiday Centre**
Rauhankatu 3 ☎ 017 473 000
De fin mai à fin août - 26 ha (537 empl.)
Tarif : 23 € 🚻 🚻 🚗 🅴 - 🚽 borne
Loisirs : 🏊 🛝 🎣 💧
Services : 🍷 🍴 🚿 📶 🔌 🔌
GPS : E 27.63918 N 62.86402

### Naantali (Finlande)

**Naantali Camping**
Kopenkatu 20 - ☎ 024 350 855
De fin avr. à fin août - 8 ha (160 empl.)
Tarif : 27 € 🚻 🚻 🚗 🅴 - 🚽 borne
Loisirs : 🏊 🛝 🎣
Services : 🍷 🚿 🔌 🔌 🔌
GPS : E 22.01662 N 60.46966

### Rovaniemi (Finlande)

**Camping Ounaskoski**
Jäämerentie 1 - ☎ 016 345 304
De fin mai à fin sept. - 3 ha (140 empl.)
Tarif : 31 € 🚻 🚻 🚗 🅴

🚽 borne
Loisirs : 🏊 🛝 🎣
Services : 🍷 🚿 📶 🔌
GPS : E 25.7429 N 66.49686

### Savonlinna (Finlande)

**Camping Vuohimäki**
Vuohimäentie 60 - ☎ 015 537 353
De déb. juin à déb. août -
30 ha (250 empl.)
Tarif : 36 € 🚻 🚻 🚗 🅴
🚽 borne
Loisirs : 🏊 🎣
Services : 🍷 🍴 🚿 📶 🔌 🔌 🔌
GPS : E 28.80702 N 61.86187

### Skarsvåg (Norvège)

**Nordkapp Caravan Camp**
*Voir le circuit précédent.*

### Tampere (Finlande)

**Tampere Camping Härmälä**
Leirintäkatu 8 - ☎ 0207 199 777
De mi-mai à fin sept. - 8 ha (300 empl.)
Tarif : 27 € 🚻 🚻 🚗 🅴
🚽 borne
Loisirs : 🏊 🛝 🎣
Services : 🍷 🍴 🚿 📶 🔌 🔌
GPS : E 23.73856 N 61.47205

### Tornio (Finlande)

**Camping Tornio**
Matkailijantie 49 - ☎ 016 445 945
De déb. mai à fin sept. -
5,5 ha (104 empl.)
Tarif : 23 € 🚻 🚻 🚗 🅴
🚽 borne
Loisirs : 🏊 🛝 🎣
Services : 🍷 🚿 📶 🔌
GPS : E 24.20194 N 65.83173

### Turku (Finlande)

**Ruissalo Camping**
Saarontie 25 - ☎ 022 625 100
De déb. juin à fin août - 20 ha (800 empl.)
Tarif : 27 € 🚻 🚻 🚗 🅴
🚽 borne
Loisirs : 🏊 🛝 🎣
Services : 🍷 🍴 🚿 📶 🔌 🛒 🔌
GPS : E 22.0913 N 60.42428

## Les bonnes adresses de Bib

### Helsinki (Finlande)

**🍴 Olo**
*Pohjoises planadi 5 - ☎ 010 320 6250 - olo-ravintola.fi - lun. 11h30-15h, mar.-vend. 11h30-15h €. Dans ce confortable et impeccable restaurant, un personnel de service jeune, agréable et efficace sert une cuisine raffinée, agrémentée de touches modernes ; élégante cave à vins et salons pour dîners privés.*

### Inari (Finlande)

**🍴 Restaurant Sarrit**
*Inarintie 46 (dans le musée Siida) - ☎ 040 700 6485 - juin-mi-sept. : 11h-18h ; reste de l'année : 11h-15h -30 €. Petite restauration dans un cadre sympathique. Vous pouvez aussi – à l'avance et sur commande – vous faire préparer des provisions pour vos excursions.*

### Kuusamo (Finlande)

**🍴 Martina**
*Ouluntaival 3 - ☎ 020 799 4008 - www.martina.fi - 12h-23h, vend.-sam. 11h-0h, dim. 12h-21h - 20/30 €. Une chaîne très présente en Finlande, pratique et correct sur tous les plans. Cuisine Italienne.*

### Naantali (Finlande)

**🍴 Merisali**
*Nunnakatu 1 - ☎ 02 435 2451 - avril à fin oct. : 9h-1h, vend.-sam. 9h-2h - buffet lun.-sam. 11h-16h : 13,50 €, et 16h-22h : 18 €, dim. 11h-17h : 21 €. Vous ne pourrez pas rater cette enseigne, et notamment sa grande terrasse à l'arrivée au port. Réputé pour ses préparations de poisson, variées et goûteuses.*

### Rovaniemi (Finlande)

**🍴 Wingston**
*Kansankatu 17 - ☎ 016 312 111 - www.wingston - mar.-jeu. 16h-22h, vend. 16h-23h, sam. 14h-23h, dim. 13h-22h - 10/25 €. Bon rapport qualité-prix pour du poulet sous toutes ses formes. Accueil sympathique.*

# Classiques estoniens

➲ *Départ : Tallinn*
➲ *10 jours - 950 km*

### Jours 1 et 2

À **Tallinn**, vos pas résonnent sur les pavés de la vieille ville. Pour découvrir ses trésors architecturaux protégés par des remparts aux tours pointues, Raekoja plats est un point de départ idéal. Pénétrez dans les belles églises de Saint-Nicolas ou Pühavaimu, recensez les couleurs et ornements des demeures caractéristiques du style hanséatique. En haut de la rue Pikk jalg qui relie le port à la colline Toompea, commence la ville haute : château, immense église russe et celle du Dôme. Dans la soirée, passez derrière les façades anciennes, où se cachent des cafés aux décors futuristes ou des restaurants volontairement rustiques, voire médiévaux.

La vieille ville s'éveille. Le marché aux laines s'anime le long des remparts et les galeries d'art ouvrent une à une. Visitez le musée historique ou celui de la ville. Dans l'après-midi, flânez dans le parc de Kadriorg qui entoure le palais du même nom. Vous y découvrirez deux musées d'art, l'un logé dans un superbe palais baroque (art étranger), l'autre dans une structure futuriste (art d'Estonie). Au pied de l'amphithéâtre en plein air, imaginez comment peuvent se réunir 150 000 chanteurs et spectateurs lors des grands festivals quinquennaux. Profitez-en pour flâner dans le quartier de Pirita, sur la plage et le port olympique. Un bus vous emmène au Musée ethnographique en plein

*Vue sur le centre historique de Tallinn.*

W. Bibikow / age fotostock

air qui longe la mer à Rocca al Mare : maisons paysannes et moulins vous feront découvrir le paysage traditionnel de l'Estonie rurale.

### Jour 3

Partez à la découverte du **parc national de Lahemaa** (80 km à l'est). Ses sentiers sillonnent de superbes paysages forestiers et maritimes. Au-delà du parc, la route 1 vous convie à un voyage dans l'ex-URSS. Les friches industrielles, les villes-dortoirs, la cité modèle de **Sillamäe** sont peuplés de russophones écartelés entre deux nations. Puis vous irez jusqu'à **Narva** dont la fière citadelle défie celle de sa voisine russe, Ivangorod.

### Jour 4

La route 3 longe les rives du vaste lac Peïpous. À **Mustvee**, **Raja**, **Kasepää** et **Kallaste**, découvrez la communauté des vieux-croyants. Puis bifur-

quez vers **Tartu**, cité universitaire où naquit l'idée même de l'Estonie. C'est en 1870 que la Société des étudiants estoniens dessine ce qui deviendra le drapeau national. Une promenade loin du centre jusqu'à Supilinn, dans un faubourg de maisons en bois dont les rues portent des noms de légumes, vous dépaysera et vous transportera au début du siècle dernier.

### Jour 5

Poursuivez jusqu'à **Võru**, posée sur la rive du lac Tamula, au sud de la cité où un médecin créa de toutes pièces l'épopée nationale des Estoniens (Kalevipoeg). Lacs et forêts giboyeuses abondent autour de **Rõuge** et du **Suur-Munämägi**. Du sommet du château d'eau panoramique, la vue sur les futaies s'étalant à l'infini est sublime. Explorez les sentiers ou partez à la découverte du pays des Sètes autour de **Värska**.

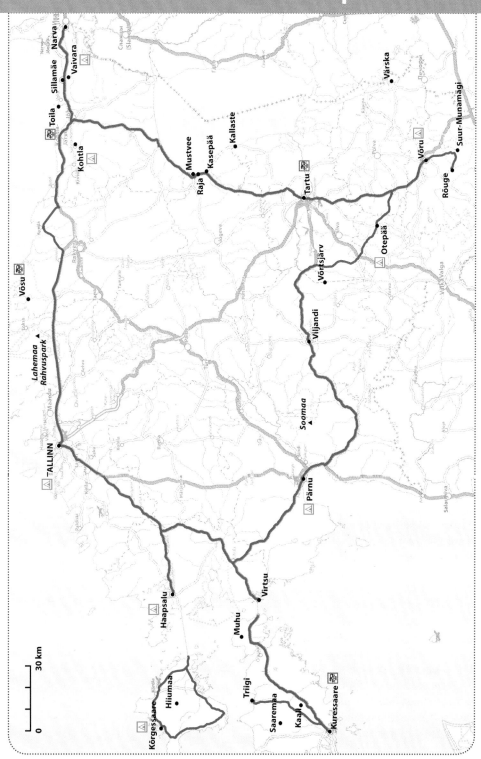

## Jour 6

Remontez vers le nord-ouest et, si le temps s'y prête, vous pourrez aller skier à **Otepää**. Sinon, poursuivez par le lac **Võrtsjärv** vers le site spectaculaire de **Viljandi** (lac et château teutonique). Poursuivez par la route 92 et découvrez (si vous ne craignez pas les mauvaises routes) les marais du **Soomaa**, ou rejoignez **Pärnu**, cité balnéaire élégante et animée, qui vous attend avec ses bains de boue réputés. Des parcs ombragés, une jolie plage de sable, théâtres, musées, concerts permettent de varier les plaisirs et de se détendre.

## Jours 7 et 8

L'heure est venue d'embarquer. Le ferry vous attend à **Virtsu** pour vous déposer sur **Muhu** reliée à **Saaremaa** par une digue. Profitez de la plus grande île du pays, de sa capitale (**Kuressaare**) et de ses plages. Explorez ses chemins : moulins à vent, phares du bout du monde et cratère de météorite de **Kaali**.

## Jour 9

De **Triigi**, un ferry vogue vers l'île voisine de **Hiiumaa**, encore plus sauvage, et fière de son folklore.

## Jour 10

En passant par **Haapsalu** la mélancolique, où à l'ombre de la forteresse-cathédrale flânent les fantômes de l'aristocratie russe, appréciez l'émouvant petit musée créé par la minorité suédoise, présente jusqu'en 1944. Enfin, vous regagnerez **Tallinn** pour une dernière soirée dans un restaurant médiéval de la vieille ville.

## ⛺ Campings

### Haapsalu

#### ⛺ Camping Pikseke
Männiku tee 32 - 🖉 51 922 291
Permanent - 0,7 ha (40 empl.)
Tarif : 17 € 🏃🏃 🚗 🔲
🚐 borne
Loisirs : ⛱ 🚲 🐟
Services : 🍴 🚿 📺 📶 🔲 🛒 🧺
☺ Sauna (15 € par heure).
GPS : E 23.53692 N 58.92792

### Kohtla

#### 🏨 Saka Cliff Hotel & Spa
Saka mõisa park - 🖉 336 4900
Permanent - (15 empl.)
Tarif : 13 € 🏃🏃 🔲
🚐 borne
Loisirs : ⛱ jacuzzi 🚲 🎾 🛶 (plage), aire de sports
Services : 🍷 🍴 📺 ⚡ 🚿 📶 🔲
☺ Spa (saunas, piscine et massage) proposés en supplément. Petit-déjeuner 9 €.
GPS : E 27.17933 N 59.43786

### Körgessaare

#### ⛺ Randmäe Puhketalu
Kiviloo - 🖉 56 833 511
Permanent - 11 ha (50 empl.)
Tarif : 20 € 🏃🏃 🚗 🔲
🚐 borne
Loisirs : ⛱ 🛶 (plage) 🐟 ⚓, aire de sports
Services : 🚿 📶 🧺
GPS : E 22.5799 N 59.0309

### Otepää

#### 🏨 Pühajärve Spa & Puhkekeskus
Pühajärve - 🖉 766 5500
Permanent - (12 empl.)
🚐 borne
Loisirs : 🎿 ⛱ jacuzzi 🏄 🚲 🎾 🔲 🛶 (plage), spa, bowling, aire de sports
Services : 🍷 🍴 📺 ♿ ⚡ 🚿 📶 🔊 🧺
GPS : E 26.47144 N 58.0468

### Pärnu

#### ⛺ Konse Motel & Camping
Suur-Jõe 44a - 🖉 53 435 092
Permanent - 1 ha (90 empl.)
Tarif : 20 € 🏃🏃 🚗 🔲
🚐 borne
Loisirs : ⛱ 🚲 ⚓
Services : 🍷 🍴 🚿 📺 📶 🔲 🧺
☺ Sauna (15 € par heure), location de vélo (10 € par jour).
GPS : E 24.52647 N 58.38512

### Tallinn

#### ⛺ Tallinn city camping
Pirita tee 28 - 🖉 613 7322
De fin mai à mi-sept. - (50 empl.)
Tarif : 22 € 🏃🏃 🚗 🔲
🚐 borne
Loisirs : ⛱ 🚲
Services : 🍷 🍴 ⚡ 🚿 📺 📶 🔲 🧺
☺ Transports en commun pour le centre-ville (situé à 3 km).
GPS : E 24.80796 N 59.44951

### Vaivara

#### 🏨 Laagna Hotell
Laagna Küla - 🖉 392 5900
Permanent - 4 ha (60 empl.)
Tarif : 13 € 🏃🏃 🚗 🔲
🚐 borne
Loisirs : ⛱ jacuzzi 🚲 🔲 🛶 (plage) 🐎, spa
Services : 🍷 🍴 📺 ⚡ 🚿 📺 📶 🔲
GPS : E 27.97274 N 59.39315

### Võru

#### 🏨 Kubija Hotel & Nature Spa
Männiku 43a - 🖉 504 5745
Permanent - 2 ha (15 empl.)
Tarif : 15 € 🏃🏃 🚗 🔲
🚐 borne
Loisirs : 🎿 ⛱ 🚲 ♿ 🔲 🛶 (plage), centre de bien-être, aire de sports
Services : 🍷 🍴 📺 ⚡ 🚿 📶 🔲
☺ Hôtel avec sauna à côté.
GPS : E 27.00789 N 57.81492

## 🚐 Aires de service et de stationnement

### Kuressaare

**Parking de Kuressaare**
Pargi 16 - ☎ 452 7140
Permanent
Borne artisanale 🔧 ⚡ 🚿
15 P - illimité - Gratuit
Services : wc 🚽 📶
♿ Douches.
GPS : E 22.4722 N 58.2472

### Tartu

**Caravan park of Tartu Karlova Harbour**
Rebase tänav 18 - ☎ 53 069 966
D'avr. à nov.
Borne artisanale 🔧 ⚡ 🚿
20 P - 20 €/j. - services compris
Paiement : GB
Services : wc 🚽 📶
GPS : E 26.74067 N 58.375

### Toila

**Aire du Camping Toila Spa Hotell**
Ranna 12 - ☎ 334 2900
De mai à sept.
Borne artisanale 🔧 ⚡ 🚿
22 P - 15 €/j.
Services : wc
GPS : E 27.5085 N 59.422

### Vösu

**Lepispea Caravan & Camping**
Lepispéa 3 - ☎ 54 501 522
De mai à sept.
Borne artisanale 🔧 ⚡ 🚿 :
Payant
200 P - 17 €/j. - services compris
Services : wc 🚽 📶
GPS : E 25.93516 N 59.572

## Les bonnes adresses de Bib

### Narva

#### ✕ Aleksandr
*Puškini 13 - ☎ 357 3150 - 11h-23h.*
Spécialités russes servies dans un pub à la mode qui abrite également un magasin d'antiquités.

### Tallinn

#### ✕ Troika
*Raekoja plats 5 - ☎ 627 6245 - www.troika.ee - 10h-23h - 30/50 €.*
C'est en sous-sol que ce restaurant, au décor évoquant les splendeurs de la vieille Russie, vous accueille. Rien ne manque, ni le personnel en costume traditionnel, ni la balalaïka, ni bien sûr les plats traditionnels de la gastronomie russe.

#### ✕ Kuldse Notsu Kõrts
*Dunkri 8 - ☎ 628 6567 - www.hotelstptersbourg.com - 12h-0h - 20/25 €.* Ce restaurant de cuisine estonienne occupe en entresol une longue salle rustique décorée de peintures murales : harengs marinés aux oignons, viande en gelée à la mode de Saaremaa, saucisses de sanglier, boudin à la confiture de baies sauvages ou les délicieux sprats servis sur toast avec des œufs mimosas, des cornichons et des herbes… En dessert, essayez le *tuuliku kama*, mélange de céréales (seigle, orge, avoine) au lait caillé et aux baies.

#### Maiasmokk café
*Pikk tn 16 - ☎ 646 4079 - www.kalev.ee - 8h-20h, sam. 9h-20h, dim. 9h-19h.* Ouvert en 1864, cet établissement aux boiseries sombres est une institution où les amateurs de massepain et de chocolat se donnent rendez-vous.

#### Marchés
**Marché aux lainages** (pulls, chaussettes, bonnets) tricotés main et présentés sur des étals dans Müürivahe.

#### Eesti Käsitöö
*☎ 660 4772 - www.folkart.ee/eng ; www.crafts.ee - 4 magasins : Pikk 22 (Eesti Käsitöö Maja) - ☎ 631 4076 - lun.-sam. 10h-18h, dim. 10h-17h ; Pikk 15 (Platsiveere Meistrid) - ☎ 631 3393 - lun.-vend. 9h-18h, dim. 10h-17h ; Lühike jalk 6A (Allikamaja Käsotöö) - ☎ 641 1708 - lun.-sam. 10h-18h, dim. 10h-17h ; centre commercial Viru Keskus.* Le nom signifie tout simplement « artisanat estonien » : textiles de qualité, essentiellement.

### Toila

**Toila Spa**
*Ranna 12 - ☎ 334 2929 - www.toilaspa.ee.* Le **Toila Spa** propose une multitude de soins relaxant et de massages dont certains au chocolat ! À cela s'ajoutent divers types de saunas et de soins de beauté…

### Viljandi

**Centre d'artisanat de Viljandi (Viljandi Käsitöö koda)**
*Lossi 14, dans la cour du musée de Viljandi - ☎ 433 3090 - mar.-vend. 10h-16h30, sam. 10h-15h.* Essentiellement des textiles (dont certains sont tissés sur place) et des lainages.

---

### ℹ Office de tourisme

**Tallinn**
*Niguliste 2/Kullassepa 4 (dans la vieille ville) - ☎ 645 7777 - www.tourism.tallinn.ee.*

Pour téléphoner en Estonie : 00 372 puis le numéro du correspondant

Pour plus d'informations : Cartes Michelin National N° 781 et 782

# Lettonie plurielle

⤷ *Départ : Rīga*
⤷ *10 jours - 1 120 km*

### Jours 1 et 2

Votre première journée à **Rīga** démarre avec l'ascenseur du clocher de l'église St-Pierre (fermé le lundi). De là-haut apparaît la morphologie de cette ville aux dizaines de clochers. Perdez-vous ensuite dans le dédale des rues pavées de la vieille ville, bordées d'édifices élevés par les riches marchands de la Hanse. Détaillez les façades de la place Doma laukums, levez la tête vers l'immense orgue de la cathédrale, cherchez la maison des Chats, celle des Têtes Noires (un vrai sapin de Noël). Pour admirer les intérieurs, un musée fera l'affaire : ceux d'Art et d'histoire dans le château et dans la maison Mentzendorff, celui des Arts décoratifs installé dans une ancienne église, ceux de l'Occupation, de la Photographie. La journée peut se terminer en hésitant entre une échoppe à l'ancienne, une cave à bière, un restaurant sous les voûtes. Toujours dans Rīga, assistez à l'ouverture du marché central, immense et abrité dans d'anciens hangars à zeppelins : un lieu idéal pour découvrir l'odeur et la couleur des produits locaux. Suivez les parcs de la rivière Pilsetas qui font le tour de la vieille ville. Au-delà du monument de la Liberté s'alignent de belles demeures Art nouveau, style architectural dont Rīga est la plus grande vitrine européenne. Le soir, du bar au dernier étage de l'hôtel Reval, vous regarderez les lumières de la ville s'allumer une à une.

*La maison des Têtes Noires, sur la place de l'Hôtel-de-Ville à Rīga.*

### Jour 3

Le bus n° 1 dessert le Musée ethnographique en plein air où, au bord d'un lac, s'alignent de typiques maisons villageoises lettones, de diverses régions et époques. Suivez l'A 2 vers l'agréable cité de **Sigulda**. À pied, en vélo, en canoë, découvrez le parc national de la **Gauja**, sa flore variée, la citadelle de **Cēsis** et l'agréable **Valmiera**.

### Jour 4

Prenez la direction des hautes terres de la Vidzeme : collines, lacs, forêts, champs et villages pittoresques. De **Madona**, profitez des deux réserves naturelles ou des petites bourgades alentour.

### Jour 5

*Via* **Vilāni** et **Preiļi**, vous atteignez **Aglonas**, cité religieuse entre deux lacs, typique du Latgale. Les alentours (au sud, à l'est) enchanteront les amateurs de campagne de contes de fées. L'A 6, qui suit la Daugava, traverse quelques intéressantes cités, dont **Jēkabpils** (château) et **Lielvārde** (ruines).

### Jour 6

Évitez Rīga, roulez vers **Bauska** et **Pilsrundāle**, avec son palais baroque digne de St-Pétersbourg. De **Jelgava**, l'A 9 file droit vers Liepāja et la côte.

### Jour 7

Passez la journée dans la ville dynamique de **Liepāja** : plage, cafés, musées.

### Jour 8

Longez la côte vers le nord et **Pāvilosta**. Visitez le Musée ethnographique et cherchez des larmes d'ambre sur le rivage. À **Jūrkalne**, tournez vers **Kuldīga**, petite cité aux charmes multiples dont des cascades

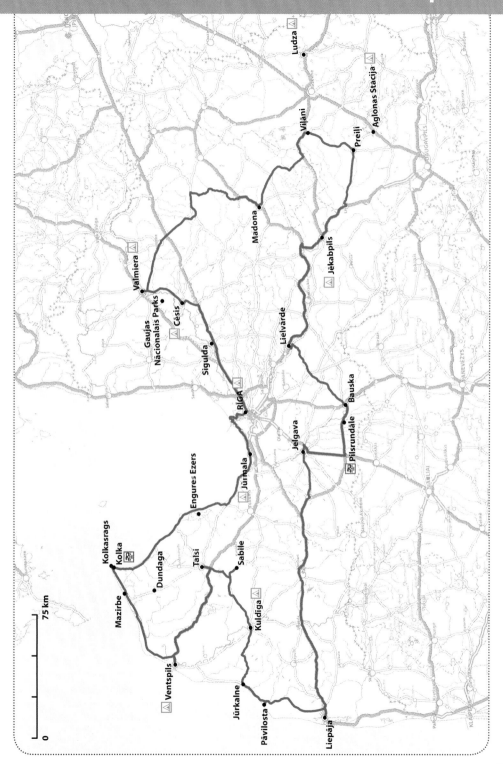

75 km

0

et une vieille ville qui semble surgie d'un passé révolu. Partez à la découverte des villages du duché de Courlande : **Sabile** et sa vigne, **Talsi** au cœur des collines.

## Jour 9

Vous gagnerez **Ventspils**, port industriel riche en surprises aussi inattendues qu'agréables. Difficile de gagner le cap Kolka car après 24 km, la route se transforme en piste impraticable en hiver et très poussiéreuse aux beaux jours. Nous avons tenté de limiter autant que possible les secteurs non asphaltés mais vous êtes prévenus, le chemin est rude (par la P 124) ; le cap **Kolka** sera une belle récompense.
Par **Dundaga** et son château romantique, la route emprunte le territoire de la minorité des Lives au sein du parc naturel de Slītere. Au début du 20e s., 182 membres descendaient encore de l'une des sept tribus finno-ougriennes établies dans les Pays baltes, ce qui en faisaient les frères des Hongrois... Ce peuple de pêcheurs a ,d'une certaine manière, sa capitale à **Mazirbe ;** vous la traverserez avant d'atteindre enfin ce bout de terre solitaire et envoûtant qu'est le cap Kolka. Ce lieu était interdit à l'époque soviétique. Le seul interdit de nos jours est la baignade car les courants y sont violents.

## Jour 10

Suivez la route côtière qui mène à Riga, passe par le lac d'**Engures**, formidable réserve ornithologique, puis à **Jūrmala**, l'élégante station balnéaire de la capitale qui attire les amateurs de thermalisme et de bains de mer depuis plus d'un siècle.

## ⛺ Campings

### Aglonas Stacija

#### ⛺ Aglonas Alpi
Aglonas Alpi - ☎ 2919 4362
D'avr. à sept.
Tarif : 11 € 🧍🧍 🚗 🔲
🚐 borne - 10 🔲
Loisirs : 🏊 🎣 - Services : 📶
GPS : E 27.02167 N 56.10416

### Cēsis

#### ⛺ Zagarkalns
Mûrlejas iela 12 - ☎ 2626 6266
De déb. avr. à déb. oct. - 2 ha (50 empl.)
Tarif : 12 € 🧍🧍 🚗 🔲
🚐
Loisirs : 🏃 🏖 🚣 🚴 🏊 (plan d'eau) 🎣 ⚓, aire de sports, barbecue
Services : 🍷 🍴 🏠 🔑 🚿 📶 🚱
GPS : E 25.22151 N 57.30825

### Jēkabpils

#### ⛺ Radži
Zīriņu iela 5 - ☎ 2947 1447
De déb. avr. à déb. oct.
Tarif : 5 € 🧍🧍 🚗 🔲
🚐
Loisirs : 🏖 🚣 🚴 🏊 (plan d'eau) 🎣 ⚓, barbercue, aire de sports
Services : 🍴 🏠 🔑 🚱
GPS : E 25.84115 N 56.47857

### Jūrmala

#### ⛺ Camping Jūrmala
Dubultu prospekts 51 - ☎ 2640 0500
De mai à sept.
Tarif : 25 € 🧍🧍 🚗 🔲 - 3 € 💧
Loisirs : 🏊
Services : 🚿 🚽 📶 📺
GPS : E 23.75483 N 56.96667

### Kuldīga

#### ⛺ Nabite
Padures pagasts - ☎ 2945 8904
Permanent - 11 ha (140 empl.)
Tarif : 18 € 🧍🧍 🚗 🔲
🚐
Loisirs : 🏖 jacuzzi 🚣 🏊 (plan d'eau) 🎣 ⚓, aire de sports
Services : 🍷 🍴 🏠 🔑 🚿 📶 📺
GPS : E 21.95696 N 56.97591

### Ludza

#### ⛺ Dzerkali
Cirmas pagasts - ☎ 2618 2240
Permanent - (40 empl.) - 🚐
Loisirs : 🛁 diurne jacuzzi 🚣 🚴 🏊 (plan d'eau) 🎣 ⚓ 🐎, jeux pour adultes, aire de sports, paintball
Services : 🍴 🏠 🔑 🚿 🚱
GPS : E 27.59201 N 56.54772

### Rīga

#### ⛺ ABC
Sampetera iela 139a - ☎ 6789 2728
De déb. mai à fin sept. - 1 ha (15 empl.)
Tarif : 20 € 🧍🧍 🚗 🔲
🚐 borne
Loisirs : 🎿 🏖 🚣 🚴 ⚓, barbecue
Services : 🍷 🍴 🏠 🔑 🚿 📶 📺 🚱
GPS : E 24.01698 N 56.93193

#### ⛺ Riga City
Rietumu iela 2 - ☎ 6706 5000
De mi-mai à mi-sept. - 2 ha (100 empl.)
Tarif : 10 € 🧍🧍 🚗 🔲
🚐 borne
Loisirs : 🛁 diurne 🏖 🚣 🚴 🏓, barbecue - Services : 🍷 🍴 🏠 🔑 🚿 🚽 📶 📺 🚱
GPS : E 24.07752 N 56.95638

### Valmiera

#### ⛺ Holiday complex Avoti
Valmieras pagasts - ☎ 2949 9342
Permanent - 4 ha (50 empl.)
Tarif : 12 € 🧍🧍 🚗 🔲 - 🚐
Loisirs : 🛁 diurne 🏖 🚣 🚴 🏓 m 🏊, aire de sports
Services : 🍷 🍴 🏠 🔑 🚿 📶 📺
GPS : E 25.44414 N 57.55625

### Ventspils

#### ⛺ Piejuras
Vasarnīcu iela 56 - ☎ 6362 7925
Permanent - 10 ha (323 empl.)
Tarif : 15 € 🧍🧍 🚗 🔲
🚐 borne
Loisirs : 🛁 diurne 🏖 jacuzzi 🚣, aire de sports - Services : 🍷 🍴 🏠 ♿ 🔑 🚿 🚽 📶 📺 🚱
GPS : E 21.53517 N 57.38451

## 🚐 Aires de service et de stationnement

### Kolka

**Parking du cap de Kolka**
Borne 🚿 [⚡] ✎
🅿 - 8€/j.
Services : wc ✗
GPS : E 22.6 N 57.75383

### Pilsrundāle

**Balta Maja Guesthouse**
À côté du palais de Rundāle -
☎ 6396 2140
Borne artisanale 🚿 [⚡] 🚽 ✎ :
Payant
🅿 - 10€/j. - services compris
Services : wc ✗
GPS : E 24.02483 N 56.41667

---

**🅿 Office de tourisme**

**Rīga**
*Rātslaukums 6 (place de l'hôtel de ville) - ☎ 6703 7900 - www.liveriga.com - 9h-18h (mai-sept. 9h-19h).*

Pour téléphoner en Lettonie : 00 371 puis le numéro du correspondant.

Pour plus d'informations : Cartes Michelin National N° 781 et 783

---

## Les bonnes adresses de Bib

### Bauska

**✗ Aveņi**
*« Aveņmuiža », rte de Mežotne, face au hangar abritant un petit musée des Machines agricoles, 200 m env. après le pont sur la Mēmele - ☎ 6396 0150 - mar.-jeu. 10h-22h, vend.-sam. 10h-23h, dim. 11h-22h - aveni.lv.* Dans cette grande taverne rustique proposant (entre autres) des grillades et les sempiternelles *karbonād*, les amoureux peuvent se sentir seuls au monde en se nichant au creux d'une des petites alcôves en bois. Espace de jeu enfants garni de peluches. Service, attentif et souriant.

### Cēsis

**✗ Sarunas**
*Rīgas iela 4, au coin de Vienības laukums - ☎ 6410 7173 - env. 10 Ls.* Décor contemporain dans ce café à la mode, et terrasse dans la rue piétonne aux beaux jours. La carte propose une cuisine « fusion » d'inspiration méditerranéenne. Salades et snacks pour les petites faims. Le service est parfois un peu lent au démarrage…

### Jelgava

**Pilsētas Pasāža**
*Entre Pasta iela et Akadēmijas iela - 10h-21h.* Grand centre commercial avec cafés, supermarché, boutiques diverses et curieux décor de façades anciennes aux teintes pastel.

### Liepāja

**✗ Vecais Kapteinis**
*Jēkaba Dubelšteina iela 14, donnant sur Jūras iela, à partir de Rožu laukums par Graudu iela puis à droite Diķa iela - ☎ 6342 5522 - 11h-0h.* Vieille demeure (1773) accueillant un remarquable restaurant, le meilleur de la ville, incontestablement. Menu du jour *(biznesa pusdienas)* à prix doux de 12h à 14h et carte (très riche) le soir.

**Amatnieku nams (maison des Artisans)**
*Dārza iela 4/8 - ☎ 2654 1424 - www.saivaart.com - lun.-vend. 10h-17h.* Artisans au travail et galerie de vente.

### Rīga

**Amber Line**
*www.amberline.lv.* Pour tous les objets et bijoux à base du fameux or de la Baltique. Plusieurs boutiques à Rīga dans la vieille ville *(Torņu iela 4 et dans la galerija Centrs, Audēju 16)* ainsi qu'à la gare ferroviaire *(Stacijas laukums).*

### Ventspils

**✗ Metropol**
*Baznīcas iela - ☎ 6335 0588 - 10h-23h - 20 Ls.* Ce grand restaurant de province propose une belle carte sortant un peu de l'ordinaire, en particulier au niveau des poissons : esturgeon et carpe sont au programme en compagnie de la truite. Service charmant et diligent.

# Boucle lituanienne

➲ *Départ : Vilnius*
➲ *11 jours - 965 km*

## Jours 1 et 2

Votre grand tour de Lituanie commence logiquement par une découverte de la capitale, **Vilnius**, ville de parcs, de collines et de rues pavées bordées de superbes bâtiments baroques. Moins visitée que ses cousines baltes, elle est pourtant riche de diversité, chaleureuse et tout aussi belle. La place de la cathédrale, avec son beffroi, son palais royal, son animation, s'impose comme point de départ. Quelques dizaines de mètres plus haut, la colline de Gédymin offre un beau panorama sur la forêt de clochers de Vilnius. Revenu sur terre, explorez la vieille ville en passant de ruelles en cours intérieures dans l'axe d'or Pilies-Didžioji-Aušros Vartų. L'ambre exposé dans les vitrines éclaire le chemin. Perdez-vous dans les passages de l'université, souvenez-vous de Napoléon dans le palais présidentiel, chuchotez dans les innombrables églises baroques ou gothiques, catholiques ou orthodoxes. Le deuxième jour, pour ajouter un pays à votre collection, passez la frontière de la république utopique d'Užupis, le quartier des artistes. Le long de Stiklių et Vilniaus, les boutiques artisanales et les restaurants s'activent sous les voûtes ; quant aux grands vides, ils rappellent les ghettos juifs. Partez à la recherche des plaques qui parlent du passé juif de la ville. Vilnius à partir du 15ᵉ s. et jusqu'à la Seconde Guerre mondiale a été un grand foyer de

*Le château de l'Île dans le parc national historique de Trakai.*

*Vidas Kaupelis / iStock*

culture yiddish. Surnommée alors la « Jérusalem du Nord », la ville comptait jusqu'à 40 % d'habitants de confession juive, alors qu'aujourd'hui, il en reste moins de 5 000 tant la répression fut terrible sous le nazisme. Sur l'avenue moderne de Gedimino, visitez le musée des Victimes du génocide.

## Jour 3

Quittez la ville par l'A 16 pour **Trakai**. Ce parc national aux paysages variés préserve un village pittoresque et un château de contes de fées. Nature et culture se découvrent à pied, en vélo, ou… à table, en goûtant aux spécialités karaïtes.

## Jour 4

L'A 4 mène au sud du pays et à la bucolique cité thermale de **Druskininkai**. Au programme : promenade en vélo, relaxation dans un bain de boue et massage au miel. Les environs de

Druskininkai ne manquent pas d'intérêt. Partez à vélo vers le **Grūto Parkas** et sa collection de statues staliniennes. Ou gagnez **Merkinė**, porte d'entrée du parc **Dzūkija** pour une journée dans les forêts de pins et les marais.

## Jour 5

Quelques heures suffisent pour rejoindre **Kaunas**, au milieu de la Lituanie des plaines. La deuxième ville du pays, qui fut un temps capitale, compte un grand nombre de musées dont un consacré… aux diables.

## Jour 6

La route 141 longe le fleuve Niémen en direction de **Jurbarkas**, et permet d'intéressantes haltes au village de **Veliuona** et au château de Panemunės. Après **Šilutė**, établissez votre nid dans un des villages du delta, avant de regarder les oiseaux construire les leurs.

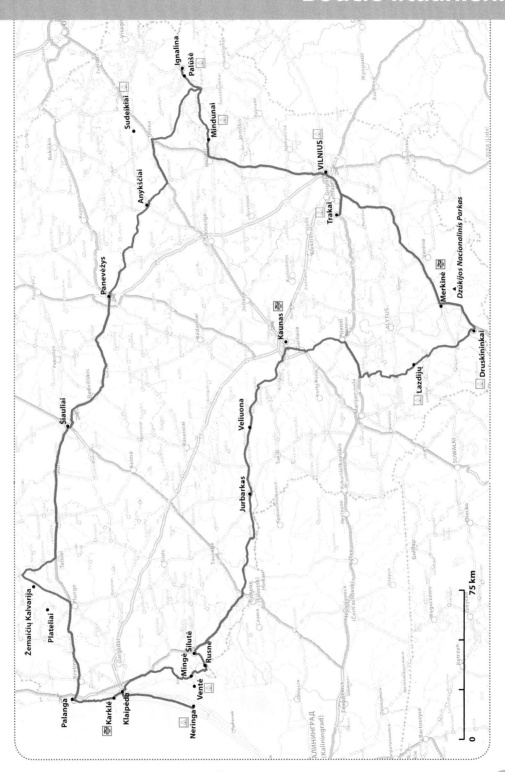

## Jour 7

Le delta du Niémen se découvre en vélo ou en barque : **Mingé** et sa rue-canal, le village de pêcheurs de **Rusné**, la presqu'île sauvage de **Ventés Ragas**. En soirée, rejoignez **Klaipéda**, port dynamique qui entame une mue prometteuse.

## Jour 8

Le ferry ne met que 5mn pour rallier l'isthme de **Courlande** (Neringa), paradis naturel protégé par l'Unesco : dunes de sable blanc, plages, forêts de pins, villages pittoresques. Retour à Klaipéda, puis trajet (E 272) vers la station balnéaire aérée et boisée de **Palanga**, célèbre pour son parc et son musée de l'Ambre.

## Jour 9

L'A 11 vous mène au parc national de Žemaitija. Balade entre les sapins, au bord du lac et dans les îles de **Plateliai**. Souvenez-vous de la guerre froide dans l'ancienne base soviétique de Plokštiné, située non loin de la ville de pèlerinage de **Žemaičių Kalvarija**.

## Jours 10 et 11

L'A 11 continue vers **Šiauliai**, ville voisine de la colline des Croix. Puis, par l'A 9, passez à **Panevėžys**, capitale du lin. L'une des plus grandes réserves de bisons d'Europe se situe non loin de là. Rejoignez **Anykščiai**, puis **Ignalina** et **Palūšė**. Marchez, pédalez, ou ramez à travers le superbe parc national d'**Aukštaitija**. Aux beautés des forêts et des lacs s'ajoute l'intérêt de villages aux maisons et églises anciennes. Dormez au bord d'un des lacs.

# ⛺ Campings

## Druskininkai

### ⛺ Druskininkų kempingas
Gardino g. 3A - 𝒫 31 360 800
Permanent - 3,4 ha (40 empl.)
Tarif : 18 € 🏃 🏃 🚗 🔲
🚐 borne
Loisirs : 🚣 🚴 🔪, beachvolley
Services : 🏠 ♿ ⛽ 🚿 🚾 📶 📷
GPS : E 23.97738 N 54.00958

## Lazdijų

### ⛺ Poilsiavietė Vitrūna
Seirijų g. 50 - 𝒫 68 770 748
De déb. juin à déb. sept. - 2 ha (15 empl.)
Tarif : 12 € 🏃 🏃 🚗 🔲
🚐 borne
Loisirs : 🍴 🚣 🚴 🏊 (plan d'eau) 🎣 🏸, aire de sports
Services : 🔪 🏠 ♿ ⛽ 🚿
GPS : E 23.71725 N 54.30509

## Mindūnai

### ⛺ Mindūnų kempingas
Mindūnai - 𝒫 60 611 317
De déb. mai à déb. oct. - 5 ha (20 empl.)
Tarif : 10 € 🏃 🏃 🚗 🔲
🚐
Loisirs : 🍴 jacuzzi 🚣 🚴 🏊 (plan d'eau) 🎣 🏸, aire de sports
Services : 🔪 🏠 ♿ ⛽ 🚿 📶 📷
GPS : E 25.55988 N 55.21946

## Neringa

### ⛰ Nidos kempingas
Taikos 45A - 𝒫 68 241 150
De déb. avr. à fin oct. - 1,7 ha (200 empl.)
Tarif : 19 € 🏃 🏃 🚗 🔲
🚐 borne
Loisirs : 🍴 🚣 🚴 🔪 ⛳ 🏊 (plage) 🎣 🏸, aire de sports
Services : 🔪 🏠 ♿ ⛽ 🚿 📶 📷 🚿
GPS : E 20.98252 N 55.2987

## Palūšė

### ⛺ Palūšės kempingas
Palūšės k. - 𝒫 61 646 521
De déb. mai à déb. oct. - 1 ha (14 empl.)
Tarif : 11,50 € 🏃 🏃 🚗 🔲

🚐 borne
Loisirs : 🚴 🏊 (plan d'eau) 🎣 🏸
Services : 🔪 ♿ ⛽ 🚿 🏠 📷 🚿
GPS : E 26.1055 N 55.3278

## Sudeikiai

### ⛺ Camping Sudeikiai
Pakrantės g. 1 - 𝒫 38 934 332
De déb. mai à déb. oct. - 5 ha (112 empl.)
Tarif : 10,50 € 🏃 🏃 🚗 🔲
🚐 borne
Loisirs : 🚣 🚴 🔪 🏊 (plan d'eau) 🎣 🏸, aire de sports
Services : 🔪 🏠 ♿ ⛽ 🚿 📶 📷
GPS : E 25.6803 N 55.58609

## Trakai

### ⛰ Kempingas slényje
Slénio g. 1 - 𝒫 52 853 880
Permanent - 5,6 ha (180 empl.)
Tarif : 10 € 🏃 🏃 🚗 🔲
🚐 borne
Loisirs : 🎰 nocturne 🍴 hammam 🚣 🚴 🔪 🏊 (plan d'eau) 🎣 🏸 🐎
Services : 🔪 🏠 ⛽ 🚿 📷
GPS : E 24.9294 N 54.66901

## Venté

### ⛰ Leisure center Ventainé
Marių g. 7 - 𝒫 68 670 490
Permanent - 4 ha (80 empl.)
Tarif : 25 € 🏃 🏃 🚗 🔲
🚐 borne
Loisirs : 🍴 jacuzzi 🚣 🚴 🔪 🎰 🏊 (plage) 🎣 🏸, aire de sports
Services : 🔪 🏠 ♿ ⛽ 🚿 🚾 📷
GPS : E 21.21197 N 55.36237

## Vilnius

### ⛰ Vilnius city
Parodu g. 11 - 𝒫 62 972 223
De déb. mai à mi-sept. - 1 ha (100 empl.)
Tarif : 21 € 🏃 🏃 🚗 🔲
🚐 borne
Loisirs : 🚴 ⛳
Services : 🔪 ⛽ 🚿 📷
🚌 Transports en commun pour le centre-ville.
GPS : E 25.22504 N 54.67955

## 🚐 Aires de service et de stationnement

### Karklė

**Olandų kepurės**
Près de 2217 Klapedos Rajonas, suivre le panneau Kempingas -
✆ 68 662 915
Permanent
Borne artisanale 🛆 ⚡ 🚽 ⤴
50 🅿 - 10€/j.
Services : ♿ ✕
GPS : E 21.07776 N 55.79855

### Kaunas

**Aire de Kaunas**
51A Jonavos gatve - ✆ 61 809 407
Permanent
Borne artisanale 🛆 ⚡ 🚽 ⤴
40 🅿 - illimité - 18€/j.
Services : ♿
🚌 Arrêt de bus pour le centre-ville.
GPS : E 23.91774 N 54.93396

### Merkinė

**Parking Memel**
Permanent
🅿 - Gratuit
GPS : E 24.17516 N 54.15517

---

**ℹ Office de tourisme**

**Vilnius**
Vilniaus g. 22 - ✆ 5262 9660 -
www.vilnius-tourism.lt.

Pour téléphoner en Lituanie :
00 370 puis le numéro du correspondant

Pour plus d'informations :
Cartes Michelin National N° 781 et 784

---

## Les bonnes adresses de Bib

### Kaunas

**✕ Bernelių Užeiga**
*K. Donelaičio g. 11 - ✆ 37 20 88 02 - berneliuuzeiga.eu - 11h-22h (jeu. 23h, vend.-sam. 0h) - 10/17 €.* Cette maison de bois « chasse pêche et traditions » est une adresse prisée. Les soupes, les spécialités régionales et les desserts aux fruits rouges *(varškės kremas)* sont bien préparés et généreusement servis.

**✕ Medžiotojų Užeiga**
*Rotušės ai. 10 - ✆ 37 32 09 56 - www.medziotojai.lt - 11h-0h - 15/20 €.* Dans le cadre cossu d'une ancienne auberge de chasseurs, vous dégustez « tout ce qui bouge » dans les forêts baltes : sanglier, élan, gibier d'eau, tous bien accompagnés.

### Klaipėda

**Authentic**
*Žvejų g. 4 - ✆ 46 21 01 13 - hiver : tlj sf dim. 10h-19h ; été : 9h-22h, dim. 10h-22h.* Lin, ambre, verres, livres. La manufacture vend de belles pièces d'ambre.

### Neringa

**✕ Kuršis**
*Naylio g. 29 - Nidu - ✆ 612 18868 - 10 €.* Un café-restaurant ouvert toute l'année. Plats copieux, servis avec le sourire.

**✕ Pastogė**
*Kuverto g. 2 - Nida - ✆ 469 51149 - www.nidospastoge.com - 10h-0h - 12 €.* Au bord de l'eau est servie une copieuse et typique cuisine côtière.

### Panevėžys

**Nendrė Vėjyte**
*Respublikos g. 6 - dim.-jeu. 9h-23h30, vend.-sam. 9h-0h - 7 €.* Dans cette belle maison, on s'installe confortablement dans des chaises-canapés autour des tables, en attendant des plats locaux copieux et bien cuisinés.

### Šiauliai

**✕ Kapitonas Morganas**
*Vilniaus g. 183 - ✆ 41 526477 - 10h-22h, vend.-dim. 10h-0h - 12 €.* Ce restaurant affiche souvent complet avec sa carte internationale et sa vue sur Vilniaus g.

### Trakai

**✕ Senoji Kibininė**
*Karaimų g. 65 - ✆ 524 32444 - 10h-22h - 12 €.* Les *kibinai*, chaussons karaïtes farcis de viandes et sérieuses réponses aux *cepelinai*, sont servis dans une belle maison de bois avec jardin.

**✕ Kybynlar**
*Karaimų g. 29 - ✆ 528 55179 - 11h-21h (vend. 22h).* Ce beau restaurant offre un menu karaïte complet dont les plats d'agneau ravissent les Lituaniens.

### Vilnius

**✕ Ponių Laimė**
*Stiklių g. 14 - ✆ 526 49580 - www.stikliai.com - 9h-20h, sam. 10h-20h, dim. 11h-19h - 5 €.* Agréable et bien situé, ce salon de thé aux volets peints propose de très bonnes pâtisseries, mais aussi des salades, des tartes salées ou de quoi faire un repas plus copieux. Service très aimable.

**Skonis ir Kvapas**
*Trakų g. 8 - ✆ 526 17785 - mar.-vend. 10h-14h30, 15h-19, sam. 10h-15h - 7 €.* Dans un passage, un salon de thé et de café très couru. Les chaises et canapés confortables sont répartis sous des voûtes, au milieu d'un décor « historique » chaleureux. Large éventail (au sens propre comme au figuré) de thés et de cafés, à déguster avec des pâtisseries et des salades.

**Marché : kalvarijų turgus**
*Kalvarijų g. 61 - tlj sf lun. 6h30-16h30 - accès : trolley 5 et 6 depuis la cathédrale.* Un grand bazar qui comblera les amateurs « d'authentique » et de réalité quotidienne. On y trouve des produits typiques : miel, baies (fraîches, en confiture), biscuits.

# Le nord de la **Pologne**

➲ *Départ : Augustów*
➲ *8 jours - 740 km*

### Jour 1

Pour cet itinéraire, partez des terri-toires les plus extrêmes de la Pologne. Encore peu explorés par les touristes, ils recèlent lacs et forêts profondes autour des villes de **Augustów** et de **Suwałki**. Le canal du même nom offre d'extraordinaires circuits de décou-verte en canoë.

### Jour 2

Les ports de **Mikołajki, Giżycko** et **Węgorzewo** attirent l'été la foule des plaisanciers venus naviguer sur les lacs de Mazurie ; certains sont devenus des réserves naturelles. Les forêts alentour dissimulent aussi des sentiers de randonnée réputés. Plus loin, **Kętrzyn** abrite un château des chevaliers teutoniques ; à proximité se tient le Repaire du Loup, le quartier général d'Hitler d'où il supervisait les opérations militaires sur le front est. Faites route vers l'ouest, en direction de **Reszel**, petit bourg gothique où il fait bon séjourner. Les villes aux alen-tours ne présentent guère d'intérêt et pourtant, à quelques kilomètres de là, on découvre le sanctuaire baroque de **Święta Lipka**, lieu de l'un des pèleri-nages les plus populaires de Pologne. Retour à Kętrzyn pour la nuit.

### Jour 3

Ralliez **Olsztyn** entouré par de vastes forêts, qui rendent le séjour dans la capitale de la région Warmie-Mazurie très agréable. La ville est traversée par

Le Long Quai, promenade animée le long de la Motlawa, à Gdańsk.

les pittoresques gorges de la rivière Łyna que domine la silhouette d'une forteresse médiévale. Poursuivez vers l'ouest, *via* **Ostróda** dotée d'un beau château teutonique, et **Elbląg**. Un peu en retrait de la mer Baltique, Elbląg est une belle ville hanséatique qui a été reconstruite à l'ancienne sans toutefois se fermer à l'architecture moderne. On pourra visiter sa galerie d'art contemporain réputée. C'est d'ici que partent les excursions sur le canal d'Elbląg (fermé pour travaux de réno-vation jusque fin 2014) dont l'une des curiosités est de voir, sur une portion de son parcours, les bateaux tractés sur la terre ferme et hissés sur des rails.

### Jour 4

Réservez une bonne journée de visite au célèbre et gigantesque château de **Malbork** (au Sud-Est de Gdańsk), fleuron de l'architecture des cheva-liers teutoniques. Puis, avancez dans

l'arrière-pays de Gdańsk où s'étend la Suisse cachoube, ou Suisse de Petite Poméranie. Autour de la ville de **Kar-tuzy**, l'influence cachoube, empreinte de traditions, est palpable.

### Jour 5

Plus au nord, à **Łeba,** considérée par beaucoup comme la station balnéaire où il faut être vu, de belles plages vous attendent. Il peut être amusant d'y passer la nuit afin de découvrir l'ambiance très jet-set du lieu. La côte continue en direction de la frontière allemande. Là, vous pourrez découvrir à bicyclette et à pied le parc naturel de **Słowiński** célèbre pour ses dunes mouvantes qui rongent d'année en année les forêts de pins. Reprenez la route vers l'Est et pénétrez un peu plus vers le littoral en explorant la péninsule de **Hel**, longue bande de terre large de quelques centaines de mètres où les pinèdes croissent sur un

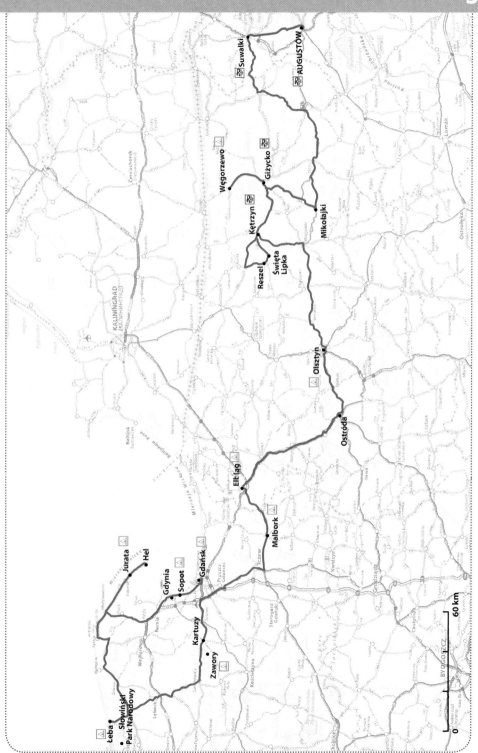

sol sablonneux. Les amateurs de baignade trouveront là-bas leur compte ainsi qu'à Sopot ou encore plus au sud le long des plages qui bordent le delta de la **Vistule**.

## Jour 6

**Gdynia**, ville portuaire construite pour donner un débouché maritime à la Pologne quand le port de Danzig était allemand, affiche son architecture des années 1920-1930. Tenté par une atmosphère plus festive ? Échappez-vous le temps d'une journée à **Sopot**, la cité balnéaire aux airs de Deauville-sur-Baltique où les casinos contribuent à rendre l'atmosphère bien plus frivole.

## Jours 7 et 8

En découvrant **Gdańsk,** vous compléterez votre visite de la Triville (Trójmiasto) constituée par les villes de vos trois dernières étapes. S'étendant sur plus de 35 km, cette agglomération est fort bien desservie par les transports en commun. Prenez le temps de flâner dans les rues de **Gdańsk**, l'ancienne Danzig, vénérable cité hanséatique rasée pendant la guerre et magnifiquement reconstruite à l'identique. Son architecture vous rappellera les villes des Flandres. Berceau du mouvement Solidarność enfanté au sein de son chantier naval, Gdańsk est loin d'être une ville sans âme.

## ⛺ Campings

### Elbląg

#### ⛺ Camping Elblag
ul. Panienska 14 - ☏ 55 641 86 66
Mai-sept. - 1 ha (150 empl.)
Tarif : 15,70 € ♀♂ 🚗 🅴
Loisirs : 🎣 💧, aire de sports
Services : ⚷ 🚰 🚽 🛜 🔲 🚿
GPS : E 19.3895 N 54.15167

### Gdańsk

#### ⛺ Campick Stogi
Ul. Wydmy 9 - ☏ 58 307 39 15
De fin avr. à déb. oct. - 3,5 ha (65 empl.)
Tarif : 12,50 € ♀♂ 🚗 🅴
🚐 borne
Services : ✕ 🚰 🛜 🔲
🚶 Tram n° 8 pour le centre-ville.
GPS : E 18.73003 N 54.36922

### Jurata

#### ⛺ Rewita Jurata
Ul. Wojska Polskiego - ☏ 58 675 42 85
Permanent - 1,5 ha
Tarif : 11,40 € ♀♂ 🚗 🅴
Loisirs : 🎿 🏄 (plage), discothèque, canoë/kayak, aire de sports
Services : ✕ 🏠 ⚷ 🚰 🚽 🔲 🚿
GPS : E 18.71315 N 54.68411

### Łeba

#### ⛺ Rafael
Ul.Turystyczna 10 - ☏ 59 866 19 72
De déb. mai à déb. oct. - 1,6 ha (89 empl.)
Tarif : 15,60 € ♀♂ 🚗 🅴
🚐 borne
Services : ✕ 🚰 🛜 🔲
GPS : E 17.54289 N 54.75959

### Malbork

#### ⛺ Malborku Kemping
Ul. Solskiego 10 - ☏ 50 140 67 40
De déb. mai à déb. oct. - 2,5 ha (75 empl.)
Tarif : 11,65 € ♀♂ 🚗 🅴
🚐 borne
Services : ✕ 🚰 🛜 🔲
🚶 En face du château de Malbork.
GPS : E 19.02259 N 54.04489

### Olsztyn

#### ⛺ Ukiel
Ul. Poranna 6 - ☏ 89 522 27 66
Permanent - 4 ha (140 empl.)
Tarif : 8,15 € ♀♂ 🚗 🅴
🚐
Loisirs : 🏄 🏊 (plan d'eau) 🎣 💧, aire de sports
Services : 🏠 ⚷ 🚰 🚽 🔲
🚶 Très sauvage, entouré de forêts.
GPS : E 20.40697 N 53.8007

### Sopot

#### ⛺ Camping Przy Plazy
Bitwy pod Plowcami 73 - ☏ 58 551 65 23
De mi-juin à août - 3 ha
🚐
Loisirs : 🏋
Services : ♿ 🚰 🔲
🚶 Situé près de la mer.
GPS : E 18.5855 N 54.425

### Węgorzewo

#### ⛺ Camping Rusalka
Lesna - ☏ 87 427 21 91
De déb. mai à fin sept. - 10 ha (312 empl.)
Tarif : 11,65 € ♀♂ 🚗 🅴
🚐
Loisirs : 🏄 🏊 (plan d'eau) 🎣 💧, aire de sports
Services : ✕ 🏠 ⚷ 🚰 🔲
🛒 🚿
🚶 Au bord d'un lac.
GPS : E 21.77055 N 54.1867

### Zawory

#### ⛺ Tamowa
Zawory 47A - ☏ 58 684 25 35
Permanent - 2 ha (110 empl.)
Tarif : 8,85 € ♀♂ 🚗 🅴
🚐 borne
Loisirs : 🏄 🚲 🏊 (plan d'eau) 🎣 💧, aire de sports, canoë
Services : 🍸 ✕ 🏠 ⚷ 🚰 🚽
🔲 🚿
GPS : E 18.11704 N 54.31212

## 🚐 Aires de service et de stationnement

### Augustów

**Marina Borky**
Wczasowa - D'avr. à mi-oct.
Borne ⬚ 🚰 ⚡ : Gratuit
🅿 - 20 €/j. - Services : 🚾 📶
GPS : E 22.96883 N 53.85416

### Giżycko

**Camping Borowo**
PTH Camping Borowo/Bystry -
🕿 87 429 36 59 - Permanent
Borne artisanale ⬚ 🚰 🔧 ✎
🅿 - 11,65 €/j. - Services : 🚾 ✕
GPS : E 21.79113 N 54.04364

### Kętrzyn

**Wilczy Szaniec**
Gierloz - 🕿 89 752 44 32 - Permanent
Borne ⬚ 🚰 - 🅿 - 11,50 €/j.
Services : 🚾 ✕
🅿 Parking du site Le Repaire du Loup
(QG de Hitler).
GPS : E 21.48933 N 54.0745

### Suwałki

**Eurocamping Osir Nr 133**
Zarzecza 26 - 🕿 87 566 72 20
De déb. mai à mi-sept.
Borne artisanale ⬚ 🚰 🔧 ✎ :
Payant (électricité 12 PLN) - 42 🅿 -
illimité - 9,30 €/j. - Services : 🚾 ⬡
GPS : E 22.9168 N 54.0942

---

### 🛈 Office de tourisme

**Gdańsk**
*Ul. Długi Targ 28/29 - 🕿 58 301
43 55 - www.gdansk4u.pl - 9h-19h
(17h d'oct. à avr.).*

Pour téléphoner en Pologne :
00 48 + indicatif urbain puis le
numéro du correspondant.

Pour plus d'informations :
Carte Michelin National N° 720
Le Guide Vert Pologne

---

## Les bonnes adresses de Bib

### Augustów

**✕ Albatros**
*Ul. Mostowa 3 - 🕿 87 643 21 23 -
www.albatros.augustow.pl -
30/50 PLN.* Cuisine polonaise classique
avec des portions copieuses dans un
cadre cependant un peu vieillot.

### Gdańsk

**✕ Bar Mleczny « Turystyczny »**
*Ul. Szeroka 8/10 - 🕿 58 301 60 13 -
www.barturystyczny.pl - lun.-vend.
8h-19h, w.-end 9h-18h - 15 PLN.*
Les Polonais se pressent nombreux
dans cet établissement providentiel
où manger sans trop bourse délier
est possible. Un authentique « bar
à lait », reliquat de l'ancien régime
communiste mais joliment modernisé,
à honorer désormais tel un monument
historique.

**✕ Restauracja Kresowa**
*Ul. Ogarna 12 - 🕿 58 301 66 53 -
www.kresowagdansk.pl - 12h-22h -
65 PLN.* Ce « restaurant des confins »
est l'endroit à ne pas manquer si
vous souhaitez découvrir les plats
typiques de Lituanie et d'Ukraine
et la gastronomie traditionnelle
arménienne, juive et caucasienne.
Vous serez accueilli à bras ouverts par
la propriétaire russe Tatiana, qui saura
vous conseiller et vous faire apprécier
ses plats. Agréable terrasse sous les
arbres.

**✕ Restauracja Kubicki**
*Ul. Wartka 5 - 🕿 58 301 00 50 -
12h-23h (0h en été) - 50/70 PLN.* Sur le
quai, de fait, le plus vieux restaurant
de la ville à l'activité ininterrompue
depuis 1918. Ambiance feutrée et
temps suspendu dans cette grande
salle à dominantes pourpre et or
flanquée de deux plus petites salles
de couleur vert pomme. Cuisine
traditionnelle sommaire mais aussi
moins onéreuse que le cadre raffiné
ne le laisserait supposer.

### Gdynia

**Cafe Strych**
*Plac Kaszubski 7b - 🕿 58 620 30 38 -
www.cafestrych.pl - 13h-1h.* Un café,
sis dans une ancienne maison de
marin au toit escarpé (son nom
signifie « grenier »). La décoration est
faite de mobilier ancien en bois et
métal. Des concerts sont organisés
régulièrement. En été, une terrasse
se déploie dans le jardin.

### Giżycko

**✕ Karczma Pod Złotą Rybką**
*Ul. Olsztyńska 15 - 🕿 87 428 55 10 -
lun.-jeu. et dim. 11h-0h, vend.-sam.
11h-2h - 30/45 PLN.* Et la carte en
français permet de donner libre cours
à ses fantasmes gastronomiques.
Ce petit restaurant qui ne paie pas
de mine s'est fait une spécialité du
poisson de lac. Soupe de poisson,
poisson au poids, frit ou en sauce, et
une grosse assiette de 5 poissons de
lac avec sandre et anguille.

### Malbork

**✕ Pizzeria D.M. Patrzałkowie**
*Ul. Kościuszki 25 - 🕿 55 272 39 91 -
patrzalkowie.pl - 10h-21h, 22h vend. et
sam. - 25 PLN.* Au tout début de la rue,
une salle lumineuse décorée de vieilles
photos du Marlenburg d'autrefois, où
l'on se rassasie de moelleuses pizzas.

### Sopot

**✕ Bar Przystań**
*Al. Wojska Polskiego 11 -
🕿 58 550 02 41 - www.barprzystan.
pl - 9h30-23h - 25 PLN.* Au sud
de la promenade littorale, ce
resto-plage est une véritable
institution sopotienne. Un long
vaisseau échoué sur le sable où
l'on vient passer la commande et
éventuellement s'installer, doublé
d'une large terrasse avec vue sur
la mer et les bateaux de pêche.
Au menu (en anglais), des spécialités
de poisson pour ce « fast-food »
de la mer.

# Au cœur de la grande Pologne

> ⮕ *Départ : Varsovie*
> ⮕ *6 jours - 500 km*

### Jours 1 et 2

La capitale de la Pologne est en mutation permanente depuis quelques années. Les gratte-ciel côtoient aujourd'hui les immeubles communistes. Tout semble ici aller très vite. Des traces de l'ancien régime survivent toujours dans les atmosphères, les comportements et dans l'architecture, mais le mode de vie occidental prend peu à peu le dessus. La ville recèle aussi des accents d'Orient. L'ensemble donne un mélange des plus… exotiques. Parcourez la Vieille Ville, admirez sa superbe reconstruction effectuée à l'issue de la dernière guerre. Flânez dans les rues entre les maisons des 17ᵉ et 18ᵉ s. L'endroit, certes touristique, prend un autre visage à la nuit tombée. Visitez le Musée historique et, à partir du château, dirigez-vous vers la Nouvelle Ville par la Voie Royale qui ralliait jadis la résidence d'été des souverains dans le parc Łazienki au sud de la ville. Dans le centre, le palais de la Culture est le symbole de **Varsovie** (Warszawa). Arpentez la place Konstytuczi ornée d'immenses lampadaires et faites un crochet par le Musée national et le musée de l'Armée. Au nord de la ville, on découvre les traces du quartier juif décimé par les nazis. Visitez la synagogue Nożyk, recueillez-vous devant les vestiges du mur du ghetto. Une visite à l'institut historique et au cimetière juif, l'un des plus grands

*Les façades colorées de la vieille place du Marché, à Poznań.*

Xantana / iStock

d'Europe, vous relateront l'histoire tragique de cette communauté qui était l'une des plus importantes d'Europe en 1939.

La présence de vastes et paisibles parcs est sans conteste l'un des principaux agréments de Varsovie. Un peu à l'écart, à la sortie ouest de Varsovie, le parc naturel de Kampinos (38 000 ha) est le lieu idéal pour fuir l'agitation de la ville et là où les Varsoviens aiment à se reposer les jours de congé. Il a développé avec succès une politique de réintroduction et de protection d'espèces menacées : castors, lynx, élans… que vous pourrez admirer dans les environs du village de Dziekanów-Lesny.

### Jour 3

**Toruń** est peut-être l'une des villes les plus agréables de Pologne. Petite, préservée, on s'y promène entre des constructions gothiques où domine la brique rouge. Flânez autour du Rynek et de son imposant hôtel de ville, sur les rives de la Vistule. La cité hanséatique se parcourt à pied et si une journée suffit à en faire le tour, vous y passerez une nuit paisible à l'abri de ses remparts.

### Jour 4

Consacrez une demi-journée à la visite de **Chełmno**, petite cité prospère au temps de la Hanse et aux fortifications intactes, située à une trentaine de kilomètres sur la route de Gdańsk.

Dirigez-vous ensuite vers le site archéologique de **Biskupin**, surnommée la Pompéi polonaise. Vous apprendrez les rudiments de la vie au Néolithique. Un peu plus loin, **Gniezno** abrite un sanctuaire consacré à saint Adalbert dont la vie est racontée par les bas-reliefs d'une immense porte de bronze. Entre Gniezno et Poznań, la réserve archéologique d'**Ostrów**

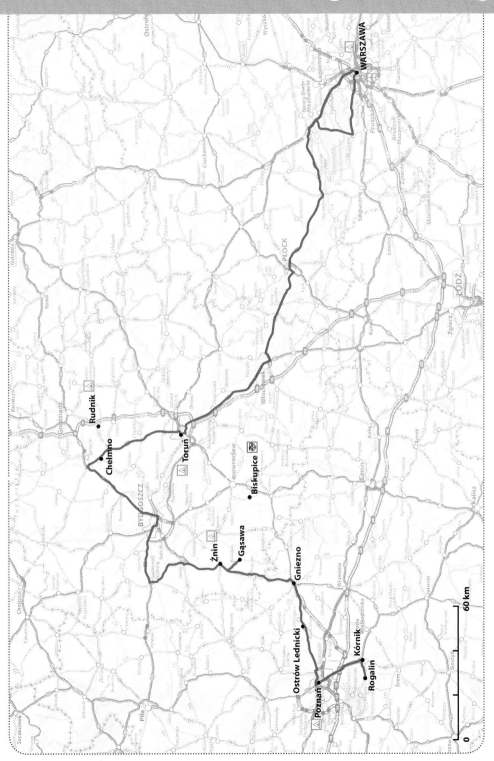

**Lednicki** permet de voir les vestiges du palais lacustre du premier souverain polonais. Dirigez-vous ensuite vers **Poznań**.

### Jours 5 et 6

Berceau de l'État polonais au 10ᵉ s, **Poznań** est aujourd'hui une ville jeune et animée, célèbre pour ses foires commerciales héritées du Moyen Âge. Ne manquez pas la cérémonie des douze coups de midi au pied de l'hôtel de ville. Promenez-vous dans les ruelles étroites du Rynek. Autour de l'imposant hôtel de ville, les façades des maisons baroques et classiques ont été restaurées après la dernière guerre. Prenez le temps d'explorer ses rues étroites et ses nombreuses églises. Deux jours suffisent pour l'apprécier pleinement. Consacrez une journée à la découverte des châteaux de **Kórnik** et de **Rogalin** tout proches. S'il vous reste un peu de temps, poussez jusqu'à Kalisz, certainement la plus vieille ville de Pologne et rendez une visite au château de Gołuchów blotti au milieu de son parc, et au palais de chasse d'Antonin, situés à proximité.

## ⛺ Campings

### Poznań

#### ⛺ Malta
Ul. Krańcowa 98 - ☎ 61 876 62 03
Permanent - 3 ha (40 empl.)
Tarif : 23,25 € 🏕🏕 🚗 ▣ 🚐
Loisirs : 🏖 🏇 🎱 🐟 ⛵, aire de sports
Services : 🍴 🏠 🔑 🚿 🚾 📶 📷 🚰
🚍 Transports en commun pour le centre-ville.
GPS : E 16.98407 N 52.40365

### Rudnik

#### ⛺ Rudnik-Grudziadz
Ul. Zalesna 1 - ☎ 56 462 25 81
De fin avr. à fin sept. - 2 ha (50 empl.)
Tarif : 13,30 € 🏕🏕 🚗 ▣
🚐 borne
Loisirs : 🏇 🚲 🎱 🏊 (plan d'eau) 🐟 ⛵, jeux pour adultes, discothèque, aire de sports
Services : 🍴 🏠 🔑 🚿 🚾 📶 📷 🚰 🛠
GPS : E 18.75358 N 53.4409

### Toruń

#### ⛺ Tramp
Ul. Kujawska 14 - ☎ 66 635 99 24
Permanent - 3 ha (150 empl.)
Tarif : 10,80 € 🏕🏕 🚗 ▣
🚐 borne
Loisirs : 🏇, aire de sports
Services : 🍴 🔑 🚿 🚾 📶 📷 🛠
GPS : E 18.60591 N 52.99954

### Warszawa/Varsovie

#### ⛺ WOK
Odrebna 16 - ☎ 22 612 79 51
Permanent - 0,5 ha (30 empl.)
Tarif : 25,60 € 🏕🏕 🚗 ▣ 🚐 borne
Loisirs : 🏇
Services : 🍷 🍴 🏠 🔑 🚿 🚾 📶 📷 🚰
🚍 Transports en commun pour le centre-ville.
GPS : E 21.1471 N 52.17813

#### ⛺ Camping 123 Zajazd Majawa
Ul. Bitwy Warszawskiej 1920 r. 15/17 - ☎ 22 823 91 21
De déb. mai à déb. oct. - 0,7 ha (60 empl.)
Tarif : 29,10 € 🏕🏕 🚗 ▣ 🚐 borne
Services : 🍴 🔑 🚿 🚾 📶
🚍 Transports en commun pour le centre-ville.
GPS : E 20.96562 N 52.21476

### Żnin

#### ⛺ Camping Palucki Oddzial
ul. Szkolna 16 - ☎ 52 302 01 13
De mai à sept. - 0,2 ha
Tarif : 11,90 € 🏕🏕 🚗 ▣ 🚐
Loisirs : 🏇 🏊 🐟
Services : 🍷 🍴 🚿 🚾 🛠
GPS : E 17.72183 N 52.83833

## Aires de service et de stationnement

### Biskupice

**Boerderij Wojciech Szczepanski**
Jankowo 23 - ℘ 086/1815 52 87
Permanent
Borne artisanale 🚿 🚽 🧹
25 🅿 - illimité - 20 €/j.
Services : wc
♿ Transports en commun
pour Poznan. Douches.
GPS : E 17.1644 N 52.4496

## 🛈 Offices de tourisme

**Warszawa/Varsovie**
℘ 22 194 31 ou 22 278 77 77
(informations touristiques en
français et en anglais) - www.
warsawtour.pl - Trois bureaux :
aéroport (terminal A, sortie 2) ;
Rynek de la Vieille Ville n° 19/21 ;
Palais de la Culture et des
Sciences : pl. Defilad 1.

**Poznań**
Stary Rynek 59/60 ℘ 61 852
61 56 - mai-15 oct. : lun.-vend.
10h-20h, w.-end 10h-18h ;
16 oct.-avr. : lun.-vend. 10h-18h,
w.-end 10h-17h - autres adressses :
aéroport, gare routière et Ul.
Ratajczaka 44. D'excellent conseil.
Brochures, cartes et livres sur
Poznań et sa région. Beaucoup
de documentation gratuite.
Personnel francophone.

Pour téléphoner en Pologne :
00 48 + indicatif urbain puis le
numéro du correspondant.

Pour plus d'informations :
Carte Michelin National N° 720
Le Guide Vert Pologne

## Les bonnes adresses de Bib

### Warszawa/Varsovie

#### ✕ Bazyliszek
*Rynek Starego Miasta 1/3 - ℘ 22 831
18 41 - www.bazyliszek.waw.pl -
11h-0h - 35/45 PLN*. Ce restaurant
de tradition familiale séculaire
propose un large choix de spécialités
polonaises dans des salles décorées
par thème. Réservez plutôt une table
avec vue sur la place et faites-vous
expliquer la légende du dragon qui
figure en enseigne.

#### ✕ Piwna Kompania
*Ul. Podwale 25 - ℘ 22 635 63 14 -
www.podwale25.pl - lun.-sam.
11h-1h, dim. 12h-0h - 50 PLN*.
Cette immense taverne populaire
affiche de loin le meilleur rapport
quantité-prix de la Vieille Ville. Cuisine
traditionnelle familiale servie dans de
très généreuses proportions. Le soir,
éviter la salle du fond, extrêmement
bruyante. Agréable cour fleurie pour
les beaux jours.

#### ✕ U Fukiera
*Rynek Starego Miasta 27 -
℘ 22 831 10 13 - ufukiera.pl - 12h-0h -
60/100 PLN*. Créé par Magda Gessler,
« papesse » de la cuisine polonaise
à la tête d'un véritable empire, ce
restaurant très renommé est installé
dans l'hôtel particulier où les Fugger,
célèbres banquiers bavarois, faisaient
commerce de vin. Il se compose de
trois majestueuses salles éclairées
aux chandeliers et d'une superbe
cour intérieure. Carte sophistiquée et
service impeccable.

#### ✕ Chłopskie Jadło
*Plac Konstytucji 1 - ℘ 22 339 17 17 -
www.chlopskiejadlo.pl - 9h-0h, dim.
12h-22h - déj. 19,90 PLN*. Ne manquez
pas cette chaîne de restaurants dont
la spécialité est la« cuisine paysanne ».
Les *placki* (galettes de pommes de
terre) et le *smalec* (lard, spécialité
de la maison) sont excellents et les
portions, énormes, sont servies avec
de larges miches de pain frais posées
à même les grandes tables en bois.
Le service est rapide et l'atmosphère
très conviviale. Très réputé et souvent
plein.

#### E. Wedel
*Ul. Szpitalna 8 - ℘ 22 827 29 16 -
wedelpijalnie.pl - 8h-22h, sam.
10h-22h, dim. 10h-21h*. Le temple du
célèbre chocolatier varsovien sert
les meilleurs chocolats chauds de la
ville et des petits-déjeuners copieux
et succulents, à des prix raisonnables
dans une très belle boutique.

#### Cepelia
*Ul. Marszałkowska 99/101 - au coin
de Al. Jerozolimskie - ℘ 22 628 77
57 - cepelia.pl - lun.-vend. 10h-19h,
sam. 10h-14h*. Les boutiques Cepelia
proposent une large sélection d'objets
artisanaux en bois, de céramiques,
linge de maison et costumes
folkloriques, ainsi que les fameux
œufs et petites boîtes en bois peint
multicolores. Plusieurs boutiques en
ville (Pl. Konstytucji 5 ; ul. Chmielna 8).

### Poznań

*Voir le circuit suivant.*

### Toruń

#### ✕ Oberża
*Ul. Rabiańska 9 - ℘ 606 664 756 -
gotujemy.pl - 11h-22h, vend.-sam.
11h-0h, dim. 11h-21h - 20 PLN*. Dans
une ambiance rustique au mobilier
et à la déco de bois, ce self propose
une solide cuisine polonaise à des prix
défiant toute concurrence. Accueil
plus que sympathique.

#### ✕ Manekin
*Rynek Staromiejski 16 - ℘ 56 621
05 04 - manekin.pl - dim.-jeu. 10h-23h,
end.-sam. 10h-0h - 30 PLN*. Un
restaurant populaire au succès mérité
où les crêpes sont reines. Pas moins
de 40 recettes salées et sucrées. Aux
beaux jours, une terrasse dressée sur
le Rynek permet de manger au cœur
de l'animation de la ville.

#### Emporium
*Ul. Piekary 28 - ℘ 56 657 61 08 -
www.emporium.torun.com.
pl - 10h-18h, sam. 10h-16h (et dim.
10h-16h en hiver)*. Pain d'épice et
t-shirts à l'effigie de Copernic et de ses
théories.

# De la Pologne à l'Allemagne

⊃ *Départ : Poznań*
⊃ *5 jours - 480 km*

*Aux abords de Brandenburg.*

Hans P. Szyszka / Novarc Images / age fotostock

### Jour 1

Ne quittez pas **Poznań** sans avoir visité les nombreux châteaux de la région, tous à une vingtaine de kilomètres de la ville. Plus inattendu, le Musée apicole de **Swarzedz** que l'on rejoint par la E 30 s'avère tout aussi original et intéressant à voir. À la suite de cette étape, dirigez-vous vers le **parc national de Grande-Pologne (Wielkopolski Park Narodowy)**, à 15 km au sud de Poznań par la route 430. Les amateurs de randonnées seront comblés avec cinq parcours possibles, et les autres apprécieront les six lacs ouverts à la baignade. Enfin, les observateurs se raviront de la présence des cerfs et des nombreuses espèces d'oiseaux.

### Jour 2

Vous franchirez la frontière entre la Pologne et l'Allemagne dans la journée, ce qui vous permettra d'admirer les paysages du grand Ouest polonais, le long de la route 32 ; suivez ensuite les routes 97 et 168. Arrivés en Allemagne, installez-vous à **Cottbus**. Ville universitaire agréable, elle vous permettra de rayonner dans la région. Le château de Branitz, à quelques kilomètres, met à l'honneur l'art des jardins anglais. Vingt ans ont été nécessaires pour réaliser son parc de 90 ha. L'intérieur du château, bien préservé, abrite une galerie de peintures. Faites une pause en fin de journée au salon de thé nouvellement installé dans l'ancienne maison des cavaliers.

### Jour 3

Rejoignez **Lübbenau**, charmante vieille ville, pour une rapide visite du château, du centre, ainsi que de l'église Saint-Nicolas. Après cette étape citadine, plongez-vous dans la Spreewald, véritable « Venise verte », paradis de silence et de calme : vous pourrez, à partir de Lübbenau, entamer une promenade en chaland ; ne descendez de votre barque que pour faire escale à Lehde, ravissant petit village de la lagune, et admirez les fermes du 19ᵉ s. aujourd'hui transformées en musées.

### Jour 4

En vous dirigeant vers le nord (*via* les routes 115, 96, 246), vous entrerez bel et bien dans la région du Brandebourg. La visite de l'abbaye de **Lehnin**, ensemble cistercien fondé en 1180, constitue une étape agréable. Dans le musée, tout proche, on se familiarise aisément avec le mode de vie et les préceptes de cet ordre religieux. Autour des lacs de Lehnin, vous apercevrez certainement de nombreux oiseaux migrateurs, ainsi que les grues et les cigognes présentes toute l'année. Poursuivez votre visite de la région avec la ville de **Brandenburg an des Havel** (*via* L 88 et B 102). Érigée au milieu du Havelland, « pays de la Havel », parsemé de lacs, elle présente deux sites intéressants : la cathédrale St-Pierre-et-St-Paul, fondée en 1165, et l'église Ste-Catherine datant du 15ᵉ s.

### Jour 5

Vous n'êtes alors qu'à 43 km de **Potsdam**, votre point d'arrivée, par la B 1, ville que vous visiterez au moins pendant une journée (voir circuit suivant).

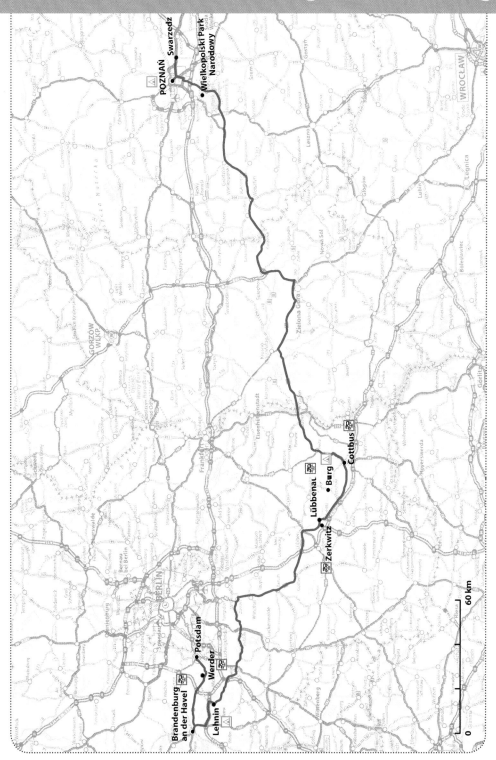

## ⛺ Campings

### Burg (Allemagne)

**⛺ Kneipp und Erlebniscamping**
Vetschauer Str.1a -
☎ 03560 375 09 66
Permanent - 2,3 ha (80 empl.)
Tarif : 23 € 🚹🚹 🚗 🔲
🚐
Services : ♨ 🔲
☺ Dans la forêt, à côté d'une rivière.
GPS : E 14.13864 N 51.82599

### Lehnin (Allemagne)

**⛺ Camping-Restaurant Klause am See**
Zum Trechwitzer Berg 68 -
☎ 03382 71 03
Permanent
Tarif : 17 € 🚹🚹 🚗 🔲
🚐 borne
Services : 🍴 ♨ 🔲 🛒
GPS : E 12.71878 N 52.3489

### Poznań (Pologne)

**⛺ Malta**
*Voir le circuit précédent.*

## 🚐 Aires de service et de stationnement

### Brandenburg an der Havel (Allemagne)

**Wassersportzentrum Alte Feuerwache**
Franz-Ziegler-Str. 28 -
☎ 03381 22 20 18
Permanent
Borne artisanale ♨ 🚰 🚽 🧹 :
Payant (électricité 1 €)
20 🅿 - 12 €/j.
Services : wc 📶
GPS : E 12.5488 N 52.40471

### Cottbus (Allemagne)

**Spreeauenpark**
Kiekebuscher Str. - ☎ 0355 75 42 372
De déb. mars à fin oct.
Borne artisanale ♨ 🚰 🚽 🧹
12 🅿 - 72h - 12 €/j.
Services : 🛒 🍴
GPS : E 14.35349 N 51.74623

**Spreeauenpark**
Kiekebuscher Str. - ☎ 0355 75 42 372
De déb. mars à fin oct.
Borne ♨ 🚰 🚽 🧹
12 🅿 - 72h - 12 €/j.
Services : 🛒 🍴
GPS : E 14.35349 N 51.74623

### Lübbenau (Allemagne)

**Wohnmobiltellplatz am Bahnhof**
Bahnhofstr. - ☎ 035 423 668
Permanent
Borne ♨ 🚰 🚽 🧹 : Payant
10 🅿 - 48h - 8 €/j.
Services : 🛒
GPS : E 13.95783 N 51.857

### Werder (Allemagne)

**Yachthafen Ringel**
An der Havel 38 - ☎ 033202 60217
De déb. avr. à déb. oct.
Borne ♨ 🚰 🚽 🧹 : Payant (eau 1 €, vidange grise ou noire 3 €)
10 🅿 - illimité - 10 €/j.
Services : wc 📶
GPS : E 12.919 N 52.41714

### Zerkwitz (Allemagne)

**Autocamping Käppler**
Chaussestr. 17a - ☎ 03542 830 29
De déb. avr. à déb. nov.
Borne artisanale ♨ 🚰 🚽 🧹
6 🅿 - illimité - 14 €/j.
Services : wc 🛒
GPS : E 13.93314 N 51.86575

# Les bonnes adresses de Bib

## Lübbenau (Allemagne)

### ✗ Pohlenzschänke
*Polenzweg, Leipe - Lübbenau -
📞 035603 298 - avr.-oct. : 10h-18h -
plats à partir de 7 €.* Pour déjeuner
à la bonne franquette dans une
authentique auberge du Spreewald,
rien de tel que la Pohlenzschänke !
C'est la plus vieille de la région (1850)
et les dim. et j. fériés, le service se
fait en costume traditionnel. Salon
aménagé selon les plans de K.F.
Schinkel.

## Potsdam (Allemagne)

### ✗ Zur historischen Mühle (Mövenpick)
*Zur historischen Mühle 2 - 📞 0331 28
14 93 - tlj 8h-22h (lun.-vend. petit-déj
servi de 10h30 à 18h) - 15/30 €.* Truite
meunière, escalope viennoise ou
*rösti* suisse : la carte est variée et le
jardin d'hiver agréable. Bon rapport
qualité-prix. L'adresse idéale pour
déjeuner à proximité immédiate du
château de Sans-Souci.

### ✗ Alexandrowka Haus 1
*Russische Kolonie 1 - 📞 0331 20 06
478 - www.alexandrowka-haus1.
de - 🍴 - 18/30 €.* Au rez-de-chaussée
d'un des adorables petits chalets en
bois de la colonie Alexandrowka,
spécialités russes (*pelmenis* savoureux)
dans une ambiance douillette et
délicieusement kitsch. Accueil
sympathique.

### Café Heider
*Friedrich-Ebert-Str. 29 -
📞 0331 270 55 96 - www.cafeheider.
de.* Animé à toute heure, le plus
vieil établissement de la ville (1878)
propose un vaste choix de cafés,
de thés et de chocolats, que vous
apprécierez sur fond de musique
entraînante.

## Poznań (Pologne)

### ✗ Ptasie Radio
*Ul. Kościuszki 74/3 - 📞 61 853 64 51 -
www.ptasieradio.pl - lun.-vend.
8h-23h, w.-end 10h-23h - 20 PLN.*
Sous le signe des oiseaux, l'endroit
évoque une cabane dans les arbres
aux couleurs pastel. On y savoure
salades et tartes salées ou sucrées et il
n'est pas rare qu'on y oublie le temps
jusqu'à l'heure du thé.

### ✗ Cymes
*Ul. Woźna 2/3 - 📞 61 851 66 38 -
13h-22h - 30 PLN.* Minuscule
restaurant de spécialités juives, simple,
généreux et joliment décoré. On sert,
sur des tables de bois, hareng, *gefilte
fisch* ou encore un delicieux steak
hongrois au lard.

### ✗ Bażanciarnia
*Stary Rynek 94 - 📞 61 855 33 58 -
www.bazanciarnia.pl - lun.-sam.
13h-22h, dim. 13h-18h - 140 PLN.*
Une institution. Dans une salle
digne des grandes réceptions, où
dominent les beaux bois, on vous
servira une cuisine polonaise raffinée.
Venaisons et gibiers ne sont détrônés
que le jeudi, jour d'arrivage des fruits
de mer.

## 🛈 Offices de tourisme

**Potsdam**
*Am Alten Markt (Humboldtstraße
1-2) - 📞 0331 27 55 88 99 - www.
potsdamtourismus.de - avr.-oct. :
9h30-19h (dim. 16h).*

**Poznań**
*Voir p. 276.*

**Parc national de Grande-Pologne**
*À 15 km au sud de Poznań par la
route 430 - accès en train ou en
bus par Mosina et Puszczykowo à
l'est du parc et Stęszew à l'ouest.
Parking de Mosina en lisière de
forêt, proche des sites les plus
intéressants (lac Góreckie, vallons
les plus pittoresques). Le parc est
parcouru par 85 km de sentiers
répartis en 5 itinéraires de 10 à
14 km. Une carte détaillée est
disponible à l'office du tourisme
de Poznań.*

Pour téléphoner en Pologne :
00 48 + indicatif urbain puis le
numéro du correspondant.

Pour téléphoner en Allemagne :
00 49 + indicatif urbain sans
le 0 initial puis le numéro du
correspondant

Pour plus d'informations :
Cartes Michelin National N° 718
et 720
Le Guide Vert Pologne
Le Guide Vert Allemagne du Nord

# Entre Baltique et mer du Nord

⮡ *Départ : Potsdam*
⮡ *10 jours - 1 364 km*

*Plage sur l'île de Rügen.*

MissPassionPhotography / iStock

### Jour 1

À 38 km seulement de Berlin, **Potsdam**, cité d'élection des anciens rois prussiens, possède un charme tout provincial, avec ses maisons basses, ses rues piétonnes, et ses deux joyaux rococo que sont le château de Sans-Souci et le Nouveau Palais. Le parc de Sans-Souci couvre près de 300 ha et compte plusieurs centaines d'arbres. Comme Voltaire, vous succomberez au charme de cette cité.

### Jours 2 et 3

Ville bouillonnante, **Berlin** séduit par les fastes de sa vie culturelle comme de son animation nocturne. Cette étonnante métropole, l'une des plus étendues et les plus vertes du Vieux Continent, vit aujourd'hui un nouvel âge d'or. On franchira la porte de Brandebourg, symbole de la réunification ; on montera dans la coupole du Reichstag signée par l'architecte sir Norman Foster pour un coup d'œil sur la cité ; on se promènera dans les nouveaux quartiers de la capitale allemande qui mêlent architecture moderne, shopping, divertissement et business. Quant à l'offre muséale, elle est inépuisable : le Kulturforum et l'île des Musées, classée au Patrimoine mondial de l'Unesco, en constituent les deux principaux pôles. Mentionnons juste le superbe musée de Pergame et l'émouvant Musée juif à Kreuzberg. Enfin, la vie nocturne berlinoise est légendaire.

### Jour 4

Quittez Berlin pour la région des lacs du Mecklembourg, l'une des plus sauvages et des mieux préservées du pays. Les amoureux de la nature s'en donneront à cœur joie, entre les randonnées, les sports nautiques et la grande variété d'oiseaux. **Waren**, centre touristique important, est baigné par la perle du Mecklenburgische Seenplate, le lac Müritz, deuxième plus grande étendue d'eau d'Allemagne.

### Jour 5

La ville de **Neubrandenbourg**, que l'on rejoint par la B 192, surprend par ses imposants remparts médiévaux, miraculeusement épargnés par la Seconde Guerre mondiale. En seconde partie de journée, prenez la B 96 pour **Greifswald** : son architecture très ancienne trahit une influence scandinave ; à l'embouchure du Ryck, le port de Wiek, village classé dont le pont basculant en bois date de 1887, et les ruines de l'abbaye Eldena ont inspiré Caspar David Friedrich, grand peintre de l'époque romantique.

### Jour 6

**Rügen**, la plus grande île d'Allemagne, abrite de petites mers intérieures, de belles plages de sable et d'impressionnantes falaises calcaires. C'est une destination très prisée des vacanciers auxquels elle propose d'agréables stations balnéaires, climatiques et de thalassothérapie. Retour sur la terre ferme pour longer la côte (B 105) que jalonne un chapelet de villes intéressantes, comme Bad Doberan et **Rostock**.

### Jour 7

**Wismar**, avec ses édifices en brique rouge, est réputée pour ses pêcheries. Son centre historique a été classé en 2002 au Patrimoine mondial de l'Unesco : vous pourrez y admirer de

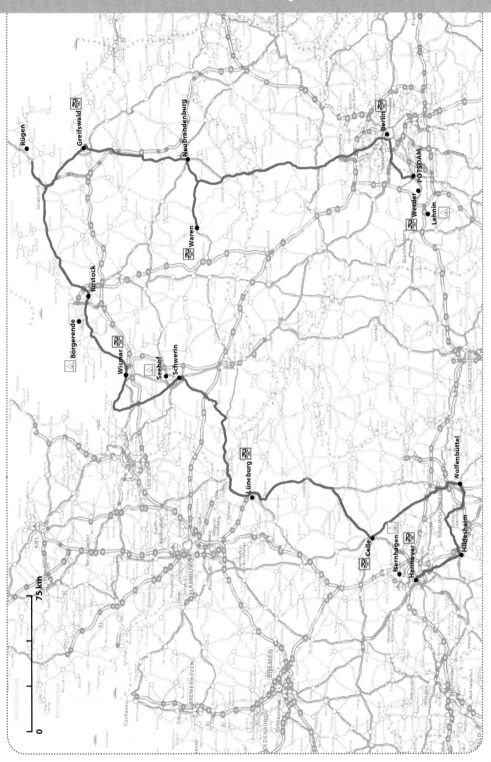

magnifiques maisons anciennes. Par la B 106, vous arriverez à **Schwerin**. Bordée par des lacs et autant de verdure, la ville est assurément l'une des plus agréables de l'Allemagne du Nord. Cette cité de caractère séduit par son architecture raffinée et le charme majestueux de son château qui se dresse sur une île face à la vieille ville.

## Jour 8

**Lüneburg** (*via* B 321 et B 5), qui a longtemps dû sa richesse au sel, constitue la porte d'entrée des vastes étendues de la lande de Lüneburg. Les bosquets de bouleaux, de pins et de genévriers et surtout la floraison des bruyères (de mi-août à mi-septembre) font le charme de ces paysages, parfois austères, de cette steppe en partie conçue par la main de l'homme. Une réserve naturelle de 200 km² a été créée afin de contrer l'avancée de l'agriculture.

## Jour 9

Située au sud de la lande de Lüneburg, voici **Celle**, qui a gardé le cachet d'une cité aristocratique : trésors de la ville ancienne, palais ducal magnifiquement restauré… Les passionnés de voiture ne manqueront pas la visite d'Autostadt, vaste complexe automobile aménagé par Volkswagen, à **Wolfsburg** (environ 60 km de Celle).

## Jour 10

On s'attardera ensuite volontiers dans la belle cité de **Wolfenbüttel** qui possède un ensemble exceptionnel de maisons Renaissance. Plus à l'ouest, **Hildesheim** est la dernière étape avant **Hanovre** (par la B 6) dont vous apprécierez les plans d'eau et les célèbres jardins de Herrenhausen situés en pleine ville.

## Aires de service et de stationnement

### Berlin

**Marina Wendenschloss**
Wendenschlossstr. 350-354 -
☎ 03 06 51 34 15
De mi-avr. à déb. nov.
Borne 🚰 🚻 🚿 : Payant
10 🅿 - illimité - 15 €/j. - dép. avant 12h
(suppl. 8 € après 12h)
Services : wc 🛒 ✕ 📶
😊 Transports en commun pour le centre-ville.
GPS : E 13.5852 N 52.4271

### Celle

**Schützenplatz**
Hafenstr. - ☎ 05 90 90 80
Permanent
Borne 🚰 🚿 🚰 : 1 €
5 🅿 - Gratuit
Services : wc ✕
GPS : E 10.07239 N 52.627

### Greifswald

**Stellplatz Wöller**
Chaussee 12 - ☎ 03 834 50 04 48
Permanent
Borne sanistation 🚰 🚻 🚿 🚰
50 🅿 - illimité - 10 €/j.
Services : wc ✕
GPS : E 13.35092 N 54.0744

**Caravancamping Museumhafen**
Marienstr. 10-12 - ☎ 03 834 51 21 01
Permanent
Borne 🚰 🚻 🚿 🚰
20 🅿 - illimité - 15 €/j.
Services : wc 🛒 ✕
GPS : E 13.3896 N 54.09846

### Hannover/Hanovre

**Am Grossen Garten**
Am Grossen Garten 3
Permanent
30 🅿 - illimité - 12 €/j.
😊 Tramways pour le centre.
GPS : E 9.693 N 52.39008

### Lüneburg

**Wohnmobilstellplatz Sülzwiesen**
Parkplatz Sülzwiesen, Am Bargenturm -
☎ 04 13 16 99 69 90
Permanent
Borne sanistation 🚰 🚻 🚿 🚰 :
Payant (eau et électricité)
53 🅿 - illimité - 10 €/j.
Services : wc 🛒 ✕
GPS : E 10.39759 N 53.24567

### Waren

**Campingpark Kamerun**
Zur stillen Bucht 3 - ☎ 03 991 12 24 06
Permanent
Borne 🚰 🚻 🚿 🚰 : Payant
(eau et électricité)
65 🅿 - 15,50 €/j.
Services : wc ✕ 🔥 📶
😊 Centre-ville à 2 km par une piste cyclable.
GPS : E 12.65098 N 53.51208

### Werder (Allemagne)

**Yachthafen Ringel**
*Voir le circuit précédent.*

### Wismar

**Wohnmobilpark Westhafen Wismar**
Schiffbauerdamm 12 -
☎ 01/723884003
Permanent
Borne sanistation 🚰 🚻 🚿 🚰 :
Payant (eau et électricité)
65 🅿 - illimité - 10 €/j.
Services : wc 🛒
GPS : E 11.45151 N 53.89419

## ⛺ Campings

### Börgerende (ouest de Rostock)

#### ⛰ Ferien-Camp Börgerende
Deichstr. 16 - ☎ 03 820 38 11 26
De fin mars à fin oct. - 7 ha (250 empl.)
Tarif : (Prix 2016) 40 € ⛺⛺ 🚗 🔲
🔌 (11A) - pers. suppl. 7 €
🚐 borne
Loisirs : 🛶 hammam jacuzzi 🏇 🎣
🚤 🐎
Services : 🍽 🍴 ✂ ☑ 🔥 📶 📷 🛒
🚿 🚰
🏖 Bord de mer.
GPS : E 11.89916 N 54.15278

### Isernhagen (nord de Hanovre)

#### ⛰ Camping Parksee Lohne
Alter Postweg 12 - ☎ 05 13 98 82 60
Permanent - 13 ha (300 empl.)
Tarif : 24,20 € ⛺⛺ 🚗 🔲
🚐 borne
Services : 🍴 🔥 📷 🛒
🏖 Au bord d'un lac,
avec une base de loisirs.
GPS : E 9.8547 N 52.45333

### Lehnin
*Voir le circuit précédent.*

### Seehof (à côté de Schwerin)

#### ⛰ Ferienpark Seehof
Am Zeltplatz 1 - ☎ 03 85 51 25 40
De déb. mars à fin oct. -
18 ha (270 empl.)
Tarif : 25 € ⛺⛺ 🚗 🔲
🚐 borne
Loisirs : 🏇 🚤 🎣 ⚓
Services : 🍽 🍴 🔥 📷 🛒 🚿 🚰
🏖 Au bord d'un lac.
GPS : E 11.44067 N 53.69854

## Les bonnes adresses de Bib

### Berlin

#### 🍴 Mutter Hoppe
*Rathaustr. 21 - ☎ 030 24 72 06 03 - mutterhoppe.de - tlj à partir de 11h30 - 16/22 €.* Grandes salles en sous-sol, où venir en famille ou entre amis déguster une cuisine allemande. De septembre à juin, les vendredi et samedi, à partir de 19h, concerts dans le style des années 1920 et 1930.

#### 🍴 Vapiano
*Potsdamer Platz 5 - ☎ 030 23 00 50 05 - www.vapiano.de - 10h-1h (dim. 0h) - 12/20 €.* Un self-service original où l'on combine soi-même pâtes et sauce, sa salade ou sa pizza. Basilic, romarin et menthe à disposition.

#### 🍴 Humboldt Terrassen
*Schlossplatz 5 - ☎ 030 20 62 50 76 - www.humboldt-terrassen.de - 10h-18h - 20/35 €.* Terrasse panoramique située au dernier étage de la Humboldt-Box. On y sert une salade de poulet à prix raisonnable, des Strudel et du chocolat chaud à l'ancienne.

#### Bon à savoir
Grandes marques et centres commerciaux, se concentrent sur Kurfürstendamm. Côté est, la Friedrichstraße est colonisée par les vitrines de luxe. Autres points névralgiques : Friedrichpassagen (avec les Galeries Lafayette), les quartiers de Scheunenviertel, truffé de boutiques branchées, et de Friederichschain, autour de la Simon-Dach Straße. Les boutiques de Prenzlauer Berg sont encore plus pointues.

### Celle

#### 🍴 Weinkeller Postmeister von Hinüber
*Zöllnerstr. 25 - ☎ 05141 284 44 - www. weinkellercelle.de - fermé 2 sem. en juil.-août, dim., lun. et midi (sf sam.) - 17/34 €.* L'intérieur de cette maison à colombages surprend par son cadre coquet. Cette belle taverne rustique a élu domicile dans une cave en brique.

### Hannover/Hanovre

#### 🍴 Der Gartensaal
*Trammplatz 2 - ☎ 0511 16 84 88 88 - www.gartensaal-hannover.de - 11h-18h, de mi-mai à mi-sept. : 11h-22h - formule déj. 10,95 € - 18/27 €.* Ce restaurant de style bistrot est installé dans le hall sud de l'hôtel de ville. De très hautes fenêtres offrent de superbes vues sur un parc et un étang. L'été, vous pouvez profiter de la terrasse.

### Potsdam
*Voir le circuit précédent.*

### Île de Rügen

#### Train à vapeur de Rügen
*Bahnhofstr. 14 - 17207 Putbus - ☎ 038 301 88 40 12 - ruegensche-baederbahn.de - tte l'année (fin avril-début octobre : 4 dép. de Putbus le matin à partir de 7h48, 1 dép. l'apr.-midi - entre 2 € et 10 € AS, selon la distance.* Il relie Putbus à Göhren en 1h15 environ et dessert Binz et les points les plus touristiques de l'île.

---

### 🛈 Offices de tourisme
**Hannover/Hanovre**
*Ernst-August-Platz 8 - ☎ 0511 12345 111- www.hannover-tourism.de.*
**Berlin**
*☎ 00 49 (0) 30 25 00 23 33 - www.visitberlin.de – plusieurs adresses : aéroports ; Europa Platz 1 ; Tauentzienstr. 9 ; Pariser Platz (aile sud), Panoramastraße 1a.*

**Pour téléphoner en Allemagne :**
00 49 + indicatif urbain sans le 0 initial puis le numéro du correspondant

**Pour plus d'informations :**
Cartes Michelin National N° 718 et 720 / Le Guide Vert Allemagne du Nord

*Haute route alpine du Grossglockner, point culminant des Alpes autrichiennes (3 797 m).*

J. Fuste Raga / age fotostock

# À la découverte de la vallée du Rhin

⮑ *Départ : Cologne*
⮑ *6 jours - 195 km*

*Le château du Chat (Burg Katz) domine le Rhin.*

W. Buss / DEA / De Agostini Editore / age fotostock

## Jour 1

« Pourquoi est-on si bien sur les rives du Rhin ? », interroge une chanson populaire allemande… Il faut venir à **Cologne** (Köln) sur la place de Tanzbrunnen, esplanade qui offre un panorama sur la ville rhénane, pour trouver la réponse. Mais aussi boire une Kölsch, la bière locale, à la terrasse d'une brasserie au bord du fleuve, flâner dans les ruelles de la vieille ville dominée par les deux flèches de l'incontournable cathédrale, emblème de la ville et du pays, ou encore partir naviguer sur le Rhin… Cologne est également une métropole artistique dotée de plus d'une centaine de galeries, qui s'ajoutent au musée Ludwig connu pour sa collection d'art américain et à sa foire renommée, Art Cologne. Autre événement marquant, le carnaval et les cinq « journées folles » qui précèdent le mercredi des Cendres ; Cologne et ses habitants vous surprendront par leur vitalité et leur joie de vivre.

## Jour 2

Passez une journée à **Bonn**, ancienne capitale de la RFA, en arrivant par la L 300. À défaut d'être aujourd'hui une grande capitale européenne, elle offre le charme d'une cité riche en musées, à l'atmosphère calme et accueillante. Les mélomanes seront sensibles à la visite de la maison de Beethoven : le compositeur naquit en effet à Bonn, et la ville lui rend hommage chaque

année à l'occasion d'un festival. Ne manquez pas la cathédrale et son beau cloître, probablement l'un des mieux conservés du pays.

Traversez le Rhin, pour suivre la L 193 et atteindre **Königswinter**. La ville est située au pied du massif volcanique des Sept Montagnes (Siebengebirge) jadis couronnées par des châteaux forts. Les vignobles rhénans s'agrippent à ces reliefs qui composent le plus ancien parc naturel allemand. Empruntez le funiculaire montant jusqu'au Drachenfels. Un vaste panorama vous permet d'apercevoir Bonn, Bad Godesberg et Cologne.

## Jour 3

La ville de **Coblence** (Koblenz) tire son nom du latin *confluentia* : vous le comprendrez aisément en vous rendant au « coin allemand », pointe de terre encerclée par la Moselle d'un coté, et le Rhin de l'autre. Vous y aurez une belle

vue sur la rive droite du Rhin. Au sud de la ville, vous trouverez le château Stolzenfels, dont l'intérieur, récemment rénové, vaut vraiment le détour.

## Jour 4

Sur la rive opposée, un peu plus au sud (*via* L 35), se trouve le château de **Marksburg**, le seul de la vallée qui n'ait jamais été détruit. Il occupe un site remarquable. Poursuivez sur la même rive, pour arriver à **Kamp-Bornhofen** ; le nom de la ville est moins connu que le surnom des deux châteaux qui la dominent, les « Frères Ennemis ». En descendant le long de la route 42, et en traversant le fleuve, vous rejoindrez **Sankt Goar** : la ville, blottie au pied du château de Rheinfels, commande le passage de la Lorelei. Du haut de la tour de l'horloge vous découvrirez l'ensemble de la vallée du Rhin, avec, sur l'autre rive, les châteaux du Chat (Burg Katz) et de la Souris (Burg Maus).

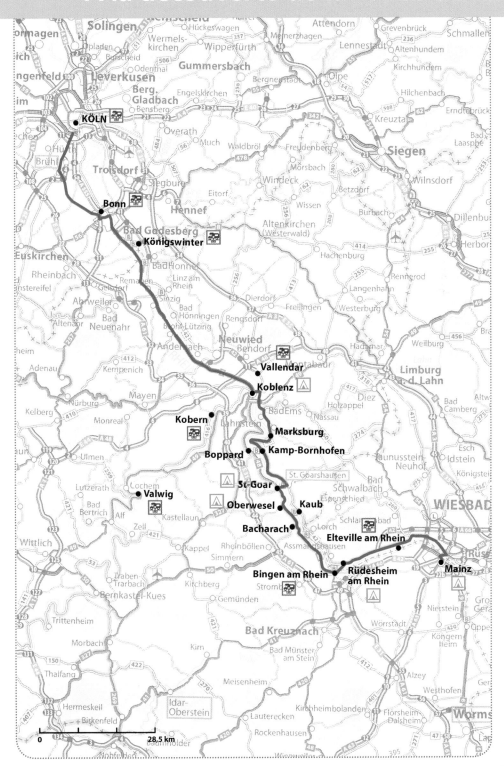

Vous voici enfin à Lorelei, le rocher légendaire haut de 132 m ; véritable symbole du Rhin romantique, son avancée réduit d'un quart la largeur du fleuve. Bien entendu, un tel lieu est emprunt de mythologie : selon la légende, la Lorelei était une ondine blonde qui captait l'attention des bateliers par ses charmes et ses chants mélodieux, à l'endroit le plus dangereux du fleuve. Toujours en descendant le Rhin le long de la B 42, puis en le traversant, vous trouverez la ville de **Bacharach**, entourée de vignes et de vieilles tours, vestiges de ses fortifications du Moyen Âge.

### Jour 5

En moins de 20 km, vous serez à **Rüdesheim am Rhein**, capitale du Rheingau. Rüdesheim jouit d'une situation privilégiée. Véritable Mecque du riesling, la ville regorge de caves proposant des dégustations. L'abbaye d'Eberbach, à environ 15 km à l'est, est la seule fondation directe de Clairvaux en Allemagne. Dans ce lieu étonnant, chargé d'histoire, on perçoit encore parfaitement le silence et l'isolement de la communauté cistercienne qui l'habita.

### Jour 6

En suivant la B 42, vous serez très vite à **Mayence** (Mainz). La ville est dotée d'un centre historique qui regorge de petites ruelles aux maisons anciennes abritant parfois des artisans. « Mainz, il faut la vivre ! ». Cette devise se vérifie particulièrement à l'occasion du défilé du Lundi gras, qui attire chaque année des centaines de milliers de visiteurs. Ville natale de Gutenberg, le musée qui lui est consacré ravira les bibliophiles.

### Office de tourisme

**Köln/Cologne**
*Kardinal-Höffner-Platz 1 - ☏ 0221 34 64 30 - www.koelntourismus.de - lun.-sam. 9h-20h, dim. et j. fériés 10h-17h.*

**Pour téléphoner en Allemagne :**
00 49 + l'indicatif urbain sans le 0 initial puis le numéro de votre correspondant

**Pour plus d'informations :**
Carte Michelin Regional N° 543
Le Guide Vert Allemagne du Nord et Allemagne du Sud

## Aires de service et de stationnement

### Bingen am Rhein

**Wohnmobilpark Bingen**
Bingen-Gaulsheim
Ausserhalb 11 -
☏ 06721 153 421
Permanent
Borne artisanale
: Payant (eau et électricité)
40 P - > 72h - 7€/j.
Services :
GPS : E 7.89803 N 49.97265

### Bonn

**Wohnmobilstellplatz Rheinaue**
Ludwig-Erhard-Allee -
☏ 0228 770
Permanent
18 P - Gratuit
GPS : E 7.13934 N 50.70964

### Eltville am Rhein

**Parkplatz Weinhohle**
Weinhohle - ☏ 06123 909 80
Permanent
Borne
20 P - 72h - 5€/j.
Services :
GPS : E 8.12391 N 50.02986

### Kobern

**Wohnmóbilstellplatz am Moselufer**
Am Kalkofen - ☏ 02607 10 55
Permanent
Borne artisanale
50 P - illimité - 5€/j.
Services :
Belle vue sur le Rhin et à 5mn à pied du centre-ville.
GPS : E 7.46083 N 50.30583

### Köln/Cologne

**Reisemobilhafen Köln**
An der Schanz -
☏ 0178 467 45 91
Permanent
Borne artisanale
: Payant (eau et électricité)

65 P - 10€/j.
Services :
Transports en commun pour le centre-ville.
Réservation uniquement par mail minimum 5 j. avant votre arrivée.
GPS : E 6.98513 N 50.96282

### Königswinter

**Parking Am Sportplatz**
Hauptstr.
Permanent
15 P - 24h - Gratuit
Services :
GPS : E 7.1725 N 50.6915

### Vallendar

**Wohnmobilstellplatz am Rhein**
Parkplatz P1, neben dem Busparkplatz -
☏ 0261 667 578 10
Permanent
3 P - Gratuit
Services :
Point de sortie limité à 3 m de haut.
GPS : E 7.61178 N 50.39808

### Valwig

**Moselvorland**
Moselweinstr. -
☏ 02671 31 16
Permanent
Borne
20 P - illimité - 6€/j.
Services :
Centre-ville à 100 m.
GPS : E 7.21314 N 50.14286

## ⛺ Campings

### Koblenz/Coblence

**⛺ Knaus Campingpark Rhein-Mosel**
Schartwiesenweg 6 - ✆ 02618 27 19
Permanent - 10 ha (218 empl.)
Tarif : 15€ 🚶🚶 🚐 🗐
🚐 borne
Services : 🍴 🏕 📶 🗐
🔥 Au bord du Rhin.
GPS : E 7.60428 N 50.36636

### Mainz/Mayence

**⛺ Campingplatz Maaraue**
Maaraustr. 48 - ✆ 6134 257 59 22
De déb. avr. à fin oct. - 2 ha (130 empl.)
Tarif : 15€ 🚶🚶 🚐 🗐
🚐 borne
Loisirs : 🏊🏄
Services : 🍷 🍴 ♿ 🔑 🚿 🏕 📶 🗐
🛁 🚿
GPS : E 8.30627 N 49.99945

### Oberwesel

**⛺ Campingplatz Schönburgblick**
Am Hafendamm 1 - ✆ 6744714501
De mi-mars à déb. nov. - 1 ha (50 empl.)
Tarif : 9€ 🚶🚶 🚐 🗐
🚐 borne
Services : 🍷 🍴 🏕 📶 🗐 🛁
🔥 Petit camping au bord du Rhin.
GPS : E 7.73646 N 50.10241

### Rüdesheim am Rhein

**⛺ Camping Rüdesheim**
Kastanienallee 2 - ✆ 06722 25 28
De fin avr. à déb. oct. - (180 empl.)
Tarif : 22,80€ 🚶🚶 🚐 🗐
🚐
Services : 🏕 📶 🗐 🛒
GPS : E 7.94048 N 49.97774

### Sankt Goar

**⛺ Campingplatz Loreleyblick**
An der Loreley 49-50 - ✆ 06741 20 66
Permanent - 6 ha (200 empl.)
Tarif : 33€ 🚶🚶 🚐 🗐
🚐 borne
Services : 🍴 🏕 🗐
🔥 En bordure du Rhin face à la Lorelei.
GPS : E 7.72156 N 50.14249

## Les bonnes adresses de Bib

### Bonn

**🍴 Zur Lese**
*Adenauerallee 37 - ✆ 0228 22 33 22 - www.zurlese.de - fermé lun. - formule déj. 9,90 € - 18/39 €.* Restaurant viticole dont le nom ne rappelle pas les vendanges, mais bien la société de lecture et de repos qui avait été fondée en 1787 dans un but rationaliste.

### Boppard

**🍴 Gasthaus Hirsch**
*Rheinstr. 17 - ✆ 06 741 26 01 - www.gasthaus-hirsch.net - 11h-14h, 18h-23h30 - fermé lun.-mar., 2 sem. apr. Pâques et de mi-nov. au 25 nov. - 23,50/32 €.* Établissement rustique et de bon goût. Les plats concoctés à partir des produits du marché sont savoureux.

**🍴 Tannenheim**
*Bahnhof Buchholz 3 - ✆ 06 742 22 81 - www.hoteltannenheim.de - fermé jeu., sam. midi et dim. soir, de Noël à fin janv. et 3 sem. en été - 22/31,50 €.* Ce charmant restaurant est dirigé depuis quatre générations par la famille Fuchs. On vous y servira des plats variés et de saison.

### Kaub

**🍴 Zum Turm**
*Zollstr. 50 - ✆ 06 774 922 00 - www.rhein-hotel-turm.de - avr.-oct. et déc. : à partir de 17h, dim. et j. fériés à partir de 12h ; reste de l'année : vend.-dim. à partir de 13h - 25/44 €.* Cette maison fondée il y a plus de 300 ans est située près de la vieille tour et abrite depuis plus d'un siècle un petit restaurant familial. Plats préparés avec soin.

### Koblenz/Coblence

**🍴 Wirtshaus Alt Coblenz**
*Am Plan 13 - ✆ 0261 16 06 56 - www.alt-coblenz.de - fermé lun. - 14/27 €.* On vient ici pour déguster une cuisine traditionnelle allemande ou goûter les vins régionaux.

**🍴 Weinhaus Hubertus**
*Florinsmarkt 6 - ✆ 0261 311 77 - www.weinhaus-hubertus.de - fermé mar. -*

15/25 €. Dans la salle lambrissée de bois sombre et décorée de trophées de cette jolie maison à colombages, on savoure une cuisine régionale soignée. Une des meilleures adresses de la vieille ville.

### Köln/Cologne

**🍴 Pfaffen Brauerei**
*Heumarkt 62 - ✆ 0221 257 77 65 - www.pfaffen-bier.de - 15/20 €.* Une des dernières brasseries de Cologne où l'on brasse la bière sur place. Dans un décor rustique, on vient surtout pour déguster la Kölsch, bière typique de la ville, et des plats régionaux. En été, agréable *Biergarten*, à l'arrière.

**🍴 Peters Brauhaus**
*Mühlengasse 1 - ✆ 0221 257 39 50 - www.peters-brauhaus.de - 13/22 €.* Une brasserie typique de Cologne. Le bois ajoute convivialité et chaleur au cadre rustique et confortable du lieu. Plusieurs espaces avec un coin brasserie et une salle de restaurant

**🍴 Hase**
*St.-Apern-Str. 17 - ✆ 0221 25 43 75 - www.hase-restaurant.de - fermé dim. -25/50 €.* Les tables en bois clair de ce restaurant-bistrot ajoutent à la note rustique du lieu. Quelques plats, classiques, sont proposés sur une ardoise.

**Café Reichard**
*Unter Fettenhennen 11 (en face de la cathédrale) - ✆ 0221 2 57 85 42 - www.cafe-reichard.de - 8h30-20h.* Ce café au décor classique comporte un jardin d'hiver et une grande terrasse. Si l'on y ajoute la magnifique vue sur la cathédrale, on comprend pourquoi l'établissement est aussi fréquenté. La véranda est sans nul doute le meilleur emplacement pour observer le fourmillement de la ville.

**Biergarten im Stadtgarten**
*Venloer Str. 40 (rue qui part de la station Friesenplatz vers l'ouest) - ✆ 0221 95 29 940 - www.stadtgarten. de - lun.-jeu. 12h-1h, vend.-sam. 12h-2h, dim. 10h30-1h (fermé par mauvais temps).* Cet agréable *Biergarten* est installé à l'entrée du parc public (*Stadtgarten*). Petit déjeuner le dimanche servi jusqu'à 14h30.

# À travers le Land de Saxe

➲ *Départ : Erfurt*
➲ *6 jours - 550 km*

## Jour 1

Les noms de **Erfurt**, **Weimar**, **Iéna** (Jena) sont riches de résonances dans la culture et la conscience allemandes. Erfurt attira les plus grands noms de l'humanisme allemand, parmi lesquels Luther, Schiller ainsi que Goethe et Bach, tandis que Weimar est sans conteste la référence du classicisme national : ses bibliothèques renferment les plus grands trésors littéraires du pays ; Bach y fut maître de chapelle ; Liszt y dirigea l'opéra ; Nietzche y termina ses jours… sans oublier Goethe qui y résida pendant plus de vingt ans. Un petit côté provincial émane de ses petites rues bordées de maisons colorées, ses places animées par les marchés et son château à l'orée d'un parc à l'anglaise. Weimar est également la ville où fut créée en 1919 l'école d'architecture et d'art du Bauhaus ; vous pourrez visiter le musée qui lui est consacré.

Célèbre pour la victoire remportée par Napoléon sur les Prussiens en 1806, Iéna, ville de grande tradition universitaire, résonne encore des grands noms de la culture allemande et de ceux des inventeurs du microscope (Carl Zeiss et Ernst Abbe). À une trentaine de kilomètres au nord d'Iéna, **Naumburg** est établie dans un paysage de coteaux où s'enchevêtrent vignes et forêts. La cité doit notamment sa renommée à son exceptionnelle cathédrale qui marie roman et gothique.

*Le château de Moritzburg.*

## Jour 2

Vous plongez dans l'Allemagne historique où s'épanouirent, au 18e s. notamment, les lettres et la musique. **Leipzig** est une ville d'art qui peut s'enorgueillir d'un héritage musical exceptionnel ; Bach, Schumann et Mendelssohn-Bartholdy y ont jadis résidé et elle occupe aujourd'hui encore une place de tout premier plan sur la scène musicale allemande. Paradoxalement, elle fut la vitrine de la RDA (par sa foire annuelle, en particulier) mais aussi l'épicentre de la contestation religieuse et politique. En effet, la réunion, à l'initiative de protestants entre 1982 et 1989, tous les lundis à 17h dans l'église St-Nicolas contribua à ébranler le régime est-allemand et prépara la chute du mur de Berlin.

## Jour 3

Plus au sud, en se rapprochant de la frontière tchèque, **Annaberg-**

**Buchholz** livre avec l'église Ste-Anne un des exemples les plus accomplis du gothique flamboyant de Saxe. En prenant la direction de Dresde, vous vous arrêterez au château baroque de **Moritzburg** et à **Meissen**, réputée pour ses porcelaines.

Un peu plus au nord, vous trouverez Branitz dans la banlieue de **Cottbus**. Passionné de jardins à l'anglaise, le prince Hermann von Pückler-Muskau y aménagea un château ainsi qu'un remarquable parc.

## Jour 4

Les villes de **Görlitz** et **Bautzen** vous donneront l'occasion de faire étape au pays des Sorabes. Cette minorité ethnique d'Allemagne, qui occupe la région de la Lusace, à cheval sur les Länder de Saxe et du Brandebourg, a longtemps fait partie du royaume de Bohême. Outre sa langue, toujours pratiquée, elle a conservé vivantes de

*imagebroker / hemis.fr*

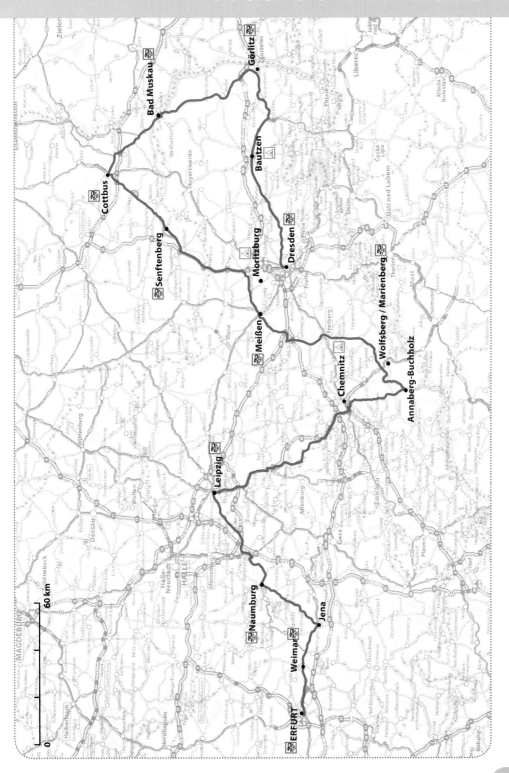

nombreuses traditions, telles que la décoration des œufs de Pâques, le port du costume sorabe et des grandes coiffes brodées.

### Jours 5 et 6

Ville d'art et de culture, **Dresde** (Dresden) attire un nombre sans cesse croissant de visiteurs. Un long travail de reconstruction, qui dure encore aujourd'hui, lui a rendu ses joyaux baroques et lui a ainsi permis de redevenir la « Florence de l'Elbe » qu'elle était autrefois. Au sud de Dresde s'étend la Suisse saxonne ; cette région, avec ses impressionnantes parois de grès en forme de tables et ses longues gorges taillées dans la roche, constitue un des sites naturels les plus spectaculaires d'Allemagne.

### ℹ Office de tourisme

**Dresden/Dresde**
*Neumarkt 2* ℘ *0351 501 501 - www.dresden. de - autre adresse : Hauptbahnhof (gare centrale) - Wiener Platz 4.*

**Pour téléphoner en Allemagne :** 00 49 + l'indicatif urbain sans le 0 initial puis le numéro de votre correspondant

**Pour plus d'informations :**
Carte Michelin Regional N° 544
Le Guide Vert Allemagne du Nord

## Les bonnes adresses de Bib

### Dresden/Dresde

#### ✕ Aha Ladencafé
*Kreuzstr. 7 - ℘ 0351 496 06 73 - www.ladencafe. de - 15 €.* Face à l'église Sainte-Croix, une plaisante adresse proposant, au milieu d'un décor coloré, une cuisine de saison sur le thème de l'exposition en cours. Vins du monde entier. Magasin d'artisanat au sous-sol.

#### ✕ Historisches Fischhaus
*Fischerhausstr. 14 (à 5 km au nord-est du centre-ville ; suivre Bautzner Str.) - ℘ 0351 89 91 00 - www. historisches-fischhaus.de - réserv. conseillée - 15/25 €.* Maison de tradition au cadre verdoyant, proche de la ville. Parmi les spécialités, on trouve poissons et gibier. En été, profitez du jardin, idyllique.

### Erfurt

#### Köstritzer « Zum güldenen Rade »
*Marktstr. 50 - ℘ 0361 561 35 06 - www.zum-gueldenen-rade.de - 16/24 €.* Dans la vieille ville, non loin de la mairie ; murs en pierre de taille, bois et tableaux forment un décor agréable. Jardin d'été et terrasse dans la cour intérieure.

### Leipzig

#### ✕ Barthels Hof
*Hainstr. 1 - ℘ 0341 14 13 10 - www.barthelshof.de -*

*18/22 €.* Un hôtel de foire typique, construit entre 1747 et 1750 pour le marchand Gottlieb Barthel. Depuis plus de cent ans, un restaurant occupe ses murs ; on vous y servira une cuisine simple (spécialités saxonnes).

#### Zill's Tunnel
*Barfußgäßchen 9 - ℘ 0341 960 20 78 - www.zillstunnel. de - 14/22 €.* Depuis 1841, cette maison est à la fois une brasserie et une taverne. La carte est entièrement rédigée en saxon (plats régionaux principalement).

### Meissen

#### ✕ Historisches Restaurant Vincenz Richter
*An der Frauenkirche 12 - ℘ 03 521 45 32 85 - www. vincenz-richter.de - fermé 3 sem. en janv., dim. soir et lun. - formule déj. 16 € - 16/34 €.* Vous tomberez immédiatement sous le charme de cette maison de drapier de 1523. L'été, agréable terrasse dans la cour intérieure.

### Weimar

#### ✕ Scharfe Ecke
*Eisfeld 2 - ℘ 03643 20 24 30 - merc.-dim. 11h-14h30 et 17h-22h (23h vend. et sam.).* L'adresse idéale pour goûter aux Klöße et autres spécialités traditionnelles de la Thuringe. On dîne aux chandelles. Attention : c'est copieux !

## Aires de service et de stationnement

### Bad Muskau

**Wohnmobilstellplatz Bad Muskau**
Bautzener Str. 39 - ☎ 0162 434 70 39
Permanent
Borne ⚒ 🚰 🚽 ⚒
24 🅿 - 12€/j. - Services : WC 🛒 🍴
GPS : E 14.71925 N 51.53378

### Cottbus

**Aire de Cottbus et Wohnmobilstellplatz Spreeauenpark**
*Voir le circuit 55 p. 280.*

### Dresden/Dresde

**Stellplatz Wiesentorstrasse**
Wiesentorstr. - ☎ 0351 718 76 43
Permanent
Borne sanistation ⚒ 🚰 🚽 ⚒ :
Payant
30 🅿 - 18€/j. - Services : WC 🍴
😊 Transports en commun pour le centre-ville. Piste cyclable.
GPS : E 13.74329 N 51.05677

**Stellplatz Schaffer-mobil**
Kötzschenbroder Str. 125 -
☎ 0351 83 74 80 - Permanent
Borne ⚒ 🚰 🚽 ⚒ : Payant
(eau et électricité)
100 🅿 - illimité - 15€/j.
Services : WC 🛒 🍴 📶
😊 Transports en commun pour le centre-ville.
GPS : E 13.6829 N 51.0857

### Erfurt

**P+R Urbicher Kreuz**
Am Urbicher Kreuz -
☎ 0361 380 39 50 - Permanent
Borne artisanale ⚒ 🚰 🚽 ⚒
15 🅿 - Gratuit
Services : 🍴
GPS : E 11.09549 N 50.9498

### Görlitz

**Stellplatz Rosenhof**
Geschwister-Scholl-Str. 15 -
☎ 03581 748 20 - Permanent
Borne ⚒ 🚰 🚽 ⚒

70 🅿 - illimité - 25€/j.
Services : WC 🍴 📶
😊 Centre-ville à 1 km.
GPS : E 14.96003 N 51.13573

### Leipzig

**Campingplatz am Kulkwitzer See**
Seestr. 1 - ☎ 0341 71 07 70
Permanent
Borne ⚒ 🚰 🚽 ⚒
200 🅿 - illimité - 21€/j.
Services : WC 🍴 🔲 📶
GPS : E 12.25487 N 51.31274

### Meissen

**Landhaus Nassau**
Nassauweg 1 - ☎ 03521 73 81 60
Permanent
Borne ⚒ 🚰 🚽 ⚒ : Payant
(eau et électricité)
20 🅿 - illimité - 6,50€/j.
Services : WC 🛒 🍴 🔲
GPS : E 13.51651 N 51.17164

### Naumburg

**Vogelwiese**
Luisenstr. - ☎ 03445 27 31 23
Permanent
Borne artisanale ⚒ 🚰 🚽 ⚒ :
Payant (eau et électricité)
10 🅿 - 10€/j. - Services : WC 🍴
GPS : E 11.81359 N 51.14853

### Senftenberg

**Wohnmobilstellplatz Buchwalde**
Buchwalder St. 52 - ☎ 0357 379 89 53
De fin mars à fin oct.
Borne ⚒ 🚰 🚽 ⚒
12 🅿 - > 72h - 14€/j. - Services : WC 🍴
😊 Centre-ville à 2 km.
GPS : E 14.02457 N 51.51224

### Weimar

**Caravan Parking**
Hermann-Brill-Platz, suivre la pancarte
Caravan parking - ☎ 03643 90 18 90
Permanent
Borne artisanale ⚒ 🚰 🚽

20 🅿 - 24h - 10€/j.
Services : WC 🛒 🍴
GPS : E 11.31197 N 50.98608

### Wolfsberg/Marienberg

**Caravanplatz Drei-Brüder-Höhe**
Drei-Brüder-Höhe 1 - ☎ 03735 60 00
De déb. avr. à fin oct.
Borne sanistation ⚒ 🚰 🚽 ⚒
12 🅿 - 6€/j.
Services : WC 🍴 📶
GPS : E 13.12411 N 50.65667

## Campings

### Bautzen

**Nimschützer Straße 41**
Nimschützer Straße 41 -
☎ 03591 27 12 67
Avr.-oct. - 5 ha
Tarif : 24,50€ 👫 🚗 📧
🚐 borne
Loisirs : ⚒ ⚒
Services : ♿ ⚒ ⚒ 📶 🔲
GPS : E 14.45617 N 51.21333

### Chemnitz

**Camping Chemnitz-Oberrabenstein**
Thomas-Müntzer-Höhe 10 -
☎ 0371 85 06 08
Permanent - 3 ha
Tarif : 18,50€ 👫 🚗 📧
Services : 🍴 🍴 ♿
GPS : E 12.80817 N 50.835

### Moritzburg

**Bad Sonnenland Ferienpark & Campingplatz**
Dresdnerstr. 115 -
☎ 035 18 30 54 95
Avr.-oct. - 18 ha
Tarif : 25,70€ 👫 🚗 📧 - 2,70€ ⚒
🚐 borne - 40 📧
Loisirs : ⚒ ⚒ ⚒ ⚒
Services : 🍴 🍴 ⚒ 📶 🔲 ⚒
GPS : E 13.67417 N 51.139

# La Pologne du Sud

⮕ *Départ : Wroclaw*
⮕ *8 jours - 610 km*

## Jours 1 et 2

**Wrocław** réserve de belles surprises. La capitale de la Basse Silésie vous retiendra bien au moins deux jours. Ils ne seront pas de trop pour arpenter son Rynek bordé de maisons superbement restaurées et flâner dans ses rues animées tout au long de l'année par les nombreux étudiants qui peuplent la ville. Promenez-vous le long des quais de l'Oder, explorez Ostrów Tumski, cette ancienne île où se dressent encore aujourd'hui cathédrale et églises. Parcs et espaces verts vous permettront de souffler un peu tandis que les enfants seront charmés par le zoo, rendu célèbre à travers le pays par une émission de télévision.

## Jours 3 et 4

Découvrez la région des Karkonosze ; arpentez la ville de **Jelenia Góra** et montez à la station de ski de **Karpacz**. Randonnées et découverte de la nature sont au programme à moins de 100 km de Wrocław. Arrêtez-vous en chemin pour visiter les églises en bois classées par l'Unesco de **Jawor** et de **Świdnica**.

Le pays de Kłodzko vous réserve des balades au cœur des monts Tabulaires et de leurs paysages découpés. La grotte de l'Ours et les souterrains de la forteresse de **Kłodzko** vous emmèneront dans les profondeurs de la terre. Continuez votre itinéraire par la ville de **Paczków** que certains considèrent comme le Carcassonne polo-

*La grande place du Marché (Rynek Główny) de Cracovie.*

Martin Dimitrov / iStock

nais. Avant de vous rendre à Cracovie, faites un crochet par la paisible ville d'**Opole** dans les environs de laquelle se répartissent une dizaine d'églises en bois aux fresques du 14ᵉ s. remises au jour. Afin de vous rendre au plus vite à Cracovie, empruntez l'autoroute E40. Faites étape à **Katowice**.

## Jours 5 et 6

**Cracovie** (Kraków) est une ville médiévale paisible, l'une des rares en Pologne à être sortie intacte de la guerre. Si vous avez peu de temps, concentrez-vous sur le centre ancien autour du Rynek et de la halle aux Draps, les bâtiments de la fameuse université Jagellonne et la visite du château de Wawel et de sa cathédrale, panthéon des rois polonais. Passez au moins une soirée dans le quartier juif de Kazimierz. Si vous pouvez y séjourner plus longtemps ou si un premier séjour bref vous a donné envie d'en

découvrir plus, consacrez plus de temps à l'exploration de ses musées, ses monuments tout en savourant pleinement l'ambiance de ses rues. Cracovie se découvre à pied, surtout la Vieille Ville entourée par les Planty et Kazimierz.

## Jour 7

Rendez-vous au sud dans la tentaculaire mine de sel de **Wieliczka**. Son origine remonte au 13ᵉ s. Il en reste un vaste réseau de galeries d'une longueur de 300 km dont certaines s'enfoncent jusqu'à 327 m de profondeur. Puis poussez à l'ouest jusqu'au tristement célèbre camp d'**Auschwitz** (Oświęcim), premier camp d'extermination. Plus d'un million de personnes de 28 nationalités différentes, pour la plupart juifs, y ont péri.

Dans la proche banlieue de Cracovie, le site de Zwierzyniec réserve de belles balades dans un cadre champêtre

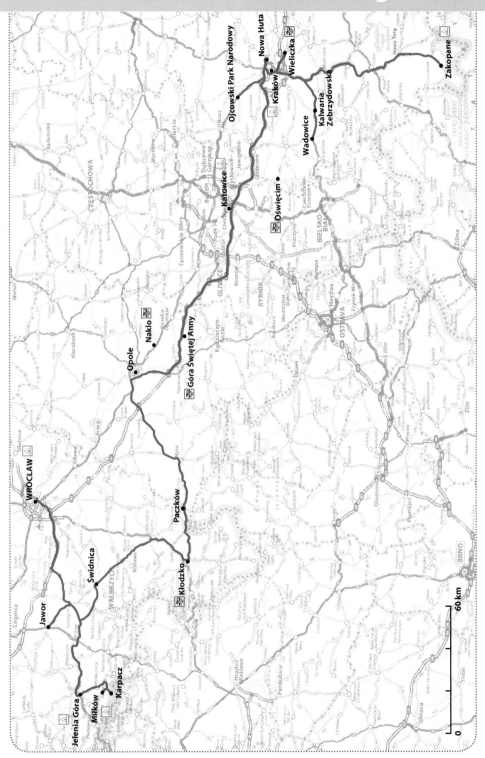

parsemé de tertres anciens. À 10 km à l'est de la ville, vous pourrez visiter **Nowa Huta**, ville socialiste créée de toutes pièces autour d'un village qui possède toujours son monastère cistercien ainsi qu'une église moderne, l'Arche. À 15 km au nord-ouest, parcourez l'impressionnant **parc naturel d'Ojców** où les roches calcaires créent des paysages tourmentés et encaissés.

## Jour 8

Partez pour le sud à la découverte des régions alpestres comme les Tatras autour de **Zakopane**, sans oublier de faire un détour par **Kalwaria Zebrzydowska**, haut lieu de pèlerinage, et par **Wadowice**, ville natale de Karol Wojtyla plus connu sous le nom de Jean-Paul II. Cette région a conservé des traditions fortes qui se déclinent dans l'architecture, le folklore et l'artisanat. Les randonnées, tracées souvent au cœur de Parcs naturels, sont bien balisées et accessibles à tous les niveaux.

## Office de tourisme

**Wrocław**
*Rynek 14 - 71 344 31 11 - www.wroclaw-info.pl - 9h-21h.*

**Pour téléphoner en Pologne :**
00 48 + indicatif urbain puis le numéro de votre correspondant

**Pour plus d'informations :**
Carte Michelin National N° 720
Le Guide Vert Pologne

## ⛺ Campings

### Jelenia Góra

**Auto Camping Park**
Ul. Sudecka 42 -
75 752 45 25
Permanent - 1,8 ha (40 empl.)
Tarif : 10,25€
borne
Loisirs : , aire de sports - Services :
GPS : E 15.74224 N 50.89631

### Katowice

**Camping 215**
Ul. Trzech Stawów 23 -
32 256 59 39
Permanent - 3 ha (150 empl.)
Tarif : 12,80€
borne
Loisirs :
Services :
Transports en commun pour le centre-ville.
GPS : E 18.99784 N 50.12224

### Kraków/Cracovie

**Krakowianka**
Żywiecka Boczna 2 -
12 268 11 35
De déb. mai à déb. oct. - 6 ha
Tarif : 23,25€
borne
Loisirs : , aire de sports
Services :
Transports en commun pour le centre-ville.
GPS : E 19.92421 N 50.01559

**Clepardia**
Ul. Pachonskiego 28a -
12 415 96 72
De mi-avr. à mi-oct. - 1 ,2 ha (54 empl.)
Tarif : 19,55€
Loisirs :
Services :
Transports en commun pour le centre-ville.
GPS : E 19.94176 N 50.09566

### Miłków

**Wisniowa Polana**
Milków 40A -
69 243 01 35
De déb. mai à fin oct. - 1,5 ha (40 empl.)
Tarif : 11,65€
borne
Loisirs : (plan d'eau) , aire de sports
Services :
GPS : E 15.76746 N 50.80653

### Wrocław

**Stadion Olimpijski**
Ul. Paderewskiego 35 -
71 348 46 51
De déb. mai à mi-oct. - 2,5 ha (180 empl.)
Tarif : 17,50€
Loisirs : , aire de sports
Services :
GPS : E 17.09105 N 51.11708

### Zakopane

**Harenda**
Os. Harenda 51B -
18 201 47 00
Permanent - 1,5 ha (120 empl.)
Tarif : 12,10€
borne
Loisirs : , aire de sports - Services :
GPS : E 19.98558 N 49.32355

**Ustup**
Ul. Ustup k/5 -
60 595 00 07
De déb. mai à déb. oct. - 0,8 ha (30 empl.)
Tarif : 18€
borne
Loisirs :
Services :
Centre de la station située à 500 m.
GPS : E 19.9855 N 49.3223

## Aires de service et de stationnement

### Góra Świętej Anny

**Parking Najem Pokoi**
Ul. Strzelecka 2A - ☎ 77 461 54 06
Permanent
Borne [⚡]
20 🅿 - 10€/j.
Services : [WC] 🍴
GPS : E 18.16896 N 50.45791

### Kłodzko

**Aire du Camping Losanna**
Ul Nowy Swiat 57 - ☎ 74 867 30 31
Borne ⚗ [⚡] 🚿 💧 : 10€
Services : [WC]
GPS : E 16.66333 N 50.44

### Nakło

**Aire privée**
Ul. Strzelecka 91 - ☎ 87 64 42 47
Permanent
Borne artisanale ⚗ [⚡] 💧
10 🅿 - 10€/j.
GPS : E 18.1271 N 50.5779

### Oświęcim

**Parking Oświęcim**
Profesora Jozefa Szajay
Permanent
Borne ⚗ [⚡]
🅿
Services : [WC]
GPS : E 19.19283 N 50.02334

### Wieliczka

**Parking**
Edwarda Dembowskiego 22 -
☎ 12 278 73 75
Permanent
🅿 - 24h - 7.50€
GPS : E 20.052 N 49.98467

## Les bonnes adresses de Bib

### Jelenia Góra

**🍴 Papa Luca**
Ul. Sudecka 51 - ☎ 75 645 00 59 -
www.papa-luca.eu - 12h-0h - 30 PLN.
Une cuisine créative qui fait la part
belle aux viandes et aux poissons. Le
soir, c'est plutôt l'ambiance d'un pub
qui prend le pas.

**🍴 Kurna Chata**
Pl. Ratuszowy 23/24 - ☎ 51 962 96 25 -
16 PLN. Excellente cuisine polonaise
très bon marché servie sous les
arcades du Rynek.

**🍴 Quirino**
Pl. Piastowski 23 - ☎ 75 646 61 50 -
13h-23h - 50 PLN. En plein centre, un
restaurant aux airs de bar à vin. Cuisine
polonaise fine.

### Kłodzko

**🍴 Restaurant de l'hôtel Pan Tadeusz**
Ul. Grottgera 7 - ☎ 22 782 99 00 -
www.hotelpantadeusz.pl - 50 PLN.
Sans aucun doute le meilleur
restaurant de la ville. Dans un cadre
très cosy, une excellente cuisine, où
se côtoient les influences italienne
et hongroise, servie avec la plus
grande prévenance. Les portions
sont gargantuesques et les desserts
succulents.

**🍴 W Ratuszu**
Pl. B. Chrobrego 3 - ☎ 74 865 81 45 -
www.wratuszu.pl - 10h-21h - 40 PLN.
Dans le bâtiment de l'hôtel de ville,
une grande salle aux boiseries
sombres et aux chaises tendues de
velours bleu. La cuisine, raffinée,
joue la carte de l'inventivité : porc
sauce raisin ou bœuf à la portugaise
(brochettes au fromage). Délicieux et
fort bien servi.

### Opole

**🍴 Maska**
Rynek 4 - ☎ 77 453 92 67 -
www.pubmaska.pl - 35/40 PLN.
Une excellente cuisine polonaise
inventive servie en terrasse ou dans
une adorable salle voûtée dont les
murs artistiquement écaillés laissent
apparaître des fresques.

**🍴 Starka**
Ul. Ostrówek 19 - ☎ 77 453 12 14 -
www.restauracjastarka.pl - 50 PLN.
Perché au-dessus de l'Oder, ce
restaurant, bien fourni en bières
et cocktails, propose une cuisine
polonaise raffinée. Quelques
spécialités à la demande dont le
jambonneau et l'oie à la polonaise.

### Wrocław

**🍴 Bistrot Parisien**
Ul. Nożownicza 1 D - ☎ 71 341 05 65 -
www.lebistrotparisien.pl - lun.-vend.
12h-0h, w.-end 11h-0h - 70 PLN.
Des bouquins de Balzac, Boris Vian
et Malraux s'entassent derrière les
vitrines et donnent le ton du lieu.
Ce repaire francophone et francophile
sert de copieux plats hexagonaux
(salades, crêpes).

**🍴 Kurna Chata**
Ul. Odrzańska 17 - ☎ 71 341 06 68 -
www.kurnachata.pl - 12h-0h - 20 PLN.
Dans un décor rustique aux airs de
ferme, on sert une solide cuisine
traditionnelle des plus abordables.
La clientèle est variée et de tous âges.

**Stare Jatki**
Ul. Stare Jatki. 20 boutiques d'artistes
et de créateurs occupent les maisons
de la rue des Anciennes-Boucheries
et proposent des articles de qualité :
papiers, vêtements en lin, verrerie,
peinture, poterie, sculpture ou
bijouterie fantaisie.

### Zakopane

**🍴 Gazdowo Kuźnia**
Ul. Krupówki 1 - ☎ 18 201 72 01 -
www.gazdowokuznia.pl - 11h-dernier
client - 50/60 PLN. La salle ressemble
à un magasin d'antiquités ou à un
Skansen ! Côté gastronomie, des
traditionnels plats montagnards des
plus parfumés et goûteux.

**🍴 Karcma Zapiecek**
Ul. Krupówki 43 - ☎ 18 201
56 99 - www.zapiecek.pl - 11h-23h -
40/50 PLN. Pour ceux qui veulent se
plonger dans l'atmosphère d'une
« koliba ». Le palais et les oreilles
sont alimentés de saveurs et de
notes folkloriques.

# De la Pologne à la Hongrie

➲ *Départ : Zakopane*
➲ *10 jours - 894 km*

*Place centrale de Banská Bystrica.*

M. Perfecky / age fotostock

### Jour 1

La route 960, puis 67, de **Zakopane** à **Levoča**, vous conduit dans la région dite du « Paradis slovaque » : randonneurs et passionnés de nature y trouveront leur bonheur. La flore et la faune y sont d'une grande richesse. Levoča est une ravissante cité médiévale, aux remparts très bien préservés ; vous y visiterez surtout l'église Saint-Jacques, qui recèle le plus grand autel à retable du monde, datant du 16e s., ainsi que la place principale. Faites un détour (environ 15 km à l'est), jusqu'au château de Spisske Podhradie, perché sur sa butte à 700 m d'altitude. Immanquable, il est le plus grand château d'Europe centrale, et offre depuis ses remparts une vue sur toute la vallée. En été, vous pourrez assister à de nombreux festivals dans ses ruines.

### Jour 2

Vous arrivez à **Košice**, deuxième ville de Slovaquie par la route 18, puis 547. L'ancienne grande cité médiévale a été capitale européenne de la Culture en 2013 : quel chemin parcouru ! Emblématique des siècles passés, la cathédrale Sainte-Elisabeth, de pur style gothique, se dresse sur la place centrale. La modernité de Košice s'incarne dans une vie estudiantine enjouée. Baladez-vous dans la rue Hlavna, qui concentre la majorité des musées et monuments à ne pas rater, ainsi que de nombreux restaurants aux terrasses agréables.

### Jour 3

**Rožňava** (*via* la route 50) vous servira de base pour rayonner dans la journée vers les grottes calcaires du Karst slovaque. À moins de 30 km au sud-ouest (route 587), découvrez notamment la grotte de Domica, l'une des plus belles du monde.

### Jour 4

Vous serez frappé, sans aucun doute, en arrivant à **Vlkolínec** (*via* les routes 533 et E 50), par le sentiment d'être hors du temps. Ce village véritablement traditionnel, classé au Patrimoine mondial de l'Unesco depuis 1993, semble s'être figé il y a plusieurs siècles. Admirez ses charmantes maisons aux charpentes de bois et murs d'argile, regroupées autour de leur chapelle. Quittez Vlkolínec pour **Banská Bystrica** par la route 59, puis la E 77.

### Jour 5

Banská Bystrica affiche sa prospérité passée (exploitation de mines d'argent et de cuivre) sur les murs ornés des églises gothiques et de nombreuses maisons bourgeoises de la ville. Elle est aujourd'hui un centre culturel et universitaire dynamique, autant qu'une bonne base pour les amateurs de randonnées dans la région.

### Jour 6

**Banská Štiavnica**, que l'on gagne par la R1 et la route 51, est une étape incontournable de tout circuit en Slovaquie : ses ruelles, bordées de belles maisons cossues, d'églises richement ornementées, laissent place à de jolis palais et châteaux. Vous pourrez parcourir toute la ville à pied, profitant de cette fine architecture. Les curieux se raviront du musée des Mines en plein air, véritable machine à remonter le temps. Passez la nuit à **Levice**.

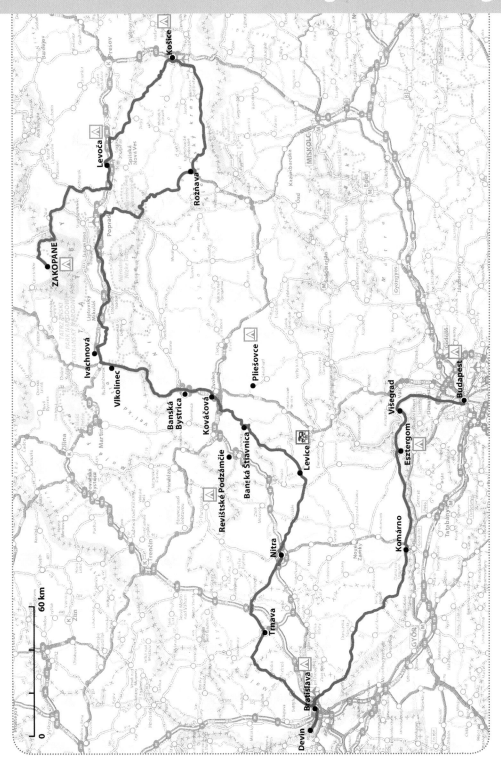

## Jours 7 et 8

Prenez la route 65 jusqu'à **Nitra**, l'une des plus anciennes villes slovaques ; elle abrite la première église chrétienne du pays, bâtie en 830, ainsi qu'un château étonnant, qui domine la ville. À l'intérieur de l'enceinte se dresse la cathédrale Saint-Emmeran. Sur la route 513, prenez la direction de **Trnava** pour une halte de quelques heures ; l'occasion de visiter la cathédrale de style baroque Saint-Jean-Baptiste et l'église Saint-Nicolas. Dans votre descente vers **Bratislava**, une étape importante vous attend : Červený Kameň (suivre la route 504), littéralement « château de la Pierre-Rouge ». C'est l'un des châteaux les mieux conservés du pays, datant du 13e s. De là, la route 502 mène à Bratislava. Passez une journée dans la capitale de la République slovaque. Vous flânerez à pied à travers la vieille ville. La première visite surprend, tant s'entremêlent les styles médiéval, baroque, et soviétique. Amateurs d'architecture, réjouissez-vous : chaque rue révèle une église, un palais, souvent bien rénovés. Sortez de Bratislava pour l'incontournable visite des ruines du château de **Devin**, à 10 km à l'ouest par la Devinska Cesta ; les vestiges du fort, pris par Napoléon en 1809, sont impressionnants, et offrent un très beau panorama.

## Jour 9

La route 506 et la route 1 vous emmèneront jusqu'à **Komárno**, ville à cheval sur la Hongrie et la Slovaquie. Cette étape présente surtout l'intérêt de faire une halte agréable le long du Danube. Suivre le cours du fleuve en voiture se fait aisément, laissez-vous porter par son rythme… Une fois franchie la frontière hongroise, arrêtez-vous à **Esztergom** (route 63)

## Jour 10

À Esztergom aussi, prenez le temps d'admirer le cours majestueux du Danube. Ancienne résidence royale du 11e et du 13e s., la ville a longtemps été un haut lieu du catholicisme hongrois : elle conserve les traces de ce riche passé dans son architecture raffinée. Vous pourrez passer d'une rive à l'autre en bateau, notamment au niveau de **Višegrad**. Les résidences royales et les châteaux y sont nombreux. De là, **Budapest** n'est qu'à une quarantaine de kilomètres, que vous pouvez parcourir par voie terrestre ou fluviale, grâce au bateau quotidien qui relie Esztergom, Višegrad et la capitale.

## ⛺ Campings

### Bratislava (Slovaquie)

**⛺ Autocamp Zlaté piesky**
Senecká cesta 2 -
☎ 2 44 25 73 73
De déb. mai à mi-oct. -
(300 empl.)
Tarif : 12,50€ 🚶🚶 🚗 🅴
🚐
Loisirs : 🚣 🎾 🎿 🏊 ⛷
Services : 🍷 🍴 🚿 🛒 ♨
GPS : E 17.18495 N 48.18810

### Budapest (Hongrie)

**⛺ Zugligeti Niche Camping**
**⛺ Római**
**⛺ Haller**
*Voir le circuit 61 p. 306.*

### Esztergom (Hongrie)

**⛺ Gran Camping**
Nagy-Duna s. 3 -
☎ 06/33-402 513
De déb. mai à déb. sept. -
3,5 ha (160 empl.)
Tarif : 14,55€ 🚶🚶 🚗 🅴
🚐 borne
Loisirs : 🚣 🎾 🎿
Services : 🍷 🍴 🚿 🚿 📶 ♨
GPS : E 18.73302 N 47.79382

### Košice (Slovaquie)

**⛺ Camping Salaš Barca**
Alejová 24, Barca -
☎ 905/209061
De mi-mai à mi-oct.
Tarif : 23,50€ 🚶🚶 🚗 🅴
🚐 borne
Loisirs : 🚣 🎿 🎿
Services : 🍷 🍴 🚿 📶 ♨
GPS : E 21.2567 N 48.6879

### Levoča (Slovaquie)

**⛺ Autocamp Levoča**
Kováčova vila 798/2 -
☎ 903/255440
Permanent - 3 ha (70 empl.)
Tarif : 10€ 🚶🚶 🚗 🅴
🚐 borne
Loisirs : 🛁 jacuzzi 🏇
🏊
Services : 🍴 🚿 📶 🖥 ♨
GPS : E 20.58682 N 49.05039

### Pliešovce (Slovaquie)

**⛺ Camping Dobrá lúka**
Zajezova 66 -
☎ 915077988
De mi avr.-mi sept.
Tarif : 20€ 🚶🚶 🚗 🅴 -
2,50€ 🚿
🚐 borne
Services : 🚿 🚿 📶 🖥
GPS : E 19.23833 N 48.45433

### Revistské Podzámcie (Slovaquie)

**⛺ Drevenica Reviste - Autocamp**
Revištské Podzámčie III / 83 -
☎ 917 409 913
Permanent - 2,5 ha (78 empl.)
Tarif : 9,47€ 🚶🚶 🚗 🅴
🚐
Loisirs : jacuzzi 🏇 🏇
Services : 🍴 🚿 📶
GPS : E 18.72687 N 48.52059

### Zakopane (Pologne)

**⛺ Harenda**
**⛺ Ustup**
*Voir le circuit précédent.*

## 🚐 Aire de service et de stationnement

### Levice (Slovaquie)

**Area Comunale**
Piazza Municipio - ☎ 0173 83 31 13
Permanent
Borne artisanale  ⚖ 🎭 🖌
30 🅿 - 48h - Gratuit
🔄 Dans le centre.
GPS : E 8.157 N 44.5378

## Les bonnes adresses de Bib

### Banská Bystrica (Slovaquie)

**✖ Restauracia Plzenska**
*SNP nam 20 - ☎ 048/415 37 86 - pilsnerrestaurant.sk - dim.-merc. 10h-23h - jeu.-sam. 10h-0h. Cuisine traditionnelle et simple, terrasse pour les beaux jours, ou cave rénovée à l'intérieur.*

### Bratislava (Slovaquie)

**✖ Prašná Bašta**
*Zámočnícka 110 - ☎ 02/5443 4957 - pilsnerrestaurant.sk - 11h-23h - 5,50 €. Cuisine traditionnelle et simple, bon choix de salades, soupes,et spécialités locales. Demandez à manger dans le patio, qui est très agréable aux beaux jours. Petits concerts de musique.*

### Budapest (Hongrie)

*Voir les circuits 61 et 66.*

### Trnava (Slovaquie)

**✖ Restaurant de l'hôtel Barbakan**
*Stefanikova 11 - ☎ 090/528 53 29 - www.hotelbarbakan.sk - 9h-22h - 15 €. Restaurant de l'hôtel avec une terrasse calme et ombragée.*

### Zakopane (Pologne)

*Voir le circuit précédent.*

## 🛈 Offices de tourisme

**Banská Štiavnica**
*Sv. Trojiče nám. 6 - ☎ 045 694 96 53 - www.banskastiavnica.sk - mai-sept. : 9h-18h ; hors saison : 8h-16h.*

**Bratislava**
*Klobučnicka 2 - ☎ 025 441 94 10 - www.visitbratislava.eu - été : 9h-19h ; hiver : 9h-18h. Dispose de la liste des campings du pays.*

**Košice**
*Hlavná 59 - ☎ 055 625 88 88 - www.Kosice.sk - lun.-vend. 9h-18h, sam.-dim. 10h-15h.*

**Levoča**
*Majstra Pavla nam. 58 (en haut de la place centrale) - ☎ 053 451 37 63 - www.levoca.sk - mai-sept. : tlj sf dim. 9h-16h ; oct.-avr. : tlj.sf w.-end 9h-16h.*

**Trnava**
*Trojičné nám. 1 - ☎ 033 323 64 40 - www.vitajtevtrnave.sk - mai-sept. : tlj sf dim. 9h30-18h ; hors saison : tlj sf w.-end 10h-17h.*

**Pour téléphoner en Hongrie :**
00 36 + indicatif de la ville puis le numéro de votre correspondant (sans le 06 initial)

**en Pologne :**
00 48 + indicatif urbain puis le numéro de votre correspondant

**en Slovaquie :**
00 421 + le numéro de votre correspondant sans le 0 initial

# Budapest, entre l'orient et la « puszta »

> ⤷ *Départ : Budapest*
> ⤷ *6 jours - 632 km*

### Jours 1 et 2

**Budapest** s'avère un creuset dans lequel se fondent diverses cultures dont les empreintes toujours vivantes font partie du patrimoine national. Ville originale où se mêlent les parfums de l'Orient et de l'Occident, elle est bien sûr la ville des bains, réminiscences de l'époque romaine et de l'occupation turque. Budapest incarne aussi une des vitrines de l'Art nouveau, dont le style Sécession, qui connut son âge d'or au tournant du 19e s. La danse et la musique y sont reines, que ce soient les compositions classiques avec Liszt, Kodály, Bartók, l'opérette portée par Lehár, ou la musique tzigane, sans oublier le jazz et le rock. Il faut savourer l'atmosphère des légendaires pâtisseries-salons de thé (à **Pest**, Gerbeaud, Múvész ; à **Buda**, Ruszwurm, Angelika) ou des anciens cafés littéraires. Consacrez le premier jour à la visite de Buda : Budavári palota (le Palais royal) et le Magyar Nemzeti Galéria, musée dédié à l'art hongrois ; la visite du vieux quartier autour du château (Várnegyed) vous ravira ; arrêtez-vous devant l'église Mathias (Mátyás templom) et n'oubliez pas de déambuler dans les rues aux façades colorées (Táncsis Mihály utca, Fortuna utca, Úri utca). Le lendemain, rendez vous à Pest pour faire un tour au Musée national hongrois (Magyar Nemzeti

Le pont des Chaînes (Széchenyi Lánchíd) à Budapest.

Múzeumaa) puis vous perdre dans les ruelles animées de ce quartier. La promenade est très agréable entre le pont Margit Hid et le pont Ersébet Hid.

### Jour 3

Direction **Eger** en passant par le massif des Mátra, un des lieux d'excursion les plus prisés de Hongrie : cures thermales, tourisme et chasse sont les activités dominantes de la région. Une belle ville, séduisante, installée au creux des très beaux massifs montagneux qui la protègent des vents du nord et lui offrent un climat qui plaît à la vigne, telle se présente Eger. La réputation du vin qui rend fort, l'*egri bikavér* ou « sang de taureau », n'est plus à faire. Le 18e s. sera le siècle de la renaissance d'Eger qui prendra alors son visage actuel de ville baroque, qui charme tous ses visiteurs.

### Jour 4

Partez pour **Miskolc** en contournant le massif des Mátra par Ózd et la frontière slovaque, région sauvage et un peu hors du temps. De Miskolc, un petit train conduit à **Lillafüred**. Il traverse l'ouest de la ville et serpente dans la forêt où vous découvrirez les charbonniers qui fabriquent le charbon de bois. Lillafüred est un endroit curieux situé au confluent de deux vallées, la Szinva et la Garadna. Pensez à vous rendre à **Miskolctapolca**, une des seules stations thermales où les bains sont aménagés dans une grotte. Poussez jusqu'à **Tokaj**.

### Jour 5

**Tokaj**, petit bourg modeste, doit sa réputation à son vin d'une qualité exceptionnelle. Le crû le plus connu de ce vignoble est aujourd'hui le *tokaji aszú* auquel une préparation spéciale confère

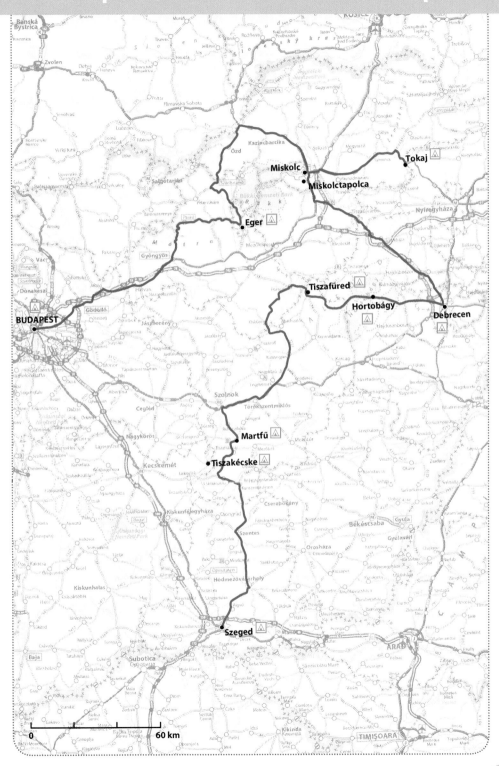

un goût particulier. Poursuivez votre périple en rejoignant **Debrecen** et la « puszta » où se situe le parc national d'**Hortobágy**, plus vaste steppe d'Europe centrale, puis rendez vous à **Tiszafüred** pour ses eaux thermales.

## Jour 6

En empruntant la vallée de la Tisza, regagnez au sud **Szeged**, ville frontière où se rejoignent trois pays, la Hongrie, la Roumanie et la Serbie. Szeged est une belle et agréable ville arrosée par la Tisza, un petit Paris qui déroule boulevards et avenues, étale places, squares, parcs et jardins…

## 🛈 Office de tourisme

**Budapest**
*Tourinform List-Ferenc tér - Andrássy út 47 -*
*☎ 438 8080 (800 36 00 00 00 de France) -*
*tourinform.hu - 12h-20h.*

**Pour téléphoner en Hongrie :**
00 36 + indicatif de la ville puis le numéro de votre correspondant (sans le 06 initial)

**Pour plus d'informations :**
Carte Michelin National N° 732
Guide Vert Week-end Budapest

## ⛺ Campings

### Budapest

#### ⛺ Zugligeti Niche Camping
Zugligeti ut 101 - Pest -
☎ 06/1-200 8346
Permanent - 2 ha (90 empl.)
Tarif : 22,95€ 🚶🚶 🚗 🅴
🚐 borne
Loisirs : 🕯diurne, mur d'escalade
Services : 🍷 ✗ 🏠 🚿 📶
🔲 🚰
☺ Accès difficile pour les camping-cars. Télésiège devant accueil pour survoler la ville.
GPS : E 18.975 N 47.51646

#### ⛺ Római
Szentendrei út 189 -
☎ 06/1-388 7167
7,2 ha (250 empl.) - 🚐
Loisirs : 🚣‍♂️ 🏊 🚣, beachvolley, barbecue
Services : ✗ 🏠 🔑 🚰
📶 🔲 🚰 🧺
GPS : E 19.05207 N 47.57412

#### ⛺ Haller
Haller utca 27 -
☎ 06/1-476 3418
De déb. mai à fin sept. -
1,5 ha (120 empl.)
Tarif : 22,30€ 🚶🚶 🚗 🅴
🚐 borne
Services : 🍷 ✗ 🏠 🔑 🚰
📶 🔲 🧺 🚰
☺ Dans le centre-ville.
GPS : E 19.08382 N 47.47702

### Debrecen

#### ⛺ Dorcas et
#### ⛺ Lyra Beach Camping
*Voir le circuit 65 p. 322.*

### Eger

#### ⛺ Tulipán Camping
Tulipánkert utca 3 -
☎ 06/70-385 1166
De mi-mars à mi-oct. -
10 ha (140 empl.)
Tarif : 10,35€ 🚶🚶 🚗 🅴
🚐 borne
Services : 🍷 🔑 🚿 📶 🔲

☺ Accès difficile pour les camping-cars.
GPS : E 20.35914 N 47.89404

### Hortobágy

#### ⛺ Puszta Kemping
Petőfi tér 103 -
☎ 06/52-369 300
De déb. mai à mi-oct. -
1,8 ha (80 empl.)
Tarif : 16,80€ 🚶🚶 🚗 🅴
🚐 borne
Loisirs : 🚣, aire de sports
Services : ✗ 🔑 🚿 📶 🔲
GPS : E 21.15103 N 47.58265

### Martfű

#### ⛺ Martfü Kuur en Recreatie Camping
Tüzep utca 1 -
☎ 06/56-452 416
Permanent
Tarif : 16,30€ 🚶🚶 🚗 🅴
Loisirs : 🍖 🏊 🚣 🚣
Services : 🍷 ✗ 🛁 🚿 🧺
📶 🔲
GPS : E 20.275 N 47.0185

### Szeged

#### ⛺ Sziksósfürdö Kemping
Széksósi - ☎ 06/62-463 029
De déb. mai à fin oct. -
3 ha (250 empl.)
Tarif : 16,40€ 🚶🚶 🚗 🅴
🚐 borne
Loisirs : 🚴 🚣 🏊 🚣
🛶, jeux pour adultes, aire de sports, barbecue, bateaux à pédales, canoës, trampoline
Services : 🍷 ✗ 🏠 🛁 🔑
🚿 📶 🧺
GPS : E 20.02194 N 46.27195

### Tiszafüred

#### ⛺ Thermal Camping Tiszafüred
Húszöles út 2 -
☎ 06/59-352911
De déb. avr. à fin oct. -
3,1 ha (140 empl.)
Tarif : 16,30€ 🚶🚶 🚗 🅴
🚐 borne

# Les bonnes adresses de Bib

Loisirs : 🏖 ✂ 🎿 🏊 🛶, aire de sports, beachvolley, barbecue
Services : 🍴 🏠 🔑 ⛺ 📶 📷 🚿
GPS : E 20.74782 N 47.62032

## Tiszakécske

### ⛺Hongarije Poesta Mini Camping
Sarhalom dülö 107 - 📞 06/76-719 714
De déb. mars à fin déc. -
0,5 ha (10 empl.)
Tarif : 17,50€ 👫 🚗 📼
🚐 borne
Services : ⛺ 📶 📷
GPS : E 20.0281 N 46.9877

## Tokaj

### ⛺Tiszavirág
Horgasz utca 11/A - 📞 06/70-9344175
De déb. avr. à fin oct. - 1,4 ha (60 empl.)
Tarif : 4,20€ 👫 🚗 📼
🚐 borne
Loisirs : 🏖 🛶 🚣 🐎
Services : 🍴 🏠 🔑 ⛺ 📷 🚿
GPS : E 21.42078 N 48.12385

## Budapest
*Voir également le circuit 66.*

### ✕ Fatâl
*Váci utca, 67 - 📞 06/1-266 2607 - www.fatalrestaurant.com - 12h-0h - 4 200 Ft.* On y fait la queue sans doute pour son cadre et son originalité. Côté décor, une cave voûtée en longueur, grandes tablées communes, ambiance rustique et conviviale. Côté cuisine, les plats (copieux et consistants) sont servis sur des planches en bois (*fatál* en hongrois) ou directement dans des poêles. Une adresse qui joue la carte de portions gargantuesques.

### ✕ Bagolyvár
*Gundel Károly út 4 - 📞 06/1-468 3110 - www.bagolyvar.com - tlj sf dim. 12h-23h - 4 200 Ft.* Une annexe du Gundel voisin (l'un des plus célèbres restaurants de Hongrie), mais à des prix nettement plus abordables. Belle salle au plafond en bois. Cuisine traditionnelle avec une recherche certaine dans l'élaboration des plats. Exclusivement tenu par des femmes, en salle comme aux fourneaux. Le soir, un joueur de cymbalum bercera votre dîner.

### Gellért
*Kelenhegyi u., 4 - 📞 06/1-466 6166 - 6h-20h - bains mixtes - À partir de 5 100 Ft.* Bien que le besoin d'une nouvelle rénovation se fasse sentir, voici l'un des établissements les plus spectaculaires avec ses décors Art nouveau. Il comprend une partie « balnéaire » (piscine à vagues, solariums, sauna, bar, restauration, magnifique piscine intérieure) et une partie thermale, la plus intéressante architecturalement (2 piscines à 36 et 38 °C, piscine froide, saunas, hammam). Masseurs à disposition et partie spa VIP. Les eaux thermales légèrement acides et radioactives conviennent tout particulièrement aux rhumatismes et à l'arthrose.

### Gerbeaud
*Vörösmarty tér 1 - 📞 06/1-429 9000 - gerbeaud.hu - 9h-21h.* Le plus célèbre salon de thé, acheté en 1884 par Émile Gerbeaud, confiseur suisse renommé. Très fréquenté par les touristes du monde entier. Terrasse en été.

### Herend Porcelain Manufactory
*József Nádor tér, 11 - 📞 06/1-317 2622 - www. herend. com - lun.-vend. 10h-18h, sam. 10h-14h.* Vitrine budapestoise de la fameuse manufacture de porcelaine de Herend : les pièces que vous y découvrirez sont autant d'idées de cadeau dont la qualité honore le savoir-faire hongrois.

### Művész Kávéház
*Andrássy út 29 - 📞 06/1-333 2116 - muveszkavehaz.hu - lun.-sam. 9h-22h, dim. et j. fériés 10h-22h.* Ce café est certainement l'un des plus chers de la ville… mais avouez que son emplacement sur les « Champs-Élysées budapestois », le décor rétro (boiseries, marbre et lustres) et la carte des pâtisseries, particulièrement savoureuses, sont autant de prétextes valables pour s'y arrêter.

## Debrecen

### ✕ Flaska Sörözö
*Miklós u., 4 - 📞 06/52-414 582 - flaska. hu - 11h30-23h, dim. 11h30-22h.* Dans une cave voûtée, un petit restaurant de quartier, fréquenté principalement par les « locaux ». Très bon marché.

## Eger

### ✕ Ködmön Csárda
*Szépasszony-völgy - 📞 06/36-413 172 - 10h-23h - 4 000 Ft.* Dans la « vallée de la Belle Femme », qui réunit de nombreux restaurants et caves à vins, grande auberge traditionnelle proposant de nombreux plats et vins hongrois. Musique et danses folkloriques. Très touristique l'été.

## Miskolc

### ✕ Alabárdos étterem
*Kisavas Elsösor 15 - 📞 06/30-958 7521 - alabardos-miskolc.hu - 4 000 Ft.* L'un des plus vieux restaurants de la ville. Plusieurs ambiances : une salle au décor médiéval (lances, lustres en fer et cheminée centrale) à l'étage, et au sous-sol, de longues caves plus populaires avec tables et bancs en bois. Un coup de cœur !

# Le grand ouest de la Roumanie

> ➲ *Départ : Timişoara*
> ➲ *8 jours - 1055 km*

## Jour 1

Célèbre pour avoir joué un rôle décisif au cours de la révolution de 1989, **Timişoara**, la « Petite Vienne », est une cité dynamique en plein essor économique, à la fois universitaire et cosmopolite. Aussi nommée la « ville des roses » pour ses nombreux jardins, elle s'emploie à mettre en valeur son superbe centre historique, dont les immeubles baroques et Sécession occupent le territoire de la forteresse impériale, construite par les Autrichiens au 18ᵉ s.

*Façades de la place de l'Union, à Oradea.*

M. Cristofori / age fotostock

## Jour 2

Rejoignez ensuite **Oradea** *via* **Arad** par les routes 69 et 79. Arrêtez-vous en chemin pour profiter des bains chauds de la station thermale de **Băile Felix**. Cité multi-ethnique, Oradea offre à vos yeux des édifices baroques et d'innombrables façades nées de l'imagination florissante des architectes des années 1900. La vaste place de l'Union constitue l'un des plus beaux ensembles architecturaux du pays. Deux monuments en particulier attirent l'attention : la baroque église de la Lune et le palais de l'Aigle noir, immense ensemble Art nouveau au décor polychrome et aux ondulations audacieuses.

## Jours 3 et 4

Dirigez-vous ensuite vers **Beiuş** qui accueille des foires locales. Aux alentours de cette ville, des églises

en bois se dressent dans chaque hameau. Pour la plupart construites par des charpentiers locaux au 18ᵉ s., elles furent souvent décorées par un peintre itinérant originaire de Valachie, David Zugravul. Un détour par le plateau de Padiş, paradis des spéléologues, permet d'admirer de spectaculaires formations karstiques. À **Pietroasa**, la route s'arrête pour laisser la place à un sentier forestier. Difficilement praticable en voiture, il remonte la vallée d'un torrent, affluent du Criş Noir. Il faut être un marcheur expérimenté – et mieux vaut partir accompagné – pour découvrir les environs. Gouffres, avens, canyons et grottes, telle la citadelle de Ponor où se dissimule une rivière souterraine, composent un paysage tourmenté, rendu plus inquiétant par d'épaisses forêts. Ainsi s'explique pourquoi les Apucènes se sont révélés des refuges inexpugnables pour les révoltés qui y

luttèrent jadis. Arrêtez-vous ensuite au musée de **Lupşa**, bonne introduction à la région d'élevage que vous allez traverser. Des fermes isolées égaient un superbe paysage de montagnes.

## Jour 5

Rejoignez la vallée bucolique de **Rimetea** (Râmetea) et les gorges de Vălişoara. Vous admirerez les petites routes de l'est des Apuseni, qui traversent de charmants villages et paysages : Ighiu, Teiuş, monastère de Râmeţ, Aiud.

## Jour 6

Faites la route vers **Cluj-Napoca**, phare économique, universitaire et culturel, favorisé par Matei Corvin, roi de Hongrie, puis par les Habsbourg. Malgré un premier moment de consternation provoqué par le bruit et la circulation, Cluj se révèle sous son véritable visage : celui d'une ville

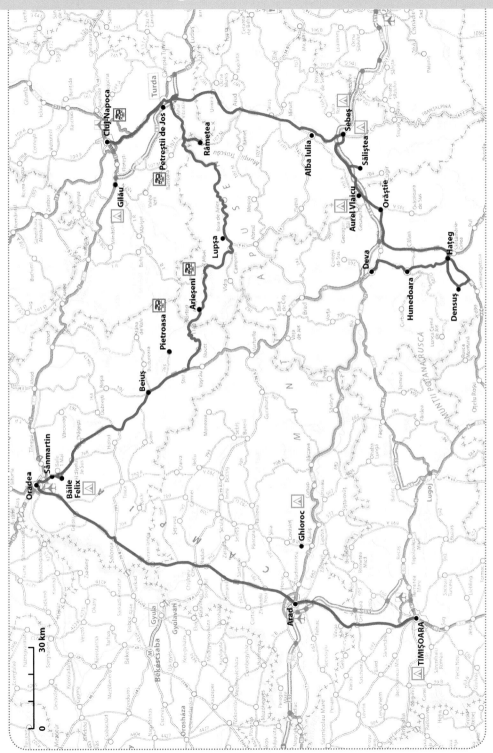

animée dont le centre historique recèle nombre de trésors. Parmi eux, la cathédrale Saint-Michel, symbole et cœur de la cité où fut baptisé Matei Corvin. Église-halle, c'est-à-dire dont les trois nefs sont de même hauteur, ce sanctuaire donne une impression de grandeur à laquelle contribue l'austérité du décor intérieur.

### Jour 7

**Alba Iulia** occupe une place particulière dans le cœur des Roumains : ici fut proclamée l'unification du pays, le 1er décembre 1918. La route 7 mène vers **Sebeş**, petite cité saxonne dont l'église évangélique abrite un retable du 16e s. Il faut ensuite prendre le temps de quitter la route pour apprécier les plus beaux vestiges du royaume des Daces, au sud d'**Orăştie**. Avant d'entamer cette balade, sachez que ces sites, aujourd'hui classés au Patrimoine mondial de l'Unesco, sont difficiles d'accès. Les plus courageux peuvent gagner à pied Sarmizegetusa Regia (4h30 de marche environ). Fondée au 1er s. av. J.-C., cette cité nichée à 1 200 m d'altitude fut la capitale de Decebal.

### Jour 8

Poursuivez votre chemin par la route 7, empruntez la 66, vers **Haţeg**, qui traverse une campagne souriante et vallonnée, puis continuez jusqu'à l'originale petite église de **Densuş**, construite avec les pierres de la cité romaine voisine. Vous rejoignez ensuite **Hunedoara**, où se dresse un spectaculaire château. Avant de franchir le pont de bois au-dessus de la Cerna, en direction de la porte percée dans une tour massive, détaillez la façade de l'édifice et, notamment, la superbe série de poivrières. Par la route 68B vous atteignez **Deva** et sa citadelle. Celle-ci culmine à 371 m sur une colline aujourd'hui classée réserve naturelle.

## ⛺ Campings

### Aurel Vlaicu

**⛺ Aurel Vlaicu**
Str. Principala 155 -
℘ 0254 245 541
De mi-avr. à fin sept. -
0,8 ha (15 empl.)
Tarif : 13€ 🚶🚶 🚗 ▣
🚐 borne artisanale : 4,50€ -
40 ▣ - illimité - 3€/j.
Loisirs : 🎠 🚲 🏊 🛶
Services : ✕ 🛁 📶 📷 🛒 ⛴
☺ Transports en commun
à proximité.
GPS : E 23.27583 N 45.90276

### Băile Felix

**⛰ Apollo**
Bihor district -
℘ 0745 911 143
Permanent - 1 ha (30 empl.)
Tarif : 🚶 4€ 🚗 2€ - ⚡ 2€
🚐 30 ▣ - 24h - 4€/j.
Loisirs : 🎠
Services : ✕ 🛁 🏊 📶
📷 🛒
☺ Transports en commun
à proximité.
GPS : E 21.98056 N 46.99608

### Ghioroc

**⛺ Camping Route Roemenië**
Minis 298 - ℘ 0742 540 620
Permanent - 0,5 ha (50 empl.)
Tarif : 16€ 🚶🚶 🚗 ▣
🚐 borne artisanale : 7€ -
38 ▣ - illimité - 5€/j.
Loisirs : 🏊 🏊 (plan d'eau)
Services : ✕ 🏊 📶 📷 🛒
☺ Transports en commun
à proximité.
GPS : E 21.59842 N 46.13315

### Gilău

**⛺ Eldorado**
DN1 - E60 - ℘ 0745 930 945
De mi-avr. à mi-oct. -
3 ha (57 empl.)
Tarif : 15€ 🚶🚶 🚗 ▣
🚐 borne artisanale : 4€ -
57 ▣ - illimité - 5€/j.

Loisirs : 🎠 🏊 🛶,
promenades guidées en
juillet et août - Services : ✕
🛁 🏊 📶 📷 🛒 ⛴
GPS : E 23.35369 N 46.76736

### Timişoara

**⛺ International**
Calea Dorobantilor 63 -
℘ 0733 011 671
De mi-mai à déb. oct. -
4,4 ha (100 empl.)
Tarif : 22€ 🚶🚶 🚗 ▣
🚐 borne artisanale : 9€ -
25 ▣ - 24hh - 9€/j.
Loisirs : 🎠, tennis de table
Services : ✕ 🛁 🏊 📶 📷
lave-vaisselle 🛒
☺ Transports en commun
à proximité.
GPS : E 21.26628 N 45.76931

### Sălişteа

**⛺ Salisteanca**
Strada Baii 13 -
℘ 0269 553 121
De déb. avr. à fin oct. -
0,2 ha (30 empl.)
Tarif : 14€ 🚶🚶 🚗 ▣
🚐 15 ▣ - illimité - 4,50€/j.
Loisirs : 🚲 🐎, Excursions
organisées 2 fois par semaine
de juin à sept.
Services : ✕ 🏊 🛁 🏊
🍴 📶 📷 🛒
☺ Transports en commun
à proximité.
GPS : E 23.89026 N 45.79441

### Sebeş

**⛰ Poarta Oilor**
Str. M. Eminescu 573 -
Garbova - ℘ 258 748 001
De déb. avr. à fin oct. -
2,1 ha (10 empl.)
Tarif : 🚶 4,50€
🚐 borne artisanale : 7€ - 10
▣ - illimité - 7€/j.
Loisirs : 🎠 🚲 🏓 🏊 🛶,
trampoline
Services : 🍷 ✕ 🛁 🏊 🍴
📶 📷 🛒
GPS : E 23.72848 N 45.86671

## 🚐 Aires de service et de stationnement

**Familie Sipos**
Arieșeni 1c - ☎ 0763 120 457
Mai-sept.
Borne 🚰 💧 🚿 ✏️
Services : wc
GPS : E 22.75683 N 46.47017

**Parking**
Piata Baba Novac
Permanent - P
GPS : E 23.592 N 46.775

**Aire du camping Cheile-Turzii**
Str. Cheii 14 - ☎ 0749 870 059
De mai à mi-sept.
Borne artisanale 🚰 💧 🚿 ✏️ : 2,50€
10 P - 14€/j.
Services : wc 🍴
🏕 Dans un champ en pleine nature.
GPS : E 23.65136 N 46.58023

**Parking de Pietroasa**
Parking du site touristique
P - Services : 🍴
🏕 Près des grottes Ursilor.
GPS : E 22.56993 N 46.55541

## Les bonnes adresses de Bib

### 🍴 Casa Ardeleană
*B-dul 21 Decembrie 1989 nr. 5 (à l'entrée du centre commercial Sora en sous-sol) - ☎ 0264 439451 - www. casaardeleana.com - 12h-0h - 40/100 lei bc.* Installée dans un sous-sol au décor plus rustique que nature et à l'agréable mobilier peint, la « Maison Transylvaine » propose des plats traditionnels, mijotés au four à bois. Une sympathique adresse, à deux pas du centre.

### 🍴 Agape
*Str. Iuliu Maniu nr. 6 - ☎ 0264 406 523 - 12h/23h - 50/70 lei.* Au rez-de-chaussée de l'hôtel, sous une verrière Art nouveau, un self-service propose des spécialités hongroises. À l'étage, pas moins de quatre salles décorées avec goût vous accueillent pour y déguster des spécialités transylvaines, à moins que vous ne préfériez la cuisine magyare, dans le superbe salonul Mátyas Király – musique traditionnelle en prime (lun.-vend. 18h-22 h).

### 🍴 Taverna
*Str. Mihai Eminescu nr. 2/A - ☎ 0359 800 232 - tavernaoradea.ro - 12h-0h - formule 13,50 lei - env. 45 lei.* En sous-sol, plats traditionnels hongrois et roumains.

### 🍴 Casa cu Flori
*Str. Alba Iulia nr. 1 - ☎ 0256 435 080/072 118 00 11 - www.casacuflori. ro - 8h-0h - 70 lei.* La « maison des Fleurs » était jadis la demeure de l'horticulteur Wilhelm Muhle. Une salle cossue à l'étage et une terrasse couverte à l'attique accueillent ce restaurant réputé qui propose des spécialités du Banat

### 🍴 Stradivarius
*P-ța Unirii, 5 - ☎ 0356 452 158 - www. stradivariustm.ro - 9h-0h - menu 21 lei - env. 40 lei.* Petite restauration et plats du jour dans une ambiance jeune et animée.

### 🍴 Karadorde
*Str. Gheorge Lazăr nr. 2 - ☎ 0749 883 850 - 12h-23h - 15/50 lei.* Près de l'église serbe, en sous-sol, un restaurant serbe où vous pourrez déguster les emblématiques *čevapčici*, rouleaux de viande hachée passés au grill. Des spécialités plus raffinées sont disponibles sur commande (4h).

### 🍴 LLoyd
*P-ța Victoriei nr. 2 - ☎ 0256 294 949 - www.restaurantlloyd.ro - 10h-0h - formule 19 lei - 60/70 lei.* Cette brasserie a investi une vaste salle au décor Art nouveau (vitraux, lustres, miroirs) à dominante verte, au pied du palais du même nom. Cuisine internationale.

---

### 🛈 Office de tourisme

**Timișoara**
*Str. Alba Iulia nr. 2 - ☎ 0256 437 973 - www.timisoara-info.ro - mai-sept. : lun.-vend. 9h-19h, sam. 9h-16h ; oct.-avr. : lun.-vend. 9h-18h, sam. 10h-15h.*

**Pour téléphoner en Roumanie :**
00 40 + indicatif du département sans le 0 initial, puis le numéro de votre correspondant.

**Pour plus d'informations :**
Carte Michelin National N° 738
Le Guide Vert Roumanie

# Au cœur des Carpates

⮕ *Départ : Râmnicu Vâlcea*
⮕ *7 jours - 740 km*

### Jour 1

**Râmnicu Vâlcea** est l'une des principales agglomérations de l'Olténie des piémonts. La ville en elle-même ne mérite pas que l'on y séjourne, mais elle vous permettra d'être plongé au cœur d'une région regorgeant de monastères valant tous le détour. Arrêtez-vous par exemple dans les monastères de Bistriţa et d'Horezu, tous deux à moins d'une heure de route, au nord de Râmnicu Vâlcea. Maintenez le cap au nord et prenez la route 7 pour Sibiu.

*La tour de l'Horloge, emblématique porte de Sighişoara.*

Ch. Goupi / age fotostock

### Jour 2

Une journée permet de découvrir tranquillement **Sibiu** la Saxonne, ses places charmantes, ses musées Brukenthal et Dumbrava. La cité a la réputation d'être la plus belle du pays, un titre qui n'est certes pas usurpé. Une ville haute et une basse enchevêtrées avec bonheur, des ruelles bordées de vieilles façades aux teintes pastel, des toits de tuiles rouges percés de lucarnes délicatement ourlées, une atmosphère particulière… Tout contribue à la séduction qu'exerce Sibiu sur le visiteur.

### Jour 3

La jolie route 14 qui traverse les collines de Sibiu à Sighişoara invite à de multiples étapes et détours. Vous pouvez vous arrêter à l'église de **Slimnic**, dans la belle cité de **Mediaş** et dans les citadelles de **Moşna**, **Băgaciu** et **Boian**.

Ensuite, vous gagnerez le superbe village de **Biertan** largement ouvert au tourisme. Juchée sur une colline et entourée d'une double enceinte, l'église-halle (1493-1522) fut la dernière de ce type construite en Roumanie, avec ses trois nefs de hauteurs identiques. À l'intérieur, vous remarquerez la chaire en pierre sculptée, les fines nervures des voûtes et, surtout, le retable peint (1524). Rejoignez ensuite la cité médiévale de **Sighişoara**.

### Jour 4

**Sighişoara** est une citadelle historique d'allure très allemande, sans conteste l'un des joyaux de la Transylvanie. L'unité architecturale à taille humaine et l'atmosphère paisible conjuguent leurs atouts pour vous retenir. Vous prendrez plaisir à flâner dans ces ruelles calmes. Zigzaguez ensuite entre Odorheiu Secuiesc, la magyarophone, l'église fortifiée

de **Viscri** et la citadelle de Prejmer. À **Braşov**, le vieux quartier coloré qui s'étend autour de la Piaţa Sfatului et de l'église Noire mérite bien quelques heures. Allez passer la nuit chez la comte Dracula, à **Bran**.

### Jour 5

Avant de partir, visitez le **château de Bran**, surnommé le « château de Dracula » : au 19e s., après la publication du célèbre roman de Bram Stocker, on en fit la demeure du terrible Vlad III l'Empaleur, alias le comte Dracula ! Passées les émotions, prenez ensuite la route jusqu'à Buşteni. Désormais vous rencontrerez surtout des randonneurs et des skieurs. Ils affluent tout au long de l'année pour profiter des spectaculaires reliefs et des forêts. Ne vous hasardez pas au plus profond de celles-ci car vous pourriez croiser ours, loups ou lynx. Ainsi, à **Buşteni** le téléphérique fait prendre de la hau-

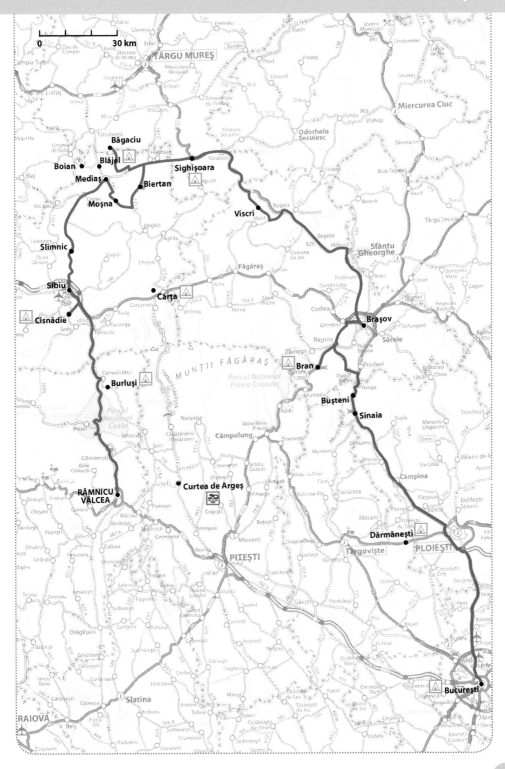

teur et transporte ses voyageurs jusqu'à la cabane Babele, point de départ d'un long circuit pédestre. Continuez sur la route n° 1 en direction de la vallée de la Prahova qui serpente entre les monts Bucegi, à l'ouest, et Baiului, à l'est. Elle pourrait être nommée « vallée royale », car le roi Carol Ier y résida, dans le formidable château de Peleş à **Sinaia**, bâti tout de pierre, de bois et de matériaux précieux. Le souverain entraîna à sa suite la haute société locale. Vous arrivez ensuite à Bucarest, toujours par la route n° 1.

## Jour 6

À **Bucarest** (Bucureşti) commencez par la visite de l'immense palais du Parlement, symbole gênant, devenu attraction. Pour apprécier la démesure des dimensions de l'ex-Maison du Peuple, restée inachevée, il faut en faire le tour à pied. Élevée sur un promontoire entre 1984 et 1989, elle a nécessité le travail de 400 architectes, de 20 000 ouvriers et a entraîné la ruine du pays. En dépit des commentaires blasés des guides et de l'aspect lacunaire de la visite, car seule une infime partie est accessible au public, la découverte des lieux s'avère intéressante. Du balcon, évaluez les dégâts causés sur le quartier par cette construction et glissez-vous derrière le décor en visitant le monastère Antim. Un tour par la cour princière, au Hanul lui Manuc (caravansérail du 19e s.) et au musée d'Histoire vous fera remonter le temps. Puis, dans le quartier Lipscani, flânez sans craindre les voitures. Les façades délabrées ou rénovées cachent quelques trésors comme l'église Stavropoleos.

## Jour 7

Après une promenade dans le parc Cişmigiu, entamez la remontée de la Calea Victoriei bordée de belles bâtisses. Puis, les collections roumaines du musée d'Art vous occuperont un bon moment, avant de poursuivre plus au nord. Au-delà du palais Cantacuzino, l'avenue débouche sur une place disproportionnée. De l'autre côté, ne manquez surtout pas le passionnant musée du Paysan roumain. Enfin, prenez le frais sous les arbres des rues chics autour de la strada Paris, ou au bord de l'eau, au musée du Village.

# ⛺ Campings

## Blăjel

### ⛺ Camping de Blăjel
Str. Tudor Vladimirescu 87/89 - 🖉 0269 851 079
De déb. avr. à déb. nov. - 0,5 ha/0,5 campable (15 empl.)
Tarif : 16€ 👫👫 🚗 🔲
🚽 borne artisanale : 4€ - 15 🔲 - illimitéh - 5€/j.
Loisirs : 🏊 (petite piscine)
Services : 🚿 � 🛒
🐾 Transports en commun à proximité.
GPS : E 24.32502 N 46.21044

## Bran

### ⛺ Vampirecamping
Str. Cavaler Ioan de Puscariu, 68 - 🖉 0268 238 430
De déb. avr. à fin oct. - 3,5 ha/2,5 campables (50 empl.)
Tarif : 14€ 👫👫 🚗 🔲
🚽 120 🔲 - 24hh - 6€/j.
Loisirs : 🚴, Excursions organisées (juil à mi-août)
Services : 🍴 🍽 🏠 🚿 📶
🔲 🛒
🐾 Transports en commun à proximité.
GPS : E 25.37169 N 45.52836

## Bucureşti/Bucarest

### ⛺ Casa Alba
Aleea Privghetorilor 35/ Padurea B - 🖉 0213 617 730
De fin avr. à mi-oct. - 2 ha/1,8 campable (60 empl.)
Tarif : 👤 9€ 🚗 7€
🚽 70 🔲 - 24hh - 20€/j.
Services : 🍽 🔑 🚿 📶
🔲
🐾 Transports en commun pour le centre-ville.
GPS : E 26.09277 N 44.51754

## Burluşi

### ⛺ Comarnic Dragos
Sat. Burlusi, DN 73C - 🖉 0745 634 219

Permanent - (65 empl.)
🚽 borne artisanale : 11€
Services : 🍴 🚿 📶 🔲
🐾 Animaux acceptés.
GPS : E 24.51977 N 45.11121

## Cârţa

### ⛺ De Oude Wilg
Str. Prundului 311 - 🖉 0269 521 347
De mi-avr. à fin sept. - 1 ha (30 empl.)
🚽 borne artisanale : 5€ - 24 🔲 - 24hh - 5€/j.
Loisirs : 🚴, canoës
Services : 🔑 🚿 📶 🔲
🐾 Transport commun à 300 m. Point d'info touristique. Cuisine commune et barbecue gratuits. Pas de bruit après 23h.
GPS : E 24.56648 N 45.78344

## Cisnădie

### ⛺ Ananas
Pinului - 🖉 0741 746 689
De déb. avr. à fin oct. - 1 ha (30 empl.)
🚽 borne artisanale : 16€ - 18 🔲 - 24hh - 16€/j.
Loisirs : 🚴🏇
Services : 🔑 🚿 📶 🔲
🐾 Transports en commun à proximité.
GPS : E 24.10528 N 45.70722

## Dărmăneşti

### ⛺ Trotus Valley
Calea Trotusului 272 - 🖉 0740 157 895
De mi-avr. à mi-oct. - 1 ha (40 empl.)
🚽 borne artisanale : 12,50€ - 60 🔲 - 24hh - 12,50€/j.
Loisirs :, barbecue collectif
Services : 🍽 🚿 📶 🔲
GPS : E 26.48111 N 46.40088

## Sighişoara

### ⛺ Vila-Franka
*Voir le circuit 65 p. 322.*

## 🚐 Aire de service et de stationnement

**Aire du camping Arges**
*Voir le circuit 65 p. 322.*

---

### 🛈 Office de tourisme

**Bucureşti/Bucarest**
*Voir le circuit 65 p. 323.*

**Pour téléphoner en Roumanie :**
00 40 + indicatif du département sans le 0 initial, puis le numéro de votre correspondant

**Pour plus d'informations :**
Carte Michelin National N° 738
Le Guide Vert Roumanie

---

# Les bonnes adresses de Bib

### Braşov

**✕ Taverna Sarbului**
*Str. Republicii nr. 55 (au fond de la cour) - ☎ 0268 410 222 - www.tavernasarbului.ro - 9h-0h - menu 45/65 lei.* Cette taverne serbe animée par les célèbres fanfares de Goran Bregović propose des spécialités roumaines et serbes dans une atmosphère chaleureuse. Vous pourrez y déguster notamment de délicieuses saucisses paysannes aux haricots blancs ou un fromage très épicé. Vin en carafe.

### Bucureşti/Bucarest

**✕ Burebista**
*Calea Moşilor nr. 195 - ☎ 021 210 9704 - 12h-0h - 55 lei.* Le décor en bois et les peaux de bêtes annoncent la couleur : ici vous êtes en territoire carnivore. Les classiques plats roumains et le gibier sont bien préparés et servis en portions généreuses.

**✕ Caru'cu Bere**
*Str. Stavropoleos nr. 5 - ☎ 021 313 7560 - www.carucubere.ro - lun.-jeu. et dim. 8h-0h, vend.-sam. 8h-2h - formules déj. 22/25 lei - menus 50/145 lei.* Le décor vaut à lui seul les nombreux essais qu'il faut en général tenter avant d'obtenir une table libre. Sous les boiseries et les vitraux néogothiques de ce lieu historique, vous dégusterez une bonne cuisine roumaine à des « tarifs démocratiques ». Le menu du jour et les excellents *papanaşi* sont particulièrement intéressants.

**✕ Mesogios**
*Str. J.-L. Calderon nr. 49 - ☎ 021 317 1355 - www.mesogios. ro - 12h30-0h - 100 lei.* Dans un cadre très agréable, où parquet, poutres et couleurs se combinent de belle façon, on déguste les meilleurs plats de poissons et de fruits de mer de la ville. Cuisine grecque et méditerranéenne.

**Artisanat**
Il est plus intéressant de faire ses achats auprès des artisans lors du périple à travers le pays. À Bucarest, les meilleures boutiques sont au musée du Village *(Şos. Kiseleff nr. 28-30 - ☎ 021 317 9103 - www.muzeul-satului.ro - 9h-19h, lun. 9h-17h) et au musée du Paysan roumain (Şos. Kiseleff nr. 3 - ☎ 021 317 9661 - www. muzeultaranuluiroman.ro - tlj sf lun. 10h-18h).* Grand choix de livres, de vêtements, d'objets en bois, d'icônes et de céramiques à des prix très élevés.

**Ateliers-verreries**
La rue « des selliers » abrite divers magasins d'artisanat du verre.

**Marché**
**Piaţa Obor** – *Quartier Obor (M° : Obor). En général ouv. tlj.* Cet immense marché-bazar est le plus grand de la ville. Une visite de ce labyrinthe de vêtements *made in China*, de quincaillerie, de fruits et légumes odorants, est une vraie plongée dans le Bucarest populaire. Dans le même genre, voyez les petits marchés de quartier : Piaţa Traian (Calea Călăraşilor/Str. Traian), Piaţa HaralambieBotescu (Str. Berzei).

### Sinaia

**✕ Bucegi**
*B-dul Carol I nr. 22 - ☎ 0244 312 217 hotelbucegisinaia.ro.* Une adresse sans prétention pour déguster des classiques locaux.

**✕ La Cascade**
*Hôtel Smart - Str. Theodor Aman nr. 16 - ☎ 0344 113 216 - www. hotelsmart.ro - 8h-21h30, vend.-sam. 8h-22h30 - 40/80 lei.* Dans un décor moderne-folklorique réussi, on vous sert une cuisine roumaine et internationale correcte.

# La Roumanie, entre plaine et mer

➲ *Départ : Constanţa*
➲ *9 jours - 495 km*

*Constanţa.*

J. Coombe / age fotostock

### Jour 1

Le petit centre historique de **Constanţa** donne sur les flots et le port depuis sa péninsule surélevée. Populaire, tellement méditerranéen, un peu oriental, il se parcourt avec nonchalance. Ruines antiques, mosquées et façades du 19e s. s'enchaînent. Au musée national d'Histoire et d'Archéologie, vous pourrez admirer, entre autres, de belles pièces grecques et romaines, ainsi que Glycon, sculpté au 3e s., divinité protectrice énigmatique, aujourd'hui symbole de la ville.

### Jour 2

**Mangalia**, l'autre ville du littoral, est aussi le deuxième port roumain. Dans son centre animé, on retrouve quelques vestiges de son ancêtre, Callatis. Fondée par les Grecs au 6e s. av. J.-C., cette cité prospéra grâce aux échanges commerciaux en temps de paix, puis déclina au fil des conflits, au point de disparaître au 7e s. Elle connut un nouvel essor au 16e s. sous le nom de Mangalia. Dans les années 1950, la ville était prisée des curistes qui venaient pour la thalassothérapie et les eaux sulfureuses.

### Jour 3

Quittez la côte et reprenez la route pour partir à la découverte d'une région oubliée. À **Adamclisi**, un monument et un musée rappellent le passage de Trajan. Plus loin, l'église blanche du monastère **Sfântul Andrei**

(St-André) apparaît au milieu d'une clairière, qui abrite également une grotte, considérée comme le premier lieu de culte de Roumanie. Elle aurait servi de retraite au saint apôtre André. Après la visite, prenez la belle route 223 en direction de **Cernavodă**. Elle longe sporadiquement le Danube à travers les collines, les vignobles et des bourgs très modestes comme Dunăreni et Aliman. Reprenez la direction de Constanţa par la route 22 C et arrêtez-vous pour la nuit à **Năvodari**.

### Jour 4

La E 226 vous mène à **Histria**, la plus ancienne cité antique du pays et la mieux conservée. Un affichage en anglais et en roumain décrit les différentes ruines : thermes et place dallée de l'époque romaine, mur grec, magasins. *Via* Sinoie 28 et Baia, vous parvenez au village de pêcheurs lipovènes

de **Jurilovca**, au bord du lac Razim. Les collines nues et la citadelle d'Enisala dominent de grandes étendues de roseaux annonçant le delta. Après un écart par **Babadag** la musulmane (à voir musée et mosquée), ralliez **Murighiol** ou Dunavăţu de Jos pour passer la nuit au sein de ces paysages de tourbière.

### Jour 5

Laissez votre camping-car à **Murighiol** pour explorer le bras sud du Danube à Sf. Gheorghe, en ralliant cette localité du bout du monde en ferry ou en sillonnant les environs en barque. La bourgade de 1 000 habitants est isolée entre le débouché du Danube dans la mer Noire et une interminable plage. De jolies maisons aux porches byzantins s'organisent autour de rues sableuses. Pas d'édifice remarquable mais la vie à observer : pêcheurs,

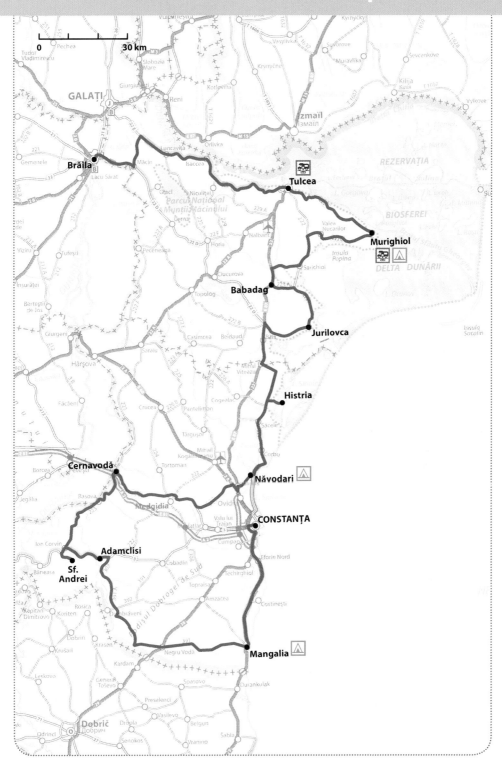

vaches errantes, cigognes attentives. Vous dégusterez chez l'habitant de délicieux plats de poisson.

## Jour 6

Gagnez **Tulcea**, porte d'entrée du delta. Musées, agences, commerces et restaurants, tout est là pour aider à la découverte des lieux. Si le centre-ville aligne ses blocs sans originalité, les collines alentour comptent de vastes bourgs, noyés dans la verdure. Le Danube, dont la ville épouse les courbes, prend ici un dernier élan avant de s'éparpiller en éventail dans sa course vers la mer. Les berges ont été aménagées en large quai-promenade (Str. Portului ou Faleza Dunării) où il fait bon suivre le ballet des embarcations en tout genre.

## Jours 7 et 8

Vous pourrez prévoir deux jours pour naviguer sur le bras de **Sulina**. Devant vos yeux, l'agglomération oubliée déroule ses maisons urbaines et traditionnelles, ses usines, sa vaste église et ses grues rouillées. Le vent soulève la poussière et balaye quelques jolies façades, souvenirs d'un passé plus glorieux. Un kilomètre de piste mène à la mer, à travers une étendue de sable où affleure une herbe drue et salée que broutent les vaches et les chevaux.

## Jour 9

De retour à Tulcea, suivez la route 22 où collines en terrasses, petits monastères et vestiges antiques se succèdent. Franchissez le Danube en bac à Smârdan, pour rejoindre **Brăila**, la cité de Panaït Istraţi. Son opulence passée s'affiche sur les façades des belles demeures qui bordent ses rues endormies. Au 19ᵉ s., les négociants de toute l'Europe se croisaient ici, s'enrichissaient grâce aux céréales de la plaine de Munténie et exploitaient des esclaves rom. Les axes pavés, mi-urbains, mi-ruraux, autour de la piaţa Traian et de la strada Eminescu réservent des surprises aux promeneurs. Sur la place, une horloge bleue voisine avec l'église des Saints-Archanges, aménagée dans une ancienne mosquée.

## ⛺ Campings

### Mangalia

#### ⛺ Popas Zodiac
Gala Galaction 49 - Statiuna Jupiter - ☎ 0743 334 194
De mi-avr. à fin oct. -
2 ha (400 empl.)
Tarif : 🚗 2,50€
🚐 borne artisanale : 6,70€ - 100 🅿 - 24h - 7€/j.
Loisirs : 🏇 ≋ (plage)
Services : 🚰 🔌 🚮 🚿 📶 🧺
☺ Barbecue gratuit.
GPS : E 28.59891 N 43.85884

### Murighiol

#### ⛺ Camping Lac Murighiol
Rte de Tulcea - ☎ 0744 175 581
De mi-avr. à fin oct. -
0,3 ha (40 empl.)
🚐 borne artisanale : 3,50€ - 30 🅿 - 24h - 3,50€/j.
Services : 🔌 🚮 🚿 📶 🧺
☺ Découverte du delta en bateau avec Octavian, maître des lieux. Transports en commun.
GPS : E 29.15618 N 45.04113

### Năvodari

#### ⛺ Popas Hanul Piratilor
Mamaia - Sat -
☎ 0341 145 492
De déb. mai à mi-sept. -
5 ha (2000 empl.)
🚐 borne artisanale : 5,35€ - 500 🅿 - 24h - 5,50€/j.
Loisirs : ≋ (plage)
Services : 🚰 🍴 🔌 🚮 🚿 🧺 🛒
☺ Transports en commun.
GPS : E 28.61465 N 44.28868

#### ⛺ GPM Holidays
Bulevardul Mamaia Nord -
☎ 0731 567 049
De déb. mai à mi-sept. -
5 ha (600 empl.)
Tarif : 🅿 5€
🚐 borne artisanale : 5,80€ - 70 🅿 - 24h - 6€/j.
Loisirs : 🏇 ≋ (plage) 💧
Services : 🍴 🚮 🚿 📶 🧺 🛒 🚿
GPS : E 28.61465 N 44.88673

## 🚐 Aires de service et de stationnement

### Murighiol

**Pensiunea Laguna Albastra**
229 M - ☎ 0766 371 234
De avr. à fin oct.
Borne ⚒ 💧 🚽 ✎ : Gratuit
40 🅿 - illimité - 12€/j.
Services : 🚾 ✗
GPS : E 29.18161 N 45.03824

### Tulcea

**Hôtel Esplanada**
Str. Portului 1 - ☎ 0240 516 607
🅿 - 13,50€/j.
Services : ✗
🅿 Parking privé sous surveillance
GPS : E 28.7929 N 45.1809

### ℹ️ Office de tourisme

**Constanţa**
*Mamaia Branch - ☎ 0241 831 321 - www.romaniariviera.ro - lun.-vend. 8h-17h.*

**Pour téléphoner en Roumanie :**
00 40 + indicatif du département sans le 0 initial, puis le numéro de votre correspondant.

**Pour plus d'informations :**
Carte Michelin National N° 738
Le Guide Vert Roumanie

## Les bonnes adresses de Bib

### Brăila

#### ✗ Casa Bolta Rece
*Str. Rece nr. 10 - ☎ 0232 212 255 - www.casaboltarece.ro - 8h-0h - 60/80 lei.* La maison est belle (style traditionnel) et le jardin agréable. Vous y savourerez peut-être d'excellents *sarmale* ou *papanaşi*, mais le service peut s'avérer parfois défaillant. Cuisine traditionnelle moldave.

### Constanţa

#### ✗ Q's Inn
*B-dul Ferdinand nr. 7 - ☎ 0755 808 808 - constanta.qsinn.ro - lun.-vend. 8h-19h, sam. 8h-18h - 11,50/15 lei.* Tout est là pour composer un excellent repas à emporter, de l'entrée au dessert. Vaste choix (cuisine locale de qualité), serviettes et couverts fournis.

#### ✗ On plonge
*Portul Tomis - ☎ 0722 632 645 - www.onplonge.ro - 10h-23h30 - 40/60 lei.* Derrière des vitres bleues qui évoquent un aquarium, on contemple le port tout en dégustant des plats de poissons corrects.

#### ✗ Ana şi Ion
*Bd. Tomis nr. 17 - ☎ 076 155 95 50 - www.laanasiion.ro - tlj 9h-23h sf dim. - 50 lei.* En plus de l'ambiance chaleureuse, vous trouverez ici des spécialités de la cuisine roumaine, moldave et macédoine.

#### Achats
La strada Ştefan cel Mare est le grand axe commercial de Constanţa. Le Tomis Mall *(10h-22h)* y rassemble les enseignes connues. En continuant, vous trouverez un grand supermarché (Mega Image), et, à l'écart, le marché et son ambiance bien plus pittoresque.

### Tulcea

#### ✗ Delta du Danube
Les pensions du delta proposent le gîte et le couvert (souvent d'excellente qualité) et acceptent le stationnement des camping-cars. Il faut compter avec eux car il existe peu de restaurants. À Tulcea, ravitaillez-vous dans les supermarchés, marchés ou au Simigeria Petru *(Str. Babadag - près de Trident)* où l'on fait la queue pour acheter les *covrigi*, *plăcinte* et *börek* sortant du four.

# De la Roumanie à la Hongrie

> ⊃ *Départ : Bucarest*
> ⊃ *10 jours - 1 408 km*

### Jour 1

En quittant **Bucarest** (Bucureşti – *voir le circuit 63*), prenez la route 7 puis 71. À **Târgovişte**, vous passerez une demi-journée agréable en vous baladant dans le centre-ville, et surtout en allant voir la Cour princière : tant le parc que le palais valent le détour. Une soixantaine de kilomètres vous séparent de **Câmpulung Muscel**, capitale de la Valachie au 14ᵉ s. On s'y arrête surtout pour son folklore réputé, visible notamment sur le marché du samedi. Faites des provisions au départ de la capitale roumaine, les distances sont longues et les aires de services rares. Le paysage le long de la route 73C pour Curtea de Argeş est plaisant à regarder, en dépit de la mauvaise qualité du bitume. Faîtes-y étape.

### Jours 2 et 3

**Curtea de Argeş** abrite deux splendides églises : l'église épiscopale tout d'abord, fondée au 16ᵉ s., richement décorée, dont les tours torsadées sont très surprenantes ; l'église princière Saint-Nicolas ensuite, à la structure byzantine intacte. Prenez la route 7C, et préparez-vous à faire l'une des plus belles traversées des Carpates. La route de Transfăgărăşan est superbe, suit des gorges profondes spectaculaires, et vous offre un paysage mystérieux. Faites étape pour la nuit à **Cârţa**. Le lendemain, prenez une journée entière pour flâner à **Sighişoara**, constituée d'une ville basse résiden-

Le monastère de Moldoviţa.

tielle, organisée autour de la strada 1 Decembrie, où il est judicieux de se garer ; il vaut ensuite mieux s'y balader à pied. Deux visites incontournables : la Citadelle, d'où l'on découvre l'horloge dotée d'automates sculptés, et l'église de la colline. Il fait bon déambuler dans les ruelles colorées de Sighişoara, et se poser pour finir à une terrasse de la place de la Citadelle.

### Jour 4

Départ pour **Târgu Mureş** par la route 13. Après avoir gagné le centre de la ville, garez-vous près de la place de la Victoire, et faites le reste à pied, notamment une balade sur la place des Roses. Târgu Mures est une ville charmante, et ceux qui connaissent la Hongrie y trouveront de grandes ressemblances. Soyez curieux du folklore sicule, si particulier. Remontez vers le nord jusqu'à **Bistriţa** (*via* les routes 15, 15A et 17), en faisant étape, si néces-

saire, à Reghin, ville spécialisée dans la fabrication de violons. **Bistriţa** est une petite cité très douce, grâce aux murs pastel des maisonnettes, où il est sympathique de faire une halte.

### Jours 5 et 6

Dirigez-vous vers les monastères de Bucovine, par la route 17. Choisissez l'ordre de vos visites, mais ne ratez pas les trois plus beaux : le monastère de Humor, au centre du joli village de **Mănăstirea Humorului**, aux murs rouges, date du 15ᵉ s. ; celui de **Voroneţ** est connu pour ses peintures bleues obtenues à partir du lapis-lazuli ; enfin, le monastère de **Moldoviţa** fondé au 16ᵉ s.

### Jour 7

Si vous repartez de Mănăstirea Humorului, prenez la route 18 en direction de **Baia Mare**, capitale de la région du Maramures. La ville doit son expansion

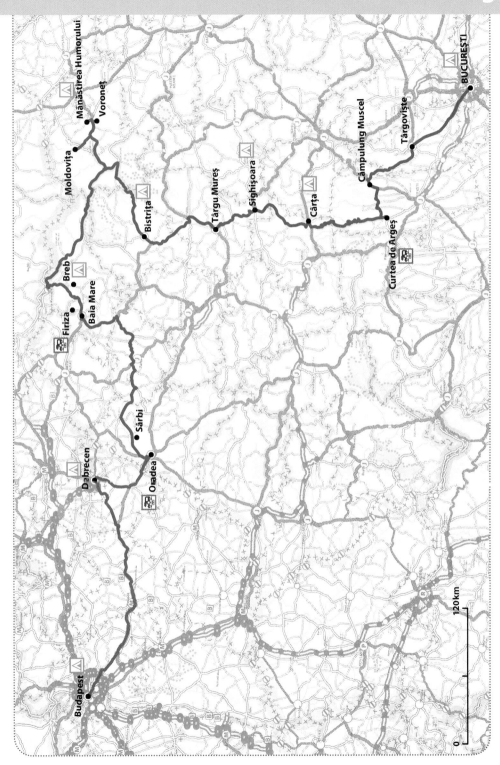

à l'exploitation minière, mais ce passé industriel n'a pas empêché Baia Mare de préserver son joli centre-ville doté d'intéressants musées. D'ici, vous pourrez organiser des excursions dans les vallées du Maramures, et notamment vous rendre (*via* les routes 1C, 1H et 19B) à **Sârbi**, un ravissant village, où les maisons traditionnelles bien entretenues résistent aux nouvelles constructions.

### Jour 8

De Sârbi, il vous faudra à peine trois heures pour vous rendre en Hongrie (*via* routes 19E, 19, 19C, et 48 à partir de la frontière). Peu de temps après être passé en Hongrie, vous découvrirez **Debrecen**, deuxième plus grande ville du pays. On y est surtout frappé par la forte présence universitaire – 30 000 étudiants par an tout de même – ainsi que par l'héritage du protestantisme hongrois. On prend la mesure de l'importance de cette religion en visitant l'église calviniste de style néoclassique, particulièrement grande. Fin août, la cité se livre à une agitation sans bornes, à l'occasion du grand Carnaval des fleurs.

### Jours 9 et 10

La dernière étape de ce circuit vous conduit naturellement à **Budapest**, capitale de la Hongrie, à laquelle vous pourrez consacrer au moins deux journées entières de visite (voir le circuit 61).

## Campings

### Bistriţa (Roumanie)

**Camping Mustang**
Câmpu Cetăţii Nr.16/A -
📞 0744 684 121
De mi-avr. à fin sept. -
0,8 ha (40 empl.)
borne artisanale :
13,50€ - 60 - 24h - 13,50€/j.
Services :
Excursions organisées dans les montagnes Gurghiului en été (minimum 8 pers.).
GPS : E 25.0018 N 46.66697

### Breb (Roumanie)

**Camping Babou**
Nr 149 comuna -
📞 0262 374 717
Tarif : 13,50€
Loisirs :
Services :
GPS : E 23.8895 N 47.741

### Bucureşti/Bucarest (Roumanie)

**Casa Alba**
*Voir le circuit 63 p. 314.*

### Budapest (Hongrie)

**Zugligeti Niche Camping**
**Római**
**Haller**
*Voir le circuit 61 p. 306.*

### Cârţa (Roumanie)

**De Oude Wilg**
*Voir le circuit 63 p. 314.*

### Debrecen (Hongrie)

**Dorcas**
Erdöspuszta -
📞 06/52-441 119
Permanent - 5,4 ha (80 empl.)
Tarif : 17,80€

Loisirs : , aire de sports, bateaux à pédales, barbecue
Services :
GPS : E 21.69006 N 47.44898

**Lyra Beach Camping**
Lomnicz utca 1-3 -
📞 06/20-2193066
Permanent -
0,3 ha (120 empl.)
Tarif : 11,95€

Loisirs :
Services :
Sauna, bain thermal.
GPS : E 21.63774 N 47.50856

### Mănăstirea Humorului (Roumanie)

**Camping Cristiana**
Stefan cel Mare 223 -
📞 0230 572 789
De déb. mai à fin sept. -
1 ha (10 empl.)
Tarif : 5,50€
Services :
GPS : E 25.85256 N 47.60263

### Sighişoara (Roumanie)

**Vila-Franka**
Str dealu garii -
📞 0758 837 792
Permanent - 5 ha (35 empl.)
- 24h - 12€/j.
Services :
GPS : E 24.79462 N 46.21842

## 🚐 Aires de service et de stationnement

### Curtea de Argeş (Roumanie)

**Aire du camping Arges**
Str. Luncilor 80H
De mai à oct.
Borne 🅰 [⚡] 🚐 💧 : 3€
10 🅿 - illimité - 24€/j.
Services : [wc] 🔋 📶
GPS : E 24.65233 N 45.09066

### Firiza (Roumanie)

**Capioara**
Firiza 1 [183] - ☏ 0262 270 049
Permanent
Borne 🅰 [⚡] 🚐 💧 : Gratuit
4 🅿 - illimité - 10€/j.
Services : [wc] 🍴 📶

### Oradea (Roumanie)

**Aire du camping Apollo**
Str. Centura Baile Felix -
☏ 0745 911 143
Permanent
Borne 🅰 [⚡] 🚐 💧 : 2,50€
50 🅿 - illimité - 12,50€/j.
Services : [wc] 🛒 🍴 🔋 📶
GPS : E 21.975 N 46.991

## Les bonnes adresses de Bib

### Baia Mare (Roumanie)

**🍴 Restaurant Millenium**
*Piaţa Libertăţii nr. 5 - ☏ 0751 188 212 - lun.-merc. 9h-0h, jeu. 9h-2h, vend.-sam. 10h-2h, dim. 10h-0h - 45 lei.* À la fois un restaurant, une cave à vin, une pâtisserie et un pub, avec une grande terrasse. Spécialités roumaines revisitées.

### Bistriţa (Roumanie)

**🍴 Crama Veche**
*Str. Albert Berger nr. 10 (à l'arrière du Centre culturel, à l'orée du parc) - ☏ 0730 011 812 - www.crama-veche.ro - 12h-0h (lun. 15h-0h) - 35 lei.* Une grande salle rustique où le personnel en costume traditionnel, fort seyant, sert une solide cuisine transylvaine.

### Bucureşti/Bucarest (Roumanie)

*Voir le circuit 63 p. 315.*

### Budapest (Hongrie)

*Voir les circuits 61 et 66.*

### Curtea de Argeş (Roumanie)

**🍴 Camino**
*Str. Negru Voda nr. 5 - ☏ 034 844 2184 - hotelcamino.ro - 7h30-22h30 - 33 lei.* Le bâtiment n'est pas beau, mais la cuisine roumaine attire tous les mariages de la ville.

### Région de la Bucovine (Roumanie)

**🍴 Restaurant Orso Bruno 1**
*Str. Putnei nr. 1, Rădăuţi - ☏ 0230 561 807 - www.orsobruno.ro - 9h-23h30 - 25/50 lei.* Derrière le marché, pizzas et plats internationaux.

**🍴 Restaurant Latino**
*Str. Curtea Domnească nr. 9, Suceava - ☏ 0230 523 627 - restaurant-latino.ro - 8h-23h - 50 lei.* Une salle agréable et une bonne cuisine italienne. Goûtez aux très fondants légumes au four.

### Sighişoara (Roumanie)

**🍴 Bulevards**
*Str. 1 Decembrie 1918 nr. 58 - ☏ 0265 770 700 - hotelbulevardsighisoara.ro - 7h-0h - à partir de 30 lei.* Tables en bois, brique et pierre apparente, photos anciennes sur les murs, clientèle locale et cuisine roumaine et internationale.

**🍴 Burg Hostel**
*Str. Bastionului nr. 4-6 - ☏ 0265 778489 - www.burghostel.ro - 8h-22h - 30 lei.* Plats végétariens, spaghettis transylvains inattendus et les habituels *sarmale* et goulash au poulet *(papricás de pui)*, servis dans la cour aux beaux jours. Appétit d'oiseau s'abstenir !

**Casa de pe Stancă**
*P-ţa Cetăţii nr. 8 - ☏ 0365 730 334.* La « House on the Rock » réunit un centre culturel, un café, une bibliothèque de langue anglaise et une boutique d'artisanat. Une grande terrasse donne sur la place.

### Târgovişte (Roumanie)

**🍴 Belvedere**
*Str. Al. I. Cuza - ☏ 0245 212 726 - 11h-23h, dim. 12h-23h - 35 lei.* Outre le décor chaleureux, on apprécie ici la qualité du service, les portions généreuses et le menu varié : spécialités roumaines ou internationales, pizzas, salades, belle carte de desserts et de vins, à des tarifs très abordables. La salle à l'étage est souvent bondée. Dommage que la musique soit si forte.

## ℹ️ Offices de tourisme

**Bucureşti/Bucarest**
*Str. Sevastopol nr. 24 - ☏ 021 318 3767 - ampt.ro - lun.-jeu. 10h-16h30, vend. 9h-14h*

**Târgu Mureş**
*Str. George Enescu nr. 2 (palais de la Culture) - ☏ 0365 404 934 - www.cjmures.ro/turism - lun.-jeu. 8h-16h, vend. 8h-15h.*

**Sighişoara**
*Str. Turnului nr. 1 - ☏ 0365 882 937 - www.infosighisoara.ro.- tlj 9h-17h.*

**Sibiu**
*Str. S. Brukenthal nr. 2 - ☏ 0269 208 913 - www.turism.sibiu.ro - lun.-vend.*

*9h-20h, sam.-dim. 10h-18h ; oct.-mai lun.-vend. 9h-17h, w.-end 9h-13h.*

**Pour téléphoner en Hongrie :** 00 36 + indicatif de la ville puis le numéro de votre correspondant (sans le 06 initial)

**Pour téléphoner en Roumanie :** 00 40 + indicatif du département sans le 0 initial, puis le numéro de votre correspondant.

**Pour plus d'informations :** Cartes Michelin National N° 738 et 732 Le Guide Vert Roumanie

# La Hongrie occidentale et le lac Balaton

➲ *Départ : Budapest*
➲ *7 jours - 835 km*

*Établissement de bains traditionnel sur le lac Balaton.*

T. Bognar / age fotostock

### Jour 1

Départ de **Budapest**, la « perle du Danube », et cap au sud pour Pécs, *via* **Kalocsa**, capitale du paprika doux dont la culture s'étend sur plus de 3 000 ha autour de la ville. Faut-il y voir l'origine du goût des femmes de Kalocsa pour l'ornementation florale qui s'exprime dans les peintures murales et les broderies que vous aurez plaisir à contempler… et peut-être à acheter ? Vous aurez l'occasion d'apprécier la qualité et la finesse de leur travail notamment à la Maison d'art populaire régional. Poursuivez jusqu'à **Baja** qui réunit dans une parfaite harmonie différentes ethnies. Populations d'origine serbe, croate, allemande, tzigane, et hongroise bien sûr, cohabitent sans problème.

### Jour 2

Vous voila arrivé à **Pécs.** Comme un parfum d'Orient, la ville vous offre une ambiance méditerranéenne. Ancienne cité turque, la mosquée devenue basilique en est le fleuron. Les fondations datent du 11ᵉ s. et son aspect actuel du 19ᵉ s. Un peu plus loin, rue du Chanoine, vous pourrez apprécier les œuvres de deux peintres natifs de la ville auxquels les musées rendent hommage ; Vasarely, l'inventeur du « op'art » (optical art) et Mihály Tivadar Kosztka dont Picasso aurait dit en découvrant son œuvre : « *je ne savais pas qu'avec moi, il y avait un autre grand peintre dans ce siècle* ».

Les coteaux qui bordent la ville ont favorisé la culture de la vigne et la production de vins réputés ; le vin pétillant de la région est affiné dans les caves qui se superposent sur cinq niveaux sous le centre-ville. À partir du début du mois de septembre, Pécs est en fête en hommage à Bacchus.

### Jours 3 et 4

Deux jours ne seront pas de trop pour découvrir le **lac Balaton**, le plus grand lac d'Europe. Il s'étire sur une longueur de 77 km et sa largeur varie de 1,5 km, à hauteur de la presqu'île de Tihany, à 14 km dans sa partie la plus ouverte. La surface exposée au soleil explique en partie la température relativement élevée de l'eau proche de 25 °C. La rive nord et la rive sud sont très différentes. La région du Balaton, qui a joué un rôle essentiel dans le développement du tourisme en Hongrie, en reste un des moteurs essentiels ; après Budapest,

c'est la zone la plus visitée du pays. Sous le régime communiste, le lac permettait aux familles allemandes de l'Ouest et de l'Est de se retrouver facilement. Aujourd'hui les vacanciers qui souhaitent se reposer, se relaxer, faire du sport… c'est-à-dire, profiter de leur temps libre, y trouvent près de 130 plages et des services de toute nature à des prix variés. De plus, le lac n'est pas le seul centre d'intérêt de la région, l'arrière-pays est agréable et pittoresque.

### Jour 5

Entre Budapest et le lac Balaton, le **lac de Velence** (Velencei-tó) et, à l'extrémité ouest de la mer intérieure, le Kis-Balaton (Petit Balaton) s'avèrent deux paradis pour les écologistes et les amis de la nature. Ne quittez pas la région sans faire une halte à **Hévíz** et profitez du bien être de ces eaux thermales (à découvrir impérativement).

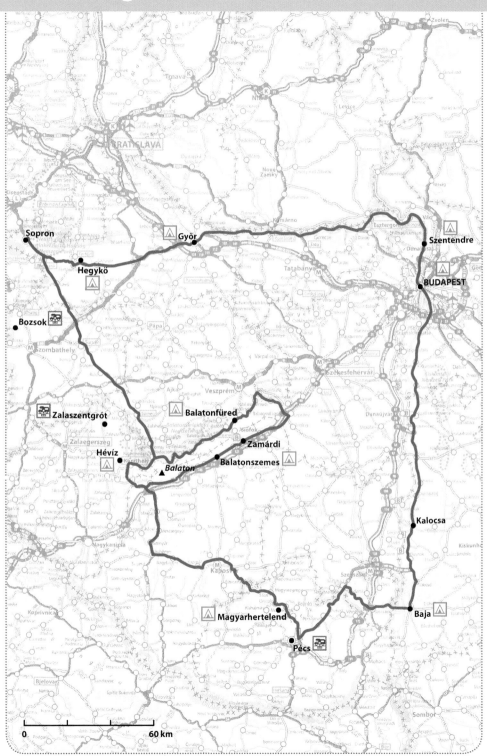

## Jour 6

Direction le nord et la ville de **Sopron**, appelée aussi la petite Prague, dont presque toutes les curiosités sont situées au centre, à l'intérieur de la partie appelée « vieille ville ». Elle a gardé presque tous les bâtiments de son histoire. Ceux qui ont été endommagés pendant la Seconde Guerre mondiale ont été restaurés grâce à un homme, Endre Gatsk, qui travailla un demi-siècle à la remise en état du patrimoine architectural de Sopron et à sa conservation. Ici, l'architecture médiévale se mêle au baroque, et des proportions que l'on dirait réduites lui confèrent un charme particulier. N'oubliez pas de déguster un des vins produits dans la région de Sopron. Pour vous faire une idée, goûtez un soproni cabernet sauvignon. Nuit à **Győr**.

## Jour 7

**Győr**, la ville des trois rivières, est située au confluent du Mosoni-Duna (un bras du Danube) et des rivières Rába et Rábca. Ces eaux vivantes ne sont pas étrangères à son charme, d'autant qu'elles baignent les parties basses de la vieille ville, le véritable centre d'intérêt. C'est justement en longeant le Danube que vous retournerez ensuite vers Budapest. Juste avant la capitale, arrêtez-vous à **Szentendre** à l'allure de village romantique, véritable Barbizon hongrois. Szentendre est aussi un lieu de détente et de loisirs, où l'on vient pour se reposer au bord du Danube, s'adonner à la pratique du canoë ou profiter de la plage aménagée.

## 🛈 Office de tourisme

**Budapest**
*Deák Ferenc tér, 1052 Budapest, Sütő u. 2 - ☎ 438 8080 - www.budapestinfo.hu - 8h-20h.*

**Pour téléphoner en Hongrie** : 00 36 + indicatif de la ville puis le numéro de votre correspondant (sans le 06 initial)

**Pour plus d'informations :**
Carte Michelin Michelin N° 732
Guide Vert Week-end Budapest

# Les bonnes adresses de Bib

### Budapest

*Voir également le circuit 61.*

#### ✗ **Paris-Texas Kávéház**
*Ráday u., 22 - ☎ 06/1-218 0570 - 12h-3h.* Une adresse sympathique pour déjeuner à petits prix. Plats végétariens et italiens sont servis dans un décor « rétro » de bistrot 1900. En été installez-vous en terrasse sur la rue, l'une des plus vivantes de la ville.

#### **Széchenyi**
*Allatkerti Körut, 11 - ☎ 06/1-363 3210 - fr.szechenyifurdo.hu - bains mixtes - 6h-19h (piscines extérieures 22h) - à partir de 4 700 Ft.* Au cœur du Városliget : à l'extérieur, bassin à remous, piscine olympique, bain chaud (38 °C), solarium et restaurant. À l'intérieur, plusieurs bains, du froid au très chaud. Soins et massages sont prodigués en cabine.

#### Ē **Borkonyha**
*Sas Utca 3 - ☎ 06/1-266 0835 - www.borkonyha.hu - 12h-0h - fermé dim. et j. fériés.* Cet élégant bistrot proche de la basilique, aéré et moderne, marie les vins hongrois (plus de 200 références, dont beaucoup servies au verre !) à une cuisine élaborée qui revisite le terroir : joues de porc, chou au safran, foie de canard à la cannelle ou encore truite du nord de la Hongrie.

### Hévíz

#### ✗ **Magyar Csárda**
*Tavirózsa u. 2-4 - ☎ 06/83-343 271 - www.magyarcsarda.hu - 11h-23h.* Dans une petite rue où se succèdent une demi-douzaine de restaurants (vous avez donc le choix), auberge à la réputation établie. La cuisine est cependant moyenne. Spécialités hongroises.

### Pécs

#### ✗ **Cellarium Étterem**
*Hunyadi út 2 - ☎ 06/72-314 596 - diacell.hu - fermé le lun. 11h-22h.* À côté de la mosquée, restaurant installé dans une grande cave joliment décorée datant de la période turque. Spécialités hongroises et belle carte des vins.

### Szentendre

#### ✗ **Aranysárkány Vendéglo**
*Alkotmány u., 1 - ☎ 06/26-301 479 - www.aranysarkany.hu - 12h-22h - 5 000 Ft.* Dans une ruelle montante. Les plats sont délicieux, les prix raisonnables. Le cerf aux myrtilles, le foie gras grillé, l'agneau à l'estragon sont un régal !

### Zamárdi

#### ✗ **Kocsi Csárda**
*Siófoki u. - ☎ 06/30-947 8091 ou 06/30-228 2821 - www.kocsicsarda.hu.* Sur la route 7, grande auberge traditionnelle avec plats hongrois et musique folklorique.

## Aires de service et de stationnement

### Bozsok

**Nagy Vendégház**
Rákóczi utca 104 - ☎ 06/94-361 066
Permanent
Borne artisanale 🚿 ⚡ 🚰 ✦ :
Payant (électricité 5 €)
10 🅿 - 5€/j.
Services : wc ✕
GPS : E 16.4916 N 47.3248

### Pécs

**Aire du Familia Camping Baranya**
Puskin Tér - ☎ 06/72-327 034
De mai à sept.
Borne 🚿 ⚡ 🚰 : Gratuit
15 🅿 - illimité - 15€/j.
Services : wc 🛒 📷 📶
GPS : E 18.2575 N 46.08433

### Zalaszentgrót

**Aire de Csáford**
Csáford utca 70 - Csáford -
☎ 06/30-720 9249
Permanent
Borne artisanale 🚿 ⚡ 🚰 ✦ :
Payant
5 🅿 - 5€/j.
GPS : E 17.0486 N 46.936

## Campings

### Baja

**Ifjúsági Szálló és Kemping**
Petőfi-sziget 5 - ☎ 06/79-522 230
De mai à sept. - 2 ha
Tarif : 18€ ♛♛ 🚐 🔲
🚐 borne - 15 🔲
Loisirs : ✂ ✎
Services : 🍷 ✕ 🚿 🚰 📶 📷 🛒 🚿
GPS : E 18.94083 N 46.17334

### Balatonfüred

**Balatontourist Camping & Bungalows Füred**
Széchenyi út 24 - ☎ 06/87-580 241
De fin avr. à fin sept. - 19 ha (785 empl.)
Tarif : 3,55€ ♛♛ 🚐 🔲
🚐 borne
Loisirs : ⏲ diurne (en été) 🏃 ⛷
🏖 🚴 ⛳ ♞ ⛵ 🚣 (plan d'eau)
🏊 🐬 🛶, jeux pour adultes, aire de
sports, bateaux, canoës, cours de
planche à voile et de ski nautique
Services : 🍷 ✕ 🚿 🏠 🔑 🚿 🚿 🚿
📶 📷 🛒 🚿 🚿
☺ Sauna.
GPS : E 17.88179 N 46.94902

### Balatonszemes

**Balatontourist Campsite Lidó**
Ady Endre út 8 - ☎ 06/84-360 112
De fin avr. à fin sept. - 2 ha (180 empl.)
Tarif : 19,40€ ♛♛ 🚐 🔲
🚐 borne
Loisirs : ⏲ diurne 🏖 🚴 🚣 (plan
d'eau) 🛶, jeux pour adultes, barbecue
Services : 🍷 🔑 🚿 📶 📷
GPS : E 17.77202 N 46.81311

### Budapest

**Zugligeti Niche Camping**
**Római**
**Haller**
*Voir le circuit 61 p. 306.*

### Győr

**Pihenö**
Mártirok utca - ☎ 06/96-523 007
Permanent - 1,2 ha (40 empl.)
Tarif : 12,15€ ♛♛ 🚐 🔲
🚐 borne
Loisirs : ⛷ jacuzzi 🏖 🚣 🐬 ♞ ,

jeux pour adultes, aire de sports,
beachvolley, barbecue, séances de
cinéma
Services : 🍷 ✕ 🏠 🚿 🚿 📷 🚿
GPS : E 17.70575 N 47.72358

### Hegykő

**Sá-Ra Termál Kemping**
Fürdő utca 5 - ☎ 06/99-540 220
Permanent - 1,5 ha (170 empl.)
Tarif : 8,75€ ♛♛ 🚐 🔲 - 🚐
Loisirs : 🏖 🏊 🚣
Services : ✕ 🚿 🚿 📷
☺ Bain thermal sur place.
GPS : E 16.7846 N 47.6209

### Héviz

**Castrum Camping**
Topart - ☎ 06/83-343 198
De déb. mars à fin nov. -
3 ha (243 empl.)
Tarif : 22€ ♛♛ 🚐 🔲
🚐 borne
Loisirs : ⏲ diurne 🏖 🚴 - Services :
✕ 🏠 🔑 🚿 🚿 📶 📷 🚿
GPS : E 17.18439 N 46.79059

### Magyarhertelend

**Forrás Camping**
Bokréta út 105 - ☎ 06/72-521 110
De déb. mai à fin août. - 2 ha (80 empl.)
Tarif : 10,05€ ♛♛ 🚐 🔲
🚐 borne
Loisirs : 🏖 🏊 🚣 🐬 , beachvolley,
barbecue
Services : 🍷 🏠 🔑 🚿 📶 📷 🚿
GPS : E 18.14175 N 46.19082

### Szentendre

**Pap-sziget Camping**
Papsziget 1 - ☎ 06/26-310 697
De mi-avr. à mi-oct. - 3,5 ha (80 empl.)
Tarif : 18,75€ ♛♛ 🚐 🔲
🚐 borne
Loisirs : ⏲ diurne 🏖 🚴 🏊 🚣 🐬 🛶,
jeux pour adultes, aire de sports, mur
d'escalade, barbecue
Services : ✕ 🔑 🚿 📶 📷
☺ Idéal pour une balade à vélo au
bord du fleuve.
GPS : E 19.08271 N 47.68185

# Au fil du Danube

> ⊃ *Départ : Vienne*
> ⊃ *6 jours - 325 km*

*La ville de Passau vue depuis le Danube.*

### Jour 1

**Vienne** (Wien) enchantera les amateurs de musées et d'urbanisme. En quelques heures, faites le tour de la vieille ville (cathédrale, Graben, le quartier juif), puis traversez la Hofburg jusqu'au MuseumsQuartier. L'après-midi, dirigez-vous vers l'Opéra, puis vers la place Charles pour admirer les bâtiments Sécession. De là, parcourez le Ring jusqu'à l'hôtel de ville, en faisant une pause (le boulevard est long !) dans un café. Revenez dans le centre en passant par la Freyung. Le lendemain, visitez le château de Schönbrunn le matin, puis un musée l'après-midi (le musée des Beaux-Arts, le musée d'Art moderne, le MAK…).

### Jour 2

Direction **Klosterneuburg** pour la visite de son abbaye, puis **Tulln**. Sur la section du Danube séparant les villes de Krems et de Melk s'étend la Wachau. Cette région extrêmement pittoresque et fertile mêle divers paysages, vignobles en terrasses, églises, châteaux, villes. La région est célèbre pour ses cultures d'abricots, qui portent ici le nom de « Marillen ». À la fin de l'été, les arboriculteurs en vendent le long des routes. Porte orientale de ce territoire, **Krems an der Donau** s'étend en terrasses sur la rive gauche du Danube au pied de collines couvertes de vignobles. Au-delà du fleuve, peu avant Mautern, on aperçoit couronnant une colline, l'imposante

abbaye de Göttweig. Vous arrivez sur **Weissenkirchen**, localité viticole nichée entre le Danube et les collines de l'arrière-pays. Faites un tour au musée de la Wachau aménagé dans la Teisenhoferhof, ferme fortifiée du 16e s. Enfin, rejoignez **Spitz**. Caché derrière un rideau d'arbres fruitiers, ce petit bourg a conservé des maisons et des rues anciennes.

### Jour 3

Si vous avez emporté vos vélos, traversez le Danube en bac à Spitz et commencez votre troisième journée par la visite des ruines de la forteresse d'**Aggstein**. Sa situation exceptionnelle et ses dimensions imposantes font de la forteresse bâtie au 12e s. une des plus belles d'Autriche. Une route abrupte relie le hameau d'Aggstein à la tour d'entrée (2h à pied AR). Sinon, continuez sur la grande route de la Wachau d'où l'on aperçoit le château

de **Schönbühel**, construit au début du 19e s. sur les fondations d'une forteresse médiévale. Vous arrivez à **Melk**, qui possède une abbaye dont la belle façade baroque apparaît à partir d'Ebersdorf.

### Jour 4

Avant tout, prenez la direction du Château-musée d'**Artstetten**. Le fleuve, enserrant des îles couvertes de saules, s'étale bientôt en un magnifique plan d'eau retenu par le barrage hydroélectrique d'Ybbs-Persenbeug. Puis, de **Ybbs** à **Grein**, admirez les paysages du Strudengau, où le fleuve s'encaisse entre de hautes falaises boisées qui dominent de 400 m. Dressées sur la rive gauche, les ruines du château de Sarmingstein, accrochées au rocher, puis celles du château de Struden, attirent le regard. L'arrivée à Grein est très belle et la ville mérite une visite. Poursuivez sur une belle portion de

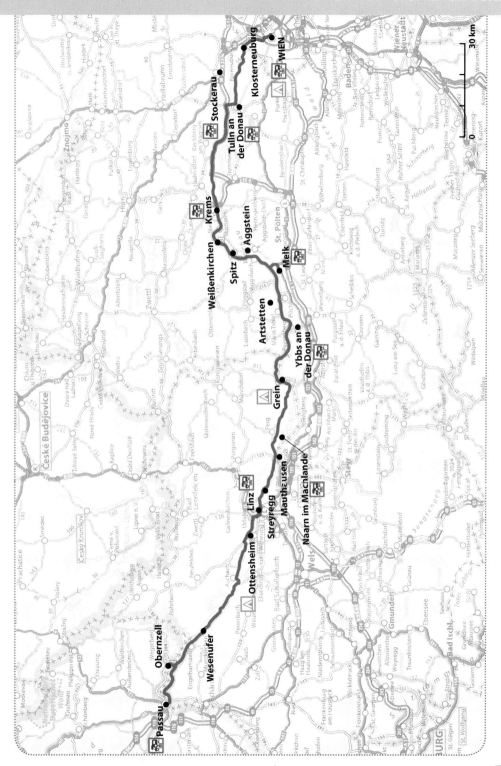

route le long du Danube, puis vers le château de Clam qui, perché sur son rocher, veille sur le paisible village. On rejoint le fleuve à **Mauthausen** qui serre ses maisons jusqu'au bord même du cours d'eau. Visitez encore un château, celui de Pragstein : cet ancien bastion, qui, les pieds dans l'eau, protégeait la cité côté Danube, abrite aujourd'hui le musée local. La route franchit le Danube au pont de **Steyregg** et atteint Linz.

## Jour 5

Ancienne ville marchande, **Linz** est aujourd'hui devenue un important centre industriel. La ville a su cependant cantonner ses industries à ses faubourgs et a conservé un centre-ville ancien.

## Jour 6

Lors votre dernière étape avant Passau, la route s'éloigne par moment des rives du Danube. Néanmoins, vous rencontrez plusieurs barrages, autour de **Ottensheim** et de **Wesenufer**, un coquet village aux balcons fleuris. À hauteur d'**Obernzell**, que l'on aperçoit sur la rive allemande, le fleuve s'étale en un magnifique plan d'eau : la retenue du barrage de Jochenstein. **Passau**, ville située au confluent de trois cours d'eau : le Danube, l'Inn et l'Ilz, est dominée par l'imposante forteresse d'Oberhaus au nord et l'église de pèlerinage baroque Mariahilf au sud. La vieille ville, largement préservée et très pittoresque, occupe la langue de terre située entre le Danube et l'Inn et se concentre autour de la cathédrale St-Étienne.

## Office de tourisme

**Wien/Vienne**
*Vienne 1er arr., Albertinaplatz 1 - ✆ 01 24 555 - www.wien.info/fr - 9h-19h.*

Pour téléphoner en Autriche : 00 43 + indicatif de la ville sans le 0 initial, puis le numéro de votre correspondant

Pour plus d'informations :
Carte Michelin National N° 730
Le Guide Vert Autriche

## Aires de service et de stationnement

### Krems

**Donauparkcamping Krems**
Yachthafenstr. 19 - ✆ 0273 84455
De mi-mars à oct.
Borne : 3€
4 P - illimité - 14€/j.
Services : WC
GPS : E 15.5925 N 48.40377

### Linz

**Camping Pichlingersee**
Familie Rigler-Santos - Wienerstr. 937 - ✆ 0732 305314
De mi-mars à mi-oct.
Borne : Payant
50 P - illimité - 22,50€/j.
Services : WC
GPS : E 14.37858 N 48.2349

### Melk

**Fährhaus**
Kolomaniau 3 - ✆ 0275 253291
De déb. avr. à déb. nov.
Borne
25 P - illimité - 21€/j.
Services : WC
GPS : E 15.32867 N 48.23339

### Naarn im Machlande

**Mostschenke**
Durnwagram 1 - ✆ 07262 52330 - Permanent
Borne : Payant (électricité 2 €)
15 P - illimité - 10€/j.
Services : WC
GPS : E 14.62014 N 48.21827

### Passau (Allemagne)

**Am Parkhaus Bahnhofstraße**
Bahnofstr. - ✆ 0851 3960
Permanent
Borne artisanale : Payant (eau 1 €, électricité 0,50 €/kwh)

15 P - 72h - 13€/j. - payant de 9h à 19h
Bus n° 7, 8/9 et 1 à côté.
GPS : E 13.4449 N 48.57397

**Parkplatz Ilzbrücke**
Halser Str. - ✆ 0851 3960
Permanent
Borne : Payant (eau 1 €, électricité 0,50 €/kwh)
13 P - 72h - 8€/j. - payant de 9h à 19h - Services :
Fermé en cas de crue.
GPS : E 13.4735 N 48.5778

### Stockerau

**Wohnmobil-Stellplätze**
Weg zum Hallenbad - ✆ 02266 6950 - Permanent
Borne : 2€
6 P - illimité - Gratuit
Services :
GPS : E 16.21911 N 48.39386

### Tulln an der Donau

**Donaupark Camping Tulln**
Donaulände 76 - ✆ 0227 265200 - De déb. avr. à fin oct.
Borne
Services : WC
GPS : E 16.07187 N 48.3326

### Wien/Vienne

**Reisemobil Stellplatz Wien**
Perfektastr. 49-53 - ✆ 664 433 7271 - Permanent
Borne : Payant
167 P - illimité - 26€/j. - services compris
Services : WC
Transports en commun à proximité.
GPS : E 16.31583 N 48.13694

### Ybbs an der Donau

**Parkplatz Donauufer**
Donaulände 76 - ✆ 07412 55233 - Permanent
5 P - Gratuit
Services : WC
GPS : E 15.08139 N 48.18145

## ⛺ Campings

### Grein

#### ⛺ Grein
Campingplatz 1 - ☎ 07268 21230
De déb. avr. à fin oct. - 2 ha (87 empl.)
Tarif : 26€ 👫 🚗 🅴
📳 borne
Loisirs : 🏃 🚴 🏓 ⛵ 🏊 🎣, aire de sports
Services : ▽ ✕ 🏠 🚿 📶 📠 🧺 🚰
⊕ Au bord du fleuve.
GPS : E 14.85348 N 48.22452

### Ottensheim

#### ⛺ Hofmühle
Höflein 20 - ☎ 07234 82418
Permanent - 1 ha (50 empl.)
Tarif : 13€ 👫 🚗 🅴
📳 borne
Loisirs : 🏃 🚴 🏓 🏊
Services : ✕ 🏠 🚿 🏊 🚰 📶 📠 🧺
⊕ Navette vers le centre de Linz toutes les heures.
GPS : E 14.16117 N 48.33597

### Wien/Vienne

#### ⛺ Wien West
Hüttelbergstr. 80 -
☎ 01 9142314
De déb. mars à fin janv. -
2,5 ha (200 empl.)
Tarif : 30€ 👫 🚗 🅴
📳 borne
Loisirs : 🏃 🚴
Services : ▽ ✕ 🏠 🚿 🏊 🚰 📶
📠 🛒 🧺 🚰
⊕ Transports en commun pour centre-ville devant le camping (30 mn via bus 52A et métro U4).
GPS : E 16.15158 N 48.12384

#### ⛺ Camping Wien Neue Donau
Am Kleehäufel -
☎ 01/2024010
De déb. avr. à mi-sept. -
3,5 ha (200 empl.)
Tarif : 33€ 👫 🚗 🅴
📳 borne
Loisirs : 🏖 diurne 🏃 🚴 🏊 (plan d'eau), jeux pour adultes, aire de sports
Services : ▽ ✕ 🏠 🚿 🚰 📶 📠
🛒 🧺 🚰
GPS : E 16.26401 N 48.12332

## Les bonnes adresses de Bib

### Grinzing (à côté de Vienne)

#### ✕ Altes Presshaus
*Cobenzlgasse 15 - ☎ 01 320 02 03 - à partir de 16h - fermé janv.-fév. - repas autour de 15 €.* Le plus ancien Heuriger de Grinzing (1527), situé en haut du village, est constitué en partie d'une ancienne cave voûtée avec des pressoirs à vin d'époque. Son cadre s'apprécie donc particulièrement en hiver. Concerts de musique fréquents. Buffet et plats à la carte.

### Heiligenstadt (à côté de Vienne)

#### ✕ Mayer am Pfarrplatz
*Pfarrplatz 2 - ☎ 01 370 12 87 - www. pfarrplatz.at - 16h-0h (12h le w.-end) - plats à partir de 11 €.* Dans ce Heuriger des plus pittoresques, copieux bufet et excellents vins des vignobles viennois.

### Krems

#### ✕ Gasthaus Jell
*Hoher Markt 8-9 - ☎ 027 32 82 345 - www.amon-jell.at - mar.-vend. 10h-14h30, 18h-22h30, sam.-dim. 10h-14h - 19/37 €.* Cette petite auberge tout confort a bonne réputation. Elle sert des spécialités régionales bien préparées. Le lard maison, auquel il faut absolument goûter, mérite à lui seul le détour.

### Linz

#### ✕ Alte Welt
*Hauptplatz 4 - ☎ 07 32 77 00 53 - www.altewelt.at - lun.-vend. 11h30-14h30, 18h-0h, sam. 12h-14h30, dim. 17h30-0h - à partir de 7,50 €.* Un cadre superbe et un chef qui sait renouveler avec talent les plats traditionnels de la cuisine autrichienne. L'Alte Welt possède également un bar ouvert le soir. Atmosphère jeune et conviviale.

#### ✕ Stieglbräu zum Klosterhof
*Landstr. 30 - ☎ 07 32 77 33 73 - www. klosterhof-linz.at - 9h-0h - 10/15 €.* Différentes salles rustiques et confortables et immense jardin

ombragé où l'on sert une cuisine autrichienne traditionnelle.

### Weissenkirchen

#### ✕ Jamek
*Joching 45 - 3610 - ☎ 02 715 2235 - www.weingutjamek. at - mar.-jeu. 11h30-16h, vend. 11h30-23h, sam. 11h30-16h - fermé 3 sem. en fév. - 20/40 €.* Ce restaurant, fondé en 1912, ne manque pas de charme avec son mobilier rustique et son élégant parquet. Grand choix de spécialités régionales. Beau jardin.

### Wien/Vienne

#### ✕ Kleinsteiermark
*Schweizergarten, Heeresmuseumstr. 1 - 3e arr. - ☎ 01 799 58 83 - 11h-23h - 11/25 €.* Installée dans le jardin Suisse, cette auberge authentique sert des spécialités de la région de Styrie. Intérieur chaleureux, tout en boiseries, rideaux et carreaux de faïence. *Biergarten* dès les beaux jours.

#### ✕ Figlmüller
*Wollzeile 5 - ☎ 01 512 61 77 - www. figlmueller.at - 11h-22h30 - 20/25 €.* Les *Wiener Schnitzel* de Figlmüller sont inoubliables ! Situé dans un passage, cet établissement plus que centenaire connaît un tel succès qu'il a ouvert une annexe à deux pas (*Lugeck 4, tlj 11h-23h*) et une autre à 200 m de là (*Bäckerstr. 6*), plus calme et ouverte jusqu'à 23h30.

#### Sacher
*Philharmonikerstr. 4 - ☎ 01 514 560 - www.sacher.com - 8h-0h.* Hôtel-café-restaurant-boutique, une véritable institution qui attire les touristes, et parfois, des hôtes illustres. On y déguste, naturellement, la légendaire *Sachertorte*. Si vous ne trouvez aucune table libre, les *Sachertorte* sont aussi vendues dans de jolies boîtes en bois et se conservent très bien.

# Prague et la Bohême du sud

⮕ *Départ : Ceský Krumlov*
⮕ *11 jours - 585 km*

## Jour 1

**Český Krumlov** marque votre première étape dans cette escapade en République tchèque. Enserrée dans un méandre de la Vltava, cette exquise ville médiévale est dominée par le château des Schwarzenberg, deuxième en taille après le Hradčany de Prague. Arpentez les pittoresques rues et ruelles pavées.

## Jour 2

**České Budějovice**, capitale de la Bohême du sud, fut l'une des villes les plus élaborées de la Bohême médiévale. Son cœur historique dessine toujours un damier de rues desservant une spacieuse place centrale. De la grande Tour noire, de la fin du 16ᵉ s., on a un aperçu de la ville et de ses environs. À 10 km au nord, visitez le château de **Hluboká**.

## Jour 3

Une petite heure de route et vous ferez étape à **Třeboň** cité médiévale miniature. Poursuivez jusqu'à **Tábor**, sa vieille ville avec son labyrinthe de rues et de ruelles très bien préservées. Continuez votre route en vous rendant à **Konopiště**, originellement forteresse gothique du début du 14ᵉ s.; le château doit son aspect actuel à son tout dernier propriétaire, l'archiduc François-Ferdinand de Habsbourg.
À l'apogée de sa gloire, **Kutná Hora**, ville minière où l'on frappait la mon-

*La Tržní kolonáda, à Karlovy Vary.*

naie à la fin du Moyen Âge, était plus grande que Londres. Juchée sur une colline, elle recèle bien des curiosités : la cathédrale Ste-Barbara, le musée minier du Hrádek, la fontaine de pierre de l'époque médiévale et de magnifiques résidences.

## Jours 4 à 7

Miraculeusement épargnée par la guerre et le développement industriel, **Prague** (Praha) possède un héritage architectural d'une extraordinaire richesse couvrant toutes les périodes de sa longue histoire et s'harmonisant parfaitement avec un décor naturel de toute beauté, large fleuve et hauteurs boisées protégeant la ville. Prague fut d'abord la forteresse slave de Hradčany dominant un méandre de la rivière Vltava. À ce premier noyau de la cité, s'ajouteront ensuite trois quartiers

historiques : la Malá Strana (Ville basse) située au pied du château sur la rive gauche de la rivière, reliée à la Staré Město (Vieille Ville) par le magnifique pont Charles de style gothique et au 14ᵉ s. à la Nové Město (Nouvelle Ville) installée plus loin sur la rive droite de la rivière. La Prague médiévale fut largement reconstruite aux 17ᵉ et 18ᵉ s., mais derrière des façades de style baroque ou rococo, on en distingue encore les vieilles structures. Caractéristiques de Prague, de superbes monuments d'architecture témoignent de l'apparition de nouvelles écoles artistiques liées à l'Art nouveau. On y trouve également des édifices très austères, uniques dans le pays, signatures du cubisme tchèque. Le cœur historique de la ville peut être visité à pied, mais les transports publics sont modernes et parfaitement intégrés.

Xantana / iStock

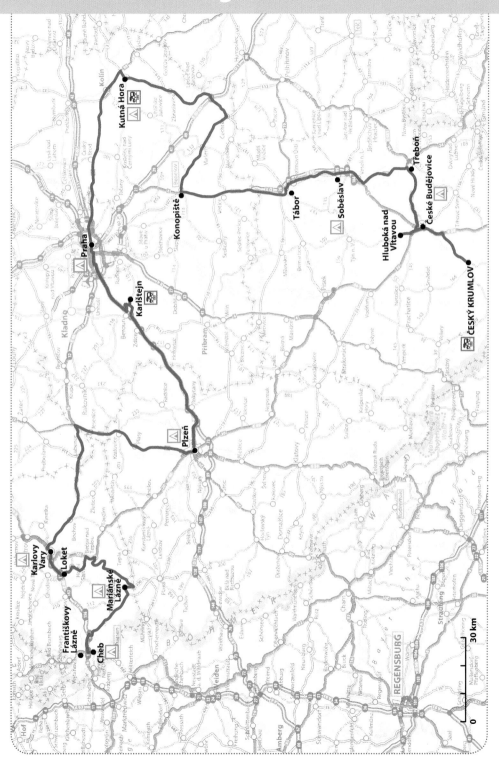

## Jour 8

Quittez Prague : visitez rapidement le château **Karištejn** situé dans la vallée sinueuse de la Berounka, tout proche de Prague. Puis, faites un crochet par **Plzeň** (Pilsen), point central de la Bohême occidentale. Aujourd'hui ville industrielle, elle a conservé la disposition en damier que lui imprimèrent ses fondateurs de l'époque médiévale. Sur la spacieuse place Námostí Republiky se dresse le plus grand clocher (103 m) de tout le pays, de même qu'un splendide hôtel de ville de style Renaissance décoré de sgraffites. Il faut voir la Městanský pivovar, la plus grande brasserie de Plzeň, et le musée de la Bière, boisson à laquelle la ville doit sa renommée.

## Jour 9

**Karlovy Vary** ne tient pas seulement sa réputation de ses sources d'eau chaude et sulfureuse, mais aussi de son cadre exceptionnel. Dans cette profonde vallée boisée où scintillent les méandres de la rivière Teplá, l'image splendide renvoyée par la ville distille encore l'atmosphère du début du siècle. La vie de la station est centrée autour de l'imposante colonnade classique de la fin du 19e s., la Mlýnská kólonadá, où l'on prend une eau puisée à quatre sources.

## Jour 10

Sur la route pour vous rendre à **Mariánské Lázně** faites une halte pour découvrir la petite ville-forteresse de **Loket**, autrefois considérée comme la « clé du royaume de Bohême ». Puis vous découvrirez à Mariánské Lázně une superbe galerie qui recouvre des sources thermales.

## Jour 11

Vous gagnez enfin la ville médiévale de **Cheb** qui garde encore un caractère germanique avec ses maisons aux toitures de bois sculpté. Rendez-vous à **Františkovy Lázně**, la plus petite des trois grandes stations thermales de Bohême et ses quelques 24 sources d'eau fraîche.

# Les bonnes adresses de Bib

## Konopiště

### ✕ Stará Myslivna

*Konopiště 2 - ☎ 317 700 280 - wwww.staramyslivna.com - 11h-22h - 200/300 czk.* Niché dans une petite allée boisée entre le château et le parking, ce restaurant met à l'honneur le gibier et la venaison : salade de faisan, terrine de gibier aux airelles, steak de daim et même une « brochette de Ferdinand », en l'honneur de František Ferdinand d'Este, célèbre occupant du château et grand amateur de chasse.

## Kutná Hora

### ✕ Restaurant Kometa

*Barbórska 29 - ☎ 327 515 515 - 9h-23h - 300/400 Kč.* Ce restaurant propose de bonnes spécialités tchèques, servies sur une agréable terrasse face au collège des Jésuites.

## Praha/Prague

### Kavárna Obecní dům – Maison municipale

*Náměstí Republiky 5 - ☎ 222 002 763 - www.kavarnaod. cz - 7h30-23h.* Le cadre à lui seul mérite le détour : c'est l'une des superbes salles Art nouveau de la Maison municipale. Beau choix de gâteaux et possibilité de manger sur le pouce ou de prendre le petit-déjeuner.

### ✕ U Veverky

*Eliášova 324 - ☎ 223 000 223 ou 603 781 997 - 11h-0h - 200 czk.* Cette auberge typique (bruyante avec ses habitués) a été récompensée pour servir la meilleure Pilsner de Prague ! Côté carte : une bonne cuisine traditionnelle et des salades copieuses. Les murs tapissés de sous-bocks de la République tchèque et la collection de vieux postes radio apportent une touche insolite ! Organisation de concerts.

### ✕ U Medvídků

*Na Perštyně 7 - ☎ 224 211 916 - www.umedvidku. cz - 11h30-23h - 250-750czk.* Véritable institution praguoise, cette brasserie installée dans un bâtiment du 15e s. offre une cuisine familiale. On y sert des plats pratiquement disparus comme le *kuba*, recette d'orge, ou les *ovocné knedlíky*, quenelles aux fruits. Le jarret de porc fumé (*uzené koleno*) est l'un des meilleurs de la ville !

### Manufaktura

*Melantrichova 17 - ☎ 230 234 376 - www.manufaktura. cz - 10h-20h - autre adresse : Karlova 26.* L'une des plus grandes boutiques à Prague de cette enseigne qui propose artisanat et souvenirs de qualité. Sur plusieurs étages : marionnettes en bois, céramiques, papier artisanal ou encore cosmétiques et savons.

### Granát Turnov

*Dlouhá 28 - ☎ 222 315 612 - www.granat.eu - lun.-vend. 10h-18h, sam.10h-13h.* Pendentifs, bagues, bracelets et colliers en grenat de Bohême, en provenance directe de la coopérative artisanale de Turnov.

## 🚐 Aires de service et de stationnement

### Český Krumlov

**Český Krumlov**
Chvalvinska - ☎ 380 704 621
Permanent - 20 🅿 - illimité - 10€/j.
Services : [wc]
😊 Proche du centre-ville à pied.
GPS : E 14.30375 N 48.81601

### Karlštejn

**Aire du camping Karlštejn**
De fin mars à déb. oct.
Borne 🚿 ⚡ 🚐 🧹 : 2,70€
10 🅿 - illimité - 9,40€/j.
Services : [wc] 📶
😊 Idéal pour la visite du château de Karlštejn.
GPS : E 14.17086 N 49.93406

### Kutná Hora

**Art Kutna Hora**
Taborska 94/11 - ☎ 607 092 430
D'avr. à oct. - Borne 🚿 ⚡ : Gratuit
1 🅿 - illimité - 15€/j.
Services : [wc] 🧺 📶
😊 Réserver à l'avance (aire privée).
GPS : E 15.25767 N 49.93684

---

## ℹ️ Office de tourisme

**Praha/Prague**
*Staroměstske náměstí 1, Praha 1, Staré Město - ☎ 221 714 444 - www.prague.eu - 9h-19h ; autre bureau : angle Na Můstku et Rytířská - 9h-19h ; kiosque : Václavské náměstí 42 - 10h-18h.*

Pour téléphoner en République tchèque :
00 420 + le numéro de votre correspondant.

Pour plus d'informations :
Carte Michelin National N° 755
Guide Vert Week-end Prague

---

## ⛺ Campings

### České Budějovice

**⛺ Motel Dlouhá Louka**
Litvínovická 12b - ☎ 774 424 265
De déb. mai à mi-oct. - 4 ha (50 empl.)
Tarif : 16,65€ 👫 🚗 🔌 🚐
Services : 🍴 🔑 🚿 📶 📦
GPS : E 14.46016 N 48.96764

### Cheb

**⛺ Vaclav**
Všeborská 51 - ☎ 354 435 653
De fin avr. à mi-sept. - 5 ha (150 empl.)
Tarif : 22,95€ 👫 🚗 🔌
🚐 borne
Loisirs : (plan d'eau) 🐟 🦆, pédalos, canots
Services : 🍸 🍴 🏠 🔑 🚿 🚽 📶 📦 🛒 🧺
😊 Au bord d'un lac.
GPS : E 12.41177 N 50.05128

### Karlovy Vary

**⛺ Sasanka**
Sadov 7 - ☎ 353 590 130
De déb. avr. à fin oct. - 3,1 ha (240 empl.)
Tarif : 12,20€ 👫 🚗 🔌
🚐 borne
Loisirs :
Services : 🍴 🔑 🚿 🚽 📶 📦 🧺
GPS : E 12.8982 N 50.26746

### Kutná Hora

**⛺ Autocamp Transit**
K Malínskému Mostu 35 - ☎ 322 320 634
De déb. avr. à fin sept. - 0,5 ha (40 empl.)
Tarif : 10,90€ 👫 🚗 🔌
Services : 🔑 🚿 🚽 📶
GPS : E 15.30617 N 49.96536

### Mariánské Lázně

**⛺ Autocamping Luxor**
Plzeňská ul, Velká Hleďsebe - ☎ 732 346 692
De déb. mai à fin sept. - 4 ha (120 empl.)
Tarif : 17,40€ 👫 🚗 🔌
Loisirs : 🐟

Services : 🍴 🏠 🔑 🚿 🚽 📶
📦 🧺
GPS : E 12.66908 N 49.95244

### Plzeň

**⛺ Ostende**
U Velkého rybníka 1 - ☎ 739 604 603
De déb. mai à fin sept. - 3 ha (160 empl.)
Tarif : 13,30€ 👫 🚗 🔌
Loisirs : 🚣 (plan d'eau) 🐟 🦆
Services : 🍴 🚿 📶 📦 🧺
GPS : E 13.39031 N 49.77717

### Praha/Prague

**⛺ Sokol Praha**
Národních hrdinu 290 - Praha 9 - ☎ 777 553 543
De fin mars à fin oct. - 2,5 ha (37 empl.)
Tarif : 29€ 👫 🚗 🔌
🚐 borne
Loisirs : 🚣 🚴 m 🏊
Services : 🍸 🍴 🏠 🔑 🚿 🚽 📶 📦 🧺
😊 Transports en commun pour le centre-ville.
GPS : E 14.58311 N 50.08858

**⛺ Camping-caravaning Praha**
Císarská louka 162 - Praha 5 - Smichov - ☎ 257 317 555
Permanent - 1,1 ha (80 empl.)
Tarif : 15,90€ 👫 🚗 🔌
Services : 🍴 🚿 🚽 📶 📦 🧺
😊 Transports en commun pour le centre-ville.
GPS : E 14.41364 N 50.05594

### Soběslav

**⛺ Karvánky**
Na Švadlačkách 460/II - ☎ 603 242 157
De déb. avr. à fin sept. - 10 ha (100 empl.)
Tarif : 7,40€ 👫 🚗 🔌
🚐
Loisirs : 🚣 🍴 🏊 (plan d'eau) 🐟, beachvolley
Services : 🍴 🏠 🚿 📦 🧺
😊 Transports en commun à 200 m du camping.
GPS : E 14.71983 N 49.2299

# Nuremberg et la Franconie

⮑ *Départ : Bayreuth*
⮑ *7 jours - 500 km*

## Jour 1

Commencez par la visite de **Bayreuth**. Connue mondialement pour son festival wagnérien, Bayreuth porte l'empreinte d'une princesse du 18ᵉ s. hors du commun qui en fit un pôle culturel européen et la vitrine d'un rococo original parfaitement représenté par le Château Neuf. En 1945, la ville a payé cher le rôle que Bayreuth et Wagner ont joué dans l'idéologie d'Adolf Hitler, qui était, avec son entourage, un visiteur régulier du festival. Pendant les dernières semaines de la guerre, la ville a été lourdement bombardée. Aujourd'hui il n'en paraît rien. Du 25 juillet au 28 août, la ville vit à nouveau au rythme de Wagner. Les 60 000 places disponibles sont réservées jusqu'à sept ans à l'avance… mais quelques tickets retournés sont vendus le jour de la représentation, au tarif d'une place d'opéra classique. (La queue commence à 6h le matin). Le chef-lieu de la Haute-Franconie est également devenu une importante ville universitaire et un centre économique de pointe en matière de haute technologie. La proximité de la Suisse franconienne en fait aussi un point de départ idéal pour des randonnées à pied ou à vélo.

## Jour 2

La suite de ce parcours bavarois vient flirter avec la région de Thuringe et passe par **Cobourg** non sans recommander une étape à la **basilique des**

*Le Plönlein (ou petite place), dominé par la tour Siebers, à Rothenbourg.*

Reinhard Schmid / Sime / Photononstop

**Quatorze-Saints** (Vierzehnheiligen). Ce sanctuaire de pèlerinage est une merveille du baroque qui surprendra même les moins convaincus par ce style. Son ordonnance intérieure révèle la hardiesse de l'architecte Balthasar Neumann, et la décoration captive les yeux par sa richesse.

## Jour 3

Direction **Bamberg**, ville à laquelle, selon les résultats d'un sondage, les Allemands se sentent le plus intimement liés. Inscrite également au Patrimoine mondial de l'Unesco, cette ville construite sur sept collines est née au Moyen Âge. Transformée aux 17ᵉ et 18ᵉ s. en cité baroque par les princes-évêques et épargnée par les bombardements, elle compte aujourd'hui près de 2 300 monuments historiques classés. Les églises médiévales côtoient des maisons bourgeoises de style baroque et des

édifices monumentaux. Sur l'une des collines, vous découvrirez la ville haute, le centre ancien avec ses petites rues bordées d'antiquaires et sa cathédrale impériale aux quatre clochers qui constitue encore le cœur de la cité et le plus important chef-d'œuvre architectural de la région.

## Jour 4

Une fois à **Wurtzbourg** (Würzburg), de la rive est du Main, en haut de la forteresse Marienberg, la vue sur la ville, son vieux pont et ses clochers est telle que l'on peine à imaginer qu'une grande partie de la ville fut détruite à la fin de la Seconde Guerre mondiale. Sa grandeur passée, liée à trois princes-évêques de la famille de Schönborn, se retrouve dans les églises baroques et le splendide palais de la Résidence, classé au Patrimoine mondial de l'Unesco. Ville du sculpteur Riemenschneider, dont on peut admi-

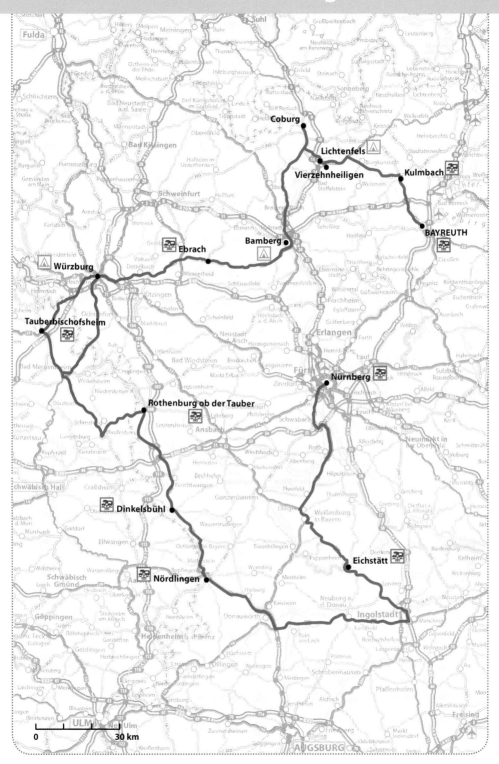

rer de nombreuses œuvres, mais aussi du physicien Wilhelm Conrad Röntgen qui découvrit les rayons X en 1895, Wurtzbourg allie parfaitement modernité, art et histoire.

## Jour 5

Plus au nord, à l'abri de ses remparts, **Rothenbourg** domine le cours sinueux de la Tauber. Particulièrement bien préservée, elle concentre un nombre impressionnant de bâtisses médiévales sur un site spectaculaire en bordure de falaise. Dans ce véritable musée du Moyen Âge à ciel ouvert, il fait bon se promener, en empruntant des ruelles étroites aux maisons à pignons pointus, jalonnées de fontaines et édifices à colombages.

## Jour 6

Au long de vallées fluviales ou de collines fertiles, l'itinéraire vers Eichstätt et Nuremberg nous fait revivre à chacune de ses étapes des aspects du passé qui n'appartiennent qu'à l'histoire allemande ; tour à tour sont évoquées les grandes heures des vieilles cités médiévales comme **Dinkelsbühl** et **Nördlingen. Eichstätt** est quant à elle devenue « La Mecque » de l'architecture moderne sans compromis, comme le montrent le bâtiment de la Pädagogische Hochschule et celui de la résidence d'été de l'université.

## Jour 7

**Nuremberg** (Nürnberg), ville traditionnelle des fondeurs de bronze et des batteurs d'or, fut l'une des plus belles cités médiévales d'Allemagne. On pense à Dürer en découvrant ses remparts et ses portes, les maisons bourgeoises à colombages et à pignons. Son centre médiéval et son caractère typiquement germanique lui valurent d'être choisie comme théâtre des grands rassemblements du parti national-socialiste. Reconstruite avec énergie, Nuremberg est aujourd'hui l'un des principaux centres industriels d'Allemagne du Sud et une capitale culturelle grâce à son exceptionnel Musée national.

## 🚐 Aires de service et de stationnement

### Bayreuth

**Parkplatz Bayreuth - Seulbitz**
Thermenallee - Lohengrin Therme - Kurpromenade 5 - ☎ 0921 792 40 32
De déb. mars à fin oct.
Borne artisanale 🔧 💧 🚽 : Payant
20 🅿 - 6€/j.
Services : 🚾
GPS : E 11.63437 N 49.9411

### Dinkelsbühl

**DCC Campingpark Romantische Strasse**
Kobeltsmühle 6 - ☎ 09851 78 17
Permanent
Borne 🔧 💧 🚽 🧹
14 🅿 - 12€/j.
Services : 🍴
GPS : E 10.33437 N 49.08115

### Eichstätt

**Wohnmobil- und Zeltplatz der Stadt Eichstätt**
Schottenwiese/Pirkheimer Str. - ☎ 08421 908 147
Permanent
Borne sanistation 🔧 💧 🚽 🧹 : Payant
70 🅿 - 8€/j.
Services : 🚾 🛒 🍴
GPS : E 11.1975 N 48.88455

### Ebrach

**Parkplatz am Naturbad**
Schwimmbadweg - ☎ 09553 922 00
Permanent
Borne 🔧 🚽 🧹 : 1€
5 🅿 - Gratuit
Services : 🍴
GPS : E 10.48385 N 49.84681

### Kulmbach

**Festplatz am Schwedensteg**
Schwedensteg - ☎ 09221 958 80
Permanent
Borne artisanale 🔧 💧 🚽 🧹 : Payant (eau et électricité)
25 🅿 - 72h - 3€/j.
Services : 🚾 🛒 🍴
GPS : E 11.45666 N 50.11033

### Nördlingen

**Wohnmobilstellplatz**
Kaiserwiese - ☎ 09081 841 16
Permanent
Borne 🔧 💧 🚽 🧹 : 2€ (eau et électricité)
30 🅿 - 48h - 3€/j.
Services : 🚾 🛒 🍴
GPS : E 10.48529 N 48.85531

### Nürnberg/Nuremberg

**Nordufer Wöhrder See**
Gustav-Heinemann-Str. - ☎ 0911 233 60
Permanent
8 🅿 - 72h - Payant
Services : 🛒
GPS : E 11.1131 N 49.4597

### Rothenburg ob der Tauber/ Rothenbourg

**Parkplätze P2**
Nördlinger Str. - ☎ 09861 404 800
Permanent
Borne artisanale 🔧 💧 🚽 🧹 : Payant (eau et électricité)
50 🅿 - 24h - 10€/j.
Services : 🚾 🛒 🍴
GPS : E 10.18586 N 49.37942

### Tauberbischofsheim

**Parkplatz Vitryallee**
Vitryallee - ☎ 09341 80 30
Permanent
Borne 🚽 🧹 : 10€
3 🅿 - Gratuit
Services : 🚾 🛒 🍴
GPS : E 9.66616 N 49.62164

## ⛺ Campings

### ⛺ Camping Insel
Am Campingplatz 1 - ☎ 0951 563 20
Permanent - 5 ha
Tarif : 23,50€ 👫👫 🚗 📧
🚐 borne
Loisirs : 🛝🏊
Services : 🍴 ♿ ⛺ 🛁 🛜 📷 🛒
GPS : E 10.90983 N 49.857

### ⛺ Maincamping
Krösswehrstr. 52 - ☎ 09571 795 153
De déb. avr. à mi-oct. - 1 ha (136 empl.)
Tarif : 12,60€ 👫👫 🚗 📧
🚐 borne
Loisirs : 🛝🏊 - Services : 🍴 🏛 ⛺
🛁 🛜 📷 🛝 🛒
GPS : E 11.0865 N 50.15623

### ⛺ Campingplatz Kalte Quelle
Winterhäuser Str. 160 - ☎ 0931 655 98
Permanent - 5 ha (170 empl.)
Tarif : 16€ 👫👫 🚗 📧
🚐 borne
Loisirs : 🛝🏊 ♦ - Services : 🍴 🏛
🔑 🛁 🛜 📷 🛝 🛒
GPS : E 9.98457 N 49.74449

---

### Nürnberg/Nuremberg
Hauptmarkt 18 - ☎ 0911 23
360 - www.tourismus.nuernberg.
de - lun.-sam. 9h-18h (mai à oct.
dim. 10h-16h), pendant le marché
de Noël : lun.-sam. 9h-19h, dim.
10h-18h.

Pour téléphoner en Allemagne :
00 49 + indicatif urbain sans
le 0 initial puis le numéro du
correspondant

Pour plus d'informations :
Carte Michelin Regional N° 546
Le Guide Vert Allemagne du Sud

---

## Les bonnes adresses de Bib

### 🍴 Historischer Brauereiausschank Schlenkerla
*Dominikanerstr. 6 - ☎ 0951 560 60 - www.schlenkerla.de - 9h30-23h30 - 📧 - autour de 15 €.* Dans ce beau bâtiment à colombages, spécialités franconiennes et bière fumée (*Rauchbier*), brassée sur place.

### Gasthaus Zum Sternla
*Lange Str. 46 - ☎ 0951 287 50 - www. sternla.de - 11h-23h - 📧 - autour de 10 €.* Une des plus anciennes auberges typiques de Bamberg, avec petit jardin en plein cœur de la ville. Spécialités franconiennes.

### 🍴 Oskar - Das Wirtshaus am Markt
*Maximilianstr. 33 - ☎ 0921 516 05 53 - www.oskar-bayreuth.de - 8h-1h (dim. 9h) - 15/20 €.* Dans l'ancienne mairie. Joli jardin d'hiver et terrasse. Spécialités typiques de la Bavière.

### Zur Sudpfanne
*Oberkonnersreuther Str. 6 - 3 km au sud-est par la Nürnberger Straße - ☎ 0921 528 83 - www.sudpfanne. de - fermé dim. soir (sept.-avr.) - 20/40 €.* Excellente cuisine régionale et internationale.

### Bon à savoir
La spécialité culinaire de la ville est la saucisse grillée (*Nürnberger Rostbratwurst*), que l'on peut déguster dans les échoppes du centre-ville (souvent selon la formule *Drei im Weckla* : trois saucisses dans un petit pain), mais aussi dans la plupart des restaurants qui servent une cuisine traditionnelle.

### 🍴 Historische Bratwurstküche Zum Gulden Stern
*Zirkelschmiedsgasse 26 - ☎ 0911 205 92 88 - www.bratwurstkueche.de - 11/17 €.* Cette maison historique de 1419 est la plus vieille *Bratwurstküche*. Bois et décor champêtre confèrent au lieu son caractère. Dégustez la saucisse de Nuremberg, grillée au bois de hêtre, avec une délicieuse choucroute ou une salade de pommes de terre traditionnelle.

### La cour des artisans (Handwerkerhof)
*Königstor (face à la gare centrale) - ☎ 0911 23 360- www.handwerkerhof. de - boutiques : de déb. mars à fin déc. : lun.-vend. 10h-18h30, sam. 10h-16h.* Cour pittoresque entourée de remparts comportant à la fois petites boutiques d'artisanat et restaurants traditionnels.

### 🍴 Baumeisterhaus
*Obere - Schmiedgasse 3 - ☎ 09861 947 00 - www.baumeisterhaus. name - fermé 2 sem. fin janv. - 18/30 €.* Joyau de la Renaissance construit en 1596 face à l'hôtel de ville. Peintures murales anciennes et cour entourée de galeries à colombages. Bonne cuisine, grand choix de gâteaux maison.

### Les « Schneeballen »
Il s'agit d'une pâtisserie traditionnelle de la région faite à base de pâte brisée. À l'origine, les *Schneeballen* (boules de neige) étaient uniquement couvertes de sucre glace ou de cannelle. Vous trouverez leur version traditionnelle chez Bäckerei Striffler, au Untere Schmiedgasse 1 ou sur la Kappellenplatz, ou encore chez Uhl.

### 🍴 Bürgerspital Weinbar
*Theaterstr. 19 - ☎ 0931 35 28 80 - www.burgerspital-weinstuben.de - mar.-sam. à partir de 18h - restaurant : 10h-0h ; 20/35 €.* La décoration contemporaine de ce bar à vins ne doit pas vous induire en erreur : vous êtes ici dans le fief de l'un des plus grands domaines viticoles franconiens, un hospice créé voilà sept siècles. Dans la belle cour pavée, vous trouverez aussi un restaurant franconien et un caveau de dégustation.

# Découverte de la légendaire Forêt-Noire

> ⮕ *Départ : Baden-Baden*
> ⮕ *5 jours - 310 km*

*Ferme de la Forêt-Noire, près du lac de Titisee.*

R. Mattes / hemis.fr

## Jour 1

Les palaces et les villas édifiés au bord de la rivière Oos composent toujours la vitrine de **Baden-Baden**, cité thermale réputée. Lieu de villégiature prisée à la Belle Époque, elle attire encore aujourd'hui une clientèle aisée. Peu importe que vous ne soyez pas nouveaux riches, les vertus relaxantes des thermes agiront sur vous aussi… Suivez ensuite les panneaux Schwarzwald-Hochstrasse/B500, au fur et à mesure que la route s'élève. Vous traverserez de tranquilles stations climatiques, comme **Bühlerhöhe** à 750 m d'altitude. Au Ruhestein, quitter la route des Crêtes pour plonger vers la combe d'Allerheiligen puis remonter, à partir d'**Oppenau**, vers Zuflucht en grimpant au flanc de versants très raides. À **Allerheiligen**, un sentier conduit le long du torrent jusqu'au pied des **chutes d'Allerheiligen** (*Wasserfälle*). Compter 3/4 h à pied pour découvrir sept belles cascades.

## Jour 2

Poursuivre sur la Hochstrasse en direction de Freudenstadt. Au croisement de plusieurs routes touristiques, **Freudenstadt,** bâtie à partir de 1599 suivant un plan quadrillé organisé autour de la Marktplatz, fut brûlée en 1945, puis s'est relevée. La suite de l'itinéraire suit le fond des vallées de la Kinzig et de l'Elz, traversant de petites localités actives (**Alpirsbach**, Schiltach,

Triberg et St-Peter), avant d'atteindre Gutach. Avec pour décor la vallée de la Gutach, le musée de plein air de la Forêt-Noire, à **Gutach** témoigne de l'habileté des habitants de cette région en matière de construction rurale, d'artisanat et d'agriculture. Continuez ensuite en direction de Triberg. Le passage du col de Landwassereck offre de jolies vues sur les paysages de la Forêt-Noire centrale. En amont d'Oberprechtal, la route longe les petites chutes de l'**Elz**.

## Jour 3

Centre d'industrie horlogère, **Triberg** est également une station climatique réputée. À voir, la promenade des Cascades et le musée de la Forêt-Noire (Schwarzwaldmuseum). De passage à **Furtwangen** vous pourrez visiter le musée allemand de l'Horlogerie (Deutsches Uhrenmuseum), qui abrite la plus grande collection d'horloges

de la Forêt-Noire au monde. De Furtwangen, on peut se rendre à la source de la Breg (direction « Katzensteig-Martinskapelle », puis « Donauquelle ») qui alimente un ruisselet, le Danube, lequel finit sa course 2 900 km plus loin en se jetant dans la mer Noire. La table d'orientation du **mont Kandel** offre un panorama magnifique sur les Vosges, le massif isolé du Kaiserstuhl, le Feldberg et le Belchen. Filez vers **Fribourg** pour la nuit.

## Jour 4

Difficile de rester insensible à la douceur de vivre qui caractérise **Fribourg-en-Brisgau** (Freiburg im Breisgau), vieille ville universitaire dont les ruelles pavées sont une invitation à la promenade. Les guerres successives ont laissé intacte l'admirable cathédrale. La suite du parcours, à caractère montagnard dans

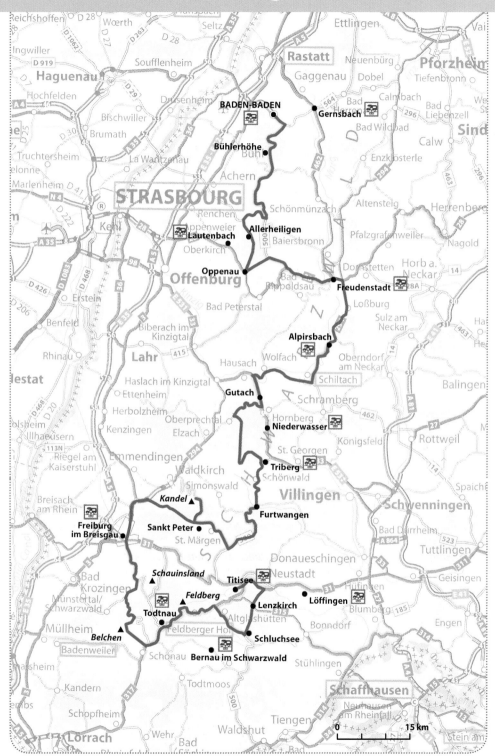

sa première partie, passe par les trois principaux sommets de la région (Schauinsland, Belchen et Feldberg), puis par les deux lacs les plus connus du massif (**Schluchsee** et **Titisee**). La région étant en grande partie un parc naturel, les sentiers permettent souvent de rencontrer des espèces rares de fleurs sauvages, et parfois des chamois. La route conduit à la station supérieure du téléphérique du **Schauinsland**. Du parking, gagner la tour-belvédère. La vue se déploie au-delà des pâturages, sur le Feldberg. Poursuivre la route vers Stohren, puis Münstertal. La route déroule ses lacets au milieu des prairies avant de pénétrer dans la forêt. À Wiedener Eck, tourner à droite vers le **mont Belchen** et sa table d'orientation. Par bonnes conditions de visibilité, il constitue un magnifique observatoire sur la plaine du Rhin, les ballons des hautes Vosges, et les Alpes, du Säntis (Alpes suisses d'Appenzel) au mont Blanc. À 1,5 km de **Todtnau,** en remontant une combe boisée, un sentier (1h AR) conduit aux chutes (*Wasserfall*) qui dévalent sur 97 m de hauteur.

## Jour 5

En route pour le massif du **Feldberg**. Un télésiège (le Feldbergbahn) aboutit au mont Seebuck (1 448 m) avec une vue sur la vasque parfaite du **Feldsee**, petit lac au creux d'un cirque glaciaire. On peut se rendre au sommet déboisé du **Feldberg**, à 1 493 m (1h30 AR), pour jouir d'un vaste panorama s'étendant jusqu'aux Alpes. Poursuivez votre périple jusqu'au **Schluchsee**. Ce lac, modeste à l'origine, est devenu, grâce à l'édification d'un barrage, le plus vaste plan d'eau de Forêt-Noire. Gagner le **Titisee** par **Lenzkirch**. Au carrefour de plusieurs routes touristiques, ce joli lac glaciaire est devenu un centre touristique important, à la fois station climatique – Titisee-Neustadt et Hinterzarten – point de départ de nombreuses excursions.

# Les bonnes adresses de Bib

## Baden-Baden

### ✕ Auerhahn
*Geroldsauer Str. 160 - 76534 Geroldsau (5 km au sud par la 500)* - ℘ 07221 74 35 - *www.gasthaus-auerhahn. de - 27/39 €.* Cette auberge rustique propose de bons petits plats du terroir. Accueil attentif et *biergarten.*

### ✕ Rive Gauche
*Lichtentaler Allee 8 -* ℘ 07221 90 09 900- *www. la8-restaurant.de - tlj sf lun. - fermé 2 sem. en janv. - 16/32 €.* Restaurant engageant avec ses chaises originales et ses pots de fleurs. À table, les recettes de saison cohabitent avec des plats créatifs aux touches méditerranéennes.

### Café König
*Lichtentaler Str. 12 -* ℘ 07 221 23 573 - *www.chocolatier.de - 8h30-18h30.* Établissement incontournable de la ville, fréquenté tant par les locaux que par les touristes. Ce café, qui sert aussi des en cas chauds à midi, doit surtout son succès à ses succulentes pâtisseries maison, dont le fameux *Apfelstrudel* et sa crème vanille…

## Freiburg im Breisgau/ Fribourg-en-Brisgau

### ✕ Hausbrauerei Feierling
*Gerberau 46 -* ℘ 0761 24 34 80 - *www.feierling. de - 11h-0h (vend.-sam. 1h),* autour de 10 €. Cette microbrasserie fabrique sa bière à partir de produits bio. Pour l'accompagner, une cuisine régionale, est servie en salle et dans le *Biergarten.*

### Marché
*Münsterplatz (autour de la cathédrale) -* ℘ 0761 38 81 01 - *www.muenstermarkt. freiburg.de - 7h30-13h30, dim. 7h30-14h - fermé j. fériés.* Il faut venir ici, de bon matin, manger une saucisse (*rote Wurst*) dans un petit pain, de bon matin avec les Fribourgeois en train de faire leur marché.

### ✕ MarktHalle
*Grünwälderst. 4 -* ℘ 0761 21171 80 - *www.markthalle-freiburg.de - lun.-jeu. 8h-20h, vend.-sam. 9h-24h, fermé dim. et j. fériés - 5/15 €.* Une adresse attachante. Il s'agit du marché couvert où se mêlent voix, odeurs et saveurs du monde.

## Sankt Peter

### ✕ Zur Sonne
*Zähringerstraße 2 (dans le village, à deux pas de l'église) -* ℘ 07660 940 10 - *www.sonne-schwarzwald. de - 39/59 €.* Cette table renommée en Forêt-Noire sait mettre en valeur les produits régionaux (par ailleurs biologiques). Le chef connaît ses classiques, qu'il harmonise au goût du jour.

## Lauterbach

### ✕ Gasthof Gedächtnishaus
*Fohrenbühl 12 -* ℘ 07422 44 61 - *www.king-gastro. de -* ✉ *- fermé merc., jeu. et 6 sem. après 6 janv. - 15 €.* Dans ce gîte idéalement situé en haut d'un ballon, le restaurant rustique est décoré de bois sombre.

## Lenzkirch

### ✕ Löffelschmiede
*Löffelschmiede 1 -* ℘ 07 653 279 - *www.sbo.de/ loeffelschmiede - tlj sf mer. 12h-22h - fermé mar. soir, merc. et de nov. à mi-déc. - 15 €.* Restaurant familial et soigné situé dans une petite vallée, à l'extérieur de la commune de Lenzkirch. Truites et plats bourgeois régionaux.

## 🚐 Aires de service et de stationnement

### Alpirsbach

**Camping Alpirsbach**
Grenzenbühler Weg 18 -
📞 07444 6313 - Permanent
Borne 🚰 🔌 🚽 🧹 : Payant
(électricité 0,50 €/1 kWh)
3 🅿 - 24h - 26€/j.
Services : 🚾 🛒 🍴 📷 📶
GPS : E 8.41186 N 48.35673

### Baden-Baden

**Reisemobilplatz**
Hubertusstr. 2 - 📞 07221 275 200
Permanent
Borne 🚰 🔌 🚽 🧹 : Payant
28 🅿 -> 72h - 12€/j. - services compris
Services : 🛒
😊 Transports en commun
à proximité.
GPS : E 8.20396 N 48.78237

### Bernau im Schwarzwald

**Wohnmobil-stellplatz und Wintercampingplatz Am Spitzenberg**
Innerlehen / Rathausstr. 18 -
📞 07675 160 030 - Permanent
Borne 🚰 🔌 🚽 🧹
15 🅿 - illimité - Gratuit
Services : 🍴
😊 Réservation obligatoire en hiver.
GPS : E 8.0307 N 47.80739

### Freiburg im Breisgau/ Fribourg-en-Brisgau

**Reisemobilplatz am Eschholzpark**
Bissierstr. - 📞 0761 202 51 39
Permanent
Borne 🚰 🔌 🚽 🧹 : Payant
(eau et électricité)
60 🅿 - 72h - 11€/j.
Services : 🍴 📶
😊 Transport en commun pour le centre-ville. Wifi payant.
GPS : E 7.8256 N 47.9997

**Parkplatz von Südcaravan**
Hanferstr. 30 - 📞 0761 15 24 00
Permanent
Borne artisanale 🚰 🔌 🚽 🧹 :
Payant (électricité 5 €)

15 🅿 - Gratuit
Services : 🚾 🍴
😊 Transports en commun pour le centre-ville.
GPS : E 7.81601 N 48.0417

### Freudenstadt

**Hotel Langenwaldsee**
Stassburger Str. 99 - 📞 07441 889 30
Permanent
Borne 🚰
5 🅿 - Gratuit
Services : 🚾 🍴 📶
GPS : E 8.39118 N 48.45102

### Gernsbach

**Parkplatz Murginsel**
Klingelstr./ Schlossstr. - 📞 07224 644 44 - Permanent
Borne artisanale 🚰 🔌 🚽 🧹 : 1€
(eau et électricité)
8 🅿 - 5€/j.
Services : 🚾 🛒 🍴
GPS : E 8.33886 N 48.75937

### Lautenbach

**Stellplatz Lautenbach**
Waldstr. 1 - 📞 07802 925 90
Permanent
Borne 🚰 🔌 🚽 🧹 : 1€
37 🅿 -> 72h - 5€/j.
GPS : E 8.11643 N 48.51797

### Löffingen

**Parkplatz am Waldbad**
Am Walbad - 📞 07652 12 06
Permanent
Borne artisanale 🚰 🔌 🚽 🧹 :
Payant
10 🅿 - illimité - 12€/j. - services inclus
Services : 🚾 🍴
😊 Vidange uniquement de mai à septembre.
GPS : E 8.33314 N 47.89978

### Niederwasser

**Hotel Schöne Aussicht**
Schöne Aussicht 1 - 📞 07833 936 90
Permanent

Borne 🚰 🔌
4 🅿 - illimité - 10€/j.
Services : 🚾 🛒 🍴 📷
GPS : E 8.18502 N 48.19464

### Titisee

**Campingplatz Bankenhof**
Bruderhalde 31, avant la barrière, à l'entrée du parc sur la Bankenhof -
📞 07652 13 51
Permanent
Borne artisanale 🚰 🔌 🚽 🧹 :
Payant (électricité 0,50 €/kwh)
8 🅿 - 26€/j.
Services : 🚾 🛒 🍴 📷 📶
GPS : E 8.13037 N 47.88649

### Todtnau

**Wohnmobil Stellplatz Todtnau**
Feldbergstr. - 📞 07671 18 63
D'avr. à nov.
Borne 🚰 🔌 🚽 🧹 : Gratuit
8 🅿 - 10€/j.
Services : 🍴
GPS : E 7.95475 N 47.83243

### Triberg

**Parking de Nussbach**
Sommerauer Str. - 📞 07722 95 30
Permanent
20 🅿 - illimité - Gratuit
GPS : E 8.25294 N 48.13201

# Route allemande des Alpes

➲ *Départ : Lindau*
➲ *9 jours - 550 km*

### Jour 1

**Lindau** est une île-cité au charme unique. Jadis prospère et commerçante, il suffit de s'aventurer dans une arrière-cour ou de flâner entre le port et la Maximilianstrasse, pour apprécier la douceur de vivre un peu rétro de cette petite ville souabe au caractère méridional. De Lindau se diriger vers **Lindenberg im Allgäu** par la B308 puis **Hindelang**. Avec sa voisine Bad Oberdorf, Hindelang constitue un centre de villégiature et de cure thermale agrémenté en hiver par la pratique du ski sur les pentes de l'Oberjoch. La route descend par la vallée de la Wertach, longe le Grüntensee avant d'atteindre **Füssen**.

### Jour 2

Consacrez la matinée à la visite de deux des châteaux de Louis II de Bavière : Hohenschwangau et Neuschwanstein. Rejoindre **Steingaden** où l'ancienne abbaye des Prémontrés (Welfenmünster), fondée au 12e s., possède encore sa remarquable abbatiale. Quitter la B17 en direction de l'église de Wies et poursuivre vers **Oberammergau**. Enserrée dans les contreforts boisés de l'Ammergau, cette petite ville d'artisans sculpteurs sur bois, parsemée de chalets et de superbes maisons historiques (18e s.) aux façades peintes, doit sa renommée aux représentations du mystère de la Passion qui ont lieu, l'été, tous les dix ans (les prochaines en 2020).

*Château de Hohenschwangau.*

Cody Duncan / age fotostock

### Jour 3

À la sortie d'Oberammergau, une route mène au château de Linderhof. L'après-midi, direction Ettal et son abbaye. Poursuivre jusqu'à **Garmisch-Partenkirchen**.

### Jour 4

Garmisch-Partenkirchen, première station de sports d'hiver d'Allemagne, est aussi très prisée en été. Après avoir découvert le centre du bourg, vous irez explorer les gorges de la Partnach (Partnachklamm) puis visiter Bad Wiessee en empruntant la haute vallée de l'Isar : de Garmisch-Partenkirchen, prendre la E 533 vers **Mittenwald** et **Krün** ; à la sortie de Wallgau, dans un virage, prendre à droite la route qui s'engage dans la haute vallée de l'Isar ; puis la route 307 longe le lac du barrage de Sylvenstein et le traverse, avant de franchir l'Achenpass et de plonger vers le Tegernsee et **Bad Wiessee**, centre de cure thermale bien situé entre le lac de Tegernsee et l'arrière-pays semi-alpin.

### Jour 5

Poursuivre sur la 307. À Neuhaus, une route monte au Spitzingsee (10 km AR). Avant d'atteindre ce lac de montagne, un belvédère routier offre une vue d'ensemble sur le bassin de Fischhausen-Neuhaus et le **Schliersee**. De retour sur la 307, avant Bayrischzell, on atteint la station inférieure d'un téléphérique menant au sommet du Wendelstein dont le panorama embrasse, d'est en ouest, les monts du Chiemsee et les Alpes de **Berchtesgaden**, les Loferer et les Leoganger Steinberge, les Kaisergebirge et leurs dentelles de pierre, les crêtes glaciaires des Hautes Tauern. Après un parcours sinueux qui passe à proximité de la **cascade du Tatzelwurm** (10mn à pied), l'itinéraire descend dans la

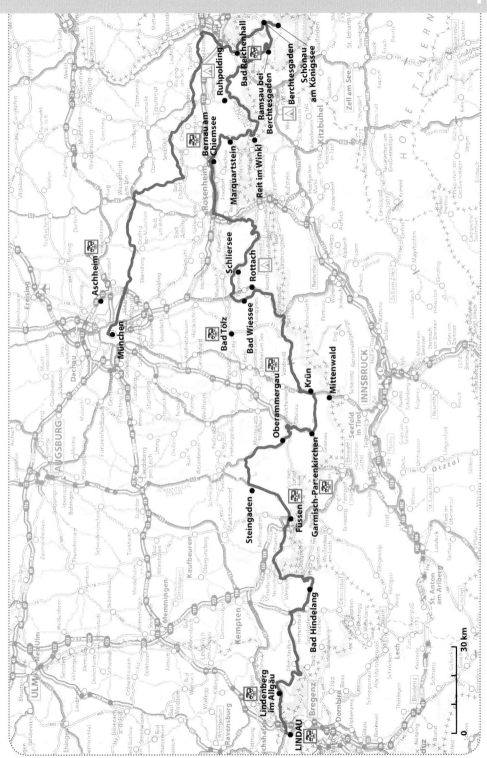

vallée de l'Inn et rejoint l'autoroute Munich-Salzbourg. Sortir à **Bernau am Chiemsee**, et suivre alors la route 305. À partir de **Marquartstein**, on traverse une succession de vallons tortueux, aux parois abruptes, pour déboucher au-dessus du vaste bassin de Reit, au pied du Zahmer Kaiser. Faites étape à Ruhpolding.

### Jour 6

**Ruhpolding**, localité très fréquentée par les villégiateurs, est restée un centre de traditions populaires. Le passage du col de Schwarzbachwacht (868 m) fait apparaître un vif contraste entre le sévère vallon boisé du Schwarzbach et les pâturages dégagés du versant de Ramsau. La descente sur **Ramsau** donne l'occasion, en plusieurs endroits, d'apprécier le panorama sur les dents du Hochkalter. La route des Alpes finit à **Berchtesgaden** avec la visite des mines de sel et la découverte du **Königssee**.

### Jour 7

Quittez **Berchtesgaden** et rejoignez Munich *via* le Chiemsee qui peut être une étape agréable avec baignade, balade en bateau ou randonnée vélo.

### Jours 8 et 9

**Munich** (München), capitale de la Bavière, ne bénéficie pas d'une aussi bonne image que celle de Berlin, aux yeux des Français. Cette métropole, qui a vue sur les Alpes depuis les tours de son impressionnante cathédrale gothique, la Frauenkirche, vibre toute l'année, et pas seulement durant la Fête de la bière. Aller prendre un casse-croûte entre amis dans l'un des vastes Biergarten (littéralement « jardin de bière ») est l'un des rituels de l'été à ne pas manquer. L'architecture de ce « village d'un million d'habitants » en partie dessiné par les rois de Bavière est passionnante à découvrir. Point d'orgue d'une escapade culturelle, les pinacothèques abritent des collections d'art qui figurent parmi les plus importantes au monde.

## Aires de service et de stationnement

### Aschheim

**Hotel-Gasthof zur Post**
Ismaninger Str. 11 - 089 900 48 00 - Permanent
15 P - 10€/j.
Services : WC ✕ 🛜
Réservation conseillée.
GPS : E 11.71536 N 48.17347

### Bad Reichenhall

**Wohnmobilpark Rupertus Therme**
Hammerschmiedweg - 08651 762 20 - Permanent
Borne sanistation : 1€
Services : WC 🛒 ✕ 🛜
GPS : E 12.87572 N 47.73436

### Bad Tölz

**Wohnmobilhafen**
Königsdorfer Str. - 08041 786 70 - Permanent
Borne : 1€
30 P - 48h - 8€/j.
Services : WC 🛒 ✕
GPS : E 11.54977 N 47.76324

### Bernau am Chiemsee

**Tenniszentrum Bernau**
Buchenstr. 17 - 080 51 88 22 - Permanent
Borne artisanale : Payant (électricité 1,50 €/j.)
20 P - 12€/j.
Services : WC ✕
Douches aux tennis.
GPS : E 12.3819 N 47.809

### Füssen

**Wohnmobilplatz Füssen**
Abt-Hafner-Str. 9 - 08362 94 01 04 - Permanent
Borne artisanale : Payant (eau et électricité)
120 P - illimité - 19€/j.
Services : WC 🛒 ✕ 🛜
Idéal pour la visite des châteaux de

Hohenschwangau et Neuschwanstein.
GPS : E 10.70089 N 47.5824

### Garmisch-Partenkirchen

**Alpencamp am Wank**
Wankbahnstr. 2 - 08821 967 78 05 - Permanent
Borne sanistation : Payant (eau et électricité)
110 P - illimité - 11€/j.
Services : WC ✕ 🛜
GPS : E 11.10649 N 47.50396

### Lindau

**Park & Ride-Parkplatz Blauwiese (P1)**
Reutlinger Str. - 08382 26 00 30
De mi-juil. à mi-sept.
Borne sanistation
30 P - 24h - 15€/j.
Services : WC 🛒 ✕
De mi-juil. à mi-sept., stationnement Kempten Str. 11-15 (suivre les panneaux), les toilettes du P1 étant toujours à disposition.
GPS : E 9.70082 N 47.5587

### Lindenberg im Allgäu

**Wohnmobilstellplatz**
Austr. - 08381 928 43 10 Permanent
6 P - 24h - Gratuit
Services : WC ✕
Proche des pistes de ski de fond. Centre-ville à 800 m.
GPS : E 9.87499 N 47.60088

### Oberammergau

**Campingpark Oberammergau**
Ettaler Str. 56b - 08822 941 05 - Permanent
Borne artisanale : Payant (eau et électricité)
30 P - 24h - 12€/j.
Services : WC ✕ 🛜
GPS : E 11.07065 N 47.58994

## ⛺ Campings

### Berchtesgaden

**⛺ Familien- AktivCamping Allweglehen**
Allweggasse 4 - ☎ 08 652 23 96
Permanent - 3,5 ha
Tarif : 52,70€ 👫 🚗 🔲
🅿 borne
Loisirs : 🛷 🎿 🚣 - Services : 🍽 ✗
♨ 🚿 📶 🖥 lave-vaisselle 🛒
GPS : E 13.03717 N 47.64167

### Rottach

**⛺ Camping Wallberg**
Rainerweg 10 - ☎ 08 022 53 71
Permanent - 3,5 ha
Tarif : 35,10€ 👫 🚗 🔲
🅿 borne - Loisirs : 🛷 🐎
Services : 🍽 ✗ ♨ 🚿 📶 🖥 🛒
GPS : E 11.7425 N 47.68633

### Ruhpolding

**⛺ Camping Ortnerhof**
Ort 5 - ☎ 08 663 17 64
Permanent - 3,6 ha
Tarif : 30,20€ 👫 🚗 🔲
🅿 borne - Loisirs : 🛷
Services : 🍽 ✗ ♨ 🚿 📶 🖥 🛒
GPS : E 12.65783 N 47.73883

---

### ℹ Office de tourisme

#### München/Munich
*Marienplatz 2 - ☎ 089 23 39 65 00 - www.muenchen.de - lun.-vend. 9h30-19h30, sam. 10h-16h, dim. 10h-14h ; autre adresses dans la gare centrale - Bahnhofplatz 2 - lun.-sam. 9h-20h, dim. 10h-18h.*

Pour téléphoner en Allemagne : 00 49 + indicatif urbain sans le 0 initial puis le numéro du correspondant

Pour plus d'informations : Cartes Michelin Regional 545 et 546 Le Guide Vert Allemagne du Sud

---

## Les bonnes adresses de Bib

### Bad Hindelang

**✗ Obere Mühle**
*Ostrachstr. 40 - ☎ 08 324 28 57 - www.obere-muehle.de - fermé mar. et à midi - 🍴 - 20/42 €.* Cet agréable restaurant est installé dans les bâtiments d'un ancien moulin de 1433. Dans un cadre propret, cuisine régionale et plats cuits au feu de bois. Fromagerie de démonstration accolée au restaurant. Piscine, sauna, solarium.

### Bad Wiessee

**✗ Freihaus Brenner**
*Freihaus 4 - ☎ 080 22 86 560 - www.freihaus-brenner.de - fermé mar. 27/40 €.* Restaurant de montagne offrant une jolie vue sur le lac de Tegernsee. Salles confortables avec poutres apparentes et petites fenêtres aux jolis rideaux.

### Berchtesgaden

**✗ Goldener Bär**
*Weihnachtsschützenplatz 4 - ☎ 08 652 25 90 - www.gasthof-goldener-baer.de - 🍴 - 15/24 €.* Cuisine bavaroise, simple et savoureuse, servie en terrasse au centre de Berchtesgaden. Vente à emporter.

**Rupertus Therme**
*Freidrich-Ebert-Allee 21 - ☎ 08 651 76 220 - www.rupertustherme.de - 9h-22h - 18,50 € (4h).* Sources salées et bassins extérieurs avec vue sur les montagnes.

### Füssen

**Promenades en bateau (Forggensee Schifffahrt)**
*☎ 08 362 92 13 63 - 1er juin-15 oct. : 10h-17h - 8 € (enfants 4 €), 1h - 11 € (enfants 6 €), 2h. Départ du Bootshafen de Füssen.* Le Forggensee, un lac de retenue situé aux portes de Füssen, se prête à la promenade et à la baignade.

**✗ Zum Schwanen**
*Brotmarkt 4 - ☎ 08 362 61 74 - www.schwanen-fuessen.de - fermé lun. - 15 €.* Restaurant installé dans une maison de la vieille ville. On y déguste des spécialités de l'Allgäu.

### Lindau

**✗ Alte Post**
*Fischergasse 3 - ☎ 08 382 934 60 - www.alte-post-lindau.de - fermé 3 sem. en nov., de fin déc. à déb. mars - 20/30 €.* Une cuisine traditionnelle servie avec le souci du détail sur une jolie terrasse d'été.

### München/Munich

**✗ Augustiner Gaststätten**
*Neuhauser Straße 27 - ☎ 089 23 18 32 57 - www.augustiner-restaurant.com - tlj - 16,50/45 €.* Cette brasserie, vénérable institution (1885) est célèbre pour son excellente bière. Dans la cour intérieure, un des plus beaux *Biergarten* de la ville. Comme souvent dans les tavernes, le service se fait en tenue traditionnelle. *Schweinswurst* (saucisse de porc) et sa choucroute, goulasch, *Wiener Schnitzel* (escalope à la viennoise), *Schweinshaxe* (jarret de porc). Le tout accompagné d'un *Maßkrug* (chope d'1 litre) d'Augustiner.

**Hofbräuhaus**
*Platzl 9 - ☎ 089 29 01 36 10 - www.hofbraeuhaus.de - 9h-23h30 - 10/18 € - réserv. conseillée, surtout le w.-end.* Haut lieu de la bière : plusieurs institutions disposent d'une table qui leur est réservée. Près de 1 000 membres ont même l'immense privilège d'avoir leur chope personnelle conservée dans l'un des casiers métalliques. Avec 10 000 l de bière consommés par jour et 3 500 places assises, la Hofbräuhaus pulvérise tous les records !

**✗ Wirtshaus Ayingers**
*Platzl 1A - ☎ 089 23 70 36 66 - www.ayingers.de - tlj - 19/46 €.* En face de la célèbre Hofbräuhaus, ce restaurant traditionnel, avec terrasse aux beaux jours, donne sur la place pavée. La taverne se réclame du village d'Aying, situé au sud de Munich, où est brassée la bière du même nom. Le menu propose le fameux *Schweinbraten* (rôti de porc) accompagné de *Knödel* (boulettes de pâte bouillie composée de pain, de pomme de terre ou de semoule), ainsi que la *Weißwurst* (saucisse de veau) avec son bretzel. Assiettes de qualité.

# Flâneries au Tyrol et au Voralberg

⮑ *Départ : Salzbourg*
⮑ *8 jours - 520 km*

## Jours 1 et 2

Patrie de Mozart, **Salzbourg** accueille tous les ans un festival international réputé de musique classique. La ville a beau, toute l'année, être très touristique, très chère et très chic, elle n'en conserve pas moins beaucoup d'attrait. Consacrez une bonne demi-journée à visiter son beau centre-ville. Ne manquez pas la rue commerçante, la Getreidegasse et ses vieilles enseignes, le cimetière et l'abbatiale bénédictine. Grimpez l'après-midi au Hohensalzburg pour visiter le château. Le lendemain, vous pourrez apprécier l'une des excellentes expositions temporaires d'art contemporain du Museum der Moderne, puis, l'après-midi, traversez la rivière pour découvrir l'autre centre historique où se trouve un musée Mozart (Tanzmeisterhaus) et le château et les jardins de Mirabell. Si vous avez encore le temps, visitez aussi l'intéressant petit musée consacré à l'art baroque, dans les jardins du château.

## Jour 3

Si ce Land est célèbre pour sa capitale, il l'est également pour le Salzkammergut, région de montagnes et de lacs offrant des paysages époustouflants, propices à de nombreuses randonnées, ainsi qu'à des baignades, à la pêche, et à divers sports nautiques. Le Salzkammergut, qui se partage entre

*La ville historique de Salzbourg, dominée par la forteresse du Hohensalzburg.*

bluejayphoto / iStock

Haute-Autriche, Land de Salzbourg et Styrie, se distingue par ses paysages de lacs et de montagnes extraordinaires, propices à de nombreuses activités de randonnées et de baignade, surtout en été. Direction Gmunden en faisant halte à **St. Wolfgang** sur les bords du Wolfgangsee. Villégiature du Salzkammergut appréciée des artistes et des poètes romantiques ou Biedermeier, **Gmunden** est une petite ville colorée, dotée d'une des plages de lac les mieux aménagées d'Autriche. Spécialité de la localité depuis le 15e s., la céramique d'art.

## Jour 4

Piquez au sud en longeant le Traunsee pour vous diriger sur **Bad Ischl** qui fut la ville d'eaux d'Autriche la plus marquée par les fastes du règne de François-Joseph. Soixante-dix ans durant, elle fut l'un des foyers de vie mondaine les plus brillants d'Europe.

De ces années glorieuses, la petite ville conserve des installations thermales, quelques superbes villas, et une atmosphère désuète pleine de charme.

## Bon à savoir

⮑ La route entre Lend et Zell am See présente des difficultés : nombreux virages, croisements difficiles, tunnels et pentes importantes. À noter : 2 km après Lend, deux tunnels sur la B 167 ; 11 km après Obervellach, sur la B 106, descente dangereuse sur 300 m ; 26 km après Winkler, la B 107 est fermée périodiquement. Au km 37, Hochtortunnel puis Mittertörltunnel au km 40. Péage à hauteur de Grossglockner (à 51 km de Winklen, env. 35 €).

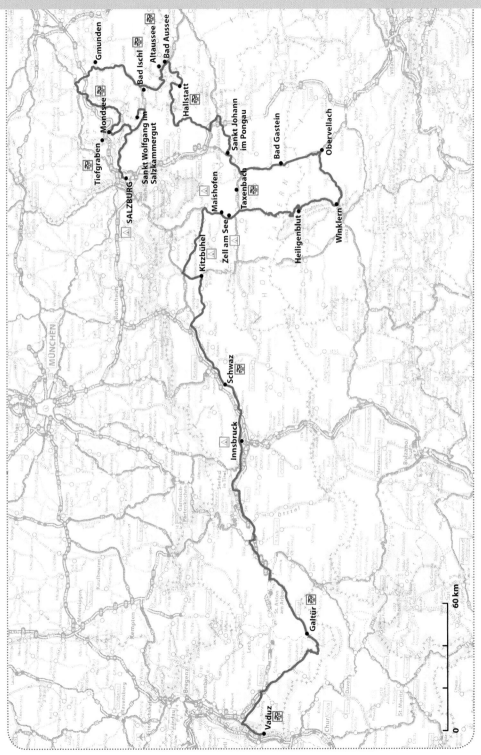

Gmunden

Bad Ischl

Altaussee

Bad Aussee

Hallstatt

Sankt Johann im Pongau

Bad Gastein

Obervellach

Mondsee

Tiefgraben

Sankt Wolfgang im Salzkammergut

SALZBURG

Maishofen

Taxenbach

Winklern

Zell am See

Heiligenblut

Kitzbühel

Schwaz

Innsbruck

Galtür

Vaduz

60 km

0

## Jour 5

Ne manquez pas **Bad Aussee** et **Hallstatt**, villages pittoresques et romantiques, qui peuvent aussi constituer de bons points de départ pour visiter la région.

## Jour 6

Plus au sud, le Land de Salzbourg prend du relief et se prête particulièrement bien aux sports d'hiver, mettant à la disposition des skieurs quelques-unes des meilleures stations de ski d'Autriche. Enfin, *via* **Bad Gastein**, **Obervellach**, **Winklern** et **Helligenblut**, empruntez la route du Grossglockner, l'une des plus anciennes routes alpines, qui permet de traverser le plus haut massif d'Autriche et le parc national des Hohe Tauern. Vous êtes enfin arrivé à **Zell am See**, où vous passez la nuit.

## Jour 7

Prochaines étapes : **Kitzbühel** et bien sûr **Innsbruck** au cœur du Tyrol. Cité de taille humaine, Innsbruck invite à la flânerie dans les ruelles de son vieux centre auquel vous pourrez consacrer une demi-journée. Ne manquez pas le Petit Toit d'or. L'après-midi, visitez la Hofkirche pour découvrir le magnifique tombeau Renaissance de Maximilien Ier et le musée des Arts et Traditions populaires, qui est l'un des plus beaux d'Autriche, ou empruntez le téléphérique vers le Hungerburg, ou encore la navette vers Bergisel où se trouve le tremplin moderne érigé il y a peu par l'architecte Zaha Hadid.

## Jour 8

Dirigez-vous ensuite vers **Vaduz** capitale de la petite principauté du Liechtenstein, où vous pourrez faire étape.

---

### 🛈 Office de tourisme

**Salzburg/Salzbourg**

*Mozartplatz 5 - 📞 0662 88 98 73 30 ; Hauptbahnhof (gare) - 📞 0662 88 98 73 40 - www.salzburg.info/fr.*

**Pour téléphoner en Autriche :** 00 43 + indicatif de la ville sans le 0 initial, puis le numéro de votre correspondant.

**Pour plus d'informations :**
Carte Michelin National N° 730
Le Guide Vert Autriche

---

## 🚐 Aires de service et de stationnement

### Altaussee

**Bauernhof Temel**
Puchen 39 - 📞 03622 719 68
De fin avr. à déb. oct.
Borne 🚿 🔌 🚽 💧 : 2€
(électricité 2 €)
20 🅿 - illimité - 19€/j.
Services : 🚾 ✕ 📷
GPS : E 13.76508 N 47.63255

### Bad Ischl

**Parking Kaiservilla**
Roith - Permanent
Borne 🚿 🔌 🚽 💧
6 🅿
GPS : E 13.619 N 47.709

### Galtür

**Camping Zeinissee**
Familie Lorenz - Zeinisjoch -
📞 05443 85 62
De déb. juin à mi-oct.
Borne artisanale 🚿 🔌 🚽 💧 :
Payant (électricité 0,70 €/kwh)
20 🅿 - illimité - 28€/j.
Services : 🚾 ✕ 📷 📶
⛰ Balades en montagne, VTT, au bord du lac.
GPS : E 10.12684 N 46.97873

### Hallstatt

**Camping Klausner-Höll**
Lahn 201 - 📞 06134 83 22
De mi-avr. à mi-oct.
Borne 🚿 🔌 🚽 💧 : Payant
(électricité 1,50 €/pers.)
50 🅿 - illimité - 28,90€/j.
Services : 🚾 🛒 ✕ 📷 📶
⛰ Réservation pour un séjour de 3 nuits minimum. Excursion en VTT et en randonnée.
GPS : E 13.64786 N 47.55296

### Mondsee

**Austria Camping**
Achort 60 - 📞 0632 29 27
De déb. avr. à fin sept.
Borne 🚿 🔌 🚽 💧 : Payant
(électricité 3,50 €)
100 🅿 - 24,30€/j.
Services : 🚾 ✕ 📷 📶
⛰ Au bord du lac Mondsee et entouré par les montagnes du Salzkammergut.
GPS : E 13.36532 N 47.83011

### Schwaz

**Wohnmobilstellplatz**
Königfeldweg , sortie 49 de l'A 12 - 📞 05242 69 60
Permanent
Borne 🚿 🚽 💧 : 1€
10 🅿 - 72h - 6€/j.
Services : 🛒 ✕
GPS : E 11.70359 N 47.34623

### Taxenbach

**Oberhasenberghof**
Taxberg 56a - 📞 65 436 068
De mi-mai à fin oct.
Borne artisanale 🚿 🔌
15 🅿 - illimité - 21€/j.
Services : 🚾 ✕ 📷
⛰ Superbe vue le paysage alpin alentour.
GPS : E 12.94396 N 47.30147

### Tiefgraben

**Friedlbauer Schweighofer**
Schwand 10 - 📞 06234 84 47
Permanent
Borne 🚿 🔌 🚽 💧
5 🅿 - illimité - 13€/j.
Services : 🚾
GPS : E 13.31178 N 47.88238

### Vaduz (Liechtenstein)

**Parkplatz Rheinpark-Stadion**
Rheinstr., parking du Rheinpark Stadion - 📞 0423 237 78 78 - Permanent
Borne 💧
10 🅿 - 24h - 4,57€/j. - payant de 7h à 17 h (1h gratuit, puis 0,50 ct/h) sf w.-end
Services : 🚾 ✕
GPS : E 9.51025 N 47.14054

## ⛺ Campings

### Innsbruck

#### ⛺ Hotel Gasthof Kranebitterhof
Kranebitter Allee203 -
☎ 0512 28 19 58 - Permanent
Tarif : 36€ 🚶🏕️🚗 ▣
🚐 borne
Loisirs : 🏃🛷, aire de sports
Services : 🍷 🍴 🏠 🍺 🚻 🛜 📷 🛁
🚌 Bus à 100 m pour le centre-ville.
GPS : E 11.32748 N 47.26384

### Kitzbühel

#### ⛺ Camping Schwarzsee
Reither Str. 24 - ☎ 43535662806
Permanent
Tarif : 42,20€ 🚶🏕️🚗 ▣ - 🔌 ,90€
🚐 borne
Loisirs : 🛷🍴�️ ⛵
Services : 🍷🍴🛜 ✉️ 🛒
GPS : E 12.35683 N 47.45533

### Maishofen

#### ⛺ Neunbrunnen am Waldsee
Neunbrunnen 57 - ☎ 06542 685 48
De déb. janv. à déb. oct. -
3 ha (100 empl.)
Tarif : 15,60€ 🚶🏕️🚗 ▣ - 🚐 borne
Loisirs : 🛷 ⚓
Services : 🍴 🏠 🍺 🚻 🛜 📷
GPS : E 12.79538 N 47.37749

### Salzburg/Salzbourg

#### ⛰️ Nord-Sam
Samstr. 22A - ☎ 0662 66 04 94
De fin avr. à déb. oct. - 1,4 ha (100 empl.)
Tarif : 37€ 🚶🏕️🚗 ▣
🚐 borne
Loisirs : 🛷🚲🛷, aire de sports
Services : 🍴 🍺 🚻 🛜 📷 🛁
🚌 Bus pour le centre-ville.
GPS : E 13.06257 N 47.82748

### Zell am See

#### ⛰️ Zell am See
Seeuferstrasse 196 - ☎ 0654 25 62 28
Permanent - 1 ha
Tarif : 45€ 🚶🏕️🚗 ▣ - 🚐 borne
Loisirs : 🛷 🏊
Services : 🍴 🍺 🚻 🛜 📷 🛒
GPS : E 12.8095 N 47.31166

## Les bonnes adresses de Bib

### Bad Ischl

#### 🍴 Zur Griechin
*Leharkai 12 - ☎ 068 89 76 31 61 -
tlj 11h-23h - 7/20 €.* Dans une jolie
bâtisse, peuplée de trophées de
chasse, cette ancienne adresse
traditionnelle est devenue un bon
restaurant grec. En été, très agréable
terrasse dans le jardin.

#### Eurothermen Resorts
*Voglhuberstr. 10 - ☎ 061 32 204 2700 -
www.eurothermen.at - 9h-0h.* Cet
établissement d'eau, l'un des plus
grands de la ville, propose de
nombreux services : thermes, sauna,
massages, soins esthétiques… Il fait
aussi hôtel et restaurant.

### Gmunden

#### Traunseeschiffahrt
*Rathausplatz - ☎ 076 12 66 700 -
www.traunseeschiffahrt.at - tlj de
mi-mai à déb. oct. - traversée de 3
à 10 €, selon la durée et le nombre
d'arrêts, (-15 ans 2/6,50 €).* À la belle
saison, traversées en bateaux à
aube, dont le Gisela, qui circule sur le
Traunsee depuis 1872, de Gmunden
vers Traunkirchen et Ebensee *(de 6 à
19 €, -15 ans 5 à 12 €).*

### Hallstatt

#### 🍴 Gasthof Bräuhaus
*Seestr. 120 - ☎ 06134 20 673 - www.
brauhauslobisser. com - avr.-oct. -
6/17 €.* Les lampions colorés de la
terrasse au bord du lac apportent une
atmosphère conviviale à la cuisine
régionale.

### Innsbruck

#### 🍴 Ottoburg
*Herzog-Friedrich-Str. 1 - ☎ 0512 58
43 38 - www.ottoburg.at - 11h-14h30,
18h-22h30 - 15/30 €.* Restaurant
situé dans l'un des bâtiments les
plus anciens de la ville. Jolies salles
lambrissées et meubles anciens ; très
belle terrasse en été. Côté cuisine,
des plats traditionnels.

#### 🍴 Lichtblick
*Maria-Theresien-Str. 18 (Rathaus-
passage, 7e ét., entrer dans la galerie et
prendre l'ascenseur) - ☎ 0512 56 65 50 -
www.restaurant-lichtblick.at - lun.-vend.
10h-1h, sam. 10h-18h - 32/44 €.* Ce
restaurant situé au dernier étage d'une
galerie offre une vue époustouflante
sur Innsbruck. Carte inventive et
raffinée variant selon les saisons.

#### Konditorei-Café Munding
*Kiebachgasse 16 - ☎ 512 584118-
www.munding.at - 8h-20h.* C'est l'une
des meilleures pâtisseries de la ville
(délicieux *Sachertorte* et *Apfelstrudel*).
Terrasse accueillante en été. Vente à
emporter.

### Salzburg/Salzbourg

#### 🍴 Krimpelstätter
*Müllner Hauptstr. 31 - ☎ 06 62 43
22 74 - www.krimpelstaetter.at -
mar.-sam. 11h-0h (tlj pdt le Festival) -
8/12 €.* Une auberge traditionnelle
très fréquentée, par des habitués de
tout âge, et un Biergarten. Cuisine du
terroir très correcte.

#### 🍴 Zum fidelen Affen
*Priesterhausgasse 8 - ☎ 06 62 87 73 61 -
17h-0h - fermé dim. et le midi - 10/15 €.*
Bar à vins et à bières volontiers
fréquenté par les Salzbourgeois.
Décor rustique de boiseries, ambiance
chaleureuse et cuisine régionale. Pour
espérer une place, mieux vaut arriver
assez tôt.

#### Café Bazar
*Schwarzstr. 3 - www.cafe-bazar.at -
☎ 0662 43 45 35 - tlj 7h30-23h en été
(19h30 en hiver, dim. et j. fériés 18h).*
L'un des grands cafés de la ville, un
peu excentré mais moins touristique
que le Tomaselli. Délicieux brunch ;
superbe terrasse sur la Salzach et bel
intérieur cosy.

#### m32
*Mönchsberg 32 (Museum der
Moderne Mönchberg) - ☎ 0662 84
10 00 - m32.at - mar.-sam. 9h-1h, tlj
pdt le Festival).* Café offrant une très
belle vue sur Salzbourg. Cadre design
conçu par Matteo Thurn. Excellents
petits-déjeuners et délicieuses
pâtisseries. Restaurant de qualité.

# Du Valais au Tessin par les grands cols

➲ *Départ : Davos*
➲ *7 jours - 530 km*

### Jour 1

**Davos**, « la plus haute ville d'Europe », est à apprécier hiver comme été. À 1 560 m d'altitude, au cœur des montagnes des Grisons, entre vallée du Rhin et Engadine, Davos dispose de nombreux équipements et services dont vous pourrez profiter à toutes les saisons : patinoire d'été, golf, lac, centre nautique. **Sankt Moritz**, quant à lui, ne semble pas le meilleur lieu de vacances pour qui n'est pas joueur de polo ou fin dégustateur de cigare. Pourtant, des touristes venus du monde entier, débarqués du Glacier Express, viennent vérifier la réputation du lieu. Heureusement, il reste encore ici des plaisirs gratuits comme une randonnée dans une vallée discrète ou un plongeon revigorant dans le lac.

### Jour 2

**Bellinzone**, c'est d'abord une silhouette : une muraille crénelée et trois châteaux visibles de loin, de jour comme de nuit, qui veillent au milieu de la vallée. Cet exemple exceptionnel d'une place forte de la fin du Moyen Âge est inscrit depuis 2000 au Patrimoine mondial de l'humanité. Mais contrairement aux apparences, la cité lombarde n'a rien d'austère. Pour s'en convaincre, il suffit de flâner un samedi matin, jour de marché, dans le centre historique. Le rendez-vous est animé et authentique ; les charcuteries et les fromages sur les étals sont alléchants. Nulle part ailleurs que dans

*Le sanctuaire de la Madonna del Sasso à Locarno.*

la capitale administrative du canton, on ne sent aussi bien l'esprit tessinois.

### Jour 3

En route vers **Lugano**, qui a donné son nom au lac qui la borde et que l'on appelle aussi Ceresio. Une baie encadrée par deux sommets, Monte Brè et Monte San Salvatore, sentinelles boisées de la tête au pied qui plongent sans retenue dans des eaux sombres et calmes. Revenez sur vos pas.
La plus belle salle de cinéma au monde se trouve à… **Locarno**, quand l'écran géant du Festival international du film se dresse sur la sublime Piazza Grande. Tout le reste de l'année – jeudi, jour de marché compris – le pouls de la ville bat sur cette place lombarde chauffée par le soleil.

### Jour 4

**Andermatt** se trouve à la jonction des routes du Gothard, de la Furka

et de l'Oberalp ; c'est, par excellence, le carrefour des Alpes suisses. Poursuivez au sud-ouest vers le cœur du Valais alémanique, à la rencontre des routes du Simplon et de la Furka et découvrez **Brigue** (Brig). Cette petite ville-relais animée dispose d'un agréable centre piéton, aux larges rues pavées. Mais c'est bien le château Stockalper qui constitue l'essentiel de son charme.

### Jour 5

**Saas-Fee** est quant à elle une station sans voitures, et vous ne trouverez de parkings qu'à l'entrée du village. Cela permet de s'y balader tranquillement. Perchée à 1 800 m d'altitude, entourée de 13 sommets de plus de 4 000 m, de glaciers et de roches, celle qu'on surnomme la « perle des Alpes » se blottit au pied de la chaîne des Mischabel. De là vous n'êtes plus qu'à 39 km de Zermatt.

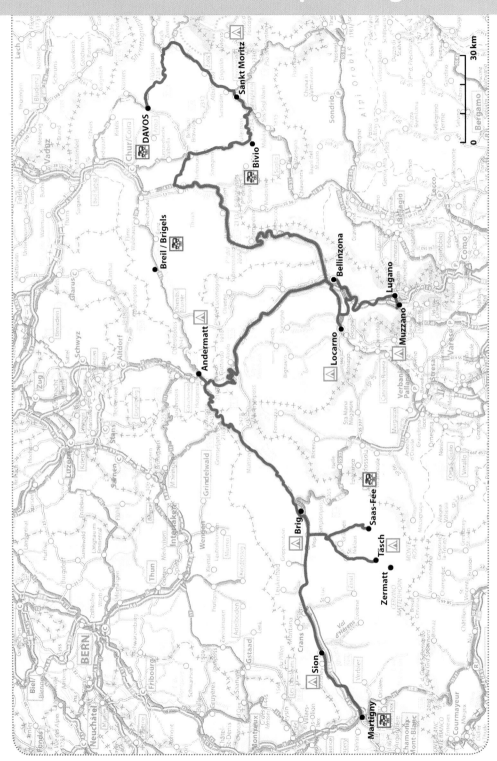

## Jour 6

On accède à **Zermatt** seulement en train, à partir de Brigue, Viège (Visp) ou **Täsch**, à 5 km de Zermatt. Choisissez Täsch où un vaste parking payant a été aménagé (compter 14,50 CHF par jour environ). Au pied du célèbre Cervin, Zermatt attire, tout autant que les alpinistes, un flot continu de touristes, de toutes nationalités. La longue rue principale de ce village sans voitures – seuls voiturettes électriques, calèches et traîneaux y circulent – est dévolue aux boutiques de luxe, aux hôtels et aux magasins de souvenirs.

## Jour 7

En route pour **Sion** où vous ferez étape. Semblant surgir du passé, ses deux pitons rocheux coiffés chacun d'un château plantent tout de suite le décor. Sion est une ville d'histoire, et l'une des plus anciennes de Suisse. Capitale politique et administrative du Valais, elle est devenue également le centre des affaires du canton. Le développement de ses quartiers périphériques n'est pas des plus heureux, mais sa Vieille Ville les fait aisément oublier. Et voici l'ultime étape. « Le Midi commence à **Martigny** », proclame un adage local. À juste titre : l'ensoleillement dont bénéficie la région y fait pousser tomates, vignes, abricotiers et autres arbres fruitiers. La ville elle-même cultive un cachet méridional, que les vestiges et monuments romains disséminés dans ses rues viennent encore renforcer.

### Office de tourisme

**Martigny**
*Av. de la Gare 6 - ☎ 027 720 49 49 - www.martigny.com.*

Pour téléphoner en Suisse :
00 41 + indicatif régional sans le 0 initial, puis le numéro de votre correspondant.

Pour plus d'informations :
Carte Michelin National N° 729
Le Guide Vert Suisse

## ⛺ Campings

### Andermatt

**⛺ Gotthard**
Gotthardstr. 110 -
☎ 079 744 87 49
De mi-mai à mi-oct. -
1,1 ha (75 empl.)
Tarif : 24,65€ ☗☗ ⬅ 🄴
🛢 borne
Loisirs : 🏄 ✂
Services : ✗ ⛽ ⛺ ⛲
🛢 ♨
GPS : E 8.59096 N 46.6323

### Brig/Brigue

**⛺ Camping Geschina**
Geschinaweg 41 -
☎ 027 923 06 88
De mi-avr. à fin oct. - 2 ha
Tarif : 36,10€ ☗☗ ⬅ 🄴
🛢 borne
Loisirs : 🏊 🏄
Services : ⛺ ⛲ 📶 🛢
GPS : E 7.98917 N 46.3055

### Locarno

**⛺ Delta**
Via Respini 7 -
☎ 091 751 60 81
De déb. mars à mi-oct. -
6 ha (300 empl.)
Tarif : 71,30€ ☗☗ ⬅ 🄴
🛢 borne
Loisirs : ⛱ diurne (juil.-août)
🏃 🛶 🏄 🚴 ✂ 🎣
🏊 (plan d'eau) 🎾, jeux pour adultes, squash, aire de sports
Services : 🍷 ✗ ⛺ ♿ 🔑
🛢 ⛲ 📶 🛢 ⚡
GPS : E 8.80032 N 46.15578

### Muzzano

**⛺ TCS Camping Lugano - Muzzano**
Via alla Foce 14 -
☎ 091 994 77 88
Permanent -
4,7 ha (210 empl.)

Tarif : 61,25€ ☗☗ ⬅ 🄴
🛢 borne
Loisirs : ⛱ diurne (juil.-août)
🏃 🏄 ✂ 🏊 🚣 (plan d'eau) 🎣, jeux pour adultes, aire de sports,
Services : 🍷 ✗ ⛺ ♿ 🔑
🛢 ⛺ 🛒 🛢 ⚡
GPS : E 8.90873 N 45.99528

### Sankt Moritz

**⛺ Camping St. Moritz**
Via San Gian 55 -
☎ 081 833 40 90
1,5 ha
🛢 borne
Loisirs : 🏄 🚴 ✂ 🎣
Services : 🍷 ✗ ⛺ ⛲ 📶
🛢 🛒 ⚡
GPS : E 9.82167 N 46.47367

### Sion

**⛺ TCS Camping Sion**
Chemin du Camping 6 -
☎ 027 346 43 47
De mi-déc. à fin oct. -
8 ha (440 empl.)
Tarif : 47,50€ ☗☗ ⬅ 🄴
🛢 borne
Loisirs : ⛱ 🏃 🛶 🚴
🏊 🚣 (plan d'eau) 🎣 🎣,
squash, jeux pour adultes, aire de sports, barbecue
Services : ✗ ⛺ ♿ 🔑
🛢 ⛲ 📶 🛢 🛢 ⚡
GPS : E 7.31378 N 46.21178

### Täsch

**⛺ Camping Täsch**
Neue Kantonsstr. -
☎ 027 967 36 35
De mi-mai à fin oct. -
0,7 ha (110 empl.)
Tarif : 31,05€ ☗☗ ⬅ 🄴
🛢 borne
Loisirs : ⛱ diurne (juil.-août)
🏄 ✂
Services : ✗ ⛺ 🔑 ⛲
📶 🛢
GPS : E 7.77506 N 46.06574

## 🚐 Aires de service et de stationnement

### Bivio

**Parkplatz Liftstation**
Julierpass - ☎ 081 684 53 23
Permanent
Borne 🅰 🔌 🚽 💧 : Payant
(électricité 5 CHF)
16 🅿 - 16,45€/j.
Services : 🚾 🍴
GPS : E 9.65002 N 46.47041

### Breil/Brigels

**Talstation Bergbahnen**
Parking du Badeweiher Bergbahn -
☎ 081 941 18 58
De déb. mai à déb. oct.
Borne 🅰 🔌 🚽 💧
20 🅿 - 24h - 25€/j.
Services : 🚾 🍴 📶
GPS : E 9.06752 N 46.77078

### Davos

**Rinerlodge**
Landwasserstr. 64 - ☎ 081 417 67 77
Permanent
Borne artisanale 🅰 🔌 🚽 💧
60 🅿 - illimité - 38€/j.
Services : 🚾 🍴 🖼 📶
GPS : E 9.77906 N 46.74401

### Martigny

**Parking de la Fondation Pierre Gianadda**
R. du Forum - ☎ 027 722 39 78
Borne eurorelais
🅿 - Gratuit
Services : 🚾 🛒 🍴
GPS : E 7.07183 N 46.09536

### Saas-Fee

**Parkplatz P4**
Dorfplatz, parking P4 à l'entrée
de la station - ☎ 027 958 15 70
Permanent
Borne artisanale 🅰 🔌 🚽 💧 :
Payant (électricité 4 €)
60 🅿 - illimité - 21€/j.
Services : 🚾 🍴
GPS : E 7.93194 N 46.11075

## Les bonnes adresses de Bib

### Ascona (à côté de Locarno)

**✖ Monte Verità**
*Via colina 84 - ☎ 091 785 40 40 -
www.monteverita.org - avr.-oct. :
12h-14h, 18h30-21h30 - 50/60 CHF.*
Cuisine créative qui fait la part belle
aux produits locaux et herbes de son
jardin d'épices. Certaines chambres de
la Villa Semiramis ont vue sur le lac.

### Bellinzona/Bellinzone

**✖ Osteria Sasso Corbaro**
*Via Sasso Corbaro 44 - ☎ 091 825
55 32 - www.osteriasassocorbaro.com -
12h-14h ; 19h-21h - fermé 23 déc.-
15 janv., dim. soir et lun. - formule
45 CHF - 60 CHF.* Une petite adresse
sympathique dans le château le plus
élevé. Cuisine régionale. Terrasse et
vue sur la ville.

### Davos

**✖ Walserhuus Sertig**
*Sertig (à 10 km au sud de Davos) -
☎ 081 410 60 30 - www.walserhuus.
ch - 7h30-0h - menu à partir de 35 CHF.*
Au bout de la route, dans la vallée
de Sertig, vue sublime et assiettes
copieuses de spécialités locales.

### Locarno

**✖ Campagna**
*Via Castelrotto 16 - ☎ 091 751
99 47 - tlj - menus à partir de 15 CHF.*
Une ambiance italienne avec jardin,
pergola et jeux pour enfants. Gambas
grillés, friture, spaghettis aux coques…

### Lugano

**✖ Antica Osteria del Porto**
*Via Foce 9 - ☎ 091 971 42 00 - www.
osteriadelporto.ch - 11h30-15h,
19h-23h - 70 CHF.* À côté du port, dans
un style décontracté, beaux filets de
poisson et de savoureux risotto.

### Vanini

*Piazza della Riforma - ☎ 091 923
82 84 - tlj.* Spécialiste des *amaretti*
(petits macarons aux amandes),
*panettones* « maison » et excellentes
glaces.

### Martigny

**✖ Les Trois Couronnes**
*8 pl. du Bourg - ☎ 027 723 21 14 - tlj
sf dim.-lun.- env. 21/62 CHF.* Sur une
agréable petite place, un bâtiment
du début du 17e s. Très bonne
cuisine traditionnelle et excellent
rapport qualité-prix. Grande terrasse
ombragée.

### Sankt Moritz

**✖ Engiadina**
*Via Dimlej 1 - ☎ 081 833 30 00 - www.
restaurant-engiadina.ch -11h-22h -
35/60 CHF.* Un restaurant familial et
sympathique, loin du luxe des palaces.
Spécialités grisonnes.

### Sion

**✖ Cave de Tous Vents**
*16 r. des Châteaux - ☎ 027 322 46 84 -
www.cave-tous-vents.ch - 17h-0h,
à midi sur réserv. - fermé de fin juin
à mi-août et lun. de janv. à juin -
env. 45 CHF.* Dans une belle cave
voûtée (13e s.), on déguste des plats
valaisans avec les meilleurs crus
de la région.

### Zermatt

**✖ Walliserkanne**
*Bahnofstr. 32 - ☎ 027 966 46 10 -
www.walliserkanne.ch - 8h-0h,
service 12h-14h, 18h-22h - 22/35 CHF.*
Au choix, plats régionaux ou italiens
(salles séparées). La nourriture est
correcte. Deux terrasses permettent
de profiter du soleil.

# Suisse romande

➲ *Départ : Genève*
➲ *7 jours - 355 km*

### Jours 1 et 2

Organisez votre séjour à **Genève** en tenant compte de la météo. S'il fait beau le matin, allez vous promener assez tôt le long de la rive gauche du lac, quand il n'y a pas encore trop de monde. Vous y verrez de très près le fameux jet d'eau, et surtout, tout au bout du quai, deux beaux parcs paysagers en pente douce. Revenez par le quartier populaire des Eaux-Vives, et jetez un coup d'œil aux grandes rues commerçantes, autour de la place du Molard. De là, grimpez dans la Vieille Ville, passez par la place du Bourg-de-Four, avant de vous rendre à la cathédrale et de monter tout en haut de sa tour pour une vue imprenable sur Genève. En redescendant, visitez l'un des très nombreux musées de la ville. Si vous êtes passionné(e) d'histoire, choisissez celui consacré à la Réforme, et si vous aimez l'art primitif, le musée Barbier-Mueller. Pour dîner ou boire un verre, la Vieille Ville reste le quartier idéal, à moins que vous ne passiez dans la commune voisine de Carouge qui regorge de bons restaurants. Le lendemain, empruntez les transports en commun pour vous rendre en un clin d'œil au quartier international. Si vous avez le temps, voyez à la fois le Palais des Nations et le musée international de la Croix-Rouge. Vous pouvez revenir à pied en traversant le très beau jardin botanique et les parcs de la rive droite. Les passionnés de littérature pourront remplacer une

*Le vignoble et le lac de Neuchâtel.*

de ces visites par une escapade à **Cologny** (accessible par les transports en commun), pour découvrir la fabuleuse Fondation Bodmer.

### Jour 3

Si vous avez envie de varier les plaisirs, la rive suisse du Léman s'offre à vous. Vous pouvez choisir de consacrer l'essentiel de votre temps à la visite des grandes villes riveraines (**Lausanne, Montreux-Vevey**), ou préférer flâner le long du lac et découvrir des cités-étapes plus petites, comme **Nyon** ou **Morges**. Le parcours est jalonné de châteaux, à **Coppet**, Nyon, **Prangins** et **Chillon**, où se trouve le plus célèbre d'entre eux. N'hésitez pas à quitter de temps en temps la côte pour grimper à l'assaut des vignobles et découvrir notamment les terrasses de **Lavaux**. Enfin, ne vous privez pas du plaisir le plus évident : une mini-croisière sur le lac…

### Jour 4

Centre viticole et industriel, **Aigle** est une avenante petite ville de plaine entourée de montagnes et de vignes. Cap au nord. Chef-lieu du pays d'Enhaut, **Château-d'Oex** présente une succession de chalets et d'hôtels au pied des derniers contreforts boisés de la Gummfluh et des Vanils. C'est la villégiature familiale type des Alpes vaudoises, réputée pour les sports d'hiver comme pour ses nombreuses activités nautiques. Au pied du Moléson et de la dent de Broc, la capitale des comtes de **Gruyères**, nichée au cœur de la région qui a donné son nom au célèbre fromage, fait partie des cités-musées du pays. Dans la longue rue pavée qui monte au château, on ne croise guère que des touristes. Mais le site verdoyant de cette petite ville vaut le détour, tout comme les villages environnants, qui ont su garder leur authenticité. Si vous

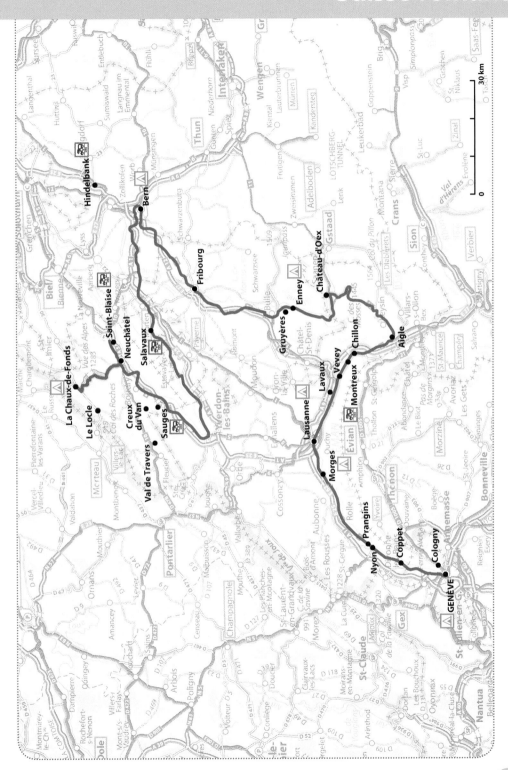

aimez le Moyen Âge, ne manquez surtout pas **Fribourg**. Perchée sur un promontoire rocheux qui domine la rivière de la Sarine, la ville a gardé de cette époque une partie de ses remparts, des ponts, des églises, des fontaines sculptées et de nombreuses maisons gothiques : c'est l'un des plus beaux ensembles d'architecture médiévale en Europe.

## Jour 5

Gagnez **Berne**, classée au Patrimoine culturel mondial de l'Unesco pour ses richesses médiévales, et qui détient par ailleurs la plus grande collection de tableaux de Paul Klee.

## Jour 6

Rejoignez la charmante petite ville de **Neuchâtel**, dominée par son château et sa collégiale du 12e s., et ne manquez ni son littoral – au cœur de la région « des Trois Lacs » – ni son musée d'Art et d'Histoire réputé.

## Jour 7

Poursuivez dans les montagnes jusqu'à **La Chaux-de-Fonds**. Son musée international d'horlogerie est un des joyaux de la *Watch Valley*. Vous y verrez également plusieurs villas de Le Corbusier. Rendez-vous ensuite dans la petite ville du **Locle**, autre capitale de l'horlogerie, d'où vous pourrez rejoindre par d'agréables petites routes le **Val de Travers**, véritable paradis pour les randonneurs. Si vous ne deviez faire qu'une sortie, grimpez au **Creux du Van**, un cirque naturel aux falaises hautes de plus de 100 m et qui domine la vallée. **Neuchâtel**, n'est qu'à une vingtaine de kilomètres.

### 🛈 Office de tourisme

**Genève**

*R. du Mont-Blanc 18 - 📞 022 909 70 00 - www. geneve-tourisme.ch - lun. 10h-18h, mar.-sam. 9h-18h, dim. et j. fériés 9h-16h.*

Pour téléphoner en Suisse :
00 41 + indicatif régional sans le 0 initial, puis le numéro de votre correspondant.

Pour plus d'informations :
Carte Michelin National N° 729
Le Guide Vert Suisse

## 🏕 Campings

### Bern/Berne

**🏕 TCS Camping Bern-Eymatt**
Wohlenstr. 62c -
📞 031 901 10 07
De fin mars à déb. nov. -
3,5 ha (190 empl.)
Tarif : 43,85€ 👫 🚗 🔲
📷 borne
Loisirs : 🎭 nocturne 🚴 🏊 🛶 (plan d'eau) 🎣
Services : ✕ 🏠 ♿ 🖱 🚿 🛜 📷 🛒 🚰 🚙
GPS : E 7.38391 N 46.96506

**🏕 Eichholz**
Strandweg 49 - Wabern -
📞 031 961 26 02
De fin avr. à fin oct. -
3,5 ha (250 empl.)
Tarif : 34,75€ 👫 🚗 🔲
📷 borne
Loisirs : 🎭 diurne 🚴 🏊 🛶 (plan d'eau) 🎣, aire de sports
Services : ✕ 🏠 ♿ 🚿 🚰 🚙
GPS : E 7.45536 N 46.93299

### Enney

**🏕 Haute Gruyère**
Chemin du Camping 18 -
📞 026 921 22 60
Permanent - 1,5 ha (60 empl.)
Tarif : 34,65€ 👫 🚗 🔲
📷 borne
Loisirs : 🎭 🚴 🏊 (plan d'eau)
Services : 🎣 🍽 ✕ 🏠 🛜 📷 🚰 🚙
GPS : E 7.08349 N 46.55607

### Genève

**🏕 TCS Camping Genève - Vésenaz**
Chemin de la Bise -
📞 022 752 12 96
De fin mars à déb. oct. -
3,2 ha (110 empl.)
Tarif : 58,50€ 👫 🚗 🔲
📷 borne
Loisirs : 🎭 🚴 🏊 🛶 (plan d'eau) 🎣 - Services : 🍽 ✕

🏠 🖱 🛜 📷 🚙
Transports en commun pour Genève centre (15mn).
GPS : E 6.1942 N 46.24533

### La Chaux-de-Fonds

**🏕 Bois du Couvent**
Bois du Couvent 108 -
📞 032 913 25 55
De déb. mai à fin sept. -
1,4 ha (40 empl.)
Tarif : 20,10€ 👫 🚗 🔲
📷 borne
Loisirs : 🚴 🏊
Services : 🍽 ✕ 🏠 ♿ 🚿 🛜 📷 🚙
🛈 Aire de services à l'extérieur du camping.
GPS : E 6.83546 N 47.09413

### Lausanne

**🏕 Camping de Vidy**
Chemin du Camping 3 -
📞 021 622 50 05
Permanent -
3,2 ha (260 empl.)
Tarif : 30,15€ 👫 🚗 🔲
📷 borne
Loisirs : 🚴 🎭 🚲 🏊 (plan d'eau) 🎣, aire de sports
Services : 🍽 ✕ 🏠 ♿ 🚿 🛶 📷 🛒 🚿
🛈 Aire de services et stationnement sécurisé, extérieurs au camping.
GPS : E 6.59781 N 46.51737

### Morges

**🏕 TCS Camping Morges**
Promenade du Petit-Bois 15 -
📞 021 801 12 70
De fin mars à déb. oct. -
3,2 ha (170 empl.)
Tarif : 43,85€ 👫 🚗 🔲
📷 borne
Loisirs : 🎭 🚴 🚲 🏊 🛶 (plan d'eau) 🎣 🎣, aire de sports
Services : 🍽 ✕ 🏠 ♿ 🖱 🛶 🛜 📷 🚰 🚙
GPS : E 6.48899 N 46.50458

## 🚐 Aires de service et de stationnement

### Hindelbank

**Parkplatz Bantam**
Kirchbergstr. 18 - 📞 034 411 90 90
Permanent
Borne eurorelais ⚡ 🚽 ✏ :
Gratuit
15 🅿
Services : 🍴
♿ Stationnement nocturne interdit.
GPS : E 7.54957 N 47.05154

### Montreux

**Aire de Montreux**
R. du Torrent - 📞 084 886 84 84
Permanent
Borne eurorelais ⚡ 🚽 ✏
1 🅿 - illimité - Gratuit
Services : 🚻
GPS : E 6.89034 N 46.44021

### Saint-Blaise

**Port de St-Blaise**
Chemin des Pêcheurs - 📞 032 886 49 61 - Permanent
Borne ⚡ 🚽 ✏
12 🅿 - 24h - 13,15€/j.
Services : 🚻 🍴 📶
♿ Douches et toilettes à la capitainerie.
GPS : E 6.98647 N 47.01077

### Salavaux

**Parc-Relais Hep Vacances**
8 rte des Savoies, à l'entrée du village - 📞 026 677 44 44 - Permanent
Borne eurorelais ⚡ 🚽 ✏ :
Payant
4 🅿 - > 72h - 9,14€/j.
Services : 🚻 🍴
♿ Séjour de 14 nuits maximum.
GPS : E 7.02343 N 46.91458

### Sauges

**Aire de la Capitainerie**
R. du Debarcadère , port de plaisance - 📞 032 886 49 61 - Permanent
Borne ⚡ 🚽 ✏
10 🅿 - 24h - 20€/j. - Services : 🚻 🍴
GPS : E 6.77459 N 46.89171

## Les bonnes adresses de Bib

### Bern/Berne

**🍴 Klötzlikeller**
*Gerechtigkeitsgasse 62 - 📞 031 311 74 56 - www.klotzlikeller.ch - tlj sf dim. (et lun. en été) 17h-0h - 35/60 CHF.* Voici le plus vieux bar à vin de Berne, tel qu'il en existait plus de 230 dans la ville en 1635 ! Sous les sombres lambris de l'entresol ou la grande voûte de la cave, goûtez l'éminté de veau au rösti ou les plats à base de champignons frais (toute l'année). Ambiance chaleureuse, bon rapport qualité-prix.

### Fribourg

**🍴 Auberge de La Cigogne**
*24 r. d'Or - 📞 026 321 18 30 - www.aubergedelacigogne.ch - tlj sf dim.-lun. 10h-14h30, 18h30-0h - menu déj. en sem. 25 CHF - menus 58-105 CHF.* Cuisine sophistiquée, à deux pas du pont de Berne. Terrasse couverte agréable aux beaux jours.

### Genève

**🍴 Brasserie des Halles de l'Île**
*1 pl. de l'Île - 📞 022 311 08 88 - www.brasseriedeshallesdelile.ch - lun.-vend. 12h-14h30, 18h30-22h - formule déj. 19 CHF, 45 CHF - Brunch le dim. (39 CHF -réserv. obligatoire).* Ce restaurant réaménagé dans le style loft-design est doté d'une salle à manger panoramique et d'une terrasse qui s'ouvrent sur le fleuve. Un grand classique : le délicieux *swiss cheeseburger* au vacherin fribourgeois.

**🍴 Chez ma Cousine**
*6 pl. du Bourg-de-Four - 📞 022 310 96 96 - www.chezmacousine.ch - 11h30-23h30 - 25 CHF.* Tout près de la cathédrale, restaurant au cadre gai et coloré. On y mange du poulet sous toutes ses formes. Service rapide.

**🍴 La Favola**
*15 r. Jean-Calvin - 📞 022 311 74 37 - tlj sf sam. midi et dim. 12h-14h, 19h-22h - réserv. conseillée - 35 CHF - 100 CHF.* Derrière la façade en bois d'une maison du 17e s. se cache un petit restaurant sur deux étages où l'on prépare une cuisine italienne inventive, savoureuse et bien présentée.

**Buvette des Bains des Pâquis**
*30 quai du Mont-Blanc - 📞 022 738 16 16 - www.buvettedesbains.ch - 11h30-14h, 18h-22h30 - 12/25 CHF.* Dans ce site mythique, symbole de l'esprit associatif de Genève, vous pouvez déguster, à midi et le soir, des plats du jour copieux. Et, de septembre à avril, la spécialité maison : une succulente fondue au crémant (sur réserv.). C'est également le lieu idéal pour prendre un petit-déjeuner complet au soleil au bord de l'eau.

### Gruyères

**🍴 Le Chalet**
*R. de Bourg 📞 026 921 21 54 - www.chalet-gruyeres.ch - 8h-22h30, cuisine non-stop 12h-21h30 - 35 CHF.* Spécialités gruériennes dans cette auberge rustique située au cœur du bourg. Fondues, raclettes, meringues et crème de gruyère.

### Lausanne

**🍴 Café Romand**
*2 pl. St-François - 📞 021 312 63 75 - www.cafe-romand.ch - tlj sf dim. et j. fériés 9h-0h - 20/40 CHF.* Restaurant typique, tenu par la même famille depuis 1951 et fréquenté par les Lausannois. Carte brasserie classique mais aussi spécialités suisses.

### Montreux

**🍴 Caveau des Vignerons**
*30 bis r. Industrielle - 📞 021 963 25 70 - www.caveaudesvignerons.ch - menu du jour 22 CHF - menus 39/49 CHF.* Restaurant au décor inspiré des métiers du vignoble. Viandes sur ardoise, fondues, raclettes et vins locaux.

### Neuchâtel

**🍴 Brasserie Le Cardinal**
*9 r. du Seyon - 📞 032 725 12 86 - www.lecardinal-brasserie.ch - tlj sf dim. - menu 18,50 CHF - 35/60 CHF.* L'intérieur de cette brasserie, orné de carreaux de faïence colorés, est classé au patrimoine architectural. La cuisine, à la fois sans prétention, délicieuse et peu coûteuse, est à la hauteur du décor.

# De lacs en lacs

➲ *Départ : Thoune*
➲ *9 jours - 495 km*

### Jours 1 et 2

Partez à la découverte du toit de l'Europe… À partir de **Thoune** (Thun), qui fait face aux sommets enneigés des Alpes bernoises, gagnez la charmante petite ville de **Spiez**, nichée entre lac et montagnes dans un décor digne d'un livre d'images. Rejoignez **Interlaken** pour une échappée d'une journée en train : le circuit ferroviaire du Jungfraujoch vous mène en 3h à 3 454 m d'altitude. Là, vous pourrez admirer les célèbres montagnes de la Jungfrau, du Mönch et de l'Eiger, ainsi que le glacier d'Aletsch. L'ensemble du site est classé Patrimoine naturel mondial de l'Unesco. Et pour randonner dans de fabuleux paysages de haute montagne, rendez-vous à **Grindelwald**.

### Jour 3

Posée au bord du lac de même nom, face aux chutes du Giessbach, **Brienz** est l'une des stations estivales de l'Oberland bernois qui a le mieux conservé son cachet rural traditionnel. Capitale suisse de la sculpture sur bois depuis le début du 19e s., le bourg possède une école professionnelle (Schule für Holzbildhauerei), la seule du pays, qui pérennise cette tradition ainsi qu'une école de lutherie (Geigenschule). Plusieurs ateliers ouvrent leurs portes au public. Les plantigrades de toutes tailles, aux postures variées, vendus comme souvenirs à Berne, Interlaken ou Lucerne sortent, en majeure partie, des ateliers de Brienz.

*Les chutes du Rhin en Suisse.*

Au cœur de la Suisse centrale, **Lucerne** (Luzern) est un lieu de rêve pour un court séjour. Vous serez immédiatement séduit par son incroyable panorama alpin, le lac des Quatre-Cantons qui la borde, sa vieille ville entièrement piétonne et ses ponts de bois illuminés la nuit. Ses alentours sont tout aussi séduisants. Parmi les incontournables, l'ascension du Mont-Pilate en téléphérique. Le lac des Quatre-Cantons, aux paysages extrêmement variés, offre de nombreuses possibilités de croisières en bateaux à vapeur ; on peut rejoindre notamment la mythique prairie du Rütli, où fut fondée la Confédération helvétique. Le lac prend à cet endroit des allures de fjord…

### Jour 4

Gagnez **Zürich** et son lac en faisant un détour par **Ensielden**, lieu de pèlerinage le plus célèbre de Suisse. Puis faites une petite halte à **Rapperswil**

qui occupe un joli site sur une courte presqu'île de la rive nord du lac. Regagnez **Zürich** ou ses environs pour y faire étape.

### Jours 5 et 6

Zürich, ville réputée pour avoir l'une des meilleures qualités de vie au niveau mondial, a bien des attraits. Commencez votre séjour en vous plongeant dans l'ambiance de la ville, sur la rive gauche du fleuve de la Limmat. Avec ses innombrables boutiques, la Bahnhofstrasse est la rue la plus animée de la cité. Pour vous repérer, grimpez sur l'esplanade Lindenhof, d'où vous découvrirez la ville ancienne qui s'étage sur la rive d'en face. À deux pas de l'esplanade, le quartier de la Schipfe et ses ruelles médiévales vous en donnent déjà un avant-goût. Principaux musées à voir sur la rive gauche, le Musée national suisse et le musée Rietberg. Traversez

*Flavio Vallenari / iStock*

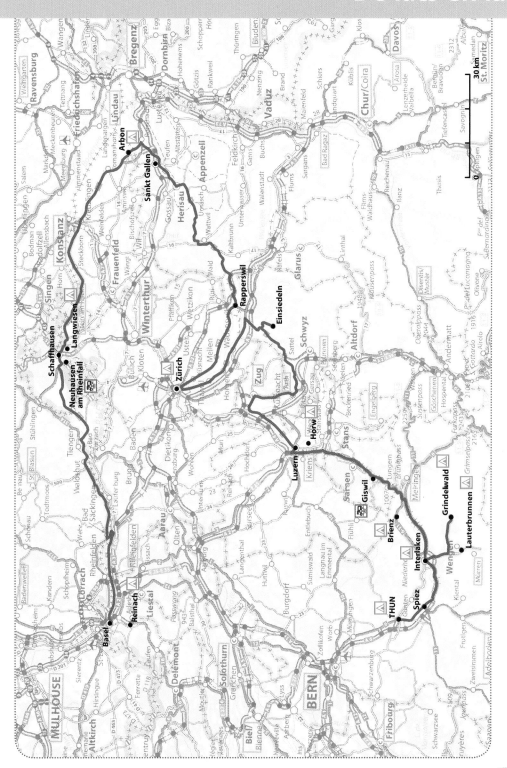

la Limmat pour parcourir la Spiegelgasse, petite ruelle chargée d'histoire : Lénine y prépara la Révolution et son cabaret Voltaire, aujourd'hui un café branché, fut le berceau du dadaïsme. D'autres richesses vous attendent : la cathédrale, le musée des Beaux-Arts (collection unique d'œuvres de Giacometti), et les belles rues pavées du quartier d'Oberdorf, dont vous apprécierez le calme. Et si vous aimez la vie nocturne, ne manquez pas le quartier « tendance » de Zurich West. Le lendemain, rendez-vous à la Fondation-collection E. G. Bührle (acces en tramway), l'un des plus importants musées d'art privés de Suisse.

### Jour 7

Consacrez cette journée à rejoindre Bâle en n'oubliant pas de faire étape à **Schaffhouse** (Schaffhausen) pour ses impressionnantes chutes du Rhin (**Rheinfelden**).

### Jours 8 et 9

Si vous aimez l'art et l'architecture, **Bâle** (Basel) va vous combler avec sa vieille ville, l'une des mieux conservées d'Europe, et ses constructions ultra-modernes conçues par des architectes mondialement connus (Mario Botta, Herzog & de Meuron, Diener & Diener…). Commencez par l'hôtel de ville et la cathédrale, puis promenez-vous autour de la très animée Barfüsserplatz, et empruntez les belles ruelles pavées de la ville. Bâle compte 33 musées, à vous de choisir combien vous pouvez en visiter en deux jours ! Mais ne manquez pas le musée des Beaux-Arts (à l'extérieur du Vieux Bâle). Pour une pause, choisissez les bancs de la fontaine Tinguely ou encore le beau jardin botanique de l'université.

---

### 🛈 Office de tourisme

**Zürich**

*Im Hauptbahnhof (gare centrale de Zürich) - 𝄞 044 215 40 00 - www.zuerich.com - lun.-sam. 8h30-19h (mai-oct. : 8h-20h30), dim. 9h-18h (mai-oct. : 8h30-18h30).*

**Pour téléphoner en Suisse :**
00 41 + indicatif régional sans le 0 initial, puis le numéro de votre correspondant.

**Pour plus d'informations :**
Carte Michelin National N° 729
Le Guide Vert Suisse

---

## ⛺ Campings

### Arbon

**⛺ Buchhorn**
Philosophenweg 17 - 𝄞 071 446 65 45
De fin mars à déb. oct. - 2,5 ha (120 empl.)
Tarif : 29,25€ 🚶🚶 🚗 🔲
🚽 borne
Loisirs : 🎠 ⛵ 〰 (plan d'eau) 🎣, aire de sports, barbecue - Services : 🍴 🏠 ⚷ 🔆 🚿 🛜 📷 🛒 🔲
GPS : E 9.42051 N 47.52451

### Brienz

**⛺ Aaregg**
Seestr. 22 - 𝄞 033 951 18 43
De fin mars à déb. oct. - 4 ha (220 empl.)
Tarif : 54,85€ 🚶🚶 🚗 🔲
🚽 borne
Loisirs : 🎦 diurne 🎠 🚲 🍴 🔥 〰 (plan d'eau) 🎣 🛶, aire de sports, ski nautique, excursions en bateau
Services : 🍴 🏠 🔆 ♿ ⚷ 🛟 🚿 🍸 🛜 📷 🛒 🔲
GPS : E 8.04923 N 46.74875

### Grindelwald

**⛺ Eigernordwand**
Bodenstr. 4 - 𝄞 033 853 12 42
De fin mai à mi-avr. - 1,2 ha (100 empl.)
Tarif : 31,05€ 🚶🚶 🚗 🔲
🚽 borne
Loisirs : 🎠 🎣, barbecue, ski de fond, téléski - Services : 🍴 🏠 🔥 🚿 🚿 🛜 📷 🔲
GPS : E 8.01662 N 46.62229

### Horw

**⛺ TCS Camping Luzern-Horw**
Seefeldstr. - 𝄞 041 340 35 58
De fin mars à déb. oct. - 2 ha (120 empl.)
Tarif : 36,55€ 🚶🚶 🚗 🔲
🚽 borne
Loisirs : 🎦 diurne 🎠 ⛵ 🔥 〰 (plan d'eau) 🎣 🛶 🐴, aire de sports, excursions en

bateau - Services : 🍴 🏠 🔆 ⚷ 🚿 🛜 📷 🛒 🔲 🛟
GPS : E 8.31009 N 47.01216

### Interlaken

**⛺ Alpenblick**
Seestr. 130 - 𝄞 033 822 77 57
Permanent - 2 ha (100 empl.)
Tarif : 37,45€ 🚶🚶 🚗 🔲
🚽 borne
Loisirs : 🎠 🚲 🔥 〰 (plan d'eau) 🎣 🛶, aire de sports, ski nautique - Services : 🍸 🍴 🏠 🔆 ⚷ 🚿 🛜 📷 🔲 🛟
GPS : E 7.81719 N 46.68013

### Langwiesen

**⛺ Camping Schaffhausen**
Hauptstr. 96 - 𝄞 052 659 33 00 - De déb. mars à déb. oct. - 4,3 ha (70 empl.)
Tarif : 38,40€ 🚶🚶 🚗 🔲
🚽 borne
Loisirs : 🎦 diurne 🎠 〰 (plan d'eau) 🛶, jeux pour adultes, aire de sports, barbecue - Services : 🍴 🏠 🔆 🚿 🛜 📷 🔲 🛟
GPS : E 8.65484 N 47.68907

### Lauterbrunnen

**⛺ Jungfrau AG**
Weid 406 - 𝄞 033 856 20 10
Permanent - 4,5 ha (250 empl.)
Tarif : 39,10€ 🚶🚶 🚗 🔲
🚽 borne
Loisirs : 🎦 diurne 🎠 🚲 🔥 🎿 🛶, jeux pour adultes, ski de fond, téléski
Services : 🍴 🏠 🔆 ♿ ⚷ 🔆 🚿 🛜 📷 lave-vaisselle 🔲 🛟
GPS : E 7.90866 N 46.58882

### Reinach

**⛺ Waldhort**
Heideweg 16 - 𝄞 061 711 64 29
De déb. mars à fin oct. - 3,3 ha (190 empl.)
Tarif : 32,90€ 🚶🚶 🚗 🔲
🚽 borne

Loisirs : 🛶 ⚽ 🎣, barbecue
Services : 🍴 🏠 ♿ ⛽ ♨ 🔌 🚿 ⛓
GPS : E 7.60287 N 47.49987

## Thun/Thoune

### ⛺ TCS Camping Thunersee

Gwattstr. 103 - ☎ 033 336 40 67 De
fin mars à déb. oct. - 1,5 ha (150 empl.)
Tarif : 47,50€ 👫👫 🚐 🅴
🚿 borne
Loisirs : 🌞 diurne (juil.-août) nocturne
(juil.-août) 🛶🚴⚽🎣♨ (plan
d'eau) 🐎 🐴, squash, aire de sports,
ski nautique, excursions en bateau
Services : 🍸🍴♿⛽♨📶🔌🚿
GPS : E 7.62766 N 46.72783

## Zürich

### ⛺ Fischers Fritz

Seestr. 559 - ☎ 044 482 16 12
Permanent - 20 ha (300 empl.)
Tarif : 40€ 👫👫 🚐 🅴
Loisirs : 🛶 ♨ (plan d'eau) 🐎 ⛵,
barbecue, ski nautique
Services : 🍴 🏠 ♨ 📶 🚿 ⛓
🚌 Transports en commun à 50 m.
GPS : E 8.5412 N 47.33595

## 🚐 Aires de service et de stationnement

## Giswil

### Parking an der Kirche

Panoramastr., face à l'église -
☎ 04 16 75 17 60 - Permanent
Borne 🚽
3 🅿 - 24h - Gratuit
Services : 🚾 🍴
🚌 Borne service à 200 m du parking,
dans Oberriedstr.
GPS : E 8.17888 N 46.8323

## Neuhausen am Rheinfall

### Rheinfall-Nohlwiese

Nohlstr. - ☎ 05 26 25 51
De déb. avr. à fin oct.
Borne artisanale 🚽 🚽 🚿
50 🅿 - 24h - 47€/j.
Services : 🚾
GPS : E 8.6086 N 47.6733

# Les bonnes adresses de Bib

## Basel/Bâle

### 🍴 Rosario's

*Spalenberg 53* - ☎ *061 261 03 76* - *tlj
sf dim. et lun. 8h30-23h30 - menu déj.
env. 25 CHF - 30/35 CHF.* Joli décor
Art nouveau dans ce bistrot à vins
du vieux Bâle. Le patron sicilien veille
à ce que la cuisine de son pays soit
bien représentée : vins italiens et bons
petits plats méditerranéens. À partir
de 16h, la salle se remplit de Bâlois qui
viennent se mettre à l'heure italienne
après le travail.

## Interlaken

### 🍴 Goldener Anker

*Marktgasse 57* - ☎ *033 822 16 72 -
www.anker.ch - 16h-1h, service :
18h-23h - 30/50 CHF.* Cuisine simple
mais variée (curry, tortillas, entrecôte,
gigot) dans ce bar-restaurant
légèrement excentré. Ses prix, plus
raisonnables qu'en ville, attirent les
budgets moyens. Atmosphère jeune
et détendue, concerts le soir en saison.

## Sankt Gallen/Saint-Gall

### 🍴 Marktplatz

*Neugasse 2* - ☎ *071 222 36 41 - www.
restaurant-marktplatz.ch - lun.-jeu.
8h30-0h, vend.-sam. 8h30-1h, dim.
10h-0h - menu env. 20/40 CHF.* Pas
besoin de se ruiner pour bien manger
à St-Gall ! Cette brasserie moderne,
avec ses murs clairs, ses briques et
ses écrans de télé, sert une cuisine
variée à prix modérés : *flammeküeche*,
burgers, salades, röstis, *spätzles*,
grillades… Plats proposés en petite
portion pour les petites faims. Dernier
atout, l'ouverture le dimanche, assez
rare à St-Gall pour être signalée.

## Schaffhausen/Schaffhouse

### Croisières sur le Rhin

*Schiffahrtgesellschaft Untersee und
Rhein* - ☎ *052 634 08 88 - www.urh.
ch - horaires et tarifs sur Internet.*
En saison *(avr.-oct.),* dép. quotidiens
de Schaffhouse (embarcadère
Schifflände) ou Stein am Rhein
vers Constance (et inversement).
La portion Schaffhouse/Stein am
Rhein traverse de magnifiques
paysages verdoyants et reste la plus
spectaculaire. Possibilité de rejoindre
Schaffhouse en train. Le « River Ticket »
à 46 CHF permet de prendre tous les
bateaux pendant une journée.

## Thun/Thoune

### 🍴 Waisenhaus

*Bälliz 61* - ☎ *033 223 31 33 - www.
bindella.ch - 9h-0h30, dim.
10h-23h30 - 35/60 CHF.* Cette
ancienne soierie sise au bord de
l'Aare, transformée en orphelinat au
19ᵉ s., s'est brillamment reconvertie
en *ristorante* semi-gastronomique.
Saveurs italiennes dans les assiettes,
salles feutrées et vue splendide sur
le vieux Thoune. En été, tables en
terrasse et bon prix à midi.

## Zürich

### 🍴 Zunfthaus zur Zimmerleuten

*Limmatquai 40 (1ᵉʳ ét.)* - ☎ *044 250
53 63 - www.zunfthaus-zimmerleuten.
ch - 11h30-14h, 18h-23h30 - 50/70 CHF.*
Deux salles à manger aux styles très
différents : une pièce rustique plutôt
cossue avec des poutres (*Küferstube*),
une autre charmante, claire et intime,
qui offre la possibilité de souper avec
vue sur la Limmat. Dans les deux cas,
la cuisine ne déçoit pas et le personnel
est attentionné.

### Sprüngli

*Bahnhofstr. 21, sur Paradeplatz -
☎ 044 224 46 46 - www.spruengli.ch -
7h30-18h30, sam. 8h-18h, dim.
9h30-17h30.* Cette célèbre confiserie
est une institution zurichoise. Elle
propose toutes sortes de truffes et de
chocolats dont une spécialité locale,
les *Luxemburgerli*.

# INDEX

Albanie AL, Allemagne D, Andorre AND, Autriche A, Belgique B, Bosnie Herzégovine BIH, Croatie HR, Danemark DK, Espagne E, Estonie EST, France F, Finlande FIN, Grande-Bretagne GB, Grèce GR, Hongrie H, Irlande IRL, Italie I, Lettonie LV, Liechtenstein FL, Lituanie LT, Macédoine MK, Montenegro ME, Norvège N, Pays-Bas NL, Pologne PL, Portugal P, République Tchèque CS, Roumanie RO, Slovaquie SK, Slovénie SLO, Suède S, Suisse CH

# INDEX

# INDEX

# INDEX

# INDEX

**Michelin Travel Partner**

*Société par actions simplifiées au capital de 11 288 880 EUR*

*27 cours de l'Île-Seguin - 92100 Boulogne-Billancourt (France)*

*R.C.S. Nanterre 433 677 721*

Dépôt légal : janvier 2017
Compogravure : Nord Compo, Villeneuve-d'Ascq
Imprimeur : Lego Print, Lavis (Italie)
Imprimé en Italie : janvier 2017

*Usine certifiée 14001*
*Sur du papier issu de forêts gérées durablement (100 % PEFC)*